Georg Forster

Vom Reisen

Ein Lesebuch

Herausgegeben von
Helmut Scheuer

Fischer Taschenbuch Verlag

Veröffentlicht im Fischer Taschenbuch Verlag,
einem Unternehmen der S. Fischer Verlag GmbH,
Frankfurt am Main, Juli 2009

Für diese Ausgabe:

Satz: MedienTeam Berger, Ellwangen
Druck und Bindung: CPI – Clausen & Bosse, Leck
Printed in Germany
ISBN 978-3-596-90194-4

Unsere Adressen im Internet:
www.fischerverlage.de
www.fischer-klassik.de

Inhalt

Reise um die Welt
7

Cook, der Entdecker
253

Ansichten vom Niederrhein
313

Editorische Notiz
465

Daten zu Leben und Werk
467

Nachwort
471

Literaturhinweise
487

Dr. Johann Reinhold Forster's
und seines Sohnes Georg Forster's

REISE UM DIE WELT

auf Kosten der Grosbrittanischen Regierung
zu Erweiterung der Naturkenntniß
unternommen und während den
Jahren 1772 bis 1775 in dem vom
Capitain J. Cook commandirten Schiffe
the Resolution ausgeführt

Vorrede

Die Geschichte der Vorwelt zeigt uns kein Beyspiel solcher gemeinnützigen Bemühungen zur Erweiterung menschlicher Kenntnisse, als die Britten während der Regierung ihres jetzigen Königs unternommen haben. Lange wäre Amerika mit allen seinen Schätzen unentdeckt geblieben, wenn sich nicht ein *Columbus* durch seine Standhaftigkeit und edle Schwärmerey, trotz aller Hindernisse, die ihm Neid und Unwissenheit in den Weg legten, zu *Ferdinand* und *Isabellen* gleichsam hingedrängt hätte. Doch dieser unsterbliche Seemann ward endlich nur darum in Schutz genommen, weil er eine neue, ohnfehlbare Quelle von Reichthümern entdeckte. Umsonst hoft man, daß *Plutus* und die *Musen* ein dauerhaftes Bündniß schließen können; nur so lange währt die Freundschaft, als die holden Göttinnen, wie *Danaïden,* die Schatzkammer des Unersättlichen mit Golde füllen.

Es war spätern Zeiten vorbehalten, die Wissenschaft als Siegerinn zu sehn! Drey verschiedne Seereisen hatte man schon gethan, aus der edlen Absicht Entdeckungen zu machen, als die vierte, auf Befehl eines erleuchteten Monarchen, nach einem vollkommnern Plan unternommen ward. Der erfahrenste Seemann dieser Zeiten, zween geschickte Sternkundige, ein Gelehrter, der die Natur in ihrem Heiligthum studiren, und ein Mahler, der die schönsten Formen derselben nachahmen sollte, wurden auf Kosten der Nation auserlesen. Sie vollbrachten ihre Reise, und sind jetzt im Begrif Rechenschaft von ihren verschiednen Entdeckungen zu geben, die wenigstens für ihre Beschützer rühmlich seyn muß.

Die Brittische Regierung schickte und unterhielt meinen Vater auf dieser Reise als einen *Naturkundiger,* aber nicht etwa blos dazu, daß er Unkraut trocknen und Schmetterlinge fangen; sondern, daß er *alle* seine Talente in diesem Fache anwenden und *keinen* erheblichen Gegenstand unbemerkt lassen sollte. Mit einem Wort, man erwartete von ihm eine *philosophische Geschichte der Reise*, von Vorurtheil und gemeinen Trugschlüssen frey, worinn er seine Entdeckungen in der Geschichte des Menschen, und in der Naturkunde überhaupt, ohne Rücksicht auf willkührliche Systeme, blos nach allgemeinen menschenfreundlichen Grundsätzen darstellen sollte; das heißt, eine Reisebeschreibung, dergleichen der gelehrten Welt bisher noch keine war vorgelegt worden. Ein solcher viel umfassender Auftrag entsprach der Geistes-Größe vollkommen, durch welche sich alle Rathschläge der brittischen Nation auszuzeichnen pflegen, und in der festen Überzeugung, daß mein Vater, vermöge seiner eignen Liebe zur Wissenschaft, von selbst darauf bedacht seyn würde, der Gelehrsamkeit alle mögliche Vortheile durch diese Reise zu verschaffen, enthielt man sich auf die edelmüthigste Weise, ihm deshalb besondere Maaßregeln vorzuschreiben.

Er unternahm also die Reise, und sammelte seine Bemerkungen, zufolge der Meynung, die man sich von ihm gemacht hatte. Fest entschlossen, den Endzweck seiner Sendung auszuführen und seine Entdeckungen dem Publiko mitzutheilen, nahm er sich nicht Zeit von den Mühseligkeiten der Reise zu ruhen; es waren nach seiner Rückkunft kaum vier Monat verstrichen, als er dem Könige schon die Erstlinge seiner Arbeit widmete und überreichte.* Die Reisegeschichte, das Hauptwerk, welches man von ihm verlangte, ließ er darauf sein angelegentlichstes Geschäft seyn. Anfänglich wollte man, daß er aus seiner eignen und des Capitain *Cooks* Tagebüchern, nur *Eine* Erzählung machen sollte, worinn die wichtigen Bemerkungen eines jeden an ihrer Stelle, und zum Unterschied verschiedentlich bezeichnet, erscheinen sollten. Mein Vater empfieng einen Theil des *Cookschen* Tagebuchs, und setzte einige Bogen zur Probe auf; allein, da man bald darauf wieder andres Sinnes ward, und jedes Tagebuch für sich

* *Characteres Generum Plantarum quas in Insulis Maris Australis collegg. &c. Ioannes Reinoldus Forster & Georgius Forster, cum 78. tabb. aen. 4. Lond. & Berol. apud Haude & Spener 1776. 8 Thlr.*

wollte abdrucken lassen, so ward dieser Plan nicht weiter ausgeführt. Die Lords des Admiralitäts-Collegii beschlossen, die neue Reisegeschichte mit einer Menge Kupfer zu zieren, welche nach den Zeichnungen des Mahlers, der mit am Bord gewesen, gestochen werden sollten; und schenkten die ganzen Unkosten des Stichs zu gleichen Theilen dem Capitain *Cook* und meinem Vater.* Am 13ten April 1776. ward ein Vergleich zwischen beyden getroffen, und von dem Grafen *Sandwich* (Präses des Collegii) unterzeichnet, darinn einem jeden sein Theil der Beschreibung angewiesen, und beyden das Geschenk der Platten, von Seiten des Admiralitäts-Collegii, versichert ward. Dem zufolge überreichte mein Vater dem Grafen *Sandwich* eine zwote Probe seiner Reisebeschreibung, mußte aber auch diesen Versuch zu seiner nicht geringen Verwunderung von ihm gemißbilligt sehen. Endlich ward er inne, daß, weil man in gedachtem Vergleich das Wort »Erzählung« geflissentlich vermieden hatte, er nicht berechtigt seyn sollte, eine zusammenhangende Geschichte der Reise zu schreiben, und man kündigte ihm nun auch förmlich an, daß er sich bey Verlust seines Antheils an den Kupfern strenge nach dem Buchstaben des Vergleichs richten müsse. Zwar hatte er immer geglaubt, er sey hauptsächlich ausgeschickt worden, die Reise zu *beschreiben;* indessen bequemte er sich jetzt zu obiger Vorschrift, und schränkte seine Arbeit blos auf einzelne philosophische Bemerkungen ein, um nur seine Familie nicht von jenem glänzenden Vortheil auszuschließen: allein, so viel Verläugnung ihm dieser Schritt auch gekostet hatte, so fruchtlos blieb er doch. Man verwarf nemlich seine Arbeit von neuem und entzog ihm endlich das versprochne Anrecht auf die Kupferplatten ganz und gar. Vielleicht wollte man ihm durch diese Begegnung fühlen lassen, daß er ein Ausländer sey; vielleicht fand man, selbst in den wenigen Reflexionen, die er vermöge des Vergleichs noch gewagt hatte, seine Denkart zu philosophisch-frey, viel-

* Diese Unkosten belaufen sich auf mehr als 2000 Pfund Sterling, weil die Kupfer von den besten Künstlern gestochen worden.

leicht ist es auch das Interesse eines dritten gewesen, ihm das Geschenk des Admiralitäts-Collegii völlig zu entziehn.

Ich gestehe, es gieng mir zu Herzen, den Hauptendzweck von meines Vaters Reise vereitelt, und das Publikum in seinen Erwartungen getäuscht zu sehen. Allein, da ich während der Reise sein Gehülfe gewesen, so hielt ich es für meine Schuldigkeit, wenigstens einen Versuch zu wagen, *an seiner Stelle* eine philosophische Reisebeschreibung zu verfertigen. Alles bestärkte mich in diesem Unternehmen, welches nun nicht mehr in Seiner Willkühr stand; ja ich sahe es als eine Pflicht an, die wir dem Publiko schuldig waren. Ich hatte hinreichende Materialien während der Reise gesammelt, und fieng mit eben so gutem Muthe an, als je ein Reisender, der selbst geschrieben, oder ein Stoppler, der je bestochen worden, die Nachrichten andrer zu verstümmeln. Kein Vergleich band mir die Hände, und selbst derjenige, den mein Vater eingegangen, erwähnte *Meiner* nicht mit einem Worte und entzog mir nicht im mindesten seinen Beystand. Bey jedem wichtigen Vorfall habe ich also seine Tagebücher zu Rathe gezogen, und solchergestalt eine Erzählung, der genauesten historischen Wahrheit gemäß, bewerkstelligt.

Zween Ungenannte haben schon *etwas* von unsrer Reise geschrieben; allein in diesem erleuchteten Jahrhundert glaubt man keine Mährchen mehr, die nach der romantischen Einbildungskraft unsrer Vorfahren schmecken. Die Begebenheiten unsrer Reise sind so mannigfaltig und wichtig, daß sie keines erdichteten Zusatzes bedürfen. Unsre Seefahrt war wechselsweise reich und arm an Vorfällen; doch wie der fleißige Landmann selbst das unfruchtbarste Feld zu nutzen weiß, so kann auch die ödeste Wildniß einem forschenden Geiste Veranlassung zum Unterricht geben.

Eine andre Beschreibung eben dieser Reise um die Welt, ist aus den Papieren des Capitain *Jacob Cook* zusammengetragen, unter dessen Führung sie vollbracht ist. Die Admiralität hat diese Beschreibung mit einer großen Anzahl Kupferstiche versehen lassen, welche theils Aussichten der Ländereyen, theils

Abbildungen der Eingebohrnen, ihrer Böte, Waffen und Werkzeuge vorstellen, theils auch aus Special-Charten der verschiedenen Länder bestehen; und eben diese Platten sind es, welche gedachtes Collegium meinem Vater und dem Capitain *Cook* ehemals gemeinschaftlich versprochen hatte.

Beym ersten Anblick können vielleicht zwo Nachrichten von einer und derselben Reise überflüßig scheinen; allein man muß in Erwägung ziehen, daß sie aus einer Reihe wichtiger Vorfälle bestehen, welche immer durch die verschiedne Erzählung zwoer Personen in stärkeres Licht gesetzt werden. Auch waren unsre Beschäftigungen im Haven sehr verschieden; Capitain *Cook* hatte alle Hände voll zu thun, um das Schiff mit Lebensmitteln zu versehen und wieder in Stand zu setzen; dagegen ich den mannigfaltigen Gegenständen nachgieng, welche die Natur auf dem Lande ausgestreuet hatte. Hieraus ergiebt sich von selbst, daß unsre Vorfälle und Gegenstände sehr oft verschieden gewesen seyn müssen, und daß folglich auch unsre Beobachtungen oft nicht das mindeste mit einander gemein haben. Vor allen Dingen aber ist zu bemerken, daß man einerley Dinge oft aus verschiedenen Gesichtspunkten ansiehet, und daß dieselben Vorfälle oft ganz verschiedne Ideen hervorbringen. Dem Seefahrer, der von Kindesbeinen an mit dem rauhen Elemente bekannt geworden, muß manches alltäglich und unbemerkenswerth dünken, was dem Landmann, der auf dem vesten Lande lebt, neu und unterhaltend scheinen wird. Jener sieht am Lande manches mit beständiger Rücksicht aufs Seewesen; dieser hingegen beobachtet es nur, in so weit es einen ökonomischen Nutzen haben kann. Mit einem Wort, die Verschiedenheit unsrer Wissenschaften, unsrer Köpfe und unsrer Herzen haben nothwendigerweise eine Verschiedenheit in unsern Empfindungen, Betrachtungen und Ausdrücken hervorbringen müssen. Unsre Beschreibungen sind noch in einem andern Umstande sehr wesentlich von einander verschieden; weil ich über alles, was die innere Haushaltung des Schiffs und der Matrosen betrift, kurz weggegangen bin. Auch habe ich mich, mit gutem Bedacht, aller

Erzählung der Schiff-Manövres enthalten, und nicht zu bestimmen gewagt, wie oft wir bey stürmischem Wetter die Seegel einreften oder gar einbüßten, wie viel Wendungen wir machten, um eine Landspitze zu umfahren, und wie oft das Schiff unserm Palinurus zum Trotz ungehorsam ward, oder nicht folgen wollte. Die Winkel, Lage und Entfernung der Vorgebirge, Bergspitzen, Hügel, Höhen, Bayen, Haven und Buchten, nebst ihren Beobachtungen in verschiednen Stunden des Tages, sind gleichfalls weggelassen; denn solche lehrreiche Kleinigkeiten gehören eigentlich blos für Seefahrer. Die Geschichte von Capitain *Cooks* erster Reise um die Welt,* ward mit großer Begierde gelesen, sie ward aber, hier in England, mit allgemeinem Tadel, ich mögte fast sagen, mit Verachtung aufgenommen. Sie war von einem Manne aufgesetzt, der die Reise nicht mitgemacht hatte; und ihre üble Aufnahme wurde seinen geringhaltigen Beobachtungen, seinen unnöthigen Ausschweifungen und seinen sophistischen Grundsätzen zugeschrieben; ob gleich wenig Leser zu bestimmen im Stande seyn möchten, mit wie vielem Recht oder Unrecht solches geschehen sey. Die Geschäftigkeit des Capitain *Cook* und sein unermüdeter Entdeckungsgeist haben ihn abermals gehindert, den Abdruck seines Tagebuchs selbst zu besorgen; er hat also auch jetzt wieder einen Dollmetscher annehmen müssen, der an seiner Statt mit dem Publikum reden könnte. Außer dieser Unannehmlichkeit hat seine Beschreibung gegenwärtiger Reise noch einen andern Fehler mit der vorigen gemein, diesen nemlich, daß aus derselben, *auf gut französisch,* manche Umstände und Bemerkungen weggelassen worden, die man auf eine oder die andre Art für nachtheilig ansahe. Ein höherer Befehl blies den Herrn von *Bougainville* von der Insel *Juan Fernandez* weg und brachte die englischen Kanonen zum Stillschweigen, als die *Endeavour* die portugiesische Festung

* In der Endeavour in den Jahren 1768–1771. vollführt und beschrieben von Dr. *Hawkesworth, drey Bände in gr. 4.* mit 62 Kupf. und Charten. *Berlin bey Haude u. Spener.*

auf *Madera* beschoß.* Ohne mich weiter in diese Vergleichung einzulassen, will ich nur bemerken, daß aus dem bishergesagten genugsam abzunehmen, wie die Authenticität einer Reisebeschreibung beschaffen seyn kann, die vor dem Abdruck *Censur* und *Verstümmlung* über sich ergehen lassen muß!

Die Philosophen dieses Jahrhunderts, denen die anscheinenden Widersprüche verschiedner Reisenden sehr misfielen, wählten sich gewisse Schriftsteller, welche sie den übrigen vorzogen, ihnen allen Glauben beymaßen, hingegen alle andre für fabelhaft ansahen. Ohne hinreichende Kenntniß warfen sie sich zu Richtern auf, nahmen gewisse Sätze für wahr an, (die sie noch dazu nach eignem Gutdünken verstellten,) und bauten sich auf diese Art Systeme, die von fern ins Auge fallen, aber, bey näherer Untersuchung, uns wie ein Traum mit falschen Erscheinungen betrügen. Endlich wurden es die Gelehrten müde, durch Declamation und sophistische Gründe hingerissen zu werden, und verlangten überlaut, daß man doch nur Thatsachen sammlen sollte. Ihr Wunsch ward erfüllt; in allen Welttheilen trieb man Thatsachen auf, und bey dem Allem stand es um ihre Wissenschaft nichts besser. Sie bekamen einen vermischten Haufen loser einzelner Glieder, woraus sich durch keine Kunst ein Ganzes hervorbringen ließ; und indem sie bis zum Unsinn nach *Factis* jagten, verlohren sie jedes andre Augenmerk, und wurden unfähig, auch nur einen einzigen Satz zu bestimmen und zu abstrahiren; so wie jene Mikrologen, die ihr ganzes Leben auf die Anatomie einer Mücke verwenden, aus der sich doch für Menschen und Vieh nicht die geringste Folge ziehen läßt. Außerdem haben

* Die hier berührten Umstände sind notorische Facta, aber in den bekanntgemachten Reisen unterdrückt. Herr *von Bougainville* hielt sich einige Zeit auf *Juan Fernandez* auf und nahm daselbst Erfrischungen ein, ob er gleich zu verstehen giebt, daß ihn widrige Winde gehindert, diese Insel zu berühren. Capitain *Cook* in der Endeavour, und eine englische Fregatte beschossen das Loo-Fort auf Madera, um die Ehre der brittischen Flagge aufrecht zu erhalten, ohne daß dieser Umstand in *Hawkesworths* Sammlung auch nur mit einem Worte berührt worden wäre.

selten zween Reisende einerley Gegenstand auf gleiche Weise gesehen, sondern jeder gab, nach Maßgabe seiner Empfindung und Denkungsart, eine besondere Nachricht davon. Man mußte also erst mit dem Beobachter bekannt seyn, ehe man von seinen Bemerkungen Gebrauch machen konnte. Ein Reisender, der nach meinem Begriff alle Erwartungen erfüllen wollte, müßte Rechtschaffenheit genug haben, einzelne Gegenstände richtig und in ihrem wahren Lichte zu beobachten, aber auch Scharfsinn genug, dieselben zu verbinden, allgemeine Folgerungen daraus zu ziehen, um dadurch sich und seinen Lesern den Weg zu neuen Entdeckungen und künftigen Untersuchungen zu bahnen.

Mit solchen Begriffen gieng ich zur letzten Reise um die Welt zu Schiffe, und sammlete, so viel es Zeit, Umstände und Kräfte gestatten wollten, den Stoff zu gegenwärtigem Werke. Ich habe mich immer bemühet, die Ideen zu verbinden, welche durch verschiedne Vorfälle veranlaßt wurden. Meine Absicht dabey war, die Natur des Menschen so viel möglich in mehreres Licht zu setzen und den Geist auf den Standpunkt zu erheben, aus welchem er einer ausgebreitetern Aussicht genießt, und die Wege der Vorsehung zu bewundern im Stande ist. Nun kommt es freylich darauf an, wie fern mir dieser Versuch gelungen sey oder nicht; doch habe ich das Zutrauen, man werde meine gute Absicht nicht verkennen. Zuweilen folgte ich dem Herzen und ließ meine Empfindungen reden; denn da ich von menschlichen Schwachheiten nicht frey bin, so mußten meine Leser doch wissen, wie das Glas gefärbt ist, durch welches ich gesehen habe. Wenigstens bin ich mir bewußt, daß es nicht finster und trübe vor meinen Augen gewesen ist. Alle Völker der Erde haben gleiche Ansprüche auf meinen guten Willen. So zu denken war ich immer gewohnt. Zugleich war ich mir bewußt, daß ich verschiedne Rechte mit jedem einzelnen Menschen gemein habe; und also sind meine Bemerkungen mit beständiger Rücksicht aufs allgemeine Beste gemacht worden, und mein Lob und mein Tadel sind unabhängig von National-Vorurtheilen, wie sie auch Namen haben mögen. Nicht nur die Mannigfaltigkeit der Gegenstände, sondern auch die Reinigkeit und Anmuth des Styls bestimmen unser Urtheil und unser Vergnügen über Werke der Litteratur; und wahrlich, man müßte allem Anspruch auf Geschmack und Empfindung entsagen, wenn man nicht eine fließende Erzählung einer lahmen und langweiligen vorziehen wollte. Allein seit einiger Zeit ist die Achtung für einen zierlichen Styl so übertrieben und so sehr gemißbraucht worden, daß sich einige Schriftsteller lediglich auf die Leichtigkeit und Flüßigkeit ihrer Sprache verlassen, und um die Sache, welche sie vortragen wollten, gar nicht bekümmert haben, wobey denn am Ende das Publikum mit trocknen seichten Werklein ohne Salbung, Geist und Unterricht betrogen wurde. Solche Herrn mögen sich vielleicht den Beyfall einiger Virtuosen erwerben

Who haunt Parnassus but to please their ear.

Ich bin aber überzeugt, daß die mehresten und bessern Leser, in Rücksicht auf neue oder nützliche Gegenstände, die Unvollkommenheiten des Styls gewissermaßen zu übersehen geneigt seyn werden. Ich habe nicht elegant seyn wollen. Mein Zweck war, deutlich und verständlich zu seyn. Nur darauf habe ich meine Aufmerksamkeit eingeschränkt. Ich hoffe also Nachsicht zu finden, falls mir minder wichtige Fehler entwischt seyn sollten. Die Karte, worauf unsre Entdeckungen und die Umseeglungs-Linie gezeichnet worden, habe ich mit dem größten Fleiß nach den richtigsten Materialien, die am Rande angezeigt sind, entworfen. Damit auch das deutsche Publikum, neben meiner Beschreibung gegenwärtiger Reise, zugleich des Capitain *Cooks* Nachrichten von derselben, ohne ausdrückliche Kosten, mit benutzen möchte; so habe ich aus letzteren das Wichtigste hier in der deutschen Ausgabe eingeschaltet. Diese Zusätze betreffen jedoch, einen Theil der Einleitung ausgenommen, nur etliche wenige Vorfälle, von denen ich entweder nicht selbst Zeuge gewesen war, oder die ich aus einem andern Gesichtspunkt angesehen hatte. Zum Unterschied sind alle diese Stellen mit folgendem Zeichen –« bemerkt. Durch diese Verfügung habe ich meinen

Landsleuten einen Dienst zu leisten gesucht, dessen das überreiche englische Publicum nicht bedurfte. Nunmehro könnte ich diese Vorrede füglich schließen, wenn es mir nicht der Mühe werth dünkte, dem Leser noch einige Nachricht von der Erziehung und Ausstattung mitzutheilen, welche man dem Tahitier *O-Maï* in England hat widerfahren lassen.* In dem engen Bezirk einer Vorrede kann ich aber nur mit wenigen Worten andeuten, was allenfalls zu einem ganzen Bande Stoff gäbe, wenn es mir jemals einkommen sollte, das gute Korn der Philosophie von seiner Spreu zu schwingen! *O-Maï* ward in England für sehr dumm oder auch für besonders gescheut angesehen, je nachdem die Leute selbst beschaffen waren, die von ihm urtheilten. Seine Sprache, die keine rauhen Mitlauter hat, und in welcher sich alle Worte mit einem Vocal endigen, hatte seine Organe so wenig geläufig gemacht, daß er ganz unfähig war, die mehr zusammengesetzten englischen Töne hervorzubringen: dieser physische oder vielmehr Gewohnheits-Fehler ward aber oft unrecht ausgelegt. Kaum war er in England angekommen, so ward er in große Gesellschaften geführt, mit den schimmernden Lustbarkeiten der wollüstigen Hauptstadt bekannt gemacht, und im glänzenden Kreise des höchsten Adels bey Hofe vorgestellt. Natürlicherweise ahmte er jene ungezwungene Höflichkeit nach, die an allen diesen Orten üblich und eine der größten Zierden des geselligen Lebens ist; die Manieren, Beschäfftigungen und Ergötzlichkeiten seiner neuen Gesellschafter wurden auch die seinigen, und gaben ihm häufige Gelegenheit seinen schnellen Verstand und lebhafte Einbildungskraft sehen zu lassen. Um von seinen Fähigkeiten eine Probe anzuführen, darf ich nur erwähnen, daß er es im Schachspiel sehr weit gebracht. Er konnte aber seine Aufmerksamkeit nicht besonders auf Sachen richten, die ihm und seinen Landsleuten bey seiner Rückkehr hätten nützlich werden

* Man hat seinen Namen bisher unrichtig *Omiah* genannt. Capitain *Fourneaux* brachte ihn in der Adventure nach England, ein mehreres von ihm sehe man pag. 347. etc.

können: die Mannigfaltigkeit der Gegenstände verhinderte ihn daran. Keine allgemeine Vorstellung unseres civilisirten Systems wollte ihm in den Kopf; und folglich wußte er auch die Vorzüge desselben nicht zum Nutzen und zur Verbesserung seines Vaterlandes anzuwenden. Schönheit, Symmetrie, Wohlklang und Pracht bezauberten wechselsweise seine Sinne; diese wollten befriedigt seyn, und er war gewohnt, ihrem Ruf zu gehorchen. Der beständige Schwindel des Genusses ließ ihm keinen Augenblick Zeit, auf das Künftige zu denken; und da er nicht von wahrem Genie belebt war, wie *Tupaia,* der an seiner Stelle gewiß nach einem festgesetzten Plan gehandelt hätte, so blieb sein Verstand immer unbebauet. Zwar mag er wohl öfters gewünscht haben, von unserm Ackerbau, unsern Künsten und Manufacturen einige Kenntniß zu bekommen; allein es fand sich kein freundschaftlicher Mentor, der diesen Wunsch zu befriedigen, ja was noch mehr, der seinen moralischen Character zu verbessern, ihm unsre erhabnen Begriffe von Tugend, und die göttlichen Grundsätze der geoffenbarten Religion beyzubringen gesucht hätte. Nachdem er fast zwey Jahre in England zugebracht, die Blattern-Impfung glücklich überstanden hatte, kehrte er unter Führung des Capitain *Cook,* der im Julius 1776 auf dem Schiffe *Resolution* von neuem aus *Plymouth* abseegelte, wieder nach *Tahiti* zurück. Bey dieser Gelegenheit zeigte sichs, daß, aller der sittenlosen Vergnügungen ohnerachtet, denen er in unserm geselligen Welttheil nicht hatte ausweichen können, die guten Eigenschaften seines Herzens doch noch unverderbt geblieben waren. Beym Abschiede von seinen Freunden entflossen ihm Thränen; und sein ganzes äußeres Betragen verrieth eine große Gemüthsbewegung. Man überhäufte ihn bey seiner Abreise mit einer unsäglichen Menge Kleider, Zierrath und andern Kleinigkeiten, dergleichen täglich zu Befriedigung unsrer erkünstelten Bedürfnisse erfunden werden. Seine Beurtheilungskraft war noch kindisch; daher verlangte er auch, wie ein Kind, nach allem, was er sahe, und vorzüglich nach Dingen, die ihn durch irgend eine unerwartete Wirkung vergnügt hatten. Diese kindischen Triebe zu befriedigen, (denn aus bessern Absichten konnte es wohl nicht geschehen) gab man ihm eine Dreh-Orgel, eine Elektrisir-Maschine, ein Panzer-Hemd und eine Ritter-Rüstung. Vielleicht erwarten hier meine Leser, daß er nebst diesen auch einige Dinge von wahrem Nutzen für seine Insel mitgenommen. – Ich erwartete eben dasselbe, allein meine Hoffnung ward getäuscht! *Sein* Vaterland wird von den Engländern keinen Bürger zurücknehmen, dessen erweiterte Kenntniß, oder mitgebrachte brauchbare Geschenke, ihn zum Wohlthäter, vielleicht zum Gesetzgeber seines Volks machen könnten. In Ermangelung dessen können wir uns jedoch einigermaßen *damit* trösten, daß das Schiff, auf welchem er zurück geschickt worden, den harmlosen *Tahitiern* ein Geschenk von Hornvieh bringen soll. Diese guten Leute müssen ohnfehlbar durch die Einführung von Ochsen und Schaafen auf ihrer fruchtbaren Insel, glücklicher werden; ja durch viele auf einander folgende Umstände, kann dies Geschenk dereinst den Grund zu moralischen Verbesserungen geben. Aus diesem Gesichtspunkte ist unsre vorige Reise wichtig, und würde unsern Beschützern Ehre bringen, wenn sie auch kein anderes Verdienst hätte, denn daß wir Ziegen auf *Tahiti,* Hunde auf den *freundschaftlichen Inseln* und *Neuen Hebriden,* und Schweine auf *Neu-Seeland* und *Neu-Caledonien* zurückgelassen haben. Es wäre gewiß sehr zu wünschen, daß dergleichen Entdeckungs-Reisen, mit so wohlthätigen und wahrhaft nützlichen Absichten noch ferner fortgesetzt würden;* zumal da noch selbst in der Südsee viel zu thun ist: Allein wer weiß, ob Neid und Eigennutz nicht durchdringen, und die großmüthigen Unternehmungen eines Monarchen, der die Musen schützt, vereiteln werden. – Eine einzige Bemerkung, die von großem Nutzen für die Nachwelt ist; nur *Ein* Vorfall, der

* Auch von Seiten der Unkosten stehen einem solchen Wunsche keine besondere Schwierigkeiten im Wege; denn die ganze Ausrüstung unsrer letzten Reise um die Welt, den Ankauf beyder Schiffe, und alle Nebenausgaben mitgerechnet, betrug nicht mehr als 25 000 Pfund Sterling, welches für die englische Nation eine Kleinigkeit ist.

unsre Mitmenschen in jenem entfernten Welttheil glücklich macht, vergilt warlich alle Mühseligkeiten der Seefahrt, und schenkt den großen Lohn, das Bewußtseyn guter und edler Handlungen!

London,
den 24sten März 1777. *Georg Forster.*

Einleitung

Der Antheil, den die gelehrte Welt an den neuesten Entdeckungen im Süd-Meer genommen, hat auch die älteren, zum Theil schon vergeßnen Reisen, wiederum ins Andenken gebracht. Vermuthlich werden also meine Leser keiner weitläuftigen Wiederholung derselben bedürfen. Doch könnte es, für einige wenigstens, von Nutzen seyn, daß ich der bisherigen Entdeckungs-Reisen erwähne, eh' ich zur Beschreibung unsrer eignen schreite. Hiernächst ist es auch der Mühe werth, daß ich von der Ausrüstung unsrer Schiffe einige Nachricht voranschicke, weil solche, theils wegen der Originalität unsers Reise-Plans, theils wegen der Erfahrungen und der Rathschläge unserer Vorgänger, ungleich vollkommner und in aller Absicht merkwürdiger war, als sie bey dergleichen Expeditionen bisher je zu seyn pflegte. In Ansehung des erstern will ich mich so kurz als möglich fassen, um die Leser mit dieser trocknen Materie nicht zu ermüden; zu dem Ende werde ich auch nur allein die wirklichen Entdekkungs-Reisen anführen, und keinesweges ein vollständiges Verzeichniß von allen nichtsbedeutenden Süd-Seefahrten liefern.

[…]

Bey unsrer Abreise kamen uns nur die Entdeckungen bis auf *Cooks* erste Reise *(inclusive)* zu statten, weil wir damals von den letzteren französischen Expeditionen noch keine, oder doch nur höchst unzuverläßige Nachricht hatten.

Vor Capitain *Cooks* Rückkunft in der *Endeavour* hatte man noch behauptet, daß sich das feste Land im Süd-Meer bis zum 30sten Grad der Breite erstrecke, mithin unter einem günstigen Himmelsstrich belegen, und um deswillen ein wichtiger Gegenstand der europäischen Politik seyn müsse. Zwar hatte diese Meynung einen gefährlichen Stoß dadurch erhalten, daß er auf seiner ersten Reise bis zum 40sten Grad gekommen, und gleichwohl kein solches Land gefunden hatte. Man ließ sich aber dadurch noch immer nicht irre machen. Das feste Land, hieß es, erstrecke sich vielleicht nur nicht *in dem Punkte* so weit gegen Norden; Capitain *Cook* sey in einen großen Meerbusen gerathen; oder wenn man ja etwas zugeben müsse, so dürfe das feste Land nur um 10 Grade weiter zurückgelegt werden. Überdem wäre ja auch das Meer um den Südpol nach allen Himmels-Gegenden bis zum 50sten, und an einigen Orten bis zum 40sten Grad der Breite, zur Zeit noch immer ganz unberührt geblieben, und noch von keinem Schiffe befahren! Um nun diesem Streit wegen eines solchen festen Landes ein Ende zu machen, gieng unsre Reise auf Befehl Sr. Königl. Grosbrittannischen Majestät vor sich. Capitain *Cook* erhielt Befehl, die Sommer-Monathe* zu Entdeckungen, gegen den Südpol hin, anzuwenden; sobald aber die Jahreszeit kalt, stürmisch, neblicht und unsicher würde, nach den Wendezirkeln zurückzukehren, und die Lage der ehemals entdeckten Inseln, vermittelst unsrer jetzigen astronomischen Instrumente und neuen Berechnungen, genauer zu bestimmen. Fände er kein großes festes Land, so sollte er, so nahe am Südpol als immer möglich, ostwärts laufen, bis er die Erdkugel umsegelt hätte. Unter allen Reisen um die Welt ist die unsrige auch würklich die erste, die von Westen nach Osten gerichtet worden.

Man hatte auf Capitain *Byrons, Wallis* und *Carterets* Reisen erfahren, daß die dazu gebrauchten Kriegs-Schiffe, der Delphin und die (Swallow) Schwalbe, übel gewählt wären, vornemlich weil sie keinen hinlänglichen Vorrath von Lebensmitteln und Geräthschaften einnehmen konnten. Capitain *Cook* suchte sich also, schon bey seiner ersten Reise, ein Fahrzeug von ganz anderer Bauart, nemlich eins von denen Schiffen aus, die in England zum Transport der Steinkohlen gebraucht werden. Ein Schiff, das zu Entdeckungs-Reisen recht tauglich seyn soll, muß, sagte er, nach Verhältniß seiner Bemannung, Lebensmittel und andere Vorräthe, wenigstens für drey Jahr lang, füglich in sich fassen

* Es versteht sich, daß hier vom Sommer der südlichen Halbkugel die Rede ist, der unserm Winter entspricht.

können, aber bey alle dem weder sehr groß seyn, noch sehr tief im Wasser gehen, damit es zur Noth in den engsten und seichtesten Haven einlaufen könne. Auch muß es nicht leicht auf dem Grunde sitzen bleiben, am Boden allenfalls einen Stoß aushalten, und wenn ja eine Ausbesserung nöthig seyn sollte, mit leichter Mühe ans Ufer gelegt werden können. In einem solchen Schiffe kann ein tüchtiger Seemann sich überall hinwagen, unverzagt an jede unbekannte Küste laufen, und seinen Verhaltungsbefehlen volles Genüge leisten. Von dieser Art waren nun auch die beyden Schiffe, mit welchen wir die Reise um die Welt unternahmen, und ich bin überzeugt, daß sie, bey allen ihren Fehlern und Unbequemlichkeiten, zu einer so gefährlichen Reise immer noch die tauglichsten und besten waren.

Das größere von 462 Tonnen und 16 vierpfündigen Kanonen, ward die Resolution genannt, und von Capitain *Cook* commandirt; das kleinere hingegen von 336 Tonnen, oder die Adventure, von Capitain *Tobias Fourneaux.* Ersteres führte 112 Mann, letzteres nur 81; die Sternkundigen, Naturforscher, Mahler und ihre Bedienten abgerechnet.* Verschiedne Officiere und Unter-Officiere, nebst einigen Matrosen, hatten schon eine oder die andere Reise um die Welt mitgemacht, und waren um so mehr geschickt, abermals dazu gebraucht zu werden.

In jedem Schiffe befand sich ein Sternkundiger, den die Commißion der Meeres-Länge** besoldete. Im größern Schiffe war es Herr *Wilhelm Wales,* der neulich die während der Reise gemachten Bemerkungen in einem Band herausgegeben hat; in der Adventure Herr *Wilhelm Bailey,* der jetzo wieder auf einer neuen Reise mit Capitain *Cook* begriffen ist.*** Sie hatten alle

* Bey unsrer Abreise vom Cap waren wir 118 Mann, (Doct. Sparrmann mitgerechnet.)

** *The Board of Longitude.*

*** Auf diese Reise sind zwey Schiffe ausgeschickt. Das größte, die Resolution, commandirt Capitain *Cook;* das kleinere, die *Discovery* (Entdeckung,) Capitain *Clerke.* – Am 13. Jul. verließ Capitain *Cook* den Haven *Plymouth;* Capitain *Clerke* segelte einige Wochen später. Sie nöthige astronomische und nautische Instrumente, besonders vier Längen-Uhren, drey von *Arnold,* und eine nach dem Modell der *Harrisonschen* von *Kendal* verfertigt. In der Resolution ward auch Herr *Wilhelm Hodges,* ein Landschafts-Mahler, vom Admiralitäts-Collegio ausgeschickt, der nicht nur Aussichten von den verschiednen Gegenden, sondern auch, so weit seine Kenntniß von der menschlichen Figur reichen wollte, die Einwohner gezeichnet hat.

Die Herren *Banks* und *Solander,* Capitain *Cooks* Gefährten auf seiner ersten Reise, hatten sich vorgenommen, zum zweytenmal mit ihm zu gehen. Herr *Banks* hatte sich zu dem Ende in große Kosten gesetzt, und mit allen Nothwendigkeiten versehen. Zween junge Leute sollten ihm (noch ausser *Solandern)* in botanischen und zoologischen Beschreibungen Hilfe leisten, und drey andre die neu entdeckten Thiere und Pflanzen zeichnen. Sogar *Zoffani,* ein geschickter deutscher Mahler, hatte versprochen, ihn zu begleiten, und die verschiednen Landschaften, nebst ihren Einwohnern, zu schildern. Herr *Banks* verlangte nur noch einige Änderungen im Schiffe, um etwas mehr Bequemlichkeit auf der Reise zu haben. Allein der Minister vom Seewesen hatte keine Achtung für diese Foderungen, die er doch einem so uneigennützigen Eiferer für die Wissenschaften wohl hätte zugestehn sollen. Nachdem Herr *Banks* lange genug vergebens auf günstigern Bescheid gewartet hatte; so erklärte er sich endlich, zehen Tage vor dem zur Abreise angesetzten Termin, daß er mit seiner ganzen Gesellschaft die Reise nicht antreten wolle. Darüber ward der Minister aufgebracht; er wollte sich rächen,

vereinigten sich am Cap der guten Hoffnung, und segelten von dannen am 29sten November. Die Absicht ist, *O-Maï* nach seinem Vaterlande zurückzuführen, und von *Tahiti* nach der nordwestlichen Küste von Amerika, oder *Sir Franz Drakens Neu-Albion,* auf Entdeckung zu gehen. Das Parlament hat eine Belohnung von 20 000 £ Sterl. auf die Entdeckung einer Nord-West- oder auch nordöstlichen Durchfahrt gesetzt, und 5000 £, wenn ein englischer Seefahrer bis auf *einen* Grad vom Pol dringen sollte. Dies sind wichtige Bewegungsgründe.

und Herrn *Banks* fühlen lassen, daß die Wissenschaft auch ohne ihn erweitert werden könne. Von der Summe, die das Parlement zum Besten dieser Reise ausgesetzt hatte, waren gerade noch 4000 Pf. Sterling übrig. Nichts konnte für die Leidenschaft des Ministers erwünschter seyn. Man forderte meinen Vater auf, als Naturforscher mit Capitain *Cook* zu gehn, hütete sich aber sorgfältig, ihm etwas von der Schikane merken zu lassen, die diesen Ruf veranlaßt hatte. Das Parlement gestund ihm und mir obgedachte Summe zu; man that noch obenein glatte Versprechungen, und wir traten die Reise an, in Hoffnung, den Verlust wenigstens einigermaßen zu ersetzen, der durch Herrn *Banks* Weigerung für die Wissenschaft zu befürchten stand. Die Rachsucht eines einzigen Mannes konnte also in diesem Fall ihren Nutzen haben. Bey Gelegenheit Capitain *Cooks* dritter Reise hatte sie sich aber schon abgekühlt. Es ward zu wiederholtenmalen vorgeschlagen, auch diesmal wieder Naturforscher auszuschicken, allein die Wissenschaft war nie des Ministers Object gewesen. Sie war ihm nach wie vor verächtlich, und folglich ward auf der neuen Reise kein Gelehrter geduldet.

In jedem Schiffe wurden die Bestandtheile eines kleinen Fahrzeugs von 20 Tonnen mitgenommen, die bey Gelegenheit zusammengesetzt werden konnten, im Fall die Schiffe verloren giengen, oder wir etwas zu verschicken hätten. Sie wurden aber nicht gebraucht, bis gegen das Ende der Reise, da wir Mangel an Brennholz litten.

Mit Netzen, Angeln und dergleichen Geräthen zur Fischerey, waren wir ebenfalls versehen, und um Lebensmittel von den Wilden zu erhandeln, hatte man dem Capitain allerley grobe Tücher, Eisengeräth und andre Waaren mitgegeben. Auch wurden, auf Befehl des Admiralitäts-Collegii, etliche Hundert verguldete Schaumünzen, mit dem Brustbilde des Königs, ausgeprägt, um zum Denkmal der Reise unter die Wilden vertheilt zu werden.

Die Gesundheit des Schiffsvolks ist ein so wichtiger Gegenstand bey langen beschwerlichen See-Reisen, daß man zu Beförderung und Erhaltung derselben diesmal auf außerordentliche

Mittel bedacht war. Zu dem Ende hatte man verschiedne Lebensmittel an die Stelle andrer ausfindig gemacht, und vor allen Dingen unser deutsches Sauerkraut, nebst gallertartig eingekochter Fleischbrühe [...] in großer Menge an Bord geschickt.

Wir hatten in der Resolution sechzig große Fässer Sauerkraut, die vor unsrer Rückkehr ans Vorgebirge der guten Hoffnung ganz ausgeleert wurden. Die vielen Veränderungen des Clima, denen wir unterworfen gewesen, hatten ihm nichts geschadet. Ohngefähr vierzehn Tage vor unserer Ankunft in Engelland, fanden wir die letzte Tonne, die man bis dahin durch einen Zufall im Schiffsraum übersehen hatte; und auch diese enthielt so frisches und schmackhaftes Sauerkraut, daß verschiedene portugiesische Herren, die auf der Rheede von Fayal mit uns speiseten, nicht nur mit außerordentlichem Appetit davon aßen, sondern sich den im Fasse gebliebnen Rest ausbaten, um ihre Freunde am Lande damit zu bewirthen. Es ward mehrentheils zweymal die Woche, zur See aber, und besonders in den südlichsten Gegenden, auch öfter gereichet. Die Portion auf jeden Kopf war ein Pfund. Dem deutschen Leser die guten Eigenschaften dieses Gerichts anzurühmen, wäre überflüßig. Doch kann ich nicht umhin zu sagen, daß es vielleicht das allerbeste Präservativ gegen den Scharbock ist, weil es in Menge mitgenommen, und nicht als Medicin, sondern in großen Portionen als nahrhafte Speise gebraucht werden kann.

Die Täfelchen oder Kuchen von gallertartig eingekochter Fleischbrühe verdienen den nächsten Platz, als bewährte gesunde Nahrungsmittel. Wir hatten ihrer an 5000 Pfund. Wöchentlich kochte man dreymal Erbsen* zu Mittage, und jedesmal ward ohngefähr zwey Loth solcher Fleischbrühe auf den Mann,

* Unglücklicherweise waren unsre Erbsen sehr schlecht, und blieben, ohnerachtet alles Kochens, hart und unverdaulich. Die oben angeführten Sachen, hielten uns aber zum Theil schadlos und verhinderten die üble Würkung, die diese harte Speise, nebst dem Pöckelfleisch hätte verursachen können.

darinn zerlassen. Auch ward es bisweilen zum Frühstück mit Weizen-Graupen oder Habermehl verdickt zugerichtet.

Ein und dreyßig Fässer mit eingekochter *Würze* (Maische) oder *Bier,* das bis zu einer Syrup ähnlichen Consistenz eingekocht war, wurden ebenfalls auf dieser Reise mitgenommen, um gelegentlich durch den Zusatz von Wasser und neuer Gährung zu gesundem Getränke bereitet zu werden. Allein, aus Mangel von Vorsichtigkeit, verloren wir diesen Vorrath, der im heißen Clima in Gährung gerieth und die Fässer sprengte.

Für die Kranken hatte man bey Ausrüstung unsrer Schiffe ebenfalls besonders gesorgt.

Salup, ein Gallert, der aus der Wurzel eines Zweyblatts *(Orchis)* bereitet, sehr nahrhaft und leicht verdaulich ist, ward dem Wundarzte zur Abwechselung mit dem gewöhnlichen Sayo, für die scorbutischen Kranken anvertraut.

Robb oder dick eingekochter Saft von Zitronen und Orangen, ward zur Arzney gegen den Scharbock mitgegeben; allein, weil man wegen der Kostbarkeit des Mittels die Dosin viel zu geringe vorgeschrieben hatte, so ließ sich keine vollständige Cur davon erwarten. Überdem hielt sich unser rechtschaffener Wundarzt, Herr *Patton,* auch nicht für berechtigt, mit seinen Kranken Experimente zu machen, so lange er noch würklich bewährte Genesungs-Mittel in Händen hatte. Doch versichert er, daß der *Robb* von großem Nutzen sey.

Eine Marmelade von gelben Möhren oder Carotten, *(Daucus Carota)* die dem gewöhnlichen schwarzen Zucker-Syrup an Farbe und Geschmack sehr ähnlich ist, hat der Herr Baron von *Muzel Stosch* in Berlin zur Probe gegen den Scharbock vorgeschlagen. Sie laxirt gelinde, und kann als ein Hülfsmittel angesehn werden; eine Cur aber wird sie schwerlich zuwege bringen.

Das schätzbarste Mittel gegen den Scharbock, welches nach vielen wiederholten Erfahrungen selbst den gefährlichsten Grad dieser Krankheit curirt, ist die frische Infusion von Malz. Wir hatten dreyßig Tonnen mit Malz an Bord, und so bald sich der

Scharbock merken ließ, ja in kalten Gegenden noch eher, ward täglich eine frische Infusion gemacht, und denen die zum Scharbock geneigt waren, als ein Präservativ gereicht. Die würklichen Kranken, deren wir sehr wenige hatten, mußten jeden Tag drey Quart trinken. Bey geschwollnen Gliedern oder Beulen, wurden die Trebern, als warme Umschläge, mit dem besten Erfolg gebraucht. Doctor *Macbride* in Irrland, war der erste, der das Malz als ein antiscorbutisches Mittel angab; und nunmehro ist es auf der englischen Flotte als unentbehrlich eingeführt, so daß ein jedes Schiff einen gewissen Vorrath davon an Bord führt. Zu Bestätigung des obigen, kann ich hier aus unsers Wundarztes Tagebuch, noch folgende Stelle anführen. »Ich habe, sagt er, die Malz-Infusion (*wort*, Würze, Maische,) auf der ganzen Reise, in allen scorbutischen Fällen, äusserst nützlich befunden. Zwar habe ich sie nur selten recht auf die Probe stellen können, weil viele sie tranken, um die Krankheit zu verhüten; allein schon die wenigen Fälle, in welchen sie mir gute Dienste geleistet hat, sind meines Erachtens, hinlänglich, jedem Unpartheyischen zu beweisen, daß dies das beste bisher erfundne Mittel gegen den See-Scharbock ist. Auch bin ich, nach allem, was ich von den Heilkräften der Malz-Infusion und von ihrer Art zu würken erfahren habe, ganz überzeugt, daß mit Hülfe der Suppen-Täfelchen, des Sauerkrauts, Zuckers, Sayo's, und der Corinthen, jene Pest des Meeres, der Scharbock, selten oder gar nicht unter dem Schiffsvolke selbst auf den längsten Reisen erscheinen wird.«

Hiernächst ward die Gesundheit unsers Schiffsvolks noch durch verschiedne andere Veranstaltungen befördert. Die wichtigste und nützlichste war, daß man die Leute bey ihrer gesalznen Speise, so viel Wasser trinken ließ als sie nur immer mogten. Nur selten fanden wir uns genöthigt, sie auf gewisse bestimmte und noch seltener auf knappe Portionen von Trinkwasser einzuschränken. Zu dem Ende ward auch keine Gelegenheit versäumt, frisches Wasser zu füllen, wenn wir gleich noch Vorrath davon hatten; weil es unstreitig besser frisch vom Lande kömmt als es in den Fässern wird, nachdem es eine Zeitlang aufbewahrt worden.

Reinlichkeit ist eine andre nothwendige Vorsicht. Es ward bey uns nicht nur scharf darauf gesehen, daß die Matrosen sich selbst, ihre Kleider, Hemden u. s. w. rein hielten, sondern auch die Küchengeräthe wurden fleißig untersucht, damit von der Nachläßigkeit der Köche nichts zu befürchten wäre. Ihre Betten mußten bey trocknem Wetter des Tages aufs Verdeck gebracht werden. Am wichtigsten aber war das Räuchern mit einer Mischung von Schießpulver und Eßig, oder auch Wasser, und die fast wöchentlichen Feuer, die im Schlafraum des Volks, in den Cajütten der Officiere, und selbst im untersten Raum, wohin die Pumpen reichen, angezündet wurden. Ungesunde, faule Ausdünstungen und Feuchtigkeiten wurden auf diese Art zertheilt und unschädlich gemacht, und die Luft durchaus gereinigt. Dazu kam noch die Eintheilung der Mannschaft in drey, nicht wie sonst auf Kriegsschiffen gebräuchlich ist, in zwo Wachen. Dadurch wurden die Leute den Veränderungen des Wetters minder ausgesetzt, und hatten Zeit, ihre Kleider, wenn sie naß wurden, zu trocknen. Es wurden auch auf öffentliche Kosten, während unserm Aufenthalt in kalten Gegenden, warme Kleidungsstücke ausgetheilt, die der Mannschaft treflich zu statten kamen.

Erfahrne Ärzte, Seeleute und Menschenfreunde, hatte diese Hülfsmittel vorgeschlagen; der Wundarzt, mein Vater und einige andere Personen im Schiff, hatten den fleißigen Gebrauch derselben unaufhörlich angerathen; auch zeigten sich die vortreflichen Wirkungen davon bald so deutlich, daß man sie in der Folge für ganz unentbehrlich ansahe. Alle diese Ursachen und eigne Erfahrung, bewogen Capitain *Cook* sie bey jeder Gelegenheit anzuwenden. Unter göttlicher Führung blieben wir auf diese Art, ohnerachtet aller Beschwerlichkeiten, einer harten, ungewohnten Lebensart, und öfterer Abwechselung des Clima's bey guter Gesundheit. Der Präsident der königlichen Gesellschaft der Wissenschaften in London, *Sir John Pringle,* spricht davon ausführlich als ein erfahrner Arzt in seiner am 30sten November 1776 vor der Societät gehaltnen Rede, bey Verschenkung der *Copleyschen* Denkmünze an Capitain *Cook.* Die Lobsprüche, die er unserm geschickten und berühmten Seemann giebt, und die Verschenkung der Denkmünze selbst, welche nur durch eine Abweichung von den Statuten der Königl. Gesellschaft bewerkstelligt werden konnte, sind mehr als hinreichend die Wichtigkeit der von *Cook* befolgten Gesundheitsregeln darzuthun.

Erstes Hauptstück

Abreise – Fahrt von Plymouth nach Madera – Beschreibung dieser Insel

Ubi animus ex multis miseriis atque periculis requievit, – statui res gestas – perscribere; tamen (hoc) imprimis arduum videtur, – quia plerique, quae delicta reprehenderis, malivolentia et invidia putant, ubi de magna virtute et gloria bonorum memores, quae sibi quisque facilia factu putat, aequo animo accipit; supra ea, veluti ficta, pro falsis ducit.

SALLUST.

Kaum war das Schiff *Endeavour* im Jahre 1771. wieder nach England zurückgekommen, als man schon den Entwurf zu einer neuen Reise machte, auf welcher die *südlichen* Gegenden unsrer Erdkugel weiter erforscht und untersucht werden sollten.

Zwey tüchtige, starke Schiffe, die *Resolution* und die *Adventure,* wurden zu dem Ende als Königliche Schiffe vom sechsten Range *(Sloops)* ausgerüstet, und die Capitäne *Jacob Cook* und *Tobias Furneaux* zu Befehlshabern ernannt. Am eilften Junius erhielten mein Vater und ich Befehle, diese Reise gleichfalls zu unternehmen, um Gegenstände der Naturgeschichte, zu sammlen, zu beschreiben und zu zeichnen. In möglichster Geschwindigkeit rüsteten wir uns zu diesem wichtigen Vorhaben, und schickten innerhalb neun Tagen alle unsere Reise-Geräthschaft an Bord der *Resolution,* welche damals noch bey *Sheerneß* lag, am 22ten aber schon nach *Plymouth* abgieng.

Am 26sten verließen auch wir *London,* und kamen, weil wir zu Lande reisten, schon in zween Tagen nach *Plymouth,* woselbst aber unser Schiff noch nicht eingetroffen war. Den ersten Julius verfügten wir uns am Bord der Jagd *Augusta,* und machten dem damaligen Präsidenten des Admiralitäts-Collegii dem Grafen *Sandwich* unsre Aufwartung. Se. Herrlichkeit (Mylord) glaubten, die *Resolution* würde noch denselben Tag auf der Rheede ankommen, und verlangten, daß wir uns Abends zwischen fünf und sechs Uhr an Bord derselben begeben möchten.

Allein, zu unsrem großen Misvergnügen erschien das Schiff nicht, und der Graf verlies *Plymouth* am folgenden Morgen.*

Frühe am dritten Julius sahen wir die *Resolution* auf der Rheede vor Anker, wo sie in voriger Nacht angelangt war. Kapitain *Cook* gedachte, etwa acht bis zehen Tage hier zuzubringen, und befahl, mitlerweile in unsern Kajütten noch einige *schlechterdings* nothwendige Einrichtungen zu treffen. Da wir inzwischen keine Gelegenheit zu Erweiterung der Wissenschaft, oder zu unsrer Belehrung versäumen wollten, so bedienten wir uns dieser Zeit, um die Zinn-Bergwerke in Cornwall zu besuchen, und nachdem wir in den großen und reichhaltigen Gruben zu *Poldyce* und *Kenwyn* Vergnügen und Unterricht gefunden hatten, so kehrten wir am achten Julius nach *Plymouth* wieder zurück.

– »Capitain Cook bekam in *Plymouth* Verhaltungsbefehle, vom 25sten Junius datirt.** Diesen zufolge sollte er die *Adventure* unter sein Commando nehmen, nach *Madera* seegeln, sich dort mit Wein versehen, und sodann zu Erfrischung seiner Leute und um beyde Schiffe mit Lebensmitteln zu versorgen, am Vorgebürge der guten Hofnung anlegen. Von da aus sollte er südlich laufen, und wo möglich das *Cap de la Circoncision* entdecken, welches Herr *Bouvet* unter dem 54 Grad Süder-Breite und ohn-

* Dieser Umstand scheint beym ersten Anblick ziemlich unbedeutend und die Erwähnung desselben überflüßig zu seyn: Allein für die Reisenden war er wichtig. Wäre das Schiff noch *vor* der Abreise des Grafen *Sandwich* in Plymouth eingetroffen so hätte es dieser Herr, billiger weise, *selbst* in Augenschein nehmen müssen, und dann würden zur Bequemlichkeit und zum Nutzen der Herren Forster in den Cajütten und andern Dingen gewisse Einrichtungen getroffen worden seyn, die jetzt, weil Mylord *Sandwich* die Sachen nicht mit eigenen Augen gesehen hatte, entweder ganz unterblieben, oder doch nur unvollkommen vorgenommen wurden, und über deren Mangel unsre Reisenden, in der Folge, sich mit Recht zu beklagen hatten. *A. d. V.*

** Man sehe *Cooks* Reisebeschreibung im Englischen, 1ster Band: *pag. 2.* woraus ich die obenangeführte Instruction zu Ergänzung meines Werks dem deutschen Publikum vortrage.

gefähr 11° 20' östlicher Länge, von *Greenwich,* angiebt. Entdeckte er dieses, so sollte er untersuchen, ob es zum festen Lande gehöre, welches aller Geographen und voriger Seefahrer Aufmerksamkeit erregt hatte, oder ob es nur ein Theil einer Insel sey? Im ersten Fall sollte so viel als möglich von der Küste befahren und untersucht, zugleich auch Bemerkungen zum Vortheil der Handlung, der Seefahrt und der Naturgeschichte gemacht werden. Träfe man Einwohner an, so sollte Capitain *Cook* ihren Character, Temperament, Genie und Anzahl bemerken, und wo möglich freundschaftlichen Umgang mit ihnen zu haben suchen. So lange die Schiffe in gutem Stande, die Leute gesund, und die Lebensmittel brauchbar blieben, sollte er diese Entdeckungen fortsetzen, und, je nachdem es die Umstände erforderten, nach Osten oder Westen laufen, dabey aber so weit gegen den Südpol als nur immer möglich zu dringen suchen. Wäre aber das Vorgebürge *de la Circoncision* nur ein Theil einer Insel, oder könnte er es gar nicht antreffen, so blieb ihm übrig so lange als er noch Hofnung hätte ein großes oder festes Land zu finden, südwärts zu steuern, alsdenn aber seinen Lauf nach Osten zu richten, und in hohen südlichen Breiten, so nah an den Pol als thunlich seyn würde, rund um die Welt zu seegeln, zuletzt am Vorgebürge der guten Hofnung wieder zu ankern und von dort nach *Spithead* bey *Portsmouth* zurückzukehren. So oft die Jahrszeit den ferneren Aufenthalt in hohen Breiten gefährlich machen würde, sollte er sich nach irgend einem bekannten Orte weiter gegen Norden unter mildern Himmelsstrichen, zurück ziehen, um seine Leute zu erfrischen, und die Schiffe wieder in Stand zu setzen. In allen Fällen, welche man nicht vorhergesehn, konnte er übrigens nach eignem Gutdünken verfahren, und gienge unglücklicher Weise die *Resolution* verlohren, so sollte er dennoch die Fahrt im kleinern Schiffe fortsetzen. Eine Abschrift dieser Befehle theilte er dem Capitain *Furneaux* mit, und zeigte ihm zugleich die Sammelplätze, im Fall der Trennung an.«

»Die Sternkundige, aus beyden Schiffen, Herren *Wales* und *Bayley,* machten, während daß *wir* nach *Cornwall* gereiset waren, ihre Beobachtungen auf einem kleinen Eyland *(Drake's Island)* im Haven von *Plymouth.* Die Länge dieses Orts mußte astronomisch bestimt werden, weil man hier die Längen-Uhren in Gang bringen sollte, welche diese Herren mit sich am Bord hatten. Herr *Arnold* hatte deren drey verfertigt, davon zwo in der *Adventure* bleiben sollten. Die dritte mit noch einer andern, die Herr *Kendal* nach der Harrisonschen Uhr genau nachgemacht hatte, kam auf das andre Schiff. Alle insgesammt wurden am 10ten Julius in Gang gesetzt, und in vierecktigen hölzernen Kasten aufbewahrt. Den genausten Berechnungen zufolge ist die Königliche Sternwarte in *Greenwich,* welche wir hier beständig als die erste Mittagslinie annehmen werden, von dem kleinen Eyland in *Plymouth*-Haven, 4° 20' ostwärts entfernt« –.

Sonnabend den eilften begaben wir uns an Bord, um mit dem ersten günstigen Winde abzusegeln. Am folgenden Tage aber, da der Wind ziemlich heftig bließ und mein Vater zufälliger Weise auf dem Verdeck herumgieng, bemerkte derselbe nicht nur eine Änderung in der gewönlichen Lage unsers Schiffs gegen die *Adventure* und ein anderes Schiff, welche beide vor Anker lagen, sondern ihn dünkte auch, als wenn es auf die Klippen unter der Festung zutriebe. Er äußerte diese Vermuthung dem Lootsen *(Master)* Herrn *Gilbert,* der sich auch auf dem Verdeck befand und sogleich gewahr ward, daß die Kette eines der beständigen *Boys,* woran man das Schiff befestigt hatte, gebrochen sey. Zur Fort-Arbeitung eines Schiffs wozu diese *Boys* zu *Plymouth* gebraucht werden, möchte sie stark genug gewesen seyn; aber der beständigen und mannichfaltigen Bewegung eines *schwergeladnen* Schiffs konnte sie nicht widerstehn; und also hätte man auch, meines Erachtens, kein solches Schiff daran legen sollen. Gleich auf den ersten Lerm waren alle Matrosen in Bewegung; die Seegel wurden aufgespannt, und die Kabel in Bereitschaft gesetzt: Nun liefen wir die *Adventure* und das andere Schiff vorbey, und entgiengen auf solche Art der grösten Gefahr an den Felsen unter der Festung zu scheitern. Unsre Seeleute schlossen aus diesem bedenklichen und glücklichen Vorfall auf den günstigen Fortgang der ganzen Reise, und wir konnten nicht umhin die Leitung der göttlichen Vorsehung in diesem wichtigen Augenblick zu erkennen, der alle unsre Hofnungen beynahe auf einmal vereitelt hätte.* Und wie oft haben wir uns nicht im Verfolg dieser Reise in so gefährlichen Umständen befunden, wo alle menschliche Hülfe vergeblich gewesen seyn würde, wenn unser besseres Schicksal nicht unter einer höhern Aufsicht gestanden hätte, ohne welche kein Haar von unserm Haupte fällt? Zwar sind wir geneigt, der Vortreflichkeit und dem wachsamen Auge unsrer erfahrnen Welt-Umsegler die billigste und rühmlichste Gerechtigkeit wiederfahren zu lassen; allein im Grunde werden wir uns nie enthalten, alles auf seinen wahren Ursprung, fürnemlich aber solche Vorfälle auf eine höhere Macht zurückzuführen, wovon keine menschliche Kunst, wäre sie auch mit frecher Religions-Verachtung gewaffnet, die Ehre sich anmaßen darf.

Montags früh, am 13ten, seegelten wir in Begleitung der *Adventure* von *Plymouth* ab. Ich kehrte einen Abschieds-Blick gegen Englands fruchtbare Hügel zurück, und lies dem natürlichen Gefühl der Verbindungen, woran mich diese Aussicht erinnerte, freyen Lauf; bis endlich die Heiterkeit des schönen Morgens, und die Neuheit unsrer Fahrt, durch die noch glatte See, die Oberhand gewannen und jene trüben Gedanken zerstreuten. Bald blieb nun hinter uns der berühmte hohe Leucht-Thurm der mitten im Meer auf dem Felsen *Eddistone* zum Besten der Schiffahrt gebauet ist und den man unmöglich ansehen kan, ohne für die einsamen Wächter zu zittern, die oft drey Monathe lang, von aller Gemeinschaft mit dem festen Lande abgeschnitten, daselbst zubringen müssen. Denn das Schicksal eines gewissen *Winstanley,* der unter dem Schutt eines ähnlichen Gebäudes, das er selbst auf dieser Klippe angelegt hatte, vergraben wurde, und die schwan-

* Es ist nichts ungewöhnliches, daß Schiffe bey ähnlichen Gelegenheiten zu Schaden kommen. Das Kriegs-Schiff Aldborough, ward am 16ten May 1776. von eben solchem Boy losgerissen, und trieb auf die Felsen von Drake-Eyland, wo es die Wellen zerschmetterten.

kende Bewegung des jetzigen Thurms, wenn Wind und Wetter ihn bestürmen, müssen sie unaufhörlich mit einem schleunigen und schreckenvollen Untergange bedrohen.

In eben dem Maaße als wir uns vom Lande entfernten, ward der Wind heftiger; die Wellen wuchsen an, das Schiff rollte von einer Seite zur andern und die der See nicht gewohnt waren, ja selbst einige der ältesten Seeleute, litten nunmehr, doch in verschiedenem Grade, von der Seekrankheit. Auch war diese Übelkeit nicht bey allen von gleicher Dauer, und nachdem sie drey Tage lang angehalten hatte, fanden wir uns gröstentheils durch gewärmten rothen Oporto-Wein mit Zucker und Gewürzen wieder hergestellt.

[…]

Sechstes Hauptstück

Reise von Dusky-Bay nach Charlotten-Sund – Wiedervereinigung mit der Adventure – Verrichtungen daselbst

[...]

Am folgenden Morgen hatten wir verschiedne Canots um uns her, in denen zusammen genommen etwa dreyßig Indianer seyn mochten. Sie brachten allerhand Werkzeuge und Waffen zu Markte, und bekamen eine Menge andrer Sachen dagegen, weil unsre Leute so eifrig aufs Eintauschen waren, daß einer den andern immer überboth. Es befanden sich auch einige Weiber unter ihnen; diese hatten sich die Backen mit Rothstein und Öhl geschminkt, die Lippen hingegen sahen, vom Puncktiren oder Tättowiren, welches hier zu Lande sehr Mode ist, ganz schwärzlich blau aus. Wir fanden, daß sie fast durchgängig, gleich den Leuten in *Dusky-Bay,* dünne krumme Beine, mit dicken Knieen hatten. Dies muß ohne Zweifel davon herrühren, daß sie solche wenig gebrauchen, indem sie eines theils am Lande die mehreste Zeit unthätig liegen mögen, andern theils aber in den Canots stets mit untergeschlagnen Füßen, zu sitzen pflegen. Übrigens waren sie von ziemlich heller Farbe, die ohngefähr zwischen Oliven- und Mahoganybraun das Mittel halten mochte; dabey hatten sie pechschwarzes Haar, runde Gesichter, und vielmehr dicke, als platte Nasen und Lippen. Auch hatten sie schwarze Augen, die oft lebhaft und nicht ohne Ausdruck, so wie der ganze Obertheil des Cörpers wohl gebildet und ihre Gestalt überhaupt gar nicht wiedrig war. Unsre Matrosen hatten seit der Abreise vom Cap mit keinen Frauenspersonen Umgang gehabt; sie waren also sehr eifrig hinter diesen her, und aus der Art wie ihre Anträge aufgenommen wurden, sahe man wohl, daß es hier zu Lande mit der Keuschheit so genau nicht genommen würde, und daß die Eroberungen eben nicht schwer seyn müßten. Doch hiengen die Gunstbezeigungen dieser Schönen nicht blos von ihrer Neigung ab, sondern die Männer mußten, als unumschränkte Herren, zuerst darum befragt werden. War deren Einwilligung durch einen großen Nagel, ein Hemd oder etwas dergleichen erkauft; so hatten die Frauenspersonen Freiheit mit ihren Liebhabern vorzunehmen was sie wollten, und konnten alsdenn zusehen noch ein Geschenk für sich selbst zu erbitten. Ich muß indessen gestehen, daß einige derselben sich nicht anders als mit dem äußersten Widerwillen zu einem so schändlichen Gewerbe gebrauchen ließen, und die Männer mußten oft ihre ganze Autorität ja sogar Drohungen anwenden, ehe sie zu bewegen waren, sich den Begierden von Kerlen preis zu geben, die ohne Empfindung ihre Thränen sehen und ihr Wehklagen hören konnten. Ob unsre Leute, die zu einem gesitteten Volk gehören wollten und doch so viehisch seyn konnten, oder jene Barbaren, die ihre eignen Weibsleuthe zu solcher Schande zwungen, den größten Abscheu verdienen? ist eine Frage, die ich nicht beantworten mag. Da die Neu-Seeländer fanden, daß sie nicht wohlfeiler und leichter zu eisernem Geräthe kommen konnten, als vermittelst dieses niederträchtigen Gewerbes; so liefen sie bald genug im ganzen Schiffe herum und bothen ihre Töchter und Schwestern ohne Unterschied feil. Den *verheiratheten* Weibern aber, verstatteten sie, so viel wir sehen konnten, nie die Erlaubniß, sich auf ähnliche Weise mit unsern Matrosen abzugeben. Ihre Begriffe von weiblicher Keuschheit sind in diesem Betracht so sehr von den unsrigen verschieden, daß ein unverheirathetes Mädchen viele Liebhaber begünstigen kann, ohne dadurch im mindesten an ihrer Ehre zu leiden. So bald sie aber heirathen, wird die unverbrüchlichste Beobachtung der ehelichen Treue von ihnen verlangt. Da sie sich solchergestalt, aus der Enthaltsamkeit unverheyratheter Frauenspersonen nichts machen; so wird man vielleicht denken, daß die Bekanntschaft mit ausschweifenden Europäern den moralischen Character dieses Volks eben nicht verschlimmert haben könne: Allein wir haben alle Ursach zu vermuthen, daß sich die Neu-Seeländer zu einem dergleichen schändlichen Mädchen-Handel nur seitdem erst erniedrigt hatten, seitdem vermittelst des Eisengeräthes neue Bedürfnisse unter ihnen waren veranlaßt worden. Nun diese einmal statt fanden, nunmehro erst verfielen sie, zu Befriedigung derselben, auf Handlungen an die sie zuvor nie gedacht haben mochten und die nach unsern Begriffen auch nicht einmal mit einem Schatten von Ehre und Empfindsamkeit bestehen können.

Es ist Unglücks genug, daß alle unsre Entdeckungen so viel unschuldigen Menschen haben das Leben kosten müssen. So hart das für die kleinen, ungesitteten Völkerschaften seyn mag, welche von Europäern aufgesucht worden sind, so ists doch warlich nur eine Kleinigkeit in Vergleich mit dem unersetzlichen Schaden, den ihnen diese durch den Umsturz ihrer sittlichen Grundsätze zugefügt haben. Wäre dies Übel gewissermaßen, dadurch wieder gut gemacht, daß man sie wahrhaft nützliche Dinge gelehret oder irgend eine unmoralische und verderbliche Gewohnheit unter ihnen ausgerottet hätte; so könnten wir uns wenigstens mit dem Gedanken trösten, daß sie auf einer Seite wieder gewonnen hätten, was sie auf der andern verlohren haben mögten. So aber besorge ich leyder, daß unsre Bekantschaft den Einwohnern der Süd-See *durchaus* nachtheilig gewesen ist; und ich bin der Meinung, daß gerade diejenigen Völkerschaften am besten weggekommen sind, die sich immer von uns entfernt gehalten und aus Besorgniß und Mistrauen unserm Seevolk nie erlaubt haben, zu bekannt und zu vertraut mit ihnen zu werden. Hätten sie doch durchgängig und zu jeder Zeit in den Minen und Gesichtszügen derselben den Leichtsinn lesen und sich vor der Liederlichkeit fürchten mögen, welche den See-Leuten und mit Recht zur Last gelegt wird! –

Man führte einige von diesen Wilden in die Cajütte, wo sichs Herr *Hodges* angelegen seyn lies diejenigen zu zeichnen in deren Gesicht der mehreste Character war. Zu dem Ende gaben wir uns Mühe sie auf einige Augenblicke lang zum Stillsitzen zu bringen, indem wir ihnen allerhand Kleinigkeiten vorzeigten und zum Theil auch schenkten. Vornemlich befanden sich einige bejahrte Männer mit grauen Köpfen, desgleichen etliche junge Leute darunter, in deren Physionomien vorzüglich viel Ausdruck war. Die letzteren hatten ungemein straubicht und dickgewachsenes

Haar, das ihnen über die Gesichter her hieng und ihr natürlich wildes Ansehen noch vermehrte. Sie waren fast alle von mittlerer Statur; und, sowohl der Gestalt, als der Farbe und Tracht nach, den Leuten in *Dusky-Bay* beynahe vollkommen ähnlich. Ihre Kleidungen waren aus den Fibern der Flachs-Pflanze zusammen geflochten, aber nie mit Federn durchwebt, sondern an deren statt war der Mantel auf den vier Ecken mit Stücken von Hundefell besetzt, eine Zierrath die man in *Dusky-Bay* nicht haben konnte, weil es daselbst keine Hunde giebt. Außerdem trugen auch die Leute, der späten Jahreszeit wegen, in welcher das Wetter schon kalt und regnicht zu werden anfieng, fast beständig ihren *Boghi-Boghi,* welches ein rauher Mantel ist, der als ein Bund zusammengewundnes Stroh vom Halse über die Schultern herabhängt.* Ihre übrigen Kleidungsstücke von Zeug waren gemeiniglich alt, schmutzig und nicht so fein gearbeitet als sie in der Geschichte von Capitain *Cooks* voriger Reise beschrieben sind.** Die Männer hatten das Haar nachläßig um den Kopf hängen; die Frauenspersonen hingegen trugen es kurz abgeschnitten und dieser Unterschied scheint durchgehends bey ihnen beobachtet zu werden. Sie hatten auch den Kopfputz oder die Mütze von braunen Federn, deren in Capt. *Cooks* voriger Reisebeschreibung erwähnt ist. Nachdem sie ein Paar Stunden an Bord gewesen, fiengen sie an zu stehlen und alles auf die Seite zu bringen was ihnen in die Hände fiel. Man ertappte einige die eben eine vierstündige Sand-Uhr, eine Lampe, etliche Schnupftücher und Messer fortschleppen wollten. Dieses Diebes-Streichs wegen ließ sie der Capitain zum Schiffe hinaus werfen und ihnen andeuten, daß sie nie wieder an Bord kommen sollten. Sie fühlten vollkommen, wie sehr ihnen eine solche Begegnung zur Schande gereiche, und ihr hitziges Temperament, das keine Kränkung ertragen kann, gerieth darüber in Feuer und Flammen, so daß der

* S. Hawkesworths Geschichte der englischen See-Reisen in 8. dritter Band, *pag. 289.* u. f.

** Eben daselbst.

eine sich nicht enthalten konnte von seinem Canot aus zu drohen, als wolle er zu Gewaltthätigkeiten schreiten. Dazu kam es indessen nicht, sondern am Abend giengen sie alle geruhig ans Land und richteten, dem Schiffe gegenüber, aus Baumzweigen einige Hütten auf, um die Nacht darunter zuzubringen. Hierauf zogen sie die Canots aufs Land, zündeten ein Feuer an und bereiteten ihr Abendessen, das aus einigen Fischen bestand, die sie in ihren Fahrzeugen, nicht weit vom Ufer, mit besonderer Geschicklichkeit in einem Reifen-Netz gefangen hatten. Beydes, so wohl das Netz als die Art sich desselben zu bedienen, sind in *Cook's* voriger Reise beschrieben.*

Am folgenden Morgen fuhren wir, des schönen gelinden Wetters wegen, nach *Long-Eyland,* um nach dem Heu zu sehen, welches unsre Leute vor acht Tagen allda gemacht hatten. Auch wollten wir, in der Nachbarschaft eines daselbst befindlichen aber verlaßnen indianischen Wohnplatzes, Gemüse für das Schiffsvolk einsammlen. Wir fanden bey dieser Gelegenheit wiederum einige neue Pflanzen und schossen auch etliche kleine Vögel, die von den bisher bekannten verschieden waren. Nachmittags gab der Capitain mehreren Matrosen Erlaubniß ans Land zu gehen, woselbst sie von den Wilden allerhand Curiositäten einhandelten, und sich zu gleicher Zeit um die Gunst manches Mädchens bewarben, ohne sich an die ekelhafte Unreinlichkeit derselben im geringsten zu kehren. Hätten sie indessen nicht gleichsam aller Empfindung entsagt gehabt; so würde die widrige Mode dieser Frauenspersonen, sich mit Oker und Öl die Backen zu beschmieren, sich schon allein von dergleichen vertrauten Verbindungen abgehalten haben. Außerdem stanken die Neu-Seeländerinnen auch dermaßen, daß man sie gemeiniglich schon von weitem riechen konnte und saßen überdem so voll Ungeziefer, daß sie es oft von den Kleidern absuchten und nach Gelegenheit zwischen den Zähnen knackten. Es ist zum Erstaunen, daß sich Leute fanden, die auf eine

* S. Hawkesworths Gesch. der engl. See-Reisen in 8. dritter Band, *pag. 202.*

viehische Art mit solchen ekelhaften Creaturen sich abzugeben im Stande waren, und daß weder ihr eignes Gefühl noch die Neigung zur Reinlichkeit, die dem Engländer doch von Jugend auf beygebracht wird, ihnen einen Abscheu vor diesen Menschern erregte!

Vnde
Hæc tetigit Gradive, tuos urtica nepotes?
JUVENAL.

Ehe sie an Bord zurück kamen, hatte eine von diesen Schönen, einem Matrosen die Jacke weggestohlen und solche einem jungen Kerl von ihren Landsleuten gegeben. Der Eigenthümer fand sie in den Händen dieses letztern und nahm sie ihm wieder ab. Dieser versetzte ihm dagegen einige Faustschläge, die der Engländer jedoch nur für Spas aufnahm; wie er sich aber umwandte und ins Boot steigen wollte, warf der Wilde mit großen Steinen nach ihm. Nun fieng der Matrose Feuer, gieng auf den Kerl los und fieng auf gut Englisch an, ihn tüchtig zusammen zu boxen. In einem Augenblick hatte der Neu-Seeländer ein blaues Auge und eine blutige Nase weg, und dem Ansehn nach genung; denn er gab in vollem Schrecken das Treffen auf und lief davon.

Capitain *Cook* hatte sich vorgenommen, alle mögliche Sorgfalt anzuwenden, daß die europäischen Garten-Gewächse in diesem Lande fortkommen möchten. Er ließ zu dem Ende das Erdreich bestellen, streute allerley Saamen aus und versetzte hernach die jungen Pflanzen auf vier oder fünf verschiedne Stellen des Sundes. Einen dergleichen Fleck legte er am Ufer von *Long-Eyland* an, einen andern auf dem *Hippah*-Felsen, zwey auf *MotuAro* und zum fünften hatte er einen ziemlich großen Platz im Hintergrunde von *Ship-Cove,* wo unsre Schiffe vor Anker lagen, ausgesucht. Er richtete hiebey sein vornehmstes Augenmerk auf nützliches, nahrhaftes Wurzelwerk, vornehmlich auf Cartoffeln, wovon wir das Glück gehabt, einige frisch zu erhalten. Auch hatte er verschiedne Arten von Korn, imgleichen große Bohnen, Fasel-Bohnen und Erbsen ausgesäet, und sich die letzte Zeit unsers Hierseyns über fast lediglich damit allein beschäftiget.

[…]

Achtes Hauptstück

Aufenthalt im Haven O-Aitepieha auf der kleinen Halb-Insel O-Tahiti – Ankern in Matavai-Bay

Devenere locos laetos & amoena vireta
Fortunatorum nemorum, sedesque beatas.
Largior hic campos aether & lumine vestit
Purpureo.

VIRGIL.

Ein Morgen war's, schöner hat ihn schwerlich je ein Dichter beschrieben, an welchem wir die Insel *O-Tahiti*, 2 Meilen vor uns sahen. Der Ostwind, unser bisheriger Begleiter hatte sich gelegt; ein vom Lande wehendes Lüftchen führte uns die erfrischendsten und herrlichsten Wohlgerüche entgegen und kräuselte die Fläche der See. Waldgekrönte Berge erhoben ihre stolzen Gipfel in mancherley majestätischen Gestalten und glühten bereits im ersten Morgenstrahl der Sonne. Unterhalb derselben erblickte das Auge Reihen von niedrigem, sanft abhängenden Hügeln, die den Bergen gleich, mit Waldung bedeckt, und mit verschiednem anmuthigen Grün und herbstlichen Braun schattirt waren. Vor diesen her lag die Ebene, von tragbaren Brodfrucht-Bäumen und unzählbaren Palmen beschattet, deren königliche Wipfel weit über jene empor ragten. Noch erschien alles im tiefsten Schlaf; kaum tagte der Morgen und stille Schatten schwebten noch auf der Landschaft dahin. Allmählig aber konnte man unter den Bäumen eine Menge von Häusern und Canots unterscheiden, die auf den sandichten Strand heraufgezogen waren. Eine halbe Meile vom Ufer lief eine Reihe niedriger Klippen parallel mit dem Lande hin, und über diese brach sich die See in schäumender Brandung; hinter ihnen aber war das Wasser spiegelglatt und versprach den sichersten Ankerplatz. Nunmehro fing die Sonne an die Ebene zu beleuchten. Die Einwohner erwachten und die Aussicht begonn zu leben.

Kaum bemerkte man die großen Schiffe an der Küste, so eilten einige ohnverzüglich nach dem Strande herab, stießen ihre Canots ins Wasser und ruderten auf uns zu. Es dauerte nicht lange, so waren sie durch die Öffnung des Riefs, und eines kam uns so nahe, daß wir es abrufen konnten. Zwey fast ganz nackte Leute, mit einer Art von Turban auf dem Kopfe und mit einer Scherfe um die Hüften, saßen darinn. Sie schwenkten ein großes grünes Blatt in der Luft und kamen mit einem oft wiederholten lauten *Tayo!* heran,* ein Ausruf, den wir ohne Mühe und ohne Wörterbücher als einen Freundschafts-Gruß auslegen konnten. Das Canot ruderte dicht unter das Hintertheil des Schiffs, und wir ließen ihnen sogleich ein Geschenk von Glas-Corallen, Nägeln und Medaillen herab. Sie hinwiederum reichten uns einen grünen Pisang- Schoß zu, der bey ihnen ein Sinnbild des Friedens ist, und baten solchen dergestalt ans Schiff zu befestigen, daß er einem jeden in die Augen fiele. Dem zufolge ward er an die Wand (das Tauwerk) des Hauptmasts fest gemacht; worauf unsre Freunde sogleich nach dem Ufer zurückkehrten. Es währete nicht lange, so sahe man das Ufer mit einer Menge Menschen bedeckt, die nach uns hinguckten, indessen daß andere, voll Zutrauens auf das geschloßne Friedens-Bündniß, ihre Canots ins Wasser stießen und sie mit Landes-Producten beladeten. In weniger als einer Stunde umgaben uns Hunderte von dergleichen Fahrzeugen in deren jedem sich ein, zwey, drey zuweilen auch vier Mann befanden. Ihr Vertrauen zu uns gieng so weit, daß sie sämmtlich unbewafnet kamen. Von allen Seiten erschallte das willkommne *Tayo*! und wir erwiederten es mit wahrhaftem und herzlichen Vergnügen über eine so günstige Veränderung unsrer Umstände. Sie brachten uns Coco-Nüsse und Pisangs in Überfluß, nebst Brodfrucht und andern Gewächsen, welche sie sehr eifrig gegen Glas-Corallen und kleine Nägel vertauschten. Stücken Zeug, Fisch-Angeln, steinerne Äxte, und allerhand Arten von Werkzeugen wurden gleichfalls zum Verkauf ausgebothen und leicht ange-

* Bougainvilles Reisen.

bracht. Die Menge von Canots, welche zwischen uns und der Küste ab- und zu giengen, stellte ein schönes Schauspiel, gewissermaßen eine neue Art von Messe auf dem Wasser dar. Ich fing sogleich an durch die Cajütten-Fenster, um Naturalien zu handeln, und in einer halben Stunde hatte ich schon zwey bis drey Arten unbekannter Vögel und eine große Anzahl neuer Fische beysammen. Die Farben der letztem waren, so lange sie lebten, von ausnehmender Schönheit, daher ich gleich diesen Morgen dazu anwendete, sie zu zeichnen und die hellen Farben anzulegen, ehe sie mit dem Leben verschwanden. Die Leute, welche uns umgaben, hatten so viel Sanftes in ihren Zügen, als Gefälliges in ihrem Betragen. Sie waren ohngefähr von unsrer Größe, blaß mahogany-braun, hatten schöne schwarze Augen und Haare, und trugen ein Stück Zeug von ihrer eignen Arbeit mitten um den Leib, ein andres aber in mancherley mahlerischen Formen, als einen Turban um den Kopf gewickelt. Die Frauenspersonen, welche sich unter ihnen befanden, waren hübsch genug, um Europäern in die Augen zu fallen, die seit Jahr und Tag nichts von ihren Landsmänninnen gesehen hatten. Die Kleidung derselben bestand in einem Stück Zeug, welches in der Mitte ein Loch hatte um den Kopf durchzustecken und hinten und vornen bis auf die Knie herabhieng. Hierüber trugen sie ein anderes Stück von Zeuge, das so fein als Nesseltuch und auf mannigfaltige, jedoch zierliche Weise, etwas unterhalb der Brust als eine *Tunica* um den Leib geschlagen war, so daß ein Theil davon, zuweilen mit vieler Grazie, über die Schulter hieng. War diese Tracht gleich nicht vollkommen so schön als jene an den griechischen Statüen bewunderten Draperien, so übertraf sie doch unsre Erwartungen gar sehr und dünkte uns der menschlichen Bildung ungleich vortheilhafter als jede andre, die wir bis jetzt gesehen. Beyde Geschlechter waren durch die von andern Reisenden bereits beschriebenen, sonderbaren, schwarzen Flecke geziert oder vielmehr verstellt, die aus dem Punctiren der Haut und durch nachheriges Einreiben einer schwarzen Farbe in die Stiche entstehen. Bey den gemeinen Leuten, die mehrentheils nackt giengen, waren dergleichen, vornemlich auf den Lenden zu sehen, ein augenscheinlicher Beweis, wie verschieden die Menschen, in Ansehung des äußerlichen Schmuckes denken und wie einmüthig sie gleichwohl alle darauf gefallen sind, ihre persönlichen Vollkommenheiten auf eine oder die andre Weise zu erhöhen. Es dauerte nicht lange, so kamen verschiedne dieser guten Leute an Bord. Das ungewöhnlich sanfte Wesen, welches ein Hauptzug ihres National-Characters ist, leuchtete sogleich aus allen ihren Gebehrden und Handlungen hervor, und gab einem jeden, der das menschliche Herz studierte, zu Betrachtungen Anlaß. Die äußern Merkmahle, durch welche sie uns ihre Zuneigung zu erkennen geben wollten, waren von verschiedener Art; einige ergriffen unsre Hände, andre lehnten sich auf unsre Schultern, noch andre umarmten uns. Zu gleicher Zeit bewunderten sie die weiße Farbe unsrer Haut und schoben uns zuweilen die Kleider von der Brust, als ob sie sich erst überzeugen wollten, daß wir eben so beschaffen wären als sie.

Da sie merkten, daß wir Lust hätten ihre Sprache zu lernen, weil wir uns nach den Benennungen der gewöhnlichsten Gegenstände erkundigten, oder sie aus den Wörterbüchern voriger Reisenden hersagten, so gaben sie sich viel Mühe uns zu unterrichten, und freuten sich, wenn wir die rechte Aussprache eines Wortes treffen konnten. Was mich anlangt, so schien mir keine Sprache leichter als diese. Alle harte und zischende Consonanten sind daraus verbannt, und fast jedes Wort endigt sich mit einem Selbstlauter. Was dazu erfordert ward, war blos ein scharfes Ohr, um die mannichfaltigen Modificationen der Selbstlauter zu unterscheiden, welche natürlicherweise in einer Sprache vorkommen müssen, die auf so wenig Mitlauter eingeschränkt ist, und die, wenn man sie einmal recht gefaßt hat, die Unterredung sehr angenehm und wohlklingend machen. Unter andern Eigenschaften der Sprache bemerkten wir sogleich, daß das O und E, womit sich die mehresten Nennwörter und Namen in Herrn *Cooks* erster Reise anfangen, nichts als Artickel sind, welche in vielen morgenländischen Sprachen, vor den Nennwörtern herzugehen pflegen, die ich aber im Verfolg dieser Erzählung entweder weglassen oder durch einen Strich von dem Nennwort trennen werde. Ich habe bereits im vorhergehenden angemerkt, daß Herr von *Bougainville* das Glück hatte, den wahren Namen der Insel, ohne Artikel, sogleich ausfündig zu machen, er hat ihn auch, so weit es die Beschaffenheit der französischen Sprache erlauben will, in der Beschreibung seiner Reise, vermittelst des Worts *Taïti*, ganz richtig ausgedruckt, doch sprechen es die Indianer mit einer leichten Aspiration, nemlich *Tahiti* aus.

In dem vor uns liegenden Rief befand sich eine Öfnung, und dies war der Eingang zu dem auf der kleinern Halb-Insel von O-*Tahiti* gelegenen Haven *Whaï-Urua*. Wir sandten deshalb ein Boot aus, um beydes, die Einfahrt und den Haven selbst sondiren zu lassen. Die Leute fanden guten Ankergrund und giengen nach dieser Verrichtung vollends bis ans Land, wo sich sogleich eine Menge Einwohner um sie her versammlete. Wir lagen der Küste so nahe, daß wir schon das Quiken junger Ferkel hören konnten, und dieser Ton klang uns damals lieblicher als die herrlichste Music des größten Virtuosen. Indessen waren unsre Leute nicht so glücklich, einige davon zu erhandeln, vielmehr weigerte man sich, sie ihnen zu verkaufen, unter dem Vorwande, daß sie insgesammt dem *Aerih* oder Könige zugehörten.

Mittlerweile, daß dies am Lande vorgieng, langte beym Schiff ein größeres Canot an, in welchem sich ein schöner wohlgebildeter Mann befand, der ohngefähr 6 Fus groß seyn mochte und drey Frauenspersonen bey sich hatte. Diese kamen allerseits an Bord, und der Mann meldete uns gleich beym Eintritt daß er *O-Taï* hieße. Er schien in dieser Gegend der Insel von einiger Bedeutung zu seyn und mochte wohl zu der Classe von Vasallen oder Freyen gehören, welche in Capitain *Cooks* erster Reise *Manahunä's* genannt werden. Er gesellete sich alsbald zu den Officieren, die auf dem Verdeck beysammen waren, vermuthlich, weil er denken mochte, daß sich diese Gesellschaft und dieser Platz am besten für ihn schickten. Er war um ein merkliches weißer als irgend einer von seinen Landsleuten, so viel wir deren noch gesehen, und gab in diesem Betracht den westindischen Mestizen wenig nach: Dabey hatte er würklich schöne und regelmäßige Züge; die Stirn war hoch, die Augenbrauen gewölbt, die großen schwarzen Augen voll Ausdrucks und die Nase wohl proportionirt. In der Bildung des Mundes lag etwas besonders angenehmes und gefälliges; die Lippen waren zwar etwas dick, aber nicht unangenehm oder aufgeworfen. Der Bart war schwarz und fein gekräuselt und sein pechschwarzes, von Natur lockigtes Haar hieng ihm, der Landesart nach, um den Hals. Da er aber sahe, daß wir unsre Haare im Nacken zusammen gebunden trugen, so war er gleich darüber her diese Mode nachzuahmen und bediente sich hiezu eines schwarzen seidnen Halstuches, welches ihm Herr *Clerke* geschenkt hatte. Im Ganzen war der Cörper wohlgebildet, jedoch etwas zu dick; und auch die Füße verhältnißweise zu groß. Mit Hülfe unsrer Wörter-Bücher legten wir ihm verschiedne Fragen vor. Eine der ersten war, ob *Tutahah** noch wohl sey? Wir erhielten zur Antwort: er sey todt und von den Einwohnern auf *Teiarrabu* oder der kleinen Halbinsel erschlagen; auf welcher letzterer *Aheatua e-Ärih* oder König sey. Diese Nachricht bestätigte sich bald durch die einstimmige Aussage aller seiner Landesleute. Von den drey Weibern, die er bey sich hatte, war die eine seine Frau, und die beyden andern seine Schwestern. Letztere fanden ein besonderes Vergnügen daran uns zu lehren, wie wir sie bey ihren Namen nennen müßten, die wohlklingend genug waren; die eine hies nemlich *Maroya* und die andre *Maroraï.* Sie waren noch heller von Farbe *als O-Taï,* aber wenigstens um 9 bis 10 Zoll kleiner als er. Letzterwähnte *Maroraï* war eine graziöse Figur, und besonders am Obertheil des Cörpers, von ungemein schönem und zarten Bau. Sie hatte

* In Hawkesworths Gesch. der engl. See-Reisen in 8. zweyter Band, *pag. 342.* ist dieser Name, der engl. Schreibart nach, *Tootahah* ortographirt, welches *Tutahah* ausgesprochen wird. Dieser Mann war damals Regent, oder doch Administrator der Landes-Regierung. S. ebendas. Seite 3715. 392.

zwar bey weitem nicht so regelmäßige Züge als ihr Bruder; aber dagegen ein angenehmes rundliches Gesicht, über welches ein unaussprechlich holdes Lächeln verbreitet war. Es schien als wären sie noch nie auf einem Schiffe gewesen, so sehr bewunderten sie alles was ihnen darauf vorkam; auch ließen sie es nicht dabey bewenden, sich auf dem Verdeck umzusehen; sondern giengen in Begleitung eines unsrer Herren Mitreisenden nach den Officier-Cajütten hinab und besahen auch da alles mit der größten Aufmerksamkeit. *Maroraï* fand an ein Paar Bett-Tüchern, welche sie auf einem Bette erblickte, besonderen Wohlgefallen, und versuchte es auf allerhand Art und Weise, sie von ihrem Begleiter geschenkt zu bekommen, allein umsonst. Er war zwar nicht abgeneigt, ihr solche zu überlassen, verlangte aber eine besondre Gunstbezeugung dafür, zu welcher sich *Maroraï* anfänglich nicht verstehen wollte. Als sie indessen sahe, daß kein anders Mittel sey zu ihrem Zweck zu gelangen, so ergab sie sich endlich nach einigem Widerstreben. Schon bereitete sich der Sieger seinen Triumph zu feyern, als das Schiff, zur ungelegensten Zeit von der Welt, gegen einen Felsen stieß, und ihm unglücklicherweise die ganze Freude verdarb. Der erschrockne Liebhaber, der die Gefahr des Schiffs deutlicher einsahe als seine Geliebte, flog nemlich sogleich aufs Verdeck, wohin auch alle übrigen Seeleute, ein jeder an seinen Posten eilte, ohne sich weiter um die indianische Gesellschaft zu bekümmern. Wir fanden bald, daß uns die Fluth, während der gänzlichen Windstille, unvermerkt gegen die Felsen hin getrieben hatte, und daß wir auch würklich schon auf denselben fest saßen, ehe es noch möglich war, den Eingang des Havens zu erreichen, ohngeachtet wir kaum noch einen Steinwurf weit davon entfernt seyn mochten. Mittlerweile schlug das Schiff einmal über das andre auf den Felsen an, so daß es allerdings mißlich um uns aussahe: Zum Glück war die See eben nicht unruhig, mithin auch keine sonderliche Brandung an den Felsen; hätte sich indessen der sonst gewöhnliche Seewind eingestellt, so wäre das Schiff unmöglich zu retten gewesen, allein auch der blieb diesen ganzen Tag über aus. Officier und Passagier, ohne

Unterschied, thaten bey dieser Gelegenheit ihr äußerstes. Es ward ungesäumt ein Boot ausgesetzt, auf selbigem nicht weit von uns ein Anker ausgeworfen, und vermittelst dessen das Schiff los gehoben und wiederum flott gemacht. Da die Indianer an Bord sahen, wie sauer wir es uns werden ließen, so legten sie mit Hand an; sie arbeiteten an der Winde, halfen uns die Taue einnehmen und verrichteten andre dergleichen Arbeit mehr. Wären sie im mindesten verrätherisch gesinnt gewesen, so hätten sie jetzt die beste Gelegenheit gehabt, uns in Verlegenheit zu setzen; aber sie bezeigten sich, bey diesem gleich wie bey allen andern Vorfällen, höchstfreundschaftlich und gutherzig. Während dieser mühsamen Arbeit hatten wir eine ausnehmende Hitze auszustehen. Das Thermometer stand im Schatten auf 90 Grad und die Sonne schien brennend heiß, denn am ganzen Horizont war nirgends ein Wölkchen zu sehen, auch nicht das geringste Lüftchen zu spühren. Als uns dieser Unfall begegnete, war die *Adventure* dicht bey uns, sie entgieng aber der Gefahr dadurch, daß sie eilends die Anker auswarf. Zu den glücklichen Umständen, denen wir unsre Rettung zu danken hatten, gehörte auch der, daß die Felsen, auf welche wir gerathen waren, Absätze hatten, und der Anker folglich irgendwo fassen konnte, welches sonst selten der Fall ist, da die Corallen-Felsen gemeiniglich ganz senkrecht zu seyn pflegen. Es war ohngefähr um 3 Uhr, als wir nach anderthalbstündigem Arbeiten wieder los kamen. Wir nahmen nun eiligst einige Erfrischungen zu uns, und da diese Gegend sehr gefährlich war, im Fall sich ein Ostwind aufgemacht hätte; so bemanneten wir die Boote beyder Schiffe und ließen uns durch dieselben wieder in See boogsiren. Ohngefähr um 5 Uhr kam uns eine leichtwehende Landluft zu Hülfe. Wir entließen daher die Boote sogleich ihres bisherigen Dienstes und schickten sie nach der *Adventure* hin, um dieser die Anker lichten zu helfen. Die Leute hatten aber dies nicht abgewartet, sondern das Cabel bereits laufen lassen, um den günstigen Wind, ohne allen Aufschub zu nutzen, und uns zu folgen. Wir lavirten hierauf mit beyden Schiffen die ganze Nacht ab und zu, und sahen die gefährlichen

Felsen mit einer Menge von Feuern erleuchtet, bey deren Schein die Indianer fischten. Als einer der Officiers schlafen gehen wollte, fand er sein Bett ohne Bett-Tücher, welche vermuthlich von der schönen *Maroraï* waren mitgenommen worden, als sie sich von ihrem Liebhaber so schleunig verlassen sahe. Sie mußte indessen diese kleine Angelegenheit mit besonderer Geschicklichkeit und in aller Kürze ausgeführt haben, denn sonst würde sie auf dem Verdeck vermißt worden und ihr Außenbleiben gleich verdächtig gewesen seyn.

Am folgenden Morgen näherten wir uns der Küste von neuem und steuerten längst der Nordseite der kleinem Halbinsel hin. Es dauerte nicht lange, so waren wir, wie am vergangenen Tage, wieder mit Canots umgeben, in welchen uns die Eingebohrnen Erfrischungen die Menge, nur kein Fleisch, zubrachten und uns mit ihrem freundschaftlichen Zuruf zuweilen ganz betäubten. Die Fahrzeuge schlugen oft um, aber das war kein großer Unfall für die Leute die darinnen saßen, indem beydes Männer und Weiber vortrefliche Schwimmer sind und die Canots in großer Geschwindigkeit wieder umzukehren wissen. Da sie fanden, daß ich mich nach Pflanzen und andern natürlichen Merkwürdigkeiten erkundigte; so brachten sie mir dergleichen zu; aber oftmals nur die Blätter ohne Blüthen, und umgekehrt zuweilen Blumen ohne Blätter; doch erkannte ich unter denselben, dieser Verstümmelung ohnerachtet, die gemeine Art des schwarzen Nacht-Schattens *(black night Shade)* und eine schöne *Erythrina* oder Coral-Blume. Auch bekam ich auf diese Weise allerhand Muscheln, Corallengewächse, Vögel u. d. g.

Um 11 Uhr ankerten wir in einem kleinen Haven *O-Aitepieha* genannt, der am nördlichen Ende der südlichen oder kleinen Halbinsel von *O-Tahiti* liegt, die in der Landessprache *Teiarrabu* heißt. Nunmehro gieng der Zulauf des Volks erst recht an und die Canots kamen von allen Seiten herbey. Die Leute waren auf unsere Corallen, Nägel und Messer so erpicht, daß wir gegen diese Waaren eine unglaubliche Menge ihres Zeuges, ihrer Matten, Körbe und andre Geräthschaften, desgleichen Coco-Nüsse,

Brodfrucht, Yams und Pisangfrüchte in großen Überfluß zusammen brachten. Die Verkäufer kamen zum Theil aufs Verdeck und nahmen der Gelegenheit wahr, allerhand Kleinigkeiten wegzustehlen; einige machten es gar so arg, daß sie unsre erhandelten Coco-Nüsse wieder über Bord und ihren Cameraden zu practicirten, und diese verkauften sie unsern Leuten alsdenn zum zweytenmal. Um nicht wieder so betrogen zu werden, wurden die Diebe vom Schiffe gejagt und mit einigen Peitschen-Hieben gezüchtigt, die sie geduldig ertrugen.

Die Hitze war heute eben so groß als gestern. Das Thermometer stand auf 90 im Schatten, wenn der Himmel mit Wolken bedeckt war; und um Mittag ward es wieder windstill. Ob wir gleich bey dieser Hitze heftig schwitzten, so war sie uns übrigens doch gar nicht so empfindlich, oder so zur Last, als man wohl denken möchte. Wir befanden uns im Gegentheil ungleich frischer und muntrer, als es, vornemlich der gestrigen abmattenden Arbeit nach, zu vermuthen war. Diesen Vortheil hatten wir aber ohne Zweifel blos der Nachbarschaft des Landes zu verdanken; die Brodfrucht und die Yams, welche man uns von dorther zubrachte, schmeckten und bekamen uns besser als unser wurmstichigter Zwieback; und die Pisangs, nebst einer Äpfel-Frucht, die von den Einwohnern *E-vie* genannt wird, gaben einen herrlichen Nachtisch ab. Das einzige, was wir uns an frischen Lebensmitteln noch wünschen konnten, waren Hühner und Schweine, damit wir anstatt des täglichen Pöckelfleisches eine Abwechslung haben mögten.

Nachmittags giengen die Capitains, nebst einigen anderen Herren zum erstenmal ans Land, um den *O-Aheatua* zu besuchen, den alle Einwohner hiesiger Gegenden für ihren *Ärih* oder König erkannten. Während dieser Zeit war das Schiff mit einer Menge von Canots umringt, die außer allerhand Kräuterwerk, auch große Quantitäten einländischen Zeugs verhandelten. So gar auf den Verdecken wimmelte es von Indianern, und unter selbigen gab es verschiedne Frauenspersonen, die sich ohne Schwierigkeiten den Wünschen unsrer Matrosen überließen. Einige von denen, die dieses Gewerbe trieben, mochten kaum neun oder zehen Jahr alt seyn und hatten noch nicht das geringste Zeichen der Mannbarkeit an sich. So frühzeitige Ausschweifungen scheinen einen sehr hohen Grad von Wollust anzudeuten und müssen im Ganzen allerdings Einfluß auf die Nation haben. Die natürlichste Folge davon, die mir auch sogleich in die Augen fiel, bestand darinn, daß das gemeine Volk, zu welchem alle diese liederlichen Weibsbilder gehören, durchgehends von *kleiner Statur* war. Nur wenige einzelne Leute aus demselben, waren von mehr als mittlerer Größe; die übrigen waren alle darunter – ein Beweis, daß die Meynung des Grafen *Büffon*, über die frühzeitige Vermischung beyder Geschlechter (S. dessen *Hist. naturelle)* sehr gegründet ist. Sie hatten unregelmäßige, gemeine Gesichtszüge, aber schöne, große Augen, die gehends sehr lebhaft waren; nächst diesen ersetzte auch ein ungezwungnes Lächeln und ein beständiges Bemühen zu gefallen, den Mangel der Schönheit so vollkommen, daß unsre Matrosen ganz von ihnen bezaubert waren und auf die leichtsinnigste Weise von der Welt, Hemder und Kleider weggaben, um sich diesen neuen Mätressen gefällig zu bezeigen. Die ungekünstelte Einfalt der Landes-Tracht, die den wohlgebildeten Busen und schöne Arme und Hände unbedeckt ließ, mogte freylich das ihrige beytragen, unsre Leute in Flammen zu setzen; und der Anblick verschiedner solcher Nymphen, davon die eine in dieser, jene in einer andern verführerischen Positur behend um das Schiff herschwammen, so nackt als die Natur sie gebildet hatte, war allerdings mehr denn hinreichend, das bischen Vernunft ganz zu blenden, das ein Matrose zu Beherrschung der Leidenschaften etwa noch übrig haben mag. Eine Kleinigkeit hatte Veranlassung dazu gegeben, daß ihrer so viel neben uns herum schwammen. Einer von den Officiers, welcher seine Freude an einem Knaben von ohngefähr 6 Jahren hatte, der dicht am Schiff in einem Canot war, wollte demselben vom hintern Verdeck herab, eine Schnur Corallen zuwerfen; der Wurf gieng aber fehl und ins Wasser; nun besann sich der Junge nicht lange, sondern plumpte hinter drein, tauchte und brachte die Corallen wieder herauf. Um diese Geschicklichkeit zu belohnen, warfen wir ihm mehrere zu, und das bewog eine Menge von Männern und Weibern, uns ihre Fertigkeit im Wasser ebenfalls zu zeigen. Sie holten nicht nur einzelne Corallen, davon wir mehrere auf einmal ins Wasser warfen, sondern auch große Nägel wieder herauf, ohngeachtet diese, ihrer Schwere wegen, sehr schnell in die Tiefe hinab sunken. Manchmal blieben sie lange unter Wasser; was uns aber am bewundrungswürdigsten dünkte, war die außerordentliche Geschwindigkeit, mit welcher sie gegen den Grund hinabschossen, und die sich bey dem klaren Wasser sehr deutlich bemerken ließ. Da man hier zu Lande gewohnt ist sich vielfältig zu baden, wie bereits Capitain *Cook* auf seiner vorigen Reise angemerkt hat, so lernen die Leute ohne Zweifel schon von der frühesten Kindheit an schwimmen, und besitzen daher auch eine solche Fertigkeit darinn, daß man sie ihrer Behendigkeit im Wasser und der Biegsamkeit ihrer Glieder nach, fast für Amphibia halten sollte. Nachdem sie diese Schwimmer-Übungen und andere Beschäfftigungen bis zu Untergang der Sonne fortgesetzt hatten, kehrten sie allmählig wieder nach dem Ufer zurück.

Um diese Zeit kamen auch die Capitains mit ihrer Gesellschaft wieder an Bord, ohne den König gesehn zu haben; der sie, wer weis aus was für mißtrauischer Besorgniß, nicht hatte wollen vor sich kommen, sondern ihnen nur versichern lassen, daß er sie am folgenden Tage selbst besuchen würde. Um indessen nicht ganz vergebens am Lande gewesen zu seyn, nahmen sie längst der Küste, nach Osten hin, einen Spatziergang vor. Eine Menge von Einwohnern folgte ihnen überall nach, und als sie unterwegens an einen Bach kamen, bothen sich die Leute um die Wette an, sie auf den Schultern herüber zu tragen. Jenseits desselben zerstreueten sich die Indianer nach und nach, so daß sie endlich nur einen einzigen Mann bey sich hatten. Diesen ließen sie als Wegweiser voraufgehen, und folgten ihm nach einer unbebaueten Landspitze, welche sich ins Meer erstreckte. Der Ort war mit wild aufgeschoßnen Pflanzen und Stauden verwachsen; und als sie sich durch dieses Buschwerk hindurch gearbeitet hatten, stand ein pyramidenförmiges Gebäude von Steinen vor ihnen, dessen Basis, vorn, ohngefähr zwanzig Schritte (60 Fus) breit seyn mochte. Das ganze Gebäude war aus mehreren Terrassen oder Stufen übereinander aufgeführt, die aber, besonders gegen die Landseite hin, ziemlich verfallen und schon mit Gras und Buschwerk überwachsen waren. Ihr Begleiter sagte ihnen, es sey eine Grabstelle oder ein heiliger Versammlungsplatz, *Maraï,* und er nannte es, *Maraï no-Aheatua,* den Begräbnißplatz des *Aheatua,* der jetzt König auf *Teiarrabu* ist. Rund um das Gebäude standen funfzehen dünne, fast senkrecht in die Erde gesteckte, hölzerne Pfosten, die zum Theil 18 Fus lang seyn mochten, an deren jeder man sechs bis acht kleine, theils männliche, theils weibliche Menschen-Figuren, ziemlich krüpplicht eingeschnitten fand, die dem Geschlecht nach, ohne Unterschied eine über die andre standen, jedoch so, daß die oberste immer eine männliche war. Durchgehends aber hatten sie das Gesicht gegen die See hingekehrt und dieses sahe den geschnitzten Menschen-Gesichtern ähnlich, die an den Vordertheilen ihrer Canots befindlich zu seyn pflegen und *e-tie* oder *e-tihi* genannt werden. Etwas abwärts von dem *Marai,* stand eine Art von Strohdach auf vier Pfosten, und vor selbigem war ein Spalierwerk oder Verzäunung von Latten errichtet, und mit Pisangfrüchten, desgleichen mit Cocosnüssen, *no t'Etua* für die Gottheit behangen. Hier setzten sie sich nieder, um im Schatten dieses Obdachs auszuruhen, und ihr Begleiter both ihnen zur Erfrischung einige von den Pisangfrüchten an, mit der Versicherung, sie wären *mâa maitai,* gut zu essen. Eine solche Einladung war nicht zu verschmähen, auch trugen sie kein Bedenken, es sich auf Kosten der Götter recht tapfer schmecken zu lassen, zumal da das Obst würklich so gut war als ihr Führer es ihnen angepriesen hatte. Bey einbrechendem Abend, kehrten sie, mit der von diesem gutherzigen Volke genoßnen guten Aufnahme ungemein zufrieden, nach dem Schiff zurück, und brachten uns einige Pflanzen mit, welche wir sogleich für Gewächse erkannten, die nur zwischen den Wende-

Cirkeln zu Haus sind. Als wir am folgenden Tage früh aufs Verdeck kamen, um die kühle Morgenluft zu genießen, fanden wir die herrlichste Aussicht vor uns; und der Morgenglanz der Sonne breitete gleichsam doppelte Reitze über die natürlichen Schönheiten der Landschaft aus. Der Haven, in welchem wir lagen, war nur klein, dergestalt, daß unsre beyden Schiffe ihn fast gänzlich ausfüllten; das Wasser aber war in selbigem so klar als ein Crystall, und so glatt als ein Spiegel, indeß sich um uns her, die See an den äußern Felsen in schneeweißschäumenden Wellen brach. Auf der Landseite erblickte das Auge vor den Bergen her, eine schmale Ebene, deren fruchtbares Ansehen, all ihren Bewohnern Überfluß und Glückseligkeit zu gewähren schien. Dem Schiffe gerade gegen über öfnete sich, zwischen den Bergen, ein enges wohlbebauetes Thal, das voller Wohnungen und auf beyden Seiten mit Wald bedeckten Hügeln eingefaßt war, die längst der ganzen weiten Strecke desselben in mannigfaltig gebrochnen Linien hinauf liefen und sich in verschiednen Farben und Entfernungen zeigten. Über diese und das Thal hinaus, ragten aus dem Innern des Landes, mancherley romantischgeformte, steile Berg-Gipfel hervor, davon besonders der eine auf eine mahlerisch-schöne, aber fürchterliche Weise überhieng und gleichsam den Einsturz drohte. Der Himmel war heiter und die Luft erquickend warm; kurz, alles flößte uns neues Leben und neuen Muth ein. Mittlerweile wurden die Boote beyder Schiffe nach *o-Whai-urua* geschickt um die Anker zu holen, welche wir daselbst im Grunde hatten sitzen lassen als wir auf den Felsen stießen. Zu gleicher Zeit ward eine Parthey See-Soldaten und Matrosen beordert ans Land zu gehen, um Lebensmittel einzuhandeln, und unsre ledigen Fässer mit frischem Wasser zu füllen. Zu Ausführung dieses Vorhabens faßten sie ohnweit dem Strande in einer verlassenen Wohnung Posto, die ihnen nicht nur Schatten gegen die Sonne, sondern auch, vermittelst der Umzäunung, Sicherheit gegen die Diebereyen des Volks verschaffte. Als wir eben im Begriff waren, mit dem Capitain ans Land zu gehen, bekam dieser einen Besuch von einem angesehenen Manne, der *o-Pue* hies und seine beyden

Söhne bey sich hatte. Sie brachten dem Capitain etwas Zeug und einige andre Kleinigkeiten zum Geschenk, und erhielten dagegen Messer, Nägel, Corallen, und ein Hemde, welches letztere einer von ihnen anlegte, und in diesem Aufzuge begleiteten sie uns ans Land.

So bald wir ausgestiegen waren, eilten wir von dem sandichten Strande, wo in unsrer Wissenschaft keine Entdeckungen zu erwarten waren, weg, und nach den Plantagen hin, die uns vom Schiffe her so reizend ausgesehen hatten, ohnerachtet der späten Jahreszeit wegen Laub und Gras schon durchgehends mit herbstlichem Braun gefärbt war. Wir fanden bald, daß diese Gegenden in der Nähe nichts von ihren Reizen verlören, und daß Herr von *Bougainville* nicht zu weit gegangen sey, wenn er dies Land als ein Paradies beschrieben. Wir befanden uns in einem Wald von Brodfrucht-Bäumen, auf denen aber bey dieser Jahrszeit keine Früchte mehr waren, und beym Ausgang des Gehölzes sahen wir einen schmalen, von Gras entblößten Fuspfad vor uns, vermittelst dessen wir bald zu verschiednen Wohnungen gelangten, die unter mancherley Buschwerk halb versteckt lagen. Hohe Cocos-Palmen ragten weit über die andren Bäume empor und neigten ihre hängenden Wipfel auf allen Seiten gegen einander hin. Der Pisang prangte mit seinen schönen breiten Blättern und zum Theil auch noch mit einzelnen traubenförmigen Früchten. Eine schattenreiche Art von Bäumen, mit dunkelgrünem Laube, trug goldgelbe Apfel, die den würzhaften Geschmack und Saft der Ananas hatten. Der Zwischenraum war bald mit jungen chinesischen Maulbeerbäumen *(morus papyrifera)* bepflanzt, deren Rinde von den Einwohnern zu Verfertigung der hiesigen Zeuge gebraucht wird; bald mit verschiednen Arten von *Arum-* oder Zehrwurzeln, *(Arum* oder *Eddoes)* mit Yams, Zuckerrohr und andern nutzbaren Pflanzen besetzt. Die Wohnungen der Indianer lagen einzeln, jedoch ziemlich dicht neben einander, im Schatten der Brodfrucht-Bäume auf der Ebene umher, und waren mit mancherley wohlriechenden Stauden, als *Gardenia, Guettarda* und *Calophyllum* umpflanzt. Die einfache Bauart und die Reinlichkeit derselben stimmte mit der kunstlosen Schönheit des darum her liegenden Waldes überaus gut zusammen. Sie bestanden nemlich mehrentheils nur aus einem Dach, das auf etlichen Pfosten ruhte und pflegten übrigens, an allen Seiten offen, ohne Wände zu seyn. Diese sind auch, bey dem vortreflichen Clima des Landes welches vielleicht eins der glücklichsten auf Erden ist, vollkommen gut zu entbehren; denn Tau und Regen, die einzigen Veränderungen der Witterung gegen welche die Einwohner Schutz nöthig haben, kann in den mehresten Fällen ein bloßes Dach genugsam abhalten. Zu diesen liefert ihnen der *Pandang* oder Palm-Nußbaum,* seine breiten Blätter statt der Ziegel und die Pfeiler werden aus dem Stamm des Brodfrucht-Baums gemacht, der ihnen solchergestalt auf mehr denn einerley Art nutzbar wird. Indessen gab es doch mitunter einige Wohnungen, die vermuthlich nur deswegen, damit man innerhalb verborgner seyn könne, mit einer Art von geflochtnen Rohr-Hürden eingeschlossen waren, welches sie denn einem großen Vogelbauer ziemlich ähnlich machte. In diesem Wandwerk war eine Öffnung zur Thür gelassen, die mit einem Brette zugemacht werden konnte. Vor jeder Hütte sahe man eine kleine Gruppe von Leuten, die sich ins weiche Gras gelagert hatten oder mit kreuzweis übereinandergeschlagnen Beinen beysammen saßen und ihre glücklichen Stunden entweder verplauderten oder ausruheten. Einige standen bey unsrer Annäherung auf und folgten dem Haufen der mit uns gieng; viele aber, besonders Leute von reiferem Alter, blieben unverrückt sitzen und begnügten sich uns im Vorübergehen, ein freundschaftliches *Tayo!* zuzurufen. Da unsre Begleiter gewahr wurden, daß wir Pflanzen sammleten, so waren sie sehr emsig, dieselbigen Sorten zu pflücken und herbey zu bringen, die sie von uns hatten abbrechen sehen. Es gab auch in der That eine Menge von allerhand wilden Arten in diesen Plantagen, die untereinander in jener schönen Unord-

* *Athrodactylis. Char. Gen. nov. Forster. London. 1776. Bromelia sylvestris Linn. Flora Ceyl. Keura. Forskal Flor. Arab. Pandanus, Rumph. Amboin.*

nung der Natur auf sproßten, die über das steife Putzwerk künstlicher Gärten immer unendlich erhaben, aber alsdenn vollends bewundernswürdig ist, wenn die Kunst ihr am rechten Ort aufzuhelfen weiß. Vornemlich fanden wir verschiedene Grasarten, die ohnerachtet sie dünner als unsre nördliche standen, dennoch, weil sie im Schatten wuchsen, ein sehr frisches Ansehen hatten und einen weichen Rasen ausmachten. Sie dienten zugleich das Erdreich feucht zu erhalten, und solchergestalt den Bäumen Nahrung zu verschaffen, die auch ihrer Seits im vor treflichsten Stande waren. Mancherley kleine Vögel wohnten auf den schattigen Zweigen der Brodfrucht- und andrer Bäume und sungen sehr angenehm, ob man gleich, ich weis nicht warum, in Europa den Wahn hegt, daß es in heißen Ländern den Vögeln an harmonischen Stimmen fehle. In den Gipfeln der höchsten Cocosnuß-Bäume pflegte sich eine Art kleiner, schöner Saphir-blauer Papagayen aufzuhalten, und eine andre grünlichte Art mit rothen Flecken, sahe man unter den Pisang-Bäumen häufig, traf sie auch oft zahm in den Häusern an, wo die Einwohner sie der rothen Federn wegen, sehr gern zu haben schienen. Ein Eisvogel, der von dunkelgrünem Gefieder und rings um die weiße Kehle mit einem ringförmigen Streif von vorgedachter Farbe gezeichnet war; ein großer Kuckuck und verschiedne Arten von Tauben, hüpften fröhlich auf den Zweigen herum, indeß ein bläulichter Reyer gravitätisch am See-Ufer einher trat, um Muscheln, Schnecken und Würmer aufzulesen. Ein schöner Bach, der über ein Bette von Kieseln rollte, kam in schlängelndem Lauf das schmale Thal herab, und füllte beym Ausfluß in die See unsre leeren Fässer mit silberhellem Wasser. Wir giengen längst seinem krummen Ufer eine gute Strecke weit hinauf, bis uns ein großer Haufen Indianer begegnete, der hinter dreyen Leuten herzog, die in verschiedne Stücke ihres rothen und gelben Zeuges gekleidet waren und von eben dergleichen zierliche Turbans auf hatten. Sie trugen lange Stöcke oder Stäbe in der Hand, und einer hatte eine Frauensperson bey sich, welches seine Frau seyn sollte. Wir fragten, was dieser Aufzug zu bedeuten habe, und erhielten zur

Antwort: es wären die *Te-apunie;* da die Indianer aber merkten, daß wir noch nicht genug von ihrer Sprache wüßten, um diesen Ausdruck zu verstehen, so setzten sie hinzu, es wären *Tatano-t' Eatua,* das ist: Männer, die, der Gottheit und dem Maraï oder Begräbniß- und Versammlungsplatze angehörten. Man mögte sie also wohl Priester nennen dürfen. Wir blieben einige Zeit stehen, um abzuwarten, ob sie etwa eine Art von gottesdienstlicher Handlung oder andre besondre Ceremonie vornehmen würden, da aber nichts dergleichen erfolgte, so kehrten wir nach dem Strande zurück. Um Mittagszeit gieng Capitain *Cook* mit uns und den beyden Söhnen des oberwähnten *o-Pue* (S. 59) wieder an Bord, ohne den *Aheatua* gesehen zu haben, der aus Ursachen, die kein Mensch errathen konnte, uns noch immer nicht vor sich kommen lassen wollte.

Unsre beyden indianischen Gäste setzten sich mit zu Tische und aßen von unsern Zugemüsen; das Pöckelfleisch aber ließen sie unberührt. Nach Tische nahm einer der Gelegenheit wahr, ein Messer und einen zinnernen Löffel zu mausen, ob ihm gleich der Capitain, ohne alles Gegengeschenk, eine Menge von Sachen gegeben hatte, daran er sich allerdings hätte genügen lassen und die Gesetze der Gastfreyheit nicht auf eine so häßliche Weise übertreten sollen. So bald er sahe, daß die Dieberey entdeckt war, und daß man ihn deshalb vom Verdeck wegjagen wollte, besann er sich nicht lange, sondern sprang über Bord, schwamm nach dem nächsten Canot hin, und setzte sich ruhig in demselben nieder, unsrer Übermacht gleichsam zum Trotze. Capitain *Cook* konnte sich aus Unwillen über das schändliche Betragen dieses Kerls nicht enthalten, ihm eine Flintenkugel übern Kopf hinzufeuern, allein dies fruchtete nichts mehr, denn daß der Indianer von neuen ins Wasser sprang und das Canot umschlagen machte. Man feuerte zum zweytenmal nach ihm, allein, so bald er das Feuer von der Pfanne aufblitzen sahe, tauchte er unter, und eben so machte ers beym *dritten* Schuß. Nunmehro bemannte der Capitain sein Boot und ruderte nach dem Canot hin, unter welches sich der Taucher versteckt hatte. Dieser aber wartete so lange nicht, sondern verließ sein Fahrzeug und schwamm nach einem doppelten Canot, das nicht weit von ihm war. Auch dem ward nachgesetzt. Es entkam aber durch die Brandung auf den Strand, und die Indianer fiengen von daher an mit Steinen nach unsren Leuten zu werfen, so daß diese es für rathsam hielten, sich zurückzuziehen. Endlich ward ein Vierpfünder gegen das Land abgefeuert, und dieser machte dem Handel auf einmal ein Ende, denn er jagte jenen ein solches Schrecken ein, daß unsre Leute zwey doppelte Canots ohne Widerstand wegnehmen und mit sich ans Schiff bringen konnten.

Nachdem dieser Tumult über war, giengen wir ans Land, um ohnweit dem Orte, wo unsre Wasserfässer gefüllt wurden, nach Tische einen Spatziergang zu machen und das Zutrauen des Volks wieder zu gewinnen, welches uns, der eben erzählten Feindseligkeiten wegen, mit einemmal verlassen hatte. Wir wählten einen andern Weg als den wir am Morgen genommen hatten, und fanden auf demselben eine Menge Pisange, Yams, Zehrwurzeln u. d. gl. um die Häuser herumgepflanzt. Die Bewohner waren freundschaftliche, gutherzige Leute, jedoch des Vorgefallnen wegen, etwas scheuer und zurückhaltender als zuvor. Endlich gelangten wir an ein großes mit Rohrwänden versehenes Haus, welches ein artiges Ansehen hatte. Es sollte dem *Aheatua* angehören, und dieser sich jetzt in einer andern Gegend aufhalten. Wir fanden hier ein Schwein und etliche Hühner, die ersten, welche uns die Einwohner zu Gesicht kommen ließen, indem sie solche bisher sorgfältig versteckt und nie hatten verkaufen wollen, unter dem Vorwande, daß sie dem *Ärih* oder Könige zugehörten. Sie machten jetzt eben die Entschuldigung, ohnerachtet wir ihnen ein Beil dafür anbothen, welches, ihren Meynungen und Bedürfnissen nach, gleichwohl das höchste war was sie dagegen verlangen konnten. Nach einem kurzen Aufenthalte kehrten wir auf eben dem Wege wieder zurück und brachten eine kleine Parthey neuer Pflanzen mit an Bord. Gegen Untergang der Sonne ward ein Boot vor den Haven hinausgeschickt, um einen See-Soldaten, Namens *Isaac Taylor,* in der See zu begraben, der nach langem Kränkeln heute Morgen gestorben war. Seitdem wir England verlassen, war er beständig fieberhaft, schwindsüchtig und asthmatisch gewesen. Diese Zufälle hatten je länger je mehr überhand genommen, und sich zuletzt in eine Wassersucht verwandelt, die seinem Leben ein Ende machte. Alle unsre übrigen Leute an Bord waren nun wohl, einen einzigen Mann ausgenommen, der seiner zum Scorbut geneigten Leibesbeschaffenheit wegen, allemal von neuem bettlägerig wurde, so oft wir in See giengen, und mit genauer Noth beym Leben zu erhalten war, ohnerachtet man ihn beständig, die kräftigsten prophylactischen Mittel und Worth gebrauchen ließ. Jedoch auch dieser Mann, sowohl als die am Scorbut kranken Leute von der *Adventure,* erholten sich außerordentlich geschwind, durch bloßes Spatzierengehen am Ufer und durch den täglichen Genuß von frischer Kräuterkost.

Früh am folgenden Morgen kamen etliche Indianer in einem Canot zu uns und bathen um die Zurückgabe der beyden größern, die man ihnen Tages zuvor weggenommen hatte. Da Capitain *Cook* inne geworden war, daß der Handel des gestrigen Vorfalls wegen ins Stecken gerathen sey, weil seitdem niemand ans Schiff, und auch an den Wasserplatz hin nur wenig Indianer gekommen waren; so ließ er ihnen die Canots alsbald zurück geben, um das gute Vernehmen mit den Eingebohrnen aufs eheste wieder herzustellen. So schleunig als wir es wohl gewünscht hätten, würkte zwar diese Probe von unsrer Billigkeit nicht; doch blieb der Erfolg davon wenigstens nicht aus, denn nach Verlauf zweyer oder dreyer Tage war der Handel wiederum völlig auf den vorigen Fus hergestellt.

Nach diesen Friedens-Vorkehrungen giengen wir aufs Botanisiren ans Land. Ein tüchtiger Regenschauer, der vorige Nacht gefallen, hatte die Luft merklich abgekühlt, und machte unsern Spatziergang sehr angenehm, indem die Sonnenhitze heute nicht so früh als sonst überhand nehmen konnte. Das ganze Land war durch den Regen verschönert. Bäume und Pflanzen waren wie von neuem belebt und in den Wäldern duftete das erfrischte Erdreich einen angenehmen Wohlgeruch aus. Eine Menge von kleinen Vögeln begrüßten uns mit ihrem lieblichen Morgengesang, den wir sonst noch nie so in ganzen Chören gehört hatten, vielleicht, weil wir bisher noch nie so früh ausgegangen, vielleicht auch, weil der Morgen so besonders schön war. Wir mochten kaum etliche hundert Schritte weit gegangen seyn, so entstand im Walde ein lautes Klopfen, als ob Zimmerleute daselbst arbeiteten. Da dieser Schall unsre Neugier erregte, so spürten wir ihm nach und gelangten endlich an einen kleinen Schoppen, unter welchen fünf oder sechs Weibsleute zu beyden Seiten eines langen viereckigten Balkens saßen, auf welchem sie die faserichte Rinde vom Maulbeerbaume klopften, um Zeug daraus zu machen. Das Instrument, dessen sie sich hiezu bedienten, war ein schmales vierseitiges Stück Holz, in welchem der Länge nach überall parallele Furchen eingeschnitten waren, die auf jeder von den vier verschiedenen Seiten des Hammers, immer tiefer wurden* und immer dichter neben einander lagen. Sie hielten eine Weile mit Arbeiten inne, damit wir die Rinde, die Hämmer und den Balken betrachten könnten. Auch zeigten sie uns eine Art von Leimwasser in einer Cocos-Nußschaale, mit welchem sie während dem Klopfen die Rinde von Zeit zu Zeit besprengen, um die einzelnen Stücken derselben, in eine zusammenhängende Masse zu bringen. Dieser Leim, der, so viel wir verstehen konnten, vom *Hibiscus esculentus* gemacht war; ist zur Verfertigung der Arbeit unentbehrlich, weil die Stücken Zeug zuweilen 6 bis 9 Fus breit und gegen 150 Fus lang sind, gleichwohl aber aus lauter kleinen einzelnen Stücken Rinde zusammengeschlagen werden müssen. Es darf keine andre Rinde als von jungen Bäumen dazu genommen werden; daher man auch in ihren Maulbeerpflanzungen nicht einen einzigen alten Stamm findet. So bald sie eines guten Daumens dick, das ist, ohngefähr zwey Jahr alt sind, werden sie abgehauen, ohne daß dieser frühen und häufigen Nutzung

* S. *Hawkesworths* Gesch. der engl. See-Reisen in 8. B. III. 18tes Hauptstück, *pag. 518.*

wegen Mangel daran zu besorgen wäre; denn kaum ist der Baum abgehauen, so sprossen schon wieder junge Schößlinge aus der Wurzel auf, und ließe man ihn zu Blüthen und Früchten kommen, so würde er, seinem schnellen Wachsthum nach zu urtheilen, sich vielleicht übers ganze Land verbreiten. Sie suchen die Bäume durchgehends so gerade und so hochstämmig als möglich zu ziehen, leiden auch unterhalb der Krone keinen Ast, damit die Rinde desto glätter sey und beym Abschälen recht lange Stücken gebe. Wie diese aber zubereitet werden mag, ehe sie unter den Hammer kommt, war uns noch unbekannt. Die Weiber, welche wir bey dieser Beschäftigung fanden, waren ganz dürftig in alte schmutzige Zeug-Lumpen gekleidet, und daß die Arbeit eben nicht leicht seyn müsse, konnte man daraus schließen, daß ihre Hände eine dicke, hornharte Haut davon bekommen hatten. Wir setzten nun unsern Weg weiter fort und gelangten bald in ein schmales Thal. Ein wohlaussehender Mann, bey dessen Wohnung wir vorüber kamen, lag im Schatten da, und lud uns ein, neben ihm auszuruhen. So bald er sahe, daß wir nicht abgeneigt dazu waren, streute er Pisang-Blätter auf einen mit Steinen gepflasterten Fleck vor dem Hause, und setzte einen kleinen aus Brodbaum-Holz verfertigten Stuhl hin, auf welchen er denjenigen von uns, den er für den Vornehmsten hielt, sich niederzulassen bath. Nachdem auch die übrigen sich ins Gras gelagert hatten, lief er ins Haus, holte eine Menge gebackne Brod-Frucht und setzte uns solche auf den Pisang-Blättern vor. Nächst diesem brachte er noch einen Mattenkorb voll *Vih* oder *Tahitische* Äpfel, welches eine Frucht von der *Spondias*-Art und im Geschmack der Ananas ähnlich ist, und nunmehro bath er uns, zuzulangen. Es schmeckte uns allen herzlich wohl, der Spatziergang und die frische Morgenluft hatten uns guten Appetit verschaft und überdies waren die Früchte vortreflich. Wir fanden die *Tahitische* Zubereitung der Brodfrucht (die so wie alle andre Speisen, vermittelst heißer Steine in der Erde gebacken wird) unendlich besser als unsre Art sie zu kochen. Bey dieser Bereitung bleibt aller Saft beysammen und wird durch die Hitze noch mehr verdickt; beym Kochen hingegen saugt sich viel Wasser in die Frucht und vom Geschmack und Saft geht viel verloren. Um das Tractament zu beschließen, brachte der Wirth fünf Coco-Nüsse, die er auf eine sehr ungekünstelte Art öfnete, indem er die äußeren Fäden mit den Zähnen wegriß. Den kühlen hellen Saft derselben goß er in eine reine Schaale einer reifen Coco-Nuß, und reichte sie einem jeden von uns nach der Reihe zu. Die Leute waren hier bey allen Gelegenheiten gutherzig und freundschaftlich gewesen, und hatten uns zuweilen, wenn wir es begehrten, Coco-Nüsse und andre Früchte, für Glas-Corallen verkauft; allein so uneigennützig und wahrhaft gastfrey als *dieser* Mann, hatte während unsers kurzen Hierseyn, sich noch keiner gegen uns bewiesen. Wir hieltens daher für unsre Pflicht, ihn nach Vermögen zu belohnen, und schenkten ihm das beste, was wir bey uns hatten, eine Menge durchsichtiger Glas-Corallen und Nägel, womit er äußerst vergnügt und zufrieden war.

Ausgeruhet und erquickt schieden wir nunmehro von diesem friedlichen Sitze patriarchialischer Gastfreyheit und giengen noch weiter ins Land hinauf, ohne uns daran zu kehren, daß unter dem großen Haufen von Indianern, die uns begleiteten, viele waren, denen damit eben nicht gedient zu seyn schien. Wir hatten indessen von ihrem Mißvergnügen weiter keinen Schaden als daß sich unser Gefolge verminderte, indem die mehresten, jetzt nach ihren Wohnungen zurückkehrten. Dies ließen wir uns gern gefallen; die wenigen, die noch bey uns blieben, übernahmen es, die Stelle von Wegweisern zu vertreten, und so erreichten wir bald das Ende des Thals. Hier hörten die Hütten und Pflanzungen der Indianer auf, und wir hatten nun die Berge vor uns, zu denen ein stark betretner Fussteig, der hie und da von hohen Bäumen beschattet war, durch wildes Gebüsch hinauf führte. An den verwachsensten Stellen, die wir mit Fleis durchsuchten, fanden sich verschiedne Pflanzen, desgleichen einige Vögel, welche den Naturforschern, bis jetzt, noch unbekannt geblieben waren. Mit diesem kleinen Lohn für unsre Mühe, kehrten wir nach dem Ufer zurück, worüber unsre indianischen Freunde und Begleiter herzlich froh waren. Am Strande trafen wir auf dem Handelsplatze einen großen Zusammenfluß von Landeseinwohnern an, und sahen, daß unsre Leute eine Menge von Zehrwurzeln *(eddoes)* und andern Gewächsen, an Brodfrüchten hingegen nur wenig zusammengebracht hatten. Dies letztere rührte von der späten Jahreszeit her, in welcher nur auf wenig einzelnen Bäumen hin und wieder noch eine Frucht hieng, die mehresten hingegen schon wieder für die nächste Erndte angesetzt hatten. Die ausnehmende Hitze reitzte uns zum baden, und ein Arm des nahgelegnen Flusses, der einen tiefen Teich von ziemlichen Umfang ausmachte, both uns die bequemste Gelegenheit hiezu an. Nachdem wir uns in diesem kühlen Wasser ganz erfrischt hatten, kehrten wir zum Mittagbrod an das Schiff zurück. Nachmittags ward es sehr regnigt und stürmisch; der Wind trieb die *Adventure* vom Anker, doch ward sie durch schleunige gute Anstalten ihrer Leute, bald wieder in die vorige Lage gebracht. Da dies schlimme Wetter uns an Bord eingeschlossen hielt; so beschäftigten wir uns diese Zeit über, um die bisher gesammleten Pflanzen und Thiere in Ordnung zu bringen und die unbekannten zu zeichnen. Ohngeachtet wir aber bereits drey Tage lang aufs Botanisiren ausgegangen waren, so belief sich die Anzahl der neuentdeckten Pflanzen doch noch gar nicht hoch, welches, bey einer so blühenden Insel als *Tahiti,* ein überzeugender Beweis ihrer hohen Cultur ist. Wäre sie weniger angebauet; so würde, dem herrlichen Boden und Clima nach, das Land überall mit hunderterley Arten von Kräutern, wild überwachsen gewesen seyn, anstatt daß jetzt dergleichen kaum hie und da einzeln aufsproßten. Auch von Thieren gab es nur wenige allhier, weil diese Insel nicht allein von geringem Umfange, sondern auch auf allen Seiten gar zu weit vom festen Lande entfernt ist. Außer einer ungeheuren Menge von Ratten, welche die Eingebohrnen aller Orten ungehindert herum laufen ließen, ohne zu Vertilgung oder Verminderung derselben irgend ein Mittel vorzukehren, fanden wir kein andres vierfüßiges Thier allhier, als zahme Schweine und Hunde. Das Geschlecht der Vögel hingegen war schon ungleich zahlreicher, und von Fischen gab es vollends eine so große Menge neuer Arten, daß man fast jedesmal auf Entdeckungen rechnen konnte; so oft den Indianern ein neuer, frischgefangner Vorrath davon abgekauft ward. Die große Mannichfaltigkeit, welche wir in *dieser* Classe der Geschöpfe fanden, rührt natürlicherweise daher, daß sie aus einem Theile des Oceans so und ungehindert nach dem andern gelangen können, und eben daher kommt es auch, daß man, zumal unter den Wende-Creysen, gewisse Arten derselben rund um die ganze Welt antrifft.

Im Pflanzenreiche sahe es allhier nur allein für die Botanik unangenehm, in aller andern Absicht aber, desto vortheilhafter aus. Von wilden Kräutern, die der Naturforscher in Menge zu finden wünschte, gab es nemlich, wie gesagt, nur wenige, dagegen desto mehr eßbare Gewächse und Früchte, als Yams, Zehrwurzeln, *(eddoes)* Tahiti-Äpfel, Pisang- und Brodfrüchte. Von allen diesen, besonders von den ersteren drey Arten, als für welche es gerade die rechte Jahreszeit war, brachten uns die Eingebohrnen so große Quantitäten zum Verkauf, daß die gesammte Mannschaft beyder Schiffe damit gespeiset werden konnte. Bey einer so gesunden Kost erholten sich unsre mit dem Scorbut behafteten Kranken gleichsam zusehends; ja wir alle befanden uns, bis auf einen Durchlauf, den die schleunige Veränderung der Nahrungsmittel im Anfang verursachte, ungemein wohl dabey. Das einzige, woran es uns noch fehlte, war frisches Schweinefleisch. Es kam uns desto härter an, desselben zu entbehren, da wir dergleichen Thiere, auf allen unsern Spatziergängen, in Menge antrafen, ob sich gleich die Leute immer Mühe gaben, sie für uns versteckt zu halten. Zu dem Ende sperrten sie solche in kleine Ställe ein, die ganz niedrig gebauet und oben flach mit Brettern belegt waren, so daß eine Art von Platteform daraus entstand, auf welche sie sich selbst setzten oder niederlegten. Wir suchten sie durch alle ersinnliche Mittel dahin zu bewegen, daß sie uns welche ablassen mögten. Wir bothen ihnen Beile, Hemden und andre Waaren an, die hier zu Lande in hohen Werth standen; aber alles war umsonst. Sie blieben dabey, die Schweine gehörten dem *Ärih* oder König. Anstatt mit dieser Antwort zufrieden zu seyn und dem guten Willen der Leute Gerechtigkeit wiederfahren zu lassen, die uns, wenn gleich nicht mit Schweinen, doch mit andern Lebensmitteln versorgten, denen unsre Kranken ihre Wiederherstellung, und wir alle unsre Erquickung zu verdanken hatten, ward den Capitains von einigen Leuten an Bord der Vorschlag gemacht, mit Gewalt eine hinlängliche Anzahl Schweine zu unserm Gebrauche wegzunehmen, und hernachmals den Einwohnern so viel an europäischen Waaren zu geben, als das geraubte Vieh, dem Gutdünken nach, werth seyn mögte. Da aber ein solches Verfahren ganz und gar tyrannisch, ja auf die niederträchtigste Weise eigennützig gewesen wäre; so ward der Antrag mit aller gebührenden Verachtung und Unwillen verworfen.

Unsre Sammlung von Naturalien war bis jetzt noch immer so unbeträchtlich, daß uns die Zeichnung und Beschreibung derselben wenig zu thun machte, und daß wir Muße genug übrig hatten, täglich von neuem ans Land zu gehen, sowohl um mehrere zu suchen, als auch um den Character, die Sitten und den gegenwärtigen Zustand der Einwohner genau zu beobachten.

Am 20sten nahm ich nebst verschiednen Officiers, um Mittagszeit einen Spatziergang nach der östlichen Landspitze des Havens vor. Auf dem Wege dahin, fanden wir einen Bach vor uns, der zum durchwaden zu tief und zu breit war; wir wagten es also, uns in ein indianisch Canot einzuschiffen, und kamen auch glücklich damit hinüber. Auf dem jenseitigen Ufer schimmerte aus dem Buschwerk ein ziemlich großes Gebäude hervor, und vor demselben fanden wir bey unsrer Annäherung eine Menge des feineren Tahitischen Zeuges, das nach der Indianer Aussage, in dem Fluß gewaschen war, auf dem Grase ausgebreitet liegen. Dicht neben dem Hause hieng auf einer Stange ein Brust-Schild von halb cirkelförmiger Gestalt, der aus Coco-Nußfasern, ohngefähr so wie Korbmacher-Arbeit zusammengeflochten und auf der äußern oder rechten Seite mit den glänzenden blaugrünen Federn einer Taubenart bedeckt, imgleichen mit drey bogenförmigen Reihen von Hayfisch-Zähnen gezieret war. Ich frug, ob diese Rüstung zu verkaufen sey? Es hies aber Nein, und folglich mochte sie vielleicht da hängen um gelüftet zu werden. Ein Mann von mittlern Alter, der in dieser Hütte seiner Ruhe pflegte, nöthigte uns Platz bey ihm zu nehmen, und so bald dieses geschehen, untersuchte er meine Kleidung mit vieler Aufmerksamkeit. Er hatte sehr lange Nägel an den Fingern, worauf er sich nicht wenig zu gut that. Ich merkte auch bald, daß dies ein Ehrenzeichen ist, in so fern nemlich nur solche Leute *die nicht arbeiten,* die Nägel so lang wachsen lassen können. Eben diese Gewohnheit findet man unter den Chinesern, und auch die sind sehr stolz darauf. Ob aber die Einwohner von *Tahiti* sie aus China her bekommen, oder ob zufälligerweise beyde Völker, ohne einige Gemeinschaft mit einander zu haben, auf einerley Einfall gerathen seyn mögen? Das dünkt mich selbst für den Scharfsinn eines *Needham* und *des Guignes* zu hoch. In verschiednen Winkeln der Hütte saßen, hier die Mannsleute, dort die Frauenspersonen beysammen und nahmen so von einander abgesondert ihr Mittagsmahl zu sich, das in Brodfrucht und Pisangen bestand. Beyde Partheyen schienen, je nachdem wir uns einer oder der andern näherten, zu wünschen, daß wir mit essen mögten. Es ist eine sehr sonderbare Gewohnheit, daß sich hier zu Lande beyde Geschlechte beym Essen von einander trennen müssen; warum dies aber geschiehet, oder was Veranlassung zu diesem Gebrauch gegeben haben mag? konnten wir eben so wenig als Capitain *Cook* auf seiner vorigen Reise in Erfahrung bringen.

Nachdem wir diese Hütte verlassen, so gelangten wir durch ein wohlriechendes Gebüsch zu einer andern, in der sich *O-Taï,* nebst seiner Frau und Kindern, imgleichen mit seinen beyden Schwestern, der *Maroya* und *Maroraï* befand. Der Officier, welcher seine Bett-Tücher eingebüßt, war bey uns, hielt es aber für vergebliche Mühe darnach zu fragen, und suchte vielmehr seine Schöne durch neue Geschenke zu gewinnen. Corallen, Nägel und andre Kleinigkeiten wurden reichlich dran gewandt. Das Mädchen nahm sie freundlich genug an, blieb aber bey den feurigsten Wünschen ihres Liebhabers unerbittlich. Was ihr so sehr am Herzen gelegen und wofür allein sie sich ihm ergeben haben würde, das mogten die Bett-Tücher gewesen seyn, und die hatte sie vermuthlich weg; nunmehro schien sie folglich durch nichts weiter gereitzt werden zu können, einen Liebhaber zu erhören, den sie doch nur auf kurze Zeit gehabt haben würde. Auf diese Art erklärten wir uns wenigstens ihr Betragen; dazu kam noch, daß sie zu einer angesehenen Familie gehörte, und während Capitain *Cook's* vorigen langen Aufenthalt auf der Insel, hatte man wenig oder gar keine Beyspiele gefunden, daß Frauenzimmer, von besserem Stande, sich so gemein gemacht haben sollten. Wir konnten uns diesmal nicht lange bey ihnen aufhalten, weil der Tag Abschied zu nehmen anfieng. Es war würklich schon so spät, daß, als wir wieder an den Strand kamen, unsre Boote bereits nach dem Schiffe zurückgekehrt waren. Ich bedachte mich also nicht lange, sondern ward mit einem Indianer einig, daß er mich für eine einzige Glas-Coralle, die mir vom heutigen Spatziergang noch übrig geblieben war, in seinem Canot nach dem Schiffe übersetzen sollte, und so kam ich glücklich an Bord, ohnerachtet das armselige Fahrzeug nicht einmal einen Ausleger *(outrigger)* hatte.

Bey Anbruch des folgenden Tages, giengen wir wiederum ans Land und von neuem nach Osten hin. Je näher wir der östlichen Spitze des Havens *Aitepieha* kamen, je breiter ward die Ebene; die Pflanzungen von Brodfrucht- und Coco-Nußbäumen, von Pisangen und andern Gewächsen, an denen man schon durchgehends den Ansatz zur künftigen Erndte sahe, wurden immer ansehnlicher. Auch die Anzahl der Wohnhäuser nahm in dieser Gegend zu, und viele derselben schienen uns reinlicher und neuer zu seyn als beym Ankerplatze. Unter andern erblickten wir in einem dergleichen, welches mit Rohrwänden versehen war, große Ballen von Zeug und eine Menge von Brustschild-Futteralen, die inwendig am Dache hiengen, Alles dieses, so wie das Haus selbst, gehörte dem König, *Aheatua* zu. Wir spazierten ohngefähr 2 Meilen weit beständig in den anmuthigsten Wäldern und Pflanzungen von Brodfrucht-Bäumen fort, und sahen, wie die Leute aller Orten wieder an ihr Tagewerk giengen, vornemlich hörten wir die Zeugarbeiter fleißig klopfen. Man muß sich indessen nicht vorstellen, daß die Leute eben durch Noth und Mangel genöthigt werden, so unabläßig zu arbeiten: denn wo wir nur hinkamen, versammlete sich gemeiniglich bald ein großer Haufen um uns her und folgte uns den ganzen Tag über, zum Theil so unermüdet nach, daß mancher das Mittagbrod darüber versäumte. Doch giengen sie nicht so ganz ohne Neben-Absicht mit. Im Ganzen war ihr Betragen allemal gutherzig, freundschaftlich und dienstfertig; aber sie paßten auch jede Gelegenheit ab, eine oder die andre Kleinigkeit zu entwenden und damit wußten sie ausnehmend gut Bescheid. Wenn wir sie freundlich ansahen oder ihnen zulächelten, so hielten manche es für die rechte Zeit, von unserm guten Willen Gebrauch zu machen und in einem bittenden Ton ein: *Tayo. poe!* hören zu lassen Das bedeutete so viel als: *Freund! ein Coralchen!* Wir mogten ihnen hierinn willfahren oder nicht, so brachte es niemals eine Ändrung in ihrem Betragen hervor, sondern sie blieben so aufgeräumt und freundlich als zuvor. Wenn sie mit diesem Anliegen zu häufig kamen, so zogen wir sie auf und wiederholten ihre kindische Betteley im nemlichen Tone, worüber denn unter dem ganzen Haufen immer ein lautes Gelächter entstand. Sie redeten gemeiniglich sehr laut untereinander, und mehrentheils waren *wir* der Gegenstand ihrer Unterredung. Jedem neu Ankommenden, der die Zahl unsrer Begleiter vermehren half, wurden wir sogleich mit Namen genannt, die nach ihrer Aussprache auf wenige Vocalen und weichere Consonanten reducirt zu seyn pflegten; dann ward einem Jedem erzählt, was wir den ganzen Morgen über getahn oder gesagt hätten. Die erste Bitte bestand gewöhnlich darinn, daß wir ein Gewehr abfeuern mögten; und das thaten wir unter der Bedingung, wenn sie uns einen Vogel zum Ziel zeigen könnten. Doch waren wir dabey mehr als einmal in Verlegenheit, weil sie uns oft Vögel zeigten, die vier bis fünfhundert Schritte weit von uns saßen. Sie wußten nicht, daß die Würkung unsers Gewehrs nur bis auf gewisse Entfernungen reicht; und da es eben nicht rathsam war, sie das Geheimniß zu lehren, so stellten wir uns gemeiniglich als könnten wir den Vogel nicht gewahr werden, bis wir unter diesem Vorwande so nahe heran gekommen, daß er zu erreichen war. Der erste Schuß machte immer großes Schrecken; einige fielen darüber platt zur Erde oder rannten ohngefähr zwanzig Schritt weit zurück, bis wir ihnen durch freundliches Zureden die Furcht benommen, oder ihre herzhafteren Landsleute den geschoßnen Vogel aufgelangt hatten. Sie gewöhnten sich indessen bald besser daran, und wenn sie gleich noch bey jedem neuen Schusse zusammen fuhren, so ließen sie ihre Furcht wenigstens zu keinem weitern Ausbruche kommen.

So freundschaftlich wir nun auch aller Orten aufgenommen wurden, so suchte man gleichwohl überall die Schweine vor uns zu verstecken; und wenn wir darnach frugen, so waren die Leute entweder verlegen, oder sagten, sie hätten keine, oder versicherten, sie gehörten *Aheatua'n* zu. Wir hielten es also fürs beste, uns gar nicht weiter darum zu bekümmern, und ob wir gleich, fast in jeder Hütte, Schweine genug verborgen fanden, so stellten wir uns doch als merkten wir es nicht, oder als wäre es uns nicht darum zu thun. Dies Betragen machte ihr Vertrauen zu uns desto größer.

Nachdem wir etliche Meilen weit gegangen waren, setzten wir uns auf einige große Steine nieder, die vor einer Hütte eine Art von erhöhtem Pflaster ausmachten, und bathen die Einwohner, daß sie uns, gegen baare Zahlung in Corallen, etwas Brodfrucht und Coco-Nüsse verschaffen mögten. Sie waren sehr willig dazu, brachten herbey was sie hatten und in der Geschwindigkeit stand das Frühstück aufgetischt vor uns. Um es desto ruhiger zu verzehren, ließen wir den ganzen Haufen unsrer Begleiter in einiger Entfernung von uns niedersitzen, damit sie keine Gelegenheit haben mögten, Gewehr oder andre Dinge zu erhaschen, die wir beym Essen von uns legen mußten. Die guten Leute gedachten unsre Collation recht vollständig und schön zu machen; in dieser Absicht brachten sie uns eine Cocosnuß-Schaale voll kleiner Fische, welche sie in Salzwasser eingetunkt, roh zu essen pflegen. Wir kosteten davon und fanden sie gar nicht unangenehm, weil wir aber nicht an rohe Speisen solcher Art gewohnt waren, so vertheilten wir diese Leckerbissen nebst den übriggebliebenen Früchten unter diejenigen von unsren Begleitern, die uns am liebsten waren.

Als wir nach eingenommenem Frühstück weiter gegen die Berge gehen wollten, suchten uns die Indianer zu überreden, daß wir lieber in der Ebne bleiben sollten. Da wir aber augenscheinlich sahen, daß diese Bitte blos aus Trägheit herkam, damit sie nemlich der Mühe überhoben seyn mögten, die bergigten Gegenden zu ersteigen,* und es uns um ihre Begleitung eben nicht so sehr zu thun war; so giengen wir ohngeachtet ihres Ungestüms weiter, worauf denn der größte Theil unseres Gefolges hinter uns drein gaffend stehen blieb, die übrigen aber ein jeder seine Straße zog. Nur ein Paar von ihnen, die weniger bequem als die übrigen seyn mochten, blieben bey uns, und erbothen sich zu Wegweisern. Sie führten uns einen Erdriß zwischen zween Bergen hinauf, woselbst wir einige neue wilde Pflanzen und eine Menge kleiner Schwalben antrafen, die über einen Bach hinstrichen, der auf einem Kieselgrunde herabrauschte. Das Ufer, dessen schlängelnder Krümmung wir aufwärts folgten, brachte uns zu einem senkrecht stehenden und mit mancherley wohlriechendem Gebüsch behangenen Felsen, von welchem sich eine Crystallhelle Wasser-Säule in einen glatten klaren Teich herabstürzte, dessen anmuthiges Gestade überall mit bunten Blumen prangte. Dies war eine der schönsten Gegenden die ich in meinem Leben gesehen. Kein Dichter kann sie so schön mahlen. Wir sahen von oben auf die fruchtbare überall angebaute und bewohnte Ebene herab, und jenseits dieser in das weite, blaue Meer hinaus! Die Bäume, welche ihre dickbelaubten Zweige gegen den Teich hin ausbreiteten, gewährten uns kühlen Schatten, und ein

* Dies erklärt einen ähnlichen Vorfall, der einige Seiten zuvor *pag.* 68 erzählt worden.

angenehmes Lüftchen welches über das Wasser her wehete, milderte die Hitze des Tages noch mehr. Hier legten wir uns auf den weichen Rasen hin, um beym feyerlich einförmigen Geräusch des Wasserfalls, dazwischen dann und wann ein Vogel schlug, die eingesammelten Pflanzen zu beschreiben, ehe sie verwelkten. Unsre *Tahiti*schen Begleiter lagerten sich ebenfalls unter das Gebüsch hin, und sahen uns mit stiller Aufmerksamkeit zu. Wir hätten den ganzen Tag in dieser reizenden Einöde zubringen mögen! allein unser Beruf gestattete keine Unthätigkeit; so bald wir also mit den Beschreibungen fertig waren, begnügten wir uns die romantische Gegend noch einmal zu betrachten, und kehrten alsdenn nach der Ebene zurück. Hier kam uns ein großer Haufen Indianer entgegen, die Herren *Hodges* und *Grindall* begleiteten, zu denen auch wir uns gesellеten. Herr *Hodges* hatte einem jungen Burschen von ungemein glücklicher Bildung, der eine besondre Neigung zu ihm bezeigte, sein Zeichnungs-Portefeuille anvertrauet. Keine Gunstbezeigung, glaub ich, hätte diesem jungen Menschen mehr Vergnügen machen können, als dieser öffentliche Beweis des auf ihn gesetzten Vertrauens, wenigstens schien er ganz stolz darauf zu seyn, daß er im Angesicht aller seiner Landesleute mit dem Portefeuille untern Arm neben uns her gehen konnte. Ja auch die andern Indianer thaten heute insgesammt vertraulicher und zudringlicher als sonst, vielleicht weil sie durch den Vorzug, der ihrem Landsmann wiederfuhr, sich alle für geehrt hielten, vielleicht auch weil es ihnen gefallen mochte Herrn *Hodges* und *Grindall*, so unbesorgt unter sich zu sehen, indem diese beyde Herren völlig unbewafnet waren. In diesem friedlichen Aufzuge gelangten wir nun an eine geräumige Hütte, in welcher eine zahlreiche Familie beysammen war. Ein alter Mann, aus dessen Blicken Friede und Ruhe hervorleuchtete, lag auf einer reinen Matte und sein Haupt ruhte auf einem Stuhle, der ihm zum Küssen diente. Es war etwas sehr Ehrwürdiges in seiner Bildung. Sein silbergraues Haar hieng in vollen Locken um das Haupt her, und ein dicker Bart, so weiß als Schnee, lag auf der Brust. In den Augen war Leben, und Gesundheit sas auf den vollen Wangen. Der Runzeln, welche unter *uns* das Antheil der Greise sind, waren wenig; denn Kummer, Sorgen und Unglück, die *uns* so frühzeitig alt machen, scheinen diesem glücklichen Volke gänzlich unbekannt zu seyn. Einige Kinder, die wir für seine Gros-Kinder ansahen, der Landesgewohnheit nach ganz nackend, spielten mit dem Alten, dessen Handlungen, Blick und Minen augenscheinlich bewiesen, wie Einfalt des Lebens, die Sinnen bis ins hohe Alter bey vollen Kräften zu erhalten vermag. Einige wohlgebildete Männer und kunstlose Dirnen hatten sich um ihn her gelagert und bey unserm Eintritt schien die ganze Gesellschaft, nach einer ländlich frugalen Mahlzeit, im vertraulichen Gespräch begriffen zu seyn. Sie verlangten, daß wir uns auf die Matten neben sie setzen mögten, wozu wir uns nicht zweymal nöthigen ließen. Es schien, als hätten sie noch keinen Europäer in der Nähe gesehen, wenigstens fiengen sie sogleich an, unsre Kleidungen und Waffen neugierigst zu untersuchen, doch ließ ihr angebohrnes flatterhaftes Wesen nicht zu, länger als einen Augenblick bey einerley Gegenstande zu verweilen. Man bewunderte unsre Farbe, drückte uns die Hände, konnte nicht begreifen, warum keine Puncturen darauf waren und daß wir keine lange Nägel hätten. Man erkundigte sich sorgfältig nach unsern Namen und machte sich eine Freude daraus, sie uns mehrmalen nachzusprechen. Dies kam aber, der indianischen Mundart nach, allemal so verstümmelt heraus, daß selbst Etymologisten von Profeßion Mühe gehabt haben würden, sie wieder zu errathen. *Forster* ward in *Matara* verändert; *Hodges* in *Oreo; Grindall* in *Terino; Sparmann* in *Pamani,* und *George** in *Teori.* An der Gastfreyheit, die wir in jeder Hütte fanden, fehlte es auch hier nicht; man both uns Cocos-Nüsse und *E-vihs* an, um den Durst zu löschen, und der Alte ließ uns oben drein eine Probe von den musicalischen Talenten seiner Familie hören. Einer von den jungen Männern blies mit den Nasenlöchern eine Flöte von *Bambu-*

* Der jüngere Herr *Forster* ließ sich, zum Unterschied von seinem Herrn Vater bey diesem Vornahmen nennen. A. d. V.

rohr, die drey Löcher hatte* und ein andrer sang dazu. Die ganze Music war, sowohl von Seiten des Flötenspielers als auch des Sängers, nichts anders als eine einförmige Abwechselung von drey bis vier verschiednen Tönen, die weder unsern ganzen, noch den halben Tönen ähnlich klangen, und dem Werth der Noten nach, ein Mittelding zwischen unsern halben und Vierteln seyn mochten. Übrigens war nicht eine Spur von Melodie darinn zu erkennen; eben so wenig ward auch eine Art von Tact beobachtet, und folglich hörte man nichts als ein einschläferndes Summen. Auf diese Weise konnte die Music das Ohr freylich nicht durch falsche Töne beleidigen, aber das war auch das beste dabey, denn lieblich war sie weiter eben nicht zu hören. Es ist sonderbar, daß, da der Geschmack an Music unter alle Völker der Erde so allgemein verbreitet ist, dennoch die Begriffe von Harmonie und Wohlklang bey verschiednen Nationen so verschieden seyn können. – Wir sahen in dieser Hütte das Bild von wahrer Volks-Glückseligkeit realisirt, und Herr *Hodges* konnte sich nicht enthalten, von einem so seltnen Gemählde verschiedne Zeichnungen zu entwerfen, die der Nachwelt anschauende Begriffe von diesen Scenen geben werden, die sich besser fühlen, denn durch Worte ausdrücken lassen. Aller Indianer Augen waren auf sein Zeichnen geheftet, aber wie groß war ihr Erstaunen und Vergnügen, als sie zwischen seiner Arbeit und den Gesichtszügen einiger ihrer anwesenden Landsleute eine auffallende Änlichkeit gewahr wurden. Ohnerachtet wir uns seit unserm Hierseyn schon viel Mühe gegeben hatten die Sprache zu erlernen, so waren wir doch noch nicht weit darinn gekommen und mußten daher Verzicht auf das Vergnügen thun, welches uns die Unterhaltung mit diesen glücklichen Leuten ohne Zweifel gewähret haben würde. Einzelne Wörter und stumme Pantomime war alles, wodurch wir uns ausdrücken konnten. Aber selbst das war hinreichend, die guten Leute zu vergnügen, und unsre Gelehrig-

* Siehe Hawkesworths Geschichte der engl. See-Reisen, in 8. 2ter Band, *pag. 360.*

keit und Bestreben ihnen zu gefallen, war ihnen wenigstens eben so angenehm als ihre Gefälligkeit uns zu dienen und zu unterrichten. Der alte Mann änderte unsertwegen seine Stellung nicht. Ohne sein Haupt von Stuhl zu erheben, that er verschiedne kleine Fragen an uns: Z. E. wie der *Erih* oder Befehlshaber des Schiffs hieße? wie das Land genannt werde aus dem wir kämen? wie lang wir bleiben würden? ob wir unsre Frauens bey uns hätten? u. d. gl. Er schien zwar von alle dem schon durch seine Landsleute unterrichtet zu seyn, doch mochte er von uns selbst die Bestätigung ihrer Aussage hören, oder durch das Gespräch uns blos unterhalten wollen. Wir beantworteten seine Fragen so gut wir konnten; theilten hierauf einige Corallen, Medaillen und andre Kleinigkeiten unter seine Familie aus, und giengen alsdenn weiter. Auf diese Weise hätten wir zu Fuß um die ganze Insel wandern können. Einerseits ließ uns die Gastfreyheit der Einwohner in jeder Hütte, wo wir hätten einkehren mögen, die nöthigen Erfrischungen hoffen, und auch in Absicht des Weges würde es sich überall haben gut fortkommen lassen, denn die Ebene zwischen den Bergen und der See, läuft um die ganze Insel ohnunterbrochen herum; der Boden ist auf diesem schmalen Landstrich völlig eben und der Weg an vielen Stellen mit feinem Grase bewachsen. Kein einziges schädliches Thier schreckte uns; nicht einmal Mücken oder Muskito-Fliegen summten um uns her. Die Brod-Frucht-Wälder machten selbst gegen die Mittags-Sonne einen angenehmen Schatten und die Hitze ward noch überdies durch eine kühle Seeluft gemäßigt. Da aber die Einwohner gewohnt sind, während den Mittags-Stunden zu ruhen, so verliefen sie sich auch jetzt einer nach dem andern in die Büsche und nur sehr wenige von ihnen blieben noch bey uns. Nachdem wir ohngefähr noch 2 Meilen weiter gen Südost gegangen waren, befanden wir uns an der See, die hier ziemlich weit in die Küste herein reichte und eine kleine Bucht ausmachte. Rings um uns her waren überall Plantagen und mitten auf einem schönen Grasplatz, trafen wir auch ein *Marai* oder Begräbniß an, das aus drey Reihen oder Stufen von Steinen übereinander erbauet war.

Jede Stufe mochte ohngefähr viertehalb Fus hoch seyn, und alle waren mit Gras, Farnkraut und kleinem Strauchwerke bewachsen. Vor dem *Marai* war an der Landseite hin, eine Mauer von fest übereinander gepackten Steinen aufgeführt, die ohngefähr 3 Fus Höhe hatte, und innerhalb dieser standen nach dem Gebäude zu, zwey bis drey einsam hingepflanzte Cocos-Palmen und verschiedne junge Casuarinen, die mit ihren traurig herabhängenden Zweigen der ganzen Scene ein feyerlich melancholisches Ansehen gaben. Nicht weit von diesem *Marai*, das mit dikkem Buschwerk umgeben war, sahen wir eine kleine Hütte, *(Tupapau)* und unter dieser lag ein todter Cörper, mit einem Stück weißen Zeuge bedeckt, das auf den Seiten in langen Falten herabhieng. Junge Cocos-Palmen und Pisange sproßten hier aus der Erde und der Drachenbaum blühte umher. Nahebey stand eine andre Hütte, darinn ein Vorrath von Lebensmitteln für die Gottheit *(Eatua)* befindlich, und ohnweit derselben ein Pfahl aufgerichtet war, an welchen ein in Matten eingewickelter Vogel hieng. In dieser letzteren Hütte, welche auf einer kleinen Anhöhe lag, erblickten wir eine Frauensperson, die in betrübter gedankenvoller Stellung da saß. Bey unsrer Annäherung stand sie auf und winkte, daß wir nicht näher kommen möchten. Wir bothen ihr von fern ein kleines Geschenk, sie wollte es aber nicht annehmen, und wir erfuhren von unsern indianischen Begleitern, daß diese Person zu dem *Marai* gehöre, daß der todte Cörper eine Frauensperson sey, und daß erstere vermuthlich mit den Trauer-Ceremonien beschäftiget wäre.

Wir ließen sie also ungestört, und so bald Herr *Hodges* mit einer Zeichnung von diesem Platz fertig war, giengen wir wiederum zurück. Es war etwas Großes in dieser Scene, die in allen Stücken zu Religions-Betrachtungen Anlaß geben konnte. Auf dem Rückwege nach dem Wasserplatz, als woselbst wir gemeiniglich anzulanden und des Abends uns wiederum einzuschiffen pflegten, kamen wir neben einem geräumigen Hause vorbey, das in der angenehmsten Lage unter einem Haufen niedriger Cocos-Palmen erbauet war, die voller Früchte hiengen. Etliche kleine gebratene Fische, die man uns für ein Paar Corallen verkaufte, wurden hier zum Anbiß vorgelegt; Andre von unsrer Gesellschaft, denen es nicht ums Essen zu thun war, badeten unterdessen in der See und erschienen alsdenn, anstatt ihrer gewöhnlichen Kleidung, nach *Tahiti*scher Manier, in *Ahaus* von hiesigem Zeuge gekleidet, welches den Leuten um uns her zum größten Vergnügen gereichte. Von hier aus führte uns der Weg längst dem See-Ufer hin, neben einem andern *Marai* vorbey, das dem vorigen sehr ähnlich war, und jenseits diesem kamen wir zu einem hübschen Hause, in welchem ein sehr fetter Mann ausgestreckt da lag, und in der nachläßigsten Stellung, das Haupt auf ein hölzernes Kopfküssen gelehnt, faullenzte. Vor ihm waren zwey Bediente beschäftigt, seinen Nachtisch zu bereiten. Zu dem Ende stießen sie etwas Brodfrucht und Pisange in einem ziemlich großen hölzernen Troge klein, gossen Wasser dazu und mischten etwas von dem gegohrnen, sauren Teige der Brodfrucht darunter, welcher *Mahei* genannt wird, bis das Gemische so dünn als ein Trank war. Das Instrument, womit sie es durchrieben, war eine Mörser-Keule von einem schwarzen polirten Steine, der eine Basalt-Art zu seyn schien.* Inmittelst setzte sich eine Frauensperson neben ihn und stopfte ihm von einem großen gebacknen Fische und von Brodfrüchten jedesmal eine gute Hand voll ins Maul, welches er mit sehr gefräßigem Appetit verschlang. Man sahe offenbar, daß er für nichts als den Bauch sorge, und überhaupt war er ein vollkommnes Bild pflegmatischer Fühllosigkeit. Kaum würdigte er uns eines Seitenblicks und einsylbigte Wörter, die er unterm Kauen zuweilen hören ließ, waren nur eben so viel Befehle an seine Leute, daß sie überm Hergucken nach uns, das Futtern nicht vergessen mögten. Das große Vergnügen, welches wir auf unsern bisherigen Spatziergängen in der Insel, besonders aber heut, empfunden hatten, ward durch den Anblick und durch das Betragen dieses vornehmen Mannes nicht

* S. *Hawkesworths* Geschichte der engl. See-Reisen, in 8. dritter Band, *pag. 504*.

wenig vermindert. Wir hatten uns bis dahin mit der angenehmen Hofnung geschmeichelt, daß wir doch endlich einen kleinen Winkel der Erde ausfündig gemacht, wo eine ganze Nation einen Grad von Civilisation zu erreichen und dabey doch eine gewisse frugale Gleichheit unter sich zu erhalten gewußt habe, dergestalt, daß alle Stände mehr oder minder, gleiche Kost, gleiche Vergnügungen, gleiche Arbeit und Ruhe mit einander gemein hätten. Aber wie verschwand diese schöne Einbildung beym Anblick dieses trägen Wollüstlings, der sein Leben in der üppigsten Unthätigkeit ohne allen Nutzen für die menschliche Gesellschaft, eben so schlecht hinbrachte, als jene privilegirten Schmarotzer in gesitteten Ländern, die sich mit dem Fette und Überflusse des Landes mästen, indeß der fleißigere Bürger desselben im Schweiß seines Angesichts darben muß. Die träge Üppigkeit dieses Insulaners glich gewissermaßen dem Luxus dieser Art, der in Indien und andern östlichen Ländern unter den Großen so allgemein im Schwange ist, und über den sich *Sir John Mandeville,* in der Beschreibung seiner asiatischen Reisen, mit gerechtem Unwillen ausläßt. Dieser brave Rittersmann, dessen Denkungsart und Heldenmuth ganz auf den ritterhaften Ton seiner Zeiten gestimmt waren, brachte sein Leben in beständiger Thätigkeit hin, und gerieth in herzlichen Eifer, als er irgendwo ein Ungeheuer von Faulheit antraf, das seine Tage verstreichen ließ, »ohne einziges ritterliches Ebentheuer und so immerfort faullenzte als ein Schwein, das auf dem Stalle gefüttert wird, um gemästet zu werden.«*

* Die Stelle ist im Alt-Englischen ungemein naif und fängt sich also an: *»From that lond in returnynge be ten jorneys thorge out the lond of the grete Chane, is another gode yle and a grete Kyngdom, where the Kyng is fulle riche and myghty etc.«* Wir wollen sie aber dem deutschen Leser zu gefallen lieber deutsch geben. »Von dem Lande zehen Tagereisen rückwärts durchs Land des großen *Kans* ist ein andres gutes Eyland und ein großes Königreich, dessen König sehr reich und mächtig ist. Und unter den Großen des Landes ist ein überschwenglich reicher Mann, der nicht Prinz, nicht Herzog, nicht Graf ist; aber er hat mehr Vasallen, die Land

Nachdem wir diesem Tahitischen Fresser eine Weile zugesehen hatten, trennte sich unsre Gesellschaft. Ich meines Theils blieb bey Herrn *Hodges* und *Grindall,* und da diese von dem gutherzigen jungen Burschen der ersterem das Portefeuille trug, gebeten worden waren, mit nach seiner Eltern Hause zu kommen, so begleitete ich sie dahin. Es war 5 Uhr Abends, als wir daselbst ankamen. Die Wohnung war klein, aber niedlich, und das vor demselben befindliche Steinpflaster fanden wir mit frischem Laube bestreuet, auf welchem ein großer Vorrath der besten Coco-Nüsse und wohlbereiteter Brodfrucht in schönster Ordnung aufgetragen war. Zwey ältliche Personen standen dabey und suchten die Ratten von den Speisen abzuhalten; auf diese lief der junge Mensch zu und stellte sie uns, bey unserer Annäherung, als seine Eltern vor. Man konnte es ihnen augenscheinlich ansehen, wie herzlich vergnügt sie darüber waren,

und Herrschaften von ihm zu Lehen tragen, denn er ist reicher als Prinzen, Herzoge und Grafen seyn mögen. Hat jedes Jahr an Renten 300 000 Rosse mit Korn verschiedner Art und mit Reis beladen. Lebt nach Landes-Brauch als ein rechter Edelmann und köstlich. Hat jeden Tag funfzig schöne Mägdlein, die Jungfrauen sind, ihm aufzuwarten bey Tisch, und bey ihm zu liegen des Nachts und zu thun mit ihnen was ihm wohlgefällt. Und wenn er bey Tische ist, so bringen sie die Speisen je fünf und fünf; und singen dabey ein Liedlein, und zerlegen denn das Essen und steckens ihm ins Maul, denn er rührt nichts an und thut nichts mit den Händen, die er immer vor sich hält auf dem Tische, weil er so lange Nägel an den Fingern hat, daß er dafür nichts anrühren oder anfassen kann, und das Kennzeichen des Adels in diesem Lande besteht in langen Nägeln, so lang sie nur wachsen wollen. – Und die Mägdlein singen so lang der reiche Mann isset; und wenn er vom ersten Gange nicht mehr essen mag, so bringen fünf und fünf andre hübsche Jungfrauen den zweyten Gang und singen wie bevor, bis das Mahl zu Ende ist. Und so bringt er sein Leben hin, und so verlebtens seine Väter, und so werdens diejenigen verleben, die aus seinen Lenden entsprossen sind.« S. *The Voyage and Travayle of Sir Iohn Maundevile, Knight, which treateth of the way to Hierusalem & of Marvayles of Inde, with other Ilaunds and Countryes. From an original MS. in the Cotton library. 8vo 1727. p. 376.*

die Freunde ihres Sohnes bey sich zu sehen und sie bewirthen zu können. In dieser Absicht bathen sie, daß wir uns zu der veranstalteten Mahlzeit niederlassen mögten. Wir konnten anfänglich nicht begreifen wie es zugehe, daß sie bey unsrer Ankunft schon völlig bereitet war. Es fiel uns aber nachher bey, daß unser junge Begleiter etliche Stunden zuvor einen seiner Cameraden voraus geschickt, und durch diesen hatte er das Gastmahl vermuthlich bestellen lassen. Da dies heute die erste rechte Mahlzeit war, zu der wir uns niederließen, so kann man sich vorstellen, daß wir mit gutem Appetit darüber herfielen, was man sich aber vielleicht nicht so lebhaft wird vorstellen können, war die Freude welche die gastfreyen Alten und ihr gutdenkender Sohn darüber bezeugten, daß uns ihr Mahl so wohl schmeckte. Bey diesem alten ehrwürdigen Paare, das uns bey Tisch bediente, hätten wir auf eine poetische Weise vergessen mögen, daß wir Menschen wären und auf den Gedanken kommen können, daß wir als Götter von *Philemon* und *Baucis* bewirthet würden; allein, unser Unvermögen sie zu belohnen, erinnerte uns nur zu sehr an unsre Sterblichkeit. Indessen suchten wir an eisernen Nägeln und Corallen zusammen was wir allerseits noch übrig hatten, und schenkten ihnen diese Kleinigkeiten mehr zum Zeichen unsrer Dankbarkeit, als zur Vergeltung ihres guten Willens. Beym Abschied packte der Knabe alles was wir nicht hatten aufessen können, zusammen, und trug uns solches bis ans Schiff nach. Hier machten ihm seine Freunde ein Beil, ein Hemde und andre Artikel von geringerem Werthe zum Gegengeschenk, durch die er sich für weit reichlicher als er selbst es erwartet haben mochte, belohnt zu halten schien, und noch desselben Abends ganz vergnügt zu seinen Eltern zurück kehrte. Während unsrer Abwesenheit war so wohl bey den Schiffen als am Strande der Tauschhandel wie gewöhnlich fortgeführt worden, und es hatte sich nichts besonders ereignet, außer daß Capitain *Cook* einen seiner alten Bekannten, den *Tuahau* wieder angetroffen, der ihn auf der vorigen Reise, als er die ganze Insel mit einem Boot umschiffte, sehr weit begleitet hatte.* Bey unsrer Zurückkunft war er nebst zween seiner Landsleute noch am Bord, indem sie allerseits gesonnen waren, die Nacht über bey uns zu bleiben. Während Capitain *Cooks* erster Anwesenheit, als er in *Matavai-Bay* vor Anker lag, hatten es die Indianer öfters so gemacht; seit unserm diesmaligen Hierseyn aber hatte es noch keiner wagen wollen. Tuahau, dem unsre Lebensart und die Gegenstände im Schiffe schon bekannt waren, überließ es seinen unerfahrneren beyden Landesleuten, solche mit Verwunderung in Augenschein zu nehmen, dahingegen er für seine Person gleich eine sehr lebhafte Unterredung mit uns anfieng. Er fragte nach *Tabane,* Herrn *Banks, Tolano,* Dr. *Solander, Tupaya* und verschiednen andern Personen die er ehemals hier gesehen, und deren Namen er sich erinnerte. Es freute ihn zu hören, daß Herr *Banks* und Dr. *Solander* noch wohl wären. Er wiederholte diese Frage oft, als ob sie ihm die angelegentlichste wäre, und er bekam immer dieselbe Antwort darauf. Endlich frug er mit einem Blick, worinn man seine Sehnsucht sie wieder zu sehn lesen konnte, ob sie nicht noch einmal nach *Tahiti* kommen würden? Als er von *Tupaya's* Ableben hörte, verlangte er zu wissen, ob derselbe eines gewaltsamen oder natürlichen Todes gestorben sey? und es war ihm angenehm, aus unsern gebrochnen Worten und Zeichen abnehmen zu können, daß Krankheit seinem Leben ein Ende gemacht habe. Wir unsrer Seits fragten auf was für eine Art denn *Tutahah,* der während Capitain *Cooks* vorigen Hierseyn die Stelle eines höchsten Befehlshabers zu bekleiden schien, ums Leben gekommen wäre? Davon wußte er nun ein Langes und Breites zu erzählen, welches wir, wenn gleich nicht ganz im Detail, doch wenigstens der Hauptsache nach, deutlich verstanden, die darauf hinaus lief, daß zwischen demselben und dem alten *Aheatua,*** als dem Vater des jetzigen Königs auf *Teiarrabu,* ein großes See-Treffen

* S. *Hawkesworths* Gesch. der engl. See-Reisen, in 8. zweyter Band, *pag. 445* und *449.*

** *Waheatua* genannt, in *Hawkesworths* Gesch. B. II. *p. 442.*

vorgefallen sey, welches auf keiner Seite entscheidend gewesen; *Tutahah* sey nachmals mit seinem Heer über die Land-Enge gegangen, die beyde Halbinseln verbindet, daselbst habe er ein hartnäckiges Gefecht und darinn nebst *Tuborai-Tamaide* und andern ihm zugethanen Leuten von Stande, das Leben verloren. Bald nach *Tutahahs* Tode sey mit *O-Tu*,* der zuvor nur den Titel eines Regenten von *Tahiti* gehabt, nunmehro aber zur würklichen Verwaltung dieser Würde gelangt war, Friede gemacht worden. Der alte *Aheatua* hatte aber die Früchte seiner Siege nicht lange genossen, indem er wenig Monath nach erfolgtem Frieden gestorben, und nunmehro war ihm sein Sohn gleiches Namens, der bey des Vaters Lebzeiten, der Landesgewohnheit nach, schon den Titel *Te-Erih*** geführt und die damit verbundnen Ehrenbezeugungen genossen hatte, auch in dem wesentlichen Theil der königlichen Würde, der Regierung selbst nachgefolget.

Als *Tuahau* mit Erzählung dieser Staatsgeschichte fertig war, nahmen wir die Charte von *O-Tahiti* zur Hand, die zu Capitain *Cook's* voriger Reisebeschreibung in Kupfer gestochen worden, und legten ihm solche vor, ohne zu sagen was es sey. Er war aber ein viel zu erfahrner Pilote, als daß ers nicht sogleich sollte ausfündig gemacht haben.*** Voller Freuden eine Abbildung seines Vaterlandes zu sehn, zeigte er uns sogleich mit der Spitze des Fingers die Lage aller *Whennua's* oder Districte, und nannte sie in derselben Ordnung her, als sie auf der Charte geschrieben waren. Als er an den District *O-Whai-urua* gekommen war, der von unsrer jetzigen Ankerstelle etwas südwärts lag, zog er uns beym Arm, um aufmerksam auf die Charte zu sehn, und erzählte uns, daß in dem daselbst befindlichen Haven, vor einiger Zeit, ein

* *Outou* genannt, im *Hawkesworth*.

** Beym *Hawkesworth* wird dieser Titel stets für seinen Namen ausgegeben.

*** In so fern ihm nemlich die Gestalt jeder Landspitze, Bay und anderer Theile der Küste, als einem alten Schiffsmann genau bekannt seyn mußte, in so fern konnte er sie an ihrer Form auf dem Papier leicht erkennen. A. d. V.

Schiff, welches er immer *Pahie no Peppe* nannte, angekommen und fünf Tage allda vor Anker gelegen habe; die Mannschaft desselben hätte zehen Schweine von den Einländern bekommen; und einer von den Boots-Leuten, der von diesem Schiffe entlaufen sey, halte sich noch jetzt in der Insel auf. Wir vermutheten, daß dies ein spanisches Schiff gewesen seyn müsse, weil es gar nicht unwahrscheinlich war, daß die wiederholte Anwesenheit von englischen Schiffen die Spanier auf diese von ihrer Nation vermuthlich zuerst entdeckte Insel von neuem aufmerksam, und wegen ihrer benachbarten weitläuftigen Besitzungen in Süd-America, vielleicht auch besorgt gemacht haben mögte. So sonderbar es klingt, so bestätigte uns doch selbst der Name *Peppe* in unsrer Vermuthung. Er ist freylich himmelweit verschieden von *Espanna,* wovon er nach unsrer Meynung abgeleitet ist. Aber wir wußten schon, daß die Einwohner von *Tahiti* fremde Namen noch ärger als Engländer und Franzosen zu verstümmeln pflegen. Um indessen mehr Licht in der Sache zu bekommen, legten wir dem *Tuahau* noch manche Frage wegen dieses Schiffes vor, konnten aber nichts weiter herausbringen, als daß der entlaufne Matrose immer bey *Aheatua* sey und ihm angerathen habe, uns keine Schweine zukommen zu lassen. Was für eigennützige oder bigotte, schwärmerische Absichten dieser Mann hiezu auch gehabt haben mag, so scheint es doch warlich der freundschaftlichste und beste Rath gewesen zu seyn, den er seinem Beschützer hätte geben können. Der sicherste Weg die Reichthümer seiner Unterthanen im Lande zu behalten, wozu hier für allen Dingen auch die Schweine gehören, und die beste Methode zu hindern, daß keine neuen Bedürfnisse unter diesem glücklichen Volke entstehen mögten, war ohnfehlbar, uns so bald als möglich zur Abreise zu nöthigen, und hiezu war die Versagung der Erfrischungen, deren wir am mehresten bedurften, das beste Mittel. Es ist würklich im Ernste zu wünschen, daß der Umgang der Europäer mit den Einwohnern der Süd-See-Inseln in Zeiten abgebrochen werden möge, ehe die verderbten Sitten der civilisirtern Völker diese unschuldigen Leute anstecken können, die hier in ihrer Unwissenheit und Einfalt so glücklich leben. Aber es ist eine traurige Wahrheit, daß Menschenliebe und die politischen Systeme von Europa nicht mit einander harmoniren!

Am folgenden Tage brachten einige unsrer Leute, die einen Spatziergang an der Küste gemacht hatten, die Nachricht mit an Bord, daß sie *Aheatua* angetroffen, und daß er ausdrücklich in diesen District gekommen sey, um uns Audienz zu geben. Sie waren ohne Ceremonie vor ihn gelassen worden, und Se. Majestät hatten, mitten in Dero Hofhaltung, die Hälfte ihres Stuhls einem unsrer Steuermänner, Herrn *Smith* eingeräumt. Auch hatte er sich gnädigst verlauten lassen, daß es ihm lieb seyn sollte, den Capitain *Cook* zu sehen, und daß er ihm eine beliebige Anzahl Schweine ablassen wolle, wenn dieser für jegliches ein Beil zu geben gesonnen sey. Das war nun allerdings die erfreulichste Neuigkeit, die wir seit langer Zeit gehört hatten. Unsre Leute wollten bey dieser Gelegenheit auch einen Mann bemerkt haben, der der Farbe und Gesichtsbildung nach, einem Europäer ähnlich gewesen, auf ihre Anrede aber unter dem großen Haufen verschwunden sey. Ob es würklich ein Europäer gewesen, oder ob *Tuahau's* Erzählung ihnen nur im Kopfe gesteckt? können wir nicht bestimmen. So viel aber ist gewiß, daß keiner von uns ihn jemals nachher zu sehen bekommen hat.

Um von *Aheatua's* guten Gesinnungen gleich auf frischer That Gebrauch zu machen, begaben sich die Capitains mit verschiednen Officiers, imgleichen Dr. *Sparmann,* mein Vater und ich, am folgenden Morgen früh ans Land. *Opao,* einer der Indianer, welche über Nacht am Bord geblieben waren, diente uns zum Führer, und rieth uns an, längst dem Flusse, aus dem die Wasserfässer angefüllet wurden, hinauf zu gehen. Als wir auf diesem Wege ohngefähr eine Meile zurückgelegt haben mochten, trafen wir einen großen Haufen Menschen an, die, so viel wir erkennen konnten, allerseits ihre Ober-Kleider hatten herunter fallen lassen, um die Schultern zu entblößen, welche Ehrenbezeigung nur allein dem Könige wiederfährt. Wir vermutheten daher, daß er in der Nähe seyn müsse, und fanden ihn auch bald mitten unter diesem Haufen, wo er sich auf einen großen, aus festem Holz verfertigten Stuhl niedergesetzt hatte, der ihm bis dahin von einem seiner Leute war nachgetragen worden. *Aheatua* erinnerte sich Capitain *Cooks* sobald er ihn ansichtig wurde, und machte auch gleich Raum für ihn auf seinem Sessel, im mittelst Capitain *F urneaux* und wir übrigen uns auf große Steine niederließen. Kaum hatten wir Platz genommen, so drängte sich von allen Seiten eine unzählbare Menge Indianer herbey, und schloß uns in einen sehr engen Zirkel ein, worinn es bald so heiß ward, daß des Königs Bediente die Leute oft mit Schlägen zurücktreiben mußten, um uns Luft zu schaffen.

O-Aheatua, König von *O-Tahiti-iti* (Klein-Tahiti) sonst *Teiarrabu* genannt, war ein junger Mann von siebenzehn bis achtzehn Jahren, wohl gebaut, und bereits 5 Fuß 6 Zoll hoch, ohnerachtet er, dem Anschein nach seine völlige Größe noch nicht erreicht hatte. Es war etwas sanftes aber unbedeutendes in seiner Mine; und war ja Bedeutung darin, so drückte sie, wenigstens bey unserm ersten Besuche, nichts als Furcht und Mißtrauen aus, welches freylich zur Majestät nicht paßt, sondern vielmehr oft das Kennzeichen eines bösen Gewissens und unrechtmäßiger Herrschaft ist. Er war heller von Farbe als alle seine Unterthanen, und hatte schlichtes, langes, lichtbraunes Haar, das an den Spitzen ins röthlichtgelbe fiel. Seine ganze Kleidung bestand für diesmal nur in einer breiten Scherfe *(Marro)* vom feinsten weißen Zeuge, die von den Hüften bis auf die Knie herabreichte. Der Kopf und übrige Theil des Leibes war unbedeckt. Neben ihm saßen zu beyden Seiten einige Befehlshaber und Adliche, die sich durch ihre große und dicke Statur auszeichneten, ein Vorzug, den diese Classe von Leuten ihrer trägen Lebensart und wohlbesetzten Tafel zu verdanken hat. Einer derselben war auf eine sonderbare Weise punctirt, dergleichen wir sonst noch nicht bemerkt; es waren nämlich seine Arme, Beine, Schenkel und Seiten, fast über und über, mit großen schwarzen Flecken von allerhand Gestalt bedeckt. Eben dieser Mann, der *E-Tieh* hieß, war auch wegen seiner ungeheuren Corpulenz für andern auffallend, und schien überdies beym Könige *Erih* in besondern Ansehn zu stehen, indem dieser ihn fast bey jedem Vorfalle um Rath frug. So lange der König auf dem Stuhle oder seinem Throne sas, betrug er sich ungleich ernsthafter und steifer, als man es von seiner Jugend wohl hätte erwarten sollen. Es schien aber ein auswendig gelerntes, angenommenes Wesen zu seyn, durch welches unsre Audienz ein desto feyerlicheres Ansehen bekommen sollte. Bey einigen altfränkischen Staatsmännern möchte ihm das vielleicht zum Verdienst gerechnet werden; es war doch aber im Grunde nichts als eine Maskerade von Heucheley und Verstellung, die wir zu *Tahiti* kaum erwartet hätten.

Nach der ersten Begrüßung überreichte Capitain *Cook* dem *Aheatua* ein Stück rothen Boy *(baize)* ein Bett-Tuch, eine breite Zimmer-Axt, ein Messer, Nägel, Spiegel und Corallen. Mein Vater gab ihm ähnliche Geschenke, und unter andern eine Aigrette von Scharlachroth gefärbten Federn, die an einem gewundenen Drathe oder Zitter-Nadel befestigt waren. Diese schätzten Se. Majestät ungemein hoch und beym Anblick derselben brach die ganze Versammlung in ein lautes *Au-wäh* aus, welcher Ausruf Erstaunen und Bewundrung andeutet. Der König fragte nunmehro nach Herrn *Banks,* nach welchen vor ihm nur der einzige *Tuahau* gefragt hatte. Sodann erkundigte er sich wie lange wir bleiben würden, und gab dabey zu verstehen, daß es ihm lieb seyn sollte, wenn wir fünf Monath verweilen wollten. Capitain *Cook* antwortete, daß er im Gegentheil unverzüglich wieder absegeln müsse, weil nicht Lebensmittel genug zu bekommen wären. Der König schränkte also seine Bitte auf einen Monath, und endlich auf fünf Tage ein. Da aber Capitain *Cook* immer bey seiner vorigen Erklärung blieb; so versprach *Aheatua* uns am folgenden Tage Schweine zu schicken. Dergleichen Versprechungen waren uns indessen schon mehr als einmal gemacht worden, ohne daß jedoch etwas darauf erfolget wäre: Wir rechneten also auch jetzt nicht darauf; denn so wenig übrigens *Teiarrabu* als ein hoch verfeinerter Staat angesehen werden kann, so hatten wir doch längst gefunden, daß sich von der thätigen Gutherzigkeit, welche uns der Mittelstand, durch Gastfreyheit und eine Menge dienstfertiger und edler Handlungen, bezeigte, im geringsten nicht auf die Denkungsart des Hofes und der Hofleute schließen lasse, sondern daß es mit der scheinbaren und glänzenden Höflichkeit derselben blos darauf abgesehen sey, unsre Hoffnungen durch leere Versprechungen zu nähren und von einer Zeit zur andern aufzuhalten.

Während dieser Unterredung mit dem Könige ward das umherstehende gemeine Volk, welches aus wenigstens fünfhundert Menschen bestand, zuweilen so überlaut, daß man sein eigen Wort nicht hören konnte. Des Königs Bediente mußten daher auch mehrmalen mit durchdringender Stimme *Mamu!* (still!) ausrufen und diesem Befehl mit tüchtigen Stockschlägen Nachdruck geben. Als der *Erih* sahe, daß Capitain *Cook* die Zeit seines Hierbleibens schlechterdings nicht verlängern wollte, stand er auf und sagte, er würde uns nach dem Strande hinab begleiten, wohin ihm seine Bedienten den Stuhl und die empfangenen Geschenke nachtragen mußten. Nunmehro legte er die während der Audienz angenommene Ernsthaftigkeit bey Seite, und unterhielt sich auf dem Wege mit unsern gemeinsten Matrosen ganz vertraut. Mich bat er, daß ich ihm alle diejenigen bey Namen nennen möchte, die von beyden Schiffen am Lande waren; auch verlangte er zu wissen, ob sie ihre Weiber am Bord hätten? und als ich mit Nein darauf antwortete, rieth ihnen Se. Majestät in einem Ausbruch guter Laune, sie möchten unter den Töchtern des Landes wählen; man sahe aber diese Einladung für ein bloßes Compliment an. Als wir bald nachher bey einem Hause mit Rohrwänden vorbey kamen, setzte er sich im Schatten desselben nieder, und *wir* suchten innerhalb demselben Schutz für der Sonne, die bis jetzt hinter Gewölken verborgen gewesen war. Er forderte einige Coco-Nüsse und fieng an von *Pahie no Peppe* oder dem Spanischen Schiffe zu sprechen, wovon uns *Tuahau die* erste Nachricht gegeben hatte. Nach seiner Erzählung war das Schiff fünf Monathe vorher zu *Whai-Urua* gewesen, und hatte sich daselbst zehn Tage lang aufgehalten. Er setzte hinzu, der Capitain habe viere von seinen Schiffsleuten aufhängen lassen, ein fünfter aber sey dieser Strafe entlaufen. Wir fragten eine lange Weile nach diesem Europäer, den sie *O-Pahutu* nannten, konnten aber nichts von ihm herausbringen, und da endlich die Hofschranzen Sr. Majestät merkten, daß wir uns so genau und ängstlich nach diesem Mann erkundigten, versicherten sie uns, er sey todt. Wir haben nachher erfahren, daß um dieselbige Zeit, welche die Indianer angaben, *Don Juan de Langara y Huarte,* von Callao in Peru, ausgeschickt worden, und *Tahiti* besucht habe; von den besonderen Umständen seiner Reise aber ist bis itzt noch nichts kund geworden. Während daß wir uns in diesem Hause allerseits ausruhten, fragte *E-Tie* (Eti) der dicke Mann, den wir für den vornehmsten Rath des Königs ansahen, ob wir in unserm Lande einen Gott *(Eatua)* hätten, und ob wir ihn anbetheten? *(Epuhre?)* Als wir ihm antworteten, daß wir einen Gott erkennten, der alles erschaffen habe, aber unsichtbar sey, und daß wir auch gewohnt wären, unsre Bitten und Gebethe an ihn zu richten, schien er höchlich darüber erfreuet und wiederholte es mit einigen, vermuthlich erläuternden, Zusätzen gegen verschiedene von seinen Landesleuten, die zunächst um ihn saßen. Hierauf wandte er sich wieder gegen uns und sagte, so viel wir verstehen konnten, daß seiner Landsleute Begriffe mit den unsrigen in diesem Stück übereinstimmten. Und in der That läßt sich aus mehreren Umständen abnehmen, daß dieser einfache und einzige richtige Begriff von der Gottheit, in allen Zeiten und Ländern bekannt gewesen ist, und daß jene verwickelten Lehrgebäude von ungereimter Vielgötterey, die man fast bey allen Völkern der Erden angetroffen hat, nur der Kunstgriff einiger verschlagenen Köpfe gewesen, die ihr Interesse dabey fanden dergleichen Irrthümer allgemein zu machen. Herrschsucht, Wollust und Faulheit scheinen dem zahlreichen Haufen der heidnischen Pfaffen den teuflischen Gedanken eingegeben zu haben, den Geist der Völker durch Aberglauben zu fesseln und zu blenden. Es ist ihnen auch nicht schwer geworden, diesen Entwurf durchzusetzen, weil der Mensch von Natur so sehr zum Wunderbaren geneigt ist, und eben diese Neigung ist Schuld daran, daß jene damit übereinstimmende Vorurtheile sich so fest und so tief in die Systeme menschlicher Kenntniß hineingeschlungen hatten, daß sie bis auf diesen Augenblick noch in Ehren gehalten werden, und daß der größte Theil des menschlichen Geschlechts sich in *dem* Punkt noch immer auf die gröbste Weise blindlings hintergehen läßt.

Immittelst *E-Tie* von Religions-Sachen sprach, spielte der König *Aheatua* mit Capitain *Cooks* Taschen-Uhr. Er betrachtete die Bewegung der Räder, die sich von selbst zu bewegen schienen, mit großer Aufmerksamkeit. Erstaunt über ihr Geräusch, welches er nicht begreifen und ausdrücken konnte, gab er sie zurück mit der Äußerung *»sie spräche« (parau)* und fragte dabey wozu das Ding gut sey? Mit vieler Schwierigkeit machte man ihm begreiflich, daß wir sie gebrauchten um die Tageszeit daran zu erkennen, welche er und seine Landsleute, aus dem Fortrücken der Sonne am Horizont zu schätzen gewohnt wären. Nach dieser Erklärung nannte ers eine *kleine Sonne,* um damit anzudeuten, daß er uns völlig verstanden.

Wir waren eben im Begriff nach dem Strande zurück zu kehren, als ein Mann mit einem Schweine ankam, welches der König dem Capitain unter der Versicherung schenkte, daß er noch eins bekommen solle. Mit diesem kleinen Anfange waren wir vor der Hand zufrieden und beurlaubten uns nunmehro von Se. Majestät, zwar ohne langweilige Ceremonie, blos mit einem herzlichen *Tayo* (Freund); doch war in diesem einzigen Ausdruck gewiß mehr Bedeutung als in mancher künstlichen Rede.

Nachmittags giengen die Capitains abermals mit uns zum Könige. Wir fanden ihn noch auf eben dem Platze, wo wir ihn beym Abschiede verlassen hatten, und er bat uns bey diesem Besuch von neuen, daß wir wenigstens noch ein paar Tage länger bleiben mögten. Man gab ihm aber eben die Antwort als zuvor, und sagte gerade heraus, daß wir blos deswegen abreisen würden, weil er uns nicht mit lebendigem Vieh versehen wollte. Hierauf ließ er sogleich zwey Schweine herbey bringen und schenkte jedem Capitain eins, welche Freygebigkeit durch allerhand Eisen-Geräthschaften erwiedert ward. Zu Unterhaltung Sr. Majestät ließen wir einen unsrer See-Soldaten, einen Bergschotten, auf dem Dudelsack spielen; und obgleich seine rauhe Musik unsern Ohren fast unausstehlich war, so fanden doch der König und die ganze indianische Versammlung ein so ausnehmendes Vergnügen daran, als man sich nicht vorstellen sollte. Das Mißtrauen, welches er bey unsrer ersten Unterredung hatte blicken lassen, war nun verschwunden; und wären wir länger geblieben, so mögte es sich vielleicht in ein unbeschränktes Vertrauen verwandelt haben, wenigstens schien er seiner Jugend und gutherzigen Gemüthsart nach, von Natur geneigt dazu zu seyn. Das studierte und gezwungen-gravitätische Wesen ward ganz bey Seite gesetzt, ja einige seiner Beschäftigungen kamen beynahe kindisch heraus. Um nur ein Beispiel davon anzuführen: so fanden Se. Majestät ein hohes Wohlgefallen daran, mit einem unsrer Beile kleine Stöcke zu zerhacken und junge Pisang-Pflanzungen abzuhauen. Ohnerachtet wir aber seines nunmehrigen vertraulichen Betragens wegen gewissermaßen hoffen konnten, daß er im Ernste Anstalt machen würde, uns mit einem Vorrath von Schweinen zu versorgen; so wollten wir es doch nicht auf den bloßen Anschein wagen, länger hier zu bleiben. In dieser Absicht nahmen wir gegen Abend förmlichen Abschied von ihm, giengen an Bord zurück und lichteten die größere Anker noch ehe es Nacht ward.

Da die Einwohner am folgenden Morgen sahen, daß wir die Seegel in Ordnung brachten und andre ernsthafte Anstalten zur Abreise vorkehrten, so kamen sie haufenweise mit kleinen Canots voll Coco-Nüsse und andrer Gewächse an die Schiffe, und verkauften alles zu sehr geringen Preisen, damit sie nur die Gelegenheit europäische Waaren zu bekommen nicht ungenutzt mögten vorbey streichen lassen. Der Geschmack an Kleinigkeiten und Spielzeug, der auf eine so unbegreifliche Weise, mehr oder minder, über die ganze Welt verbreitet ist, gieng hier so weit, daß die Leute ein Dutzend der schönsten Coco-Nüsse für eine einzige Glas-Coralle hingaben, und auf diesen unbedeutenden Schmuck bisweilen einen höheren Werth legten als auf einen Nagel, der doch einigen Nutzen haben konnte. Wir fanden, daß die Insulaner jetzt weit ehrlicher zu Werk giengen als bey unsrer Ankunft. Vielleicht besorgten sie, daß die geringste Betrügerey dem Handel alsbald ein Ende machen würde, der ihnen seitdem erst recht am Herzen liegen mochte, seitdem sie sahen, daß er überhaupt nicht lange mehr dauern würde. Um die Vortheile desselben noch so lange als möglich zu genießen, begleiteten sie uns bis ein paar Meilen außerhalb des Rifs und kehrten dann erst zum Strande zurück, woselbst wir den Lieutenant *Pickersgill* mit einem Boot zurückgelassen hatten, um auch unsrer Seits von der Neigung, welche das Volk jetzt zum Handel blicken ließ, noch einigen Gebrauch zu machen.

Nunmehro, da wir gleichsam von neuem wieder uns selbst überlassen waren, konnte man sich ein wenig erholen und einmal wieder zu Athem kommen, welches sich während des kurzen Aufenthalts auf der Insel, bey der Menge von neuen Gegenständen, kaum hatte thun lassen wollen. Diese Ruhe war uns um so willkommner, da sie uns Zeit gab, den mancherley Betrachtungen nachzuhängen, zu denen wir während unsers Hierseyns so vielfältigen Stof gesammelt hatten. Nach allem, was wir auf dieser Insel gesehen und erfahren, dünkte sie uns, im Ganzen genommen, einer der glücklichsten Winkel der Erde. Zwar waren uns ehemals, nachdem wir lange Zeit vorher nichts als See, Eis und Luft vor uns gesehen hatten, auch die öden Felsen von Neu-Seeland so vortheilhaft ins Gesicht gefallen, daß wir anfänglich ebenfalls sehr günstige Urtheile darüber fällten: Allein diese ersten Eindrücke waren auch bald wieder verschwunden, und wir hatten in der Folge täglich mehr Gelegenheit gefunden, uns zu überzeugen, daß sich dieses Land allerdings noch in einem wilden chaotischen Zustande befände. Bey *O-Tahiti* hingegen verhielt es sich ganz umgekehrt. Die Insel sahe nicht nur schon fern reizend aus, sondern je näher wir derselben kamen, desto schöner wurden auch die Prospecte, ja selbst bey jedem Spatziergang entdeckten wir neue Annehmlichkeiten. Je länger wir blieben, je mehr wurden die Eindrücke des ersten Anblicks bestätigt, ohngeachtet wir hier wegen der Erfrischungen schlimmer daran waren als auf Neu-Seeland, woselbst es größern Überfluß an Fischen und Vögeln gab, anstatt daß man sich hier mit eingesalznen Speisen behelfen mußte. Die Jahreszeit, welche mit unserm Februar übereinstimmt, hatte natürlicherweise einen Mangel an Baumfrüchten verursacht; denn obgleich hier zu Lande der Winter nicht in kalter Witterung bestehet, als in Ländern die weit von den Wende-Cirkeln liegen, so ist er dennoch hier so gut als überall die Jahrszeit, in welcher das ganze Pflanzenreich die Säfte zu einer neuen Erndte bereitet. Daher hatten einige Bäume ihre Blätter ganz verlohren, verschiedene Pflanzen waren bis auf die Wurzeln abgestorben, und die übrigen alle, sahen ganz vertrocknet aus, weil nemlich der Regen sich erst alsdenn einstellt, wenn die Sonne wieder im südlichen Hemispherio ist. Bey so bewandten Umständen hatten Laub und Kraut auf dem flachen Lande, überall eine dunkelbraune Farbe bekommen. Ein lebhafteres Grün fand man nur allein noch in den Wäldern, welche die höheren Berg-Gipfel krönen, denn diese sind fast beständig in Wolken verhüllt, und folglich ist es dort immer feucht. Von daher brachten uns die Einwohner unter andern auch eine Menge wilder Pisange, *Vehie* (Wehi) und das wohlriechende Holz *e-ahaï* womit sie ihrem Coconuß-Öle einen so starken Geruch geben. Die häufigen Erdrisse und die zerrüttete Form, der höheren Bergspitzen, rühren allem Anschein nach, von ehemaligen Erdbeben her; und die Laven, woraus die Berge zum Theil bestehen und wovon die Einwohner allerhand Werkzeuge machen, überzeugten uns noch mehr, daß vor Zeiten brennende Berge auf der Insel gewesen seyn müssen. Eben dies beweisen auch der fruchtbare Boden in der Ebne, der aus recht fetter Garten-Erde besteht und mit den Überbleibseln volcanischer Ausbrüche vermischt ist, imgleichen der schwarze Eisen-Sand, der sich oft am Fuße der Berge findet. Unter der vordersten Reihe von Bergen giebt es mehrere, die ganz unfruchtbar sind und aus gelben, mit Eisen-

Ocher vermischten Thon bestehen; andre hingegen haben gutes fruchtbares Erdreich und diese sind, gleich den dahinter liegenden, höheren Bergen, mit Waldung bewachsen. An manchen Orten findet man Quarz-Stücke; von edlen Metallen gab es aber weiter keine Spuren, als daß man in den Laven hie und da Eisentheilchen entdeckte. Indessen mögen die Berge dennoch wohl schmelzwürdiges Eisen-Erz enthalten. Was aber das Stück Salpeter, so groß als ein Ey betrift, welches, laut Capitain *Wallis* Zeugniß, hier auf der Insel soll gefunden worden seyn,* so muß ich, mit aller Achtung für seine Kenntniß vom Seewesen, an der Richtigkeit der Sache selbst zweifeln, weil man bis jetzt noch keinen gediegnen Salpeter in Klumpen gefunden hat, wie solches mit mehrerem aus *Cronstedts Mineralogie* zu ersehen ist.

Zu vorstehenden wenigen Anmerkungen über die Foßilien von *Tahiti,* bewog uns der Anblick dieser Insel an deren Küste wir nun nordwärts hinseegelten und noch immer nach der Gegend hinsahen, die uns sowohl gefallen und zu so mancher Untersuchung Stoff gegeben hatte. Mitten in diesen Betrachtungen wurden wir zu Tische gerufen, wo ein Gericht frisches Schweinefleisch unsrer erwartete. Die Eilfertigkeit, mit welcher wir uns dahin begaben, und der gute Appetit, den wir bey dieser Schüssel bewiesen, zeigten deutlich, daß uns lange genug darnach verlangt hatte. Es wunderte uns, daß dies Fleisch im mindesten nichts von dem geilen Geschmack hatte, den es wohl in Europa zu haben pflegt. Das Fett war mit Mark zu vergleichen und das Magre schmeckte fast so zart als Kalbfleisch. Dieser Unterschied rührt vermuthlich daher, daß die *Tahiti*schen Schweine mit nichts als Früchten gefuttert werden, und vielleicht hat diese Nahrung auch einen Einfluß auf den Instinct dieser Thiere. Sie sind von der kleinen sogenannten chinesischen Art, und haben keine hängende lappichte Ohren, die Graf *Büffon* als Kennzeichen der Sclaverey unter den Thieren ansieht. Auch waren sie reinlicher, und müssen sich folglich wohl nicht so im Schlamm herum zu

* S. *Hawkesworths* Gesch. der engl. See-Reisen, in 8. erster Theil, *pag. 322.*

wälzen pflegen als unsre europäischen Schweine. Dieses Vieh gehört zwar zu den würklichen Reichthümern von Tahiti, doch darf man sie deshalb nicht für einen Hauptartickel des Unterhalts halten; denn in *dem* Betracht könnte diese ganze Thierart ausgerottet werden, ohne daß die Nation im Ganzen dabey verlöre, weil sie nemlich den Großen des Landes allein und ausschließenderweise zugehören. Man schlachtet nur selten welche, ja vielleicht nie anders als bey feyerlichen Gelegenheiten; aber denn verschlingen die Vornehmen das Fleisch auch mit eben so viel Gierigkeit, als gewisse Leute in England *(Aldermen of London)* bey einem guten Schildkröten-Schmause bezeigen sollen. Der gemeine Mann kriegt äußerst selten davon zu kosten, und es bleibt ein Leckerbissen für ihn, ohngeachtet gerade diese Classe des Volks die Mühe allein auf sich hat, sie zu warten und zu mästen.

Gegen Abend fiel eine Windstille ein, die fast bis zum Morgen anhielt; alsdenn aber bekamen wir Süd-Ostwind, und mit dessen Hülfe bald den nördlichen Theil von *O-Tahiti,* imgleichen die dabey liegende Insel *Eimeo,* zu Gesichte. Die Berge machten hier größere Massen und fielen daher schöner ins Auge als zu *Aitepieha.* Die niedrigern Berge waren nicht so steil, aber gleichwohl allenthalben ohne Bäume und Grün: auch die Ebene, vom Ufer an bis zu den ersten Bergen hin, war weitläufiger, und schien an manchen Orten über eine Meile breit zu seyn. Gegen 10 Uhr hatten wir das Vergnügen, verschiedne Canots vom Lande gegen uns heran kommen zu sehen. Ihre langen schmalen Seegel, die aus zusammengenähten Matten bestanden, ihre Feder-Wimpel und die treflichen Coco-Nüsse und Pisang-Früchte, davon hochaufgethürmte Haufen aus den Booten hervorragten, machten zusammen genommen einen schönen mahlerischen Anblick aus. Sie überließen uns ihre Ladungen für wenige Corallen und Nägel, und kehrten alsdenn gleich wieder nach dem Ufer zurück, um mehrere zu holen. Gegen Mittag kam auch unser Boot mit dem Lieutenant *Pickersgill* wieder an. Er war in seinem Einkauf zu *Aitepieha* sehr glücklich gewesen und brachte neun Schweine nebst vielen Früchten von daher mit. Des Königs *Aheatua* Majestät, waren die ganze Zeit über auf dem Marktplatze geblieben, hatten sich neben den Eisen-Waaren hingesetzt, und sichs ausgebeten, für uns mit ihren Unterthanen zu handeln; waren auch dabey sehr billig zu Werk gegangen, indem sie für größere und kleinere Schweine, auch größere und kleinere Beile gegeben hatten. Zwischen durch aber hatten sich Hochdieselben, wie Abends zuvor, wieder die Veränderung gemacht, kleine Stöcke zu zerhacken, zum großen Vergnügen unsrer Matrosen, die bey der Gelegenheit nach ihrer Art, sehr feine Anmerkungen über königlichen und kindischen Zeitvertreib gemacht hatten. So bald Herr *Pickersgill* alle seine Waaren los geworden war, gieng er Nachmittags von *Aitepieha* ab und kam den Abend nach *Hiddia,* in den District des *O-Rettie (Ereti),* wo Herr von *Bougainville* im Jahr 1768. vor Anker lag. Er ward daselbst von dem würdigen Alten sehr gastfrey aufgenommen, dessen Character und Betragen der galante französische Seemann so viel Gerechtigkeit hat wiederfahren lassen. Am folgenden Morgen kam der Bruder desselben, *Tarurie,* zu Herrn *Pickersgill,* und bat diesen, daß er ihn in seinem Boote mit nach den Schiffen nehmen möchte, die man von da aus unter Seegel sahe. Als er an Bord kam, bemerkten wir, daß er einen Fehler an der Aussprache hatte und den Buchstaben T. allemal wie ein K. aussprach; eben diesen Fehler fanden wir in der Folge auch bey mehreren von seinen Landsleuten. Unterdessen war aus vorgedachtem District schon zuvor ein andrer Mann, Namens O-*Wahau,* in seinem Canot an Bord gekommen, und dieser sowohl als *Tarurie* speißten beyde mit uns zu Mittage. Mein Vater hatte dem erstern, zum freundlichen Willkommen, ein Paar Corallen und einen kleinen Nagel geschenkt. Der ehrliche Insulaner erwiederte dies Geschenk sogleich mit einer schön gearbeiteten Fischangel von Perlmutter. Dieser Beweis seiner Gutherzigkeit ward durch einen größern Nagel belohnt, und kaum hatte er solchen empfangen, als er einen Knaben in seinem Canot nach dem Lande abfertigte, der um 4 Uhr von daher zurück kam, und seinen Bruder, nebst einem Geschenke von Cocos-Nüssen, Pisangen und Matten an Bord brachte. Dieses Betragen *O-Wahau's* hatte etwas so edles an sich, und dünkte uns über die gewöhnlichen Begriffe von Tausch und eigennütziger Abmessung eines Gegenwerthes so weit erhaben, daß wir eine recht hohe Meynung und Achtung für ihn bekamen. Er erhielt nun auch ein weit ansehnlicheres Geschenk von uns, mehr um ihn in seiner edlen Denkungsart zu bestärken als um seine Gaben dadurch zu bezahlen. Hiemit gieng er des Abends von uns und war so voller Freuden als hätte er ein ganz unerwartetes Glück gemacht.

Mit Beyhülfe einer gelind wehenden Landluft näherten wir uns nun allgemach dem Ufer, und betrachteten die Schönheiten der Landschaft, die vom blendenden Glanz der Sonne, gleichsam vergoldet, vor uns lag. Schon konnten wir jene weit hervorragende Landspitze unterscheiden, die wegen der ehemals darauf gemachten Beobachtungen *Point Venus* genannt war; und es kostete uns keine Schwierigkeit, denen die bereits vor uns hier gewesen waren, auf ihr Wort zu glauben, daß dies der schönste Theil der Insel sey. Der District von *Matavai,* dem wir nunmehro gegenüber kamen, zeigte uns eine ungleich weitläuftigere Ebne als wir erwartet hatten; und das holzreiche Thal, das zwischen den Bergen herauf lief, sahe, in Vergleichung mit den kleinen engen Klüften und Berg-Rissen von *Teiarrabu,* als ein beträchlich großer Wald aus*. Es mogte ohngefähr 3 Uhr des Nachmittags seyn, als wir um vorgedachte Landspitze herum kamen. Das Ufer derselben war überall voller Menschen, die uns mit der schärfsten Aufmerksamkeit betrachteten, aber, dem größten Theil nach über Hals und Kopf davon liefen, so bald sie sahen, daß wir in der Bay vor Anker giengen. Sie rannten längst dem Strande, über den *One Tree-hill* weg, und nach *O-Parre*, dem nächsten gen Westen belegnen Districte hin, als ob sie vor uns flüchteten. Unter dem ganzen Haufen erblickten wir nur ei-

* In Capitain *Cook's* engl. Reisebeschreibung ist eine überaus mahlerische Abbildung dieser herrlichen Gegend in Kupfer gestochen.

nen einzigen Mann, der nach hiesiger Landesart vollständig gekleidet war, und unsers Freundes *O-Wahau's* Aussage nach, sollte dies *O-Tu* selbst, der König von *O-Tahiti-Nue* oder von Gros-Tahiti seyn. Er war sehr groß und wohlgebauet, lief aber gleich einem großen Theil seiner Unterthanen sehr eilfertig davon, welches die Indianer an Bord so ausdeuteten, daß er sich für uns fürchtete.

Obgleich die Sonne beynahe untergehen wollte als wir die Anker warfen, so waren doch unsre Verdecke gar bald mit Indianern von verschiednem Alter und Stande angefüllt. Viele derselben erkannten ihre alten Freunde unter den Officiers und Matrosen, mit einer gegenseitigen Freude, die sich nicht leicht beschreiben läßt. Unter diesen war auch der alte ehrwürdige *O-Whaa,* dessen friedfertiger Character und Freundschafts-Dienste in Herrn *Cooks* erster Reise, besonders bey Gelegenheit eines unangenehmen Vorfalls, da nemlich die Seesoldaten einen Indianer erschossen hatten, rühmlichst erwähnt worden sind.* So bald er Herrn *Pickersgill* sahe, erinnerte er sich seiner augenblicklich, nannte ihn bey seinem Tahitischen Namen *Petrodero,* und rechnete ihm an den Fingern her, es sey nun das drittemahl, daß er auf die Insel komme; Herr *Pickersgill* war auch würklich, sowohl bey des Capitain *Wallis,* als bey des Capitain *Cooks* erster Reise, bereits hier gewesen. Ein vornehmer Mann, Namens *Maratata*** besuchte Capitain *Cook* mit seiner Gemahlinn *(Tedua)-Erararie,* welches eine hübsche junge Person war. Man schenkte ihr und ihrem Manne eine Menge von Sachen, die sie jedoch schon deswegen eben nicht verdienten, weil sie beyderseits blos in dieser eigennützigen Absicht an Bord gekommen zu seyn schienen. Eben so begünstigte auch das Glück *Maratata's*

* S. *Hawkesworths* Geschichte der engl. See-Reisen in 8. erster Band, *pag. 309* und folgende S. woselbst seiner überall nur unter dem Namen des Greises gedacht wird. – zweyter Band, *pag. 337. Owhah etc.* und namentlich *pag. 350.* etc.

** Ebendaselbst S. 442. Maraitata.

Schwiegervater, einen großen dicken Mann, der mit zu ihrer Gesellschaft gehörte und sich auf eine recht unverschämte Weise von jedermann etwas erbettelte. Zum Zeichen der Freundschaft verwechselten sie ihre Namen mit den unsrigen, ein jeder von ihnen wählte sich nemlich einen Freund, dem er besonders zugethan war. Diese Gewohnheit hatten wir auf unserm vorigen Ankerplatze nicht bemerkt, denn da waren die Einwohner zurückhaltender und mißtrauischer. Um 7 Uhr verließen sie größtentheils das Schiff, versprachen aber folgenden Morgen wieder zu kommen, woran wir auch wegen ihrer guten Aufnahme nicht zweifeln durften.

Der Mond schien die ganze Nacht sehr hell. Kein Wölkchen war zu sehn. Die glatte Fläche der See glänzte wie Silber, und die vor uns liegende Landschaft sahe so reizend aus, daß man sich kaum überreden konnte, sie sey etwas mehr als das schöpferische Werk einer fruchtbaren lachenden Fantasie. Sanfte Stille herrschte rund um uns her, nur hie und da hörte man einen Indianer plaudern, deren etliche an Bord geblieben waren, um den schönen Abend bey ihren alten Freunden und Bekannten zuzubringen. Sie hatten sich an den Seiten des Schiffes herum gesetzt, sprachen von allerhand Dingen und machten sich durch Zeichen verständlicher, wenn es mit Worten nicht gelingen wollte. Wir hörten zu, und fanden, daß sie zum Theil frugen, wie es unsern Leuten seit ihrer letzten Abreise von hier ergangen sey, zum Theil auch das traurige Schicksal *Tutahah's* und seiner Freunde erzählten. *Gibson,* ein See-Soldat, dem die Insel so wohl gefallen, daß er es ehemals bey Capitain *Cooks* voriger Reise, gar darauf anlegte hier zu bleiben,* hatte den mehresten Antheil an der Unterredung, denn er verstand von der Landessprache mehr als irgend sonst einer von uns, weshalb ihn die Einwohner auch besonders hoch schätzten. Die guten Leute bezeigten hier noch ungleich mehr Zutrauen und Freymüthigkeit gegen uns als zu

* S. *Hawkesworths* Geschichte der engl. See-Reisen, in 8. zweyter Band, *pag. 469.*

Aitepieha, und dies gereichte ihnen in unsern Augen zu desto größerer Ehre, weil sich daraus deutlich genug abnehmen ließ, daß sie die ehemaligen Beleidigungen edelmüthig vergessen hatten, und daß ihr gutes unverderbtes Herz auch nicht eines Gedanken von Rachsucht oder Bitterkeit fähig sey. Für ein empfindsames Gemüthe ist aber das warlich ein tröstlicher Gedanke, daß Menschenliebe dem Menschen natürlich sey und daß die wilden Begriffe von Mißtrauen, Bosheit und Rachsucht, nur Folgen einer allmähligen Verderbniß der Sitten sind. Man findet auch in der That nur wenig Beyspiele vom Gegentheil, daß nemlich Völker, welche nicht ganz bis zur Barbarey herabgesunken, der Liebe zum Frieden, diesem allgemeinen Grundtriebe des Menschen, zuwider gehandelt haben sollten. Was *Columbus, Cortez* und *Pizarro* bey ihren Entdeckungen in America, und was *Mendanna, Quiros, Schouten, Tasman** und *Wallis* in der Süd-See hierüber erfahren haben, das stimmt mit unsrer Behauptung vollkommen überein. Selbst der Angriff, den die *Tahitier* ehemals auf den *Dolphin* wagten, widerspricht derselben nicht. Es dünkt mir nemlich höchstwahrscheinlich, daß unsere Leute, wenn sie sich dessen gleich nicht bewußt seyn mögen, durch irgend eine Beleidigung Gelegenheit dazu gegeben haben müssen. Gesetzt aber auch, das wäre nicht; so ist doch Selbsterhaltung das erste Gesetz der Natur, und der Anschein berechtigte die Einwohner allerdings unsre Leute für ungebetne Gäste und für den angreifenden Theil zu halten, ja was mehr als das alles ist, sie hatten Ursach für ihre Freiheit besorgt zu seyn. Als sie endlich die traurigen Würkungen der europäischen Obermacht empfunden und man ihnen zu verstehen gegeben hatte, daß das Schiff nur einige Erfrischungen einnehmen, auch nur eine kurze Zeit hier bleiben wolle, kurz, so bald sie selbst einsahen, daß die Fremden nicht ganz unmenschlich und unbillig, und daß Britten wenigstens nicht wilder und barbarischer wären als sie selbst, so waren sie auch gleich bereit, die Fremdlinge mit offnen Armen zu emp-

* Die Wilden von Neu-Seeland machen eine Ausnahme.

fangen, das vorgefallne Misverständnis zu vergessen, und sie freygebig an den Naturgütern der Insel Theil nehmen zu lassen. Einer übertraf den andern an Gastfreyheit und Freundschaft, vom geringsten Unterthanen an bis zur Königinn, damit ihre Gäste beym Abschied von dem freundschaftlichen Lande berechtigt seyn mögten zu sagen:

Invitus, regina, tuo de littore cessi.
VIRGIL.

Neuntes Hauptstück

Aufenthalt in Matavai-Bay

Capitain *Cook* hatte schon bey seiner ehemaligen Anwesenheit auf dieser Insel bemerkt, daß, wenn man hier in *Matavai-Bay*, ohne Gewalt zu gebrauchen und die blutigen Auftritte vergangner Zeiten zu wiederholen, einen hinlänglichen Vorrath von Lebensmitteln erhalten wollte, es unumgänglich nöthig sey, sich das Wohlwollen des Königs zu erwerben. Um in dieser Angelegenheit noch heute den ersten Schritt zu thun, machte er so gleich Anstalt nach *O-Parre* abzugehen, woselbst König *O-Tu* sich aufhalten sollte. Doch wartete er mit der Abreise dahin, bis *Maratata* und seine Frau ihrem Versprechen gemäs an Bord gekommen waren. Diese brachten ihm für die gestern erhaltenen Geschenke einige Stücke ihres besten Zeuges, und bildeten sich nicht wenig darauf ein, daß sie in die große Cajütte kommen durften, inmittelst ihre übrigen Landsleute draußen bleiben mußten. So bald hierauf auch Capitain *Furneaux* von der *Adventure* angelangt war, begab sich Capitain *Cook* nebst ihm, dem Dr. *Sparrman,* meinen Vater und mir in die Pinnasse. *Maratata* und seine Frau kamen ohne Ceremonie auch mit herein und nahmen sogleich die beste Stelle auf dem Hintertheil ein. Eine Menge andrer Indianer folgten ihrem Beyspiel bis das Boot so voll war, daß sich die Matrosen mit den Rudern nicht rühren konnten. Der größte Theil dieser ungebetnen Gäste mußte also, zu ihrem nicht geringen Leidwesen, wieder aussteigen. Jedermann schien sich nemlich eine Ehre und ein Vergnügen daraus zu machen, wenn er in unserm Boote sitzen durfte. Hiezu mogte das gute Ansehen desselben nicht wenig beytragen, denn es war eben neu angemahlt und mit einem grünen Sonnen-Schirme oder Zeltdecke versehen, die angenehmen Schatten machte. Wir ruderten nunmehro queer über die Bay und näherten uns dem Ufer bey einer Landspitze, auf welcher aus dickem Gebüsch ein steinernes *Marai* hervorragte, dergleichen wir schon zu *Aitepiha* gesehn hatten. Capitain *Cook* kannte diesen Begräbniß- und Versammlungs-Platz unter dem Namen von *Tutaha's Marai;* als er ihn aber also benannte, fiel ihm *Maratata* in die Rede, um ihm zu sagen, daß es Tutahah nach seinem Tode nicht mehr gehöre, sondern jetzt *O-Tu's Marai* genannt werde. Eine herrliche Moral für Fürsten und Könige, sie an die Sterblichkeit zu erinnern und ihnen zu lehren, daß nach ihrem Tode nicht einmal der Ruheplatz ihres Cörpers ihnen eigen bleibt! *Maratata* und seine Frau entblößten im Vorbeyfahren ihre Schultern – eine Ehre, welche alle Einwohner, ohne Unterschied des Standes, dem *Marai* bezeigen, und woraus sich abnehmen läßt, daß sie diese Plätze für besonders heilig ansehen müssen. Vielleicht halten sie dafür, daß die Gottheit an solchen Stellen unmittelbar gegenwärtig sey, wie denn von jeher, ein jedes Volk etwas ähnliches von seinen heiligen Versammlungs-Örtern geglaubt hat.

Wir kamen auf dieser Fahrt an einem der schönsten Districte von *O-Tahiti* vorbey. Die Ebenen schienen hier von beträchtlichem Umfange zu seyn; die Berge hatten durchgehends sanfte Anhöhen und verloren sich auf der Ebene in ziemlich weit hervorragenden, gewölbten Spitzen. Das Ufer, welches mit dem schönsten Rasen bewachsen und, bis an den Strand herab, von Palmen beschattet war, stand voller Menschen, die, so bald wir aus dem Boot stiegen, ein lautes Freuden-Geschrey erhoben. Man führte uns ohnverzüglich nach einigen Häusern, die unter Brodfrucht-Bäumen versteckt lagen und vor einem der größten Häuser trafen wir einen Platz von zwanzig bis dreyßig Schritte im Gevierte an, der mit einem ohngefähr 18 Zoll hohen Gitterwerk von Rohr umzäunt war. Mitten auf diesem Platze saß der König, mit kreuzweis übereinander geschlagnen Beinen, auf der Erde. Um ihn her stand ein großer Kreis von Leuten beyderley Geschlechts, die ihrer Statur, Farbe und Betragen nach, zu den Vornehmsten des Landes gehören mußten. Sobald die Matrosen unsre Geschenke, als welche Capitain *Cook's* Creditiv ausmachten, vor dem Könige auf die Erde niedergelegt hatten, traten wir alle näher, und wurden gebeten, uns um Se. Majestät herum zu setzen. Ohnerachtet das Volk im Äußern viel Achtung für seinen Beherrscher zu haben scheint, wie sich zum Theil schon daraus abnehmen läßt, daß in seiner Gegenwart jedermann, ohne Ausnahme, die Schultern entblößen muß; so reichte solche doch nicht so weit, daß man sich nicht von allen Seiten her mit der ungestümsten Neugierde auf uns zugedrängt haben sollte, und da die Menge der Menschen, mithin auch das Gedränge hier ungleich größer waren als während unsrer Audienz bey *Aheatua;* so mußten sichs die auf die Ecken des umzäunten Platzes gestellten königlichen Bedienten rechtschaffen sauer werden lassen, um die Leute nur einigermaßen in Schranken zu halten. Einer insbesondre, der auf dem Wege Platz für uns machen sollte, schlug ganz unbarmherzig drauf los und mehr denn einen Stock auf den Köpfen entzwey, welches ohnfehlbar Löcher und Blut gesetzt haben muß

Menava quella mazza fra la gente
Ch' un imbriaco Svizzero paria
Di quei, che con villan modo insolente,
Sogliono innanzi 'l Papa il dì di festa
Rompere a chi le braccia, a chi la testa.
TASSONE.

Dem ohnerachtet drängten sie sich eben so hartnäckig wieder herbey als der ärgste englische Pöbel nur thun kann, jedoch mit dem Unterschiede, daß sie die Insolenz der königlichen Bedienten ein gut Theil geduldiger zu ertragen schienen. Der König von *O-Tahiti* hatte, während Capitain *Cook's* erster Anwesenheit allhier, unsre Leute nie zu sehen bekommen, vermuthlich aus politischen Absichten seines Oncles *Tutahah,* der damals die ganze Regierung in Händen hatte, und vielleicht besorgen mogte, an seinem Ansehn bey den Europäern zu verlieren, wenn sie erfahren hätten, daß er nicht der erste und größte Mann auf der Insel sey. Es ist nicht wohl auszumachen, ob *Tutahah's* Ansehn und Gewalt usurpirt war oder nicht. Das scheint jedoch wieder ihn zu seyn, daß *O-Tu* (der jetzige König) schon vier bis fünf und zwanzig Jahr alt, und gleichwohl erst kürzlich zur Regierung gelangt war. Nicht nur als Regent, sondern auch der Statur nach war er, wenigstens so viel *wir* sahen, der größte Mann auf der Insel, denn er mas völlige 6 Fus 3 Zoll. Er hatte starke und wohlproportionierte Gliedmaßen, war überhaupt wohl gemacht, und hatte auch vor der Hand noch keinen Ansatz zu übermäßiger Corpulenz. Ohnerachtet etwas finsteres, und vielleicht schüchternes in seinem Ansehen war, so leuchtete doch übrigens Majestät und Verstand daraus hervor, gleichwie auch in seinen lebhaften schwarzen Augen viel Ausdruck war. Er hatte einen starken Knebel-Bart, der gleich dem Unterbart und dem starken lockigten Haupt-Haar pechschwarz war. Sein Portrait ist, nach einer Zeichnung von Herrn *Hodges,* zu Capitain *Cooks* Nachricht von dieser Reise in Kupfer gestochen. Durch eine ähnliche Leibesgestalt und gleichen Haarwuchs, der, wie eine überall gleichdick-gekräuselte Parücke, gerade aufwärts um den Kopf stand, zeichneten sich seine Brüder und Schwestern aus. Von ersteren mochte der ältere ohngefähr sechzehen und der jüngste etwa zehen Jahr alt seyn. Seine älteste Schwester aber, welche diesmal nur allein gegenwärtig war, schien fünf bis sechs und zwanzig Jahr alt zu seyn. Da die Frauenspersonen hier zu Lande das Haar gemeiniglich kurz abgeschnitten zu tragen pflegen; so war der Haarputz dieser Dame als etwas Außerordentliches anzusehen und mogte vielleicht ein besonders Vorrecht der königlichen Familie seyn. Ihr hoher Rang befreyte sie jedoch nicht von der allgemeinen Etiquette die Schultern in Gegenwart des Königs zu entblößen, ein Brauch, der dem Frauenzimmer auf unzählige Art Gelegenheit gab, ihre zierliche Bildung ungemein vortheilhaft sichtbar zu machen. Ihr ganzes Gewand bestehet aus einem langen Stück von weißem Zeuge, so dünn als Mußlin, das auf hundert verschiedne ungekünstelte Weise um den Cörper geschlagen wird, je nachdem es der Bequemlichkeit, dem Talente und dem guten Geschmack einer jeden Schöne am zuträglichsten scheint. Sie wissen nichts von *allgemeinen* Moden, die mehrentheils nur einigen wenigen Personen gut stehen und die übrigen mehr verstellen als putzen; sondern angebohrne Freyheit gilt hier auch beym Anzuge und natürliche Grazie verschönert die edle Einfalt ihrer Tracht und Bildung. – Die einzige Person, welche die Schultern nicht zu entblößen brauchte, war des Königs *Hoa** ein Hofbedienter, der sich am besten mit einem Cammerherrn vergleichen läßt und deren der König zwölfe haben soll, welche nach der Reihe die Aufwartung haben. Zu diesen gehörten die Leute, welche vorher so schweizermäßig aufs Volk geprügelt und Platz gemacht hatten. Wir saßen zwischen den Oncles, Tanten, Vettern und andern Verwandten des Königs. Alle diese Standespersonen wetteiferten mit einander uns freundlich und zärtlich anzublikken, Freundschafts-Versicherungen zu geben und – um Corallen und Nägel zu bitten. Die Art und Weise aber, wie sie diese Kleinigkeiten zu erhalten suchten, war sehr verschieden, und fiel deshalb auch nicht immer gleich glücklich für sie aus. Wenn wir zum Beyspiel unter eine oder die andere Art von Leuten Corallen austheilten, so drängten sich bisweilen junge unverschämte Bursche herbey und hielten die Hände auch her, als hätten auch sie Anspruch oder Recht auf unsre Freygebigkeit. Unter solchen Umständen bekamen sie aber allemal eine abschlägige Antwort. Schon schwerer war es, alten ehrwürdigen Männern eine Gabe zu versagen, wenn sie mit bebender Hand die unsrigen ergriffen, sie herzlich druckten und in vollkommnen Vertrauen auf unsre Güte uns ihr Anliegen ins Ohr wisperten. Die älteren Damen halfen sich mit etwas Kunst und Schmeicheley. Sie frugen gemeiniglich wie wir hießen, nahmen uns an Kindesstatt an, und machten uns mit ihren Verwandten bekannt, die auf diese Weise auch die unsrigen wurden. Nach andern kleinen Schmeicheleyen kam denn im bittenden Ton, mit liebäugelnden Minen, ein: *Aima poe ihti no te tayo mettua?* heraus, welches so viel ist, als: »Ist denn

* S. *Hawkesworths* Geschichte der engl. See-Reisen, in 8. dritter Band, wo *pag. 561.* stehet: *eowa no l earee,* welches aber heißen soll: *e-hoa no te erih* (das ist: Freund des Königs.)

kein Coralchen für das liebe Mütterchen da?« Das hieß nun unsre kindliche Liebe mit ins Spiel ziehen, und wenn das geschahe, so hatten die guten Alten fast allemal gewonnen. Eine solche Einkleidung ihres Anliegens mußte uns nemlich von dem National-Character dieses Volks ungemein vorteilhafte Begriffe machen, denn gute Gesinnungen von andern zu erwarten, wenn man sie selbst nicht hat, ist eine Verfeinerung der Sitten, die blos ganz civilisirten Völkern eigen ist. Unsre jüngere Verwandtinnen, die in der Blüthe der Jugend standen, hatten wieder andre Kunstgriffe zu Gebote. Außerdem daß sie gemeiniglich auf eine oder die andre Art hübsch waren, gieng auch ihr ganzes Tichten und Trachten dahin, uns zu gefallen, und da sie sich noch überdies auf die zärtlichste Art von der Welt unsre Schwestern nannten; so durften sie, aus mehr denn einer Ursach, in ihren Anliegen nicht leicht eine abschlägige Antwort besorgen, denn wer hätte so hübschen jungen und gefälligen Mädchen widerstehen können? Mittlerweile, daß wir den Damen und Herren vom Hofe allerhand Geschenke austheilten, hatten die ersteren ihre Bedienten *(Tautaus)* abgeschickt, und große Stücke ihres besten Zeuges, Scharlach, Rosenroth oder Blasgelb gefärbt und mit dem feinsten wohl riechenden Öl parfumirt, holen lassen, um uns Gegenpräsente damit zu machen. Sie legten uns solche über unsre Kleidungen an und beladeten uns so sehr damit, daß wir uns kaum zu rühren im Stande waren. Mancherley Fragen *Tabane,* (Herr *Banks,)* *Tolano,* (Dr. *Solander,)* und andre Bekannte betreffend, folgten dem wichtigem Geschäfte Geschenke zu empfangen; aber nach *Tupaya (Tupeia)* oder *Parua,* wie er gemeiniglich genannt ward, fragten nur einige einzelne Personen, die auch die Nachricht von seinem Tode mit ziemlicher Gleichgültigkeit anhörten, ohnerachtet die weitläuftige Kenntniß dieses Mannes, ihn unsrem Bedünken nach, seinen Landsleuten werth und angenehm hätte machen sollen. Während dieser Unterredung spielte unser Bergschotte einige Stücke auf dem Dudelsack, zu unendlichem Vergnügen der Zuhörer, die über seine Music voll Verwundrung und Entzücken waren. König *O-Tu* insbesondre war mit seiner Kunst, die warlich sehr unbedeutend war, so ausnehmend zufrieden, daß er ihm ein großes Stück des gröbern Zeuges zur Belohnung reichen ließ.

Da dies nur eine Ceremonien-Visite war, so wollten wir uns nicht lange aufhalten, und waren eben im Begriff Abschied zu nehmen, als wir durch die Ankunft von *E-Happai**, den Vater des Königs, noch eine Weile aufgehalten wurden. Er war ein langer, magrer Mann mit grauem Barte und grauem Kopfe, schien aber, seines hohen Alters ohnerachtet, noch nicht abgelebt zu seyn. Was ihm die Capitains schenkten, nahm er mit jener kalten Gleichgültigkeit an, die alten Leuten wohl eigen zu seyn pflegt. Wir waren zwar schon durch die vorigen Reisebeschreibungen von der sonderbaren Verfassung unterrichtet, vermöge welcher der Sohn noch bey Lebzeiten des Vaters die Regierung annimmt:** doch wunderte es uns daß der alte *Happai* sich überdies noch der Landesgewohnheit unterwerfen, und in Gegenwart seines Sohns die Schultern so gut als jeder andre entblößen mußte. Der Begriff von Blutsverwandtschaft ist also hier ganz aus den Augen gesetzt, um der königlichen Würde desto mehr Ansehen zu verschaffen, und eine solche Verläugnung der natürlichen Verhältnisse, zeigt meines Erachtens einen höhern Grad von Cultur und Einsicht an, als andre Reisende den Einwohnern von *Tahiti* zugestanden haben. Ohnerachtet aber *Happai* die oberste Herrschaft nicht mehr in Händen hatte, so lies ihm das gemeine Volk, seiner Geburt und Standes wegen, dennoch große Ehre wiederfahren, und auch der König hatte ihn mit einem anständigen Unterhalt versorgt. Der District oder die Provinz *O-Parre* stand nemlich unmittelbar unter seinen Befehlen, und aus dieser zog er für sich und seine Bedienten was er nöthig hatte. Wir hielten uns dieses alten Herrn wegen nur um ein weniges länger auf als wir zuvor willens gewesen waren, beurlaubten uns

* In *Hawkesworths* Gesch. der engl. See-Reisen in 8. zweyter Band, *pag. 438.* wo er Whappai genannt wird.

** S. *Hawkesworths* Gesch. der engl. See-Reisen in 8. dritter Band, *pag. 561.*

sodann vom Vater und Sohne und kehrten wieder nach der Pinnasse zurück, welche *Maratata* die ganze Zeit über nicht verlassen hatte, vermuthlich, um sich dadurch bey seinen Landsleuten das Ansehen zu geben als ob er in besondern Credit bey uns stände. Während unsrer Abwesenheit waren auf (der Landspitze) *Point Venus* für die Holzhauer, die Wasserträger und die Kranken der *Adventure* etliche Zelte aufgeschlagen worden. Auch hatten die Astronomen beyder Schiffe ihre Sternwarten ohngefähr auf eben dem Flecke errichtet, wo von Herrn *Green* und Capitain *Cook* auf der vorigen Reise der Durchgang der Venus beobachtet worden war. Bey unserer Rückkunft an Bord fanden wir das Schiff voller Indianer und unter denselben auch verschiedne Personen von höherem Range. Diese hatten ihres Standes wegen im ganzen Schiff überall freyen Zutritt, aber eben deshalb war man auch, für ihrer Betteley um Glas-Corallen und andre Kleinigkeiten, in keinem Winkel sicher. Um dieser unerträglichen Unverschämtheit zu entgehen, verfügten sich die Capitains bald wieder nach den Zelten zurück, und wir begleiteten sie dahin, um zu sehen, was für natürliche Merkwürdigkeiten das Land hervorbringe. In gleicher Absicht machten wir auch nach Tische einen neuen Spatziergang; da wir aber beydemal nicht weit hatten kommen können, so bestanden unsre Entdeckungen nur aus wenigen Pflanzen und Vögeln, dergleichen wir zu *Aitepiha* noch nicht gesehen hatten.

Am folgenden Morgen, sehr frühe, kam eine Menge Canots von *Parre* ans Schiff und in einem der kleinsten befand sich der König, der seine Gegengeschenke dem Capitain *Cook* in eigner Person überbringen wollte. Es waren allerhand Lebensmittel, nemlich ein lebendiges Schwein, etliche große Fische, als eine Stuhr-Makrele *(Cavalha, Scomber hippos,)* imgleichen eine weiße Makrele, *(Albecore)* ohngefähr 4 Fus lang und völlig zugerichtet, und endlich eine Menge von Körben mit Brodfrucht und Bananen; dies alles ward eins nach dem andern aufs Schiff gereicht. Capitain *Cook* stand auf dem Bord des Schiffs und bat Se. Majestät herauf zu kommen. Dieselben blieben aber unverrückt sitzen, bis sich der Capitain, der *Tahiti*schen Etiquette gemäß, in eine unglaubliche Menge des besten hiesigen Zeuges hatte einkleiden lassen, und auf die Art zu einer ungeheuer dicken Figur geworden war. Sobald dieser Punkt des Ceremoniels beobachtet war, wagte sich *O-Tu* aufs Verdeck des Hintertheils und umarmte den Capitain, schien aber noch sehr besorgt, ohnerachtet man ihn durch das freundschaftlichste Betragen zu überzeugen suchte, daß er nicht Ursach habe es zu seyn. Weil das Verdeck von des Königs Verwandten und Angehörigen, überall gedrängt voll war, so bat man ihn in die Cajütte zu kommen; allein auf einer Treppe, zwischen den Verdecken darnach hinab zu steigen? das dünkte ihm, ohne nähere Untersuchung, ein wenig zu gefährlich. Er schickte also seinen Bruder, einen hübschen Jüngling von sechzehen Jahren der völliges Vertrauen in uns setzte, vorauf. Diesem gefiel die Cajütte, und er stattete einen so vortheilhaften Bericht davon ab, daß der König sich nun gleich hinunter wagte. Hier überreichte man ihm von neuem allerhand kostbare Geschenke. Das hohe Gefolge Sr. Majestät, drängte sich jetzt dermaßen nach der Cajütte, daß wir uns kaum darinn rühren konnten. Capitain *Cook* war hiebey am übelsten dran, denn dem wards unter der Last seines *Tahiti*schen Ceremonien-Kleides, ohnehin schon zu warm. Ein jeder von diesen Indianern, wählte sich, wie schon erwähnt, einen besondern Freund unter uns, und gegenseitige Geschenke bestätigten gemeiniglich die neugeschloßne Freundschaft. Unter dieser Zeit war auch Capitain *Furneaux* an Bord gekommen, und wir setzten uns nunmehro zum Frühstück hin. Unsre Gäste waren bey diesem für sie neuen Auftritt sehr ruhig und hatten sich bereden lassen, auf Stühlen Platz zu nehmen, die ihnen etwas ganz fremdes und ungemein bequem zu seyn schienen. Der König war auf unser Frühstück, welches für diesmal halb aus englischen und halb aus *Tahiti*schen Gerichten bestand vorzüglich aufmerksam, und staunte uns nicht wenig an, daß wir heiß Wasser *(Thee)* tranken und Brodfrucht mit Öl (Butter) aßen. Er selbst war nicht zum Mitessen zu bewegen; einige von seinem Gefolge hingegen, waren nicht so übermäßig vorsichtig, sondern aßen und tranken nach Herzenslust was ihnen vorgesetzt ward. Nach dem Frühstück fiel *O-Tu* meines Vaters Pudel in die Augen, der sonst gut genug, damals aber ziemlich schmutzig aussahe, indem er mit Theer und Pech, recht Matrosenmäßig besudelt war. Dem ohnerachtet wünschten Se. Majestät ihn zu besitzen und thaten auch keine Fehlbitte. Hocherfreut darüber, beorderten sie sogleich einen ihrer Cammerherren oder *Hoas,* den Hund in Verwahrung zu nehmen, und ließen sich solchen auch nachher von demselben überall nachtragen. Es währte nicht lange, so äußerte er gegen Capitain *Cook,* daß er wieder am Lande zu seyn wünsche, und stieg zu dem Ende mit seinem ganzen Gefolge und allen erhaltnen Geschenken aufs Verdeck. Capitain *Furneaux* schenkte ihm hier noch einen Bock und eine Ziege, welche er in dieser Absicht von seinem Schiff gebracht hatte. Es kostete uns wenig Mühe, dem Könige die Nutzbarkeit dieser Thiere und wie sie gehalten werden müßten, begreiflich zu machen; denn er versprach sogleich, sie nicht zu schlachten, nicht zu trennen und die Jungen in Acht zu nehmen. Die Pinasse war nun fertig, und der König nebst den Capitains und anderen Herren giengen in selbiger nach *O-Parre* ab, woselbst Se. Majestät damals residirten. Auf der Überfahrt war *O-Tu* ungemein vergnügt, that mancherley Fragen und schien seine vorige mißtrauische Furcht ganz abgelegt zu haben. Die Ziegen hatten sich seiner Aufmerksamkeit dermaßen bemächtigt, daß er fast von nichts anderm redete, und es schien als könnte ers nicht oft genug hören, *wie* sie gefüttert und gehalten werden müßten. Sobald wir ans Land kamen, ward ihm ein schöner Grasplatz, der von Brodfrucht-Bäumen beschattet war, mit dem Bedeuten angezeigt, daß er die Ziegen stets an solchen Stellen weiden lassen mögte. Das ganze Ufer war von Indianern bedeckt, die ihren König beym Aussteigen aus dem Boote mit lautem Freudengeschrey empfiengen. Unter dem Haufen befand sich auch *Tutahah's* Mutter, eine ehrwürdige graue Matrone, die, sobald sie den Capitain *Cook* gewahr ward, ihm entgegen lief und ihn als den Freund ihres Sohns umarmte. Sie erinnerte sich bey dieser Gelegenheit ihres Verlustes so lebhaft, daß sie zu unsrer nicht geringen Rührung, überlaut zu weinen anfieng. Eine so zärtliche Empfindlichkeit zeugt offenbar von der ursprünglichen Güte des menschlichen Herzens, und nimmt uns immer zum Vortheil derjenigen ein, an denen wir sie gewahr werden.

Wir eilten von hier nach unsern Zelten auf *Point Venus*, wo die Eingebohrnen einen ordentlichen Markt errichtet hatten, auf welchem alle Arten von Früchten, und zwar sehr wohlfeil zu haben waren, indem ein Korb voll Brodfrucht oder Coco-Nüsse nicht mehr als eine einzige Coralle galt. Mein Vater traf hier seinen Freund *O-Wahau* an, der ihm abermals einen großen Vorrath Früchte, einige Fische, etwas feines Zeug, imgleichen ein Paar Angelhaken von Perlmutter schenkte. Wir wollten seine Freygebigkeit erwiedern, allein der edelmüthige Mann schlug es rund ab, das geringste dafür anzunehmen, und sagte: er hätte meinem Vater jene Kleinigkeiten als ein Freund geschenkt, ohne Absicht dabey zu gewinnen. Solchergestalt schien es als wollte sich heute alles vereinigen, uns von diesem liebenswürdigen Volke vortheilhafte Begriffe zu geben.

Gegen Mittagszeit kehrten wir an Bord zurück und beschäftigten uns nach Tische, die bisher gesammelten Naturalien zu zeichnen und zu beschreiben. Die Verdecke waren immittelst beständig mit Indianern beyderley Geschlechts angefüllt, die alle Winkel durchstöberten, und maußten, so oft sie Gelegenheit fanden. Abends erlebten wir einen Auftritt, der uns neu und sonderbar, denen aber etwas Bekanntes war, die schon zuvor auf *Tahiti* gewesen waren. Unsre Matrosen hatten nemlich eine Menge Weibsleute vom niedrigsten Stande aufs Schiff eingeladen, die nicht nur sehr bereitwillig gekommen waren, sondern auch, wie alle ihre Landsleute zurückkehrten, nach Untergang der Sonne noch an Bord blieben. Wir wußten zwar schon, von unserm vorigen Ankerplatze her, wie feil die *Tahiti*schen Mädchens sind; doch hatten sie dort ihre Ausschweifungen nur bey Tage getrieben, des Nachts hingegen sich nie gewagt auf dem Schiff zu bleiben. Hier aber, zu *Matavai,* hatte man den englischen Seemann schon besser ausstudirt, und die Mädchen mußten ohne Zweifel wissen, daß man sich demselben sicher anvertrauen könne, ja, daß dies die herrlichste Gelegenheit von der Welt sey, ihm an Corallen, Nägeln, Beilen oder Hemden alles rein abzulocken. Es gieng also heute Abend zwischen den Verdecken vollkommen so ausschweifend lustig zu, als ob wir nicht zu *Tahiti,* sondern zu *Spithead* vor Anker gelegen hätten. Ehe es ganz dunkel ward, versammleten sich die Mädchen auf dem Verdeck des Vordertheils. Eine von ihnen blies die Nasen-Flöte; die übrigen tanzten allerhand Tänze, worunter verschiedne waren, die mit unsern Begriffen von Zucht und Ehrbarkeit eben nicht sonderlich übereinstimten. Wenn man aber bedenkt, daß ein großer Theil dessen, was nach unsern Gebräuchen tadelnswerth zu nennen wäre, hier, wegen der Einfalt der Erziehung und Tracht, würklich für unschuldig gelten kann; so sind die *Tahiti*schen Buhlerinnen im Grunde minder frech und ausschweifend als die gesittetern Huren in Europa. Sobald es dunkel ward, verloren sie sich zwischen den Verdecken und konnten ihnen ihre Liebhaber frisch Schweinefleisch vorsetzen, so aßen sie davon ohne Maas und Ziel, ob sie gleich zuvor, in Gegenwart ihrer Landsleute, nichts hatten anrühren wollen, weil, einer hier eingeführten Gewohnheit zufolge, von welcher sich kein Grund angeben läßt, Manns- u. Frauenspersonen nicht mit einander speisen dürfen. Es war erstaunend, was für eine Menge von Fleisch diese Mädchen verschlingen konnten, und ihre Gierigkeit dünkte uns ein deutlicher Beweis, daß ihnen dergleichen, zu Hause, selten oder niemals vorkommen mogte. Die zärtliche Wehmuth von *Tutahahs* Mutter, die edle Gutherzigkeit unsers Freundes *O-Wahau,* und die vortheilhaften Begriffe von den *Tahitiern* überhaupt, waren in so frischem Andenken bey uns, daß der Anblick und die Aufführung dieser Creaturen um desto auffallender seyn mußte, die alle Pflichten des gesellschaftlichen Lebens hintan setzten und sich lediglich viehischen Trieben überließen. Die menschliche Natur muß freylich sehr unvollkommen seyn, daß eine sonst so gute, einfältige und glückliche Nation zu solchem Verderbniß und zu solcher Sittenlosigkeit hat herabsinken können; und es ist allerdings herzlich zu bejammern, daß die reichlichsten und besten Geschenke eines gütigen Schöpfers am leichtesten gemißbraucht werden und daß Irren so menschlich ist!

Am folgenden Morgen kam *O-Tu*, nebst seiner Schwester *Tedua-Tauraï* und verschiednen seiner Verwandten früh ans Schiff, und ließ uns ein Schwein und eine große Albecore an Bord reichen, sie selbst aber wollten nicht aufs Schiff kommen. Er hatte eben dergleichen Geschenke für Capitain *Furneaux* mitgebracht, getraute sich aber nicht nach der Adventure hin, bis mein Vater sich erbot, ihn zu begleiten. Auch da mußte die Ceremonie, den Capitain in *Tahiti*sches Zeug einzuwickeln, wiederum vorgenommen werden, ehe sich Se. Majestät an Bord wagen wollten. Sobald dies aber geschehen war, dünkte er sich vollkommen sicher, und kam aufs Verdeck, wo Capitain *Furneaux* seine Geschenke erwiederte. Unterdessen daß *O-Tu* hier verweilte, hatte sich seine Schwester *Tedua-Tauraï* bewegen lassen, auf des Capitain *Cooks* Schiff zu steigen, und man bemerkte bey dieser Gelegenheit, daß alle anwesende Frauenspersonen ihr durch Entblößung der Schultern dieselbige Ehre bezeigten, welche die ganze Nation dem Könige schuldig ist. Der muntere Jüngling *Watau,* der seinen Bruder den König begleitete, genoß diese Ehre ebenfalls und ward *T'Erih Watau* genannt; es scheint folglich, daß der Titel *Erih,* ob er gleich allen Befehlshabern der Districte und dem Adel überhaupt beygelegt wird, doch eigentlich und in vorzüglichem Maaße den Personen von der königlichen Familie zukomme. Nach einem kurzen Aufenthalt langte *O-Tu* von der Adventure wieder auf der Resolution an, holte seine Schwester ab und ward, in Gesellschaft derselben, von beyden Capitains nach *O-Parre* begleitet.

Am 29. ließen wir, gleich bey Anbruch des Tages, unsre Zelte an Land schaffen und giengen aus um die natürliche Beschaffenheit der Insel näher zu untersuchen. Es war die Nacht über ein starker Thau gefallen, der alle Pflanzen erfrischt hatte, und dieses, nebst der angenehmen Kühle des Morgens, machte unsern

Spaziergang sehr angenehm. Bey den Zelten fanden wir nur wenig Indianer, doch begleiteten uns einige derselben nach dem Flusse, den wir zu paßiren hatten, weil es bey dieser Gelegenheit gemeiniglich etwas zu verdienen gab; sie pflegten uns nemlich für eine einzige Glascoralle auf den Schultern hinüber zu tragen, ohne daß wir einen Fus naß machen durften. Die mehresten Einwohner waren eben aufgestanden, und badeten zum Theil noch im Matavai-Fluß, welches sie des Morgens allemal ihr erstes Geschäft seyn lassen. In diesem warmen Lande muß es auch sehr nöthig und zuträglich seyn, sich öfters zu baden, besonders des Morgens, da das Wasser kühl und frisch, mithin im Stande ist die Nerven zu stärken, die bey der beständigen Hitze sonst erschlaffen würden. Ausserdem ist die körperliche Reinlichkeit, welche daraus entsteht, nicht nur eins der besten Verwahrungsmittel gegen faulende Krankheiten; sondern sie befördert zugleich die Geselligkeit unter dem Volk: Dahingegen andre uncivilisirte Nationen, die nicht viel aufs Baden halten, gemeiniglich so unreinlich zu seyn pflegen, daß, schon deswegen ihrer nicht viel beysammen wohnen und, des Gestanks wegen, auch kein Fremder lange bey ihnen ausdauern kann. Wir giengen nunmehro nach einer kleinen Hütte, in welcher eine arme Witwe mit ihrer zahlreichen Familie lebte. Ihr ältester Sohn *Nuna,* ein lebhafter, castanienbrauner Knabe von zwölf Jahren und ungemein glücklicher, einnehmender Bildung, hatte jederzeit besondre Neigung zu den Europäern blicken lassen. Dabey hatte er viel Fähigkeiten, wir durften zum Beyspiel nur ein halbes Wort sagen, so begrif er was wir damit meynten, besser als seine Landsleute, bey denen wir es oft mit unsrer ganzen Stärke in der Pantomime und mit Hülfe aller Wörterbücher nicht so weit bringen konnten. Mit diesem Burschen waren wir gestern Abend eins geworden, daß er für heute unser Wegweiser seyn solle. Als wir ankamen, hatte seine Mutter Cocosnüsse und andre Lebensmittel für uns angeschaft und saß auf den Steinen vor der Hütte, mit ihren Kindern um sich her. Das jüngste davon dünkte uns etwa vier Jahr alt. Sie schien zwar noch munter genug zu seyn, hatte aber doch schon so viel

Runzeln im Gesicht, daß wir sie, in einem Lande wo die Mädchen so früh mannbar werden als hier, nicht füglich mehr für die Mutter so kleiner Kinder halten konnten. Mittlerweile kam eine jüngere wohlgestalte Person von drey bis vier und zwanzig Jahren herbey, die, wie wir erfuhren, *Nuna's* älteste Schwester war. Nach dem Alter dieses Mädchens zu urtheilen, mogte also die Mutter nahe an vierzig Jahre seyn, daß sie aber ungleich älter aussahe, ist in so fern nicht zu verwundern, weil das andre Geschlecht bekanntermaßen in heißen Ländern durchgehends früher aufhört hübsch zu seyn als in kalten Gegenden. Hingegen ist *das* zu verwundern, daß die hiesigen Weiber, ihrer frühen Mannbarkeit ohnerachtet, gleichwohl zwanzig und mehr Jahre hinter einander fruchtbar bleiben? Diesen Vorzug haben sie indessen, allem Anschein nach, der glücklichen Einfalt zu verdanken, in welcher sie ihr Leben mit Sorgen und Mangel unbekannt zubringen, und eben dies ist ohne Zweifel auch die nächste Ursach der hiesigen starken Bevölkerung.

Wir wurden mit einem starken Kerl eins, daß er uns die Lebensmittel, welche die gastfreye alte Frau für uns angeschaft hatte, unterwegens nachtragen sollte. Zu dem Ende hieng er sie, zu gleichen Theilen, an die Enden einer 4 Fus langen Stange und legte diese auf die Schulter. *Nuna* und sein kleiner Bruder *Toparri,* der ohngefähr vier Jahr alt war, begleiteten uns lustig und guter Dinge, nachdem wir die ganze Familie beym Abschiede mit Corallen, Nägeln, Spiegeln und Messern beschenkt hatten.

Eines Berges wegen, den wir ersteigen mußten, war der Anfang unsers Marsches etwas beschwerlich, und dennoch blieb unsre Mühe hier unbelohnt, denn auf dem ganzen Berge fanden wir, außer ein Paar kleinen, zwergichten Büschen und etwas trocknem Farnkraut auch nicht eine einzige Pflanze. Dagegen sahen wir, zu unsrer nicht geringen Verwunderung, von dieser trocknen, unfruchtbaren Höhe, eine Flucht wilder Endten vor uns aufsteigen. Was diese aus ihrem gewöhnlichen Lager im Rohre und von den morastigen Fluß-Ufern hieher gebracht haben konnte? läßt sich so leicht nicht begreifen. Kurz nachher kamen wir über einen andern Berg, auf welchem das Farnkraut und übrige Buschwerk erst ohnlängst mußte abgebrannt worden seyn, denn unsre Kleider wurden im Anstreifen noch über und über schwarz davon. Im Herabsteigen gelangten wir endlich in ein fruchtbares Thal, durch welches ein hübscher Bach gegen die See hinaus lief. Die Einwohner hatten ihn hin und wieder mit Steinen aufgedämmt, um dadurch das Wasser auf die Felder zu bringen, die mit Zehrwurzeln *(Arum esculentum)* bepflanzt waren, weil diese Pflanze einen morastigen und überschwemmten Boden erfordert. Es gab hier zwey Arten davon; die eine hatte große glänzende Blätter und die Wurzel war wohl 4 Schuh lang, aber sehr grob fasericht, die zweyte Art hingegen, hatte kleine sammetartige Blätter und an dieser war die Wurzel feiner und wohlschmeckender. Doch sind beyde von scharfen und beißendem Geschmack, bis sie verschiedenemal in Wasser abgekocht worden; die Schweine fressen sie indessen auch ohne Widerwillen und ohne Schaden roh. Je weiter wir dem Bache folgten, je enger ward das Thal und die Berge zu beyden Seiten immer steiler und waldichter. Wo aber der Boden nur einigermaßen eben war, da standen überall Coco-Nußbäume, Pisang, Maulbeerbäume und mancherley Wurzelwerk; auch fehlte es nicht an einer Menge wohl- und nahe bey einander gelegenen Häuser. An verschiednen Stellen fanden wir große Betten loser Kiesel, welche von den Bergen herabgeschwemmt zu seyn schienen und durch die beständige Bewegung des Wassers allerhand runde Formen bekommen hatten. An den Bergen samleten wir verschiedne neue Pflanzen, liefen aber mehr als einmal Gefahr die Hälse darüber zu brechen, denn die Felsenstücken rollten uns zuweilen unter den Füßen weg. Eine große Menge Indianer versammlete sich um uns her und brachten Coconüsse, Brodfrucht und Äpfel in großem Überfluß zum Verkauf. Wir versorgten uns daher mit einem hinlänglichen Vorrath und mietheten einige Leute um uns das Eingekaufte nachtragen zu lassen. Nachdem wir ohngefähr fünf englische Meilen weit gegangen waren, setzten wir uns auf einen schönen Rasen unter den Bäumen nieder, um Mittag zu halten. Nächst den unterwegens angeschaften Früchten bestand unsre Mahlzeit aus etwas Schweinefleisch und Fischen, welche wir vom Bord mitgenommen hatten. Die *Tahitier* machten einen Creis um uns her, unsern Wegweisern und Helfern aber gaben wir Erlaubniß, sich neben uns zu setzen. Sie ließen sich's herzlich gut schmecken, wunderten sich aber, daß wir jeden Bissen in ein weißes Pulver tunkten, das ihnen gänzlich unbekannt war. Wir hatten nemlich vom Schiffe aus etwas Salz mitgenommen und aßen es zu allen Speisen, so gar zur Brodfrucht. Verschiedene von ihnen wünschten es zu kosten, und fanden zum Theil Geschmack daran, der ihnen auch nicht fremd seyn konnte, weil sie bey ihren Fisch- und Fleischspeisen Seewasser als eine Brühe zu gebrauchen pflegen.*

Um 4 Uhr Nachmittags dünkte es uns Zeit an den Rückweg zu denken. Wir sahen jetzt eine Menge Indianer, mit wilden Plantanen beladen, über die Berge herkommen, woselbst diese Frucht ohne Wartung wächst, aber auch von ungleich schlechterer Art ist als jene die in den Ebenen ordentlich gehegt wird. Sie wollten diesen Vorrath, nach den Gezeiten, zu Markte bringen, und da unser Weg ebenfalls dahin gieng, so folgten wir ihnen den Bach herab. An einer Stelle desselben hatten die herbeygelaufnen Kinder kleine Krebse *(prawns)* zwischen den Steinen aufgesucht und bothen uns solche an. Als ein Beytrag zur Naturgeschichte dieser Insel waren sie uns ganz willkommen, und wir schenkten den Kindern eine Kleinigkeit von Corallen dafür; kaum aber sahen dies die Alten als ihrer mehr denn funfzig, theils Männer, theils Weiber in den Bach wadeten, und uns eine solche Menge von dergleichen Krebsen brachten, daß wir ihre Mühe bald verbitten und unbelohnt lassen mußten. In Zeit von zwey Stunden langten wir endlich bey unsern Zelten auf *Point Venus* wiederum an, und fanden den ehrlichen *O-Wahau* daselbst, der meinem Vater abermals ein Geschenk von Früchten machte. Wir

* S. *Hawkesworths* Geschichte der engl. See-Reisen in 8. *dritter Band, pag. 500* und *503.*

hatten auf unserm heutigen Spatziergange bemerkt, daß es hier mehr müßige Leute als zu *Aitepieha* gab; auch schienen die Häuser und Pflanzungen hier verfallner und vernachläßigter zu seyn als dort, und statt freundschaftlicher Einladungen, kriegten wir nichts als unbescheidne Bitten um Corallen und Nägel zu hören. Doch hatten wir im Ganzen noch immer Ursach mit den Einwohnern zufrieden zu seyn; denn sie ließen uns in ihrem herrlichen Lande wenigstens überall ungestört herum streifen. Daß sie zu allerhand kleinen Diebereyen ungemein geneigt wären, hatten wir zwar ebenfalls verschiedentlich erfahren, doch niemals etwas von einigem Werthe dadurch eingebüßt; denn in den Taschen, denen am leichtesten beyzukommen war, führten wir gemeiniglich nichts als das Schnupftuch, und dieses bestand noch dazu nur in einem Stück dünnen *Tahiti*schen Zeuges, daher sie sich bey allem Glücke und Geschicklichkeit unsre Taschen auszuleeren, hintergangen fanden und ihre Beute gemeiniglich lächelnd wieder brachten. Meiner Meynung nach, ist diese Neigung bey den *Tahitiern* minder strafbar als bey uns; denn ein Volk, dessen Bedürfnisse so leicht zu befriedigen, und dessen Lebensart so gleichförmig ist, kann würklich unter sich nur wenig Veranlassungen zur Dieberey haben. Ihre offenen Häuser, ohne Thür und Riegel, beweisen auch zur Gnüge, daß in dieser Absicht keiner von dem andern etwas zu besorgen hat. Wir sind also an dieser ihrer Untugend in so fern selbst schuld, weil wir die erste Veranlassung dazu gegeben, und sie mit Dingen bekannt gemacht haben, deren verführerischen Reiz, sie nicht widerstehen können. Überdies halten sie selbst, dem Anschein nach, ihre Diebereyen eben für so strafbar nicht, weil sie vermuthlich glauben, daß uns dadurch doch kein sonderlicher Schaden zugefügt werde.

In unsrer Abwesenheit hatten die Capitains den König zu *Parre* besucht, und es war ihnen zu Ehren ein dramatischer Tanz aufgeführt worden, worinn Ihro Königl. Hoheit *Taurai* die Hauptrolle spielte. Sie erschien eben so gekleidet, und ihre Pantomime war eben so beschaffen als in Capitain *Cooks* voriger

Reise beschrieben ist.* Zwey Mannspersonen tanzten in den Zwischenzeiten, wenn sich die Prinzeßinn ausruhte, und sungen oder sprachen alsdenn auch, mit sonderlich verzerrten Grimassen, einige Worte her, die sich allem Anschein nach auf den Gegenstand des Tanzes bezogen, unsern Leuten aber unverständlich waren. Die ganze Vorstellung dauerte ohngefähr anderthalb Stunden und *Tedua-Taurai* zeigte dabey eine bewundrungswürdige Geschicklichkeit, die alles übertraf, was man in dieser Art auf der vorigen Reise zu *Ulietea* gesehn hatte.

Am folgenden Morgen sandte Capitain *Cook* den Lieutenant *Pickersgill* in aller Frühe nach dem südwestlichen Theil der Insel, um frische Lebensmittel, besonders aber einige Schweine einzukaufen, weil wir bis jetzt von dem Könige nur zwey Stücke erhalten hatten. Wir unsers Theils blieben diesen ganzen Tag über am Bord, um die gestern eingesammleten Pflanzen zu beschreiben. Abends um 10 Uhr, entstand auf dem Strande, dem Schiffe gegenüber, ein gewaltiger Lärmen; die Capitains vermutheten sogleich, daß solches auf eine oder die andre Weise von unsern Leuten herrühren müsse und sandten deshalb ohnverzüglich etliche Boote mit den erforderlichen Officiers dahin, die denn auch die Thäter bald an Bord brachten. Es waren verschiedne See-Soldaten und ein Matrose, welche sich von dem befehlhabenden Officier bey den Zelten Erlaubniß ausgebeten, spatzieren zu gehen, aber über die Zeit ausgeblieben waren und einen Indianer geprügelt hatten. Der Capitain ließ sie sogleich in Ketten legen, weil es von der äußersten Wichtigkeit war, ihr Vergehen exemplarisch zu bestrafen, um mit den Einwohnern in gutem Vernehmen zu bleiben. *O-Tu* hatte versprochen, am folgenden Morgen mit seinem Vater an Bord zu kommen; dieser Lerm aber, wovon er eine halbe Stunde nachher sogleich Nachricht erhalten, machte ihn mißtrauisch gegen uns. Er schickte also einen seiner vornehmsten Hofbedienten, Namens *E-Ti,* als Bothen oder Gesandten

* S. *Hawkesworths* Gesch. der engl. See-Reisen, in 8. dritter Band, *pag. 24.* u. folg.

*(Whanno no t'Eri)** ab, um sich wegen eines Außenbleibens entschuldigen zu lassen. Ehe dieser aber ans Schiff kam, waren Dr. *Sparrmann* und ich schon wieder nach dem Lande und zwar nach dem Platze hingegangen, wo gestern Abend der Lerm vorgefallen war, von da wir weiter ins Innere des Landes zu gehen gedachten. Der alte *O-Whaa,*** der immer so friedfertige Gesinnungen geäußert, kam uns am Strande entgegen, und gab über den gestrigen Vorfall sein Mißvergnügen zu erkennen. Wir versicherten ihn dagegen, daß es uns nicht minder unangenehm sey, daß aber die Verbrecher schon in Eisen wären und scharf bestraft werden würden, und dies stellte ihn völlig zufrieden. Da wir vom Schiffe niemand mit uns genommen hatten, so bathen wir *O-Whaa* uns Jemanden zu schaffen, dem wir unser Geräthe etc. zu tragen anvertrauen könnten. Es bothen sich verschiedne dazu an, er wählte aber nach seinem eignen Gefallen einen starken tüchtigen Kerl, dem denn auch gleich ein Sack für die Pflanzen und einige Körbe mit *Tahiti*schen Äpfeln eingehändigt wurden, welche wir hier so eben erhandelt hatten. In diesem Aufzuge wanderten wir nunmehro mit unserm Begleiter über *One-Tree-hill* weg und gelangten in eins der vordersten Thäler von *O-Parre.* Hier begünstigte uns das Glück mit einer botanischen Entdeckung. Wir fanden nemlich einen neuen Baum, der das prächtigste Ansehen von der Welt hatte. Er prangte mit einer Menge schöner Blüthen, die so weiß als Lilien, aber größer und mit einer Menge Staubfäden versehen waren, welche an den Spitzen eine glänzende Carmosinrothe Farbe hatten. Es waren ihrer bereits so viele abgefallen, daß der ganze Boden voll davon lag. Diesen schönen Baum nannten wir *Barringtonia, in* der Landessprache aber heißt er *Huddu (huddoo,)* und die Einwohner versicherten, daß wenn die nußartige Frucht desselben zerstoßen, und, mit dem Fleisch der

* S. *Hawkesworths* Geschichte der engl. See-Reisen, in 8. dritter Band, *pag. 561.*

** S. oben *pag. 294.* und *Hawkesworths* Geschichte der engl. See-Reisen, zweyter Band, in 8. *pag. 337. 350. etc.*

Muscheln vermischt, ins Meer geworfen wird, die Fische auf einige Zeit so betäubt davon würden, daß sie oben aufs Wasser kämen und sich mit den Händen fangen ließen. Es ist sonderbar, daß verschiedne Seepflanzen zwischen den Wendezirkeln eben diese Eigenschaft haben; dergleichen sind vornemlich die *Kukkels-Körner (cocculi-indici,)* die in Ostindien bekannt sind und zu gleicher Absicht gebraucht werden. Wir waren über unsern botanischen Fund viel zu sehr erfreut, als daß wir mit der näheren Untersuchung desselben, bis zur Rückkunft ans Schiff hätten warten können. In dieser Absicht sprachen wir ohne Umstände in ein hübsches Haus von Rohr ein, um welches wohlriechende Stauden und einige Coco-Nuß-Bäume gepflanzt waren. Vermöge der so oft belobten Gastfreyheit des Landes, ließ der Eigenthümer desselben, gleich bey unserm Eintritt, einen Knaben auf eine der höchsten Palmen steigen, um Nüsse für uns zu holen, und der junge Bursche richtete seinen Auftrag mit wunderbarer Geschicklichkeit aus. Er befestigte nemlich ein Stück von der zähen Pisang-Rinde an beyde Füße. Es war just so lang, daß es rings um den Stamm reichte, und diente ihm als ein Tritt oder fester Punct, immittelst er sich mit den Händen höher hob. Die natürliche Bildung der Coco-Palme, die alle Jahr einen dicken Ring um den Stamm ansetzt, erleichterte ihm zwar diese Art des Aufsteigens; doch blieb die Geschwindigkeit und Leichtigkeit, mit welcher er dabey zu Werke gieng, immer sehr bewundrungswürdig. Wir würden dieser Güte und Aufmerksamkeit unwerth gewesen seyn, wenn wir dem Wirth beym Abschied nicht ein klein Geschenk gemacht und den Knaben für seine Geschicklichkeit nicht belohnt hätten.

Von hier aus giengen wir das Thal weiter hinauf, welches wieder die gewöhnliche Art, in der Mitte keinen Bach hatte, und gegen die Berge zu in die Höhe lief. Zur Linken war es von einem Berge eingeschlossen, den wir, so steil er auch war, zu besteigen gedachten. Es ward uns aber herzlich sauer, und unser *Tahiti*scher Begleiter lachte uns aus, daß wir für Müdigkeit alle Augenblick niedersitzen mußten, um wieder zu Athem zu kommen. Wir hörten wie er hinter uns, zwar sehr langsam, aber mit ofnem Munde, sehr stark schnaubte. Wir versuchten also nachzumachen, was vermuthlich die Natur ihm gelehrt hatte, und fanden diese Methode auch würklich besser als das öftere kurze Athemholen, bey welchem es uns zuvor immer an Luft fehlte. Endlich erreichten wir den Gipfel des Berges, wo der Weg wieder eben wurde, und noch überdies ein angenehmes Lüftchen uns ungemein erfrischte. Nachdem wir aber auf dieser hohen Fläche eine Strecke weiter gegangen waren, nöthigte uns die vom dürren Boden zurückprallende brennende Sonnenhitze, im Schatten eines einsam stehenden *Pandangs* oder Palm-Nußbaums* niederzusitzen, wodurch selbst unserm Begleiter ein großer Dienst geschahe. Die Aussicht war von hier aus vortreflich. Wir sahen tief auf die Ebne von *Matavai* herab, die alle ihre Reize gleichsam zu unsern Füßen ausbreitete; vor derselben lag die Bay mit den Schiffen, von einer Menge Canots bedeckt und mit dem Ryf eingeschlossen, welches *O-Tahiti* umgiebt. Die Mittagssonne warf ein stätes, ruhiges und gleichförmiges Licht auf den ganzen Prospect, und in einer Entfernung von ohngefähr 6 starken englischen See-Meilen *(leagues,)* erblickte man die niedrige Insel *Tedhuroa.* Sie bestand aus einem kleinen Zirkel von Felsen, die mit einigen Palmen besetzt waren, und jenseits derselben verlor sich die Aussicht in das weite Meer hinaus. Von den übrigen benachbarten Inseln, die wir nicht sehen konnten, zeigte unser Begleiter uns wenigstens die Lage, und erzählte dabey, ob und was daselbst wachse? ob die Inseln bergigt oder flach, bewohnt oder unbewohnt, oder nur dann und wann besucht würden? *Tedhuroa* gehörte zu der letztern Art, und es kamen eben zwey Canots mit aufgesetzten Segeln von daher zurück. Der *Tahitier* sagte: sie würden vermuthlich auf den Fischfang aus gewesen seyn, der in dem dortigen beschloßnen See sehr ergiebig wäre. Nachdem wir uns auf dieser Stelle ein

* *Pandanus Rumph. Herb. Amb. Athrodactylis Forster. Nov. Gen. Plantarum–Keura. Forskal.*

Weilchen ausgeruht hatten, giengs wieder fort und auf die im Innern der Insel gelegenen Berge los. Sie lockten uns nicht nur durch den schönen Anblick ihrer noch reich belaubten Wälder, in denen wir manche neue Pflanze zu finden hoffen konnten, sondern auch durch ihre anscheinende Nachbarschaft. Hievon wurden wir indessen bald das Gegentheil gewahr; es waren nemlich von hier aus, noch eine Menge dürrer Berge und Thäler zu paßiren, die uns keine Hoffnung übrig ließen, noch heute dahin zu kommen. Wir gedachten deshalb die Nacht unterwegens zuzubringen, allein bey näherer Überlegung war das keineswegs rathsam, weil wir nicht wußten, wenn unsre Schiffe abgehen würden, und weil wir auch keine Lebensmittel bey uns hatten. Überdies sagte uns unser Begleiter, wir würden auf den Bergen weder Menschen, noch Wohnungen, noch Lebensmittel finden; und daher besser thun, wieder nach dem Thal von *Matavai* zurückzukehren, dahin man, vermittelst eines schmalen Fussteiges, den er uns anzeigte, geraden Weges hinab kommen könne. Wir folgten also seinem Rath, fanden aber das Heruntersteigen auf diesem Wege gefährlicher als das Heraufsteigen von jener Seite gewesen war. Wir strauchelten alle Augenblick, und an manchen Stellen mußten wir uns gar niedersetzen und herabrutschen. Unsre Schuhe waren von dem trocknen Grase, worauf wir gegangen, so glatt, daß wir in dieser Absicht weit übler dran waren als unser Indianer, der barfus, und deshalb ungleich sichrer gieng. Wir gaben ihm unsre Vogel-Flinten, damit wir auch von den Händen Gebrauch machen könnten; endlich nahmen wir sie aber wieder, ließen ihn vorauf gehen und lehnten uns, an den gefährlichsten Stellen, auf seine Arme. Als wir ohngefähr halb herunter waren, rief er einigen Leuten im Thal zu; wir glaubten aber daß sie ihn, wegen der Entfernung, nicht gehört haben würden, zumal da er keine Antwort bekam. Es währete indessen nicht lange, so sahen wir etliche derselben sehr geschwind den Berg herauf kommen und in weniger denn einer halben Stunde waren sie bey uns. Sie brachten drey frische Cocos-Nüsse mit, die uns ungleich besser schmeckten, denn irgend eine, welche wir je gekostet hatten. Ob dem würklich also seyn, oder ob es uns der damaligen Ermüdung wegen nur so vorkommen mochte? will ich nicht entscheiden. Sie bestanden darauf, daß wir ein wenig ausruhen möchten; und vertrösteten uns auf eine ganze Parthey Cocos-Nüsse, welche sie etwas weiter herab in Bereitschaft gelegt hätten, und vor erst nur etliche wenige herauf bringen wollen, damit wir nicht zu eilig trinken mögten. Ihre Vorsorge verdiente in aller Absicht Dank, allein wir waren so durstig, daß wir's kaum erwarten konnten, bis sie uns erlauben wollten weiter zu gehen. Endlich machten wir uns wieder auf den Weg und kamen, auf einem flachen Grunde, in ein herrliches kleines Gebüsch, wo wir uns aufs frische Gras niederließen und den kühlen Nectar genossen, welchen unsre Freunde herbey geschaft hatten. Durch diese Erfrischung fühlten wir uns ganz gestärkt und giengen mit neuen Kräften vollends nach dem Thal herab. Hier versammlete sich alsbald eine Menge Indianer, die uns allerseits über die Ebne nach der See hin begleiten wollten. Mittlerweile, daß sie Anstalt dazu machten, kam ein wohl aussehender Mann, nebst seiner Tochter, einem jungen Mädchen von sechzehen Jahren, herbey, und bat uns, in seinem Hause, welches etwas weiter aufwärts lag, eine Mahlzeit einzunehmen. Ob wir gleich so herzlich müde waren, daß wir diese Ehre gern verbeten hätten; so wollten wir seine Höflichkeit doch nicht gern verschmähen und folgten ihm also. Der Weg gieng ohngefähr 2 Meilen weit, an den herrlichen Ufern des Matavai-Flusses, überall durch schöne Pflanzungen von Cocos- Brodfrucht-Äpfel- und Maulbeer-Bäumen, die mit Feldern von Pisang- und Arum-Wurzeln abwechselten. Der Fluß schlängelte sich in dem Thale von Seite zu Seite, und unser Führer, nebst seinen Bedienten, bestunden immer darauf, uns auf dem Rücken hinüberzutragen. Endlich kamen wir bey unsres Wirthes Hause an, das auf einem kleinen Hügel lag, neben welchem der Fluß über ein Kieselbette sanft vorbey rauschte. Die Anstalten zur Mahlzeit waren bald gemacht; in einer Ecke des Hauses breitete man eine schöne Matte auf die Erde und die Verwandten unsers Freundes setzten sich neben derselben um uns her. Seine Tochter übertraf an zierlicher Bildung, heller Farbe und angenehmen Gesichtszügen, fast alle *Tahiti*schen Schönheiten, die wir bisher gesehn, und sie sowohl als andre ihrer jungen Gespielen ließen es gewiß an nichts fehlen, sich beliebt zu machen. Das thätigste Mittel, welches sie außer ihrem gewöhnlichen Lächeln anwandten, unsre schläfrige Müdigkeit zu vertreiben, bestand darinn, daß sie uns mit ihren weichen Händen die Arme und die Schenkel gelinde rieben und dabey die Muskeln zwischen den Fingern sanft zusammen drückten. Diese Operation bekam uns vortreflich. Ob sie den Umlauf des Bluts in den feinern Gefäßen befördern, oder den erschlaften, müden Muskeln ihre vorige Elasticität unmittelbar wieder geben mochte? will ich nicht entscheiden; genug, wir wurden nach derselben ganz munter und spürten in kurzer Zeit nicht mehr das geringste von unsrer vorigen Ermüdung. Capitain *Wallis* gedenkt dieses hier eingeführten Verfahrens ebenfalls und rühmt die wohlthätige Würkung desselben aus eigner Erfahrung.* *Osbeck* sagt in der Beschreibung seiner Reise nach China, daß diese Operation daselbst sehr gewöhnlich sey, und daß besonders die Chinesischen Barbierer ausnehmend gut damit umzugehen wüßten.** Endlich, so findet man auch in *Grose's* ostindischer Reisebeschreibung umständliche Nachricht von einer Kunst, die bey den Ostindianern *Tschamping* genannt wird, und nichts anders als eine wollüstige Verfeinerung eben dieses Stärkungsmittels zu seyn scheint.*** Es verdient angemerkt zu werden, daß letzterer Stellen aus dem *Martial* und *Seneca* anführt, aus denen sich mit Wahrscheinlichkeit schließen läßt, daß auch den Römern dieser Handgrif bekannt gewesen seyn müsse:

* S. *Hawkesworths* Gesch. der engl. See-Reisen, in 8. erster Band, *pag. 331.*

** *Osbecks* und *Toreens* Reisen nach China.

*** *Grose's Voyage* englische Ausgabe, *Vol. I p. 113.*

Percurrit agili corpus arte tractatrix
Manumque doctam spargit omnibus membris.
MARTIAL.

Wir hatten nun nicht länger Ursach über Mangel von Appetit zu klagen, woran es uns zuvor, blos der Müdigkeit wegen, gefehlt hatte; denn sobald das Essen aufgetragen ward, welches, der ländlichen Genügsamkeit der Einwohner gemäs, aus nichts als Früchten und Wurzelwerk bestand, so fielen wir ganz herzhaft darüber her und fanden uns, nach eingenommener Mahlzeit wiederum so munter, als wir am frühen Morgen kaum gewesen waren. Nachdem wir auf solche Art wohl zwey Stunden bey dieser gastfreyen Familie zugebracht hatten, so beschenkten wir unsern gütigen Wirth, imgleichen seine schöne Tochter nebst ihren Freundinnen, deren Sorgfalt wir die geschwindere Herstellung unsrer Kräfte hauptsächlich zu verdanken hatten, so reichlich es unser Vorrath von Corallen, Nägeln und Messern zulassen wollte, und schieden alsdenn ohngefähr um 3 Uhr von ihnen.

Auf dem Rückwege kamen wir bey vielen Häusern vorbey, deren Bewohner sich im Schatten ihrer Fruchtbäume truppweise hingelagert hatten und den schönen Nachmittag gemeinschaftlich mit einander genossen. In einem dieser Häuser sahen wir einen Mann mit der Zubereitung einer rothen Farbe beschäftigt, welche sie zu dem aus der Staude des Chinesischen Maulbeerbaums verfertigten Zeuge gebrauchen. Wir fanden zu unsrer großen Verwundrung, daß der gelbe Saft einer kleinen Feigen-Art, hier *Mattih* genannt, und der grüne Saft eines Farren- oder andern Krautes, die einzigen Ingredienzien dieser Farbe ausmachten. Durch bloße Mischung derselben, entstand ein hohes Carmosin-Roth, welches die Frauen mit den Händen über das Stück herrieben, wenn es durchaus gleich gefärbt werden sollte: Wollten sie es aber nur gesprenkelt oder nach besondern Mustern aufgetragen haben; so bedienten sie sich eines Bambu-Rohrs dazu, das in den Saft eingetunkt, und bald in dieser, bald in jener Richtung aufgedruckt wurde. Diese Farbe ist aber ungemein zart; außerdem daß sie keine Art von Nässe, nicht einmal Regen vertragen kann, verschießt sie auch, blos von der Luft, sehr bald und bekommt alsdenn ein schmutziges Ansehen. Dem ohnerachtet stehet das damit gefärbte oder vielmehr gemahlte Zeug bey den Tahitiern in sehr hohen Werth, und wird nur von den vornehmern Leuten getragen. Für Nägel und Corallen kauften wir etliche Stücke desselben von verschiednen Arten, und kehrten darauf nach unsern Gezelten, die von dem Orte wo wir gespeißt hatten, wenigstens 5 Meilen entfernt waren zurück. Hier verabschiedeten und belohnten wir unsern ehrlichen Gefährten, den uns *O-Wahau* empfohlen und der uns mit größerer Treue und Redlichkeit gedient hatte, als man bey der herrschenden Neigung des Volks zum Diebstahl hätte erwarten sollen. Sein Betragen war um so verdienstlicher, da er während dieser Tagereise mehr denn einmal Gelegenheit gehabt hatte, mit allen unsern Nägeln und Flinten ohngehindert davon zu laufen –, eine Versuchung, der zu widerstehen, warlich, ein hier zu Lande ungewöhnlicher Grad von Rechtschaffenheit erfordert ward. Für ein Paar Corallen ließen wir uns sodann in einem Canot nach dem Schiffe über setzen.

Der Capitain und mein Vater, die in unsrer Abwesenheit einen Spatziergang gen Westen vorgenommen hatten, waren eben erst wieder an Bord zurück gelangt. Sie erzählten uns, daß gleich nachdem wir sie heute früh verlassen hätten, *E-ti,* als Gesandter des Königs, zu ihnen gekommen sey, und dem Capitain ein Schwein, imgleichen Früchte zum Geschenk überbracht, aber dabey gemeldet habe, daß *O-Tuh,* des gestrigen Vorfalls wegen, *matau,* das heißt, in Furcht gesetzt und zugleich übel auf uns zu sprechen sey. Um ihn nun zu überführen, daß wir selbst die Ausschweifungen unsrer Leute nicht gut hießen, wurden die Verbrecher aufs Verdeck gebracht und bekamen in seiner Gegenwart, zum Schrecken aller anwesenden *Tahitier,* ein jeder zwölf Streiche. Nach dieser Execution ließ Capitain *Cook* drey Schaafe, als so viel ihrer von denen am Cap eingekauften, noch übrig waren, ins Boot schaffen, und gieng in Begleitung Capitain *Furneaux* und meines Vaters, ans Land, um das Vertrauen des Königs wieder zu gewinnen, ohne welches im ganzen Lande keine Lebensmittel zu erhalten waren. Als sie nach *Parre* kamen, sagte man ihnen, der König sey von hier nach Westen aufgebrochen; sie folgten ihm also 4 bis 5 Meilen weiter und landeten endlich in einem District, *Tittahah* genannt, wo sie einige Stunden auf ihn warten mußten. Aus Furcht für uns, hatte er sich würklich, in aller Eil, 9 Meilen weit von *Matavai*-Bay entfernt. Eine so schnelle und durch eine solche Kleinigkeit veranlaßte Flucht, verrieth freylich von seiner Seite ungemein viel Feigherzigkeit; doch ist sie ihm zu vergeben, wenn man bedenkt, auf was für eine fürchterliche und blutige Weise die Europäer diesem Volke ihre Gewalt und Übermacht ehemals gezeigt hatten. – Es ward 3 Uhr Nachmittags, ehe er mit seiner Mutter bey den Capitains ankam. Er voll Furcht und Mißtrauen und Sie mit Thränen in den Augen. Sobald ihm aber *E-Ti* Bericht abgestattet hatte, daß die Verbrecher in seiner Gegenwart wären abgestraft worden, ward er ruhiger, und der Anblick einer neuen Art von Thieren, die ihm Capitain *Cook* unter wiederholten Freundschaftsversicherungen schenkte, stellte das gute Vernehmen bald wieder gänzlich her. Auf Sr. Majestät Verlangen mußte nun auch unser Bergschotte wieder auf dem Dudelsack spielen, und die geringfügige Kunst dieses Virtuosen war hier so würksam als Davids Harfe, deren harmonischere Töne Sauls Schwermuth zu vertreiben pflegten. Die gute Würkung der Music zeigte sich bald thätig. Der König ließ ein Schwein kommen, und schenkte es dem Capit. *Cook;* und bald nachher ließ er noch ein zweytes für Capitain *Furneaux* bringen. Da diese Herren bald von der Insel abzusegeln gedachten, und daher glaubten, dies sey die letzte Gelegenheit, Geschenke von Sr. Majestät zu erhalten, so verlangten sie, daß Er für *Matara,* oder meinen Vater, auch eins hergeben mögte. Dies geschah, es war aber nur ein kleines Ferken. Als unsre Leute über diesen Unterschied einiges Mißvergnügen zu erkennen gaben, trat sogleich einer von des Königs Verwandten in aufsteigender Linie, die alle *Medua* (Vater) genannt werden, aus dem Gedränge hervor, redete, unter gewaltigen Gesticulationen, den König mit lauter Stimme an, und zeigte bald auf unsre Leute, bald auf die erhaltnen Schaafe und bald auf das kleine Ferken. Kaum hatte der Redner zu sprechen aufgehört, als letzteres wieder weggenommen und an dessen Statt ein großes Schwein herbeygebracht wurde. Man belohnte diese Bereitwilligkeit durch freygebige Austheilung von allerhand Eisengeräthschaften und andern Kleinigkeiten. Die Indianer erwiederten solches durch mancherley *Ahau's* oder Stücken von hiesigen Zeuge, in welche sie unsre Leute einkleideten, worauf diese sich vom ganzen Hofe beurlaubten und ohngefähr um 5 Uhr an die Schiffe zurückkamen.

Da der Capitain am folgenden Tag die Insel gänzlich zu verlassen gedachte; so wurden Vorkehrungen zur Abreise gemacht. Beym Anblick dieser Zurüstungen, deren Bedeutung die Indianer schon von ehemals her kannten, kamen sie zu guter letzt mit Fischen, Muscheln, Früchten und Zeuge noch haufenweise herbey, und wurden alles los. Der Lieutenant *Pikkersgill,* der seit vorgestern vom Schiffe abwesend war um Lebensmittel einzuhandeln, kam heute gegen 3 Uhr Nachmittags von dieser Expedition zurück. Er war noch jenseits der fruchtbaren Ebnen von *Paparra* gewesen, wo *O-Ammo,** der ehemals als König über ganz *Tahiti* geherrscht hatte, mit seinem Sohn dem jungen *T'Eri Derre*** sich aufhielt. Die erste Nacht hatte er auf der Gränze eines kleinen Districts zugebracht, der gegenwärtig der bekannten Königinn O-*Purea (Oberea)* zugehörte. So bald ihr die Nachricht von seiner Ankunft war hinterbracht worden, kam und bewillkommte sie ihn, als einen ihrer alten Bekannten mit den lebhaftesten Freundschaftsbezeugungen. Indessen hatte sie sich, nicht lange nach des Capitain *Wallis* Abreise, von ihrem Gemahl*** getrennt und war nunmehro von jener Größe, die ihren

* S. in *Hawkesworths* Gesch. der engl. See-Reisen, in 8. *zweyter Band, pag. 436.* woselbst dieser Name Oamo ortographirt ist.

** S. Ebendaselbst *pag. 438.* allwo dieser Name in *Terridirri* entstellt ist.

*** S. *Hawkesworths* Geschichte der engl. See-Reisen, *zweyter Band, pag. 438.*

Namen in der Geschichte dieses Landes und unter den Europäern ehemals so berühmt gemacht hatte, gänzlich herabgesunken.* Hieran waren vornemlich die innerlichen Kriege zwischen den beyden Halbinseln schuld, denn durch diese war Sie, und der ganze District *Paparra,* in großen Verfall gerathen. Sie klagte gegen den Lieutenant, daß sie *tihtih* (arm) sey, und ihren Freunden, den Europäern, nicht einmal ein Schwein zu schenken vermögte. Da auf solche Weise von ihr nichts zu erwarten war, so gieng er am folgenden Morgen nach *Paparra* zurück, und besuchte daselbst den vorigen Gemahl, der *O-Purea,* Namens *Ammo,* der seitdem eine der hübschesten jungen Mädchen im Lande genommen hatte, für seine Person aber alt und unthätig geworden war. Seine Schöne schenkte unsern Leuten ein Schwein, und gesellte sich, als sie abreisen wollten, nebst einigen ihrer weiblichen Bedienten zu ihnen, fuhr auch den ganzen Tag über getrost mit in unserm Boote; indeß ihr eignes Canot neben her ging, um sie wieder zurückzubringen. Sie schien ungemein neugierig zu seyn und mußte wohl nie Europäer gesehen haben; denn unter andern zweifelte sie ob solche in allen Stücken, wie ihre Landsleute beschaffen wären, bis ihr der Zweifel ganz förmlich, durch klaren Augenschein, benommen ward. Mit dieser ihrer Begleiterin landeten sie endlich zu *Attahuru,* woselbst ein angesehener Befehlshaber, Namens *Potatau*** sie gut aufnahm und in seinem Hause die zweyte Nacht über beherbergte. Auch dieser hatte sich von seiner Frau *Polatehera* geschieden und eine jüngere genommen, inmittelst jene sich ebenfalls einen neuen Liebhaber oder Mann zugelegt hatte; doch lebten beyde Theile, dieser Familien-Veränderung ohngeachtet, so friedlich als je, noch immer unter einem Dache. Am folgenden Morgen ließ sich *Potatau* gegen Herrn *Pickersgill* verlauten, daß er ihn gern nach *Matavai* begleiten

* S. *Hawkesworths* Geschichte der engl. See-Reisen, in 8. *erster Band, pag. 328,* u. folg. Imgleichen *zweyter Band, pag. 370.* u. f.

** *Hawkesworths* Geschichte der engl. See-Reisen, in 8. *zweyter Band, pag. 461.*

würde, um Capitain *Cook* zu besuchen, wenn er nur gewiß wäre, von diesem gut aufgenommen zu werden? Das konnte ihm Herr *Pickersgill* allerdings gewiß versprechen; *Potatau* aber zog, mehrerer Sicherheit wegen, ein Paar gelbe Federn hervor, band sie in einen kleinen Busch zusammen, und bath Herrn *Pickersgill*, solchen in der Hand zu halten und dabey zu versprechen, »daß *Tute* (Capitain *Cook*) *Potatau's* Freund seyn wolle.« So bald dies geschehen war, wickelte er die Federn sorgfältig in ein Stückgen Tahitisches Zeug und steckte sie in seinen Turban. Daß die Einwohner dieser Insel dergleichen rothe und gelbe Federn bey ihren Gebeten zu gebrauchen pflegen, war uns schon aus den Nachrichten unsrer Vorgänger bekannt; daß sie solche aber auch, nach Maasgabe vorbeschriebner Ceremonie, zu feyerlichen Betheurungen anwenden, und folglich gewisse Begriffe vom Eyde unter sich haben? – das dünkte uns eine ganz neue Bemerkung zu seyn. *Potatau* mußte das größte Vertrauen in diese Ceremonie setzen und nach derselben von der Redlichkeit seiner Freunde vollkommen überzeugt seyn, denn er machte sich unmittelbar darauf, in Begleitung seiner Gemahlinnen und verschiedner Bedienten, die ein Paar Schweine und eine Menge Zeug mitnehmen mußten, nach Herrn *Pickersgills* Boote hin, auf den Weg. Allein kaum war er unter einem großen Gedränge von Volk bis ans Ufer gekommen, als ihn die Leute insgesammt bathen, sich nicht unter uns zu wagen. Einige fielen ihm so gar zu Füßen und umfaßten seine Knie um ihn zurück zu halten. Verschiedne Frauenspersonen schrien mit thränenden Augen, mehr als einmal, *Tute* würde ihn umbringen, so bald er an Bord käme! und ein bejahrter Mann, der *in' Potataus* Hause wohnte und ein alter treuer Diener der Familie zu seyn schien, zog ihn bey den Kleidern zurück. *Potatau* war gerührt; ließ auf etliche Augenblicke lang einige Besorgniß blicken, ermannte sich jedoch bald wieder, sties den warnenden Alten auf die Seite und rief mit entschloßner Stimme: *Tute aipa matte te tayo,* d. i. Cook wird seinen Freund nicht umbringen! Bey diesen Worten sprang er ins Boot, mit einer stolzen, ihres eignen Werths sich bewußten Dreistigkeit, die unsere Engländer mit einer Art von Ehrfurcht bewunderten. So bald er bey uns auf dem Schiffe ankam, eilte er nebst seiner Gemahlin *Whainie-au,* imgleichen mit seiner vorigen Gemahlin und derselben Liebhaber alsbald nach der Cajütte herab, um dem Capitain *Cook* seine Geschenke zu überreichen. *Potatau* war einer der größesten Männer, die wir auf der Insel gesehen hatten; dabey waren seine Gesichtszüge so voller Sanftmuth, Schönheit und Majestät, daß Herr *Hodges* sich gleich daran machte, nach ihm, als einem der edelsten Modelle in der Natur zu zeichnen. Man findet dies Portrait in Capitain *Cooks* Beschreibung gegenwärtiger Reise. Der ganze Cörper dieses Mannes war ungemein ansehnlich und besonders stark von Gliedern; sein Schenkel war zum Beyspiel vollkommen so dick als unser stärkster Matrose im Leibe. Seine weitläufigen Kleidungen und sein zierlicher weisser Turban schickten sich sehr gut zu dieser Figur; und sein edles freymüthiges Betragen gefiel uns, besonders in Vergleichung mit *O-Tuhs* mistrauischem Wesen, über alle Maaße. *Polatehera,* seine erste Gemahlin, war ihm an Größe und Corpulenz vollkommen ähnlich, und in diesem Betracht dünkte sie uns allen, die sonderbarste Figur von einer Frauensperson zu seyn die wir je gesehen hatten. Beydes, ihr Anblick und ihr Betragen, waren ungemein männlich, und der Begriff von Gewalt und Herrschaft schien in ihrer Gestalt personificirt zu seyn. Als das Schiff *Endeavour* hier vor Anker lag, hatte sie einen überzeugenden Beweis davon gegeben. Sie nannte sich damals des Capitain *Cooks* Schwester* *Tuaheine no Tute,* und als man sie, dieses Nahmens ohnerachtet, eines Tages nicht ins Fort auf *Point Venus* hatte hineinlassen wollen, schlug sie die Schildwache, welche es ihr zu wehren suchte, zu Boden, und klagte darauf ihrem adoptirten Bruder die schimpfliche Begegnung welche ihr wiederfahren wäre. – Sie waren noch nicht lange bey uns gewesen, als sie erfuhren, daß wir so gleich unter Seegel gehen würden. Sie fragten uns daher mit allen ersinnlichen Freundschafts-Bezeugungen

* Capitain *Cook* ist ein ungemein langer aber hagerer Mann.

und mit Thränen in den Augen, ob wir jemahls wieder nach *Tahiti* kommen würden? Capitain *Cook* versprach, in sieben Monaten wiederum hier zu seyn. Dies stellte sie völlig zufrieden; sie beurlaubten sich ganz gelassen, und giengen sodann in ihren Booten, die ihnen bis ans Schiff gefolgt waren, westwärts, nach der Gegend ihres Wohnsitzes zurück. Mittlerweile kam ein junger *Tahitier* vom geringsten Stande, der wohlgebildet und ohngefähr siebenzehn Jahr alt war, mit seinem Vater ans Schiff. Er hatte schon vor einigen Tagen gegen den Capitain gesagt, daß er mitgehn wolle, *no te whennua tei Bretane* d. i., »nach dem Lande Britannien.« Seine ganze Equipage bestand aus einem schmalen Stück Zeug, das um die Hüften geschürzt war; und in diesem ganz wehrlosen, hülfsbedürftigen Zustande überließ er sich unsrer Vorsorge und unserm Schutze gänzlich unbesorgt. Sein Vater war ein Mann von mittlern Alter; diesem gab Capitain *Cook* ein Beil und einige andre Sachen von mindern Werthe zum Geschenk, worauf er sehr gefaßt und ruhig wieder in sein Canot hinab stieg, ohne bey der Trennung von seinem Sohn die geringste Betrübniß spühren zu lassen. Kaum waren wir aber zum Rief hinaus, als ein Canot mit zwey oder drey Indianern nachkam, die den Burschen, in des Königs *O-Tuh* Namen, zurückfoderten, und einige Stücke Zeug bey sich hatten, welche sie dem Capitain dafür zum Geschenk überbringen sollten. Weil sie aber das Eisenwerk nicht vorzeigen konnten, welches wegen des armen Schelmen war verwandt worden, so mußten sie unverrichteter Dinge wieder abziehen. Der Bursche, dessen Name *Porea* war, sprach, vom Hintertheil des Schiffes aus, lange mit ihnen, und sie ließen es gewiß an nichts fehlen, ihn von seinem Vorhaben abzubringen, denn, so viel wir verstehen konnten, prophezeyten sie ihm den Tod, wenn er bey uns bleiben würde. Alle diese Drohungen machten ihn zwar nicht wankend, als aber das Canot wieder nach der Insel zurückkehrte, konnte er sich doch nicht enthalten, seinen Landsleuten noch lange mit sehnsuchtsvollen Blicken nachzusehen, und endlich ward er so wehmüthig, daß er sich durch einen Strohm von Thränen Luft schaffen mußte. Um diese traurige Stimmung zu unterbrechen, ließen wir ihn in die Cajütte kommen, wo er uns höchst betrübt vorklagte, daß er nun ganz gewiß sterben müsse, und daß sein Vater seinen Verlust schmerzlich beweinen werde. Capitain *Cook* und mein Vater trösteten ihn, und versprachen, daß sie Vaters Stelle an ihm vertreten wollten. Auf diese Versicherung fiel er ihnen um den Hals, küßte und drückte sie und gerieth mit einem male aus der äußersten Verzweiflung in einen hohen Grad von Freude und Lustigkeit. Beym Untergang der Sonne aß er sein Abendbrod und legte sich alsdenn auf den Boden der Cajüte nieder; da er aber sahe daß wir uns noch nicht zur Ruhe begaben, so stand er wieder auf und blieb bey uns bis wir ebenfalls zu Nacht gegessen hatten.

Es that uns ungemein leid, diese herrliche Insel jetzt schon zu verlassen, weil wir mit den glücklichen Bewohnern derselben eben erst recht bekannt zu werden anfiengen. Unser Aufenthalt hatte in allem nur vierzehn Tage gedauert, und davon waren zween, auf der Reise von einem Haven zum andern, gleichsam verlohren gegangen. Überdem hatten wir uns während dieser allzu kurzen Zeit in einem beständigen Taumel von Beschäftigungen befunden, und folglich nur wenig Augenblicke dazu erübrigen können, die Natur der Einwohner zu studieren. An diesen fanden wir, in Absicht ihrer Haushaltung, ihrer Sitten und Gebräuche, so viel neues und merkwürdiges, daß unsre Aufmerksamkeit, durch die Menge von Gegenständen beym ersten Anblick gleichsam betäubt wurde; in der Folge aber zeigte sich, daß das mehreste schon von unsern Vorgängern war beobachtet worden. Um also die Nachsicht der Leser nicht zu misbrauchen, habe ich meine gleichstimmigen Bemerkungen über diese Artikel weggelassen, und verweise sie wegen der Wohnungen, Kleidungen, Speisen, häuslichen Beschäftigungen, Schiffahrt, Krankheiten, Religion und Beerdigungs-Gebräuchen, imgleichen wegen der Waffen, Kriege und Regierungs-Verfassung dieser Insulaner auf Capitain *Cooks* vorige Reise in dem Schiff *Endeavour,* welche Dr. *Hawkesworth,* nebst mehrern, zum Druck befördert hat. Solchergestalt wird man vorstehende Nachrichten von *Tahiti* nur als eine Nachlese und als Erläuterung dessen ansehen müssen, was bereits vor mir davon bekannt gewesen ist. Ich hoffe indessen, daß gegenwärtige Erzählung demohnerachtet unterhaltend genug seyn soll, und daß die besonderen, eigenthümlichen Gesichtspunkte, aus welchen ich verschiedene schon bekannte Gegenstände betrachtet habe, in manchen Fällen auch zu neuen und wichtigen Betrachtungen Gelegenheit geben werden.

»Capitain *Cook* bemerket in seiner Reisebeschreibung, (1 B. S. 188) daß der Hafen *O-Aetipieha* auf der kleinern Halbinsel, in 17°46'28" Südlicher Breite und 149°13'24" westlicher Länge von Greenwich gelegen sey. Hieraus schließt er, daß die Größe der ganzen Insel, welche er in der ersten Reise auf 30 See-Meilen angegeben hatte,* um ein Merkliches zu geringe sey. Die Beobachtungen wegen der Lage der Landspitze Venus, kamen auf dieser Reise mit jenen, die der verstorbene Herr *Green* ehemals allhier gemacht hatte bis auf ein paar Secunden überein.« –

Der Wind, mit welchem wir absegelten, war so schwach, daß wir die Insel den ganzen Abend hindurch noch nahe im Gesicht behielten, und die überschwenglich schöne Aussicht auf die Ebene vor uns hatten, welche, selbst bey dieser todten Winter-Jahrszeit, den schönsten Landschaften in andern Gegenden der Welt noch immer zur Seite gesetzt werden konnte. Der fruchtbare Boden und das wohlthätige Clima bringen von selbst so vielerley Arten nahrhafter Gewächse hervor, daß die Einwohner in dieser Absicht wohl auf eine ungestörte sorgenfreye Glückseligkeit rechnen können und in so fern unterm Monde nirgends etwas vollkommnes, Glückseligkeit immer nur ein relativer Begriff ist, in so fern, dürften, im Ganzen genommen, schwerlich mehrere Völker der Erden sich einer so erwünschten Lage rühmen können! Da nun alle Lebensmittel leicht zu haben, und die Bedürfnisse dieses Volks sehr eingeschränkt sind, so ist, natür-

* S. *Hawkesworths* Geschichte der engl. See-Reisen, in 8. *zweyter Band, pag. 460.*

licherweise, auch der große Endzweck unseres körperlichen Daseyns, die Hervorbringung vernünftiger Creaturen, hier nicht mit so vielen drückenden Lasten überhäuft und beschweret, als in civilisirtern Ländern, wo Noth und Kummer den Ehestand oft so mühselig und sauer machen. Die guten Leute folgen hier dem Triebe der Natur ganz ohngehindert, und daraus entsteht eine Bevölkerung, die im Verhältniß zu dem angebauten, nur kleinen Theile der Insel sehr groß ist. Bis jetzt sind nur allein die Ebenen und die Thäler bewohnt, obgleich, der Beschaffenheit des Erdreichs nach, auch viele von den Bergen angebauet werden, und noch eine ungeheure Menge von Einwohnern ernähren könnten. Sollte also die Bevölkerung in langer Zeit durch nichts gestört werden, so dürften die Einwohner auch wohl jene Gegenden zu bauen anfangen, die gegenwärtig ganz ungenutzt, und, so zu sagen, überflüßig sind. Das Volk lebt in einer Verfassung, die sich gewissermaaßen mit dem alten europäischen Feudal-System vergleichen läßt; es stehet nemlich unter einem allgemeinen Oberherrn, und ist in die drey Classen von *Erihs, Manahauna's* und *Tautaus* getheilt. Ohnerachtet zwischen diesen dreyen Classen ein wesentlicher Unterschied vorhanden ist; so wird die Glückseligkeit des Volks, im Ganzen genommen, doch ungleich weniger dadurch beeinträchtiget, als man glauben sollte, denn die Lebensart der Nation ist überhaupt zu einfach, als daß die Verschiedenheit des Standes einen merklichen Unterschied in selbige zulassen könnte. Wo *Clima* und Landessitte es nicht schlechterdings erfordern, daß man sich von Kopf bis zu Fuß kleide; wo man auf dem Felde überall Materialien findet, aus denen sich eine anständige und eingeführte Kleidung verfertigen läßt; und wo endlich alle Bedürfnisse des Lebens einem Jeden fast ohne Mühe und Handanlegung zuwachsen: Da müssen Ehrgeiz und Neid, natürlicherweise, beynahe gänzlich unbekannt seyn. Zwar sind die Vornehmem hier fast ausschließungsweise im Besitz von Schweinen, Fischen, Hühnern und Kleidungszeuge: allein, der unbefriedigte Wunsch den Geschmack mit ein Paar Lekkerbissen zu kitzeln, kann höchstens nur einzelne Menschen, nicht aber ganze Nationen unglücklich machen. Dies kann nur gänzlicher Mangel an den unentbehrlichsten Nothwendigkeiten, und gerade dieser pflegt in civilisirten Staaten das Loos des gemeinen Mannes, so wie eine Folge der Üppigkeit des Großen zu seyn. Zu *O-Tahiti* hingegen, ist zwischen dem Höchsten und Niedrigsten, im Ganzen genommen, nicht einmal ein solcher Unterschied, als sich in England zwischen der Lebensart eines Handwerksmannes und eines Tagelöhners findet. Das gemeine Volk in *Tahiti* ließ bey allen Gelegenheiten gegen die Vornehmern der Nation so viel Liebe blicken, daß es schien, als sehen sie sich insgesammt nur für eine einzige Familie, und die Befehlshaber gleichsam nur als ihre älteren Brüder an, denen nach dem Recht der Erstgeburt, Vorzug gebühre. Vielleicht war auch ihre Regierungsverfassung ursprünglich ganz patriarchalisch, dergestalt, daß man den allgemeinen Regenten nur »als den Vater des ganzen Volks« achtete, so lange, bis diese einfache Regierungsform sich nach und nach in die jetzige abänderte. Aber auch jetzt noch finden sich, in der Vertraulichkeit zwischen dem König und seinen Unterthanen, Spuren jenes ehemaligen patriarchalischen Verhältnisses. Der geringste Mann kann so frey mit dem Könige sprechen, als mit seines gleichen; und ihn so oft sehen als er will. Dies würde schon mehrern Schwierigkeiten unterworfen seyn, so bald der Despotismus Grund fassen sollte. Auch beschäftigt sich der König zu Zeiten auf eben die Art als seine Unterthanen; noch unverdorben von den falschen Begriffen eitler Ehre und leerer Prärogative rechnet er sichs keinesweges zur Schande, nach Maaßgabe der Umstände, in seinem Canot selbst Hand ans Ruder zu legen. Wie lange aber diese glückliche Gleichheit noch dauern mögte? kann man wohl nicht füglich bestimmen; doch scheint die Faulheit der Vornehmen, ihr eben nicht die längste Dauer zu versprechen. Vor der Hand ist zwar die Feld- und Landarbeit den *Tautaus,* welche sie verrichten müssen, noch nicht lästig; allein, da die ganz arbeitlosen Vornehmen sich in einem ungleich stärkern Verhältnisse vermehren müssen, als jene; so wird die dienstbare Classe künftig immer mehr mit Arbeit beschwert werden, und von dem Übermaaß derselben allerhand üble Folgen zu gewarten haben. Das gemeine Volk wird davon ungestalt, und ihre Knochen kraftlos werden; die Nothwendigkeit mehr in der brennenden Sonne zu seyn, wird ihre Haut schwärzen, und sie werden durch die häufigen und frühen Ausschweifungen ihrer Töchter mit den Großen des Landes, endlich zu zwergigten kleinen Gestalten ausarten, indeß jene vornehmen Müßiggänger die Vorzüge einer großen Leibesgestalt, einer schönen Bildung und einer hellern Farbe ausschließungsweise beybehalten werden, weil sie *allein* ihrem gefräßigen Appetit ohne Einschränkung folgen, und stets in sorgloser Unthätigkeit leben können. Endlich wird das gemeine Volk diesen Druck empfinden, und die Ursachen desselben gewahr werden, alsdenn aber wird auch das Gefühl der gekränkten Rechte der Menschheit in ihnen erwachen, und eine Revolution veranlassen. Dies ist der gewöhnliche Cirkel aller Staaten. Vor der Hand steht freylich für *Tahiti* noch lange keine solche Veränderung zu befürchten; ob aber die Einführung des fremden Luxus die Ankunft dieser unglücklichen Periode nicht beschleunigen werde? das muß man den Europäern zur ernstlichen Erwägung anheim stellen. Warlich! wenn die Wissenschaft und Gelehrsamkeit einzelner Menschen auf Kosten der Glückseligkeit ganzer Nationen erkauft werden muß; so wär' es, für die Entdecker und Entdeckten, besser, daß die Südsee den unruhigen Europäern ewig unbekannt geblieben wäre!

Zehntes Hauptstück

Nachricht von unserm Aufenthalt auf den Societäts-Inseln

[...]

Unser Schiff hatte allein 209 Schweine, 30 Hunde und ohngefähr 50 Hühner an Bord, und das andre, die *Adventure*, nicht viel weniger. Wir waren kaum unter Seegel, als *Orih* in einem kleinen Canot ans Schiff und an Bord kam, um uns die Nachricht zu bringen, daß er sowohl die Diebe als den Rest der geraubten Sachen wieder bekommen habe, und daß beyde Capitains, imgleichen der Dr. *Sparrmann*, mit ihm ans Land gehen mögten, um Zeugen von der Bestrafung zu seyn. Allein, zum Unglück verstand man ihn nicht recht und also verfehlten wir die Gelegenheit, zu sehen, wie ihre Strafen beschaffen sind. Capitain *Cook* glaubte, daß *Orih* einige von seinen Unterthanen zurückfordere, die sich wider seinen Willen auf der *Adventure* eingeschifft hätten; in dieser Meynung schickte er gleich ein Boot ab, um sie von jenem Schiffe abholen zu lassen. Da aber dieses weit voraus war, und auch wir, des guten Windes wegen, sehr geschwind in die See hinaus trieben; so wollte *Orih* nicht länger warten, sondern nahm herzlich Abschied von uns allen, und kehrte in seinem kleinen Canot, in welchem er nur einen einzigen Gehülfen hatte, wieder nach dem Lande um. Bald nachher kam unser Boot von der *Adventure* zurück und brachte uns den *O-Maï* an Bord, welches der einzige Indianer war der sich hier eingeschifft hatte, um mit nach England zu gehen. Capitain *Cook* behielt ihn auf unserm Schiffe bis wir *Raietea* erreichten, wohin unser Lauf gerichtet war; sobald wir aber dort anlangten, ward er wieder auf die *Adventure* gebracht, in welcher er auch nach England gekommen, und daselbst eine Zeitlang der Gegenstand der allgemeinen Neugierde gewesen ist. Während seiner Anwesenheit bey uns lernten wir ihn als einen Menschen vom geringsten Stande kennen. Er hatte auch damals nicht Ehrgeiz genug, mit dem Capitain umzugehn, sondern hielt sich zu dem Büchsenschmidt und andern gemeinen See-Leuten: Als er aber ans Vorgebirge der guten Hoffnung kam, wo ihn der Capitain *Fourneaux* in seiner eigenthümlichen Tracht auftreten lies, und in die besten Gesellschaften brachte, gab er vor, er sey kein *Tautau,* oder gemeiner Mensch, sondern ein *Hoa,* d. i. ein königlicher Cammerherr oder Begleiter des Königs. Man hat das Publicum verschiedentlich mit allerhand fabelhaften Nachrichten von diesem Indianer unterhalten, dahin gehört unter andern das lächerliche Vorgeben, daß er ein Priester der Sonne sey, dergleichen es doch in seinem Vaterlande nirgends giebt. Er war lang von Statur, aber sehr schlank, und hatte besonders feine und zierlich gebildete Hände. Aus seinen Gesichtszügen hingegen konnte man sich im geringsten keinen richtigen Begriff von der Schönheit machen, die den Einwohnern auf *Tahiti* eigenthümlich ist; wir thun ihm im Gegentheil kein Unrecht, wenn wir behaupten, daß uns auf *Tahiti* und allen *Societäts-Inseln* nur wenig so mittelmäßige Gesichter vorgekommen sind, als das seinige. Dabey war er von so schwarzer Farbe als wir sie kaum unter dem gemeinsten Volke angetroffen hatten, und am allerwenigsten stimmte solche mit dem Range überein, den er hernachmals annahm. Es war würklich unglücklich, daß man gerade diesen Menschen zur Probe eines Volks auswählte, welches alle Seefahrer als schön von Bildung und hell von Farbe beschrieben hatten. Sein Herz und Verstand waren so wie beydes unter seinen Landsleuten gewöhnlich zu seyn pflegt. Er war kein außerordentliches Genie als *Tupaia;* aber er hatte ein gefühlvolles Herz, und einen offnen Kopf, der bald etwas begriff, daneben war er dankbar, mitleidig und lebhaft, aber auch flüchtig. Mehrere Nachrichten von diesem *O-Maï* werden meine Leser in der Vorrede gefunden haben, wo von seinem Aufenthalt in England, von dem Unterricht den er daselbst genossen, und von seiner Zurückreise verschiedenes angeführt ist.

[...]

Eilftes Hauptstück

Reise von den Societäts-Inseln nach den freundschaftlichen Inseln; und Nachricht von unserm Aufenthalte daselbst

Um 10 Uhr waren wir glücklich zum Rief von *Hamaneno* hinaus und steuerten nunmehro nach West-Süd-West, so daß uns die Inseln *Raietea, Taha* und *Borabora* noch immer im Gesicht blieben. Ohnerachtet es nicht länger als einen Monath her war, daß wir zu *Tahiti* angekommen; so befanden wir uns doch, von den Folgen jener langen beschwerlichen Reise, die wir während der schlimmsten Jahrszeit im kalten und nassen Clima zugebracht hatten, allerseits hergestellt. Selbst diejenigen, die vom Scorbut am mehresten gelitten, waren wieder so gesund als die übrigen. An dieser schleunigen Cur hatten die frischen Kräuter und Baumfrüchte der Societäts-Inseln wahrscheinlicherweise den würksamsten Antheil; denn als wir von unserm ersten Erfrischungs-Platz, *Aetepieha,* abseegelten, hatten sich die Kranken schon merklich gebessert, ohnerachtet wir dort noch kein frisches Fleisch gekostet hatten. Um desto sicherer konnten wir uns jetzt, auch für den nächsten Monat, eine gleiche Fortdauer von Gesundheit versprechen, weil wir mit frischen Lebensmitteln hinlänglich versehen waren. Wir hatten nemlich in jedem Schiff zwischen zwey und dreyhundert Schweine, eine große Anzahl Hühner und einige Hunde, imgleichen eine ansehnliche Menge von Bananen vorräthig, welche letztere auf dem Hintertheil des Schiffs, wie in einem Obstgarten, umher lagen. Zwar verursachte der Mangel an Raum, daß einige Schweine crepirten; und der hartnäckige Widerwillen der alten Schweine gegen das ungewohnte Futter, welches sie bekamen, brachte uns ebenfalls um eine große Anzahl. Wir geriethen aber bald auf eine gute Methode diesem Übel vorzubeugen, indem wir alle Schweine schlachteten und einsalzten, denen der enge Raum nicht bekommen wollte. Auf diese Weise blieb das Fleisch eßbar und saftig, wenigstens war es ungleich schmackhafter und gesünder als das Pöckelfleisch, welches wir noch aus England her vorräthig hatten, denn dieses war nunmehro dermaßen mit Salz durchdrungen, daß, wenn man es auswässerte, zugleich alle Kraft und Saft mit weggewässert ward. Die einzige Unannehmlichkeit, welche wir von unserm Aufenthalte auf diesen Inseln verspürten, bestand darinn, daß viele unsrer Seeleute, wegen ihres genauen Umgangs mit liederlichen Frauenspersonen, leiden mußten. Doch waren die dadurch verursachten Krankheiten so gutartig, daß sie durch die gelindesten Mittel geheilt und keiner von den Patienten am Dienst gehindert wurde.

Unser junge Freund *O-Hedidi*, den wir statt des *Tahitiers Porea* mitgenommen, war ungemein seekrank, weil er an die Bewegung des Schiffs nicht gewöhnt war. Doch erzählte er uns, indem wir nach dem hohen Pik von *Borabora* aussahen, daß er auf dieser Insel geboren und mit *O-Puni*, dem kriegerischen Könige, verwandt sey, der *Taha* und *Raietea* erobert hatte. Er entdeckte uns auch, daß er eigentlich *Maheine* heiße, aber seinen Namen mit einem Befehlshaber auf *Eimeo*, der sich *O-Hedidi* genannt, vertauscht habe. Diese Gewohnheit ist, wie ich schon bemerkt, auf allen diesen Inseln eingeführt. König *O-Puni*, befand sich, nach der Aussage unsers Gefährten, dazumal eben auf der Insel *Maurua*, bey welcher wir Nachmittags vorüber kamen. Sie bestehet aus einem einzigen, kegelförmigen Berge, und ist, so viel wir aus den Beschreibungen der Einwohner auf *Raietea*, welche persönlich da gewesen, abnehmen konnten, ohngefähr von eben der Beschaffenheit als die übrigen Inseln.

Unser arme Freund bekam erst am folgenden Nachmittage seinen Appetit wieder, da er sich denn, zum Anfang, ein Stück von einer acht und zwanzigpfündigen Dorade schmecken ließ, die einer unsrer Leute gefangen hatte. Wir wolltens ihm auf unsre Art zubereiten lassen; er versicherte aber, es schmecke roh besser und bat sich nur eine Schaale Seewasser aus, um den Fisch darinn einzutunken; dabey biß er wechselsweise in einen Klumpen *Mahei*, oder sauren Brodfrucht-Teig, der ihm statt Brods diente. Ehe er sich jedoch zum Essen niedersetzte, nahm er ein Stückchen von dem Fische und etwas *Mahei*, als ein Opfer für *Eatua* oder die Gottheit, und sprach dabey ein Paar Worte aus, die wir für ein kurzes Gebeth hielten. Eben diese Ceremonie beobachtete er auch ein Paar Tage nachher, als er ein rohes Stück vom Hayfisch verzehrte. Alles das überzeugte uns, daß seine Landsleute gewisse bestimmte Religions-Begriffe hegen und selbst eine Art von ceremoniösen Gottesdienst beobachten, den sie vielleicht seit der ersten Trennung von ihren Vorfahren auf dem festen Lande mögen beybehalten haben.

Bis zum 23sten setzten wir unsern Lauf fort ohne daß irgend etwas merkwürdiges vorgefallen wäre; an gedachtem Tage aber, erblickten wir, bey Aufgang der Sonne, eine niedrige Insel, die zur Linken des Schiffes lag. Nach dieser steuerten wir hin, und fanden gegen Mittag, daß sie aus zwey Theilen bestand. Einer Observation zufolge, war unsre südliche Breite damals 19 Grad 8 Minuten. Das Land war mit einer Menge Buschwerk und andern dick belaubten Bäumen bewachsen, über welche die hohen Gipfel der Cocos-Palmen in großer Anzahl empor ragten. Mit Hülfe der Ferngläser bemerkten wir, daß die Küste sandig, hin und wieder aber mit Grün überwachsen war, welches wahrscheinlicherweise nichts anders als das in diesem Himmelsstrich gewöhnliche Schlingkraut *(Convolvulus Brasiliensis)* seyn mogte. Beyde Inseln oder beyde Stücke Land hingen, dem Ansehen nach, durch einen Felsen-Rief zusammen; schienen aber, so angenehm sie auch aussahen, dennoch ganz unbewohnt zu seyn. Capitain *Cook* nannte diese Insel, dem nunmehrigen Grafen von *Bristol* zu Ehren, *Hervey-Eyland.* Tages zuvor hatte sich ein Vogel, der im Fluge und Gesange einem Sandläufer *(Sandpiper)* glich, neben dem Schiffe sehen lassen, und könnte, dem Erfolge nach zu urtheilen, der Vorbothe dieser Insel gewesen seyn; allein dergleichen Anzeigen sind, wie ich schon mehrmalen angemerkt habe, sehr trüglich. Wir sahen zum Beyspiel drey Tage nachher, von neuem einen Vogel, der sich sogar ins Tackelwerk setzte, trafen aber gleichwohl kein andres Land an. Von *Hervey-Eyland,* welches unter dem 19ten Grad 18 Minuten südlicher Breite, und unterm 158. Grade 54 Minuten westlicher Länge von Greenwich gelegen ist, steuerten wir immer westwärts bis zum 1sten October, an welchem Tage, um 2 Uhr Nachmittags, Land! gerufen wurde. Es lag gerade vor uns und schien ziemlich hoch zu seyn. In Zeit von vier Stunden waren wir kaum noch 2 oder 3 Seemeilen von der Küste. Die Berge waren mit Holz überwachsen und fielen zwar nicht prächtig, doch ganz angenehm ins Auge. Am südwestlichen Ende bemerkten wir eine kleine felsichte Insel; und nördlich ein flaches Land, das sich weiter hin erstreckte. Die Gegend und alle Umstände überzeugten uns, daß die vor uns liegende Insel eben dieselbe sey, welche *Abel Janßen Tasmann* im Jahr 1643. *Middelburgh* genannt, und daß die nördliche, ein von eben diesem Seefahrer entdecktes und *Amsterdam* genanntes Eyland sey. Des einbrechenden Abends wegen legten wir bey, giengen aber mit Tages Anbruch um die südwestliche Spitze von *Middelburgh* herum und liefen sodann längst der westlichen Küste hin. Am Fuß der Berge schien etwas flaches Land zu seyn, auf welchem junge Bananen standen, deren lebhaftes frisches Grün mit dem verschiedentlich colorirten Buschwerk und der braunen Cocos-Palme ungemein schön contrastirte. Das Tages-Licht war noch so schwach, daß wir an verschiednen Orten die Hütten-Feuer der Einwohner durch die Büsche schimmern sahen; und bald darauf kamen auch einige Leute am Strande zum Vorschein. Die Berge waren niedrig und ragten über die Meeresfläche kaum so hoch empor als die Insel *Wight.* Auf denselben gab es hin und wieder einzelne, sehr anmuthig zerstreute Klumpen von Bäumen, und zwischen diesen war der Boden, so schön als manche Gegenden in England, mit Gras überwachsen. Nunmehro stießen verschiedene von den Eingebohrnen ihre Canots ins Wasser und ruderten nach uns her. Einem derselben, das ziemlich dicht ans Schiff kam, warfen wir ein Tau zu, welches auch einer von denen darinn befindlichen Leuten sogleich auffing, seinen Kahn vollends heran zog und augenblicklich zu uns an Bord kam. Beym Eintritt überreichte er uns die Pfeffer-Wurzel, deren bey den Societäts-Inseln gedacht worden ist, darauf berührte er unsre Nasen mit der seinigen, wie die Neu-Seeländer zum Zeichen der Freundschaft zu thun pflegen, und setzte sich alsdann, ohne ein Wort zu sprechen, auf dem Verdecke nieder. Der Capitain schenkte ihm einen Nagel, den er sogleich über den Kopf empor hielt und dabey das Wort *Fagafetai* hören ließ, welches, allem Ansehen nach, eine Danksagung bedeuten sollte. Bis auf den Unterleib gieng er unbekleidet, von da aber bis zu den Knien, hatte er ein Stück braungefärbtes Zeug um sich geschlagen. Dieses schien mit dem Tahitischen von einerley Art und Arbeit zu seyn; doch war es mit Leim oder Firniß steif und wasserdicht gemacht. Der Mann war von mittler Statur, und hatte eine sanfte, ziemlich regelmäßige Gesichtsbildung. An Farbe glich er den gemeinen *Tahitiern,** das ist, er war hell Mahogany- oder Castanien-braun. Den Bart trug er kurz geschoren; und sein schwarzes Haar hieng ihm in kurzen Locken um den Kopf, so kraus als wenn es gebrannt wäre. Auf jedem Arme hatte er drey runde Flecke, ohngefähr so groß als ein Wilder-Manns-Gulden, die, in Form erhabener Punkte, nach Tahitischer Manier, in die Haut punctirt, jedoch nicht mit schwarzer Farbe eingerieben waren. Der Figur nach, stellten sie lauter in einander passende Zirkel vor, davon die äußersten am größten waren, die innern hingegen immer kleiner wurden. Außerdem hatte er noch andre schwarze Flecke auf dem Leibe. Im Ohrläpchen befanden sich zwey Löcher, darinn er einen kleinen runden Stab trug, und an der linken Hand fehlte ihm der kleine Finger. Er blieb eine ganze Weile ohne ein Wort zu sprechen; indeß verschiedne andre, die nach ihm sich an Bord wagten, weit gesprächiger waren, und gleich nach verrichtetem Nasengruß, uns in ihrer Sprache anredeten, von welcher wir damals noch kein Wort verstanden. Mitt-

* Da die Einwohner von *Tahiti* und den *Societäts*-Inseln fast in allen Stükken mit einander übereinkommen, so werde ich, im Verfolg dieser Geschichte, jeden Gebrauch *Tahitisch* nennen, der entweder zu *Tahiti* selbst oder doch auf den Societäts-Inseln üblich ist.

lerweile hatten wir die nordwestliche Spitze der Insel erreicht und kamen allda um 9 Uhr, in einer ofnen Rheede auf einem guten sichern Grunde, glücklich vor Anker. Kaum war dies geschehn, so drängten sich vom Lande her eine Menge Canots zu uns, in deren jeden drey bis vier Leute saßen, die große Haufen ihres Zeuges zum Verkauf ausbothen. Die Canots waren klein, ohngefähr 15 Fus lang, sehr spitz gebauet und an beyden Enden bedeckt. Sie hatten, gleich den kleinen Fahrzeugen der *Tahitier,* mehrentheils Ausleger von Stangen; dünkten uns aber ungleich besser und sauberer gearbeitet als jene, denn sie waren mit einer bewundernswürdigen Genauigkeit zusammengefügt und abgeglättet. Die Ruder hatten hier, wie zu *Tahiti,* kurze, breite Schaufeln, waren aber ebenfalls besser gearbeitet und von besserm Holze. Die Leute machten viel Lerm um uns her, denn ein jeder zeigte was er zu verkaufen hatte, und rief jedem von uns zu, der sich auf dem Verdeck blicken ließ. Die Sprache klang nicht unangenehm und ward überdem in einem singenden Ton geredet. Einige waren dreist genug an Bord zu kommen, und darunter schien ein Befehlshaber oder Mann von Stande zu seyn, der in diesem Betracht allerhand Geschenke erhielt. So oft man ihm etwas gab, hob er es über den Kopf empor, und sagte jedesmal *Fagafetai* dazu. Unser englisches Tuch und Linnen bewunderte er am mehresten; nächstdem aber gefiel ihm unsre Eisenwaare am besten. Er war nichts weniger als besorgt, oder schüchtern, sondern gieng ohne Bedenken in die Cajütte hinab und wohin man ihn sonst zu bringen für gut fand. Wir erfuhren von ihm, daß die Insel, an welcher wir vor Anker lagen (und die *Tasmann Middelburgh* genannt) in der Landessprache *Ea-Uwhe* hieße; und daß die andre, gegen Norden gelegene, (oder *Tasmans Amsterdam*) *Tonga-Tabu* genannt werde. Mehrerer Gewißheit wegen befragten wir uns dieserhalb noch bey andern von seinen Landsleuten, erhielten aber durchgehends dieselbe Antwort.

Nach dem Frühstücke giengen wir, in des Capitains und des vornehmen Mannes Gesellschaft, ans Land. In dieser Gegend war die Küste durch einen mit dem Strande parallel laufenden

Corallen-Rief beschützt, der nur hie und da eine Lücke hatte, wo Canots und andere kleine Boote hindurch konnten. So wohl die in den Fahrzeugen als die auf dem Ufer befindlichen Eingebohrnen, bewillkommten uns mit einem großen Freudengeschrey. Die Canots ruderten dicht an unser Boot, und die Leute warfen uns aus denselben große Packete Zeug zu, ohne etwas dagegen zu verlangen. Andere, sowohl Manns- als Frauenspersonen, schwammen um uns her, und hielten Kleinigkeiten zum Verkauf in die Höhe, als Ringe von Schildkröten-Schalen, Angel-Haken von Perlmutter und dergleichen. Sobald wir durch das Gedränge der Canots durchkommen konnten, und uns dem Strande so weit genähert hatten, als sichs, des seichten Ufers wegen, thun ließ, erboten sich die Einwohner von freyen Stücken uns auf ihren Schultern vollends ans Land zu tragen. Nachdem wir auf solche Art die Küste erreicht hatten, versammleten sie sich mit allen ersinnlichen Zeichen der Freundschaft um uns her, und bothen uns etwas Früchte, Waffen und Hausgeräth zum Geschenk an. Das Volk hätte uns gar nicht besser aufnehmen können, wenn es von unsern friedfertigen Gesinnungen schon durch eigne Erfahrung überzeugt, und gewohnt gewesen wäre, von Zeit zu Zeit europäische Schiffe bey sich zu sehen: Allein dies verhielt sich gerade umgekehrt, denn bisher hatten sie wohl noch keinen Europäer unter sich gesehn, auch konnten sie von Tasmans ehemaliger Anwesenheit auf der benachbarten Insel *Amsterdam*, höchstens nur von Hörensagen etwas wissen. Bey so bewandten Umständen, waren wir allerdings berechtiget, uns nach dieser Aufnahme von ihrer Gemüthsart die vortheilhaftesten Begriffe zu machen. Sie mußten von Natur offenherzig und edelmüthig gesinnt und über alles niedrige Mißtrauen weit erhaben seyn. Was dieses günstige Urtheil noch mehr bestätigte war, daß sich auch eine große Anzahl von Frauenspersonen unter ihnen befand, welche die indianischen Nationen sonst mehrentheils von den Fremden entfernt zu halten pflegen. Diese hier waren von den Hüften an bis auf die Füße bekleidet, und schienen uns durch ein gutherziges freundliches Lächeln einzuladen, daß wir getrost näher kommen möchten. Herr *Hodges* entwarf von dieser merkwürdigen freundschaftlichen Aufnahme ein schönes Gemählde, welches zu Capitain *Cooks* Nachricht von dieser Reise gestochen ist. Allein, so geneigt ich sonst auch bin, den Arbeiten dieses geistreichen Künstlers das gebührende Lob wiederfahren zu lassen, wenn sie der Wahrheit ganz treu sind; so wenig kann ich doch bey dieser Gelegenheit umhin, zu bemerken, daß vorgedachte Platte von den Einwohnern auf *Ea-Uwhe* und *Tongatabu* gar keinen richtigen Begrif giebt; so meisterhaft sie übrigens auch von Herrn *Sherwin* in Kupfer gestochen worden. Der Vorwurf, welchen man denen zu Capitain *Cooks* voriger Reise in Kupfer gestochnen Platten mit Recht gemacht hat, daß sie nemlich, statt indianischer Gestalten, nur schöne Figuren vorstellten, die sowohl der Form als der Drapperie nach, im Geschmack der Antike gezeichnet wären; eben dieser Vorwurf trift auch die vorgedachte Kupfertafel *dieses* Werks. Ja man sollte fast glauben, daß Herr *Hodges* seine zu diesem Stück nach der Natur gemachte Original-Skizze verloren und bey Entdeckung dieses Verlusts, aus eleganter mahlerischer Fantasie eine neue Zeichnung bloß idealisch entworfen habe. Kenner finden in dieser Platte griechische Conture und Bildungen, dergleichen es in der Südsee nie gegeben hat; und sie bewundern ein schönes fließendes Gewand, das Kopf und Cörper bedeckt, da doch in dieser Insel, die Frauensleute Schulter und Brust fast niemals bedecken. Die Figur eines alten ehrwürdigen Mannes mit einem langen weißen Barthe ist vortreflich; allein die Leuthe auf *Ea-Uwhe* lassen den Barth nicht wachsen, sondern wißen ihn mit Muschelschaalen kurz zu scheeren. Doch, ich kehre zur Geschichte um: Wir verweilten uns nicht lange auf der Küste, sondern folgten dem Befehlshaber, der uns weiter ins Land zu gehen bat. Vom See-Ufer ab, war der Boden etliche Schritt weit ziemlich steil, denn aber dehnte er sich in eine ebne schöne Wiese aus, die mit hohen Bäumen und dikkem Buschwerke umgeben war, so daß man, nur nach der See hin, eine freye Aussicht hatte. Am Ende dieser Wiese, ohngefähr 150 Schritt weit vom Landungs-Platze, stand ein sehr hübsches

Haus, dessen Dach bis zwey Fuß von der Erde, herabreichte. Der Weg der auf dasselbe zuführte, gieng durch vorgedachte grüne Ebne die so glatt und grasreich war, daß wir uns der schönsten Rasen-Gründe in England dabey erinnerten. So bald wir bey dem Hause ankamen, nöthigte man uns innerhalb auszuruhen; der Fußboden war auf eine ungemein zierliche Weise mit den schönsten Matten ausgelegt, und in einer Ecke sahen wir eine bewegliche Abtheilung von Korbmacher-Arbeit, hinter welcher, nach den Zeichen der Einwohner zu urtheilen, die Schlafstelle war. Das Dach, welches an allen Seiten gegen den Boden herablief, bestand aus Sparren und runden Knüppeln, die sehr genau mit einander verbunden und mit einer Matte von Bananen-Blättern bedeckt waren.

Kaum hatten wir in diesem Hause, von mehr denn hundert Menschen umringt, Platz genommen, als zwey oder drey Frauenzimmer uns mit einem Gesange bewillkommten, der, so einfach die Melodie auch war, dennoch ganz angenehm und ungleich musicalischer klang als die Lieder der *Tahitier.* Die Sängerinnen hatten ungemein wohlklingende Stimmen und secundirten sich untereinander; zu gleicher Zeit schlugen sie, mit dem ersten Finger und dem Daumen, Knippchen dazu nach dem Takt, und hielten indeß die übrigen drey Finger jeder Hand gerade in die Höhe. Als die ersten drey aufgehört hatten, fiengen drey andre eben dieselbige Melodie an, und endlich ward ein allgemeines Chor daraus gemacht. Einer unsrer mitreisenden Herren, schrieb mir eins ihrer Lieder auf, welches ich meinen musicalischen Lesern zur Probe der hiesigen Tonkunst mittheilen will:

Weiter als auf diese vier Noten erstreckte sich der Umfang ihres Gesanges nicht, sie giengen nie tiefer als A. und nie höher als E. Dabey sangen sie sehr langsam und schlossen zuweilen mit dem Accord

Die Gutherzigkeit des Volks äußerte sich in ihren kleinsten Handlungen, ja in jeder Gebehrde. Sie ließen sichs sehr angelegen seyn, uns mit Cocos-Nüssen zu bewirthen, deren Milch überaus wohlschmeckend war. Alles vereinigte sich, uns diesen Aufenthalt angenehm zu machen; selbst die Luft, die wir einathmeten, war mit balsamischen Dünsten angefüllt. Anfänglich wußten wir nicht, wo dieser vortrefliche Geruch herkäme; bey näherer Untersuchung aber fand sich, daß wir ihn einer schattenreichen Art von Citronen-Bäumen zu verdanken hatten, die hinter dem Hause und eben in voller Blüthe standen. Wir durften uns nicht lange an dem bloßen Geruch begnügen, denn die Einwohner setzten uns bald auch Früchte von diesem Baume vor. In Westindien sind solche unter dem Namen *Shaddocks* bekannt; zu *Batavia* aber und in den ostindischen Inseln, werden sie Pompelmusen genannt. Diese hier waren kugelrund, beynahe so groß als ein Kindeskopf und von ganz vortreflichem Geschmack. Zu beyden Seiten der vor dem Hause befindlichen Wiese, lief ein Zaun von Rohrstäben hin, die durchaus creutzweis geflochten und fest mit einander verbunden waren. Durch diesen Zaun gelangte man, vermittelst einer Thür von Brettern, in eine ordentlich angelegte Plantage oder Baumgarten. Die Thür war so gehangen, daß sie von selbst hinter uns zufiel; und das Rohrgehäge war mit Zaun-Winden *(Convolvulus)* überwachsen, die größtentheils himmelblaue Blüthen hatten. Um die guten Anstalten der Einwohner genauer zu untersuchen, trennten wir uns in verschiedne Partheyen und fanden bey jedem Schritt neue Ursach, zufrieden zu seyn. Das Land sahe überall wie ein weitläuftiger Garten aus, indem es durchgehends mit hohen Cocos-Palmen und Bananen, imgleichen mit schattigen Citronen- und Brodfrucht-Bäumen besetzt war. In diesen anmuthigen Gefilden streiften wir einzeln umher und fanden eine Menge neuer Pflanzen, dergleichen auf den Societäts-Inseln nicht wuchsen. Ein

Fussteig leitete uns endlich nach einem Wohnhause, welches gleich jenem auf der Wiese angelegt und mit Buschwerk umgeben war, dessen Blüthe die ganze Luft mit Wohlgeruch erfüllte. Die Einwohner schienen thätiger und fleißiger als die *Tahitier* zu seyn. Sie ließen uns überall ungehindert gehen, begleiteten uns auch nie, wenn wir sie nicht ausdrücklich darum baten, und alsdenn konnten wir für unsre Taschen unbesorgt seyn; nur mußten wir keine Nägel bey uns führen, denn diese ließen sie nicht leicht unangerührt. Wir kamen nach und nach durch mehr als zehn solcher Plantagen oder Gärten, die alle besonders verzäunt waren, und vermittelst Thüren von vorbeschriebner Art, Gemeinschaft mit einander hatten. Fast in jedem dieser Gärten fanden wir ein Haus, die Bewohner aber waren durchgehends abwesend. Die Verzäunung ihrer Ländereyen schien einen höhern Grad von Cultur anzudeuten, als man hier wohl hätte vermuthen sollen. Das Volk war auch in der That, sowohl in Hand-Arbeiten als in Manufactur-Sachen und in der Music, weiter und ausgebildeter, als die Einwohner der Societäts-Inseln, welche dagegen, besonders in *Tahiti,* wohlhabender, aber auch träger waren als diese. So viel wir sahen, gab es hier nur wenig Hühner und Schweine; auch waren die Brodfrucht-Bäume, welche dort einen so reichlichen und vortreflichen Unterhalt geben, hier sehr selten, daher sich denn die Einwohner hauptsächlich von Wurzelwerk, imgleichen von Bananen zu nähren scheinen. In Absicht der Kleidung waren sie ebenfalls nicht so reich als die *Tahitier;* wenigstens gieng man in diesem Artikel hier noch nicht wie dort bis zur Verschwendung. Endlich so fanden wir auch ihre Wohnungen, zwar sehr artig gebauet und allemal in wohlriechendem Buschwerk angelegt, sie waren aber weder so räumlich noch so bequem als in *Tahiti.* Unter diesen Beobachtungen und Reflexionen kehrten wir wieder nach dem Landungs-Platz zurück, woselbst sich viele Hundert Einwohner versammlet hatten. Ihr äußerer Anblick bewies, daß, wenn ihr Land gleich nicht so reich an Natur-Güthern war als *Tahiti;* diese Reichthümer doch mit mehrerer Gleichheit unter dem Volk ausgetheilt seyn müßten. Dort konnte man den

Vornehmen gleich an der hellern Gesichts-Farbe und an dem wohlgemästeten Cörper erkennen: Hier aber war aller äußere Unterschied aufgehoben. Der Befehlshaber der zu uns an Bord gekommen und uns darauf ans Land begleitet hatte, war, selbst der Kleidung nach, nicht vom gemeinen Manne verschieden. Blos aus dem Gehorsam, den das Volk gegen seine Befehle blikken ließ, konnte man urtheilen, daß er von höherem Stande seyn müsse. Wir mischten uns unter den hier versammleten Haufen, da uns denn Alt und Jung, Männer und Weiber auf das schmeichelhafteste bewillkommten. Sie umarmten uns, küßten uns zuweilen die Hände und drückten sie an ihre Brust; kurz, sie suchten uns ihre Liebe und Freundschaft auf hundertfältige Art zu bezeugen. Die Männer sind von unsrer gewöhnlichen mittlern Statur, von 5 Fus 3 Zoll, zu 5 Fus 10 Zoll, überaus proportionirlich gebaut und alle Glieder schön gestaltet, aber etwas musculöser als die *Tahitier*, welches wahrscheinlicherweise von der größern und beständigen Anstrengung des Cörpers herkommt, die ihre Art des Landbaues und der Hauswirthschaft erfordert. Ihre Gesichtsbildung war sanft und ungemein gefällig, jedoch länglichter als bey den *Tahitiern*, besonders war die Nase schärfer und die Lippen dünner. – »Sie hatten schöne schwarze Augen, die groß und selbst bey den bejahrtesten Personen noch voll Feuer waren. Ihre Zähne waren gesund, weiß und schön gesetzt. Das Haar, welches gemeiniglich schwarz und stark gekräuselt war, trugen Männer und Weiber kurz verschnitten, und manche hatten es aufwärts gekämmt, so daß es, wie Borsten, in die Höhe stand. Den Kindern hatte man es noch kürzer geschnitten und nur einen Schopf von Haaren auf dem Wirbel, imgleichen einen auf jeder Seite über dem Ohr stehen lassen.« – Die Bärte waren geschoren oder vielmehr mit ein Paar scharfen Muschel-Schaalen *(mytili)* so dicht als möglich an der Haut abgezwickt. Die Weibsleute waren durchgehends ein Paar Zoll kleiner als die Mannspersonen; jedoch nicht so klein als die gemeinen Frauensleute auf *Tahiti* und den Societäts-Inseln. Der Obertheil des Cörpers war allemal von ungemein schöner Proportion, und die Hände nebst den Armen völlig eben so fein gebildet als bey dem *Tahiti*schen Frauenzimmer; dagegen hatten sie, gleich jenen, zu große Füße und zu dicke Beine. Ihre Gesichtszüge waren eben nicht regelmäßig schön, hatten aber etwas sehr angenehmes, welches in den Societäts-Inseln, bey dem schönen Geschlecht durchgehends der Fall zu seyn pflegte; doch gab es dort unter den Vornehmern einzelne Schönheiten, dergleichen wir hier nirgends antrafen. Sowohl die Manns- als Frauenspersonen waren, ohne Unterschied des Geschlechts, von hell castanienbrauner Leibesfarbe, und schienen durchgehends einer vollkommnen Gesundheit zu genießen. Unter den Männern war das Punctiren und Einschwärzen der Haut allgemein; vornemlich pflegte der Bauch und die Lenden eben so stark, und in noch künstlichem Figuren tättowirt oder bezeichnet zu seyn, als wir es auf *Tahiti* gesehen hatten. Selbst die zartesten Glieder des Cörpers, auf denen die Operation nicht nur sehr schmerzhaft, sondern auch, wegen der glandulösen Theile, sehr gefährlich seyn muß, waren nicht unpunctirt. Mit Recht erstaunten wir darüber:

Nam et picta pandit spectacula cauda.
HORAT.

Bey den Frauensleuten hingegen war es nicht üblich sich auf diese Art häßlich zu verschönern. Sie hatten blos, gleich den Männern, drey runde Flecke auf jedem Arm, die eine Menge in einander passenden Cirkel vorstellten, und in die Haut punctirt aber nicht mit schwarzer Farbe eingerieben waren. Nächst dieser Verzierung begnügten sie sich mit ein Paar schwarzen Puncten auf den Händen. Die Männer giengen fast gänzlich nackend, indem sie mehrentheils nur ein schmales Stück Zeug, wie eine Scherfe, um die Hüften geschlagen hatten; doch war es manchmal auch etwas länger, und reichte alsdenn, fast wie ein Frauensrock, von den Hüften bis über die Knie hinab. Die Weiber hingegen schlugen das Zeug unmittelbar unter der Brust um den Leib, und von da hieng es bis auf die Waden herunter. Es war mit dem

Tahitischen von gleicher Beschaffenheit, aber in viereckigen Feldern, nach Art eines Brettspiels gemahlt; hiernächst auch mit einem Leim oder Firniß überzogen, der dem Wasser lange Widerstand that. Statt des Zeuges trugen sie auch wohl Matten, die sehr gut geflochten, im Äußern den *Tahitischen* ähnlich, und bisweilen, jedoch selten, über die Schultern und Brust zusammen geschlagen waren. Zum Zierrath diente den Männern eine Perlmutter-Schaale, die vermittelst einer Schnur um den Hals befestigt war und auf die Brust herabhieng. Die Frauensleute aber trugen mehrere Schnüre um den Hals, an welchen kleine Schnecken, Saamen-Körner und Fischzähne aufgereihet, und in deren Mitte der runde Deckel einer Schnecke, *(operculum)* ohngefähr so groß als ein Thalerstück, befindlich war. In beyden Ohrläppchen hatten sie Löcher, bisweilen zwey in jedem, und in dem Fall war ein kleines rundes Stück von Schildkröten-Schaale oder ein Knochen hereingesteckt. Nicht selten bestanden diese Cylinder aus bloßem Rohr, das mit einer rothen festen Substanz angefüllt, außerhalb bunt angemahlt, imgleichen gebeizt war. Das Sonderbarste aber, was wir an dieser Nation bemerkten, war, daß viele den kleinen Finger, zuweilen gar an beyden Händen verloren hatten. Geschlecht und Alter machten hierinn keinen Unterschied; denn selbst von den wenigen Kindern, die wir herumlaufen sahen, waren schon die mehresten auf diese Art verstümmelt. Nur einige wenige alte Leute hatten ihre völlige Fingerzahl, und machten folglich eine Ausnahme von der allgemeinen Regel. Wir vermutheten sogleich, daß der Tod eines Anverwandten oder Freundes zu dieser sonderbaren Verstümmelung Anlaß geben mögte, um welcher Ursach willen sie auch bey den Hottentotten in Afrika,* bey den *Guaranos* in *Paraguay,* und unter den Einwohnern von *Californien* üblich ist. Diese Vermuthung bestätigte sich hernach auch auf wiederholtes

* Siehe *Kolbens* Beschreibung des Vorgebürges der guten Hoffnung, und *Recherches philosophiques sur les Americains par Mr. Pauw. Vol. II. pag 224. 229.*

Nachfragen. Noch eine andre Sonderbarkeit, die wir an ihnen bemerkten, bestand darinn, daß sie fast durchgehends einen runden Fleck auf beyden Backen-Knochen hatten, der eingebrannt, oder mit blasenziehenden Sachen eingeätzt zu seyn schien. Bey einigen waren diese Flecke noch ganz frisch, bey andern schon mit einem Schorf überzogen, und bey vielen waren nur noch ganz geringe Spuren davon übrig. Wir konnten nicht erfahren, wie und zu welchem Ende diese Flecke gemacht werden; vermutheten aber, daß solche von irgend einem caustischen Heilmittel herrühren müßten, welches hier, ohngefähr so wie in Japan die *Moxa,* zur Heilung von mancherley Krankheiten, gebraucht werden mag.

Des gefälligen Betragens der Einwohner ohnerachtet, sahen wir zum Voraus, daß unsers Bleibens hier nicht lange seyn würde, denn die Capitains konnten nicht so viel frische Lebensmittel bekommen, als zum täglichen Unterhalt auf beyden Schiffen erfordert wurden. Indessen mochte die Ursach hievon nicht sowohl an einem würklichen Mangel derselben, als vielmehr daran liegen, daß man gleich anfänglich mit allzu großer Begier Waffen und Hausrath kaufte, und auf diese Art den Einwohnern Anlaß gab, mit dem schätzbarsten, nemlich mit den Lebensmitteln zurückzuhalten. Sie hatten uns zwar hie und da etliche Yams, Bananen, Coco-Nüsse und Pompelmosen zum Verkauf gebracht; allein sie hielten mit diesen Artickeln bald wieder inne und schränkten den Handel blos auf Sachen von ihrer Hände Arbeit ein. Vornemlich verkauften sie unsern Leuten eine unglaubliche Menge von Fisch-Angeln, die mit Haken von Schildkröten-Schaale versehen, zum Theil sieben Zoll lang und eben so gestaltet waren als die in *Tahiti,* unter dem Namen *Witti-Witti** bekannten. Nächstdem überließen uns die Männer ihre Brustzierrathen von Muschelschalen, und die Weiber ihre Halsbänder, Armbänder von Perlmutter, und dergleichen kleine runde Stöck-

* S. *Hawkesworths* Geschichte der engl. See-Reisen in 8. *dritter Band. pag. 527.*

chen von Holz oder Rohr, deren sie sich statt Ohrringe bedienen. Wir handelten auch eine Art von Kämmen ein, die mehr zum Putz als zu anderm Gebrauch diente, und aus einer Anzahl kleiner flacher Stöcke bestanden, welche ohngefähr 5 Zoll lang, von gelbem Holze als Buxbaum geschnitzt und am obern Ende fest jedoch zierlich, durch ein buntes Flechtwerk von braunen und schwarz gefärbten Cocosfasern mit einander verbunden waren [...]. Aus dergleichen Fasern machten sie auch allerhand Körbe, die oft in braun und schwarzen Feldern geflochten, zuweilen auch durchaus von gleicher Farbe, nemlich braun, und Reihenweise mit runden, flachen Corallen besetzt waren. Diese Corallen schienen aus Schnecken geschnitten oder geschliffen zu seyn. Die Körbe waren, sowohl der Form als dem Muster nach, sehr verschieden, aber allemal ungemein sauber und mit viel Geschmack gearbeitet. [...] Die kleinen hölzernen Stühle, welche man in diesen Inseln statt Kopf-Küssen gebraucht, waren hier häufiger als auf *Tahiti.* Auch gab es viel flache Speise-Schaalen und Spateln, womit der Brodfrucht-Teig durcheinander gerührt wird, sämmtlich von *Casuarina-Holz (casuarina equisetifolia)* geschnitzt. Unsre Matrosen nannten diese Holzart, *Keulen-Holz (clubwood,)* weil aus selbigem in allen Südsee-Inseln, Keulen und Streit-Kolben gemacht werden. Letztere waren hier von sehr mannichfaltiger Form, und zum Theil so schwer, daß wir sie nicht leicht mit einer Hand führen konnten. Der untere Theil, oder die eigentliche Kolbe war mehrentheils vierseitig und von blattförmiger Gestalt, der Schaft war ebenfalls viereckig, ward aber, oberhalb, gegen den Handgrif zu, rund. [...] Andre waren schaufelförmig, flach und zackicht; noch andre hatten lange Griffe und eine Flietähnliche Schneide, und wiederum andre waren krumm, knoticht u. s. w. Die mehresten waren über und über nach allerhand felderweise abgetheilten Mustern geschnitzt, welches viel Zeit und eine unglaubliche Geduld erfordern muß, indem ein scharfer Stein, ein Stückchen Coralle oder eine Muschel die einzigen Werkzeuge sind, womit sie dergleichen Arbeit machen können. Die Abtheilungen, oder Felder, dieses Schnitzwerks waren einander, der Größe und dem Ebenmaaß nach, bis zur Bewundrung gleich, und die Oberfläche der ungeschnitzten Keulen war so schön geglättet, als man es von den geübtesten und mit dem besten Handwerkszeuge versehenen Künstlern nur hätte erwarten können. Außer den Keulen hatten sie auch Speere von vorgedachter Holzart, die oftmals nur aus langen, zugespitzten Stöcken bestanden, oft aber auch mit dem Schwanz der Stachel-Roche, als mit einer furchtbaren Spitze, versehen waren [...]. Nächst diesen Waffen führten sie auch Bogen und Pfeile von ganz besonderer Einrichtung [...]. Der Bogen war 6 Fus lang, ohngefähr so dick als ein kleiner Finger und, wenn er nicht gespannt war, nur wenig gekrümmt. Längst der convexen oder äußern Seite lief ein vertiefter Falz, oder halbe Hohlröhre, für die Senne. Zuweilen war sie tief genug ausgeschnitten, daß auch der Pfeil, der ohngefähr 6 Fus lang, aus einem Rohrstabe gemacht und mit hartem Holz zugespitzt war, darinn Platz hatte. Wenn nun der Bogen gespannt werden solte; so mußte solches nicht, wie sonst gewöhnlich, durch stärkere Biegung seiner Krümmung geschehn, sondern völlig umgekehrt, so daß der Bogen erst gerade, und denn, nach der entgegenstehenden Seite hin, krumm gebogen ward. Die Senne brauchte dabey niemals straff angezogen werden, denn durch bloße Ändrung der natürlichen Biegung des Bogens, bekam der Pfeil Trieb genug, und das Wiedereinspringen des Bogens und der Senne war nie so heftig, daß die Hand oder der Arm des Schützen davon hätte beschädigt werden können. Ehe unsre Seeleute mit diesem Gewehr umgehen lernten, zerbrachen sie viele Bogen, indem sie solche nach der sonst gewöhnlichen Manier aufspannen wollten. Die ungeheure Menge von Waffen, welche wir bey den Einwohnern fanden, stimmte aber gar nicht mit der friedfertigen Gesinnung, die sie in ihrem ganzen Betragen gegen uns, und vornemlich auch durch die Bereitwilligkeit äußerten uns solche zu verkaufen. Sie müssen folglich, ihrer friedfertig scheinenden Gemüthsart ohnerachtet, oft Händel untereinander haben, oder auch mit den benachbarten Inseln Krieg führen; doch konnten wir hievon, trotz aller Nachfrage nichts befriedigendes erfahren. Alle obbenannten Artikel, nebst den verschiedenen Sorten ihres Zeuges, ihrer Matten und andre Kleinigkeiten brachten sie zum Verkauf, und nahmen sehr gern kleine Nägel, bisweilen auch wohl Corallen dagegen. In Betracht der letztern waren sie jedoch mit den *Tahitiern* nicht von gleichem Geschmack; denn jene wählten immer durchsichtige, hier aber galten die Dunklen am mehresten, die rothe, weiße oder blaue Streifen hatten. Wir handelten mit ihnen bis zu Mittage, da wir wieder an die Schiffe zurückkehrten, und einen kleinen Boot-Anker vermißten, den die Einwohner fast in eben dem Augenblick als er war ausgeworfen worden, hatten zu stehlen und auf die Seite zu bringen wissen. Ihre freundlichen Blicke und Zurufen folgten uns bis an Bord, woselbst in einer Menge Canots, eben solche Waaren zum Verkauf ausgeboten wurden, als wir am Lande eingehandelt hatten. Es befanden sich auf diesen Fahrzeugen einige Aussätzige, bey denen die Krankheit zu einen sehr hohen Grad gekommen war. Ein Mann insbesondre hatte über den ganzen Rücken und über die Schultern, ein großes krebsartiges Geschwür, das innerlich völlig blau, auf dem Rande aber goldgelb war. Und ein armes Weib, hatte auf eben diese elende Weise, fast das ganze Gesicht eingebüßt. Statt der Nase sah man nur noch ein Loch; die Backen waren geschwollen und eiterten aller Orten; die Augen waren blutig und wund, und schienen aus dem Kopfe fallen zu wollen. Mit einem Wort ich erinnere mich nicht, je etwas bejammernswürdigers gesehen zu haben. Dennoch schienen diese Unglücklichen unbekümmert über ihr Elend, handelten so frisch drauf los als die übrigen, und was das ekelhafteste war, sie hatten Lebensmittel zu verkaufen.

[…]

Zwölftes Hauptstück

Seefahrt von den freundschaftlichen Inseln nach Neu-Seeland – Trennung von der Adventure – Zweyter Aufenthalt in Charlotten-Sund

[…]

Es würde unnütz und langweilig seyn, wenn ich noch ferner der Länge nach erzählen wollte, wie widrige Stürme und günstige Winde noch immer mit einander abwechselten. Genug wir wurden neun elende lange Nächte in der See herumgeworfen, ohne daß Schlaf in unsre Augen kam, und wir gaben beynahe alle Hoffnung auf, an dieser Küste je wieder vor Anker zu gelangen. Endlich erreichten wir, am *1sten November, Cooks-Straße.* Das Wetter blieb zwar noch immer unbeständig und ward uns von neuem zuwider, als wir bald an das auf der nordlichen Insel gelegene Cap *Tera-Witti* heran waren, doch glückte es uns, am 2ten, in eine Bay einzulaufen, die wir hart unter diesem Vorgebirge, gegen Osten hin, entdeckten. Die Küste bestand daselbst aus lauter fürchterlichen schwarzen unfruchtbaren Bergen, die sehr hoch, fast ganz ohne Holz und Buschwerk waren, und in langen, spitzigen, säulenförmigen Felsen in die See hinaus ragten. Die Bay selbst schien weit zwischen den Bergen hinein zu gehen, und ließ uns, ihrer Richtung nach, vermuthen, daß das Land, worauf *Cap Tera-Witti* liegt, vielleicht eine von *Eaheino-Mauwe* getrennte Insel sey. So kahl indessen und so öde auch diese Gegend aussahe, so war sie doch bewohnt, denn wir lagen noch keine halbe Stunde vor Anker, als schon verschiedene Canots zu uns an Bord kamen. Die Leute giengen sehr dürftig in alte lumpichte Mäntel oder sogenannte *Boghi-Boghi's* gekleidet. Der Rauch, dem sie in ihren niedrigen kleinen Hütten beständig ausgesetzt sind, und der Schmutz, der sich vermuthlich von ihrer Jugend an, ungestört auf der Haut angehäuft hatte, machte, daß sie über und über häslich gelbbraun aussahen, und daß man von ihrer wahren Farbe nicht urtheilen konnte. Den Winter hindurch, der eben zu

Ende gieng, mochten sie sich vielleicht oft mit halb verfaulten Fischen haben behelfen müssen; diese ekelhafte Nahrung aber und das ranzige Öl, womit sie sich das Haar einschmieren, hatte ihren Ausdünstungen einen so unerträglichen Gestank mitgetheilt, daß man sie schon von weitem wittern konnte. Sie brachten einige Fisch-Angeln und gedörrte Krebsschwänze zu Kauf, und nahmen unsre Eisenwaaren imgleichen Tahitisches Tuch sehr gierig dagegen. Capitain *Cook* schenkte ihnen ein Paar Hühner, mit dem Bedeuten, daß sie solche zur Bruth beybehalten möchten, allein es ist wohl schwerlich zu vermuthen, daß diese elenden Wilden auf die zahme Viehzucht bedacht seyn werden. Ihre Gedankenlosigkeit läßt vielmehr befürchten, daß, so bald es ihnen einmal an Lebensmitteln fehlen sollte, unsre armen Hühner wohl ohne Bedenken werden her halten müssen. In irgend einer von den nördlichsten Bayen würde das zahme Vieh vielleicht noch ehe in Acht genommen werden, denn dort sind die Einwohner gesitteter, wenigstens schon an die Landwirthschaft gewöhnt, indem sie verschiedene esbare Wurzeln bauen.*

[...]

Als mein Vater mit seinen Begleitern aus dem Walde zurück kam, hatte er Gelegenheit zu bemerken, wie roh die Sitten dieser Wilden sind. Ein Junge von ohngefähr sechs bis sieben Jahren, verlangte von seiner Mutter ein Stück von einem gebratnen Pinguin, welches sie in Händen hatte, und da sie ihm nicht gleich zu Gefallen war, ergrif er einen großen Stein und warf nach ihr. Sie lief auf ihn zu, um diese Ungezogenheit zu ahnden, kaum aber hatte sie ihm einen Schlag gegeben, als der Mann hervorsprang, sie zu Boden warf und unbarmherzig prügelte. Unsre am Wasserplatz campirenden Leute erzählten meinem Vater, sie wären von dergleichen Grausamkeiten vielfältig Zeugen gewesen und hätten mehr denn einmal gesehen, daß auch die Kinder sogar Hand an ihre unglücklichen Mütter legten und solche in Gegen-

* S. *Hawkesworths* Geschichte der engl. See-Reisen in 8. *dritter Band, pag. 90.*

wart des Vaters schlügen, der gleichsam nur Acht gäbe, ob sich jene etwa wehren oder wiedersetzen würde. Zwar pflegen fast alle wilde Völker, in so fern sie blos das Recht des Stärkern unter sich gelten lassen, ihre Weiber durchgehends als Sclavinnen anzusehn, die den Männern Kleider machen, Hütten bauen, Speisen kochen und zutragen, und bey aller ihrer Dienstbarkeit doch noch mit der härtesten Begegnung vorlieb nehmen müssen: Allein in Neu-Seeland scheint diese Tyranney viel weiter getrieben zu seyn, denn irgend sonst wo. Die Mannspersonen werden daselbst von Kindheit auf ordentlich dazu angehalten, daß sie ihre Mütter gegen alle Grundsätze der Sittlichkeit verachten müssen. Ich commentire indessen nicht über diese Barbarey, um die Vorfälle des heutigen Tages vollends zu erzählen, als welche uns über die Verfassung der Neu-Seeländer noch manchen Aufschluß gaben. Der Capitain, nebst Herrn *Wales* und meinem Vater, ließen sich am Nachmittage nach *Motu-Aro* übersetzen, um die Pflanz-Gärten zu besehen und Kräuterwerk für das Schiff einzusammlen, indeß verschiedne von den Lieutenants nach *Indian-Cove* giengen, um mit den dortigen Indianern Handel zu treiben. Das erste, was ihnen daselbst in die Augen fiel, waren die Eingeweide eines Menschen, die nahe am Wasser auf einem Haufen geschüttet lagen. Kaum hatten sie sich von der ersten Bestürzung über diesen Anblick erholt, als ihnen die Indianer verschiedne Stücke vom Cörper selbst vorzeigten, und mit Worten und Gebehrden zu verstehen gaben, daß sie das übrige gefressen hätten. Unter den vorhandenen Gliedmaaßen war auch noch der Kopf befindlich, und nach diesem zu urtheilen, mußte der Erschlagne ein Jüngling von funfzehn bis sechzehn Jahren gewesen seyn. Die untere Kinnlade fehlte, und über dem einen Auge war der Hirnschedel, vermuthlich mit einem *Pättu-Pättu,* eingeschlagen. Unsre Leute fragten die Neu-Seeländer, wo sie diesen Cörper her bekommen hätten? worauf jene antworteten, daß sie ihren Feinden ein Treffen geliefert, und verschiedne derselben getödtet, von den Erschlagnen aber nur allein den Leichnam dieses Jünglings mit sich hätten fortbringen können. Sie setzten hinzu, daß auch von ihrer Parthey verschiedne umgekommen wären und zeigten zu gleicher Zeit auf einige seitwärts sitzende Weiber, die laut wehklagten und sich zum Andenken der Gebliebnen die Stirn mit scharfen Steinen verwundeten. Was wir also von den Zwistigkeiten der Indianer bisher nur blos vermuthet hatten, das fanden wir jetzt durch den Augenschein bestätigt, und allem Anschein nach, war die Muthmaßung, daß wir selbst zu diesem Unheil Gelegenheit gegeben hätten, nicht minder gegründet. Hiernächst blieb uns nun auch kein Zweifel mehr übrig, die Neu-Seeländer für würkliche Menschenfresser zu halten. Herr *Pickersgill* wünschte den Kopf an sich zu kaufen, und solchen zum Andenken dieser Reise mit nach England zu nehmen. Er both also einen Nagel dafür und erhielt ihn, um diesen Preiß, ohne das mindeste Bedenken.* Als er mit seiner Gesellschaft an Bord zurück kam, stellte er ihn oben auf das Geländer des Verdecks zur Schau hin. Indem wir noch alle darum her waren ihn zu betrachten, kamen einige Neu-Seeländer vom Wasserplatze zu uns. So bald sie des Kopfes ansichtig wurden, bezeugten sie ein großes Verlangen nach demselben, und gaben durch Zeichen deutlich zu verstehen, daß das Fleisch von vortreflichem Geschmack sey. Den ganzen Kopf wollte Herr *Pikkersgill* nicht fahren lassen, doch erbot er sich ihnen ein Stück von der Backe mitzutheilen, und es schien als freuten sie sich darauf. Er schnitt es auch würklich ab und reichte es ihnen; sie wolltens aber nicht roh essen, sondern verlangten es gar gemacht zu haben. Man ließ es also, in unsrer aller Gegenwart ein wenig über dem Feuer braten, und kaum war dies geschehen, so verschlungen es die Neu-Seeländer vor unsern Augen mit der größten Gierigkeit. Nicht lange nachher kam der Capitain mit seiner Gesellschaft an Bord zurück, und da auch diese Verlangen trugen, eine so ungewöhnliche Sache mit anzusehen, so wiederholten die Neu-Seeländer das Experiment noch einmal in Gegen-

* Dieser Kopf befindet sich jetzt in Herrn *Joh. Hunters* anatomischen Cabinet zu *London.*

wart der ganzen Schiffsgesellschaft. Dieser Anblick brachte bey allen denen die zugegen waren, sonderbare und sehr verschiedne Würkungen hervor. Einige schienen, dem Eckel zum Trotze, der uns durch die Erziehung gegen Menschenfleisch beygebracht worden, fast Lust zu haben mit anzubeißen, und glaubten etwas sehr witziges zu sagen, wenn sie die Neu-Seeländischen Kriege für Menschen-Jagden ausgaben. Andre hingegen waren auf die Menschenfresser unvernünftigerweise so erbittert, daß sie die Neu-Seeländer alle todt zu schießen wünschten, gerade als ob sie Recht hätten über das Leben eines Volks zu gebieten, dessen Handlungen gar nicht einmal für ihren Richterstuhl gehörten! Einigen war der Anblick so gut als ein Brechpulver. Die übrigen begnügten sich, diese Barbarey eine Entehrung der menschlichen Natur zu nennen, und es zu beklagen, daß das edelste der Geschöpfe dem Thiere so ähnlich werden könne! Nur allein *Maheine,* der junge Mensch von den Societäts-Inseln, zeigte bey diesem Vorfall mehr wahre Empfindsamkeit als die andern alle. Geboren und erzogen in einem Lande, dessen Einwohner sich bereits der Barbarey entrissen haben und in gesellschaftliche Verbindungen getreten sind, erregte diese Scene den heftigsten Abscheu bey ihm. Er wandte die Augen von dem gräßlichen Schauspiel weg, und floh nach der Cajütte, um seinem Herzen Luft zu machen. Wir fanden ihn daselbst in Thränen, die von seiner inneren Rührung das unverfälschteste Zeugniß ablegten. Auf unser Befragen, erfuhren wir, daß er über die unglückseligen Eltern des armen Schlacht-Opfers weine! Diese Wendung seiner Betrachtungen machte seinem Herzen Ehre; denn man sahe daraus, daß er für die zärtlichsten Pflichten der Gesellschaft ein lebhaftes inniges Gefühl haben und gegen seine Nebenmenschen überaus gut gesinnt seyn mußte. Er war so schmerzlich gerührt, daß einige Stunden vergiengen, ehe er sich wieder beruhigen konnte, und auch in der Folge sprach er von diesem Vorfall nie ohne heftige Gemüthsbewegung. Philosophen, die den Menschen nur von ihrer Studierstube her kennen, haben dreist weg behauptet, daß es, aller älteren und neueren Nachrichten ohnerachtet, nie Menschenfresser gegeben habe: Selbst unter unsern Reisegefährten waren dergleichen Zweifler vorhanden, die dem einstimmigen Zeugniß so vieler Völker bisher noch immer nicht Glauben beymessen wollten. Capitain *Cook* hatte indessen schon auf seiner vorigen Reise aus guten Gründen gemuthmaaßt, daß die Neu-Seeländer Menschenfresser seyn müßten; und jetzt, da wir es offenbahr mit Augen gesehen haben, kann man wohl im geringsten nicht mehr daran zweifeln. Über den Ursprung dieser Gewohnheit sind die Gelehrten sehr verschiedener Meynung, wie unter andern aus des Herrn Canonicus *Pauw* zu Xanten *recherches philosophiques sur les Americains* ersehen werden kann. Er selbst scheint anzunehmen, daß die Menschen ursprünglich durch Mangel und äußerste Nothdurft darauf verfallen sind, einander zu fressen.* Dagegen aber lassen sich sehr wichtige Einwürfe machen, und folgender ist einer der stärksten: Wenig Winkel der Erde sind dermaßen unfruchtbar, daß sie ihren Bewohnern nicht so viel Nahrungsmittel liefern sollten als zu Erhaltung derselben nöthig sind; und diejenigen Länder, wo es noch jetzt Menschenfresser giebt, können gerade am wenigsten für so elend ausgegeben werden. Die nördliche Insel von Neu-Seeland, die beynahe 400 See-Meilen im Umfange haben mag, enthält, so viel sichs berechnen läßt, kaum einhundert Tausend Einwohner; welches für ein so großes Land, selbst alsdann noch, eine sehr geringe Anzahl ist, wenn auch nur allein die Küsten, und nicht die innern Gegenden des Landes durchaus bewohnt seyn sollten. Wenn aber auch ihrer noch weit mehrere wären; so würden sie sich doch alle von dem Überfluß an Fischen und vermittelst des Landbaues der in der *Bay of Plenty* und andrer Orten angefangen ist, zur Genüge ernähren, ja sogar

* Seine Gedanken hierüber hat *D. Hawkesworth* sich zugeeignet, ohne Herrn *Pauw* zu nennen. S. *Hawkesworth*. III. B. in 8. *p. 279. Sic itur ad astra* in einem Lande, das nach *Voltaire's* Aussage und nach dem Vorurtheil der Deutschen noch jetzt für das Vaterland der Original-Denker gehalten wird.

den Fremden noch davon mittheilen können, welches sie auch würklich gethan haben. Zwar mag vor Einführung der Künste, ehe sie Netze hatten und Cartoffeln pflanzten, der Unterhalt sparsamer und mühseliger gewesen seyn; aber damals war auch die Anzahl der Bewohner gewiß weit unbeträchtlicher. Bey alle dem läugne ich keinesweges, daß es nicht Fälle gegeben hätte, wo ein Mensch den andern wirklich aus Noth aufgefressen hat: Allein davon sind doch nur einzelne Beyspiele vorhanden, und aus einzelnen Beyspielen läßt sich, für die Gewohnheit des Menschenfressens im Ganzen genommen, durchaus nichts beweisen. Nur so viel kann man daraus abnehmen, daß der Mensch, in einzelnen Fällen durch Hunger und Elend zu außerordentlichen Mitteln gebracht werden könne. Im Jahr 1772. da Deutschland Mißwachs hatte und viele Provinzen Hunger leiden mußten, ward auf den Boinenburgischen Gütern, an der Gränze von Thüringen, ein Hirte eingezogen, und, wo ich nicht irre, am Leben bestraft, weil er, durch Hunger gezwungen, einen jungen Burschen erschlagen und gefressen, auch verschiedne Monathe lang, in gleicher Absicht, bloß des Wolschmacks wegen, zu morden fortgefahren hatte. Er sagte im Verhör aus, daß ihm das Fleisch junger Leute vorzüglich gut geschmeckt habe, und eben das ließ sich auch aus den Mienen und Zeichen der Neu-Seeländer schließen. Ein altes Weib in der Provinz *Matogroßo* in Brasilien, gestand dem damaligen portugiesischen Gouverneur Chevalier *Pinto,* der jetzt portugiesischer Gesandter zu London ist, daß sie mehrmalen Menschenfleisch gegessen, daß es ihr ungemein gut geschmeckt habe, und daß sie auch noch ferner welches essen möchte, besonders junges Knabenfleisch. – Würde es aber nicht abgeschmackt seyn, wenn man aus diesen Beyspielen folgern wollte, daß die Deutschen und die Brasilianer, ja überhaupt irgend eine andere Nation, Menschen umzubringen, und sich mit dem Fleische der Erschlagnen etwas zu Gute zu thun pflegen? Eine solche Gewohnheit kann ja nicht mit dem Wesen der menschlichen Gesellschaft bestehen. Wir müssen also der Veranlassung dazu auf einem andern Wege nachspühren. Man weis, daß sehr geringe Ursachen oft die wichtigsten Begebenheiten auf dem Erdboden veranlaßt, und daß unbedeutende Zänkereyen die Menschen sehr oft bis zu einem unglaublichen Grad gegen einander erbittert haben. Eben so bekannt ist es, daß die Rachsucht bey wilden Völkern durchgängig eine heftige Leidenschaft ist, und oft zu einer Raserey ausartet, in welcher sie zu den unerhörtesten Ausschweifungen aufgelegt sind. Wer weiß also, ob die ersten Menschenfresser die Körper ihrer Feinde nicht *aus bloßer Wuth* gefressen haben, damit gleichsam nicht das geringste von denselben übrig bleiben sollte? Wenn sie nun überdem fanden, daß das Fleisch gesund und wohlschmeckend sey, so dürfen wir uns wohl nicht wundern, daß sie endlich eine Gewohnheit daraus gemacht und die Erschlagenen *allemal* aufgefressen haben: Denn, so sehr es auch unsrer Erziehung zuwider seyn mag, so ist es doch an und für sich weder unnatürlich noch strafbar, Menschenfleisch zu essen. Nur um deswillen ist es zu verbannen, weil die geselligen Empfindungen der Menschenliebe und des Mitleids dabey so leicht verloren gehen können. Da nun aber ohne diese keine menschliche Gesellschaft bestehen kann; so hat der erste Schritt zur Cultur bey allen Völkern dieser seyn müssen, daß man dem Menschenfressen entsagt und Abscheu dafür zu erregen gesucht hat. Wir selbst sind zwar nicht mehr Cannibalen, gleichwohl finden wir es weder grausam noch unnatürlich zu Felde zu gehen und uns bey Tausenden die Hälse zu brechen, blos um den Ehrgeiz eines Fürsten, oder die Grillen seiner Maitresse zu befriedigen. Ist es aber nicht Vorurtheil, daß wir vor dem Fleische eines Erschlagnen Abscheu haben, da wir uns doch kein Gewissen daraus machen ihm, das Leben zu nehmen? Ohne Zweifel wird man sagen wollen, daß ersteres den Menschen brutal und fühllos machen würde. Allein, es giebt ja leyder Beyspiele genug, daß Leute von civilisirten Nationen, die, gleich verschiednen unsrer Matrosen, den bloßen Gedanken von Menschenfleisch-Essen nicht ertragen und gleichwohl Barbareyen begehen können, die selbst unter Cannibalen nicht erhört sind! Was ist der Neu-Seeländer, der seinen Feind im Kriege umbringt und frißt, gegen den Europäer, der, zum Zeitvertreib, einer Mutter ihren Säugling, mit kaltem Blut, von der Brust reißen und seinen Hunden vorwerfen kann?*

> *Neque hic lupis mos nec fuit leonibus,*
> *Nunquam nisi in dispar feris.*
> *HORAT.*

Die Neu-Seeländer fressen ihre Feinde nicht anders, als wenn sie solche im Gefecht und in der größten Wuth erlegt haben. Sie machen nicht Gefangne, um sie zu mästen und denn abzuschlachten,** noch weniger bringen sie ihre Verwandten in der Absicht um, sie zu fressen: (wie man wohl von einigen wilden Nationen in America vorgegeben hat) vielmehr essen sie solche nicht einmal, wenn sie natürlichen Todes gestorben sind. Es ist also nicht unwahrscheinlich, daß in der Folge der Zeit dieser Gebrauch bey ihnen ganz abkommen wird. Die Einführung von neuem zahmen Schlacht-Vieh kann diese glückliche Epoche vielleicht befördern, in so fern nemlich größerer Überfluß, mehr Viehzucht und Ackerbau das Volk näher zusammenbringen und es geselliger machen wird. Auch von Seiten ihrer Religion stehet jener Hoffnung kein Hinderniß im Wege, denn, so viel wir bemerken konnten, sind sie nicht sonderlich abergläubisch, und nur unter sehr abergläubischen Völkern hat man auch nach ihrer Cultur, noch Menschen-Opfer gefunden.

[…]

* Der Bischof *Las Casas* sahe diese Abscheulichkeit unter den ersten spanischen Eroberern von Amerika.

** S. *Hawkesworths* Gesch. *dritter* Band, in 8. *p. 199* u. f.

Dreyzehntes Hauptstück

Zweyte Fahrt in die südlichen Breiten, von Neu-Seeland nach Easter- oder Oster-Eyland

Am Morgen nach unsrer Abreise von Neu-Seeland hatten wir einen Nord-Nord-Westwind, bey dem das Thermometer auf 64 Grad stieg. Die beyden folgenden Tage stand es auf 54. dann auf 48., und als wir ohngefähr unterm 49sten Grade südlicher Breite waren, sank es auf 44½. Am 28sten November erblickten wir eine Menge Seehunde oder vielmehr See-Löwen, die eine Strecke weit vom Schiff vorbey giengen und ihren Weg nach den Küsten des Landes zu nehmen schienen, welches wir so eben verlassen hatten. Von dieser Zeit an bis zum 6ten December, sahen wir große Haufen von blauen und andern Sturmvögeln, nebst verschiedenen Arten von Albatrossen, Skua's oder grauen Mewen, viel Pinguins, und viel Seegras. Gedachten Tages befanden wir uns um 7 Uhr Abends, im 51sten Grade 33 Minuten südlicher Breite und unterm 180sten Grade der Länge; folglich gerade auf dem Punct der *Antipoden* von London. Hier nöthigte die Erinnerung dort zurückgelaßner häuslicher Glückseligkeit und gesellschaftlicher Freuden, jedem Herzen, das noch väterliche oder kindliche Liebe zu fühlen im Stande war, eine Empfindung des Heimwehes ab! Wir waren die ersten Europäer, und ich darf wohl hinzusetzen die ersten menschlichen Creaturen, die auf diesen Punct gekommen, den auch nach uns, vielleicht Niemand wieder besuchen wird. Zwar trägt man sich in England mit einer Erzählung von *Sir Francis Drake;* der zufolge er, auf der andern Halbkugel, gerade über den Strich weggeseegelt seyn soll, in welchen auf der disseitigen »der mittlere Bogen der alten Brücke von London befindlich ist.« Das ist aber ein Irrthum, denn er lief nur längst der Küste von Amerika hin, und es schreibt sich jene Sage vermuthlich davon her, weil er unter den *Periöcis* oder unter 180 Grade der Länge, und unter denselben Zirkel der nördlichen Breite an der Küste von *Californien* durchgegangen ist.

Je weiter wir gen Süden kamen, desto tiefer fiel das Thermometer. Am 10ten des Morgens, da uns der Wind entgegen blies, sank es auf 37 Grad. Mittags hatten wir den 59sten Grad südlicher Breite erreicht und noch kein Eis gesehen, da gegen sich vorm Jahre, (am 10ten December,) schon zwischen dem 50sten und 51sten Grade südlicher Breite welches gezeigt hatte. Die Ursach dieses Unterschiedes ist schwer zu bestimmen. Der vorjährige Winter mochte vielleicht kälter als der diesjährige gewesen, und aus dieser Ursach die See damals mit mehr Eis angefüllt seyn, als jetzt; wenigstens versicherten uns die Einwohner am Cap, daß sie einen weit härtern Winter gehabt hätten, als sonst. Vielleicht hatte auch ein starker Sturm das Eis um den Südpol her, zertrümmert, und die einzelnen Stücke so weit gen Norden getrieben als wir sie vorgedachtermaßen fanden. Vielleicht hatten beyde Ursachen gleich vielen Antheil daran.

Am 11ten des Nachts nahm die Kälte zu. Das Thermometer stand auf 34 Grad, und um 4 Uhr des andern Morgens zeigte sich eine große Insel von Treibeis, neben welcher wir eine Stunde nachher, vorbey fuhren. Ohnerachtet uns vors erste nur dies einzige Stück zu Gesicht kam; so mußte doch in der Nachbarschaft mehr vorhanden seyn, denn die Luft war mit einemmal so viel kälter geworden, daß nach Verlauf weniger Stunden, nemlich um 8 Uhr, das Thermometer bereits auf 31½ Grad gesunken war. Um Mittag befanden wir uns im 61sten Grade 46 Minuten südlicher Breite. Am folgenden Morgen war das Thermometer wieder um einen halben Grad gestiegen, und wir liefen mit einem frischen Winde gen Osten, ohne uns an das dicke Schneegestöber zu kehren, bey dem man oft kaum zehn Schritte weit vor dem Schiff hinsehen konnte. Unser Freund *Maheine* hatte schon an den vorhergehenden Tagen über die Schnee- und Hagelschauer große Verwundrung bezeigt, denn diese Witterungsarten sind in seinem Vaterlande gänzlich unbekannt. »Weiße Steine« die ihm in der Hand schmolzen, waren Wunder in seinen Augen, und ob wir uns gleich bemüheten, ihm begreiflich zu machen, daß sie durch Kälte hervorgebracht würden, so glaube ich doch, daß seine Begriffe davon immer sehr dunkel geblieben seyn mögen. Das heutige dicke Schneegestöber setzte ihn in noch größere Verwundrung, und nachdem er auf seine Art die Schneeflocken lange genug betrachtet, sagte er endlich, er wolle es, bey seiner Zurückkunft nach *Tahiti, weißen Regen* nennen. Das erste Stück Eis, welches uns aufsties, hatte er nicht zu sehen bekommen, weil es am frühen Morgen vorbey trieb, da er noch schlief. Desto größer war sein Erstaunen, als er zwey Tage nachher, ohngefähr unterm 65sten Grade südlicher Breite, ein ungeheures Stück Eis erblickte. Am folgenden Tage stießen wir auf ein großes Eisfeld, das unserm Weiterseegeln gen Süden ein Ende, ihm aber viel Freude machte, weil ers für Land hielt. Wir erzählten ihm, es sey nichts weniger als das, sondern es bestehe bloß aus erhärtetem süßen Wasser: Allein, da war an keine Überzeugung zu denken, bis wir ihn auf dem Verdeck an das offne Wasserfaß brachten, und ihm augenscheinlich zeigten, wie sich das Eis dort nach und nach ansetzte. Dennoch blieb er dabey, daß ers auf allen Fall, und, um es von anderm Lande zu unterscheiden, *weißes Land* nennen werde. Schon auf Neu-Seeland hatte er sich eine Anzahl dünner Stöckchen gesammlet, die er sorgfältig in ein Bündelchen zusammen band und als ein Tagebuch gebrauchte. Jedes dieser Stöckchen bedeutete bey ihm eine von den Inseln, die wir seit unserer Abreise von *Tahiti,* entweder besucht, oder wenigstens gesehen hatten. Er konnte also jetzt schon neun bis zehn solcher Hölzchen aufzeigen, und wußte sie alle bey ihren Namen, in eben der Ordnung herzunennen, als die Inseln der Reihe nach auf einander gefolgt waren. Das *weiße* Land oder *Whennua teatea* war das letzte. Er fragte sehr oft, wie viel andre Länder wir noch auf unserm Wege nach England antreffen würden? und dafür machte er ein besonderes Bündelchen, welches er alle Tage eben so fleißig durchstudirte, als das erstere. Die Langweiligkeit unsrer jetzigen Fahrt mogte ihn vielleicht begierig nach dem Ende machen; und die eingesalznen Speisen nebst dem kalten Wetter trugen wohl ebenfalls das ihrige dazu bey, ihm das Reisen nach grade zu verleiden. Seine gewöhnliche Beschäfftigung bestand in Abtrennung der rothen Federn von den Tanz-Schürzen, die er zu *Tongatabu* gekauft hatte. Er band acht oder zehn Stück derselben, vermittelst einiger Coco-Nußfasern, in kleine Büschchen zusammen. Die übrige Zeit brachte er mit Spatzierengehen auf dem Verdeck zu, oder er besuchte die Officiers, oder er wärmte sich beym Feuer in des Capitains Cajütte. Bey müßigen Stunden machten wir uns seine Gesellschaft zu Nutze, um in der *tahitischen* Sprache weiter zu kommen: Unter andern giengen wir das ganze Wörterbuch mit ihm durch, welches wir auf den Societäts-Inseln zusammengetragen hatten. Auf diese Art erlangten wir von seiner und den benachbarten Inseln manche neue Kenntniß, mit deren Hülfe wir bey unsrer Rückkunft wegen verschiedener Umstände, genauere und richtigere Nachfrage halten konnten, als zuvor.

Am 15ten des Morgens erblickten wir in mehrern Gegenden Eisfelder um uns her; und waren auf gewisse Weise damit so umringt, daß wir keine Möglichkeit vor uns sahen, weiter gen Süden zu gehn, sondern vielmehr um wieder ins Freye zu kommen, nach Nord-Nord-Ost steuern mußten. Der Nebel, der sich am Morgen schon gezeigt hatte, ward gegen Mittag immer dicker, dergestalt daß wir von der Menge der Eis-Felsen, die auf allen Seiten um uns her schwammen, die größte Gefahr zu besorgen hatten. Um 1 Uhr, da die Leute eben Mittag hielten, wurden wir durch den plötzlichen Anblick einer großen Eis-Insel, die dicht vor uns lag, in großen Schrecken gesetzt. Es war ganz unmöglich, das Schiff mit oder gegen den Wind herumzudrehen; das einzige, was uns zu thun übrig blieb, war dieses, so dicht als möglich am Winde hin zu versuchen, ob auf die Weise der Gefahr auszuweichen sey. Man kann denken, in welcher fürchterlichen Ungewißheit wir die wenigen Minuten zubrachten, ehe sich unser Schicksal entschied, und in der That es war ein bewundernswürdiges Glück, daß wir ohne Schaden davon kamen, denn die Eismasse blieb im Vorbeyfahren kaum eine Schiffslänge weit von uns entfernt. Dergleichen und andern ähnlichen Gefahren, sahen wir uns auf diesem unbeschifften Ocean alle Augenblick ausgesetzt, doch waren die Leute bey weiten nicht so verlegen darüber, als man hätte vermuthen können. Wie im Treffen der Tod seine Schrecken verliert, so seegelten auch wir, oft nur eine Handbreit, neben immer neuen Gefahren, ganz unbekümmert dahin, als ob Wind und Wellen und Eis-Felsen nicht vermögend wären, uns Schaden zu thun. Die Eisstücken hatten diesmals wieder eben so verschiedene Formen, als jene, welche wir auf unserer vorjährigen Fahrt, vom Vorgebürge der guten Hoffnung nach Süden herab, gesehen hatten. Wir konnten uns wechselsweise Pyramiden, Obelisken, Kirchthürme und Ruinen dabey vorstellen, und fanden mehrere Stücken darunter, die dem Eisblock, den wir im Jahr 1772. mit dem ersten Eise erblickt hatten, weder an Höhe noch an Ausdehnung etwas nachgaben, zum Theil auch oberhalb eben so platt waren.

Die Menge von Vögeln, die wir bisher angetroffen, würde vielleicht jeden andern Reisenden verleitet haben, in der Nähe Land zu vermuthen. Wir aber waren schon zu sehr daran gewöhnt, sie in offner See um uns zu sehen, als daß wir sie noch ferner für dergleichen günstige Vorbothen hätten gelten lassen sollen. Große Züge von blauen Sturmvögeln und Pintaden, eine Menge Albatrosse, mit unter auch einzelne Skuas hatten uns täglich begleitet; und als wir uns dem Eise näherten, gesellten sich noch Schnee und antarctische Sturmvögel, imgleichen Malmukken dazu *(Fulmars)* Pinguins aber, Seegras und Seehunde hatten sich seit dem 10ten nicht mehr sehen lassen.

Das Wetter war außerordentlich naß und dabey empfindlich kalt. Den Tauben, die wir zum Theil auf den Societäts- und freundschaftlichen Inseln eingekauft hatten, wollte es gar nicht bekommen, und den Singvögeln, die auf Neu-Seeland mit großer Mühe waren gefangen worden, behagte es eben so wenig. Mein Vater und ich, hatten fünf Tauben von dort mitgenommen; sie starben aber, vor dem 16ten December, eine nach der andern, weil es in unsern Cajütten ungemein kalt und selbst in dem Schlafraum der Matrosen wärmer war denn bey uns. Das Thermometer stand in unsern beyden Cajütten nie mehr denn 5 Grad höher als in freyer Luft, und da sie zum Unglück gerade vor dem Hauptmast gelegen waren, woselbst das Schiff am stärksten arbeitet, so hatten wir nicht nur beständigen Windzug auszustehen, sondern mußten uns auch bey regnigten oder stürmischen Wetter gefallen lassen, daß überall Wasser herein drang.

Am 16ten Nachmittags und auch am 17ten wurden die Boote ausgesetzt, um lose Eisstücken, zur Anfüllung unsrer Wasserfässer, einzunehmen. Das Eis war alt, schwammigt und mit Salzwasser-Theilchen durchdrungen, weil es schon lange Zeit und thauend in der See herumgeschwommen; doch ließ sich das Wasser davon noch wohl trinken, wenn die Stücke eine Weile auf dem Verdecke liegen bleiben, damit das Salzwasser abtröpfeln konnte. Vom 17ten bis zum 20sten, sahen wir keine Vögel um uns. Sie waren mit einemmale wie verschwunden, ohne daß wir irgend eine Ursach davon anzugeben wußten. An letztgedachtem Tage aber zeigten sich wieder einige Albatrosse.

[...]

Am 15ten ward der Wind stärker und verwandelte sich bald darauf in einen heftigen Sturm

which took the ruffian billows by the top
Curling their monstruous heads and hanging them
With deafning clamours in the slippery clouds.
SHAKESPEARE.

Während desselben schlug, des Abends um 9 Uhr eine berghohe Welle mitten übers Schiff und füllte die Verdecke mit einer Sündfluth von Wasser. Es stürzte durch alle Öffnungen über uns herein, löschte die Lichter aus und ließ uns einige Augenblicke lang ungewiß, ob wir nicht ganz überschwemmt, schon zu Grunde giengen. In meines Vaters Cajütte floß alles; sogar sein Bette war durchaus naß; unter solchen Umständen mußte der Rheumatismus freylich heftiger werden, an dem er seit vierzehn Tagen die größten Schmerzen ausstand, so daß er kein Glied am Leibe rühren konnte. Unsre Lage war nunmehro in der That höchst elend, selbst für diejenigen die noch gesund waren, und den Kranken, die an ihren gelähmten Gliedern beständige Schmerzen litten, war sie im eigentlichsten Verstande unerträglich. Der Ocean um uns her war wütend, und schien über die Keckheit einer Hand voll Menschen, die es mit ihm aufnahmen, ganz erboßt zu seyn. Finstre Melancholie zeigte sich auf der Stirn unsrer Reisegefährten, und im ganzen Schiff herrschte eine fürchterliche Stille. Die eingesalznen Speisen, unsre tägliche Kost, waren uns allen, sogar denen zum Ekel geworden, die von Kindheit an zur See gefahren. Die Stunde des Essens war uns verhaßt, denn der Geruch der Speisen, kam uns nicht sobald unter die Nase, als wirs schon unmöglich fanden, mit einigen Appetit davon zu genüssen. Dies alles beweiset wohl genugsam, daß diese Reise mit keiner von den vorhergehenden zu vergleichen sey. Wir hatten mit einer Menge von Mühseligkeiten und Gefahren zu kämpfen, die unsern Vorgängern in der Südsee unbekannt geblieben waren, weil sie sich mehrentheils nur innerhalb der Wendezirkel, oder doch wenigstens in den besten Gegenden des *gemäßigten* Himmelsstrichs gehalten hatten. Dort fanden sie immer gelindes Wetter; blieben fast immer im Gesicht des Landes, und dieses war selten so armselig und unfruchtbar, daß es ihnen nicht von Zeit zu Zeit einige Erfrischungen gegeben haben sollte. Solch eine Reise wäre für uns eine Lustreise gewesen; bey der beständigen Unterhaltung mit neuen und größtentheils angenehmen Gegenständen, würden wir gutes Muths, aufgeweckt und gesund, mit einem Wort, glücklich und fröhlich gewesen seyn. Aber von alle dem, war unsre Reise gerade das Gegentheil. Die Fahrt gegen Süden war ein ewiges und im höchsten Grade langweiliges Einerley. Eis, Nebel, Stürme, und eine ungestüme See, machten finstere Scenen, die selten genug durch einen vorübergehenden Sonnenblick erheitert wurden. Das Clima war kalt, und unsere Nahrungsmittel beynahe verdorben und ekelhaft. Kurz, wir lebten nur ein Pflanzen-Leben, verwelkten, und wurden gegen alles gleichgültig, was sonst den Geist zu ermuntern pflegt. Unsre Gesundheit, unser Gefühl, unsre Freuden opferten wir der leidigen Ehre auf, einen unbeseegelten Strich durchkreuzt zu haben! Das war im eigentlichen Verstande:

– Propter vitam vivendi perdere causas.
JUVENAL.

Die gemeinen Matrosen waren eben so übel daran, als die Officiers; aber aus einer andern Ursach. Ihr Zwieback, der auf Neu-Seeland von neuem gebacken und dann wieder eingepackt worden, war jetzt fast eben so elend als zuvor. Bey der Musterung, welche man dort damit vorgenommen hatte, war aus allzu großer Sparsamkeit nicht strenge genug verfahren, und daher manches verdorbene Stück unter dem Eßbaren beybehalten worden; theils lag es an den Fässern, die nicht genugsam durchräuchert und ausgetrocknet waren. Von diesem halb verdorbnen Brod bekamen die Leute, aus öconomischen Ursachen, nur zwey Drittel der gewöhnlichen Portion; da aber eine volle Portion, selbst wenn sie ganz eßbar ist, ihren Mann kaum sättigt, so war der verminderte Theil verdorbenen Brods natürlicherweise noch weit weniger hinreichend. Dennoch blieben sie in dieser elenden Lage bis auf diesen Tag, da der erste Unterofficier *(Mate)* zum Capitain kam und bitterlich klagte, daß er so wenig als seine Leute, den Hunger stillen könnte; wobey er zugleich ein Stück von dem verfaulten und stinkenden Zwieback vorzeigte. Auf diese Klage bekamen die Leute endlich ihre volle Portion. Der Capitain besserte sich, so wie wir südlich giengen; die rheumatischen Kranken aber blieben alle so schlecht als zuvor.

Am 20sten dieses, trafen wir auf diesen Strich unterm 62sten Grade 30 Minuten südlicher Breite die ersten Eis-Inseln an, doch nahm ihre Anzahl nicht zu, als wir weiter nach Süden kamen. Wir giengen also immer weiter und gelangten am 26sten abermals innerhalb des antarctischen Zirkels, wo wir nur einige wenige Eisstücken sahen. An eben diesem Tage glaubten wir in der Ferne, Berge zu entdecken; nach Verlauf einiger Stunden aber fanden wir, daß es Wolken waren, die nach und nach verschwanden. Am folgenden Tage um Mittag waren wir unter 67 Grad, 52 Minuten südlicher Breite; folglich dem Pole näher als wir je gewesen, und trafen gleichwohl noch kein Eis, das uns weiter zu gehen gehindert hätte. Die blauen und kleinen Sturmvögel, imgleichen die Pintade begleiteten uns noch immer; die Albatrosse aber hatten uns seit einiger Zeit verlassen. Wir waren nun abermals ohne Nacht und hatten Sonnenschein um Mitternacht.

Am 28sten Nachmittags kamen wir neben einem großen Bette gebrochnen Eises vorbey. Die Boote wurden also ausgesetzt, und eine große Menge Eisschollen aufgedieht, um unsern Vorrath von Trinkwasser damit zu ergänzen. Um Mitternacht war das Thermometer nicht tiefer als 34 Grad, und am folgenden Morgen hatten wir den angenehmsten Sonnenschein, den wir je in diesem kalten Erdstrich angetroffen. Mein Vater wagte sich also nach vierwöchentlicher Bettlägerigkeit zum erstenmale aufs Verdeck.

Wir machten uns jetzt Hoffnung eben so weit gegen Süden zu kommen, als andre Seefahrer gegen den Nordpol gewesen; am 30sten aber um 7 Uhr Morgens entdeckten wir ein festes Eisfeld von unabsehlicher Größe, das von Ost zu West vor uns lag, und verschiedne Fus über die See empor zu ragen schien. Auf der Fläche desselben lag, so weit das Auge nur reichen wollte, eine Menge hoher Eismassen unregelmäßig aufgethürmt, und vor demselben her trieb eine Bank von Brucheis in der See herum. Unsre Breite war damals 71 Grad 10 Minuten südlich, und wir waren also nicht völlig 19 Grad mehr vom Pol entfernt. Da es aber unmöglich war weiter vorzudringen; so kehrten wir um, wohlzufrieden mit unsrer gefährlichen Expedition und völlig überzeugt, daß sich kein Seemann die Mühe geben werde, weiter zu gehen. Unsre Länge war damals ohngefähr 106 Grad 54' westlich. Das Thermometer stand hier 32 und eine Menge *Pinguins* ließen sich mit ihrem koaxenden Geschrey hören, ob wir sie gleich des einfallenden Nebels wegen, nicht ansichtig werden konnten.

So oft wir bis jetzt noch gegen Süden gekommen waren, eben so oft hatten wir auch nie Land angetroffen, sondern waren allemal bald früher, bald später durch festruhende, unabsehliche Eis-Bänke in unserm Laufe aufgehalten worden. Zugleich hatten wir den Wind immer mäßig, und in den höhern Breiten, gemeiniglich östlich gefunden, eben so als er in den höhern nördlichen Breiten seyn soll. Aus diesen Umständen schließt mein Vater, daß der ganze Südpol bis auf 20 Grad, mehr oder weniger, mit festem Eise bedeckt ist, und daß nur die äußersten Enden oder Spitzen davon jährlich durch Stürme abgebrochen, durch die Sonne geschmolzen und im Winter wieder ersetzt werden.

– Stat glacies iners
Menses per omnes –
HORAT.

Diese Meynung hat um so vielmehr Wahrscheinlichkeit vor sich, als einer Seits, zur Hervorbringung des Eises nicht nothwendigerweise Land erforderlich, und andrer Seits auch mir wenig Ursach vorhanden ist zu glauben, daß in diesem Erdstrich einiges Land von beträchtlicher Größe zu finden seyn sollte.

Von diesem Eisfelde aus, liefen wir bis zum 5ten Februar mit gelinden Winde nordwärts; gedachten Tages aber bekamen wir, nach einer kurzen Windstille, einen frischem Wind. Am 6ten setzte er sich um in Süd-Ost, und ward des Nachts so heftig, daß etliche Seegel dabey in Stücken giengen. Da er uns aber, um nördlich zu gehen, sehr erwünscht war, so kümmerten wir uns nicht um seine Heftigkeit. Er führte uns auch so schnell fort, daß wir in den nächsten vier und zwanzig Stunden drey ganze Grade der Breite zurücklegten. Dieser günstige Wind hielt bis zum 12ten an, und hatte uns in dieser Zeit bis unter 50 Grad 15 Minuten südlicher Breite fortgebracht. Das Thermometer stand nun schon wieder auf 48 Grad. Nunmehro eröffnete man uns endlich, daß wir den herannahenden Winter, so wie den vorigen, unter den tropischen Inseln des stillen Meers zubringen sollten. Die Aussicht neuer Entdeckungen und guter Erforschungen, die wir dort hoffen konnten, belebte unsern Muth von neuen, und wir waren sogar ganz wohl damit zufrieden, daß wir noch ferner an der Westseite des Cap *Horn*, verbleiben sollten.

Des wärmern Clima ohnerachtet litten doch viele von unsrer Leuten noch immer von rheumatischen Schmerzen, und waren zum Theil nicht im Stande sich zu rühren. Ihre gänzliche Entkräftung schien allein Schuld daran zu seyn, daß nicht vollends schleichende Fieber dazu kamen. Das Sauerkraut hatte zwar den Ausbruch des Scorbuts im kalten Wetter gehindert, allein blos für sich ist es doch nur eine vegetabilische Speise und nicht nahrhaft genug, um davon, ohne Zwieback und Pöckelfleisch, leben zu können. Ersterer aber war verfault und letzteres vom Salze fast verzehrt. Bey solchen Nahrungsmitteln konnten sich die Kranken nicht anders als sehr langsam erholen, denn sie hatten nichts zu ihrer Stärkung. Mein Vater, welcher auf diesem südlichen Zuge größtentheils schmerzhaft krank gewesen war, hatte nun Zahnweh, geschwollne Backen und Hals, und empfand bis Mitten im Februar am ganzen Leibe Schmerzen. Einem Schatten ähnlich, fieng er nunmehro wieder an auf dem Verdeck herumzuschleichen. Aber in eben der Masse, als das warme Wetter ihm heilsam war, ward es der Gesundheit des Capitains nachtheilig. Seine Gallen-Krankheit war zwar während unsers letzten Zuges gegen Süden verschwunden, er hatte aber nie wieder zu Appetit kommen können. Jetzt bekam er wieder eine gefährliche Verstopfung, die er zum Unglück anfangs nicht achtete, noch Jemanden im Schiff entdeckte, sondern vielmehr für sich allein durch Hunger abzuhelfen suchte. Hiedurch aber verschlimmerte er nur das Übel, denn sein Magen war so schon schwach genug. Es stellten sich also bald gewaltige Schmerzen ein, die ihn in wenig Tagen bettlägerig machten, und Hülfe bey dem Arzte zu suchen, nöthigten. Man gab ihm ein Abführungsmittel; allein statt des gewöhnlichen Effects, verursachte dasselbe ein heftiges Erbrechen, welches der Arzt sogleich durch Brechmittel noch mehr beförderte. Aber alle Versuche, auf eine andre Art Öffnung zu verschaffen, waren umsonst, Speise und Arzneyen giengen durch Brechen wieder fort, und nach ein Paar Tagen zeigte sich ein fürchterliches Aufstoßen, welches ganzer vier und zwanzig Stunden so stark anhielt, daß man an seinem Leben verzweifelte. Endlich thaten warme Bäder und Magenpflaster von Theriac, was Opiate und Clystiere nicht vermogt hatten. Sie erweichten nemlich den Cörper und hoben allmählig die Verstopfung, nachdem er eine ganze Woche lang in größter Gefahr des Lebens gewesen war. Unser Bedienter ward zugleich mit dem Capitain krank. Er hatte eben dieselbe Krankheit, und kam zwar mit genauer Noth davon, blieb aber fast immer schwach, und die ganze Zeit unsers Aufenthalts zwischen den Wendezirkeln, zum Dienst unfähig.

[…]

Vierzehntes Hauptstück

Nachricht von Oster-Eyland und unserm Aufenthalt daselbst

Am 13ten, früh Morgens, liefen wir dicht unter die südliche Spitze der Insel. Die Küste ragte in dieser Gegend senkrecht aus dem Meer empor, und bestand aus gebrochnen Felsen, deren schwammigte und schwarze eisenfarbigte Masse volcanischen Ursprungs zu seyn schien. Zwey einzelne Felsen, lagen ohngefähr eine Viertelmeile vor dieser Spitze in See. Einer derselben hatte eine sonderbare Form, er glich nemlich einer großen Spitz-Säule oder Obelisk, und beyde waren von einer ungeheuren Menge Seevögel bewohnt, deren widriges Geschrey uns die Ohren betäubte. Nicht lange nachher entdeckten wir eine andre Landspitze, ohngefähr 10 Meilen von der ersten; und hier ward das Land nach dem Ufer herab, etwas flacher und ebener. In dieser Gegend entdeckten wir auch einige bepflanzte Felder; doch schien die Insel, im Ganzen genommen, einen elenden dürren Boden zu haben. Der Pflanzungen waren so wenige, daß wir uns eben keine Hoffnung zu vielen Erfrischungen machen durften; dennoch blieben unsre Augen unabläßig darauf gerichtet. Mittlerweile sahen wir viele, fast ganz nackte Leute von den Bergen gegen die See herabkommen. So viel wir unterscheiden konnten, waren sie unbewaffnet, welches uns ein Merkmal friedlicher Gesinnungen zu seyn dünkte. Wenig Minuten nachher, schoben sie ein Canot ins Wasser, in welchen sich zwey von ihnen zu uns auf den Weg machten, die, indem sie sehr rasch ruderten, in kurzer Zeit neben dem Schiff waren. Sie riefen, wir mögten ihnen einen Strick zu werfen, dessen Benennung in ihrer Sprache eben so als in der *Tahitischen* lautete. So bald wirs gethan hatten, befestigten sie einen großen Klumpen reife Pisangs daran, und winkten nun, daß man den Strick wieder heraufziehen mögte. Welche allgemeine und unvermuthete Freude der Anblick dieser Früchte bey uns verursacht habe, ist kaum zu beschreiben; nur Leute, die eben so elend sind, als wir damals waren, können sich einen richtigen Begriff davon machen. Mehr als funfzig Personen fiengen aus Übermaaß der Freude auf einmal an, mit den Leuten im Canot zu sprechen, die natürlicherweise keinem einzigen antworten konnten. Capitain *Cook* nahm allerhand Bänder, befestigte Medaillen und Corallen daran, und ließ ihnen solche zum Gegengeschenk herab. Sie bewunderten diese Kleinigkeiten sehr; eilten aber unverzüglich wieder ans Land. Als sie auf dem Rückwege um das Hintertheil des Schiffs herum ruderten, und daselbst eine ausgeworfne Angelschnur vom Verdeck herabhängen sahen, banden sie zum Abschieds-Geschenk, noch ein klein Stückchen Zeug daran. Beym Heraufziehen fanden wir, daß es aus eben solcher Baumrinde als das Tahitische verfertigt und gelb gefärbt war. Den wenigen Worten nach zu urtheilen, die wir von ihnen gehört hatten, dünkte uns ihre Sprache ein Dialect der *Tahitischen* zu seyn. Es wird also an beyden Enden der Südsee einerley Sprache geredet. Ihr ganzes Ansehen ließ uns vermuthen, daß sie ein Zweig desselbigen Volk-Stamms seyn müßten. Sie waren von mittlerer Größe, aber mager, und der Gesichtsbildung nach, den *Tahitiern* ähnlich, jedoch nicht so schön. Der eine von den beyden, die im Canot waren, hatte einen Bart, der bis auf einen halben Zoll abgeschnitten war. Der andre war ein junger Mensch von siebzehn Jahren. Sie hatten über den ganzen Cörper eben solche Puncturen als die Neu-Seeländer, und als die Einwohner der *Societäts*- und der *freundschaftlichen* Inseln; giengen aber völlig nackend. Das Sonderbarste an ihnen war die Größe ihrer Ohren, deren Zipfel oder Lappen so lang gezogen war, daß er fast auf den Schultern lag; darneben hatten sie große Löcher hinein geschnitten, daß man ganz bequem vier bis fünf Finger durchstecken konnte. Dies stimmte genau mit der Beschreibung überein, welche *Roggewein* in seinem Reise-Journal von ihnen macht.* Ihr Canot war in seiner Art nicht minder sonderbar. Es bestand aus lauter kleinen

* *Dalrymples historical collection. Vol. II. p. 90. 94. Histoire de l'expedition de trois vaisseaux Tome I. p. 133. à la Haye. 1739.*

Stückchen Holz, die ohngefähr 4 bis 5 Zoll breit und von 3 bis 4 Fus lang, sehr künstlich zusammengesetzt waren. Überhaupt mogte es ohngefähr 10 bis 12 Fus lang seyn. Das Vor- und Hintertheil war jedes sehr hoch; in der Mitte aber war das Fahrzeug sehr niedrig. Es hatte einen Ausleger oder Balancier von drey dünnen Stangen, und jeder von den Leuten führte ein Ruder, dessen Schaufel gleichfalls aus verschiednen Stücken zusammengesetzt war. Auch diesen Umstand findet man in den holländischen Nachrichten, welche von *Roggeweins* Reise im Jahr 1728. zu Dort gedruckt ist,* ganz gleichlautend angezeigt. Da sie die Sparsamkeit mit dem Holze so weit treiben; so ist zu vermuthen, daß die Insel Mangel daran haben müsse, wenn gleich in einer andern Reisebeschreibung** das Gegentheil behauptet wird.

Ohnerachtet wir der Stelle gegenüber, von wo das Canot abgegangen war, einen Anker-Platz fanden, so liefen wir doch, in Hoffnung noch bessern Ankergrund zu finden, noch weiter längst der Küste, und bis an die nördliche Spitze derselben hin, die wir gestern, wiewohl von der andern Seite, gesehen hatten. Die Hoffnung aber, hier eine bequemere Rhede zu finden, schlug uns fehl, und also kehrten wir nach vorgedachten Platze wieder zurück. An dem Ufer sahe man eine Menge schwarzer Säulen oder Pfeiler, die zum Theil auf Platteformen errichtet waren, welche aus verschiednen Lagen von Steinen bestanden. Wir konnten nun an diesen Säulen nach gerade so viel unterscheiden, daß sie am obern Ende eine Ähnlichkeit mit dem Kopf und den Schultern eines Menschen hatten; der untere Theil aber schien blos ein roher unbearbeiteter Steinblock zu seyn. Von angebauten Ländereyen bemerkten wir hier am nördlichen Ende der Insel nur wenig, denn das Land war in dieser Gegend steiler als nach der Mitte der Insel hin. Auch sahen wir nunmehro ganz deutlich, daß auf der ganzen Insel kein einziger Baum über 10 Fus hoch war.

* *Dalrymples Collect. Vol. II. p. 3.*
** *Idem Vol. II. p. 95. Histoire etc. Vol. I. p. 138.*

Nachmittages setzten wir ein Boot aus, in welchem der Lootse ans Land gehen sollte, um die Rhede zu sondiren, von wo das Canot zu uns gekommen war. Sobald die Einwohner unser Boot vom Schiff abrudern sahen, versammelten sie sich am Ufer, in der Gegend, nach welche unsre Leuthe zu steuern schienen. Der größte Theil der Indianer war nackt, nur einige wenige hatten sich in Zeug von schöner hellgelber- oder vielmehr Orange-Farbe gekleidet, und diese mußten unsern Bedünken nach die Vornehmem der Nation seyn. Nunmehro konnten wir auch ihre Häuser bereits unterscheiden. Sie waren dem Anschein nach ungemein niedrig, aber lang; in der Mitte hoch und gegen beyde Seiten schräg ablaufend, so daß sie der Form nach einem umgekehrten Canot nicht unähnlich sahen. In der Mitte schienen sie eine kleine Öfnung oder Thür zu haben, die aber so niedrig war, daß ein Mann von gewöhnlicher Größe sich bücken mußte, um hinein zu kommen. Gegen Abend giengen wir an der Südwestlichen Seite der Insel vor Anker, woselbst wir vierzig Faden Tiefe und einen guten Kies-Grund hatten. Bald nachher kam der Lootse von seiner Expedition zurück und brachte einen der Eingebohrnen mit an Bord. Dieser Kerl war ohne Ceremonie oder Einladung dreist ins Boot gesprungen, als es dicht am Ufer lag, und hatte sogleich Verlangen geäussert, ans Schiff gebracht zu werden. Er war von castanienbrauner Farbe und mittler Statur, ohngefehr 5 Fus 8 Zoll groß; und auf der Brust und über den ganzen Leib merklich haarigt. Der Bart und das Haupthaar waren in gleichem Verhältniß stark, beydes von schwarzer Farbe und ersterer gestutzt. Er hatte so lange Ohrlappen, daß sie ihm fast bis auf die Schultern herabhiengen; und seine Schenkel waren felderweise oder nach würfelförmigen Figuren, und in einem Geschmack punktirt, dergleichen wir sonst noch nirgends bemerkt hatten. Statt aller übrigen Bekleidung trug er blos einen Gürtel um den Leib, woran vorne ein Netzwerk herabhieng, das aber nichts bedeckte. Um den Hals hatte er eine Schnur, an welcher vorn auf der Brust ein breiter und ohngefehr 5 Zoll langer Knochen befestigt war, der die Figur einer Zunge vorstellen sollte. Er erzählte uns, dieser Knoche sey von einem Meer-Schwein, *Ivi toharra,* welcher Name in der *tahitischen* Sprache gerad eben so lautet. Um sich noch deutlicher zu erklären, nannte er diesen Brust-Zierrath auch *Ivi-Ika,* welches, wie wir wohl verstanden, einen Fischknochen bedeutet.* Sobald er sich im Boote niedergesetzt, gab er durch sehr vernemliche Zeichen zu verstehen, daß ihm friere. Herr *Gilbert,* der Lootse, gab ihm also eine Jacke und setzte ihm einen Hut auf; in diesem Staat erschien er bey uns auf dem Schiff. Der Capitain und die Passagiers schenkten ihm Nägel, Medaillen und Corallen-Schnüre. Letztere verlangte er um den Kopf gewunden zu haben. Anfänglich war er etwas furchtsam und mißtrauisch, denn er fragte, ob wir ihn als einen Feind umbringen würden? *(Mattetoa?)* Da wir ihm aber gute Begegnung versprachen, so schien er völlig beruhigt und sicher zu seyn, und redete von nichts als Tanzen *(Hiwa.)* Anfänglich kostete es uns einige Mühe, seine Sprache zu verstehen; als wir ihn aber fragten, wie er die Hauptglieder des Leibes nenne, fand sich bald, daß es eben die Mundart sey, welche auf den Societäts-Inseln geredet wird, denn die Namen der Gliedmaßen lauteten hier eben so als dort. Wenn wir ein Wort sagten, das er nicht verstand, so wiederhohlte ers oft, und mit einem Blick, der sehr lebhaft ausdrückte, daß er nicht wisse, was wir damit meynten. Bey herannahender Nacht gab er uns zu verstehen, daß er schlafen wolle, und daß ihm friere. Mein Vater gab ihm also ein großes Stück von dem gröbsten *tahitischen* Zeuge. Darinn wickelte er sich, und sagte, daß er nun völlig warm sey. Man brachte ihn in des Lootsen Cajütte, wo er sich auf einen Tisch niederlegte und die ganze Nacht sehr ruhig schlief. *Maheine,* der schon ungeduldig darüber war, daß er noch nicht hatte ans Land gehen können, freuete sich ungemein, daß die Leute eine Sprache redeten, die der seinigen ähnlich war. Er hatte schon verschiedenemal versucht, sich mit unsern Gast in Unterredung einzulassen, er war

* *Iya* zu *Tahiti* und *Ika* auf Neu-Seeland und den freundschaftlichen Inseln, bedeuten einen Fisch.

aber noch immer durch so viel andre Fragen daran gehindert worden.

In der Nacht riß der Anker aus und das Schiff trieb fort, daher wir die Seegel wieder aufsetzen mußten, um unsern vorigen Ankerplatz wieder zu erreichen. Gleich nach dem Frühstück gieng der Capitain mit dem Wilden, der *Maruwahai* hieß, imgleichen mit *Maheinen,* meinen Vater, Doct. *Sparrmann* und mir ans Land. Mir waren Beine und Schenkel so dick geschwollen, daß ich fast gar nicht gehen konnte. Wir fanden hier eine gute Bucht, die für Boote tief genug und am Landungsplatze durch Klippen gegen die berg-hohen Wellen gedeckt war, welche an den übrigen Stellen der Küste gewaltig gegen das Ufer anschlugen. Ohngefehr hundert bis hundert und funfzig Einwohner, hatten sich in dieser Gegend versammlet. Sie waren fast alle nackend, doch trugen einige einen Gürtel um den Leib, von welchem ein Stückchen Zeug 6 bis 8 Zoll lang oder auch ein kleines Netz herabhieng. Etliche wenige hatten Mäntel, welche bis auf die Knie reichten. Das Zeug dazu war von derselben Art als das *Tahitische,* aber, um solches dauerhafter zu machen, mit Zwirn gestept oder durchnähet, und mehrentheils mit Curkuma-Wurzel gelb gefärbt. Die Leute ließen uns ruhig ans Land steigen und machten überhaupt nicht die mindeste unfreundliche Bewegung; sondern fürchteten sich vielmehr vor unserm Feuergewehr, dessen tödtliche Würkung ihnen bekannt zu seyn schien. Sie waren größtentheils unbewaffnet; doch führten einige unter ihnen Lanzen oder Speere, von unförmlich und höckerigt gewachsenen Holz gemacht und mit einem scharfen dreyeckigten Stück schwarzer Glas-Lava *(pumex vitreus Linnaei)* zugespitzt. Einer hatte eine Streit-Kolbe, die aus einem dicken Stück Holz verfertigt, 3 Fus lang, und an einem Ende mit Schnitzwerk verziert war, und ein Paar andre hielten kurze, hölzerne Keulen in der Hand, die den Neu-Seeländischen Pattu-Pattus von Fischknochen völlig ähnlich sahen. Mit unter hatte einer einen europäischen Hut, ein andrer eine dergleichen Mütze, dieser ein gestreiftes baumwollnes Schnupftuch, jener eine alte zerrißne Jacke von blauen wollnen Zeuge an; alles ohnstreitige Denkmäler oder Überbleibsel von der letztern Anwesenheit der Spanier, die im Jahre 1770 hier gewesen waren. Übrigens konnte man es den Eingebohrnen in aller Absicht ansehen, das ihr Land armselig seyn müsse. Sie waren von Gestalt kleiner als die Neu-Seeländer und als die Einwohner der Societäts- und freundschaftlichen Inseln, ja wir fanden nicht einen einzigen unter ihnen, den man hätte groß nennen können. Dabey waren sie mager, und schmaler von Gesicht als die übrigen Bewohner der Südsee zu seyn pflegen. Ihr Mangel an Kleidung und ihre Begierde nach unsern Waaren, ohne daß sie uns dafür wieder etwas angeboten hätten, waren zusammengenommen, hinreichende Merkmale ihrer Armseligkeit. Sie waren durchgehends über den ganzen Leib sehr stark punctirt, vornemlich aber im Gesicht. Ihre Frauenspersonen, die sehr klein und zart gebauet waren, hatten auch Puncturen im Gesicht, die an Gestalt den Schönpflästerchen unsrer Damen glichen. Doch befanden sich unter dem ganzen hier versammleten Haufen nicht über zehn bis zwölf Frauensleute. Sie waren gemeiniglich mit ihrer natürlichen hellbraunen Farbe nicht zufrieden, sondern hatten sich noch das ganze Gesicht mit rothbraunen Röthel überschmiert, über dem denn das schöne Orangeroth der Curkuma-Wurzel gesetzt war; zum Theil hatten sie sich auch das Gesicht mit zierlichen Streifen von weißem Muschel-Kalk verschönert. Die Kunst, sich anzumahlen, ist also nicht blos auf die Damen eingeschränkt, welche das Glück haben die französischen Moden nachzuahmen. Die Weiber waren alle in Zeug gekleidet, aber so sparsam, daß es in Vergleichung mit den vollständigen und verschwenderischen Trachten, die in *Tahiti* Mode waren, hier ungleich seltner zu seyn schien. Männer und Weiber hatten hagere Gesichtsbildungen, doch war nichts wildes in ihren Zügen; dagegen hatte die brennende Sonnenhitze, für welche man in diesem kahlen Lande fast nirgends Schatten findet, bey verschiedenen eine widernatürliche Verzerrung des Gesichts zuwege gebracht, indem die Augenbraunen zusammen und die Muskeln vom Untertheil des Gesichts gegen die Augen heraufgezogen waren. Die Nasen sind nicht breit, zwischen den Augen aber ziemlich flach. Die Lippen stark, aber nicht so dick als bey den Negern. Das Haar ist schwarz und kräuselt sich, aber durchgehends verschnitten, und nie über 3 Zoll lang. Ihre Augen sind schwarzbraun und klein; und das Weiße derselben ist nicht so helle als bey den andern Völkern der Südsee; daß sie lange Ohren, und in den Ohrläppchen ungewöhnlich große Löcher haben, ist bereits erwähnt. Um letztere so groß zu machen, bedienten sie sich eines Blattes von Zukkerrohr, das aufgerollt hindurch gesteckt war, und vermöge seiner eigenthümlichen Elasticität den Einschnitt im Ohre beständig aufgespannt hielt. Die unerträgliche Sonnenhitze hat sie genöthigt auf allerhand Mittel zu denken, um den Kopf dagegen zu schützen. In dieser Absicht trugen die Männer zum Theil einen 2 Zoll dicken Ring von stark und künstlich geflochtnen Grase um den Kopf, der rund umher mit einer Menge langer schwarzer Federn vom Halse des Fregattenvogels besteckt war. Andre hatten große buschichte Mützen von braunen Mewen-Federn, die fast eben so dick waren, als die großen Doctor-Perücken des vorigen Jahrhunderts. Noch andre hatten einen bloßen hölzernen Reif auf dem Kopfe, in welchem eine große Anzahl langer weißer Federn von der Soland-Gans befestigt waren, die bey dem geringsten Lüftchen hin und her schwankten, und auf die Art den Kopf nicht nur vor der Sonne schützten, sondern zugleich kühl erhielten. Die Frauenspersonen trugen einen weiten Hut von artigen Mattenwerk. Vorn war er spitz; die Vertiefung für den Kopf aber, war nicht wie bey unserm Hute rund und oben platt, sondern längligt, und von beyden Seiten, nach oben hin, schräg zusammen laufend, und hinten fielen zwey einzelne Krempen herab, welche vermuthlich die Schultern schützen sollten. Diese Hüte fanden wir ungemein kühlend. Herr *Hodges* zeichnete eine Frauensperson mit einem solchen Hute, und eine Mannsperson mit einer von den vorbeschriebenen Kopf-Trachten. Sie sind beyde ungemein characteristisch ausgefallen und sehr gut in Kupfer gestochen worden. Die einzigen Zierrathen, die wir bey diesen Leuten antrafen, bestanden in dem vorgedachten Zungenförmigen Stück Knochen, welches Männer und Weiber auf der Brust trugen, und nächst diesen in Halsbändern und in Ohrringen von Muschel-Schaalen.

Nachdem wir eine Weile am Strande bey den Eingebohrnen geblieben waren, so giengen wir tiefer ins Land hinauf. Der ganze Boden war mit Felsen und Steinen von verschiedener Größe bedeckt, die alle ein schwarzes, verbranntes, schwammigtes Ansehen hatten, und folglich einem heftigen Feuer ausgesetzt gewesen seyn mußten. Zwey bis drey Grasarten wuchsen zwischen diesen Steinen kümmerlich auf und milderten einigermaßen, ob sie gleich schon halb vertrocknet waren, das verwüstete öde Ansehn des Landes. Ohngefähr funfzehn Schritte vom Landungsplatze, sahen wir eine Mauer von viereckigten, gehauenen Steinen, davon jeder anderthalb bis 2 Fus lang und einen Fus breit war. In der Mitte betrug die Höhe ohngefähr 7 bis 8 Fus; an beyden Enden aber war sie niedriger und überhaupt ohngefähr zwanzig Schritt lang. Das Sonderbarste war die Verbindung dieser Steine, die so künstlich gelegt und so genau in einander gepaßt waren, daß sie ein ungemein dauerhaftes Stück von Architectur ausmachten. Der Stein, woraus sie gehauen, ist nicht sonderlich hart, sondern nur eine schwarzbraune, schwammigte, spröde Stein-Lava. Der Boden lief von der Küste immer bergauf, dergestalt, daß eine zweyte Mauer, welche parallel mit dieser, und zwölf Schritte weiter hinauf lag, nur 2 bis 3 Fus hoch seyn durfte, um in dem Zwischenraum eine Art von Terasse zu formiren, auf welcher das Erdreich eine ebene Fläche ausmachte, die mit Gras bewachsen war. Funfzig Schritt weiter gegen Süden, fanden wir einen andern erhabnen ebnen Platz, dessen Oberfläche mit eben solchen viereckten Steinen gepflastert war, als man zum Mauerwerk gebraucht hatte. In der Mitte dieses Platzes stand eine steinerne Säule, aus einem Stück, die eine Menschen-Figur bis auf die Hüften abgebildet, vorstellen sollte und 20 Fus hoch und 5 Fus dick war. Diese Figur war schlecht gearbeitet, und bewies, daß die Bildhauerkunst hier noch in der ersten Kindheit sey. Augen, Nase und Mund waren an dem plumpen ungestalten Kopfe, kaum angedeutet. Die Ohren waren nach der Landes-Sitte ungeheuer lang, und besser als das übrige gearbeitet, ob sich gleich ein europäischer Künstler derselben geschämt haben würde. Den Hals fanden wir unförmig und kurz; Schultern und Arme aber nur wenig angedeutet. Auf dem Kopfe war ein hoher runder cylindrischer Stein aufgerichtet, der über 5 Fus im Durchschnitt und in der Höhe hatte. Dieser Aufsatz, der dem Kopfputze einiger egyptischen Gottheiten gleich sahe, bestand aus einer andern Steinart, denn er war von röthlicher Farbe; auch war an dessen beyden Seiten ein Loch zu sehen, als hätte man ihm seine runde Form durch ein Dreh- oder Schleifwerk gegeben. Der Kopf, nebst dem Aufsatz, machte die Hälfte der ganzen Säule aus, so weit sie über der Erde sichtbar war. Wir merkten übrigens nicht, daß die Insulaner diesen Pfeilern, Säulen oder Statüen einige Verehrung erwiesen hätten; doch mußten sie wenigstens *Achtung* dafür haben, denn es schien ihnen manchmal ganz unangenehm zu seyn, wenn wir über den gepflasterten Fusboden oder das Fusgestell giengen, und die Steinart untersuchten, wovon sie gemacht waren.

Einige von den Insulanern begleiteten uns weiter ins Land nach einem kleinen Gebüsche hin, woselbst wir im Pflanzenreich etwas neues anzutreffen hofften. Der Weg war ungemein rauh, er gieng über lauter volcanische Steine, die unter den Füßen wegrollten und an die wir uns bey jedem Schritt stießen. Die Eingebohrnen hingegen, die daran gewöhnt waren, hüpften ohne einige Schwürigkeit von Stein zu Stein. Unterwegens erblickten wir etliche schwarze Ratten, die auf allen Inseln der Südsee anzutreffen sind. Das Gebüsch, um dessentwillen wir diese Wanderung unternommen, bestand aus einer kleinen Pflanzung von Papier-Maulbeerbäumen, aus deren Rinde hier, so wie auf *Tahiti,* das Zeug zur Kleidung gemacht wird. Die Stämme waren 2 bis 4 Fus hoch, und zwischen großen Felsen, woselbst der Regen ein wenig Erde angeschlemmt hatte, ordentlich in Reihen angepflanzt. Nicht weit von hier standen auch einige Büsche vom *Hibiscus populneus Linnaei,* der in allen Südsee-Inseln angetroffen, und von den Einwohnern zum Gelbfärben gebraucht wird. Endlich gab es an diesem Fleck noch eine *Mimosa,* welches das einzige Gewächs ist, das den Einwohnern Holz zu ihren Keulen, *Pattu-Pattus,* und kümmerlich zusammengeflickten Canots, liefert.

[...]

Bey Untergang der Sonne verließen wir den Wasserplatz, und giengen nach der Bucht, wo unser Boot vor Anker lag. Unterwegens kamen wir über den ebnen Platz, auf welchem die vorbeschriebne Säule aufgerichtet ist. Einige Einwohner, die uns noch begleiteten, winkten uns, daß wir auf dem Grase am Fus des Piedestals, und nicht über das Mauerwerk gehen sollten; da wir uns aber nicht daran kehrten, so hatten sie auch nichts dawider. Wir erkundigten uns bey einigen, die am verständigsten zu seyn schienen, was diese Steine zu bedeuten hätten, und so viel wir aus ihrer Antwort schließen und errathen konnten, müssen es Denkmähler ihrer *Eriki's* oder Könige seyn. Also ist das gemauerte Piedestal vermuthlich als der Begräbnißplatz anzusehn; und bey genauerer Untersuchung fanden wir wirklich nicht weit davon eine Menge Menschen-Gebeine, welches dann unsre Vermuthung bestätigte. Die Länge der Knochen paßte zu Körpern mittlerer Länge, und ein Schenkelbein, das wir maaßen, kam genau mit dem Maaß desselbigen Knochens an einer Person überein, die ohngefähr 5 Fus, neun Zoll lang war. An der West-Seite der Bucht standen drey Säulen, auf einem sehr breiten und erhöheten Postement, in einer Reihe aufgerichtet. Diese Reihe nannten die Einwohner *Hanga-roa.* Die vorerwähnte einzelne Säule aber hießen sie *Obina.* Nahe bey diesen Pfeilern saßen zehn oder zwölf von den Einwohnern um ein kleines Feuer, an welchem sie ein Paar Kartoffeln brateten. Dies war ihr Abendessen, und sie boten uns, als wir vorbey giengen, etwas davon an. In einem so armseligen Lande war uns diese Gastfreyheit unerwartet. Man vergleiche sie einmal mit den Gebräuchen der civilisirten Völker, die sich fast aller Empfindungen gegen ihren Nebenmenschen zu entledigen gewußt haben! Übrigens war es uns sehr angenehm, bey dieser Gelegenheit augenscheinlich überzeugt zu werden, daß die Vermuthung der Holländer, wegen solcher Feuer, ungegründet gewesen, denn wir fanden nicht den mindesten Grund, diese Feuer für eine religiöse Ceremonie anzusehen. Mit einem kleinen Vorrath von Kartoffeln, den wir eingekauft und ohngefähr sechs oder sieben bekannten Pflanzen, die wir gesammlet, kehrten wir nun an Bord zurück. Den scorbutischen Patienten bekam unser Spatziergang ungemein wohl und besser denn jeden andern. Ich für meine Person, der ich am Morgen noch geschwollne Beine hatte, und kaum darauf stehen konnte, befand mich heute Abend schon weit besser. Die Geschwulst hatte sich etwas gelegt und die Schmerzen waren gänzlich verschwunden. Diese schleunige Besserung mußte ich einzig und allein der Bewegung zuschreiben, vielleicht hatten auch die antiscorbutischen Ausdünstungen des Landes mitgewürkt, denn wie man sagt, sollen die schon allein hinreichend seyn, diejenigen wieder gesund zu machen, die sich durch langen Aufenthalt auf der See den Scorbut zugezogen haben.

[...]

Zu Mittag giengen wir an Bord, und speißten ein paar Hühner mit Kartoffeln, die wir nach unserm mühsamen Spatziergange überaus vortreflich fanden. Wir trafen einige Insulaner auf dem Schiffe, die es gewagt hatten vom Lande herzuschwimmen, ob es gleich noch drey Viertelmeilen davon entfernt war. Sie schienen über alles, was sie sahen, erstaunt, und jeder von ihnen, maaß die Länge des Schiffs, von einem Ende bis zum andern, mit ausgebreiteten Armen aus. Einem Volke, dessen Canots aus lauter kleinen Stückchen zusammengeflickt sind, mußte natürlicherweise, eine solche Menge von Zimmerholz, und noch dazu, von solcher Größe, etwas sehr unbegreifliches seyn. Die Begierde zu gewinnen, hatte auch eine Weibsperson so beherzt gemacht, sich durch Schwimmen an unser Schiff zu begeben. Sie besuchte erst einige Unterofficiers und wandte sich darauf an die Matrosen: Ihre Begierden waren unersättlicher als einer Meßalina.* Ein Paar englische Lumpen und einige Stücke Tahitisches Zeug, war

* *Plin. H. nat. X. c. 83. Tacit. Ann. XI. Juven. Sat. VI. v. 129.*

alles was sie für ihre Dienste davon trug. Sie ward in dem zusammengeflickten Canot abgeholt, welches das einzige auf der Insel zu seyn schien. Den Tag vorher hatte eine andre Weibsperson auch durch Hülfe des Schwimmens, das Schiff besucht, und war eben so ausschweifend, als jene gewesen. Wir wußten warlich nicht, worüber wir uns mehr wundern sollten; über ihr Glück bey unsern kränklichen, ausgehungerten Seeleuten? oder über ihre unbegränzte Liederlichkeit?

[...]

Man siehet aus dieser Nachricht, daß selbst die sorgfältigsten Nachforschungen noch nicht hinreichend gewesen sind, ein gewisses Licht über die bewundernswürdigen Gegenstände zu verbreiten, die wir auf dieser Insel antrafen. Was besonders die riesenmäßigen Monumente anlangt, die hier überall so häufig sind, und doch die Kräfte der gegenwärtigen Einwohner gar weit zu übertreffen scheinen, so muß man wohl billig annehmen, daß sie Überbleibsel vormaliger besserer Zeiten sind. Denn die Zahl der Einwohner haben wir nach unsern genauesten Berechnungen niemals höher als auf 700. für die ganze Insel, ansetzen können,* und diese alle haben fast keinen Augenblick ihres Lebens zu etwas anderm übrig, als sich die nothdürftigsten Erfordernisse zum Fortkommen in ihrem jämmerlichen Zustande an zu schaffen. Es fehlt ihnen an Handwerkszeug: Sie haben nicht einmal ihr nöthiges Obdach und die unentbehrlichste Kleidung. Hunger und Mangel verfolgen sie zu sehr, als daß sie auf Verfertigung solcher Bildsäulen denken könnten, zu deren Vollendung ihr ganzes Leben und zu deren Aufrichtung die vereinten Kräfte des ganzen Volks erforderlich seyn würden. Wir sahen auch überall auf unserer Wallfahrt, kein einziges Instrument, das zur Bildhauerey oder Baukunst im mindesten hätte dienlich seyn können, eben so

* Die Spanier im *S. Lorenzo* und der Fregatte *Rosalia*, geben die Einwohner auf Oster-Eyland auf 2. bis 3000 an. Sie scheinen aber das Innere des Landes, nicht so genau als wir, untersucht zu haben. S. *Dalrymples Letter to D. Hawkesworth.*

wenig, als wir etwa neue Steinbrüche oder unvollendete Statüen antrafen, die man als Arbeiten der jetzigen Bewohner der Insel hätte betrachten dürfen. Das wahrscheinlichste ist also, daß die Einwohner ehemals weit zahlreicher, wohlhabender und glücklicher gewesen seyn müssen, als sie es heutiges Tages sind, und wenigstens Zeit genug übrig gehabt haben, der Eitelkeit ihrer Prinzen durch Errichtung verewigender Denkmäler schmeicheln zu können. Die Spuren alter Pflanzungen, so man noch hier und da auf den Spitzen der Berge antrifft, bestätigen einigermaßen diese Vermuthung. Übrigens läßt sichs schwer bestimmen, durch was für Zufälle dies Volk, sowohl in Absicht der Zahl, als des Wohlstandes, so weit herunter gekommen sey. Allerdings können mancherley Ursachen, die diesen Umsturz veranlaßt haben, angeführet werden. Nur eine Ursache zu nennen, so war Verwüstung, welche durch einen Volkan angerichtet werden kann, völlig hinreichend, hundertfaches Elend über ein Volk zu bringen, das in einem so kleinen Erdraum eingeschlossen war. Wer weis, ob diese Insel nicht ehemals grade durch einen Volcan hervorgebracht worden: Denn alle hiesige Steinarten sind volcanisch. Und eben so konnte sie auch durch neuere volcanische Ausbrüche wieder zu Grunde gerichtet werden. Alle Bäume und Pflanzen, alle zahmen Thiere, ja ein großer Theil ihrer Bewohner, können in dieser fürchterlichen Revolution vernichtet worden seyn: und auf diese Art mußten Hunger und Elend, leider! nur allzu mächtige Verfolger derer werden, welche dem Erdbrande entgiengen. Die kleinen geschnitzten Menschen-Figuren, deren wir oben erwähnt haben, und die Hand einer Tänzerinn, welche *Maheine* fand, können wir bis jetzt noch, eben so wenig erklären: denn sie sind aus einer Art Holz gemacht, welches heutiges Tages nicht mehr auf der Insel anzutreffen ist. Alles, was uns auch hiebey einfallen konnte, war dies: daß sie in weit frühern Zeiten verfertigt worden, und bey der allgemeinen Katastrophe, die mit diesem Lande vorgegangen zu seyn scheint, entweder durch einen bloßen Zufall, oder durch eine besondre Sorgfalt so lange sey erhalten worden. Alle Weibsleute, welche wir in den verschiednen Theilen der Insel gesehen haben; machten zusammen nicht dreyßig aus, und doch hatten unsre Leute die ganze Insel, fast von einem Ende bis zum andern, durchstreift, und nicht die geringste Wahrscheinlichkeit gefunden, daß sich die übrigen etwa in einem oder dem andern entlegenen District der Insel versteckt hätten. Waren ihrer würklich nicht mehr als dreyßig oder vierzig, gegen sechs oder siebenhundert Männer, so muß die ganze Nation bald aussterben, oder alles, was man bisher über die Mehrheit der Männer *(Polyandrie)* angenommen hat, muß unrichtig seyn. Die mehresten Frauenspersonen, welche uns zu Gesicht kamen, gaben uns freylich nicht Anlaß, zu vermuthen, daß sie an einen einzigen Mann gewöhnt wären; sondern sie schienen vielmehr ganz des Geistes der Messalina oder der Kleopatra zu seyn: Bey dem allen ist doch dies ungleiche Verhältniß zwischen beyden Geschlechtern ein so sonderbares Phänomen, daß wir es noch nicht für so ganz ausgemacht und richtig halten können, und daß wir lieber jedes Argument, so man uns dagegen beybringen mögte, annehmen wollen, wenn es auch mit noch so großen Schwürigkeiten verknüpfet wäre. Zwar hat keine einzige unsrer Partheyen irgendwo ein entferntes oder abgesondertes Thal gefunden, in welchen sich vielleicht die übrigen Weiber, während unsers Hierseyns verborgen haben könnten; allein wir müssen den Leser an die Höhlen erinnern, deren wir oben erwähnt haben, und wozu uns die Einwohner niemals den Eingang gestatten wollten. Die isländischen Höhlen sind so geräumig, daß einige Tausend Menschen darinn Platz haben; und es ist sehr wahrscheinlich, daß ähnliche Höhlen, in einem eben so volcanischen Lande geräumig genug seyn können, um einige Hundert Menschen zu fassen. Wir sahen zwar nicht ein, warum die Oster-Eyländer auf ihre Weiber eifersüchtiger seyn sollten, als die *Tahitier;* wir wissen aber, wie ausschweifend und zügellos das Seevolk ist, besonders wenn es über die Indianer eine solche Überlegenheit hat, als die Holländer und Spanier über die Leuthe auf Oster-Eyland gehabt haben müssen. Der stärkste Einwurf, den man noch gegen diese Hypothese machen könnte, liegt darinn, daß die Anzahl von Kindern, die uns hier zu Gesicht kam, und die man doch eben nicht zu verbergen nöthig hatte, wenigstens nicht aus dem Grunde, aus dem man etwa die Weiber versteckt haben mogte, eben so gering und unbeträchtlich war. Wir müssen die Sache unentschieden lassen. Sollte indessen die Anzahl der Weiber würklich so geringe seyn, als wir sie angegeben haben, so muß sie durch einen ganz ausserordentlichen Zufall vermindert worden seyn, und davon wären die Einwohner allein im Stande gewesen, uns einige Nachricht mitzutheilen; aber bey allen unsern Versuchen und Nachfragen, konnten wir wegen Mangel der Bekanntschaft mit ihrer Sprache nichts entscheidendes herausbringen.

[…]

Fünfzehntes Hauptstück

Reise von Oster-Eyland nach den Marquesas
Aufenthalt im Haven Madre de Dios auf der Insel Waitahu
Reise von da über die flachen Inseln nach Tahiti

Von *Oster-Eyland* seegelten wir mit so schwachem Winde, daß wir uns am folgenden Mittage noch im Angesichte der Insel und kaum 15 Meilen weit vom Ufer befanden. Das Wetter war schwül, und Capitain *Cook* bekam ein Recidiv seines Gallenfiebers, weil er in den Stunden der heftigsten Mittags-Hitze sich am Lande zu stark angegriffen hatte. Alle diejenigen, welche ihn auf dem langen beschwerlichen Marsch queer über die Insel, begleitet, hatten von der Sonnen-Hitze Blasen im Gesicht bekommen, die täglich empfindlicher wurden, je mehr die Haut sich abschälte. So kurz auch unser Aufenthalt am Lande gewesen und so wenig frische Gewächse wir da genossen; so hatten sich dennoch unsre Kranken vom Scorbute ziemlich erholt, und klagten zum Theil nur noch blos über Mattigkeit. Die wenigen Erfrischungen auf *Oster-Eyland* hatten aber unsern Appetit gleichsam noch mehr gereizt und uns auf die Inseln des *Marquese de Mendoza,* nach denen wir jetzt hin steuerten, desto begieriger gemacht. Zum Glück bekamen wir am nächsten Tage frischern, dauernden Wind, welches unsern Hoffnungen mehr Zuverläßigkeit, und uns selbst mehr Heiterkeit und Muth gab, als wir seit einigen Monathen empfunden hatten. Desto beunruhigender dünkte es uns aber, als ein Paar Tage nachher verschiedene unsrer Leute von neuem zu kränkeln und besonders über Verstopfungen und Gallenfieber, diese tödtliche Krankheiten der heißen Himmelsstriche, zu klagen anfiengen. Unter diesen Kranken war auch unser Wundarzt selbst mit begriffen. Ein Umstand, der uns die größte Besorgnis verursachte. Das Betrübteste aber war, daß unsre Patienten die süßen Kartoffeln, die wir erhalten, als eine für ihren schwachen Magen allzu schwere Speise, nicht genießen konnten.

Eine Windstille, von der wir am 24sten unterm 17ten Grade südlicher Breite überfallen wurden, schien bey unsern Kranken sehr unangenehme Folgen hervorzubringen. Viele verschlimmerten sich dabey augenscheinlich. Selbst Capitain *Cook* mußte, wegen einiger höchst gefährlichen Zufälle, von neuem das Bette hüten. Zum Glück stellte sich schon am Nachmittag wieder guter Wind ein, und weil er binnen ein Paar Tagen immer frischer wurde; so ward auch die Luft sehr angenehm abgekühlet: Für die Gallenfieber-Patienten ein ungemein heilsames Wetter! Sie erschienen halb aufgelebt wieder auf dem Verdecke, und suchten, so viel die erlittne Entkräftung es gestatten wollte, von neuem herum zu gehen oder vielmehr zu schleichen.

Mein Vater ließ seinen Tahitischen Hund, den einzigen, der noch lebend am Borde war, abschlachten; und Capitain Cook wurde damit einige Tage hintereinander beköstigt. Er durfte es nicht wagen, von dem gewönlichen Schiffsproviant zu essen; und wir hielten es für einen sehr glücklichen Zufall, daß wir etwas dazu beytragen konnten, das Leben eines Mannes zu erhalten, auf den das fernere Glück der ganzen Reise zu beruhen schien.

[…]

Sobald die Anker ausgeworfen waren, luden wir die Einwohner unter allerley Freundschafts-Zeichen, vermittelst einer Anrede in *Tahitischer* Sprache, ein, zu uns an Bord zu kommen. Sie wagten es aber nicht eher, als bis sie dicht am Schiff von ihren Canots aus, uns einige Pfefferwurzeln, zum Zeichen des Friedens, wie auf den Societäts- und freundschaftlichen Inseln, dargeboten hatten.* Sobald wir solche an das Tauwerk befestigt, verkauften sie uns für Nägel, einige frische *Fische* und große, völlig reife *Brodfrüchte,* deren Anblick bey unsrer Schiffs-Gesellschaft allgemeine Freude erweckte.

Die Eingebohrnen waren wohlgebildete, schöne Leute von

* Capitain *Cook* will bemerkt haben, daß in jedem Kahn ein Haufen Steine gelegen, und alle, die darinne saßen, eine Schleuder um den Kopf gebunden hatten.

gelblicher oder hellbrauner Farbe; die aber der vielen Puncturen wegen, womit sie am Leibe geziert waren, ins schwärzliche zu fallen schien. Sie giengen völlig nackend, und hatten bloß ein klein Stück Zeug, eben der Art, als das Tahitische um die Hüften; Bart und Haare sind glänzend und schwarz, und ihre Sprache der Tahitischen ähnlicher als andre Südsee-Dialecte, jedoch mit dem Unterschiede, daß sie kein R. aussprechen konnten. Ihre Boote waren sehr schmal und bestanden aus leicht zusammengenäheten Brettern. Die Ruderschaufeln waren den Tahitischen ähnlich und oberhalb mit einem runden Knopf versehen. Wir fragten hauptsächlich nach Schweinen, und bathen, daß man uns einige bringen mögte. Gegen Abend hatten wir auch das Vergnügen, eines neben dem Schiffe zu sehen, und man überließ es uns für ein Messer. Sobald es dunkel ward, verloren sich die Canots, nach dem allgemeinen Gebrauche der Südsee-Völker, die sogar durch den außerordentlichen Anblick eines europäischen Schiffes niemals in Versuchung gerathen, eine Nacht schlaflos hinzubringen. Die Thäler um unsern Haven waren voller Bäume, und alles schien die Vermuthung, die wir aus der spanischen Beschreibung geschöpft hatten, zu bestätigen, daß wir im Haven *Madre de Dios* geankert hätten.* Nach astronomischen Beobachtungen liegt er im 9°, 55'. südlicher Breite und 139°. 8'. westlicher Länge. Da wir durch die Bäume, weit ins Land hin, wahrnahmen, daß viele Feuer die Gegend erleuchteten; so schlossen wir daraus mit Recht, daß die Insel stark bewohnt seyn müßte. Am folgenden Morgen genossen wir den reitzenden Anblick des Landes besser als gestern, da die Wolken es unsern Augen entzogen hatten. An der Südseite siehet man einen schroffen unzugänglichen *Pik* empor steigen. Die ganze Nordseite ist ein schwarzer verbrannter Berg, dessen Fels längst der Seeküste gewölbt und ausgewaschen scheint, bis zur Spitze aber mit *Casuarina-Buschwerk* bedeckt ist. Im Hintergrunde des Havens liegt ein hoher Berg, der seines flachen Gipfels wegen dem Tafelberg am Vorgebirge der guten

* *Dalrymples Collection Vol. I. pag. 66.*

Hoffnung, ähnlich siehet. Einige waldichte Thäler führen vom Strande zu beyden Seiten nach diesem Berge hin, der sehr steil zu seyn scheint. Auf dem Gipfel bemerkten wir eine Reihe von Stangen oder Pallisaden, die als eine Befestigung aussahen und sehr genau untereinander verbunden waren; innerhalb derselbigen beobachteten wir mit den Ferngläsern etwas, das uns Wohnhütten der Einwohner zu seyn dünkten. Die Spanier scheinen dies *Verschanzungen* genannt zu haben; sie waren aber den Neu-Seeländischen *Hippahs* ungemein ähnlich, als welche eben so auf hohen Felsen angelegt und mit Pallisaden umgeben sind.

Kurz nach Aufgang der Sonne zeigten sich, durch den gestrigen Handel gelockt, verschiedne Canots, die uns eine Menge *Brodfrucht* gegen kleine Nägel verhandelten. Die Leute brachten auch *Pisangs* zum Verkauf und bewiesen anfänglich bey ihrem Handel viel Ehrlichkeit; doch hatte keiner Muth genug, sich an Bord zu wagen. Bald nachher fanden wir, daß ihre Denkungsart mit der Tahitischen vollkommen übereinstimmte. Einige fiengen an, uns offenbar zu betrügen, und Nägel, wofür sie Brodfrüchte angebothen, zu sich zu nehmen, ohne die Früchte hernach abzuliefern. Der Capitain hielt es daher für nothwendig, sich und seine Leute bey diesem Volk in Ansehen, die Betrüger aber in Furcht zu setzen! Zu dem Ende ließ er eine Muskete über ihren Kopf abfeuern. Der unerwartete Knall that die erwünschteste Würkung, sie reichten uns nemlich ganz bestürzt die Brodfrüchte entgegen, um welche sie uns zuvor hatten betrügen wollen. Einige kamen, nach dem Verkaufe ihrer Waaren an Bord, um zu gaffen und begafft zu werden. Als der Capitain Anstalt machte, mit meinem Vater ins Boot zu gehen, bemerkte der eine von ihnen, daß die große eiserne Stange, woran das Tau zum Aus- und Einsteigen befestigt ist, loß war. Auf einmal erhaschte er sie, sprang mit seiner Beute über Bord und schwamm, ihrer Schwere ohnerachtet, mit großer Leichtigkeit, nach seinem Canot, um sie da in Sicherheit zu bringen. So bald Capitain *Cook,* der eben ins Boot steigen wollte, diesen Diebesstreich erfuhr, befahl er, sogleich eine Muskete über den Kerl hinzufeuern, indeß er selbst mit dem Boote um das Schiff herumzukommen und sich der Stange wieder zu bemächtigen suchen wollte. Der Schuß geschah, der Wilde aber gerieth dadurch nicht aus seiner Fassung, sondern sahe vielmehr ganz unbesorgt um sich her. Der Capitain ließ also, indem er selbst vom Schiff abstieß, den zweeten Schuß, wiewohl mit eben so wenig Erfolge, thun. Ein Officier, der in diesem Augenblick aufs Verdeck kam, ward über die Verwegenheit des Indianers so aufgebracht, daß er nach einem Gewehre grif, und den Unglücklichen auf der Stelle todt schoß. Sobald er fiel, warf sein erschrockner Gefährte die eiserne Stange, durch welche dies Unglück veranlaßt worden, unverzüglich in die See; und der Capitain, der eben jetzt mit seinem Boote anlangte, kam in aller Absicht zu spät. Er mußte mit Betrübniß sehen, wie der andre Wilde das Blut seines erschoßnen Cameraden aus dem Canot in die See schöpfte, und hierauf mit den übrigen Canots dem Strande zu eilte. Die Wilden hatten uns nunmehr allesammt verlassen, und waren am Strande beschäfftigt, das Canot durch die Brandung, den todten Cörper aber ins Holz zu schleppen. Gleich nachher hörten wir trommeln und erblickten eine große Menge von Wilden, mit Speeren und Keulen bewaffnet, welcher Anblick uns vielmehr Gefahr zu drohen, denn Hoffnung zu Erfrischungen zu gestatten schien. Es war allerdings sehr zu bedauern, daß der unglückliche Jähzorn eines unsrer Mitreisenden, der noch dazu von dem wahren Verlauf der Sache nicht einmal recht unterrichtet war, dem Indianer unbilligerweise das Leben kostete. Die ersten Entdecker und Eroberer von Amerika, haben oft und mit Recht den Vorwurf der Grausamkeit über sich ergehen lassen müssen, weil sie die unglücklichen Völker dieses Welttheils nicht als ihre Brüder, sondern als unvernünftige Thiere behandelten, die man gleichsam zur Lust niederzuschießen berechtigt zu seyn glaubt. Aber wer hätte es von unsern erleuchteten Zeiten erwarten sollen, daß Vorurtheil und Übereilung den Einwohnern der Südsee fast eben so nachtheilig werden würden? *Maheine* konnte sich der Thränen nicht erwehren, da er sahe, daß ein Mensch den andern wegen einer so geringen Veranlassung ums Leben brachte. Seine Empfindlichkeit ist für gesittete Europäer, die so viel Menschenliebe im Munde und so wenig im Herzen haben, warlich, eine demüthigende Beschämung.

[…]

Frauenspersonen hatten sich bisher noch gar nicht sehen lassen, denn sie mochten vermuthlich gleich bey dem ersten Lermen auf die Berge geflüchtet seyn. Einige Mannsleute waren besser geputzt und bewaffnet als die übrigen, weshalb wir sie für Befehlshaber ansahen. Sie giengen alle unbekleidet und hatten nur ein kleines Stück Zeug um die Hüften geschlagen. Von Statur waren sie durchgehends groß und wohlgebildet; kein einziger war unbehülflich, oder so dick als die vornehmern Tahitier; auch keiner so mager; oder abgezehrt als die Oster-Eyländer. Die Punctirungen, welche bey Leuten von mittlerm Alter fast den ganzen Cörper bedeckten, machten es schwer, die Schönheiten ihrer Gestalt entwickeln zu können. Unter den jungen Leuten aber, die noch nicht punctirt oder *tätowirt* waren, bemerkte man außerordentliche Schönheiten, deren Regelmäßigkeit unsre Bewundrung erregte.

Manche hätte man füglich neben die Meisterstücke der alten Kunst stellen können, sie würden bey der Vergleichung gewiß nichts verloren haben:

Qualis aut Nireus fuit, aut aquosa
Raptus ab Ida.

HORAT.

Die natürliche Farbe dieser jungen Leute war nicht völlig so dunkel, als der gemeine Mann auf den Societäts-Inseln zu seyn pflegt; Erwachsenere schienen aber, der Punctirungen wegen, die vom Kopf bis auf die Füße reichten, weit schwärzer zu seyn. Diese tättowirte Zierrathen waren so regelmäßig angelegt, daß man die Figuren auf den Beinen, Armen und Wangen vollkommen übereinstimmend antraf. Sie stellten aber nie bestimmte Formen von Thieren oder Pflanzen vor, sondern bestanden aus einer Menge von Flecken, krummen Linien, Würfeln und Sparren, die zusammen ein sehr buntes und sonderbares Ansehen hatten. Die Gesichtsbildungen waren durchgehends gefällig, offen und voller Lebhaftigkeit, wozu ihre große schwarze Augen nicht wenig beytrugen.* Das Haar ist ebenfalls schwarz, gekräuselt und stark, nur bey einigen einzelnen Personen sahe es heller und blonder aus. Der Bart war gemeiniglich dünne, wegen der vielen Narben von Punctirungen, die um das Kinn her am häufigsten zu seyn pflegten. Diese Punctirung und andre Zierrathen scheinen gewissermaßen die Stelle der Kleidung zu vertreten. Manche hatten eine Art von Diadem um den Kopf, welches aus einer flachen Binde von geflochtenen Cocos-Fasern bestand. An der Außenseite dieses Stirnbands sahe man zwey runde, ziemlich große Stücken Perlmutter, deren mittlerer Theil mit einer Platte von durchbrochner Schildkröten-Schale ausgelegt war. Hinter diesen schildförmigen Zierrathen ragten zween Büsche von schwarzen, glänzenden Hahnenfedern hoch empor, die diesem Kopfputz wirklich ein schönes, edles Ansehn ertheilten. [...] Einige trugen runde Kronen von kleinen zusammenverbundenen *Fregatten-Federn;* andre hingegen einen Reif, von welchem verschiedne Reihen geflocktner Cocos-Nußfasern, ohngefähr zween Zolle lang, und zum Theil schwarz gefärbt, um den Kopf herum standen. [...] In den Ohren hatten sie bisweilen zwey flache, ovale Stücke von leichtem Holz, 3 Zoll lang, die das ganze Ohr bedeckten und mehrentheils mit Kalk weiß gefärbet waren. Die Be- fehlshaber trugen eine Art von Ringkragen, der als eine Zierde vorn auf der Brust herabhieng. Er bestand aus kleinen Stücken eines leichten korkartigen Holzes, die mit Harz zusammengeleimt waren und einen halben Zirkel ausmachten. Eine Menge *rother Bohnen (Abrus precatorius Linn.)* waren in vielen,

* Capitain *Cook* ist der Meynung, daß ihre Zähne nicht so gut, und ihre Augen minder lebhaft als bey andern Völkern in der Süd-See sind. Der Unterschied, wenn ja einer statt findet, kann aber gewiß nicht beträchtlich seyn, sonst wär er mehr bemerkt worden.

2 bis 3 Zoll langen, Reihen ebenfalls mit Harze darauf befestigt. [...] Manche, denen es an diesem prahlenden Zierrath fehlte, trugen wenigstens eine Schnur um den Hals und an selbiger ein Stück Muschel-Schaale, das in die Form eines großen Zahnes geschnitten und abgeglättet worden. Sie hielten auch sehr viel auf Büsche von Menschenhaaren, die mit Schnüren um den Leib, um die Arme, Knie und an die Schenkel gebunden waren. Allen andern Schmuck vertauschten sie gegen Kleinigkeiten, aber nicht leicht diesen Haarschmuck, den sie ungemein hoch schätzten, so sehr er auch gemeiniglich von Ungeziefer bevölkert war. Sie trugen selbigen vermuthlich zum Andenken ihrer verstorbnen Verwandten, und hielten ihn daher so sehr, als diese, in Ehren. Vielleicht sind es auch Siegeszeichen von ihren Feinden. Indeß vergaßen sie doch alle diese Bedenklichkeiten, um eines großen Nagels, oder einer andern Kleinigkeit willen, deren Anblick ihrer Neubegierde zu schmeicheln schien.

[...]

Auch die Bewohner dieser Inseln, gleichen den Einwohnern der *Societäts-Eylande* an Gestalt, Gebräuchen und Sprache, mehr dann irgend ein andres Volk in der Südsee. Der größte Unterschied den wir zwischen beyden finden konnten, bestand darinn, daß die Leute hier nicht so reinlich waren als dort. Die *Tahitier* und ihre Nachbaren auf den Societäts-Inseln, sind vielleicht das reinlichste Volk auf Erden. Sie baden sich täglich zwey bis dreymal; und waschen Hand und Gesicht sowohl vor als nach jeder Mahlzeit. Die Leute auf den *Marquesas* aber wuschen und badeten sich nicht so oft, waren auch in der Bereitung ihrer Mahlzeiten weit nachläßiger. Hingegen thaten sie es den Bewohnern der *Societäts-Inseln,* in einem andern Punkt, an Reinlichkeit zuvor; denn, anstatt daß man [wie] zu *Tahiti* die Fußsteige überall mit Zeichen einer gesunden Verdauung besetzt fand, wurde hier der Unflath, nach Katzen-Art, sorgfältig verscharret. Zwar verließ man sich zu Tahiti auf die guten Dienste der Ratten, die dergleichen Unrath begierig verschlingen, doch schien man es, auch ausserdem, nicht für unanständig, noch für schmutzig zu halten, daß der Koth überall umher lag; vielmehr meynte Tupia, (der doch gewiß einer der gescheutesten Leute von Tahiti war) als er zu *Batavia,* in jedem Hause ein besonderes Gemach zum Behuf der *Cloacina* gewahr ward, »wir Europäer mögten wohl eben nicht sonderlich ekel seyn!«

Es giebt auf den *Marquesas* eben so mancherley Früchte und Wurzeln als zu *Tahiti,* den Tahitischen Apfel *(spondias)* allein ausgenommen; dafür aber ist die Brodfrucht hier größer und wohlschmeckender als irgend sonstwo, und, wenn sie ihre völlige Reife erlangt hat, so weich als Eyer-Käse, auch so übersüß, daß wir sie kaum genießen konnten. Diese Frucht macht das vornehmste Nahrungsmittel der Einwohner aus. Sie pflegen sie gemeiniglich über dem Feuer zu braten, selten aber unter der Erde zu backen. Wenn sie gar ist, schütten sie solche in einen hölzernen Trog, der sonst zum Schweine-Futter dient, lassen sie darinn in Wasser aufweichen, und schöpfen hernach diesen Brey oder diese Brühe mit den Händen heraus. Sie pflegen auch wohl gegohrnen Teig von der Brodfrucht zu machen, und wissen aus derselben eben die säuerliche Speise zu bereiten, welche für die vornehmen Leute in *Tahiti,* einen so großen Leckerbissen ausmacht. Sie essen fast nichts als vegetabilische Speisen, ob sie gleich Schweine und Hühner haben, zuweilen auch viel Fische fangen. Ihr *Getränk* ist Wasser, denn *Cocos-Nüsse* sind selten, wenigstens in denen Gegenden, die *wir* besuchten: Da sie aber die *Pfefferwurzel* haben, (deren sie sich unter andern zum Friedens- Zeichen bedienen,) so ist zu vermuthen, daß sie aus selbiger das, auf den andern Inseln übliche, berauschende Getränk ebenfalls zu verfertigen wissen.

[...]

Ich blieb Nachmittags an Bord, um unsre bisher gemachten Sammlungen in Ordnung zu bringen. Abends kamen auch die übrigen Herren zurück. Sie hatten den Nachmittag zu Untersuchung zwoer, südwärts von unserm Haven gelegenen Buchten zugebracht, aber gefunden, daß an beyden Orten ein Schiff nicht füglich vor Anker gehen könnte, weil es, bey stürmischer See nicht Schutz genug gegen die Wellen haben würde, auch das Anlanden und Einschiffen, der hohen Brandung wegen, sehr gefährlich ist. Indessen war ihnen ihre Mühe durch eine Menge von Erfrischungen und durch den vortheilhaften Einkauf unterschiedner Schweine belohnet worden. Die Einwohner thaten daselbst weniger zurückhaltend als in *unserm* Haven; auch befand sich unter denselben eine Anzahl Frauensleute, mit denen die Matrosen bald Bekanntschaft machten, weil verschiedne sich eben so gefällig bewiesen, als die auf den andern Südsee-Inseln. Sie waren kleiner als die Mannsleute, aber von sehr proportionirtem Gliederbau. Einige glichen, in der Form und den Zügen des Gesichtes, dem schön gebildeten vornehmern Frauenzimmer auf *Tahiti.* Ihre Farbe war im Ganzen genommen, wie die Farbe des gemeinen Volks auf den Societäts-Inseln: Sie hatten aber keine Puncturen, sondern die waren nur unter den Mannsleuten üblich und entstellten solche ganz. Eines der artigsten Mädchen ließ sich von Herrn *Hodges* zeichnen, und ein getreuer Kupferstich davon findet sich in Capitain *Cooks* Nachricht von dieser Reise.* Sie waren alle in Kleidungen von Maulbeer-Rinde gehüllet. Der Unterschied im Zeuge war aber, gegen die große Mannigfaltigkeit, die wir auf *Tahiti* bemerkt hatten, hier nur sehr gering. Auch schien es nicht so häufig als dort zu seyn, weil man hier, anstatt viele Stücken um sich zu schlagen, wie die üppigem Vornehmen auf *Tahiti* zu thun pflegen, nur einen einzigen *Ahau* oder Mantel umhieng, der von den Schultern bis auf die Knie reichte. Um den Hals hatten sie zuweilen einige lose Schnüre, die keinen sonderlichen Putz machten. Außer diesen sahe man eben keine andre Zierrathen.

* Indessen hat diese Zeichnung den Fehler, daß die Stirne das halbe Gesicht ausmacht, wodurch die Züge sehr verzerrt und misgestaltet erscheinen.

Neunzehntes Hauptstück

Nachricht von unserm Aufenthalt auf Mallicolo und Entdeckung der neuen Hebridischen-Inseln

[…]

Die Sprache dieses Volkes war von allen uns bekannten Süd-See-Dialecten dermaaßen unterschieden, daß wir auch nicht ein einziges Wort davon verstehen konnten. Sie lautete ungleich härter, indem das R. S. Ch. und andere Consonanten sehr häufig darinn vorkamen. Auch der körperlichen Bildung nach, fanden wir diese Leute ganz eigenthümlich ausgezeichnet. Sie waren von außerordentlich schlankem Wuchs, nicht leicht über 5 Fuß 4 Zoll groß, und den Gliedmaaßen fehlte es an Ebenmaaß. Arme und Beine waren gemeiniglich lang und sehr dünn, die Farbe der Haut schwarzbraun und die Haare ebenfalls schwarz und wollartig gekräuselt. Das allersonderbarste lag in der Gesichtsbildung. Sie hatten, gleich den Negers, flache, breite Nasen und hervorstehende Backenknochen; dabey eine kurze Stirn, die zuweilen seltsam gestaltet war und platter als bey andern wohlgebildeten Menschen zu seyn schien. Hiezu kam noch, daß sich manche das Gesicht und die Brust schwarz gefärbt hatten, welches sie denn um ein gutes Theil häßlicher machte. Einige wenige trugen kleine, aus Matten verfertigte Mützen auf dem Kopfe; sonst aber giengen sie insgesammt gänzlich nackend. Ein Strick war das einzige, was sie um den Unterleib gebunden hatten, und zwar so fest, daß er einen tiefen Einschnitt machte. Fast alle andre Völker haben aus einem Gefühl von Schaamhaftigkeit, zur Bedeckung des Körpers, Kleidungen erfunden; hier aber waren die Geschlechtstheile der Männer blos mit Zeug umwickelt, und so, in ihrer natürlichen Form, aufwärts an den Strick oder Gürtel festgebunden, mithin nicht sowohl verhüllt, als vielmehr sichtbar gemacht, und zwar, nach unsern Begriffen, in einer höchst unanständigen Lage sichtbar gemacht.

Seit unserer Ankunft im Haven, hatten die Indianer das Schiff von allen Seiten umringt, und schwatzten so lebhaft und aufgeräumt untereinander, daß es eine Freude war. Kaum sahen wir einem ins Gesicht, so plauderte er uns ohne Ende und Aufhören etwas vor, fletschte auch wohl, aus Freundlichkeit, obgleich nicht viel besser als *Miltons* Tod, die Zähne dazu. Dieser Umstand, nebst ihrer schlanken Gestalt, Häßlichkeit und schwarzen Farben, machte, daß sie uns beynahe als ein Affen-Geschlecht vorkamen. Doch sollte es mir herzlich leid thun, Herrn *Rousseau* und den seichten Köpfen die ihm nachbeten, durch diesen Gedanken auch nur einen Schattengrund für sein Orang-Outang-System angegeben zu haben; ich halte vielmehr den Mann für beklagenswerth, der sich und seine Verstandes-Kräfte so sehr vergessen und sich selbst bis zu den Pavianen herabsetzen konnte.

[...]

Was sie nur sahen, das wünschten sie auch zu haben, doch ließen sie sich eine abschlägige Antwort nicht verdrießen. Die kleinen Spiegel, welche wir ihnen schenkten, gefielen ihnen vorzüglich; sie fanden viel Vergnügen daran sich selbst zu begaffen, und verriethen also, bey aller ihrer Häßlichkeit, vielleicht noch mehr Eigendünkel als die schöneren Nationen auf *Tahiti* und den *Societäts-Inseln.* Sie hatten Löcher in den Ohrlappen und in dem Nasenknorpel *(septum narium),* durch welche sie, zur Zierrath, ein Stück von einem dünnen Stock, oder auch zwey kleine Stücke von weissen Selenit oder Alabaster gesteckt hatten, die in Form eines stumpfen Winkels zusammengebunden waren. [...] Am Obertheil des Arms trugen sie, von aufgereiheten kleinen Stükken schwarz und weißer Muscheln, artig zusammengeflochtne Armbänder, die so fest anschlossen, daß sie schon in der Kindheit mußten angelegt worden seyn, denn jetzo hätte man sie unmöglich über die Ellenbogen abstreifen können. Ihre Haut war weich und glatt, von rußigter oder schwarzbrauner Farbe, und ward im Gesicht durch ein schwarzes Geschmier noch dunkler gemacht. Das Haar war gekräuselt und wolligt, aber nicht fein anzufühlen; der Bart stark und dabey gekräuselt aber nicht wolligt; Puncturen hatten sie gar nicht auf dem Leibe, auch würde man sie, bey der schwarzen Farbe ihrer Haut, in einer gewissen Entfernung gar nicht bemerkt haben. Herr *Hodges* nahm die Gelegenheit wahr, verschiedene Porträts von diesen Leuten zu zeichnen, und eins derselben ist zum Behuf von Capitain *Cooks* Reisebeschreibung in Kupfer gestochen. Das Characteristische in der Gesichtsbildung dieser Nation ist darinn überaus gut getroffen, nur Schade daß ein Fehler in der Zeichnung es nothwendig gemacht hat, dem hiesigen *Costume* zuwider, über die Schulter eine Drapperie anzulegen, da doch diese Leute von gar keiner Kleidung wissen. Sie liessen sich leicht bereden, still zu sitzen, wenn Herr *Hodges* Lust hatte sie abzuzeichnen, und schienen auch zu begreifen, was die Abbildungen vorstellen sollten.

[...]

In einem solchen Clima bedarf man keiner Kleidung, und es würde bloßer Luxus seyn, wenn man welche trüge, dazu sind aber die Einwohner noch nicht reich und wohlhabend genug. Die dicke Waldung, womit das Land fast überall bedeckt ist, schützt sie genugsam eben sowohl gegen die Hitze der senkrecht fallenden Sonnenstrahlen, als gegen jede rauhe Witterung. Die Geschlechtstheile sind das einzige, was sie bedecken, und zwar meines Erachtens blos aus Vorsorge, um diese empfindlichen Theile des Körpers, in ihren Wäldern voll Dornen und Gesträuch, vor Verletzung sicher zu stellen. Daß dies die vornehmste Absicht jener Hülle sey, läßt sich schon aus ihrer aufwärts gekehrten Form errathen (s. oben S. 211). Schamhaftigkeit scheint wenigstens nicht Antheil daran zu haben, denn diese sowohl als die Keuschheit, sind bloße Folgen unserer Erziehung, nicht aber angebohrne Begriffe, wofür wir sie mit eben so wenig Recht zu halten pflegen als wir manches andre moralische Gefühl für natürliche Instincte auslegen. Bey allen rohen ungebildeten Völkern findet man augenscheinliche Beweise, daß Schaam und Keuschheit, im Stande der Natur, ganz unbekannte Tugenden sind. Daher kommt es auch, daß sie, als bloße Conventions-Tugenden, nach Maasgabe des Unterschiedes in der Sittenverfeinerung, überall verschiedentlich modificirt sind. Nach *unsern* Begriffen von Zucht und Ehrbarkeit können die Männer zu *Mallicollo* bey Erfindung der angeführten Tracht und Hülle ohnmöglich die Absicht gehabt haben, unzüchtigen Gedanken vorzubeugen; indem sie durch die Form jener Bekleidung mehr befördert als verhindert werden. Eben also käme es auch bey den Weibern noch auf die Frage ab, ob sie den elenden Strohwisch, der ihnen statt Schürze dient, nicht vielmehr aus Begierde zu gefallen, als aus Gefühl von Schaamhaftigkeit tragen?

Weit allgemeiner und inniger scheinen dagegen die Begriffe von Schönheit dem Menschen eingeimpft zu seyn, so sehr sie auch bey unterschiednen Völkern von einander abweichen mögen. Der Mallicolese glaubt, durch einen Stein in der Nase, durch ein Armband, eine Halsschnur und eine schwarze glänzende Schminke sich ungemein verschönern zu können; seiner Frau hingegen verstattet er gar kein Putzwerk. So viel wir sahen, mußten diese, im Ganzen genommen, sich begnügen, den Leib mit gelber Curcuma-Farbe zu bestreichen, die einen besondern aromatischen Geruch von sich giebt. Auf den *freundschaftlichen Inseln* brauchte man diese Farbe statt Haarpuder, und auf *Oster-Eyland* bemahlten sich die Weiber das Gesicht und die Kleider damit. Indessen mag das nicht sowohl zum Staat, als vielmehr wegen ein oder anderer guten Eigenschaft geschehen, welche man dieser Ingredienz vielleicht zuschreibt. Das Punktiren oder Tättowiren der Haut, welches bey den übrigen Nationen der Südsee, die hellerer Farbe sind, durchgehends eingeführet ist, scheint den *Mallicollesern* gänzlich unbekannt zu seyn.

Ihre Nahrungsmittel müssen größtentheils aus Vegetabilien bestehen, denn sie treiben förmlichen Landbau. Zuweilen werden sie sich wohl mit einem Schweine oder Huhn etwas zu Gute thun, und auch die See wird ihnen Unterhalt liefern müssen, denn ob wir gleich kein Fischergeräth bey ihnen sahen, so ist doch der Canots wegen zu vermuthen, daß sie den Fischfang nicht ungenutzt lassen. Ihr Handwerkszeug konnten wir aus Mangel eines längeren Aufenthalts nicht untersuchen. Doch können sie, so viel sich aus der Bauart ihrer Boote und Häuser urtheilen ließ, eben nicht sonderlich geschickte Arbeiter seyn. Der Boden dünkte uns gut und fruchtbar; da aber die Insel ganz mit Waldung überwachsen ist, so muß es überaus viel Mühe kosten, auch nur so viel Land zu bearbeiten, als zu ihrem nothwendigen Unterhalt gehöret, zumal da das Fortkommen der angebaueten Pflanzen durch die Menge des vorhandenen Unkrauts, noch überdem sehr erschweret wird. Wer weiß also, ob sie sich nicht blos deshalb mit Stricken und Armbändern etc. einschnüren, um den Wachsthum des Körpers dadurch zu hindern, und auf solche Art desto weniger Nahrung nöthig zu haben? Wenigstens sollte ich denken, daß nur Nothwendigkeit allein zu einem so wiedernatürlichen Gebrauch habe Anlaß geben können, in der Folge mag er aus Gewohnheit vielleicht beybehalten worden seyn und jetzo gar als eine Zierde angesehen werden. Die Zeit, welche sie auf den Ackerbau verwenden müssen, scheint ihnen zur Verfertigung ordentlicher Kleidungen keine Muße zu lassen; sie bedürfen derselben ohnedies nicht sonderlich, und man weiß schon, daß Liebe zur Ruhe und zum Müßiggang die gewöhnlichen Fehler aller kleinen ungesitteten Völkerschaften sind. Sie pflegen nicht leicht zu arbeiten, bis die Noth sie dazu zwingt. Wir haben angemerkt, daß die *Mallicolleser* einen Theil ihrer Zeit mit Musik und Tanz hinbringen. Ihre Instrumente sind, wie man sich vorstellen kann, sehr einfach. Wir hörten weiter nichts als Trommeln; diese sind aber, sowohl als Pfeifen, gemeiniglich das erste dieser Art, worauf die Erfindungskraft zu verfallen pflegt. In dem gewöhnlichen Cirkel der häuslichen Geschäfte herrscht so viel Einförmigkeit, daß der Mensch zu seiner Erholung würklich etwas excentrisches bedarf, und es scheint fast als ob man diesen Endzweck, überall, durch starke und außerordentliche Bewegungen des Körpers, durch künstliche Töne und Anstrengung der Sprach- und Sing-Organe zu erreichen suchte.

[...]

Zwanzigstes Hauptstück

Nachrichten von unserm Aufenthalt zu Tanna und Abreise von den neuen Hebridischen-Inseln

Die große Anzahl von Eingebohrnen, die aus allen Gegenden der Insel hier beysammen waren, gab uns zu Untersuchung ihrer Bildung, Kleidung und Waffen, die beste Gelegenheit. Im Ganzen genommen, sind sie von mittlerer Statur, doch giebts auch manche von mehr als gewöhnlicher Größe darunter. Sie haben wohlgebildete, aber mehrentheils schlanke Gliedmaßen, wiewohl es auch an einzeln recht starken Kerln nicht fehlt. So schön gebaute Leute, als man unter den Bewohnern der *Societäts-* und *freundschaftlichen Inseln* und den *Marquesas* ziemlich häufig antrifft, giebt es in *Tanna* nur sehr wenige. Dagegen ist mir, in dieser letztern Insel, nicht ein einziger dicker, oder fetter Mann vorgekommen; sie sind alle von berühriger Complexion und lebhaftem Temperament, ihre Gesichtszüge stark, die Nase breit, die Augen fast durchgehends groß und mehrentheils sanft. Sie haben ein männliches, offnes, gutherziges Ansehen; doch findet man freylich, hier so gut als unter jedem andern Volk, einzelne Physionomien, die nicht viel Gutes vermuthen lassen. Die Farbe ihres Haars ist schwarz, bey manchem auch braun oder gelblich an den Spitzen. Es wächst sehr dick, straubigt und ist mehrentheils kraus, hat auch zuweilen etwas wollartiges an sich. Der Bart ist ebenfalls stark, schwarz und gekräuselt; die Leibes-Farbe dunkelbraun und zum Theil schwärzlicht, so daß man beym ersten Anblick glauben mögte, sie hätten sich mit Ruß beschmutzt: Die Haut an sich, ist, wie bey den Negern, sehr sanft anzufühlen. Sie gehen fast ganz nackend; tragen aber, nach dem allgemeinen Hang des menschlichen Geschlechts, mancherley Zierrathe. Das Seltsamste ist ihre Frisur. Diese bestehet nemlich aus lauter kleinen Zöpfen, die kaum so dick als die Spule einer Taubenfeder und, statt eines Bandes, mit dem zähen Stengel einer *Glockenwinde* dergestalt bewickelt sind, daß am untern Ende nur ein kleines Büschgen hervorragt. Wer einigermaaßen starkes Haar hat, muß wenigstens etliche Hundert solcher kleinen steifen Zöpfchen am Kopfe haben, und da diese mehrentheils nur 3 bis 4 Zoll lang sind, so pflegen sie, wie die Borsten eines Stachel-Schweins, gemeiniglich aufrecht und auseinander zu stehen

Like quills upon the fretful porcupine.
SHAKESPEARE.

Ist aber das Haar etwas länger, z. B. zwischen fünf und neun Zoll, so fallen die Zöpfchen, an beyden Seiten des Kopfs, gerade herunter, und dann sehen die Leute aus wie die Flußgötter mit ihrem von Nässe triefenden Binsenhaar. Einige, besonders diejenigen, die wolligtes Haar haben, lassen es entweder so wie es von Natur gewachsen ist, oder sie binden es höchstens, vermittelst eines zähen Blattes, auf dem Scheitel in einen Schopf zusammen. Fast durchgehends tragen sie ein Rohr oder ein dünnes Stöckchen, etwa neun Zoll lang, in den Haaren, um sich von Zeit zu Zeit vor dem Ungeziefer Ruhe zu schaffen, welches auf ihren Köpfen in großer Anzahl vorhanden ist. Sie stecken auch wohl einen kleinen Rohrstab, mit Hahnen- oder Eulenfedern ausgeziert, ins Haar. Zu Bedeckung des Kopfes wickeln sich manche ein frisches Pisangblatt, schräg um den Scheitel,* oder sie tragen eine ordentliche Mütze von geflochtenen Matten; doch ist keines von beyden allgemein. Den Bart lassen die mehresten, in seiner natürlichen Gestalt, lang wachsen, andre flechten ihn in einen Zopf. Der Nasenknorpel ist fast bey allen durchbohrt, und durch die Öfnung ein dünner Rohrstab, oder ein Stein von ähnlicher Figur, hindurch gesteckt. Statt der Ohrgehänge tragen sie eine Menge Ringe von Schildkröten-Schaale oder von weißen Muscheln, entweder einen neben dem andern, oder, in Form einer Kette, einen in den andern gehängt. In beyden Fällen macht dieser Zier-

* Herr *Hodges* hat zu Capitain *Cooks* Beschreibung dieser Reise eine Tanneserin mit diesem Kopfputz abgezeichnet.

rath das Loch im Ohrläppchen ungemein weit, indem jeder einzelne Ring nicht weniger als einen halben Zoll breit und ¾ Zoll dick ist*. Um den Hals binden sie zuweilen eine Schnur, von welcher eine Muschel, oder, statt dessen, ein kleines langrundes Stückchen von grünem, dem Neu-Seeländischen gleichkommenden Talkstein, vorn auf der Brust herabhängt. Am Obertheil des linken Arms, zwischen der Schulter und dem Ellbogen, tragen sie mehrentheils ein Armband, welches aus einem Stück Cocos-Schaale besteht, und entweder künstlich geschnitzt, oder auch nur ganz glatt, aber allemahl schön polirt ist. Um diesem noch mehr Ansehn zu geben, pflegen sie wohl etwas Grünes dazwischen zu stecken, als z. B. das Kraut der *Evodia hortensis,* das *Croton variegatum, lycopodium phlegmaria, vitex trifolia* oder auch eine Art *Epidendrum***. Einige gehen mit einer Binde von grobem Zeug umgürtet, das aus der inneren Rinde eines Baums verfertigt, und gemeiniglich dunkel Zimmetbraun ist. Andre begnügen sich mit einer dünnen Schnur um den Leib; beydes geschiehet um die männlichen Geburtsglieder, die hier mit den Blättern einer Ingwer ähnlichen Pflanze*** bewickelt werden, nach Art der *Mallicoleser,* in die Höhe zu ziehen und in der Gegend des Nabels an den Gürtel fest zu knüpfen. Sobald ein Knabe sechs Jahr alt ist, muß er schon in dieser Tracht einhergehen; sie kann folglich, wie ich bereits in Ansehung der *Mallicoleser* gemuthmaßt habe, wohl nicht aus einer Art von Schaamhaftigkeit entstanden seyn, denn auf diese wird bey uncivilisirten Völkern, während den Kinderjahren, gerade am wenigsten Rücksicht genommen. In unsern Augen erregte sie, ihrer Form wegen, vollends ganz entgegenstehende Begriffe, so daß wir an jedem *Tanneser* oder *Mallicoleser,* statt einer ehrbaren Verschleyerung, vielmehr eine leibhafte Vorstellung jener furchtbaren Gottheit

* An eben dieser Figur vorgestellt.

** S. *Forsteri Nova Genera Plantarum in insulis maris australis detectarum. 4. Londini & Berolini 1775. 8 Thlr.*

*** Aus dem Geschlecht der *Scitamina.*

zu sehen glaubten, welcher bey den Alten die Gärten geweyhet waren. – Zu den Zierrathen dieser Nation gehören ferner noch verschiedene Arten von Schminken, und allerhand Figuren, welche sie sich in die Haut einritzen. Die Schminken sind blos fürs Gesicht, und bestehen entweder aus rother Ocker-Erde, oder aus weißem Kalk, oder aus einer schwarzen, wie Bleystift glänzenden Farbe. Diese werden mit Cocos-Öhl angemacht, und in schrägen, 2 bis 3 Zoll breiten Streifen aufgetragen. Die weiße Schminke ist nicht viel im Gebrauch, die rothe und die schwarze hingegen desto häufiger, und mit jeder findet man oft das halbe Gesicht bedeckt. Das Aufritzen der Haut geschiehet vorzüglich am Obertheil des Arms und auf dem Bauche, und vertritt die Stelle des Punktirens oder Tättowirens, welches unter den Bewohnern *Neu-Seelands, Oster-Eylands,* der *freundschaftlichen,* der *Societäts-* und der *Marquesas-Inseln,* (als welche sämmtlich von hellerer Leibesfarbe sind,) eingeführet ist. Die *Tanneser* nehmen ein Bamburohr oder eine scharfe Muschel zu dieser Operation; mit einem oder dem andern machen sie, nach allerhand willkührlichen Zeichnungen, ziemlich tiefe Einschnitte in die Haut, und legen alsdann ein besonderes Kraut drauf, welches die Eigenschaft hat, beym Heilen, eine erhabne Narbe zuwege zu bringen. Diese Narben, auf welche sich die guten Leute nicht wenig einbilden, stellen Blumen oder andre seltsame Figuren vor. Die Methode dergleichen mit einem spitzigen Instrument in die Haut zu *punktiren,* scheint hier gänzlich unbekannt zu seyn, wenigstens habe ich nur einen einzigen Mann angetroffen, der eine solche, nach tahitischer Manier tättowirte Figur auf der Brust hatte.

Die Waffen der *Tanneser,* ohne welche sie sich niemals sehen lassen, bestehen in Bogen und Pfeilen, in Keulen, Wurfspießen oder Speeren, und in Schleudern. Auf den Bogen und die Schleuder verstehen sich die jungen Leute am besten, die älteren hingegen wissen den Speer und die Streitkolbe vorzüglich gut zu führen. Die Bogen sind sehr stark, vom schönsten elastischen Casuarina-Holz gemacht und treflich geglättet, werden auch vermuthlich von Zeit zu Zeit mit Öl eingeschmiert, damit sie stets glänzend und biegsam bleiben. Die Pfeile bestehen aus einem beynahe vier Fuß langen Rohrstab, und die Spitze aus eben der Art von schwarzem Holze, welche von den Mallicolesern zu gleichem Endzweck gebraucht wird. Doch sind die Spitzen hier anders geformt als dort, nemlich dreyeckigt, zum Theil über zwölf Zoll lang, und auf zwo, oftmals auch auf allen drey Seiten eingekerbt, oder mit Widerhaken versehen. Zur Vogeljagd und zum Fischen gebrauchen sie Pfeile die drey Spitzen haben. Die Schleudern werden aus Cocos-Fasern, und zwar in der Mitte wo der Stein zu liegen kommt, etwas breiter gemacht als an den Enden. Sie pflegen solche um den Arm oder um den Leib, die Steine aber besonders in ein großes Blatt gewickelt, mit sich herum zu tragen. Die dritte Art von Wurf-Gewehren sind die Spieße oder Speere. Gemeiniglich nehmen sie dazu knotige ungestalte Stecken, kaum eines halben Zolls dick, aber neun bis zehn Fuß lang; das dickste Ende derselben macht eine dreyeckigte Spitze von sechs bis acht Zoll aus, die auf allen dreyen Seiten ohngefähr zehn Einschnitte oder Wiederhaken hat. Mit einem dergleichen Speere verfehlt der Tanneser, zumal wenn die Entfernung gering ist, nicht leicht sein Ziel. Hiezu ist ihm ein vier bis fünf Zoll langes, aus Baumrinde geflochtnes Stück von einem Stricke behülflich, das an einem Ende einen Knoten, an dem andern aber eine Schleife hat, und auf folgende Art gebraucht wird. Durch die Schleife steckt man den Zeigefinger, ergreift hierauf mit diesem Finger und dem Daume das Spieß, und wickelt das andre Ende jenes Strickes, oberhalb der Hand, einmal um den Schaft des Speers herum; wird nun der Speer abgeworfen, so kann er aus der Richtung die man ihm gegeben, wenigstens nicht ehe weichen, als bis er die Schlinge mit Gewalt auseinander getrieben hat, und diese bleibt dann, in ihrer ursprünglichen Form, an dem Zeigefinger des Schützen, woran sie befestigt ist, zurück. Ich habe mehr als *einen* solchen Wurf gesehen, wo auf eine Entfernung von dreyßig bis vierzig Fuß, die zackigte Spitze des Speeres durch einen vier Zoll dikken Pfahl glatt hindurch gieng*. So gehet es auch mit ihren Pfeilen; auf acht bis zehn Schritte treffen sie mit voller Kraft; in einer größern Entfernung aber, z. B. auf fünf und zwanzig bis dreyßig Schritte weit, hat man gar nichts davon zu befürchten, denn aus Furcht die Bogen zu zerbrechen, spannen sie solche nie stark genug, um so weit damit zu reichen. Außer diesen Wurfgewehren, davon die Erwachsenen bald die eine bald die andere Art führen, hat auch ein jeder eine Keule bey sich, und die werden beym Handgemenge gebraucht. Es giebt derselben von fünf unterschiednen Formen: Die besten sind aus Casuarina-Holz, vier Fuß lang, gerade, sauber abgeglättet und an beyden Enden, sowohl oben als unten, mit einem Knopf versehen. Der oberste der zum Handgriff gehört ist rund; der andere hingegen, welcher die eigentliche Keule ausmacht, hat mehrere hervorragende Spitzen oder Zacken in Figur eines Sterns. Zu der zweyten Gattung von Keulen, die sechs Fuß lang sind, wird eine graue, harte Holzart und zwar vermuthlich nur das Stamm-Ende

* Capit. Cook führt an dem Orte seiner Reisebeschreibung, wo er von diesen Speeren redet, *(Vol. II. pag. 82)* eine Stelle aus des Hrn. *Wales Tagebuch* an, die der Übersetzung werth ist. »Ich gestehe,« sagt dieser gelehrte Astronom, »daß ich oft geglaubt, *Homer* habe in den Thaten, welche er seine Helden mit dem Speer verrichten läßt, zu sehr das Wunderbare gesucht: wenigstens dünkte es mir, nach den strengen Regeln des Aristoteles, in einem epischen Gedichte etwas zu auffallend. Selbst *Pope,* der eifrigste Vertheidiger *Homers,* gesteht, daß ihm diese Helden-Thaten verdächtig vorgekommen wären. Allein, seitdem ich die *Tanneser* kennen gelernt, und gesehen habe, wie viel sie mit ihren hölzernen, stumpfen und nicht gar harten Speeren ausrichten, finde ich gegen alle diese Stellen *Homers* nicht das geringste mehr einzuwenden. Im Gegentheil entdecke ich nun da, wo ich sonst etwas tadelnswerthes zu bemerken glaubte, neue, unerkannte Schönheiten. Wie malerisch und wie richtig hat er nicht alles, bis auf die kleinste Bewegung des Speeres und dessen der ihn abwirft, zu beschreiben gewußt! In *Tanna* hab ich dies Bild bis auf das geringste Detail realisirt gefunden. Z. B. das Schütteln in der Hand, das Schwingen ums Haupt, das Zielen eh der Wurf geschieht, das Rauschen des Speeres im Fluge, sein Wanken und Zittern wenn er in die Erde fährt.«

des Baums genommen, denn am Untertheil dieser Keulen findet man, auf der einen Seite, allemahl einen ansehnlichen Höcker der ein Stück von der Wurzel zu seyn scheint. Die dritte, beynahe fünf Fuß lange Sorte, ist am untern Ende mit einem acht bis zehn Zoll langen Zapfen versehen, der vom Schaft der Keule rechtwinklicht absteht, und fast wie die Lanzetten, deren sich die Roßärzte bedienen, aussieht, auch gleich denselben eine scharfe Ecke oder Schneide hat. Die vierte Art von Keulen ist der vorhergehenden ganz ähnlich, nur daß sie auf jeder Seite, folglich überhaupt vier solche scharf hervorragende Zapfen hat. Endlich die fünfte Art bestehet aus einem rundgeformten Stück Corallen-Felsen, welches ohngefähr anderthalb Fuß lang, im Durchmesser aber nur zween Zoll dick ist, und nicht blos zum Hauen, sondern auch zum Werfen gebraucht zu werden pflegt.

Es ließen sich heute wenig Frauenspersonen und auch diese nur in einer ziemlichen Entfernung sehen. So viel man erkennen konnte, waren sie allesammt häßlich und kleiner als die Männer. Die jungen Mädchen hatten blos einen Strick um den Leib, von welchem vorn und hinten ein kleiner Büschel Gras herabhieng; die älteren hingegen trugen einen kurzen Rock von Blättern gemacht. Ihre Ohrgehänge bestanden aus einer Anzahl Ringen von Schildkröten-Schale, und die Halsbänder aus allerhand aufgereiheten Muscheln. Etliche alte Weiber hatten sich ein frisches Pisangblatt um den Kopf gewickelt, andre hingegen trugen eine Mütze von Mattenwerk, doch war beydes nur selten. Gegen Mittag verließen die mehresten Einwohner, vermuthlich der großen Hitze und der Essenszeit wegen, den Strand. Auch uns nöthigten diese beyde Ursachen mit den angefüllten Fässern, nach dem Schiff zurück zu kehren.

[…]

Gleich nach Tische eilten wir wieder nach dem Strand zurück, wo unsre Leute beym Fischfange beschäftigt waren. Dr. *Sparrmann* und ich giengen auf die Anhöhe, um bey den dort wohnenden Insulanern nochmals einzusprechen. Auf der Hälfte des Weges begegneten uns schon einige, und zeigten uns die nächsten

Fußsteige. Kaum waren wir bey den Hütten angekommen, und hatten uns neben einem ehrlichen, wohl aussehenden Hausvater, von mittlerem Alter, niedergelassen, so verlangten unsre Freunde, daß wir ihnen wieder etwas vorsingen sollten. Wir machten ihnen diese Freude, ohne lange Weigerung, und weil sie sich über die Verschiedenheit unsrer Lieder zu wundern schienen, so bemühten wir uns, ihnen begreiflich zu machen, daß wir in unterschiednen Ländern gebohren wären. Sobald sie dies verstanden, ruften sie einen ältlichen, hageren Mann aus dem Zirkel der Zuhörer hervor, und sagten, dieser sey auch aus einem anderen Lande, als sie, nemlich aus der Insel *Irromanga,* und sollte uns nun ebenfalls eins vorsingen. Er stimmte also sein Lied an, machte aber unzählige Stellungen und Grimassen dazu, worüber nicht nur alle anwesende Indianer, sondern auch wir rechtschaffen lachen mußten. Sein Lied war übrigens vollkommen so wohlklingend, als jene, welche wir von den eingebohrnen *Tannesern* gehört hatten; der Innhalt aber mußte, dem eigenthümlichen Ton des Ganzen, und der Menge lächerlicher Stellungen nach zu urtheilen, drolligter und voller Laune seyn. Die Sprache war von der Tannesischen gänzlich verschieden, jedoch keineswegs rauh, oder zur Musik ungeschickt. Die Worte schienen ebenfalls in ein gewisses Silbenmaaß gebracht zu seyn, welches aber mit dem ernsthaft-langsamen, das wir am Morgen gehört, nichts gemein hatte. Als sein Lied zu Ende war, unterhielten sich die Indianer mit ihm in seiner eigenen Mundart, weil er die ihrige vermuthlich nicht verstehen mochte. Ob er aber zum Besuch, oder als Gefangner hergekommen war? konnten wir nicht entdecken. Die Einwohner erzählten uns bey dieser Gelegenheit, daß ihre besten Keulen, die aus Casuarinen-Holz gemacht werden, von *Irromanga* gebracht würden. Es ist also wahrscheinlich, daß sie mit den Einwohnern dieser Insel freundschaftlichen Umgang und Verkehr haben. Weder in den Gesichtszügen, noch in der Tracht des Mannes von *Irromanga,* war der geringste National-Unterschied zu bemerken, ausgenommen, daß er sein kurzes und wolligtes Haar nicht, wie die *Tanneser,* in Zöpfe gedrehet trug. Übrigens besaß er viel Munterkeit, und schien aufgeweckter zu seyn, als die mehresten Eingebohrnen von *Tanna.*

Während daß er seine Geschicklichkeit im Singen zeigte, kamen die Frauensleute leise aus den Hütten hervor, und mischten sich unter die Zuhörer. Im Vergleich mit den Mannspersonen waren sie mehrentheils von kleiner Statur, und trugen zottigte Röcke, von Gras und Blättern geflochten, die nach Maasgabe ihres Alters länger oder kürzer waren. Diejenigen, welche bereits Kinder gehabt, und ohngefähr dreyßig Jahre sein mochten, hatten alle Reize der Gestalt verlohren, und ihre Röcke reichten von den Hüften bis auf die Knöchel herab. Die jüngern vierzehnjährigen Mädchen hingegen, waren nicht ohne angenehme Gesichtszüge, und gefielen vornemlich durch ein sanftes Lächeln, welches, so wie ihre Schüchternheit abnahm, immer freundlicher ward. Sie waren größtentheils sehr schlank gewachsen; hatten besonders feine, niedliche Arme, runde, volle Busen und ein lüsternes Röckchen, das kaum bis ans Knie reichte. Ihr lockigtes Haar hieng, unverschnitten und ungekünstelt, frey um den Hals, dem es zu einer natürlichen und gefälligen Zierde gereichte, und das grüne Pisangblatt, welches sie mehrentheils als eine Mütze trugen, contrastirte auf eine angenehme Weise mit der schwarzen Farbe des Haars. In den Ohren hatten sie Ringe von Schildkröten-Schaale, und die Zahl solcher Zierrathen nahm in eben dem Verhältniß zu, als die Reitze der Frauenspersonen abnahmen. Die ältesten und häßlichsten waren daher mit einem Hals-Geschmeide, und mit einer Menge Ohr-Ringe, Nasen-Gehänge und Armbänder versehen. Die Männer bezeigten, wie es schien, nicht die mindeste Achtung gegen die Weiber, indeß diese auf den kleinsten Wink gehorchten, und, der Aussage unserer Matrosen zufolge, […] oft den niedrigen Dienst von Lastthieren versehen mußten. Dergleichen schwere Arbeit mag vielmals ihre Kräfte übersteigen, und kann auf solche Art wohl mit Schuld daran seyn, daß sie von so kleinlicher und schwächlicher Statur sind. Indeß pflegen *alle* ungesittete Völker den Weibern die allgemeinen Rechte der Menschheit zu versagen, und sie als Geschöpfe von niederer Art zu behandeln; denn der Gedanke, Glück und Freude im Schoos einer Gefährtin zu suchen, entsteht erst bey einem höhern Grad von Cultur. So lange nemlich der Mensch noch unabläßig mit der Sorge für seine Erhaltung beschäftigt ist, so lange können nur wenig verfeinerte Empfindungen im Umgange zwischen beyden Geschlechtern statt haben, vielmehr muß dieser sich blos auf thierischen Genuß einschränken. Auch siehet der Wilde die Schwäche und das sanfte duldende Wesen der Weiber nicht für Aufmunterung und Schutz bedürfende Eigenschaften, sondern vielmehr als einen Freyheitsbrief zur Unterdrükkung und Mishandlung an, weil die Liebe zur Herrschsucht dem Menschen angeboren, und so mächtig ist, daß er ihr, zumal im Stande der Natur, selbst auf Kosten des Wehrlosen fröhnet. Erst mit dem Anwachs der Bevölkerung, wenn die Nahrungs-Sorgen nicht mehr jedem einzelnen Mitglied unmittelbar allein zur Last fallen, sondern gleichsam auf die ganze Gesellschaft vertheilt sind; erst alsdann nimmt das Maas der Sittlichkeit zu, Überfluß tritt an die Stelle des Mangels, und das nunmehr sorgenfreyere Gemüth fängt an die sanfteren Freuden des Lebens zu genießen, dem Verlangen nach Erholung und Fröhlichkeit Gehör zu geben, und die liebenswürdigen Eigenschaften des anderen Geschlechts kennen und schätzen zu lernen. Bey alledem ist aber auch der roheste Wilde einer gewissen Zärtlichkeit und Zuneigung ganz wohl fähig. Dies äußert sich augenscheinlich, so lange er noch als Knabe*, gedankenlos und sorgenfrey herumläuft; sobald er aber bey zunehmenden Jahren anfangen muß, selbst für seine Bedürfnisse zu sorgen, dann wird freylich, durch den Trieb diese zu befriedigen, jede weniger dringende Empfindung bald überwogen und geschwächt. Die ursprünglich angebohrnen Leidenschaften sind es allein, welche sich neben jenen noch aufrecht erhalten, und diese bleiben sich auch unter allen Himmelsstrichen gleich. Dahin gehört die väterliche Liebe, von welcher wir

* Der Leser wird sich hier erinnern, daß in *Tanna* die jungen Leute die ersten waren, die uns lieb zu gewinnen anfiengen. […]

diesen Abend ein redendes Beyspiel sahen. Ein kleines hübsches Mädchen von ohngefähr acht Jahren, suchte uns zwischen den Köpfen der Leute, die um uns hersaßen, ungesehen zu betrachten; als sie aber merkte, daß wir es gewahr wurden, lief sie eilfertig nach der Hütte zurück. Ich zeigte ihr ein Stück tahitisches Zeug, und winkte, daß sie sichs abholen möchte; allein sie wagte es nicht. Endlich stand ihr Vater auf, und bewog sie, durch Zureden, heranzukommen. Darauf nahm ich sie freundlich bey der Hand, gab ihr den Zeug nebst allerhand kleinen Zierrathen, und sahe mit Vergnügen, wie die Freude über das Glück seines Kindes, des Vaters ganzes Gesicht erheiterte, und ihm dankbar aus den Augen strahlte.

Wir blieben bey diesen guten Indianern bis gegen Sonnen-Untergang, hörten ihren Gesängen zu, und bewunderten ihre Geschicklichkeit in Waffen-Übungen. Sie schossen ihre Pfeile, je nachdem wir es verlangten, theils in die Höhe, theils gerade vor sich nach einem Ziele. Sehr hoch konnten sie solche zwar nicht treiben, in einer geringen horizontalen Entfernung aber waren sie, wie ich bereits erwähnt, vortrefliche Schützen. Auch wußten sie, mit den Keulen oder Streitkolben, die Wurfspieße fast auf eben die Art, als die *Tahitier,* abzuwenden. Die Keulen, die an beyden Seiten mit einem hervorragenden Zapfen versehen sind, (der flach und ohngefähr wie die Lanzetten der Roß-Ärzte gestaltet ist, S. oben *pag.* 222) kommen, ihrer Aussage nach, von der niedrigen Insel *Immer;* ob sie aber von den dortigen Einwohnern verfertiget werden, oder ob das Eyland unbewohnt ist, und um des Muschelfangs willen, imgleichen um diese Holzart zu holen, nur von Zeit zu Zeit besucht wird? konnten wir nicht herausbringen. Ehe wir sie verliessen, zündeten die Weiber, zu Bereitung des Abendbrodes, theils in- theils ausserhalb den Hütten verschiedene Feuer an, zu welchen die Männer und Kinder sich sehr hinzu drängten, weil sie, bey nacktem Leibe, die Abendluft etwas kühl finden mochten. Etliche hatten eine Geschwulst am obersten Augenlied, welche aus der Gewohnheit, öfters im Rauche zu sitzen, entstanden zu seyn schien. Es hinderte sie dergestalt im Sehen, daß sie den Kopf zurück biegen mußten, bis das Auge mit dem Object in gleicher Linie war. Diese fehlerhafte Beschaffenheit fand sich bereits bey fünf- bis sechsjährigen Knaben, daher es vielleicht gar ein erbliches Übel seyn mag.

[...]

Wer es je selbst erfahren hat, welch einen ganz eigenthümlichen Eindruck die Schönheiten der Natur in einem gefühlvollen Herzen hervorbringen, der, nur der allein, kann sich eine Vorstellung davon machen, wie in dem Augenblick, wenn des Herzens Innerstes sich aufschließt, jeder, sonst noch so unerhebliche Gegenstand interessant werden und durch unnennbare Empfindungen uns beglücken kann. Dergleichen Augenblicke sind es, wo die bloße Ansicht eines frisch umpflügten Ackers uns entzückt, wo wir uns über das sanfte Grün der Wiesen, über die verschiedenen Schattirungen des Laubes, die unsägliche Menge der Blätter, und über ihre Mannichfaltigkeit an Größe und Form, so herzlich, so innig freuen können. Diese mannichfaltige Schönheit der Natur lag in ihrem ganzen Reichthum vor mir ausgebreitet. Die verschiedene Stellung der Bäume gegen das Licht gab der Landschaft das herrlichste Colorit. Hier glänzte das Laub des Waldes im goldnen Strahl der Sonne, indeß dort eine Masse von Schatten das geblendete Auge wohlthätig erquickte. Der Rauch, der in bläulichten Kreisen, zwischen den Bäumen aufstieg, erinnerte mich an die sanften Freuden des häuslichen Lebens; der Anblick großer Pisang-Wälder, deren goldne, traubenförmige Früchte hier ein passendes Sinnbild des Friedens und Überflusses waren, erfüllte mich natürlicherweise mit dem herzerhebenden Gedanken an Freundschaft und Volksglückseligkeit, und das Lied des arbeitenden Ackermanns, welches in diesem Augenblick ertönte, vollendete dies Gemählde gleichsam bis auf den letzten Pinselstrich! – Gegen Westen zeigte sich die Landschaft nicht minder schön. Die fruchtbare Ebene war daselbst von einer Menge reicher Hügel begränzt, wo Waldungen und Obstgärten mit einander abwechselten. Über diese ragte eine Reihe von Bergen hervor, die den Gebirgen auf den *Societäts-In-*

seln an Höhe gleich zu kommen, jedoch nicht so jäh und rauh zu seyn schienen. Selbst das einsame Plätzchen, aus welchem ich diese Gegend betrachtete, hatte die Natur nicht ungeschmückt gelassen. Es war eine Gruppe der schönsten Bäume, an deren Stämmen sich mancherley wohlriechend blühende Schlingpflanzen und Glockenwinden hinauf rankten. Das Erdreich war ausserordentlich fett, und dem Wachsthum der Pflanzen so günstig, daß verschiedene Palmen, die vom Winde umgeworfen worden,* ihre Gipfel fast durchgehends von der Erde wieder in die Höhe gerichtet, und neue, grünende Zweige getrieben hatten. Vögel, von allerhand buntem Gefieder, belebten diesen schattenreichen Aufenthalt, und ergötzten das Ohr, oft unerwartet, mit harmonischen Liedern.

Über mir der Himmel heiter, das Säuseln des kühlen Seewindes um mich her, stand ich da, und genoß in Ruhe des Herzens alle das Glück, welches ein solcher Zusammenfluß von angenehmen Bildern nur gewähren kann. Unvermerkt verlohr ich mich in eine Reihe von Betrachtungen über den Nutzen, den unser hiesiger Aufenthalt unter den Insulanern gestiftet haben könnte, und welch einen Zuwachs von Vergnügen verschafte mir nicht der beruhigende, damals noch ganz ahndungsfreye Gedanke, daß wir uns hier, zur Ehre der Menschheit in einem sehr vorteilhaften Lichte gezeigt hätten! Wir hatten nun vierzehn Tage unter einem Volke zugebracht, das sich anfänglich äußerst mißtrauisch und ganz entschlossen bewieß, auch die geringste Feindseligkeit nicht ungeahndet zu lassen. Diesen Argwohn, dieses eingewurzelte Mißtrauen, hatten wir durch kühles, überlegtes Verhalten, durch Mäßigung, und durch das Gleichförmige aller unserer

* Man darf sich deshalb nicht einbilden, daß es zu *Tanna* viel stürmisches Wetter geben müsse. Keinesweges; die Schuld liegt vielmehr theils an den Wurzeln der Cocos-Palme, die sehr kurz sind und gleichsam nur aus einer Menge Fasern bestehen, theils an dem Erdreich, welches hier so locker ist, daß kein starker Wind dazu erfordert wird, dergleichen Bäume umzuwerfen.

Handlungen, zu besiegen, zu vertreiben gewußt. Sie, die in ihrem Leben noch *nie* mit so harmlosen, friedfertigen, und gleichwohl nicht feigen oder verächtlichen, Leuten umgegangen, sie, die bisher in jedem Fremden, einen heimtückischen, verrätherischen Feind zu sehen gewohnt waren, hatten jetzt von *uns,* und durch *unser* Beyspiel gelernt, ihre Nebenmenschen höher zu schätzen! Sobald wir es einmal *dahin* gebracht hatten, jenen heftigen, aufbrausenden Naturtrieb, der allein die Wilden so argwöhnisch, scheu und feindselig macht (Selbsterhaltung) zu besänftigen, sobald sahe man auch schon in ihren rohen Seelen jenen zweyten, nicht minder starken Naturtrieb – Geselligkeit – aufkeimen und sich entwickeln. Kaum fanden sie, daß die Fremden die Früchte ihres Landes nicht als eine Beute, mit Gewalt wegnehmen wollten, so theilten sie ihnen solche freywillig mit. Schon gestatteten sie uns, ihre schattenreiche Wohnungen zu besuchen, und ließen uns, so einträchtig als es den Mitgliedern einer und derselben Familie geziemt, mitten unter sich sitzen. Nach wenig Tagen begannen sie sogar, an unsrer Gesellschaft Vergnügen zu finden, und *nun* öfnete sich ihr Herz einem neuen uneigennützigen Gefühl von überirdischer Art, der Freundschaft! Welch ein schätzbares Bewußtseyn, rief ich aus, auf solche Art das Glück eines Volkes befördert und vermehrt zu haben! welch ein Vortheil, einer gesitteten Gesellschaft anzugehören, die solche Vorzüge genießt und andern mittheilt! Hier unterbrach mich das Geräusch eines herankommenden Wanderers. Es war Dr. *Sparrmann.* Ich zeigte ihm die Gegend, und erzählte ihm, zu was für Gedanken sie mich verleitet hatte. Die Übereinstimmung seines Gefühls theilte dem meinigen neue Lebhaftigkeit mit. Doch, endlich mußten wir uns losreißen und nach dem Schiffe zurückkehren, weil der Mittag nicht weit war. Der erste Einwohner, dem wir begegneten, flüchtete vor uns, und versteckte sich hinters Gebüsch. Unmittelbar darauf trafen wir, beym Eingange einer Plantage, eine Frau an, die, allem Ansehen nach, eben so gern davon gelaufen wäre, es aber nicht wagte, weil wir ihr ganz unerwartet und schon sehr nahe gekommen waren. Mit zitternder Hand, und mit verstörtem Gesicht, bot sie uns einen Korb voll Yambos-Äpfel an. Dies Betragen befremdete uns nicht wenig; doch kauften wir ihr die Früchte ab und giengen weiter. Sowohl innerhalb als ausserhalb dieser Plantage standen viele Männer im Gebüsch, die unaufhörlich winkten, daß wir an den Strandt zurückgehen möchten. Sobald wir aus dem Walde heraus traten, klärte sich das Räthsel auf. Zween Männer saßen im Grase und hielten einen Dritten, todt, in ihren Armen. Sie zeigten uns eine Wunde, die er von einer Flintenkugel in die Seite bekommen hatte und sagten dabey mit dem rührendsten Blick: »er ist umgebracht.«* Auf diese Bothschaft eilten wir nach der Gegend des Strandes, wo unsere Leute sich aufzuhalten pflegten, fanden aber keinen einzigen Indianer bey ihnen, und erfuhren, wie die Sache zugegangen war. Man hatte, wie gewöhnlich, eine Schildwacht ausgestellt, die den Platz, den unsere Leute zu ihren Geschäften brauchten, von Indianern rein halten mußte, dahingegen die Matrosen diese Scheidelinie ohne Bedenken überschreiten, und sich nach Belieben unter die Wilden mischen durften. Einer von den Indianern, der vielleicht seit unserm Hierseyn noch nie am Strande gewesen seyn mochte, hatte sich zwischen seinen Landsleuten vorgedrängt und wollte über den freyen Platz gehen. Weil aber unsere Leute diesen für sich allein zu haben meynten; so nahm die Schildwache den Indianer beym Arm, und stieß ihn zurück. Dieser hingegen glaubte mit Recht, daß ihm, auf seiner eigenen Insel, ein Fremder nichts vorzuschreiben habe, und versuchte es daher von neuem, über den Platz wegzugehen, vielleicht blos um zu zeigen, daß er gehen könne, wo es ihm beliebte. Allein, die Schildwache sties ihn zum zweytenmal, und zwar mit solchem Ungestüm zurück, daß wohl ein minder jähzorniger Mann, als ein Wilder, dadurch hätte aufgebracht werden müssen. Kein Wunder also, daß er, um seine gekränkte Freyheit zu vertheidigen, einen Pfeil auf den Bogen legte, und damit nach dem, der ihn

* In ihrer Sprache wird dies ungleich eindringender durch das einzige Wort, *Markom,* ausgedrückt.

angegriffen, zielte. Dies ward der Soldat nicht sobald gewahr, als er sein Gewehr anschlug, und den Indianer auf der Stelle todt schoß. In dem Augenblick da dieser fiel, trat der Capitain ans Land, und sahe, wie die übrigen davon liefen, um den grausamen, verrätherischen Leuten zu entkommen, die auf fremdem Boden sich solche Ungerechtigkeiten erlaubten. Bereit, den Fehler wieder gut zu machen, schickte er den Soldaten alsbald geschlossen an das Schiff, und gab sich alle Mühe, die Einwohner zu besänftigen. Verschiedene derselben, besonders die, welche auf der östlichen hohen Ebene wohnten, ließen sich auch wirklich überreden, stehen zu bleiben, und denen von neuem zu trauen, die das vornehmste Gebot der Gastfreyheit so schändlich aus den Augen gesetzt hatten. Wahrlich, ein rührender Beweis, von der angebohrnen Güte des menschlichen Herzens! Eine eben so seltne Mäßigung war es, daß die Wilden, Dr. *Sparrmann* und mir nicht das geringste Leid zufügten, da sie doch den Mord ihres Landmannes an uns beyden aufs nachdrücklichste hätten rächen können. Wir fuhren nunmehr mit dem Capitain ans Schiff, nicht ohne Besorgniß, wie es meinem Vater ergehen würde, der, ohne von der vorgefallenen Begebenheit etwas zu wissen, in Begleitung eines einzigen Matrosen, noch im Walde herum irrte. Doch, es lief besser ab, als wir befürchteten; denn nach Verlauf einer Viertelstunde, sahen wir ihn bey der Wache, die, zu Sicherung einiger Wasserfässer, am Strande zurückgeblieben war, wohlbehalten ankommen, und nun liessen wir ihn sogleich durch ein Boot abholen. Die Wilden hatten den Mord ihres Bruders, ihn so wenig als uns, entgelten lassen, sondern schienen vielmehr von unserer Gemüthsart einen zu vorteilhaften Begriff gefaßt zu haben, um das Verbrechen eines Einzigen den übrigen allen beyzumessen. Wie plötzlich, und durch was für eine ruchlose That waren die angenehmen Hoffnungen, womit ich mir, noch wenig Augenblicke zuvor, geschmeichelt hatte, nun nicht auf einmal vereitelt! Was mußten die Wilden von uns denken? Waren wir jetzt noch besser, als andere Fremdlinge? oder verdienten wir nicht weit mehr Abscheu, weil wir uns, unter dem Schein der Freundschaft eingeschlichen hatten, um sie hernach als Meuchelmörder zu tödten? Ich muß gestehen, daß mehrere von unserer Schiffsgesellschaft billig genug dachten, dieses Unglück laut zu beklagen. Dergleichen Übereilungen waren uns fast aller Orten begegnet, und der Schade nirgends gut zu machen gewesen. Und hier in Tanna, wo wir uns, bis auf den Augenblick unserer Abreise, gesitteter und vernünftiger, denn irgendwo, betragen hatten, auch hier mußte dieser Ruhm, durch die offenbahreste Grausamkeit, wieder vernichtet werden! Der Capitain wolte den Soldaten mit exemplarischer Strenge dafür bestrafen lassen, daß er, der ausdrücklichen Vorschrift, nach welcher dem Jähzorn der Wilden nie etwas anders, als Sanftmuth, entgegen gesetzt werden sollte, so offenbar und muthwillig zuwider gehandelt hatte. Allein, der Officier, der am Strande das Commando gehabt, nahm sich des Kerls an, und sagte, er hätte jenen Befehl des Capitains seinen Leuten nicht bekannt gemacht, im Gegentheil ihnen eingeschärft, daß man die Wilden, wenn sie sich im geringsten beygehen ließen, zu drohen, geradeweges niederschiessen müße. Auf dieses Geständniß konnte man dem Soldaten nichts weiter anhaben; ob aber der Officier über das Leben der Einwohner zu gebieten habe? das ward weiter nicht untersucht*. Nach Tische fuhren wir wieder ans Land, wo die Matrosen noch zu guter letzt ihr Glück im Fischfange versuchten, und zwar nicht ganz ohne Erfolg. Von Einwohnern waren nur sehr wenige zugegen, und die mehresten unbewafnet, so, daß die Ermordung ihres Landmannes vergessen, oder wenigstens vergeben zu seyn schien. Mein Vater, Dr. *Sparrmann* und ich, giengen nach der Ebene, um Vögel zu schiessen. Auch dort erblickten wir nur einen einzigen

* Man wußte, daß der Officier viele vornehme Anverwandten hatte, worunter auch Minister befindlich waren; überdem scheint es in England nicht viel auf sich zu haben, wenn ein Subaltern seine Schuldigkeit unterläßt, oder gegen die Subordination handelt. Ja man hat so gar Beyspiele, daß ein Officier *cum infamia* cassirt, und gleichwohl bald nachher Staatsminister geworden ist. Jedes Land hat so seine eigne Weise.

Indianer, der noch dazu, sobald er uns ansichtig ward, einen andern Weg nahm, und mit starken Schritten zu entfliehen suchte. Wir riefen ihm aber nach, und brachten es, durch alle Freundschaftsbetheurungen, die sich durch Zeichen nur ausdrücken lassen, so weit, daß er umkehrte. Mit mißtrauischem schüchternen Blick wagte ers näher zu kommen. Doch beruhigten wir ihn endlich durch allerhand Geschenke, schieden als gute Freunde von einander, und kehrten darauf, mit allen unsern Leuten, ziemlich spät, an Bord zurück.

[…]

Zweyundzwanzigstes Hauptstück

Dritter und letzter Aufenthalt zu Königin-Charlotten's Sund in Neu-Seeland

[…]

Die *Neu-Seeländer* sind von jeher allen Nationen, welche zu ihnen gekommen, gefährliche Feinde gewesen. Der erste Entdekker dieses Landes, *Abel Janssen Tasmann,* ein Holländer, verlor vier von seinen Matrosen an einem Ankerplatze, den er, dieses Vorfalls wegen, die *Mörder-Bay* nannte, und der vermuthlich mit der vom Capitain *Cook* sogenannten *blinden Bay* einerley ist. Die Einwohner nahmen einen der erschlagnen Matrosen mit sich, und wissen also, ohnstreitig schon seit 1642, wie das Fleisch eines Europäers schmeckt. Den Engländern haben sie durch die so eben erzählte Geschichte noch weit ärger, den Franzosen aber schlimmer als allen übrigen mitgespielt, indem sie *Herrn Dufresne Marion* mit acht und zwanzig Mann erschlagen und gefressen haben! *Mr. Crozet, Capitaine de brûlot* in französischen Diensten, der, auf einer Reise nach Ost-Indien, gerade zu der Zeit am Cap der guten Hoffnung vor Anker lag, als *wir,* von unserm Kreislauf, eben daselbst anlangten, erzählte mir das traurige Schicksal, welches *Mr. Dufresne Marion* betroffen hatte. Herr *Crozet* commandirte nemlich das Königliche Schiff, den *Mascarin,* als zweyter Officier, unter besagtem Herrn von *Marion,* und gieng, nebst noch einem Schiffe, welches ihn begleitete, auf dem nördlichen Theil von *Neu-Seeland* in der *Bay der Eylande* vor Anker. Der Verlust, den er durch Sturm an seinen Masten erlitten hatte, nöthigte ihn, hier in den Wäldern neue zu suchen. Er fand auch wirklich einige Bäume, die dazu taugten, nur schien es fast unmöglich, sie von den Bergen nach dem Wasser herab zu schaffen. Doch Noth kennt kein Gesetz; diesem Grundsatz gemäß mußte auch Herr *Crozet* sich zu der mühsamen Arbeit bequemen, durch die dicksten Wälder, einen drey Meilen langen Weg bis nach dem Ort hin aushauen zu lassen, wo die zu Masten brauchbaren Stämme vorhanden waren. Indeß daß diese langweilige Unternehmung zu Stande kam, schlug ein Theil seiner Leute, auf einem Eyland, einige Zelte auf, um mit mehrerer Bequemlichkeit Trinkwasser zu füllen, und einzelne Partheyen nach Brennholz auszuschicken. Bey so bewandten Umständen hatten sie hier schon 39 Tage zugebracht, und sich das Zutrauen der Einwohner dergestalt erworben, daß ihnen diese, mit der größten Zudringlichkeit, ihre Mädchen anboten. Eines Tages gieng Herr *Marion,* in Begleitung etlicher anderer Personen, ans Land, um nach den verschiedentlich angestellten Arbeitern zu sehen. Die Leute, die mit dem Anfüllen der Wasserfässer zu thun hatten, besuchte er zuerst; von da wollte er zu den Zimmerleuten gehen, die unter Herrn *Crozets* Aufsicht im Walde arbeiteten, vorher aber, wie er gemeiniglich zu thun pflegte, in dem *Hippah* oder Vestung der Indianer, wo ihn der Weg vorbey führte, einsprechen. Hier muß er mit seiner ganzen Begleitung umgekommen seyn, denn man hat nachher nichts weiter von ihm vernommen. Der Lieutenant, auf den in Abwesenheit Herrn *Marions* das Commando des Schiffes gefallen war, wunderte sich zwar, daß jener am Abend nicht wieder an Bord kam, doch beruhigte er sich damit, daß die Umstände ihn genöthigt haben würden, die Nacht über am Lande zu bleiben, wozu auch, in den Zelten, alle Bequemlichkeit vorhanden war. In dieser Meynung schickte er am folgenden Morgen, ganz unbesorgt, eine Parthey Matrosen aufs Holzhauen, und diese giengen, jenseits der, in Capitain *Cooks* Charte angedeuteten Landzunge, ans Ufer*. Ein Trupp von Wilden, der, seit dem gestrigen Vorfall im *Hippah,* allhier im Hinterhalt liegen mochte, nahm den Augenblick wahr, da die Holzhauer sämmtlich an der Arbeit waren, überfiel selbige und ermordete sie alle, bis auf einen einzigen Matrosen, der queer über die Landzunge davon rannte, sich in die See stürzte, und, obgleich verschiedentlich von Wurfspießen verwundet, nach den

* S. *Hawkesworths* zweyte Sammlung der englischen Seereisen, (4°) 2ter Band, S. 352.

Schiffen hinschwamm. Er war so glücklich, daß man ihn gewahr ward und an Bord half, wo seine Erzählung bald ein allgemeines Schrecken verbreitete. Herr *Crozet* befand sich unterdeß mit den Zimmerleuten noch immer im Walde, folglich in Gefahr von den Wilden abgeschnitten, und nicht besser, als seine unglücklichen Landsleute behandelt zu werden. Um ihn dafür zu warnen, ward unverzüglich ein Corporal mit vier Seesoldaten abgeschickt, und zugleich etliche Boote beordert, bei den Kranken-Zelten auf Herrn *Crozet* zu warten. Der Corporal kam glücklich zu Herrn *Crozet* hin, und dieser hatte es seinen guten Maaßregeln zu verdanken, daß auch er wohlbehalten an dem Ort anlangte, wo die Schiffsboote für ihn bereit lagen. Schon glaubte er, der Aufmerksamkeit der Wilden gänzlich entgangen zu seyn; hier aber, wo er sich einschiffen wollte, war eine große Menge derselben beysammen, die sich aufs beste geputzt* und verschiedene Führer an ihrer Spitze hatten. Nun kam alles auf Entschlossenheit an, und daran fehlte es, zum Glück, Herrn *Crozet* nicht. Er befahl denen vier Seesoldaten, beständig in Anschlag zu bleiben, und, auf das erste Zeichen, ihren Mann ja nicht zu verfehlen. Darauf ließ er die Kranken-Zelte abbrechen, und nebst dem Geräthe der Zimmerleute, in die Böte schaffen. Eben dahin mußten sodann auch die Arbeiter allgemach folgen, indeß er selbst mit seinen vier Scharfschützen, auf den vornehmsten Befehlshaber der Wilden zugieng. Dieser erzählte ihm sogleich, daß einer ihrer Anführer, den er nannte, Herrn *Marion* erschlagen habe. Statt aller Antwort ergriff Capitain *Crozet* einen Pfahl, stieß solchen mit Heftigkeit, dicht vor den Füßen des Wilden, in die Erde, und gebot ihm, nicht um ein Haar breit näher zu kommen. Die Kühnheit dieser Handlung setzte sowohl den Anführer, als seinen ganzen Trupp sichtbar in Erstaunen und Herr *Crozet* wußte ihre Bestürzung sehr gut zu nutzen, indem er verlangte, daß alle Anwesende sich niedersetzen sollten, welches auch ohne Widerrede geschah. Nun gieng er so lange vor den Neu-Seeländern auf und

* Das thun sie allemal, wenn sie eine Schlacht liefern wollen.

ab, bis alle seine Mannschaft eingeschift war; darauf mußten die Scharfschützen folgen, und Er stieg ganz zuletzt in's Boot. Kaum waren sie vom Lande abgefahren, als die *Neu-Seeländer* sämmtlich aufstanden, den Schlachtgesang anstimmten, und mit Steinen nach ihnen warfen; die Matrosen ruderten aber so schnell, daß sie bald ausser dem Wurf waren, und solchergestalt wohlbehalten ans Schiff zurück kamen. Seit diesem Vorfall machten die *Neu-Seeländer* immer mehrere Versuche, die Franzosen, wo möglich ganz und gar aufzureiben. So wagten sie z. E., mitten in der Nacht, einen Anfall gegen die auf der kleinen Insel campirenden Arbeiter, um die es auch gewiß würde geschehen gewesen seyn, wenn sie nicht so sehr auf ihrer Huth gewesen wären. Ein andermal führten sie, in mehr als hundert großen, stark bemannten Canots, einen förmlich combinirten Angriff auf die beyden Schiffe aus; dieser Versuch bekam ihnen aber sehr übel, denn sie wurden von der Artillerie häßlich empfangen und abgewiesen. So anhaltende Feindseligkeiten überzeugten Herrn *Crozet* endlich, daß er seine Schiffe unmöglich ehe mit Masten würde versorgen können, bis die Einwohner aus ihrem großen, wohlbefestigten *Hippah* vertrieben wären. Auf diese Expedition gieng er also eines Morgens mit einem starken Commando aus. Die Einwohner erwarteten ihn wohl vorbereitet; er fand sie in großer Anzahl hinter ihren Pallisaden auf den Streitgerüsten, die Capitain *Cook* in seiner ersten Reisegeschichte beschreibt*. Die Franzosen griffen die Besatzung durch ein beständig unterhaltenes Peloton-Feuer an, welches von so kräftiger Wirkung war, daß die Neu-Seeländer bald von ihren Streit-Bühnen herab sprangen und hinter den Pallisaden Schutz suchten. Um sie auch von da aus zu verjagen, mußten die Zimmerleute anrücken und eine Bresche in die Pallisaden machen. In die erste Öfnung, welche entstand, stellte sich sogleich ein Anführer der Indianer und suchte, mit seinem Spieß, den Zimmerleuten Einhalt zu thun.

* S. *Hawkesworths* Sammlung der neuesten engl. See-Reisen, in 4. 2ter Band, S. 393. u. f.

Herr *Crozet* hatte sich aber einige gute Schützen gewählt, durch welche er diesen wehrhaften Indianer augenblicklich niederschießen ließ. Alsbald rückte ein andrer in seine Stelle, trat auf den Leichnam seines Vorgängers und setzte sich zur Wehr. Auch dieser ward ein Opfer seines unerschrocknen Muths, und auf solche Art blieben, auf diesem gefährlichen Ehrenposten, acht Befehlshaber, einer nach dem andern. Da die Indianer ihre Anführer so schnell fallen sahen, ergriffen die übrigen die Flucht, verlohren aber durch das Nachsetzen der Sieger noch viel Leute. Herr *Crozet* both 50 Thaler für einen lebendigen Neu-Seeländer, es war aber den Franzosen nicht möglich, nur eines einzigen habhaft zu werden. Ein Soldat, der die Prämie gern verdienen wollte, bekam einen alten abgelebten Greis zu packen, und suchte ihn zum Capitain zu schleppen. Der Wilde aber, der keine andre Waffen hatte, biß dem Franzosen in die Faust, welches diesen dermaaßen. schmerzte, daß er ihn im ersten Jähzorn mit dem Bayonet niederstieß. In dem eroberten *Hippah* fand sich eine große Menge Zeug, Waffen, Werkzeuge und roher Flachs, nebst einem ansehnlichen Vorrath von trocknen Fischen und Wurzeln, die vermuthlich für den bevorstehenden Winter daselbst aufbewahrt wurden. Diese blutige Unternehmung verbreitete ein solches Schrecken unter die Indianer, daß Herr *Crozet* seine Schiffe nun ungestört ausbessern, und, nach einem Aufenthalt von vier und sechszig Tagen, die Bay der Eilande verlassen konnte*.

Bey dieser Streitigkeit mit den Franzosen würden die *Neu-Seeländer* in keinem vortheilhaften Lichte erscheinen, wenn wir nicht vermuthen könnten, daß vorher etwas vorgefallen seyn müste, wodurch sie sehr beleidigt und in Harnisch gebracht worden. Wenigstens siehet man aus ihrem übrigen Betragen gegen

* Die kleinen Verschiedenheiten, die sich zwischen dieser Erzählung und der nunmehr gedruckten eignen Relation des Capitain *Crozet* bemerken lassen, muß man keiner andern Ursach, als der Lebhaftigkeit, womit ein Franzos mündlich erzählt, zuschreiben. (S. *Voyage à la mer du Sud. Paris 8. 1783.)*

die Europäer, daß sie weder verrätherisch, noch menschenfeindlich sind. Warum sollten wir also nicht annehmen dürfen, daß die Franzosen, ohne es vielleicht selbst zu wissen oder gewahr zu werden, ihnen etwas in den Weg gelegt, wodurch jene sich für berechtigt gehalten haben, ihrer Rachsucht dermaaßen den Zügel schießen zu lassen, als dies von rohen Wilden nur immer erwartet werden kann? Wir hatten um desto mehr Ursach, der Erzählung der Einwohner von *Königin-Charlotten-Sund* Glauben beyzumessen, weil sie ihre eignen Landsleute, unverhohlen, eines Diebstahls beschuldigten. Allein sie gaben auch deutlich genug zu erkennen, daß die Übereilung der Unsrigen, diesen Diebstahl sogleich durch Musketenfeuer, und vielleicht ohne Unterschied an dem ganzen Haufen, zu ahnden, ihre Mitbrüder aufgebracht, und sie zur Rache angereizt habe. Wir werden geboren, unsre abgemeßne Zeit auf dem Erdboden zu durchleben; will jemand, vor dem Ablauf dieser Zeit, unserm irdischen Daseyn ein Ziel setzen, so können wir es als ein Vergehen gegen die Gesetze des Schöpfers ansehen. Dieser verlieh uns die Leidenschaften gleichsam zur Schutzwehr und bestimmte den Trieb der Rache, vorzüglich, zu Abwendung aller gewaltsamen Unterdrückung. Der Wilde fühlt dieses und eignet sich selbst das Recht zu, Beleidigungen zu rächen, dahingegen in der bürgerlichen Gesellschaft gewissen einzelnen Personen, ausschliessenderweise, die Macht anvertraut, und zugleich die Pflicht auferlegt ist, alles Unrecht zu rügen. Indessen ist diese Art, das Recht zu handhaben, auch in den gesitteten Ländern Europens, nicht immer, und nicht auf alle Fälle hinreichend. Wenn z. B. dieser Gewährsmann der öffentlichen Ruhe, dieser allgemeine Rächer des Unrechts, seinen eignen Arm gegen die geheiligten Rechte des gemeinen Wesens aufhebt; müssen alsdenn nicht alle bürgerliche Verbindlichkeiten aufhören, muß nicht ein jeder seine eigenen natürlichen Rechte selbst verfechten, und den Leidenschaften, als den ursprünglich angebornen Mitteln zur Selbsterhaltung, wieder freyen Lauf gestatten? Eben so ereignen sich auch im Privatleben Fälle genug, wo das Gefühl der Rache einige Entschuldigung für sich zu haben scheint. Giebt es nicht eine Menge von Beeinträchtigungen und Beleidigungen oder Beschimpfungen, wogegen kein Gesetz schützt? Oder wie oft geschiehet es nicht, daß die Großen, Macht und Einfluß genug haben, die Gesetze zu verdrehen, und, zum Nachtheil des unglücklichen, freundlosen Armen, zu vereiteln? Dergleichen Fälle würden nun gewiß noch ungleich häufiger vorkommen und bald in den höchsten Grad der Gewaltthätigkeit übergehen, wenn die Furcht nicht wäre, daß der beleidigte Theil das Recht, sich und sein Eigenthum zu schützen, (welches er andern anvertraut hatte) endlich einmal in seine eigne Hände zurücknehmen möchte, sobald er nemlich sehen muß, daß diejenigen, die hierinn seine Stelle vertreten sollen, ihre Pflicht so schändlich unterlassen? Wenn ein Räuber sich an meinem Eigenthum vergreift, so darf ich nicht erst zum Richter laufen, sondern kann, in vielen Fällen, den Bösewicht gleich auf der Stelle dafür züchtigen; auf solche Art haben Stock und Degen manchen Schurken in Furcht und Schranken gehalten, der dem Gesetz Trotz bieten durfte.

[…]

Am Nachmittag des 9ten wurden die letzten Anstalten zur Abreise getroffen, und des folgenden Morgens um vier Uhr verließen wir *Neu-Seeland* zum dritten und letztenmale. So oft wir hier vor Anker gegangen, so oft hatten wir uns auch, durch die Menge, Mannigfaltigkeit und Heilsamkeit der frischen Lebensmittel, von allen Beschwerden und Unpäßlichkeiten des Seelebens, vornemlich vom Schaarbock, sehr schnell wieder erholt. Die wohlschmeckenden, antiscorbutischen Kräuter reinigten und versüßten das Blut, und die Fische gaben, als eine leicht zu verdauende Speise, gute Nahrungssäfte. Selbst die Luft, die hier zu Lande, sogar an den schönsten Tagen, ziemlich scharf ist, mochte zu unserer Genesung das ihrige beytragen, in so fern sie den durch langen Aufenthalt in heißen Gegenden erschlafften Fibern, neue Kraft und Spannung mittheilte. Endlich so mußte auch die starke Bewegung, die wir uns machten, dem Körper in mehr denn einer Absicht zuträglich seyn. Bey so viel zusammenwirkenden Ursachen war es kein Wunder, daß, wenn wir bey der Ankunft allhier auch noch so bleich und abgezehrt aussahen, die Veränderung der Lebensart uns doch in kurzer Zeit wieder eine frische, gesunde Farbe verschafte. Freylich konnte dies äussere Ansehen bey uns eben so trügen als bey dem Schiffe: Wenn wir mit selbigem, nach vorhergegangener Ausbesserung am Lande, von neuem in See giengen; so schien es zwar in ziemlich gutem Stande zu seyn; gleichwohl mochte ihm auf der langen Fahrt, so mancher harte Stoß, insgeheim empfindlichen Schaden zugefügt haben! – Eben das, was in *Neu-Seeland* uns so wohl bekam: die gesunde Luft, die einfache Lebensordnung, besonders aber der Überfluß an guten, leicht zu verdauenden Nahrungsmitteln, alles das kann auch wohl Ursach seyn, daß die Einwohner von so hoher Statur, wohl gewachsen,* und stark gebaut sind. Sie leben vornehmlich vom Fischfang, und der ist an der hiesigen Küste, den größten Theil des Jahres hindurch, so ergiebig, daß sie auch den Winter über daran genug haben; wenigstens hat Herr *Crozet* und auch wir selbst, an mehreren Orten, große Vorräthe von trocknen Fischen aufbewahrt gefunden.

[…]

* Ausgenommen die Beine, welche vom Sitzen krumm, und ungestaltet werden.

Dreyundzwanzigstes Hauptstück

Die Fahrt von Neu-Seeland nach Tierra del Fuego – Aufenthalt in Christmeß- oder Weihnachts-Haven

[…]

Während unsrer Abwesenheit hatten sich einige Einwohner, in vier kleinen Kanots, beym Schiffe gezeigt. Sie wurden uns als elende, arme, aber harmlose Geschöpfe beschrieben, die ihre Speere, Seehunds-Felle u. d. gl. freywillig und umsonst weggegeben. Es that uns leid, daß wir sie nicht gesehn hatten, doch ward dem Schaden bald abgeholfen, denn am folgenden Morgen kamen sie, des Regens ohnerachtet, wieder. Ihre Canots waren aus Baum-Rinde verfertigt, welche, der Größe nach zu urtheilen, wohl schwerlich in diesem Haven gewachsen seyn konnte. Einige kleine Stecken dienten anstatt Rippen, um die Rinde, in der Mitte oder da wo der größte Bauch des Fahrzeuges ist, auszudehnen; den Bord machte, auf jeder Seite, ein langer Stecken aus, über den die Rinde herum gewickelt und fest genähet war. Mitten im Canot lagen etliche Steine nebst einem Haufen Erde, und, hierauf unterhielten die Wilden beständig ein Feuer. Dies war auch in so fern nöthig, weil sie, durch allzuschnelles Rudern, sich eben nicht zu erwärmen suchten. Die Ruder waren nur klein und schlecht gearbeitet. In jedem Canot saßen fünf bis acht Personen, Kinder mit eingerechnet; allein, statt daß alle andere Nationen in der Süd-See gemeiniglidich unter lautem Jauchzen, oder wenigstens mit einem frohen Zuruf angezogen kamen, gieng bey diesen hier alles in der tiefsten Stille zu, und sogar dicht am Schiffe, wo wir eine Anrede oder Begrüßung erwarteten, gaben sie fast keinen andern Laut von sich, als das Wort *Pesseräh!* Diejenigen, welche Herr von *Bougainville,* in der Magellanischen Straße, nicht weit von unserm jetzigen Haven, gesehen, führten eben dieses Wort fast beständig im Munde, weshalb er auch dieser Nation den Namen *Pecherais* beylegte. Auf vielfältiges Zuwinken kamen etliche von diesen Leuten ins Schiff; doch ließen sie nicht das geringste Zeichen von Freude blicken, schienen auch ganz ohne Neugierde zu seyn. Sie waren von kurzer Statur, keiner über 5 Fuß 6 Zoll (englischen Maaßes) hoch, hatten dicke große Köpfe, breite Gesichter, sehr platte Nasen, und die Backenknochen unter den Augen sehr hervorragend; die Augen selbst waren von brauner Farbe, aber klein und matt, das Haar schwarz, ganz gerade, mit Thran eingeschmiert, und hieng ihnen wild und zottigt um den Kopf. Anstatt des Barts standen einige einzelne Borsten auf dem Kinn, und von der Nase bis in das häßliche, stets offene Maul, war ein beständig fließender Canal vorhanden. Diese Züge machten, zusammen genommen, das vollständigste und redendste Bild von dem tiefen Elend aus, worinn dies unglückliche Geschlecht von Menschen dahinlebt. Herr *Hodges* hat von zwoen dieser Physiognomien eine sehr richtige, charakteristische Zeichnung verfertigt. Schultern und Brust waren breit und stark gebaut, der Untertheil des Körpers aber so mager und eingeschrumpft, daß man sich kaum vorstellen konnte, er gehöre zum obern. Die Beine waren dünn und krumm, und die Knie viel zu stark. Ihr einziges elendes Kleidungstück bestand in einem alten kleinen Seehunds-Fell, welches vermittelst einer Schnur, um den Hals befestigt war. Übrigens giengen sie ganz nackend, ohne auf das, was Anständigkeit und Ehrbarkeit bey uns fordern würden, die geringste Rücksicht zu nehmen. Ihre Leibesfarbe war Olivenbraun mit einem Kupfer-ähnlichem Glanze, und bey manchen noch durch aufgetragene Streifen von rothem oder weißem Ocker erhöhet. Es scheint folglich, daß die Begriffe von Schmuck und Zierrath älter und tiefgewurzelter bey uns sind, als die von Ehrbarkeit und Schaamhaftigkeit! Die Weiber waren beynahe wie die Männer gestaltet, nur etwas kleiner, den Gesichtszügen nach nicht minder häßlich und widrig, und auch in der Kleidung nicht unterschieden. Einige wenige hatten jedoch, ausser dem Felle, welches die Schultern bedeckte, noch ein kleinen Lappen, kaum einer Hand groß, vorn am Schooße herabhängen, der, vermittelst einer Schnur, um die Hüften befestigt war. Ein ledernes Band mit Muscheln besetzt, zierte den Hals, und auf dem Kopfe trugen sie eine Art Mütze, aus etlichen langen Gänse-Federn zusammengefügt, die gemeiniglich aufrecht in die Höhe standen, und alsdenn gerade so, als die Fontangen des vorigen Jahrhunderts aussahen. Ein einziger Kerl hatte sein See-Hunds-Fell durch ein daran genähtes Stückchen *Guanacoes-Fell** verlängert, und sich dadurch etwas mehr Schutz gegen die Kälte verschafft. Die Kinder hingegen waren völlig nackt, und saßen neben den Müttern um das im Canot befindliche Feuer, zitterten aber demohnerachtet beständig vor Kälte. Sie ließen nicht leicht ein ander Wort von sich hören, als den Ausruf: *Pesseräh,* und dieser ward bisweilen wie eine Liebkosung, gemeiniglich aber in einem jammernden, klagenden Ton ausgesprochen! Von denen am Bord gekommenen Mannspersonen, vernahmen wir noch ein paar andre Wörter, die aus einer Menge von Mitlautern und Guttural-Buchstaben bestanden. Das *chl,* welches in England den Einwohnern des Fürstenthums Wallis eigen ist, kam vorzüglich oft darinn vor, und was ihre Aussprache vollends unverständlich machte, war, daß sie durchgehends sehr stark lispelten. Glas-Corallen und andre Kleinigkeiten nahmen sie mit eben der Gleichgültigkeit und Achtlosigkeit an, mit welcher sie auch ihre Waffen, ja sogar ihre zerlumpten Seehunds-Felle umsonst, oder, gegen das erste beste, das ihnen geboten ward, weggaben. Überhaupt war ihr Charakter die seltsamste Mischung von Dummheit, Gleichgültigkeit und Unthätigkeit! Bogen und Pfeile waren ihre einzigen Waffen. Die Bogen sind sehr klein, unförmlich, und aus einer Art *Berberis-Holz* gemacht, die Pfeile hingegen von anderm Holz, zwischen zwey und drey Fuß lang, an einem Ende gefiedert und am andern stumpf. Die Spitzen werden nur alsdenn erst, wenn der Pfeil gebraucht wird, angesetzt, und zu diesem Behuf trägt sie der Schütze in einem kleinen ledernen Beutel bey sich. Sie thaten ziemlich rar damit, und woll-

* *Guanacoes* sind bekanntermaßen eine Art Süd-Amerikanischer kleiner Kameele, die in *Chili* zahm gemacht, wie Lastthiere gebraucht, und alsdenn *Llamas* genannt werden.

ten uns nicht mehr, als eine einzige solche Spitze zukommen lassen, die aus einem schlechten dreyeckigten Stückgen Schiefer bestand. Nächst diesen Waffen haben sie auch Speere, die aber blos zum Fischfang dienen. Der Schaft ist zehn Fuß lang, und, oben wie unten, durchaus gleich dick. Am untersten Ende ist ein Spalt befindlich, in welchem, zu seiner Zeit, ein spitzgemachter, etwa zwölf Zoll langer, und nur mit einem Wiederhaken versehener Knochen eingefügt und festgebunden wird. Eben dies Instrument sollen sie auch, Capitain Cooles voriger Reisebeschreibung nach, gebrauchen, um unterhalb dem Wasser, die Muscheln von den Felsen loszustoßen.* Mit unsrer Zeichensprache, die doch sonst überall gegolten hatte, war bey diesen Leuten hier nichts auszurichten; Geberden, die der niedrigste und einfältigste Bewohner irgend einer Insel in der Südsee verstand, begriff hier der Klügste nicht. Eben so wenig fiel es ihnen ein, uns ihre Sprache beyzubringen; da auf dem Schiffe nichts ihre Neugierde oder Verlangen erregte, so war es ihnen auch gleich viel, ob wir sie verstunden, oder nicht. Diejenigen von unsern Reisegefährten, die Capitain *Cooks* erster Reise um die Welt beygewohnt hatten, versicherten einstimmig, daß die Bewohner von *Succeß-Bay,* weit glücklicher und besser daran wären, als diese elenden Verstoßnen.** Wer die Beschreibung jener Reise hierüber nachlesen will, wird auch selbst einsehen, daß in Succeß-Bay die *Pesserähs* weit civilisirter zu nennen sind, (wenn dieser Ausdruck überhaupt hier anzubringen ist,) als diejenigen, die in *dieser* Gegend wohnten. Jene waren größer; hatten Stiefeln, um die Füße gegen die Kälte zu schützen, schienen den Werth der europäischen Waaren einigermaaßen einzusehen, bewiesen sich geselliger, und hatten sogar schon Begriffe von Cerimonien und Höflichkeiten! die unsrigen hingegen waren noch zu dumm, zu unthätig oder zu sehr von Hülfsmitteln entblößt, um sich der Kälte zu erwähren,

* S. *Hawkesworths* Geschichte der neuesten engl. See-Reisen in 4to B. II. S. 56.

** Siehe ebendaselbst Seite 54 und folgende.

so schmerzhaft sie auch die Unannehmlichkeiten derselben empfanden. Sie schienen unsre Überlegenheit und unsre Vorzüge gar nicht zu fühlen, denn sie bezeigten auch nicht ein einzigesmal, nur mit der geringsten Geberde, die Bewundrung, welche das Schiff und alle darinn vorhandene große und merkwürdige Gegenstände bey allen übrigen Wilden zu erregen pflegten! Dem Thiere näher und mithin unglückseliger kann aber wohl kein Mensch seyn, als derjenige, dem es, bey der unangenehmsten körperlichen Empfindung von Kälte und Blöße, gleichwohl so sehr an Verstand und Überlegung fehlt, daß er kein Mittel zu ersinnen weiß, sich dagegen zu schützen? der unfähig ist, Begriffe mit einander zu verbinden, und seine eigne dürftige Lage mit dem glücklichem Zustande andrer zu vergleichen? Was die ärgste Sophisterey auch je zum Vortheil des ursprünglich wilden Lebens, im Gegensatz der bürgerlichen Verfassung, vorbringen mag; so braucht man sich doch nur einzig und allein die hülflose bedauernswürdige Situation dieser *Pesserähs* vorzustellen, um innig überzeugt zu werden, daß *wir* bey unsrer gesitteten Verfassung unendlich glücklicher sind! So lange man nicht beweisen kann, daß ein Mensch, der von der Strenge der Witterung beständig unangenehme Empfindung hat, dennoch *glücklich* sey, so lange werde ich keinem noch so beredten Philosophen beypflichten, der das Gegentheil behauptet, weil er entweder die menschliche Natur nicht unter allen ihren Gestalten beobachtet, oder wenigstens das, was er gesehen, nicht auch *gefühlt* hat*. Möchte das Bewußtseyn des großen Vorzugs, den uns der Himmel vor so manchen unserer Mitmenschen verliehen, nur immer zu Verbesserung der Sitten, und zur strengern Ausübung unserer moralischen Pflichten angewandt werden! aber leider ist das der

* Die Philosophie solcher Herren ist dem *Seneka* abgeborgt. Folgende Stelle paßt sehr gut auf die *Pesserähs,* und der nachstehende Gedanke zeugt gerade von *dem* Mangel an Gefühl, wovon hier die Rede ist. *Perpetua illos hiems, triste coelum premit – imbrem culmo aut fronde defendunt; nulla illis domicilia, nullae sedes sunt, nisi quas lassitudo in diem posuit.* –

Fall nicht, unsre civilisirten Nationen sind vielmehr mit Lastern befleckt, deren sich selbst der Elende, der unmittelbar an das unvernünftige Thier gränzt, nicht schuldig macht. Welche Schande, daß der höhere Grad von Kenntnissen und von Beurtheilungskraft, bey uns nicht bessere Folgen hervorgebracht hat!
Diese unglücklichen Bewohner eines felsigten unfruchtbaren Landes fraßen rohes, halbverfaultes Seehundsfleisch, welches äußerst widrig roch. Das Thranartige ekelhafte Fett genossen sie am liebsten, und boten auch dem Seevolk davon an. Vielleicht ist es Instinct, der ihnen dies ranzige Fett verzehren heißt, denn alle in kalten Erdstrichen wohnende Völker sollen es für Leckerbissen halten, und dadurch in Stand gesetzt werden, die Kälte besser zu ertragen. Die natürliche Folge einer solchen Nahrung war ein unerträglicher fauler Gestank, der aus ihrem ganzen Körper ausdunstete, und sich allem, was sie nur an und um sich führten, mitgetheilt hatte. Dieser Gestank war uns dermaßen zuwider, daß wirs unmöglich lange bey ihnen aushalten konnten. Mit geschloßnen Augen konnte man sie bereits in der Ferne wittern. Wer die Seeleute, und ihre sonst eben nicht ekle Begierden kennt, wird kaum glauben, was doch wirklich geschah, nemlich, daß es ihnen, dieser unerträglichen Ausdünstung wegen, gar nicht einmal einfiel, mit dem saubern Frauenzimmer genauere Bekanntschaft zu machen. Die Matrosen gaben ihnen Pöckelfleisch und verschimmelten Zwieback; sie machten sich aber nichts daraus, und konnten kaum dahin gebracht werden, es zu kosten. Lehrte sie etwa der Instinct, daß diese Speisen vielleicht *noch* ungesunder wären, als halb verwestes Seehundsfleisch? – Wir bemerkten unter ihnen nicht den mindesten Unterschied des Standes, weder Oberherrschaft noch Ahängigkeit. Ihre ganze Lebensart kam

In alimentis feras captant. – vilis, et hic quaerendus manu victus. – Miseri tibi videntur? – Nihil miserum est quod in naturam consuetudo perduxit. – Hoc quod tibi calamitas videtur, tot gentium vita est. DE PROVIDENTIA. Hawkesworth hat bey einer ähnlichen Veranlassung diese Stelle nur paraphrasirt und modernisirt. Reisen B. II. Seite 59 (4°).

dem thierischen Zustande näher, als bey irgend einem andern Volk. Es dünkt mir daher überaus wahrscheinlich, daß sie keine selbständige Nation ausmachen, sondern nur als einzelne, von den benachbarten Völkerschaften ausgestoßne Familien anzusehen sind, die durch ihren Aufenthalt im ödesten unfruchtbarsten Theil von *Tierra del Fuego* fast jeden Begrif verlohren haben, der nicht mit den dringendsten Bedürfnissen in unmittelbarer Verbindung steht. Sie irren, der Nahrung nach, aus einer Bucht in die andre, und da dieser Haven vermuthlich mit mehreren zusammenhängt, so wählen sie sich im Winter denjenigen zum Wohnplatz, wo der Aufenthalt am leidlichsten ist. Aus denen auf den benachbarten *Falklands-Inseln,* die unter derselben Polhöhe liegen, angestellten Thermometrischen Beobachtungen läßt sich zwar vermuthen, daß im Winter die Kälte nicht nach Verhältniß der Sommerwitterung zunehme, demohnerachtet muß sie diesen armen hülflosen Geschöpfen doch äußerst hart fallen. Die Holländischen Seefahrer, und besonders *Jacob l'Hermite,* der die Naßauische Flotte im Jahr 1624 ins Süd-Meer führte, behaupten, daß die an den *südlichen* Küsten von *Tierra del Fuego,* wohnenden Indianer, wirkliche Menschenfresser sind, die einander, nicht etwa bloß aus Hunger, sondern auch so oft sie sich eine gute Mahlzeit machen wollten, umbringen.* Sollte diese gräßliche Gewohnheit irgendwo aus wirklichem Mangel an Lebensmitteln statt finden, so könnte sie höchstens bey einer kleinen Anzahl unglücklicher Menschen entstanden seyn, die aus ihrer fruchtbaren Heymath in die äußersten wüsten Enden der Erde wären vertrieben worden. Ein solcher Stamm würde aber unmöglich lange bestehen können.

Die armen *Pesserähs* verließen uns gegen Mittag, und ruderten so langsam und stillschweigend fort, wie sie angekommen waren. Das Seevolk, sehr erfreut, daß das Schiff sicher vor Anker lag, hatte schon den vorigen Abend angefangen, das Weihnachtsfest

* *Recueil des voyages, qui ont servi à l'établissement de la Compagnie des Indes orientales. Amsterd. 1705. Vol. IV. p. 702.*

zu feyern, und fuhr fort, zween Tage lang ohne Unterlaß zu schwelgen. Sie machtens so arg, daß Capitain *Cook* endlich den größten Theil in ein Boot laden, und an Land setzen ließ, damit sie in der frischen Luft desto eher wieder nüchtern würden.

[…]

Sechsundzwanzigstes Hauptstück

Lauf von der Ascensions-Insel, bei der Insel Fernando da Noronha vorüber, nach den Azorischen Inseln – Aufenthalt zu Fayal – Rückkehr nach England

[...]

So vollendeten wir, nachdem wir unzählige Gefahren und Mühseligkeiten überstanden, eine Reise, die drey Jahre und achtzehn Tage gedauert hatte. Wir hatten in diesem Zeitraum eine größere Anzahl Meilen zurückgelegt, als je ein andres Schiff vor uns gethan; indem alle unsre Curs-Linien zusammen gerechnet, mehr als dreymal den Umkreis der Erdkugel ausmachen. Auch waren wir ebenfalls glücklich genug gewesen, nicht mehr als vier Mann zu verlieren, davon drey zufälliger Weise ums Leben gekommen, und der vierte an einer Krankheit gestorben war, die ihn vermuthlich, wäre er in England geblieben, weit eher ins Grab gebracht hätte*.

Der Hauptendzweck unsrer Reise war erfüllt; wir hatten nemlich entschieden, daß kein vestes Land in der südlichen Halbkugel, innerhalb des gemäßigten Erdgürtels liege. Wir hatten sogar das Eis-Meer jenseits des Antarctischen Zirkels durchsucht, ohne so beträchtliche Länder anzutreffen, als man daselbst vermuthet hatte. Zu gleicher Zeit hatten wir die für die Wissenschaft wichtige Entdeckung gemacht, daß die Natur mitten im großen Welt-Meere, Eisschollen bildet, die keine Salztheilchen enthalten, sondern alle Eigenschaften des reinen und gesunden

* Zufolge den europäischen Verzeichnissen der Todesfälle, ist ausgemacht, daß unter hundert Männern wenigstens drey jährlich sterben. Es kann sich daher ganz wohl zutragen, daß bey der größten Behutsamkeit und Vorsicht, künftig kein anderes Schiff so leicht wieder mit einem so geringen Verlust abkommen wird; und man würde zu viel behaupten, wenn man sagen wollte, daß prophylactische Lebensmittel, und antiscorbutische Arzeneyen, immer eben dieselbe gute Würkung haben müßten.

Wassers haben. In andern Jahrszeiten hatten wir das Stille-Meer innerhalb der Wende-Zirkel befahren; und daselbst den Erdbeschreibern neue Inseln, den Naturkundigern neue Pflanzen und Vögel, und den Menschenfreunden insbesondere, verschiedene noch unbekannte Abänderungen der menschlichen Natur aufgesucht. In einem Winkel der Erde hatten wir, nicht ohne Mitleid, die armseligen Wilden von *Tierra del Fuego* gesehn; halb verhungert, betäubt und gedankenlos, unfähig sich gegen die Rauhigkeit der Witterung zu schützen, und zur niedrigsten Stufe der menschlichen Natur bis an die Gränzen der unvernünftigen Thiere herabgewürdigt. In einer andern Gegend hatten wir die glücklichem Völkerschaften der Societäts-Inseln bemerkt; schön von Gestalt und in einem vortreflichen Clima lebend, welches alle ihre Wünsche und Bedürfnisse befriedigt. Ihnen waren schon die Vortheile des geselligen Lebens bekannt; bey ihnen fanden wir Menschenliebe und Freundschaft; ihnen war es aber auch zur Gewohnheit geworden, der Sinnlichkeit bis zur Ausschweifung Raum zu geben. Durch die Betrachtung dieser verschiedenen Völker, müssen jedem Unpartheyischen die Vortheile und Wohlthaten, welche Sittlichkeit und Religion über unsern Welttheil verbreitet haben, immer deutlicher und einleuchtender werden. Mit dankbarem Herzen wird er jene unbegreifliche Güte erkennen, welche ihm ohne sein Verdienst einen wesentlichen Vorzug über so viele andre Menschen gegeben, die ihren Trieben und Sinnen blindlings folgen, denen die Tugend nicht einmal dem Namen nach bekannt, und für deren Fähigkeiten der Begrif von einer allgemeinen Harmonie des Weltgebäudes noch viel zu hoch ist, als daß sie daraus den Schöpfer gehörig erkennen sollten. Übrigens ist wohl nichts augenscheinlicher und gewisser, als daß die Zusätze, die auf dieser Reise zum Ganzen der menschlichen Kenntnisse gemacht worden, obschon nicht ganz unbeträchtlich, dennoch von geringem Werth sind, sobald wir sie mit dem, was uns noch verborgen bleibt, in Vergleichung stellen. Unzählig sind die unbekannten Gegenstände, welche wir, aller unsrer Einschränkung ohngeachtet, noch immer erreichen können. Jahrhunderte hindurch werden sich noch neue, unbeschränkte Aussichten eröfnen, wobey wir unsere Geisteskräfte in ihrer eigenthümlichen Größe anzuwenden, und in dem herrlichsten Glanze zu offenbaren Gelegenheit finden werden.

– Vedi insieme l' uno e l' altro polo,
Le Stelle vaghe, e lor viaggio torto;
E vedi, 'l veder nostro quanto è corto!

PETRARCA.

Cook, der Entdecker

2. Anordnung

Es ist an sich schon ein großes Schauspiel, wenn ein Mann von Cooks thätigem durchdringenden Geiste auftritt, und in dem kurzen Zeitraum von zehn Jahren die Kinder und die Erwachsenen des gesitteten und des rohen Welttheils seinen Namen mit Bewunderung nennen lehrt. Je mehr man sich aber mit in das Ganze menschlicher Angelegenheiten verwebt, und diese mit sich verbunden fühlt, je inniger man an den größeren Ereignissen Antheil nimmt, von denen man Einfluß auf die jezt lebenden und künftigen Geschlechter der Erde erwartet; desto wichtiger und interessanter wird es, den Gang eines großen Geistes näher zu betrachten, insofern die Ursache der Begebenheiten, die sich nur durch ihn ereigneten, auch großentheils in *ihm* zu suchen ist. Unternehmungen von so großem Umfange, wie Cooks Entdeckungsreisen, deren genauer Zusammenhang am Tage liegt, und deren Begebenheiten sich unmittelbar auf einander beziehen; Unternehmungen, wo ein Schritt den andern vorbereitete, und jede Entdeckung sogleich angewendet werden konnte, um neue darauf zu gründen, können ihren glücklichen Erfolg nur einem wohldurchdachten Plane verdanken. Ich rede nicht von einem Reiseplan, wie ihn der Minister auf der Charte entwirft. Was ist leichter, als dort die unerhörtesten Laufbahnen vorzuzeichnen, wo die goldne Reißfeder an keiner Klippe scheitern kann, und der papierne Ocean keine Wellen schlägt! Wer einigermaßen merkt, was zur zweckmäßigen Ausführung einer wahren Entdeckungsreise gehört, wird sich bald von diesem Zeichner wegwenden, um den Mann aufzusuchen, der die Seele des ganzen Unternehmens ist, der alles selbst thut und mit eigenen Augen sieht, der die Zukunft durchdringt und Begebenheiten berechnet, der aber auch, mitten unter den zahllosen Geschäften, denen er seine Zeit und seine Denkkraft widmen muß, im prüfenden Augenblick der

Entscheidung, sein selbst ganz mächtig, mit fester Hand das Ruder führt.

Man müßte selbst ein zweyter Cook seyn, um die Anordnung einer Entdeckungsfahrt so nachzubilden, wie er sie sich dachte. Hier können also nur einige Elementarstriche den richtigen Gesichtspunkt bezeichnen, aus welchem man den ausserordentlichen Seefahrer beurtheilen muß, um den Werth desjenigen, was er geleistet hat, in seiner ganzen Größe zu erkennen, und nicht, wie wohl zuweilen aus Übereilung geschah, mehr als die Billigkeit erlaubt, von ihm zu fordern. Schon Bougainville beklagte sich, daß ihn seine Landsleute nicht blos mit müßigen Fragen unaufhörlich gequält, und keine Antwort abgewartet, sondern daß sich auch Spötter gefunden hätten, denen es unbegreiflich vorgekommen wäre, wie man die Welt umschifft haben könne, ohne in China gewesen zu seyn. Doch diesen mißlungenen Spott verzeiht man einem Volke gern, das seine Fehler durch Witz wieder gut macht. Wir kennen ähnliche Beyspiele von vorschneller, doch unschädlicher Fragseligkeit, und haben ernsthaft geantwortet, wenn man uns ernsthaft fragte: »ob die Insel Otaheiti zum festen Lande gehöre?« und »auf welcher von seinen Reisen Cook gestorben sey?« Wir kennen aber auch eine Klasse von beißenden Fragen, welche sich von den Französischen eben so unterscheiden, wie unsere Aristarchen jenen an Vielwisserey überlegen sind, und sich dünken lassen, Horazens *nil admirari* sey für sie eine Vollmacht, alles Große verkleinern zu dürfen. Sie, die Weisen unsers Jahrzehends, wissen alles besser, denn sie wissen alles voraus, und spotten des Entdeckers, dem diese hehre Divinationsgabe fehlt. Sie hätten überall mehr Klarheit und Gewißheit verbreitet; von allem hätte man durch sie erfahren, was sie – zuvor gewußt, und so wie sie es verlangt, gesehen haben würden. Sie wären von ihren Entdeckungen nicht so frühzeitig hinweggeeilt, sie hätten nicht so manche schöne Gelegenheit versäumt, nicht so vieles unergründet gelassen; sie hätten mehr und größere Dinge geleistet, mit einem Wort, es klüger gemacht, als der gute Cook. Bey diesen und ähnlichen Verweisen, welche die Philosophie im Lehnstuhl dem Entdecker ertheilt, muß er freylich betroffen schweigen, oder höchstens dem Dichter ganz leise nachsprechen:

> – ad haec ego naribus uti
> formido.

Statt aller Antwort, wollen wir unsere Leser an Bord führen, um sie dort mit einigen nautischen Verhältnissen bekannt zu machen.

Die Wahl der Schiffe, die zu langen und gefährlichen Reisen die tauglichsten sind, ist das erste in der Reihe der Anstalten, wodurch ein Mann wie Cook für den guten Ausgang seines Vorhabens sorgt. Byron und Wallis, als wirkliche Capitains in der Flotte, hätten es erniedrigend oder wenigstens höchst ungemächlich gefunden, ein geringeres Kriegsschiff als von vierzig Kanonen zu führen. Für den Entdecker sind indeß die Schiffe von diesem Range in mehr als einem Betracht sehr unbequem. Ihre Besatzung, die an vierhundert Mann stark seyn muß, richtet kaum so viel aus, als in einem kleineren Schiffe der vierte Theil, und läßt sich weder so schnell übersehen, noch so leicht regieren. Von den Erfrischungsorten, die Cook zu seinen Absichten vortreflich, und seinem Schiffsvolke angemessen fand, wären die meisten unzureichend für die Bedürfnisse einer zahlreicheren Mannschaft gewesen, und schon um dieser einzigen Ursach willen, hätte er in einem größeren Schiffe seinen Endzweck verfehlt. Selbst der Mundvorrath, der von England mitgenommen wird, kann wegen der Bauart jener größeren Fahrzeuge, die zu schnellen Evolutionen, zum Angriff und andern Absichten des Seekriegs eingerichtet sind, nicht in gehöriger Menge geladen werden, um eine langwierige Fahrt zu gestatten. Daher eilten Cooks Vorgänger, ihren Kreislauf um die Erde innerhalb zweyer Jahre zu vollenden, anstatt, wie Er, den Namen Entdecker verdienen zu wollen. Ihn aber hatte die Erfahrung zu diesen Vorbegriffen geleitet, die einem gewöhnlichen See-Capitain auf seiner Station, es sey im Kriege oder Frieden, um so weniger einfallen können, da seine Flotte jederzeit durch eigene Proviantschiffe versorgt werden muß. Die Fahrzeuge, welche in England zum Küstenhandel, und hauptsächlich zum Transport der Kohlen aus Northumberland nach London bestimmt sind, müssen nicht nur sehr geräumig seyn, um ihren Eigenthümern größern Vortheil zu bringen, sondern auch wegen der stürmischen, mit Sandbänken ganz besäeten Nordsee einen vorzüglich runden, oder vielmehr nach unterwärts platten Bau, und, in der Zusammenfügung, große Stärke haben, um bey dem oft unvermeidlichen Stranden, leicht und unbeschädigt wieder flott werden zu können. Diese Art Schiffe, deren Vorzüge Cook am besten kannte, weil er selbst darin lange Zeit mit der mühsamen und gefährlichen Küstenschiffahrt, und mit dem Anblick von Schrecknissen, die sonst der beherzteste Seemann flieht, vertraut geworden war, suchte er sich zu seinen großen Unternehmungen aus, weil er gewiß überzeugt war, daß man sich in unbekannten Meeren ihnen sicherer anvertrauen könne, als allen Kriegsschiffen und Fregatten. Bey einer solchen Wahl genoß er überdies den wesentlichen Vortheil, so manche seichte Meeresgegend befahren, und in manchem Hafen Schutz finden zu können, welche ein Schiff, das tiefer im Wasser gegangen wäre, durchaus hatte vermeiden müssen.

Cook ließ den Boden seiner Schiffe nicht mit Kupferplatten beschlagen, womit man den Wurmfraß zu verhüten, und den Gang des Schiffes zu beschleunigen glaubt; denn man will bemerkt haben, daß die Fische sich von solchen mit Kupfer beschlagenen Schiffen entfernen; und Cook war es weit mehr darum zu thun, seinen Leuten keine Gelegenheit zu Erfrischungen zu rauben, als ein Paar tausend Schritte mehr in einer Stunde zu laufen. Doch auch außer dieser Bedenklichkeit, von der es noch nicht ausgemacht ist, ob sie wirklich gegründet sey, bewog ihn eine wichtigere Ursache, den Gebrauch des Kupfers zu vermeiden. Es ist wahr, daß sich auf einem kupfernen Boden kein Meergras, keine Eichelmuscheln oder Seetulpen ansetzen, und also die glatte Oberfläche die Wellen leichter durchschneidet, und ein schnelleres Seegeln bewirkt: allein allmählig frißt das Kupfer die eisernen Ruderangeln an, und bringt dadurch das Schiff in wesentliche Gefahr; denn ohne Ruder kann es nicht gesteuert werden, und doch läßt sich, in offener See, der Schaden nicht ausbessern. Anstatt des Kupfers, bediente sich Cook einer Art kleiner eiserner Nägel, mit breiten Köpfen, welche er dicht neben einander in die Haut oder äußere Bedeckung, des Schiffbodens einschlagen ließ. In kurzer Zeit überzog der Rost die kleinen Zwischenräume zwischen den Nägeln, und sicherte das Schiff vor Würmern so vollkommen, als es Kupferplatten nur immer hätten thun können.

Die Ausrüstung der Schiffe, und die Menge sowohl, als die Beschaffenheit des Vorraths aller Art, beschäftigten zunächst die Aufmerksamkeit des Capitains, so wenig auch diese Gegenstände den gewöhnlichen Befehlshaber angehen, der sein Schiff aus den Händen der Werft-Officianten völlig ausgerüstet erhält, und es, wenigstens in diesem Falle, für überflüßig hält, mehr als seine Pflicht zu thun. Als Ansons Geschwader im Jahr 1740 den Spaniern in Peru einen tödtlichen Streich versetzen sollte, mißlang der große Anschlag durch die Schuld der zwecklosen Ausrüstung; und diese gerechte Klage rechtfertigte den Admiral. Wären Cooks Unternehmungen aus einem ähnlichen Grunde gescheitert, ohne Zweifel hätte man ihn ebenfalls von aller Schuld völlig freygesprochen; allein sein Name wäre dann schwerlich auf die Nachwelt gekommen. Ich brauche wohl nicht erst zu fragen, welches von beyden größer ist: einen Vorwurf von sich abwälzen, oder seine Maaßregeln so sicher nehmen, daß alles gelingt, und überhaupt kein Tadel Statt finden kann? In der That, wäre Cook nicht Kenner in diesem Fache gewesen, hätte er nicht selbst gewählt, und von jeder Art des Vorraths so viel als ihm nöthig dünkte, unter seinen Augen einschiffen lassen; wie hätte er auf drey- und mehrjährigen Reisen, bey der Unmöglichkeit sich wieder mit anderm zu versehen, so vielen Stürmen und Wettern Trotz bieten können? Es ist bekannt, daß die verschiedenen Vorräthe eines Schiffs, welches zur Brittischen Flotte gehört, gewissen Officieren untergeben sind. So hat der Equipagenmeister oder Lootse *(Master)* die Oberaufsicht über die ganze Ladung. Der Oberbootsmann hat alles Tau- und Takelwerk, die Anker, die Segel und die Bote in Verwahrung; der Schiffszimmermann, den Holzvorrath und das Eisengeräth, nebst allem Zubehör; der Constapel die Kriegsmunition, der Wundarzt die Medikamente, endlich der Seckelmeister, (purser) und dessen Schreiber die Lebensmittel und die Kleidungsstücke. Die Befehlshaber, welche auf Entdeckungsreisen gingen, verwalteten gemeiniglich das einträgliche Seckelamt selbst. Auch dieses war eine der nothwendigsten Einrichtungen, wodurch der glückliche Erfolg der Reisen gesichert ward, der sonst von den guten oder schlechten Anstalten dieses Beamten abgehangen hätte. Ein umständliches Verzeichniß von allen einzeln mitgenommenen Artikeln würde uns zu weit führen, und ohne weitläuftigere Erläuterung zwecklos seyn. Hieher gehört nur noch die Bemerkung, daß in jedem Fache Cooks Erfahrung nicht nur über die Nothwendigkeit oder Entbehrlichkeit der gewöhnlichen Vorräthe entschied, sondern auch mehrere Veränderungen veranlaßte, und einige ganz neue, noch von keinem Schiffscapitain geführte Artikel in Gang brachte, welche seitdem zum Theil in der Flotte allgemein eingeführt worden sind, zum Theil noch angenommen zu werden verdienten. Unter den besondern Vorkehrungen aber, welche ganz ausschließend für Entdeckungsreisen gehören, verdient die folgende nicht ganz übergangen zu werden. Cook hatte auf seiner ersten Weltumschiffung bemerkt, wie nützlich ihm ein kleineres Fahrzeug als sein Schiff, bey der Untersuchung einer beträchtlichen mit Untiefen umringten Seeküste gewesen wäre; ja, er war überzeugt, daß im Fall die großen Schiffe so beschädigt würden, daß die Rückkehr nach Europa in denselben zu mißlich seyn möchte, dergleichen kleine Fahrzeuge sogar zur Rettung der gesammten Mannschaft dienen könnten. Demzufolge hatte man ihm, auf der zweyten und dritten Reise, in jedem Schiffe einen kleinen

*Schooner** mitgegeben, dessen Holzwerk ganz fertig gezimmert war, und erforderlichen Falls nur zusammengefügt zu werden brauchte. Die Masten, das Tauwerk und die Segel dieser Fahrzeuge, waren ebenfalls in England mit eingeschifft worden; kurz, es fehlte nur an Gelegenheit, sich ihrer wirklich zu bedienen.

Wenn man berechnet, welch einen großen Platz diese Fahrzeuge im Schiffe einnehmen müssen, wenn man bedenkt, daß alle Vorrathskammern mit Sachen vollgepfropft sind; daß auf dem Verdeck, zwischen dem großen und dem Fockmast, fünf große und kleine Boote stehen; daß die Seiten des Vordercasteels mit ungeheuren Noth- und Bugankern und ansehnlichen Strom- und Flußankern gleichsam bedeckt sind; daß der innere Raum voll vieler hundert Fässer ist, wovon allein zuweilen sechzig bis siebzig mit Wasser, eben so viel mit Sauerkraut, und ungleich mehr noch mit gepöckeltem Rind- und Schweinfleisch, mit Mehl, Erbsen und Zwieback, auch viele mit Wein und Branntwein angefüllt sind; daß eine Menge Steinkohlen theils als Ballast, um das Schiff gehörig ins Wasser zu senken, theils zum täglichen Gebrauch in der Küche, im Tiefsten liegt; daß viele Kabeltaue, jedes hundert und mehr Klafter lang, und manches von der Dicke eines Schenkels, oben im Matrosenraume befindlich sind: so erstaunt man wahrlich, wie in einem Behältniß von vierhundert und achtzig Tonnen, deren jede vier und vierzig Quadratfuß hält, noch hundert und zwanzig Menschen Platz finden, oder, wenn dies begreiflich ist, wie sie drey Jahre lang, bey unverdaulicher Kost, bey steter Anstrengung und allem Druck der härtesten Lebensart, gesund und gutes Muthes bleiben können? Vielleicht läßt sich hier mit wenigen Worten zeigen, wie diese Besatzung in dem schwimmenden Schlosse vertheilt ist.

* Ein Fahrzeug mit zwey Masten, im gegenwärtigen Falle von zwanzig bis dreyßig Tonnen.

Drey Masten ruhen unmittelbar auf dem Kiele*, und streben hinter einander gerade in die Höhe. Der mittelste und vordere *(Haupt- und Fockemast),* jeder mit seinen zwey Verlängerungen *(Mars-* und *Bramstengen),* sind siebzig bis achtzig Fuß hoch und unten etwa Mannes dick. Der hinterste oder *Besaanmast* ist kleiner und hat nur eine Verlängerung *(die Kreutzstenge).* In schräger Richtung steigt vorn über dem Schiffsschnabel das *Bugspriet,* gleichsam als ein vierter Mast hervor, der ebenfalls mit einer Verlängerung, (dem *Clüverbaum)* versehen ist. Die Masten werden durch starke Taue unterstützt, welche theils nach vorn, theils nach den Seiten hin, vom Mastkorbe herunter gehen, und im ersten Falle *Stage,* im letztern aber, wo mehrere beysammen sind, die *Wände* heißen, an denen man, auf queerübergebundenen Schnüren, welche die Sprossen einer Leiter vorstellen, hinaufsteigen kann. Jede Verlängerung des Mastes trägt ein viereckiges, und jeder Stag ein dreyeckiges Segel. Die Seiten des Schiffes steigen nach hinten zu ein wenig in die Höhe. Über dem ganzen Hintertheil liegt auf starken Balken ein Boden von Planken, der bis zum Hauptmast geht. Dieser Boden, oder in der Schiffersprache, dieses *halbe Verdeck,* heißt auf Kriegsschiffen das *Quarterdeck* (oder Verdeck der Officiere). Ein ähnliches halbes Verdeck liegt auf dem Vordertheile des Schiffs, zwischen dem Bugspriet und Fockmast, und wird das *Vorder-Casteel* genannt. Ungefähr sechs Schuh tiefer als diese halben Verdecke geht das eigentliche Verdeck, als ein vollkommener Boden, durch das ganze Schiff von einem Ende zum andern. Auf *dem* Theil desselben, der unter das Quarterdeck geht, wohnt der Capitain, dessen Hauptzimmer (stateroom) oder die große Kajüte, das Hintertheil des Schiffs in seiner ganzen Breite von etwa sieben Schritten einnimmt, und zu

* Bey dieser Beschreibung nehme ich Rücksicht auf das Schiff, in welchem ich Cook auf seiner zweyten Reise begleitet habe, die *Resolution.* Es bedarf wohl keiner Erinnerung, daß ich geflissentlich so viel Kunstwörter als möglich vermieden habe, da diese Beschreibung nur für den Land- und Städtebewohner bestimmt ist.

beyden Seiten mit einem kleinen bedeckten Altan (quarter-gallery) versehen ist. Vor dieser Kajüte hat der Capitain sein Schlafgemach, ein Vorzimmer und eine finstre Vorrathskammer. Die große Kajüte ist das einzige helle Zimmer im Schiffe, indem sechs kleine Fenster, jedes ungefehr drey Schuh hoch und zwey Schuh breit, nach hintenhinaus, dicht nebeneinander stehen. Vor dem Eingange zur Wohnung des Capitains bleibt der Platz in der Mitte frey, wo man aufs Quarterdeck hinauf und tiefer ins Schiff hinabsteigt; und nur zu beyden Seiten sind bretterne Verschläge für den ersten Lieutenant, den Astronomen, den Equipagenmeister, und die Naturforscher angebracht, die auch in dieser Ordnung an Bequemlichkeit abnehmen, so, daß die letzten einen Würfel von sechs Fuß vorstellen, wo ein Bett, ein Kasten und ein Schreibtisch nur eben noch Platz für einen Feldstuhl übrig lassen. Das Fenster dieser Kajüte ist eine Glasscheibe von sechs Zoll ins Gevierte, in einem starken Rahmen, den man aber, aus Furcht vor Überschwemmungen, nicht eher ausheben darf, als bis man sich den Wendekreisen nähert. Unter dem Halbverdeck des Vorder-Casteels hat, rechts und links, der Bootsmann und der Zimmermann seine Kajüte, und zwischen ihnen ist die Küche. Parallel mit dem Verdeck, nur etwa fünf Schuh tiefer, geht ein zweyter Boden durch das ganze Schiff, auf dessen Hintertheil, zu beyden Seiten, die Kajüten des zweyten und dritten Lieutenants, des Lieutenants der Seesoldaten, des Wundarztes und des Malers stehen. Zwischen denselben bleibt ein großer Spielraum für die Barre oder das Heft des Schifsruders, welches in Seilen geht, die auf dem Quarterdeck vermittelst eines großen Rades regiert werden. Vor dem Besaanmast steht, hier unten, die große Tafel, an welcher die vorgedachten Officiere speisen, fest aufs Verdeck genagelt, welches zur See mit allen Tischen geschieht. Übrigens steht man in diesem Theil des Schiffs nie ganz aufrecht, und sieht nie anders, als bey brennenden Lichtern, außer, wenn das Wetter es erlaubt, zwey große Schießscharten im Hintertheil zu öffnen. Die Officiers-Kajüten haben zwar ganz kleine Fensterchen; doch dürfen sie, so lange das Schiff in See ist, nie geöfnet werden, weil die Wellen fast unaufhörlich drüber gehen. Der Constapel, der Schreiber, die Unterwundärzte, die Steuermannsgehülfen und die Seecadetten wohnen zu vier oder fünf beysammen, auf eben diesem zweyten Verdeck, in Verschlägen von Segeltuch, in den vier Ecken des übrigen Raumes, der außerdem für die Ankertaue und für die gemeinen Leute bestimmt ist, und sein Licht nur von oben, durch die Luken erhält, durch welche man ein- und aussteigt. Ganz im Vordertheil des Schiffs, unter der Küche, sind des Bootsmanns Vorrathskammern befindlich. Allein der große Vorrath aller Art liegt unter diesem zweyten Boden, durchs ganze Schiff vertheilt; doch finden sich auch hier noch allerley Abtheilungen und Verschläge, welche theils die Unordnung verhüten, die bey der Menge der Fässer zuweilen doch unvermeidlich ist, theils auch gewisse Vorrathsartikel vor Gefahr und vor Veruntreuung sicher stellen. So giebt es eine eigene Brodkammer, eine Segelkammer, eine Kleiderkammer, eine Branntweinkammer und eine Pulverkammer.

Ohne viel darauf zu sehen, daß das Schiff schnell wie eine Courierfregatte segeln möchte, hielt es Cook gleichwohl für nöthig, daß es wenigstens so gut fortkäme, als es der Bau desselben erlaubte, und, was weit wichtiger war, daß es gut am Winde läge, sich schnell und ohne abzutreiben umlegen liesse, und nicht heftiger von einer Seite zur andern rollte, als die unvermeidliche Gewalt der Wellen es mit sich brächte. Seinem Auge entgiengen aber auch die Ursachen der etwa hier vorkommenden Fehler nicht, und seine Erfahrung wußte ihnen abzuhelfen. Da die Vertheilung des Gewichtes im Schiffe großen Einfluß auf den Gang desselben hat, so mußten auf seinen Befehl verschiedentlich Veränderungen vorgenommen werden, wodurch bald am Vordertheil, bald nach hinten zu, auf dieser oder auf jener Seite, die Schwere vermehrt oder vermindert ward; ein Geschäft, welches desto mehr Geschicklichkeit erfordert, je weniger dabey der allgemeine Plan der Ladung gestört werden darf, damit man jederzeit bequem zu demjenigen Vorrath gelangen könne, welcher zum täglichen Verbrauch unentbehrlich ist.

[...]

Unter den Gegenständen seiner Vorsorge stehen seine Gefährten oben an. Menschen sind die stärksten Triebfedern, die der größere Mensch in Bewegung setzt, und die Werkzeuge, wodurch er alles vollbringt. Von ihrer Auswahl und ihrer Erhaltung hängt also der Erfolg seiner Unternehmungen ab. Cook wählte zu seinen langwierigen Entdeckungsreisen vor allen den Matrosen, der sich ihm durch Geschicklichkeit in allen Geschäften seines Dienstes, durch seinen abgehärteten, gesunden Körper und sein blühendes Alter empfahl. Der Mann mit Erfahrung und grauem Haare konnte bey ihm auf ein gewisses Zutrauen Anspruch machen, und die Stellen eines Quartiermeisters und Bootsmannsgehülfen erlangen, die zwar wenig oder nichts vor dem Dienste des gemeinen Matrosen voraushaben, aber gleichwohl mehr Einsicht und Ernst erfordern. Ein im Dienste grau gewordener Seemann ist in der That nicht minder ehrwürdig, als der alte Krieger, und hat noch einen Kampf mehr, nehmlich mit den Schrecknissen und Todesgefahren des furchtbarsten Elementes, bestanden. Mit fünf und vierzig solchen auserlesenen Matrosen, achtzehn Seesoldaten, und noch etwa zwölf subalternen Seeleuten, also mit fünf und siebzig Mann, vollbrachte Cook seine größte und beschwerlichste Entdeckungsfahrt gegen den Südpol. Allein seine vorzügliche Stärke bestand in der großen Anzahl brauchbarer Officiere, die er sich von seinen Vorgesetzten ausgewirkt hatte. Ungeachtet sein Schiff nur achtzehn Kanonen führte und folglich nach der gewöhnlichen Regel des Seedienstes nur Einen Lieutenant haben sollte, erhielt er deren drey, nebst drey Lootsengehülfen oder Steuermännern (masters mates); und anstatt zweyer Seecadetten (midshipmen) durfte er sechs besolden, und noch mehrere unbesoldete mit sich nehmen. Diese Einrichtung hatte bey der Ausführung seines großen Reiseplans den wesentlichsten Nutzen. Es konnten nämlich, ohne das Schiff von Officieren zu entblößen, wenn es im Hafen lag, mehrere Partheyen zu gleicher Zeit, jede unter Aufsicht eines Officiers, in verschiedenen Geschäften ausgeschickt werden, und es blieben jederzeit noch einige unbeschäftigt, die ihre Erholungsstunden zu Lustpartien und Spatziergängen anwenden konnten. Allein der wichtigste Vortheil dieses neuen Verhältnisses der Officiere zu der übrigen Besatzung zeigte sich zur See, in einer wohlthätigen Eintheilung der Wachen, die zugleich der Einsicht und der Menschlichkeit ihres Urhebers Ehre macht. Auf allen Kauffahrern sowohl, als auf Kriegsschiffen, ist das ganze Schiffsvolk nur in zwey Hälften vertheilt, wovon stets eine auf dem Verdeck den Dienst versieht, indessen die andere ruht. Auf Englischen Schiffen lösen sie einander siebenmal des Tages ab, so daß täglich eine Hälfte der Mannschaft zehn, die andere aber vierzehn Stunden wacht. Noch beschwerlicher scheint die holländische Einrichtung, nach welcher in vier und zwanzig Stunden nur fünf mal abgelöset wird, und wobey denn ein Theil der Mannschaft acht, der andere gar sechzehn Stunden im Tage arbeiten muß. Cook hingegen theilte sein Schiffvolk in drey gleiche Theile, deren jede unter einem Lieutenant, einem Steuermann und einigen Seecadetten stand. Dadurch gewann er erstlich, daß jedes Drittel nur um den dritten Tag zwölf Stunden lang Dienste zu leisten hatte; die beyden anderen Tage aber nur sechs Stunden lang wachte; zweytens, daß die härteste Wache, von Mitternacht bis vier Uhr Morgens auch nur in drey Tagen wieder an denselben Mann kam, und endlich, daß die Zwischenräume der Ruhe mehrentheils doppelt so lange, als nach der gewöhnlichen Vertheilung ausfallen mußten, da man zwey Wachen hindurch verschont blieb.* Ja diese Einrichtung war so reich an Vortheilen, daß jene schwere Mitternachtswache allemal den Theil

* Der Tag des Seefahrers fängt um Mittag an. Von den sieben Wachen, deren jede ihren eigenen Namen führt, sind fünf vierstündige, und die beyden andern zweiystündig. Wenn ich die drey Abtheilungen der Mannschaft mit A, B, C, bezeichne, wird man aus folgender Tabelle sehen können, wie oft die Wache an eine jede kommt:

A.	0 bis 4 Uhr N. M.	4 St. Nachmittagswache	
B.	4 bis 6 – –	2 – erste	Hundewache
C.	6 bis 8 – –	2 – 2te	

des Schiffsvolks treffen mußte, der an demselben Tage nur überhaupt sechs Stunden lang diente. Wer von der Härte des Seedienstes einen Begriff hat, wird, ohne weiteren Commentar einsehen können, wie nothwendig diese Schonung auf langen Reisen sey. Allein dem Mittelländer fehlt dieser Begriff, den nur das Anschauen recht lebhaft erwecken kann. Wer malt ihm die täglichen Beschäftigungen des Schifsvolks, so treu versinnlicht, daß er selbst ein Urtheil fällen, und mit mir den ganzen Werth einer Einrichtung beherzigen könne, wodurch Cook einer so nützlichen Menschenklasse die Mühseligkeiten ihrer harten Lebensart erleichterte? Kaum hat die Schiffsglocke geläutet, oder viermal angeschlagen, so ertönt des Bootsmanns Pfeife durch den Matrosenraum, und seine heisere Stimme ruft die Wache hinauf, um ihre Cameraden abzulösen. Beym zweyten Ruf muß alles auf den Beinen seyn, und auf dem Verdeck, auf dem Vorder-Casteel, und am Steuerruder ein jeder seinen angewiesenen Posten einnehmen. Der Ungestüm zweyer Elemente, die fast in unaufhörlicher Bewegung sind, dringt mit vereinten Kräften auf sie ein. Um sich warm zu erhalten, laufen sie beständig auf und ab, bis irgend ein Vorfall sie zur Arbeit ruft. Ändert der Wind seine Richtung, so werden die Segel nur anders gestellt; steigt aber seine Heftigkeit, so müssen sie theils eingereft*, theils völlig eingezogen werden. Der Anblick dieser gefährlichen Verrichtung ist schauderhaft,

A.	8 bis 12 –	–	4 –	Erste Nachtwache
B.	0 bis 4 –	Morgens	4 –	Mittelwache
C.	4 bis 8 –	–	4 –	Morgenwache
A.	8 bis 12 –	–	4 –	Vormittagswache

Augenscheinlich fängt also B den nächsten Tag und C den dritten an; A hat also an beyden Tagen nur eine zweystündige und eine vierstündige Wache.

* Ein Segel einreffen, heißt einen Theil desselben über die Raa oder Segelstange wickeln und festbinden, damit es kleiner werde. Während dieser Arbeit wird die Raa herabgelassen, und sobald eingerefft ist, zieht man sie wieder auf, und sie hängt alsdenn nicht so hoch als zuvor am Maste. Man kann ein Marssegel zwey auch dreymal reffen.

wenigstens für jeden der es nicht gewohnt ist, Menschen ihr Leben auf das Spiel setzen zu sehen. Sobald die untersten Zipfel des Segels vom Verdeck aus gelöset und aufgezogen werden, brausen die Winde darin, und schlagen es an Stange und Mast, daß das ganze Schiff davon erbebt. Mit bewundernswürdiger Behendigkeit und nicht geringerem Muthe klettern die Matrosen sogleich bis zur zweyten oder dritten Verlängerung der Masten hinan. Dort hängen in starken Tauen die Segelstangen oder Raaen quer über das Schiff; an ihren beyden Enden und in der Mitte befestigt, hängt ein schlotterndes Seil, welches den Füßen des verwegenen Seemannes zum Ruhepunkt dient. Auf diesem Seil gehen sechs bis acht Matrosen hurtig und mit sichrem Tritt zu beyden Seiten bis an die äußersten Enden der Raa hinaus, trotz dem Winde, der das flatternde Segel gewaltsam hin und her schleudert, und das Seil unter ihren Füßen erschüttert; trotz der schwankenden Bewegung des Schiffs, welche in jener Höhe ohne Vergleich stärker gefühlt wird, als auf dem Verdecke. Man hat berechnet, und mit dem Sextanten gemessen, daß der Mast zuweilen, bey sehr hohler See, in einem Winkel von acht und dreyßig Graden von der Perpendikularlinie abweicht. Ich habe zu gleicher Zeit das Ende der großen Raa sich in eine thürmende Welle tauchen sehen. Der Matrose am Ende einer Segelstange, die gegen funfzig Fuß hoch am Maste hängt, wird folglich mit jeder Welle alsdann durch einen Bogen von funfzig bis sechzig Fuß geschaukelt! Jezt scheint er ins Meer hinabgeschleudert zu werden; jezt wieder die Sterne zu berühren. Doch ohne sich diese gewaltsamen Bewegungen anfechten zu lassen, biegt er sich über die Segelstange, entreißt dem Winde das Segel, rollt es zusammen, bindet es fest, und vollendet diese gefahrvolle Arbeit mit seinen Gehülfen in wenig Minuten. Seine einzige Sorge bey diesem, wie bey jedem andern Geschäfte, ist dahin gerichtet, daß es ihm keiner an Geschicklichkeit und Muth zuvorthun möge; denn dieser rühmliche Wetteifer liegt tief in seiner Seele, und ist die Folge eines gewissen gemeinschaftlichen Gefühls, welches diesem Stande eigen ist. Ihm muß es übrigens gleichgelten, ob die Sonne ihm dazu leuchtet, oder ob er sich, in der tiefsten Finsterniß der Nacht, blos auf das Tasten seiner harten Hände verlassen darf. Selbst wenn der Sturm ein Segel zerrissen hat, und mit den Stükken alles zerpeitscht, scheut kein Matrose die Gefahr von einem solchen Schlag getroffen zu werden, und rettet, was zu retten ist. Wenn in der Nähe Land vermuthet wird, sitzt er mehrere Stunden lang unbeweglich am höchsten Gipfel der Marsstenge, und blickt aus dieser einsamen, schwindlichtmachenden Höhe wachsam umher. Er lächelt, wenn unerfahrne Landleute, oder junge Anfänger jeden heftigen Wind einen Sturm nennen, und ist ungern freygebig mit diesem Namen, so lange das Schiff noch mehr, als die unteren großen Segel führt. In offner See hat selbst ein Sturm nichts schreckliches für ihn; was kann ihm schaden, sobald alle Segel eingezogen sind, und das Schiff mit dem Schnabel gegen den Wind beygelegt, mit fest gebundenem Ruder, dem Drange der Wellen folgt? oder wenn man es, sicher daß kein Land in der Nähe sey, mit wenigen Segeln schnell vor dem Sturm hinfliehen läßt?* Nur alsdenn wird der Sturm in der That furchtbar, wenn er das Schiff auf eine Küste führt, wo kein Hafen dem Seefahrer Sicherheit verspricht, und die einzige Hofnung dem Schiffbruch zu entgehen, auf der Stärke der Segel beruht. Diese Gefahr trift ihn indeß nur selten; Anstrengung und Unannehmlichkeiten hingegen, sind sein tägliches Loos. Der Posten am Steuerruder ist einer der beschwerlichsten; keiner hält es länger als eine Stunde dabey aus; und wenn die See in hohen Wogen geht, oder der Wind heftig stürmt, müssen zwey Personen zugleich das Rad regieren, welches sonst für die Kräfte des einzelnen Mannes leicht zu mächtig wird, und ihn zuweilen so mit sich fortreißt, daß er in Lebensgefahr ist. Wenn das Schiff nahe am

* Dies wird nur in der Voraussetzung gesagt, daß das Schiff dauerhaft gebaut sey, und gut auf dem Wasser schwimme. Wo dieses nicht der Fall ist, kann es, indem es die Welle auf der Seite empfängt, ganz umgeworfen, oder wenn sie von hinten hineinschlägt, zerschmettert werden, und in beyden Fällen bleibt keine Rettung übrig.

Winde geht, und die See etwas ungestüm ist, so schlagen die Wellen oft hinein, und zwar hauptsächlich da, wo die Wache sich aufhält, die zuletzt, bis auf die Haut durchnäßt, sich lachend über ihr Unglück tröstet. Diese Gleichmüthigkeit, die den Sinn für Freude nicht ausschließt, ist ein Hauptzug in dem Charakter des Seemannes; und hat sie gleich oft den Anstrich eines kindischen Leichtsinnes, so gränzt sie doch zuweilen an die wahre Philosophie des Lebens, und ist auch, wie dieses das Resultat der Erfahrung und der Gesundheit. Die schnellen Veränderungen der Witterung und des Windes, die man zur See so oft erfährt, tragen vieles dazu bey, den Matrosen gegen alles Ungemach zu härten. In Sturm und Regen lebt er der frohen Hofnung, daß bald wieder milder Sonnenschein und guter Wind kommen werde. Allein, auch wenn die Zeit der Prüfung kommt, wo diese Hofnung fehl schlägt, ist das Beyspiel des Befehlshabers und der Officiere hinreichend, um den Muth des getäuschten Seemannes aufrecht zu erhalten. Auf jenen viermonatlichen Fahrten gegen den Südpol, wo das Schiffsvolk fast täglich von Kälte und Nässe litt, wo das Eis an den Segeln und Tauen die Hände verwundete, die es angreifen mußten, wo einmal über das andere die ganze Mannschaft aufgerufen ward, um das Schiff aus einer dringenden Gefahr zu retten, wo das hin- und hersegeln zwischen Eismassen, denen man öfters ausweichen mußte, nebst vielem stürmischen Wetter, vollends alle Kräfte erschöpfte, wo endlich der Nebel die Sonne fast immer vor unsern Augen verbarg, und wie ein drükkendes Gewicht auf unserm Geiste lag: – wenn da der Trübsinn des Engländers endlich überhand genommen hätte, fürwahr! man hätte Unrecht gehabt, sich darüber zu wundern. Doch dazu kam es nie. Ich habe unsere Leute schweigen sehen, wenn Monate lang das Verdeck, ihr Spielplatz und Erholungsort, ein unangenehmer Aufenthalt für sie war; aber unverdrossen und thätig blieben sie immer, denn ihre Vorgesetzten erduldeten bey Tag und bey Nacht mit ihnen die vielfältigen Beschwerden ihres harten Dienstes. Der Officier blieb, durchnäßt und starrend vor Kälte, auf dem Verdeck, und verließ es nicht eher als seine Wache, und Cook selbst genoß keine andre Speise als der gemeine Seemann. Eine Last wird leicht, und die Gefahr verschwindet, wenn man sie mit andern theilt. Noch wirksamer war aber das feste Vertrauen des Volks auf die weise Führung seines Befehlshabers, und die Ehrfurcht, die man allgemein an Bord für seine Talente und seinen Charakter hegte. Theils jene freywillige Enthaltsamkeit von allem ausschließenden Genuß, theils unzählige Beyspiele von seiner unermüdeten, väterlichen Sorge für das Wohl seiner Untergebenen, stärkten ihr Vertrauen auf ihn bis zu einem Grade von Enthusiasmus. Ein Fest, welches er ihnen zu rechter Zeit erlaubte, ein stärkender Trank, den er austheilen ließ, wenn die Witterung zu schneidend war, oder wenn harte Arbeit die Leute ermattet hatte; ein Zug von Menschlichkeit, wenn er seine Zimmer aufopferte, um den Segelmacher dort bequemer arbeiten zu lassen, und viele kleine Nebensachen dieser Art, gewannen ihm das Herz der rauhen, harten Kerle, die selten so behandelt worden waren. Man darf daher mit Recht behaupten, daß seine Disciplin musterhaft war, und dies vielleicht um so viel mehr, da diejenigen Officiere, die aus andern Kriegsschiffen unter Cooks Commando versetzt wurden, sie gemeiniglich nicht strenge genug fanden. Wie rühmlich ist nicht dieser Tadel für Cook? Wie schön ist nicht dieser Contrast eines großen Mannes, der auch im Matrosen die Menschheit ehrt, gegen jene Seedespoten, in deren Schule die Tadler gelernt hatten, ihre Willkühr für ihr höchstes Gesetz zu halten? Allein auch nur der konnte am besten für den Matrosen fühlen, der selbst auf den untersten Stufen des Seedienstes das eiserne Scepter solcher kleinen Tyrannen kennen und verabscheuen gelernt hatte. Cook strafte selten und ungern, nie ohne dringende Ursach und allemal mit Mäßigung. Er störte nie die unschuldige Freude seiner Mannschaft; vielmehr munterte er sie dazu auf, und gab ihnen Freyheit zum Spiele. So wie sie die traurige Gegend des Südpols verließen, und in der Annäherung zum heißen Erdstrich den belebenden Einfluß einer wärmeren Luft und einer hellleuchtenden Sonne empfanden, kehrte ihre ganze Munterkeit wieder zurück. Der Überfluß, der ihrer in O-Taheiti und den benachbarten Inseln wartete, und die Aussicht, dort mehr als einen Sinn, der jezt so lange gefeyert hatte, zu vergnügen, verbreiteten oft einen Grad von Fröhlichkeit, der in abentheuerliche Tänze und ausgelassene Possenspiele ausbrach.

[...]

Die Ankunft im Hafen macht den Arbeiten des Schiffvolks nicht allemal ein Ende; im Gegentheil finden sich alsdenn eine Menge Verrichtungen, welche die anhaltendste Anstrengung erfordern, und wobey zuweilen viel zu wagen ist. Die unvermeidliche Nothwendigkeit, gewisse Vorräthe, wie z.B. Holz und Wasser, zu ergänzen, und das bey mißlichen Gesundheitsumständen oft nicht minder dringende Bedürfniß frischer Lebensmittel, sind zwar an sich hinlängliche Bewegungsgründe, einen Hafen zu suchen; allein so wichtig sie immer seyn mochten, und so ernstlich Cook zu allen Zeiten darauf sann, seine Mannschaft gesund und muthig zu erhalten, so vergaß er doch nie den Zweck seiner Reise über die Mittel zur Erlangung desselben, und hütete sich, diese Mittel je als Zwecke anzusehen. Das Entdeckungsgeschäft blieb also auch alsdenn noch sein Hauptaugenmerk, wenn er am Lande Erfrischungen suchen mußte. Wo seine Vorgänger, oder er selbst, bey einem früheren Besuch, im Fache der Geographie nichts nachzuholen übrig gelassen hatten, wie z.B. in den Societätsinseln und in verschiedenen Gegenden von Neuseeland, da verweilte er nicht länger, als es die Erholung des Schiffvolkes unumgänglich erforderte. Wie eifrig er es sich aber angelegen seyn ließ, während dieses Aufenthalts, von der *innern* Beschaffenheit des Landes nähere Nachricht einzusammeln, und mit dem Nationalcharakter der Einwohner vertrauter zu werden, davon giebt insbesondere das Tagebuch seiner letzten Reise den redendsten Beweis. Nachdem Wallis und Bougainville, jeder ungefähr drey Wochen, Cook aber in der Endeavour, wegen des Durchgangs der Venus, volle drey Monate, und auf seiner zweyten Reise zu zwey verschiedenen Jahreszeiten über vierzehn Tage in O-Taheiti zugebracht hatte, hielt er noch auf der dritten

Reise die wichtige Nachlese von den dortigen Sitten, Gebräuchen und Religionsbegriffen, die seine letzten Aufsätze so lehrreich und unterhaltend macht. In der That ist es offenbar, daß so vieler wiederholten Besuche ungeachtet, unsere Kenntniß von jener Insel noch jezt sehr unvollkommen seyn müsse, und daß es auch schlechterdings unmöglich sey, auf Entdeckungsreisen, die einen bestimmten Zweck haben, den ganzen Umfang aller Verhältnisse eines jeden neuentdeckten Landes zu erschöpfen. Ohne hier auf ein Beyspiel zu verweisen, welches uns nahe liegt; ohne zu erinnern, daß es die Beobachtung vieler Jahre und unzählige Hülfsmittel erfordert, um, ich will nicht sagen, einen vollständigen Begriff von unsern Ländern zu erlangen, sondern nur von einzelnen Gegenständen, wie Verfassung, Rechtspflege, Religion, Wissenschaft und Kunst eines Europäischen Staates, genaue Nachrichten zu sammeln; muß es jedem auffallen, daß Unbekanntschaft mit der Sprache jener Völkerschaften in den meisten Fällen dem Forscher ein unübersteigliches Hinderniß in den Weg legt. Dem Reisenden bleibt unter diesen Umständen weiter nichts übrig, als aufmerksam zu beobachten, und das gesehene treu zu erzählen. Alles was außer seinem Gesichtspunkte liegt, ist so gut, als ob es noch nicht existirte; wenigstens sind alle Nachrichten, die man aus dem Munde der Eingebohrnen erfährt, bey der Unvollkommenheit unserer Sprachkenntniß, mehr oder weniger schwankend und unzuverlässig, je mehr Beziehung sie auf abstrakte Begriffe oder auf Gegenstände der Einbildungskraft und Logik haben. Die Taheitische Götterlehre und Kosmogenie bleiben daher noch immer doppelt verschleyert, einmal durch ihre eigenthümliche Ungereimtheit, und dann durch unsere fehlerhafte Auslegung. Doch diese Schwierigkeit beyseite, wie viele Handlungen und Begebenheiten, welche die Hauptzüge zum Nationalgemälde liefern, können nicht Statt finden, ohne daß sie sich gerade während des kurzen Aufenthalts des Entdeckers ereignen? Cook war viermal in Otaheiti gewesen, und dennoch sah er erst das letztemal ein Menschenopfer, diesen so äußerst merkwürdigen Zug von der Grausamkeit des Aberglaubens bey einem übrigens sanftmüthigen Volke. Eben so verhält es sich mit allen andern Gegenständen des Nachforschens. Wenn man eine weit ausgebreitete Küste, oder eine Insel von beträchtlichem Umfange beschifft, so schränken sich alle Untersuchungen auf die wenigen Anlandungspunkte ein; außer ihnen bleibt alles, und hauptsächlich das Innere des Landes unerforscht. Wie läßt es sich auch denken, daß man in einigen Tagen, oder wenn es hoch kommt in einigen Wochen, alle Produkte, selbst nur jener kleinen Bezirke einsammeln könne, da jede Jahreszeit und fast jeder Monat, seine besondern Blüthen und Früchte trägt, da Thiere, Vögel und Fische zu gewissen Zeiten ihre Wohnplätze verändern, und Insekten während ihrer verschiedenen Verwandlungsepochen oftmals von der Oberfläche der Erde verschwinden? Allein der Entdecker soll ja nicht Topograph seyn; er hängt von seinem Reiseplan ab, und sucht sein Verdienst in einer weisen Eintheilung und Benutzung seiner Zeit, so, daß er zugleich seinen Hauptendzweck, die Entdeckung neuer Länder, und die wichtige Nebenabsicht ihrer genaueren Untersuchung, nach Möglichkeit erreicht.

[...]

So bald man sich dem Lande nahete, fing eine Reihe von neuen Beschäftigungen an. Von einem Augenblicke zum andern, so wie die verschiedenen Vorgebirge und Spitzen zum Vorschein kamen oder sich wieder hintereinander verborgen, mußte ihre Lage und Richtung vermittelst des Compasses bestimmt werden. In der Nähe des Ufers, insbesondere wo ein Hafen zu seyn schien, oder wo ein flacher mit Sand bedeckter Strand an das Meer gränzte, ward das Senkbley fleißig ausgeworfen, um zu erforschen, ob Ankergrund vorhanden sey. Die Schiffe änderten ihre Richtung nach den Beugungen und vorspringenden Spitzen der Küste, welche man oft gänzlich aufzunehmen suchte, ehe man vor Anker ging. Beym Anschein eines Hafens, wo es nicht rathsam gewesen wäre, sogleich einzulaufen, ward ein Boot ausgesetzt und zur Untersuchung abgeschickt. Die Tiefe des Wassers, die Beschaffenheit des Grundes, die Lage des Eingangs; mit welchem Winde man hinein, und mit welchem man bequem heraussegeln könne? ward auf die Art vorher bestimmt. Wo die rechte Einfahrt leicht verfehlt werden konnte, mußten sich Boote auf die Untiefen zu beyden Seiten legen, und dieser Vorsicht ungeachtet blieb dennoch bisweilen manche Klippe unter dem Wasser verborgen und unerforscht, die man erst mit der Gefahr das Schiff zu verlieren kennen lernte. So eifrig man bemühet gewesen war, sich mit den Eingebohrnen, die etwa in ihren Kähnen sich einige Meilen weit in See an das Schiff gewagt hatten, freundschaftlich zu unterhalten, so hörte doch gleichsam aller Handel und alles Gespräch mit ihnen auf, so lange die ungewisse Lage des Schiffs an einer unbekannten Küste die ganze Aufmerksamkeit des Seemanns erfoderte. Hätten diejenigen Insulaner, die geneigt waren, uns als Feinde anzugreifen, einen Begriff davon gehabt, wie schwer es sey, unsere großen Schiffe zu regieren, so würden sie unfehlbar keinen gefährlicheren Augenblick zum Angriff haben wählen können, als eben den, wo die ganze Mannschaft in voller Beschäftigung stand, und niemand seinen Posten bey den Segeln, bey dem Senkbley, bey dem Anker und den Kabeltauen verlassen durfte. Allein solche kritische Zeitpunkte giengen immer glücklich vorbey. Cook wählte sich den Ankerplatz, das Anker ward am bestimmten Orte geworfen, die Segel wurden eingezogen, und dann die Boote von neuem bemannet, um zu versuchen, was das Land hervorbrächte. Der erste Gegenstand des eigenen Nachforschens oder der Nachfrage bey den Einwohnern, war ein bequemer Platz, wo man die ledigen Wasserfässer mit frischem Trinkwasser füllen könnte. Die Pantomime leistete bey solchen Gelegenheiten wesentliche Dienste, bis man die nothwendigsten Wörter der Landessprache erlernt hatte. Das Bedürfniß des Essens und Trinkens durch Zeichen zu verstehen zu geben, ist so leicht und dem Mißverstande so wenig unterworfen, daß alle Conversation am Lande gemeiniglich davon anfängt. Beynahe immer nennt der Insulaner, sobald er begreift was man von ihm fordert, das Verlangte, z. B. Wasser, oder die Frucht am Baume, auf die man hindeutet, oder das Schwein welches unweit seiner Hütte umher läuft, mit Namen; und für Leute, denen alles daran liegt, sich verständlich zu machen, gehen seine Ausrufungen nicht verloren. Sobald er seiner Seits durch einige Beyspiele dieser Art inne wird, daß die Fremden seine Töne nachsprechen und zu verstehen suchen, deutet er auf die Menge der Gegenstände um sich her, und nennt einen jeden mit dem in seiner Sprache üblichen Worte. Der Sprachforscher findet also, wenn die Eingebohrnen nicht etwa, wie die Feuerländer, in Trägheit und dumme Fühllosigkeit ganz versunken sind, frühzeitig Gelegenheit, sein Wörterbuch zu bereichern. Seine Untersuchungen werden indeß durch ihre verschiedene Gemüthsart bald erleichtert, bald eingeschränkt. Wenn gleich die Fälle selten sind, wo sie in wirkliche Feindseligkeiten gegen die Entdecker ausbrechen, so giebt es doch auf der andern Seite auch wenige Beyspiele von einem so unbegränzten Zutrauen und einer so patriarchalischen Gastfreyheit, wie sie in Taheiti und den Freundschaftsinseln angetroffen wird. Je mehr Zurückhaltung und Mißtrauen der Insulaner blicken läßt, desto vorsichtiger und behutsamer muß sich der Reisende gegen ihn betragen. In Mallikollo wagten wir es kaum, zehn Schritte weit in den Wald zu gehen, der sich längs dem Strande hinzog; und dennoch winkten uns die Einwohner, sobald sie uns gewahr wurden, wir sollten sogleich an den Strand zurückkehren. In Tanna durften wir anfänglich auch nur ganz kurze Spaziergänge wagen, bis wir nach mehreren Tagen die Wohnungen des für uns am freundlichsten gesinnten Alten entdeckten, und allmählig die Zuneigung der dortigen Familien gewannen. Gleichwohl blieben die Einwohner, welche sich gegen den Vulkan hin aufhielten, jederzeit auf ihrer Hut, und ungeneigt mit uns vertrauten Umgang zu pflegen, so, daß sie uns zu wiederholtenmalen den Durchgang durch ihre Pflanzungen, nach jenem feuerspeyenden Berge versagten. Allein die gewöhnliche Kürze, oder auch die unbestimmte Dauer des Aufenthalts, und vorzüglich die Menge und Mannichfaltigkeit der in der Nähe zu beobachtenden Gegenstände gestatteten selten weitere Excursionen in das Innere, wenn auch die Insulaner nichts dawider hatten. Schon am Strande, wo die Neugier den größten Haufen der Einwohner zu versammeln pflegte, beschäftigte man sich oft Tage lang mit Erlernung der Sprache, mit der Beobachtung dieser von uns so verschiedenen Menschen, mit dem Tauschhandel um ihre Kleidungsstücke, ihre Waffen, ihre Zierrathen und andre Kunstarbeiten. In ihren Hütten erforschte man ihre Lebensart erst durch wiederholte Besuche; man untersuchte allmählig, so wie man sich durch Geschenke und kleine Liebkosungen gleichsam die Rechte der Freundschaft in einem immer höheren Grade erwarb, das Innere des Haushalts, die Geräthschaften, die Speisen, und ihre Zubereitung; zuweilen lernte man nur wenig, aber täglich wenigstens etwas neues. Bald beobachtete man die Austheilung der Arbeiten, die Verfertigung der Kleidungsstücke, die Bestellung des Akkers, den Bau einer Hütte oder eines Kahns; bald ereignete sich Gelegenheit, irgend eine merkwürdige Sitte, oder einen auffallenden Gebrauch zu sehen; bald fand man unverhoft einen Ehrenmann, der von der Erzeugung seiner Götter und von der Schöpfung zu erzählen wußte. Die Produkte des Steinreichs, die ein jedes Land darbot, die dortigen Vögel, Insekten und Gewürme, mußten theils gesammelt, theils mit Geduld verfolgt werden; und die Blüthen der Bäume und Kräuter nöthigten den Botaniker, wegen ihrer Vergänglichkeit, an Bord zu eilen, um dort ihre Beschreibungen und Abbildungen vollenden, und dann nach einer neuen Ernte ans Land zurückkehren zu können. In den meisten Fällen mußte er sich ohnehin in seinen botanischen Spatziergängen nach den Beschäftigungen und Erholungsstunden des Schiffvolks richten, weil es, außer an den bestimmten Tagszeiten, wo Boote abgeschickt wurden und andere ankamen, selten Gelegenheit gab, vom Schiffe ans Land, oder zurück an Bord zu kommen. Alles war während dieser geschäftigen Zeit in Bewegung. Eine Parthey mußte Wasser füllen, eine andere fällte Brennholz; einige Officiere waren mit dem Tauschhandel um Lebensmittel beschäftigt. In fischreichen Gegenden schickte man Boote aus, um auch diese Erfrischung nicht zu versäumen; in unbewohnten oder unbebauten Ländern suchte man sich durch wildwachsende Suppenkräuter für den Mangel der Gartengewächse schadlos zu halten. Zu gleicher Zeit wurde das Schiff ausgebessert, und, wie es nach einer langen Fahrt nothwendig war, mit neuem Tau- und Takelwerk versehen. Cook ließ das Meergras und die Muscheln die sich angesetzt hatten, vom Boden abkratzen, und die Ritzen zwischen den Planken, welche durch das Eintrocknen und das beständige Arbeiten des Schiffs gegen Wind und Wellen immer weiter aus einander gegangen waren, mit Werg verstopfen. Auf eben die Art kalfaterte man das Verdeck, welches zuweilen das Wasser stromweise durchließ, und wenn alles fertig war, füllte man die Fugen mit Pech an, und bestrich das ganze Schiff mit Theer. Endlich ließ Cook auch Ballast laden, um das verminderte Gewicht zu ersetzen, und den Gang des Schiffes zu erleichtern, kurz, er setzte es in segelfertigen Stand. Wenn es die Umstände erforderten, mußte am Lande eine Schmiede errichtet werden, um neue Bolzen, Klammern, und dergleichen zu schmieden; und wo es anging, legte Cook auch eine Brauerey von Tannen- oder andern ähnlichen Sprossen an, um seine Leute durch eine gesunde Art von Bier zu erquicken. Ferner wurde am Lande ein Zelt aufgeschlagen, welches zur Sternwarte eingerichtet war. Während der Zeit wurden, zumal in weitläuftigen Bayen, deren Umfang und Lage man nicht mit einem Blick übersehen konnte, von Zeit zu Zeit Entdeckungspartheyen ausgeschickt, welche die verschiedenen Gegenden genau aufnehmen, und in Charten bringen mußten. Cook selbst belebte und betrieb fast alle diese Geschäfte durch seine Gegenwart. Er landete in einem neuen Lande fast immer selbst zuerst, oder folgte bald dem ersten Boot; er wies den Partheyen ihre verschiedenen Plätze an, und besuchte sie täglich mehrmals, um die Arbeit zu fördern, und allen Unordnungen und etwanigen Mißhelligkeiten mit den Einwohnern vorzubeugen. Wo diese sich sehen ließen, suchte er sie dadurch zu gewinnen, daß er Bänder, Schaumünzen* und andere Geschenke, insbesondere aber Eisengeräth unter sie austheilte, sie zu sich bat, die Vornehmsten an seiner Tafel bewirthete, und vor allen Dingen es dahin zu bringen suchte, daß ein Handel um Lebensmittel zu Stande kam. In unbewohnten Gegenden, wo diese Hülfe wegfallen mußte, und der Fischfang fast die einzige Erfrischungquelle blieb, pflegte er mit einer Gesellschaft von Officieren auf die Jagd zu gehen, und das erlegte Wildpret, es mochte nun in Seelöwen und Robben, oder in Pinguinen, Wasserraben, Enten, Gänsen und anderem Geflügel bestehen, unter die Mannschaft zu vertheilen.

Die Aufmerksamkeit des berühmten Entdeckers auf diesen Gegenstand, verdient wohl, daß ich noch ein Paar Bemerkungen darüber hinzufüge. Es hätte warlich wenig gefruchtet, daß man die Schiffe unter seiner Führung von England aus so reichlich mit allen Erfordernissen versah, wenn nicht Er selbst den großen Haushalt geführt, zu rathe gehalten, und wo es möglich war, zu ergänzen gesucht hätte. Eine von den Ursachen, welche den Capitain Furneaux bewogen, nach seiner zweyten Trennung von Cook, geradesweges nach England zurückzugehen, und ein ganzes Jahr früher als er sollte, das Südmeer zu verlassen, war der Mangel an Lebensmitteln, welche nicht mehr auf eine dritte Campagne hinreichend befunden wurden. Gleichwohl hatte man sein Schiff eben so reichlich, wie die Resolution, auf drey volle Jahre versehen, und es hatte bloß an jener strengen Sparsamkeit gefehlt, welche Cook so weit trieb, als es mit der Erhaltung seiner Mannschaft nur immer bestehen konnte. Er wußte den Zeitpunkt abzumessen, wo er seinen Leuten etwas von ihrer vollen Portion abkürzen durfte; er unterließ auch nie, sobald nur frische Lebensmittel gereicht werden konnten, den ganzen Vor-

* Die Schaumünze, welche er auf der zweyten Reise austheilte, hatte auf einer Seite das Brustbild des Königs Georg des dritten von England, und auf der andern die Abbildung der beyden Schiffe Resolution und Adventure, mit der Jahrzahl ihrer Abreise von England. Sie war von Bronze und vergoldet.

rath von Schiffskost, der täglich verbraucht zu werden pflegte, für eine künftige Gelegenheit aufzusparen. Von Zeit zu Zeit ließ er die Vorräthe aller Art genau besichtigen, was verdächtig befunden ward, zuerst verzehren, und allerley Handgriffe vornehmen, um den Überrest vor künftiger Beschädigung zu sichern. Dieser Sorgfalt verdankte er die Dauer seiner zweyten Reise, indem er dadurch noch zu rechter Zeit entdeckte, daß aller Schiffszwieback, den man in neue Fässer gepackt hatte, schimmlicht geworden war. Sogleich mußte in Neuseeland ein Backofen errichtet werden, worin er den Zwieback, nachdem vorher aller verdorbene ausgeworfen war, nochmals trocknen ließ. Wäre Cooks Wachsamkeit nicht so sehr ins Einzelne gegangen, und hätte sie nicht die dem Anschein nach geringfügigsten Kleinigkeiten, so wie die große Einheit des ganzen Plans umfaßt, so würde es ihm schwerlich gelungen seyn, seine Mannschaft, zum Erstaunen von Europa, drey Jahre lang so gesund zu erhalten, daß von hundert und zwanzig Menschen nur Einer durch Krankheit verloren ging. Er wußte aus Erfahrung, daß Unreinlichkeit und Mangel an frischer Luft im Matrosenraume oftmals ohne weitere Ursachen hinreichend sind, die heftigsten Ausbrüche des Scharbocks zu veranlassen. Man stelle sich jenes niedrige enge Behältniß vor, wo die Hangmatten dicht neben einander gereihet sind. Es erhält zu allen Zeiten nur wenig frische Luft; bey stürmischem Wetter aber fast gar keine, weil alsdenn der Hauptzugang mit einem Gatter und darüber mit Persening, oder getheerter Leinwand, bedeckt ist. Die Ausdünstungen von mehr als achtzig Personen verpesten nicht nur diesen Raum, und verursachen daselbst eine ungesunde Hitze, sondern sie durchdringen auch die Betten und Hangmatten, und selbst die Balken und Verdecke des Schiffs. Um die nachtheiligen Folgen dieser mephitischen Luft so viel als möglich zu vermindern, ließ Cook die Hangematten bey schönem Wetter alle Morgen auf das Verdeck bringen, und in die daselbst befindlichen Boote werfen, damit sie den ganzen Tag über vom frischen Winde durchlüftet wurden. Von Zeit zu Zeit, mehrentheils einmal in vierzehn Tagen, mußte jedermann heraufkommen, indeß zwischen den Verdecken mit Schießpulver und Essig geräuchert ward; und damit der Rauch alles Holzwerk recht durchziehen möchte, ließ Cook die Räume auf ein Paar Stunden lang zuschließen. Bisweilen wurden auch die Verdecke mit Essig gewaschen, und bey heißer Witterung spannte man auf dem Verdeck einen weiten Cylinder von Segeltuch gegen den Wind aus, dessen unterstes Ende den Zug der frischen Luft bis in den Matrosenraum hinableitete. Um den gemeinen Matrosen, der, sich selbst gelassen, ziemlich cynisch einhergeht, zur Reinlichkeit anzuhalten, pflegte Cook gewöhnlich des Sonntags die ganze Mannschaft zu mustern, und wer alsdenn nicht wenigstens rein gewaschen erschien, oder von der vorzüglichen Unsauberkeit seines Anzugs keine befriedigende Rechenschaft zu geben wußte, ward das erstemal durch Vorenthaltung seiner Branntweinsportion, und nach wiederholten Vergehungen auch wohl mit der Peitsche bestraft. Auf den beyden Reisen, welche die Erforschung der Pole zur Absicht hatten, führte Cook einen beträchtlichen Vorrath von warmen Kleidungsstücken mit sich, welche das Admiralitätscollegium auf seine Vorstellung unter die Mannschaft austheilen ließ, um sie in jener kalten Weltgegend vor der ungestümen Witterung zu schützen. Diese Kleidungsstücke bestanden in einer Jacke und Schifferhosen vom allerdicksten und der Nässe fast undurchdringlichen Boy, die er hernach noch mit einer Kappe für den Kopf vermehrte, wovon der Halskragen den Nacken und die Schultern bedeckte.

Noch muß ich das Hauptverwahrungsmittel und das beynahe specifische Heilmittel gegen den furchtbaren Scharbock erwähnen, für deren Einführung auf langen Seereisen Cooks Name, so lange Großbritannien Flotten hat, mit Dankempfindungen und mit Ehrfurcht genannt werden wird. Hier zeigte er die ganze Stärke einer gesunden natürlichen Beurtheilungskraft, welche durch seine ausgebreitete Erfahrung und den Umgang mit einsichtsvollen Männern geschärft worden war. Wenn es einen Wahrheitssinn, das ist, um deutlicher zu sprechen, wenn es eine so glückliche Organisation giebt, welche zum richtigen Auffassen der Verhältnisse vorzüglich geschickt ist, – und wie wollte man daran zweifeln? – so besaß sie Cook gewiß in einem vorzüglichen Grade. Der Sieg den er über Vorurtheile davon trug, die den Verstand des gemeinen Seemannes seit Jahrhunderten gefangen hielten, ist davon ein so auffallender Beweis, daß ihm die Königliche Societät der Wissenschaften in London, blos dafür die goldene Schaumünze des Ritters Copley zuerkannte. In dem seltsamen Charakter des Matrosen bemerkt man neben dem fröhlichen Leichtsinn und dem Hange zum gröbsten sinnlichen Genuß, wovon ich bereits gesprochen habe, einen Zug von Halsstarrigkeit gegen alle Neuerungen und von blinder Anhänglichkeit an das alte Herkommen, der wirklich auf eine sonderbare Art damit contrastirt. Fast sollte man denken, daß er seine Eigenschaften nicht blos von den beweglichen Elementen, zwischen denen er unaufhörlich schwebt, sondern zum Theil auch von dem eichenen Kasten, in dem er herumschwimmt, entlehnt haben müsse. Umsonst versucht man es, die wohlthätigsten Anstalten zu seiner unmittelbaren Erhaltung in Gang zu bringen; er würde eher das äußerste leiden, als sich eine ungewohnte Speise aufdringen lassen. Cook, der diese eiserne Unbiegsamkeit des Schiffvolks kannte, versuchte es nicht, seinen Endzweck durch gewaltsame Mittel zu erreichen. In der Überzeugung, daß das Sauerkraut durch seine Säure der Fäulniß kräftig widerstehen müsse, aß er es täglich selbst, und bewog seine Officiere es ebenfalls zu essen. Dem gemeinen Manne, der gleich Anfangs seinen Abscheu dagegen zu erkennen gegeben hatte, stellte er es frey, sich eine Portion zu holen, oder sie noch fernerhin zu verschmähen. Allmählig ließ sich nunmehr einer oder der andere einfallen, was der Capitain und die Officiere täglich mit so vielem Wohlgefallen genössen, könne doch so schlimm nicht seyn. Es wurden einige Portionen geholt; bald darauf noch mehrere, und endlich ward die Tonne leer. Bey der Eröfnung der zweyten fand sich ein jeder ein und verlangte seinen Antheil, so daß von der Zeit an die Austheilung regelmäßig von Statten gieng. Auf diese Art setzte

Cook sein Vorhaben durch, und erlangte mit Gelindigkeit, was er durch Gewalt gewiß nicht erreicht haben würde. Auf seiner zweyten Weltumschiffung wurden sechzig große Fässer voll dieses treflichen antiscorbutischen Gemüses ausgeleert. Wenn sich demungeachtet bey Personen, die besonders zum Scharbock geneigt waren, oder wegen eines Zusammenflusses von andern Ursachen, Symptome dieser Krankheit zeigten, so wurden sie durch den Gebrauch der aus frischem Malz bereiteten und noch lauwarm getrunkenen Bierwürze, und durch Auflegung der Träbern auf die scorbutischen Flecken, theils völlig vertrieben, theils so sehr gemildert, daß sie nicht gefährlich werden konnten, und bey der Ankunft am Lande binnen wenigen Tagen verschwanden. Durch die Anwendung eben dieser prophylaktischen Methode rettete Capitain Clerke in Kamtschatka den größten Theil der dortigen russischen Besatzung, unter welcher der Scharbock in seiner schrecklichsten Gestalt wüthete. So bald übrigens durch die Einführung des Sauerkrauts der erste Schritt gewonnen war, besiegte Cook mit leichterer Mühe die Vorurtheile seiner Mannschaft in Rücksicht mancher andern Nahrungsmittel, welche unter einem weniger sorgfältigen Befehlshaber Gegenstände ihres Ekels geblieben wären. Welcher Matrose würde Wallrosse, Seelöwen und Seebären, Pinguinen, Sturmvögel und Albatrosse gegessen haben, wenn ihm sein Befehlshaber nicht mit gutem Beyspiel vorgegangen wäre? Die wilden Kräuter in Neuseeland, als Celery, Löffelkraut, Tetragonien, u. a. m. würden ihm eben so wenig, als das Bier aus harzigen Baumsprossen genießbar geschienen haben, wenn man nicht anfänglich den Gebrauch seiner freyen Willkühr überlassen hätte. Diese Nachsicht gegen die Schwäche seiner ungeübten Vernunft war vielleicht das beste Mittel, ihr einen neuen Grad von Energie zu geben; wenigstens gab es auf Cooks Schiffen nunmehr Matrosen, die aus eignem Antrieb die Vorurtheile der Erziehung oder der Gewohnheit überwanden, und sogar auf die Ratten, die von ihrem Vorrath zehrten, als auf Leckerbissen, Jagd machen lernten.

[...]

3. Resultate

Man kann nicht läugnen, daß Cooks Reisen von den verschiedensten Klassen des Publikums mit einer allgemeinen Aufmerksamkeit gelesen worden sind. Hieraus scheint unmittelbar zu folgen, daß ihr Interesse aus den allgemeinsten Beziehungen entstanden seyn müsse, welche die Wißbegierde der Menschen am sichersten reizen, indem sie ihre Denkkraft beschäftigen und Empfindungen in ihnen erregen. Dem Menschen liegt unstreitig kein Gegenstand näher als der Mensch selbst in allen seinen mannichfaltigen Verhältnissen der Gestalt, der Entwicklung, der Verfassung, der Zeit und des Orts. Die Vergleichung unzähliger Abweichungen von unserer Lebensweise, die Betrachtung dessen, was in diesen verschiedenen Gemälden auf unsern eignen Zustand anwendbar ist, die Erweckung einer Menge von Ideen, Vorstellungen, Begriffen und Neigungen, die bereits in uns vorhanden waren, aber durch ähnliche oder auch entgegengesetzte Züge im Charakter verschiedener Nationen erst angestoßen wurden, sind eben so viele kräftige Mittel die Aufmerksamkeit des Verstandes zu fesseln. Die Begebenheiten der Reise, die Gefahren der Reisenden, ihr erlittenes Ungemach, das Betragen der Einwohner ferner Gegenden, mit einem Worte, Handlung ist es, was auch die Leidenschaften des Lesers in das Spiel zieht, und das Interesse der Reisebeschreibung aufs höchste spannt. Ein jeder fühlt sich an der Stelle des Beobachters, oder des Handelnden, und bestätigt dadurch jene so allgemein bekannte, als feine und richtige Bemerkung des dramatischen Dichters:

Homo sum: humani nihil a me alienum puto.

Auch die Natur, insofern ihre Beziehungen auf unser Leben leicht in die Augen fallen, gehört zu den Gegenständen, die ein allgemeineres Interesse erwecken. Es ist uns nicht gleichgültig, auf welche Art in jedem Lande die ersten Bedürfnisse befriedigt werden, und welche Annehmlichkeiten oder welche Mängel das Klima, die Unebenheiten des Bodens, die Bekleidung der Erde mit Bäumen und Kräutern und ihre Bevölkerung mit allerley Thierarten dem Beobachter darstellen. So hat auch die Schilderung großer Naturerscheinungen, insbesondere solcher, welche unmittelbare Beziehung auf die Sicherheit des Menschen haben, oder sich durch ihren majestätischen Anblick der Einbildungskraft bemeistern, für alle Klassen von Lesern einen starken Reiz. Auf diese allgemeinere Beziehungen folgen dann eine Menge nähere und speciellere, welche ihr Interesse nur von der verschiedenen Rücksicht, in welcher man liest, entlehnen. Der Umfang einer großen Entdeckungsreise und die Mannichfaltigkeit der darin vorkommenden Gegenstände machen aber, daß man sie fast in eben so vielfältiger Absicht mit Nutzen lesen kann, als es Modificationen oder Zweige des menschlichen Wissens giebt. Doch sind auch unter diesen wissenschaftlichen Beziehungen einige von allgemeinerem Interesse, und andere, die fast ganz allein den eigentlichen Gelehrten an sich ziehen, dem es um die Berichtigung oder Vermehrung gewisser Reihen von Begriffen zu thun ist. Diese letzteren enthalten nämlich das Detail einzelner Wahrnehmungen, deren Anwendung man ohne Sachkenntniß nicht gleich absehen kann; da hingegen jene hauptsächlich nur die wichtigen *Resultate* zusammenfassen, welche für diese oder jene Wissenschaft aus den vorerwähnten einzelnen Faktis flossen. Zu diesen allgemeinen Folgerungen, welche auf das Aggregat vieler einzelnen Beobachtungen gegründet sind, und dennoch selbst für den gleichgültigsten Leser etwas anziehendes haben, wäre es auch nur, weil sie Stoff zur gesellschaftlichen Unterhaltung darbieten, scheinen mir folgende mit Recht gezählt werden zu können: 1. daß eben so wenig das Daseyn des eingebildeten Südlandes jemals wieder behauptet werden kann, als die dunkle Lehre vom nothwendigen Gleichgewicht der beyden Halbkugeln; 2. daß das Meer um beyde Pole gefriert, und jene Eismassen bildet, von denen man ehedem wähnte, sie kämen aus großen Flüssen herabgeschwommen; 3. daß eben dieses Eis von Salztheilchen leer ist und zum Trinken gebraucht werden kann; 4. daß man heut zu Tage zur See astronomische Beobachtungen anstellt, wodurch sich die Länge fast allezeit bis auf einen halben Grad zuverläßig bestimmen läßt; 5. daß im Fach der nautischen Geographie nunmehr alle großen Entdeckungen erschöpft sind, und die Nachlese nicht anders als ärmlich ausfallen kann; 6. daß die südliche Halbkugel mehrentheils mit Wasser bedeckt, und verhältnißmäßig kälter als die nördliche ist; 7. daß viele Inseln und Felsenbänke vom ansehnlichsten Umfange im heißen Erdstriche blos das Werk einer Art polypenähnlicher Gewürme sind; 8. daß im Weltmeer ein zwiefaches Leuchten, ein elektrisches und phosphorisches, Statt findet, wovon letzteres wieder auf doppelte Art, nämlich unorganisch und in lebendigen Thieren, erscheint; 9. daß die häufige Erscheinung der Seevögel und des schwimmenden Seetangs (fucus) nicht mehr für ein sicheres Zeichen von nahem Lande gilt; 10. daß entlegene Inseln niemals reich an vielerley vierfüßigen Thieren sind; 11. daß die Botanik aus jenen neuentdeckten Ländern mit mehr als zweytausend Gewächsen bereichert worden ist, von denen manche in Zukunft einen beträchtlichen Nutzen versprechen; 12. daß man, bey gehörigen Vorkehrungen, auf dreyjährigen Seereisen vom Scharbock nichts zu befürchten hat; 13. daß sich dem Handel von mehr als Einer Seite neue Aussichten eröfnen; 14. daß verschiedene große und wichtige Länder dem Unternehmungsgeiste der Europäer die vortheilhaftesten Lagen zu neuen Pflanzstädten darbieten, wodurch dereinst das gemeinschaftliche Band der Nationen gestärkt, und die Kultur des Menschengeschlechts in allen Welttheilen befördert werden kann; 15. daß durch das ganze Südmeer, von der Nachbarschaft Indiens bis gegen Peru und Mexiko hinüber, auf weit entfernten und vereinzelten Inseln, ein Volk angetroffen wird, das in Gestalt, Sprache und Überlieferungsbegriffen durchgehends übereinstimmt, ob es gleich in Kultur, Verfassung und Sitten verschieden ist; 16. daß ein andrer, in Ansehung der Sprache, Farbe und körperlichen Bildung von jenem verschiedner Stamm sich nicht so weit von Indien durch einige andere Inselgruppen ausgebreitet hat; 17. daß man in Absicht der Bevölkerungsgeschichte der Erde schwerlich auf zuverlässigere und mehr entscheidende Data rechnen kann, als man bereits besitzt; 18. daß die Natur des Menschen zwar überall klimatisch verschieden, aber im Ganzen, sowohl der Organisation nach, als in Beziehung auf die Triebe und den Gang ihrer Entwickelung, specifisch dieselbe ist; 19. daß, so wie es kein Volk ohne Sprache, und keine Sprache ohne Vernunft giebt, so auch keinen blos thierischen Stand der Natur; endlich 20. daß eine völlige und absolute Gleichheit unter den Menschen, so wie sie physisch nirgends exsistirt, auch sittlich unmöglich ist. Die Ausmittelung dieser und anderer Sätze von gleichem Gehalt scheint den Reisen unseres großen Seemanns einen entschiedenen Werth beyzulegen; und es würde dem kalten Leser zum Vorwurf gereichen, wenn er sie aus langer Weile überschlagen, und dem theilnehmendern, wenn er vorsetzlich ihre Wichtigkeit verkennen wollte.* Ich wenigstens bin zu fest überzeugt, daß es mehr als Eine Quelle des Interessirenden giebt, und hege zuviel Achtung für den vorzüglichen Grad der unter uns herrschenden allgemeinen Aufklärung, um es wahrscheinlich zu finden, »die Geschichte jener Reisen gewähre dem Leser weiter nichts, als Befriedigung der Sehnsucht nach einem goldnen Zeitalter,« da sie meines Erachtens im Gegentheil, diese Vorstellungsart auf immer aus dem Reich der Wirklichkeit in die Phantasiewelt der Dichter verweiset. Überall, wohin Cook und seine Gefährten kamen, es sey in

* Viele der obenangeführten Resultate, nebst den Gründen auf denen sie beruhen, lieset man in meines Vaters, während seiner Reise um die Welt gesammelten, *Bemerkungen* (welche ich aus dem Englischen übersetzt habe, Berlin bey Haude und Spener, 8. 1783.) Hieher gehören auch meine Aufsätze *de plantis esculentis insularum oceani australis. Berol.* 8. 1786. und der in dieser Sammlung, über Neuholland nebst einem Aufsatz über die Menschenracen im T. Merkur, Oct. und Nov. 1786. Außerdem bleibt die Sammlung der neuen Seereisen die gemeinschaftliche Quelle jener Beobachtungen.

der Nähe des Pols oder des Äquators, fanden sie den Genuß der Menschen im Verhältniß mit der Thätigkeit ihres Körpers und ihres Geistes. Der gemästete Müßiggänger ist in O-Taheiti, wie in Europa, nur eine Mißgeburt der Regierungsform, die auf Unkosten einer arbeitenden und dienstbaren Klasse von Menschen exsistirt. Sollte sein Loos uns nicht vielmehr ein Gegenstand der Verabscheuung, als der Sehnsucht seyn? Doch es ist Zeit, eines so übereilten als unverdienten Spottes zu schonen. So lange es unbestritten bleibt, daß eine vollkommnere Erkenntniß unserer Verhältnisse, oder dessen was wir Wahrheit nennen und durch vervielfältigte Erfahrung erlangen, dasjenige Ziel ist, für welches die Natur Geschöpfe mit entwicklungsfähigen Anlagen bestimmte; so lange wird das Verdienst des Entdeckers, der die Summe des menschlichen Wissens mit jener Menge von neuen oder berichtigten Begriffen vermehrte, weit über alle Anfälle der Tadelsucht erhaben, auf einem unerschütterlichen Grunde stehen. Will man aber noch weiter gehen, und seine Bemühungen, weil sie unserer gesitteten Verfassung, unserer wissenschaftlichen Aufklärung, unserer durch vermehrte Bedürfnisse aufs höchste gespannten Thätigkeit angemessen und nothwendig sind, eben darum auch für heilsam und nützlich erkennen; will man dasjenige, was heut zu Tage politische und sittliche Glückseligkeit zu heißen pflegt, nicht für Täuschung und leeres Wortgepränge halten: so wird sich ein dankbares Gefühl in unsere Bewunderung mischen, und dem wohlthätigen Genius der Entdeckungen huldigen, der uns jene für die Mitwelt und Nachwelt so reichhaltigen Resultate verschafte.

Den Menschen zu erhalten, und ihn glücklich zu machen, sind die beyden großen Probleme der Staatskunst. Daher schmückte bey Völkern, die das Verdienst zu ehren pflegten, ein Bürgerkranz den Mann, der alle Kräfte aufgeboten hatte, um zu diesen edlen Zwecken mitzuwirken. In England trat eine gelehrte Gesellschaft gewissermaßen in die Vorrechte des Souverains, indem sie sich freywillig die ehrenvolle Pflicht auferlegte, Verdienste um den Staat zu krönen. Cook hatte den Scharbock, diese Pest der Seefahrenden, welche sonst auf den Brittischen Flotten mehr Schlachtopfer hinweg zu raffen pflegte, als der blutigste Krieg, durch weise Maaßregeln besiegt. Ihm also, dem Retter und Befreyer von diesem grausenvollen und langsamverzehrenden Tode, dem Erhalter des Lebens vieler Tausende, die künftig gesund und getrost den Ocean beschiffen werden, ihm reichte die Philosophie den Kranz der Ehre dar, den er im alten Rom vom Volk und vom Senat erhalten hätte.* Cook hatte aber durch seine Entdeckungen für die Erhaltung jener nützlichen Menschenklasse, die sich nicht anders ernähren kann, als wenn sie unaufhörlich ihr Leben wagt, auf mehr als Eine Art gesorgt. Des Vortheils nicht zu gedenken, daß nach seinen letzten gefahrvollen und fruchtlosen Versuchen eine nördliche Durchfahrt zu finden, die Entdeckung derselben, welche bereits so viele unglückliche Unternehmungen veranlaßte, nunmehr bis auf eine künftige Verrückung der Erdachse wohl nicht versucht werden möchte, belehrt uns ein Blick auf die Charte, wie viel er dazu beygetragen hat, die Gefahren der Schiffahrt durch die genauere Auskundschaftung der Seeküsten des ganzen Erdbodens zu vermindern. Ich rede nicht blos von seinen geographischen Entdeckungen in einem bisher noch wenig besuchten Welttheil. Wie viele Ankerplätze, Häfen und Rheeden, wo Schiffe in Sicherheit liegen und für ihre Mannschaft Erfrischungen laden können, müßten wir nicht herzählen, wenn wir die herkulische Arbeit seiner drey Entdeckungsreisen durchgehen wollten! Allein auch Länder, die uns näher und schon im Bezirk des Europäischen Seehandels liegen, sind durch seine Bemühungen genauer bekannt, so wie ihre Lagen richtiger bestimmt und ihre Häfen mit allen kleinen zur

* Sir Godfrey Copley, ehemaliger Präsident der Königlichen Gesellschaft der Wissenschaften zu London, hat derselben einen Fond hinterlassen, aus welchem jährlich eine 50 Pfund Sterling schwere goldene Schaumünze geschlagen werden kann, welche demjenigen Mitgliede zu Theil wird, dem man die wichtigste Erfindung verdankt. Die Schaumünze bekam Cook.

praktischen Schiffahrt unentbehrlichen Merkmalen beschrieben und gezeichnet worden. Ein eben so wichtiges und glänzendes Verdienst des unsterblichen Entdeckers, kann ich nicht übergehen, wenn ich nicht den Vorwurf einer großen Vergeßlichkeit verdienen will. Ihm, und zwar fast ganz allein ihm, ist man die vollkommnere Vereinigung der Sternkunde mit den Geschäften des Seemannes schuldig, eine Vereinigung, wodurch die größte Gefahr und Schwierigkeit der Schiffahrt gehoben wird. Er begnügte sich nicht, das praktisch-anwendbare dieser erhabenen Wissenschaft selbst unabläßig zu benutzen, sondern bildete während seiner Reisen in eben diesen Grundsätzen auch eine Menge junger Officiere, die gegenwärtig durch Beyspiel und Unterricht den Geist der Beobachtung in der ganzen Brittischen Marine verbreiten. Die schrecklichen Folgen der Unwissenheit, oder wohl gar einer thörichten Verachtung astronomischer Kenntnisse, die Verwirrung, die Angst, das Elend, die Gefahren, denen der Seemann ausgesetzt ist, wenn ihn ein Sturm von seiner Laufbahn verschlägt, und es ihm an Mitteln fehlt, sich wieder zu orientiren, sind durch unzählige Beyspiele zu bekannt, als daß ich sie hier zu schildern brauchte. Um so vielmehr ist es zu verwundern, daß, bis auf Cooks Entdeckungsreisen, die nautische Sternkunde in ihrer Kindheit blieb. Die Länge zur See zu beobachten und zu berechnen, war bis dahin bey allen Seeleuten unerhört, und sowohl astronomische Instrumente, als Beobachter, die diesen Namen verdient hätten, waren noch äußerst selten. Ja, es ward sogar im Jahr 1770 noch nothwendig befunden, in dem Anhang zu den Mayerischen Tafeln den berühmten Sternkundigen de la Caille zu widerlegen, welcher behauptet hatte, daß die leichteste und einfachste aller Beobachtungen, die der Sonnenhöhe am Mittage, nicht genauer als bis auf fünf oder gar nur auf acht Minuten, der Wahrheit nahe kommen könne. Auf Cooks Schiffen hingegen war kein Officier, und kaum ein Seecadett, der nicht mit aller erforderlichen Genauigkeit die Entfernung des Mondes von der Sonne oder von einem Stern zu messen, folglich von allen Beobachtungen die subtilste anzustellen gewußt hätte.

Es war mit dem Wetteifer und dem Ehrgeiz, den ihr Befehlshaber ihnen eingeflößt hatte, ganz unverträglich, daß sie sich über diesen Punkt eines Vorwurfs schuldig gemacht hätten. Eben diese Fertigkeit bewiesen sie in dem Gebrauch des Azimuth-Compasses zur Bestimmung der Abweichungen der Magnetnadel, und in der dazu nothwendigen Berechnung. Cook führte sie zur Untersuchung der Strömungen im Meere, der Höhe und Richtung der Fluthen, und der Zeit ihres Wechsels an, worauf die Sicherheit der Schiffahrt an Küsten ganz vorzüglich beruhet. Allein auch jene wissenschaftlichen Beobachtungen, welche bis jetzt noch keine unmittelbare praktische Beziehung haben, sind dem jungen Officiere wenigstens in so fern vortheilhaft, als sie seinen Beobachtungsgeist schärfen und einst zu wichtigen Entdeckungen Anleitung geben können. Ist es nicht, zum Beyspiel, merkwürdig, daß die Fluth, mitten im Ocean kaum zwey Drittel der Höhe erreicht, welche man nach Anleitung der Theorie erwarten sollte? Ist nicht das Südlicht in dem kalten Strich der andern Halbkugel ein Faktum, welches für die Physik noch viel verspricht? Unter Cooks Anführung lernte also der Seecadett seine Aufmerksamkeit auch auf die Tiefe des Meeres in verschiedenen Gegenden, auf dessen verhältnißmäßige Wärme, und die Menge des im Wasser enthaltenen Salzes, auf die Ursachen der Polarität, auf die Inclination der Magnetnadel, und auf die Wirkungen der Schwere richten. So genoß er auch den Unterricht dieses großen Lehrers im Aufnehmen und in der Verfertigung der Seecharten. Im Boot und am Ufer, mit dem Compaß, dem Sextanten, dem Senkbley, einer Meßkette und andern Hülfsmitteln bey der Hand, maß er Winkel, Tiefen und Entfernungen; in der Kajüte bey mehrerer Muße entwarf er nach diesen Angaben den Plan der neuen Küste. Bedenkt man einen Augenblick, daß die Führung eines Schiffs blos von dem Willen, und folglich von der Einsicht des Officiers abhängt, so wird der Nutzen des astronomischen und physikalischen Unterrichtes für die Erhaltung des Schiffvolks, und Cooks Verdienst um die Menschheit, auch in dieser Rücksicht offenbar. Die einsichtsvoll esten Schiffscapitains in der Flotte fühlten die Vorzüge dieser Officierschule in ihrem ganzen Umfange, und bewarben sich um die Erlaubniß unseres großen Seemannes, ihre Söhne oder nächsten Verwandten zu ihm ins Noviciat schicken zu dürfen. Auf seiner ersten Reise begleiteten ihn einige junge Leute, die bereits unter Byron oder Wallis das Südmeer besucht hatten. Aus diesen und einer großen Anzahl Cadetten, die ihm von ihren Ältern anvertrauet wurden, bildete er nach und nach mehrere vortrefliche Officiere, die theils auf den folgenden Reisen ihn wieder begleiteten, theils auf andern Stationen seiner Erziehung Ehre machten. Eben dasselbe Verdienst, welches ihn ohne fremde Hülfsmittel emporgehoben hatte, war auch hinreichend, seine Zöglinge zu befördern; verschiedene, die als Subalternen unter ihm dienten, schwangen sich bald zu Lieutenants, und selbst zu Befehlshabern von Schiffen empor. Die mannichfaltigen Ereignisse einer Entdeckungsreise waren für sie eine reichhaltige Quelle von Erfahrungen gewesen, die sie sonst nirgends in so kurzer Zeit hätten sammeln können, und unter keinem andern Führer so gut hätten benutzen lernen. Sie hatten sich daher, durch lange Gewohnheit, in allen Fächern des Seedienstes Cooks Methode zu eigen gemacht, und seine strenge Aufsicht hatte sie beständig darin geübt. Wo der edle Antrieb, sich hervorzuthun, mit dem Vortheil, sich nach einem so großen Muster bilden zu können, zusammentraf, war es da ein Wunder, daß ein gewisser Grad von Vollkommenheit errungen ward? Hätte das moralische Beyspiel mit dem mechanischen gleiche Kraft; oder wären die Triebfedern der Nachahmung gleich wirksam in dieser zwiefachen Beziehung, und interessirte es die jugendliche Vernunft, die noch keine Widerwärtigkeiten kennt, das Herz des Menschen so zu prüfen wie seinen Verstand: so müßten aus Cooks Schiffen lauter Officiere hervorgegangen seyn, die auch im Betragen gegen ihre Mannschaft seine milde, väterliche Zucht, und im Umgang mit ungebildeten Völkern seine menschenfreundliche Achtung für ihr Leben bewiesen hätten. Allein die moralische Bildung fordert eine längere Erfahrung und eine seltene Thätigkeit des Selbstgefühls.

Von jenen beyden vorhinerwähnten Aufgaben ist daher auch die Kunst, Menschen glücklich zu machen, die schwerste. Schon der schwankende Begriff der Glückseligkeit, den jeder mit sich herumträgt, müßte wohl, ehe er praktisch werden könnte, in den meisten Fällen eine große Einschränkung oder eine gänzliche Umschmelzung leiden. Mit den Neigungen und Bedürfnissen, mit den Anlagen und Fähigkeiten des Menschen, müssen auch die von ihm unabhängigen äußern Umstände in Rechnung gebracht werden; ja es ist augenscheinlich, daß die Dinge, auf welche wir einen Werth setzen, und in deren Genuß wir glücklich sind, jenen Werth nur durch die praktische Erkenntniß ihres Gegensatzes erhalten, und uns nicht anders befriedigen können, als indem wir den Zustand, worin wir sie entbehrten, mit dem, worin wir sie erlangten, vergleichen. Zwischen den Augenblicken des Begehrens und der Befriedigung liegt der Augenblick des Bestrebens, um den es vielleicht der Natur am meisten zu thun ist. Ihr Instinkt, der mit unwiderstehlicher Kraft nach physischem Wohlbehagen, nach gesundem, schmerzlosem Daseyn, oder auch nach der lebhafteren Empfindung angenehmer sinnlicher Eindrücke strebt, ist eben so wohl als dieser Genuß selbst, nicht Zweck, sondern Mittel; die Absicht der Natur ging auf Entwicklung der Kräfte, auf Handlung, Bewegung, Thätigkeit; was sie von Genuß uns zur Lockspeise vorhielt, sollte, wie die kleine Portion Honig, welche der Hottentotte seinem freundlichen Bienenkukuk überläßt, nur den Gaumen reitzen, uns nur körnen, desto eifriger ihren Zweck zu befördern.* Das Bewußtseyn, welches sich zum Instinkt gesellt, erzeugt eine Menge oft wider-

* Der Bienenmeister, oder Honigkukuk (cuculus indicatot) in Afrika, zeigt sowohl den Menschen als einer Art von Stinkthieren, die Stöcke der wilden Bienen an. Die Hottentotten folgen seinem Wink, graben den Honig aus, und überlassen ihm gerade so viel, als ihn lüstern macht, ihnen einen andern Stock anzuzeigen, welches er dadurch thut, daß er vor ihnen herfliegt, und dann, über dem Neste in der Luft schwebend, schreyt. Man sehe Sparrman in den Phil. Transact. T. LXVII.

sprechender Neigungen, die auch alsdenn, wenn sie natürliche Triebe ersticken, noch immer jenen Satz bestätigen. Die Vorstellung, welche im Menschen die herrschende wurde, mochte noch so abentheuerlich seyn, so fand er einen Genuß darin, der ihn antrieb, seine ganze innere Kraft aufzubieten, und alles mit einer Empfindung, die stärker als jede andre sein Selbstgefühl erweckte, in Verbindung zu setzen. Glücklich seyn, scheint dem zufolge, wenigstens in der einzigen Welt, die wir kennen, einen Zustand zu bezeichnen, wo Arbeit und Ruhe, Anstrengung und Ermattung, Begierde und Befriedigung, Wollust und Schmerz, Freude und Leid mit einander wechseln, wo aber die frohen Augenblicke des Genusses kräftig genug zu neuer Thätigkeit reizen, und lebenslang die möglichste Entwicklung aller physischen und sittlichen Kräfte befördern. Die Extreme einer zu heftigen Erschöpfung und einer gänzlichen Befreyung von aller Mühe, ersticken beyde die Thätigkeit, und machen nicht glücklich. Ohne Reiz, nämlich im ersten Fall ohne Hofnung, im andern ohne Begierde, sinkt die Hand, die nach dem Genuß greifen sollte, kraftlos zurück; wo hingegen das wichtige Verhältniß zwischen Arbeit und Genuß alle Fähigkeiten und Anlagen hervorruft, entwickelt und in volle Wirksamkeit setzt, da scheint der weisen Staatskunst weiter nichts übrig zu bleiben, als über die Entwicklung verschiedener Kräfte so zu wachen, daß sie einander nicht zerstören können. Zur Prüfung dieser Gedanken müßte man untersuchen, ob die Länder, welche verhältnißmäßig die größte Anzahl glücklicher Menschen besitzen, nicht zugleich diejenigen sind, wo Freyheit der Person, des Eigenthums, des Gewissens und des Denkens jede Art von Betriebsamkeit im höchsten Grade befördert, und wo man, ohne sich zu erschöpfen, für alle Bedürfnisse des Staats mit einer Art von Verschwendung sorgt? Diese wenigen Züge sind gewiß hinreichend, jedermann einen Staat ins Gedächtniß zu rufen, der sie alle in sich vereinigt.

Die Fortschritte der Aufklärung geben derjenigen Thätigkeit, welche die Hauptbedingung zum Glück der Menschen ist, einen stärkern Schwung; denn sie bringen neue Verhältnisse in Umlauf, wodurch die Industrie mit der immer steigenden Vermehrung der Bedürfnisse wieder ins Gleichgewicht kommt. In eben dem Sinn, wie man thierische Körper Maschinen nennt, hat man auch den zusammengesetzten Staatskörper mit dem vielrädrigen, leblosen Gebilde der menschlichen Kunst verglichen. Allein alles an dieser Maschine lebt, jeder Theil hat eigene Lebenskraft, und die Vereinigung lebendiger Glieder bildet nicht ein todtes, sondern ein beseeltes organisches Ganze, fast auf eben die Art, wie nach van Helmont, Bonnet und Otto Friedrich Müller, jede Organisation der Natur auf unserer Erde ein Aggregat lebendiger Einheiten ist.* Eine beständige und gewaltsame Bewegung, wobey unabläßig Theile verloren gehen und wieder ersetzt werden, erhält und ernährt dieses ungeheure Ganze; ein heftiger äusserer Stoß, ein Mißverhältniß der Organe, Erschlaffung aus Mangel, Stockung aus Übermaß der Säfte, verursachen in ihm, wie im einzelnen Thiere, Gährungen, Erschütterungen, Krankheiten und Zufälle aller Art, ja bisweilen gänzliche Auflösung oder Übergang in andere ähnliche Körper. Ohne dieses Gleichniß weiter zu führen, erläutert es die Unentbehrlichkeit derjenigen Erhaltungsmittel, an welche sich ein Staat, vermöge seiner Verfassung oder seiner ganzen Art zu existiren, gewöhnt haben kann, und schildert deutlich die Gefahr, welche ihm bey jeder Hemmung des einmal zu seinem Leben bestimmten Kreislaufes droht. Es mag also immerhin wahr seyn, daß ein mächtiger, reicher, üppiger Staat, im vollen Genuß seiner Kräfte, den Keim der Verwesung schon in sich enthält; im Grunde ein leerer Schall, da keine Gesellschaft unauflöslich ist: – so verliert das Verdienst eines Mannes, welcher dem gegenwärtigen Bedürfniß zweckmäßig abhilft und die Gesundheit des Staatskörpers auf lange Zeit sichert, so wenig, als der Ruhm eines geschickten Arztes, der einen Kranken wieder herstellt, ohne ihn unsterblich machen zu können.

Wenn also Cooks Entdeckungsreisen neue Aussichten für den

* S. Bonnet confidérations sur les corps organisés, 1, §. 132.

Flor seines Vaterlandes eröfnen, wenn sie seine Mitbürger zu neuer Thätigkeit aufmuntern, und die allgemeine Aufklärung aller gesitteten Völker befördern; wer raubt ihm dann den unsterblichen Ruhm, für das Glück vieler Tausende gearbeitet, ja selbst sich hingeopfert zu haben? Dieses Verdienst des großen Seemannes ist nicht etwa blos hypothetisch, nicht der Traum einer hochgespannten Einbildungskraft, welche sich erkühnt, in eine dunkle, ungewisse Zukunft zu blicken; schon jezt sprossen die Früchte der ersten und letzten Reise des Entdeckers hervor. Zwischen China und der neuentdeckten Westküste von Nordamerika haben englische Kaufleute das Band des Handels schon mit dem besten Erfolg geknüpft, und ihr erster wohlgerathener Versuch beweist die Einträglichkeit dieser neuen Fahrt. Die Pelzwerke jenes neuen Welttheils, und insbesondere die See-Otterfelle, welche der üppige Mandarin beynahe mit Gold aufwiegt, werden sich lange in ihrem Preise erhalten; denn diese Thiere müssen seltener werden, je eifriger der Amerikaner, durch den Tauschhandel angereizt, ihnen nachstellt. Es läßt sich also ohne besondern Scharfblick voraussehen, daß die Bequemlichkeit des Handels an jener westamerikanischen Küste bald die Errichtung fester Posten und Factoreyen nothwendig machen wird, aus denen mit der Zeit ordentliche Pflanzstädte entstehen müssen. Erinnert man sich dabey an das schnelle Wachsthum der Staaten, welche neulich auf der östlichen Küste desselben Welttheils in einen großen republikanischen Bund zusammengetreten sind, so erwartet man, innerhalb ein Paar Jahrhunderten, auch westwärts eine wichtige Erscheinung am politischen Himmel. Die Natur aller Kolonien bringt es mit sich, daß sie, sobald sie für sich selbst bestehen können, sich *emancipiren* und vom alten Stamme losreißen. Dieses Schicksal steht unfehlbar, früher oder später, den spanischen Besitzungen durch ganz Amerika bevor, und kann vielleicht durch die Entstehung eines neuen Handelsstaats in Neualbion beschleunigt werden. England könnte also einmal an den Bourbonischen Höfen, die jezt die Unabhängigkeit der Amerikanischen Staaten unterstützten und sogar ihren Handel an sich zu bringen suchten, das Wiedervergeltungsrecht ausüben, und den Verhältnissen der alten mit der neuen Welt durch neue Revolutionen ein ganz verändertes Ansehen geben.

Aus der Verwesung organischer Körper, oder ihrem Auswurf, entstehen wieder neue Organisationen. Zuerst sind es zwar nur Schimmel und Bilze; doch diese bereiten das Erdreich für den Keim eines edleren Pflanzengebildes. Aus den überflüßigen oder schädlichen Gliedern eines Staats, die er von sich wirft, keimen bald neue Gesellschaften hervor, die allmählig zu einer ansehnlichen Größe und Stärke gedeihen. Einige Menschen von größerer Seele, welche sich unter günstigen Umständen in diesen neuen politischen Organisationen hervorthun, geben der noch biegsamen Masse Gestalt und Consistenz, und hauchen ihr einen bildenden Trieb ein, der sie in allen ihren Theilen entwickelt und weiter organisirt. Die Freystaaten in Amerika hatten keinen andern Ursprung, und ihre Gesetzgeber giengen aus ihrer eignen Mitte hervor. Eben diesen geringen Anfang hat die neue Brittische Kolonie, welche, noch in diesem Jahre, an der Ostküste von Neuholland angelegt werden soll. Jenes von Cook auf seiner ersten Reise entdeckte Neusüdwallis, und jene Botanybay, wo die Naturforscher in Zeit von drey Wochen beynahe vierhundert neue Pflanzengattungen fanden, sind zum künftigen Wohnort der Verbrecher ausersehen, welche sich seit einigen Jahren in den Englischen Gefängnissen angehäuft haben. Dort liegt ein ungeheures Land, welches man füglich einen neuen Welttheil nennen könnte, unbebaut und unbewohnt vor ihnen offen, und bietet ihnen einen milden Himmelsstrich, eine fischreiche Küste, und ein zum Anbau bequemes Erdreich dar. Das noch unerforschte Innere dieses Landes enthält vermuthlich eine Menge merkwürdiger, vielleicht kostbarer Produkte. Die geringe Anzahl der Elenden, die nackend, zerstreuet und ohne bleibende Stätte an den dortigen Seeufern irren, ist weder den Ansiedlern gefährlich, noch hat sie von diesen etwas zu befürchten. Der Anfang dieser neuen Pflanzstadt kann also unblutig seyn; sie kann die Jahre ihrer Kindheit ruhig und ungestört verleben, und muß, fern von dem Mutterlande, ihren Unterhalt mit desto größerem Eifer im Ackerbau suchen, der die einzige Quelle des wahren Reichthums ist. Allein sobald die Bevölkerung in Neuholland nur geringe Fortschritte macht, verwebt sich die Anpflanzung der nahegelegenen Inseln von Neuseeland, welche an Bau- und Nutzholz, an Pflanzenprodukten aller Art und an Fischen so ergiebig sind, mit in das Interesse der neuen Kolonie. Das dortige Erdreich und Clima sind dem Anbau unserer Getraidearten und des Weinstocks vorzüglich angemessen. Die Hyacinthenähnliche Pflanze (Phormium) welche dort einheimisch ist, und den Einwohnern einen unzerstörbaren, seidenweichen und glänzendweißen Flachs liefert, eine Pflanze, die zugleich den Vortheil hat, daß sie auf einem felsichten, oder selbst einem sumpfigen Boden, welcher sonst nicht genutzt werden könnte, vortreflich gedeihet, bieten den Stoff zu Segeltuch, zu Stricken und selbst zu allerley Arten von Leinwand dar. Die harzigten, gewürzhaften Bäume, aus deren Sprossen Cook Bier und Thee bereiten ließ, und mehrere Kräuter, welche allem Anschein nach reich an Heilkräften sind, versprechen dem Handel neue Aussichten; es sey nun, daß die angeerbte Wildheit der einheimischen Barbaren mit der Zeit gemildert werden kann, oder daß die Pflanzvölker europäischen Ursprungs, sich mit gewafneter Hand unter ihnen niederlassen. Für die nördliche Gegend von Neuholland, welche dem Äquator näher liegt, sind die Produkte der zwischen den Wendekreisen im stillen Meere zerstreuten Inselgruppen von größerer Wichtigkeit. Der Brodbaum, dessen Früchte eine so reichliche, gesunde und schmackhafte Nahrung geben, die Kokospalme mit ihren Nüssen, ihrem Öl und ihrem weinähnlichen Saft, der Pisang, der taheitische Myrobatanapfel, die Yams und Aronswurzeln, die süßen Batatten, das Zuckerrohr, mit Einem Worte die Früchte und eßbaren Pflanzen jener Archipele, können dereinst mit Nutzen in dem neuen Lande angezogen werden. Schon an den Küsten giebt es Stellen, die zum Anbau derselben tauglich sind, und in den Thälern, welche tiefer im Lande liegen, lassen sich dergleichen mit noch größerer Wahrscheinlichkeit vermuthen. Der Kajoputibaum, der das berühmte Öl dieses Namens giebt, und eine Menge Bäume, aus denen ein kostbares, dem Drachenblut sehr ähnliches Harz hervorquillt, wachsen in jenem Lande wild. Vielleicht könnte man von den Freundschaftlichen Inseln nach Neuholland auch eine neue Gattung des Fieberrindenbaums bringen, dessen bittrer, würzhafter Geschmack deutlich genug zu beweisen scheint, daß er so wenig, wie seine Amerikanischen Verwandten, an Heilkräften leer ausgegangen ist. Wer weiß nicht heut zu Tage von der Wichtigkeit dieses Amerikanischen Produktes zu sprechen, und wer erkennt nicht, daß allein die Entdeckung desselben das Band zwischen Peru und Europa unauflöslich macht? Eine zweyte Art von Fieberrinde aus den Caribäischen Inseln fängt an, durch ähnliche, doch verschiedene, aber in gewissen Fällen noch wirksamere Kräfte in Ruf zu kommen. Die dritte ziert mit ihren schönen wohlriechenden Blumen die Gärten der Insulaner im Südmeer, und wird vielleicht auch wegen ihrer Heilkräfte um die Hütten gepflanzt. Die Anpflanzung dieses Strauchs, und der Handel mit seiner Rinde, kann in Zukunft Völker mit einander verbinden, die ohne ein solches Mittel noch lange getrennt geblieben wären.

Mit Erstaunen bemerkt man, daß die Völker Asiens, sie mögen wie die Chineser von Europa unabhängig geblieben, oder wie die in Bengalen, Java, den Molucken und Philippinen von unsern Kaufleuten unterjocht worden seyn, dennoch auf ihrer Stufe der Kultur stille stehen, sich mit den Europäern nicht vermischen, und ihre eignen Sitten, Sprachen und Gebräuche beybehalten. Das Alterthum ihrer Verfassungen, die starke Bevölkerung aller jener Asiatischen Länder, und die Gewinnsucht des fremden Kaufmannes, der alles, nur nicht seinen unmittelbaren Vortheil, vergißt, scheinen sich zu vereinigen, um jene Eigenthümlichkeit des Charakters zu erhalten; ja, das Klima wirkt sogar mit Macht auf den Eroberer zurück, der sich aus Trägheit und Behagen den Sitten der Besiegten genähert hat. In einem Lande hingegen, wo die Zahl der ursprünglichen Eingebohrnen unbedeutend ist; wo niemand dem neuen Ankömmlinge die Mühe erspart, den Acker zu bestellen; wo keine einheimische Manufaktur vorhanden ist, um ihn in Baumwolle oder Seide zu kleiden; wo folglich das Wachsthum und Gedeihen der neuen Pflanzstadt blos von ihren eigenen Kräften abhängen muß: da darf man wohl mit einiger Zuversicht auf die Fortdauer des Europäischen Geistes der Betriebsamkeit rechnen. Mit dem Anbau müssen also nach und nach Handwerke und Künste entstehen, welche sich durch den Handel ausbreiten und vervollkommen können; Industrie und Luxus müssen Hand in Hand miteinander gehen, und selbst die Wissenschaft kann nicht in gänzliche Vergessenheit gerathen. Wie müßte nicht ein Staat in der südlichen Halbkugel, dessen Einwohner so unternehmend, so thätig, so heftig angespornt durch die Menge ihrer Bedürfnisse und so sinnreich in Erfindung der Befriedigungsmittel wären, wie die Völker unseres Welttheils und der nordamerikanischen Freystaaten, die Verhältnisse aller nahen und fernen Nationen verändern? Neuholland, als Mittelpunkt des Handels betrachtet, scheint vortheilhaft gelegen zu seyn, um Indien mit Amerika zu verbinden, und gewissermassen die Oberherrschaft über die östlichen Inselmeere Asiens zu behaupten.

Wenn die allgemeine Aufklärung, wenn das gemeinschaftliche Fortrücken unserer ganzen Gattung nach einem bestimmten Ziele der Vollkommenheit, wenn die Aussicht, einer höheren gesellschaftlichen Glückseligkeit, als die Welt noch kannte, theilhaftig zu werden, nicht etwa leere Träume einer kranken Einbildungskraft, oder ohnmächtige Schwärmereyen der Ungenügsamkeit am Gegenwärtigen, oder gar den Umarmungen manches verwegenen Ixions absichtlich entgegengeschickte Wolkengöttinnen sind; wie wichtig wäre nicht alsdenn Cooks Entdekkungsepoche, auch als der Zeitpunkt, wo eine neue zweckmäßige Entwicklung des Menschengeschlechts und seiner Kräfte den Anfang nehmen, und ein fester Punkt mehr gewonnen werden sollte, aus welchem die weiseren Europäer den alten asiatischen Eigensinn, und jene unbezwingbare Widersetzlichkeit des vollkommensten, üppigsten und an natürlichen Schätzen unerschöpflichsten Welttheils gegen alle Fortschritte der Aufklärung endlich bestürmen müßten? Kühn ist der Gedanke immer, daß fünf bis sechshundert Millionen Menschen, die es sich nicht träumen lassen, wie ernstlich und liebreich die Philosophie ihrer Brüder schon die Mittel sie aufzuklären berechnet, von einem Zeitpunkte nicht mehr fern seyn sollen, wo in ihrem Denken, Thun und Lassen eine merkwürdige Revolution vorgehen wird, wo Lehren der Weisheit aus Europa, vielleicht auch aus Amerika und den Südländern, mit unwiderstehlicher Macht der Überredung sie auffordern werden, ihrer lange gewohnten Sklaverey, ihrer natürlichen Weichlichkeit und Indolenz, dem desultorischen Gange ihrer in Bildern spielenden Vernunft, kurz den angeerbten, klimatischen Irrthümern und Mängeln ihres Verstandes und Herzens zu entsagen, und dafür die Wahrheit zu erkennen und anzunehmen, welche den Europäischen oder aus Europa entsprungenen Selbstdenker glücklich macht! Nun ist es zwar unläugbar, daß die gänzliche Bevölkerung der Erde und insbesondere die Entstehung großer wirksamer Staaten in einer bis jezt so gut als unbewohnten Weltgegend, merkwürdige Folgen und wichtige Veränderungen im System des allgemeinen Zusammenhanges nach sich ziehen müsse; und wer mag der prophetischen Begeisterung, oder jener ihr nacheifernden Kunst, im magischen Kreise der Dialektik die Zukunft zu enträthseln, das Vorrecht streitig machen, sogar die Art des Einflusses, den diese Revolution endlich auf die Menschengattung äußern wird, voraus zu verkündigen? allein für den kaltblütigen Forscher, der die Erfahrung befragt, ist es allerdings noch etwas befremdend, daß ihn die Begebenheiten der Vergangenheit zu diesen Vorherbestimmungen nicht zu berechtigen scheinen.

Man nehme das Alter der Erde und des Menschengeschlechts so hoch an, als man immer will, so ist doch die Geschichte nur gleichsam von gestern, und steigt nicht über dreytausend Jahre zurück. In diesem Zeitraum aber sind die Sitten, die Lebensart, die Regierungsform, der Charakter und die Religionsbegriffe der

Chineser und Indier im wesentlichen unverändert geblieben, so oft auch die benachbarten Mongolischen Horden diese unkriegerischen Völker bezwungen haben. In wiefern sind also die Begriffe, die wir von unserem rastlosen Geiste, von unserer auf Freyheitssinn und Griechenlands Philosophie gepfropften Aufklärung abgezogen haben, anwendbar auf jene uralten despotisch-patriarchalischen Verfassungen Asiens, wo man sich an ererbten Künsten und Wissenschaften genügen läßt, nichts neues erfindet, und nichts fremdes lernen will? – In unserm unbeständigen Klima giebt es kluge Männer und Frauen, die nach meteorologischen Wahrnehmungen jedem Tage des zukünftigen Jahres seinen Antheil Regen, oder Sonnenschein, Frost, Hitze, Sturm, Gewitter und Windstille zumessen. In jenen Gegenden, wo das Barometer weder steigt noch fällt, wo die Winde und Jahreszeiten einer unabänderlichen Regel unterworfen sind, kann man die Wetterpropheten entbehren. Doch zugestanden, daß sich ein meteorologischer Cyklus für unsern Norden ausrechnen ließe, würde man daraus folgern können, daß dereinst die Zeit eines immerwährenden Sonnenscheins kommen müsse? So bündig ist gleichwohl der Schluß von den politischen Erscheinungen eines Augenblicks und eines Winkels der Erde, die vielleicht auch ihren Cyklus haben, auf eine zukünftige allgemeine Übereinkunft des Menschengeschlechts, welches dann in einem Meere von ununterbrochener Glückseligkeit nichts weiter zu thun haben würde, als – unaufhörlich zu genießen, und endlich, über Wahrheit einverstanden, die Denkkraft feyern zu lassen. Mich dünkt, wir müßten in dieser Sache nur analogisch schließen. Alle Wesen der Natur sind vergänglich, wenn gleich von verschiedener Dauer. Eine Stunde beschließt das ganze Daseyn eines Schimmels; Zoroasters Cypresse in Kaschmer war vierzehnhundert Jahre alt, als der Kalife Motawakel sie abhauen ließ. Am vergänglichsten ist die Krone der Schönheit, die Blume und ihr Duft. Wir genießen diese, und freuen uns ihrer, so lange sie währt, und pflegen sie, um ihrer froh zu werden. Können wir nicht auch die Blume der Aufklärung pflegen, sie genießen und uns freuen?

Was Cook zur Masse unserer Erkenntnisse hinzugefügt hat, ist jedoch von der Beschaffenheit, daß es tiefe Wurzeln schlagen und lange den entscheidendsten Einfluß auf die Thätigkeit der Menschen haben wird. Künstliche, vervielfältigte, complicirte Bedürfnisse, wie die unsrigen, und Leidenschaften die sich darauf beziehen, sind vielleicht unmäßig in ihren Forderungen; allein sie geben den menschlichen Kräften zugleich einen Schwung, wodurch sie oft unglaubliche Dinge verrichten. Nur das gegenwärtige Jahrhundert konnte Cooks brennende mit allen Hülfsmitteln ausrüsten, wodurch er zum Entdecker ward; und nur Cook konnte diesem Zeitalter Genüge leisten. Verschiedene Europäische Staaten haben so rasche Fortschritte zur Vervollkommnung gethan, daß sie auch dem blödesten Auge nicht mehr entgehen können. Selbst ihre trägeren oder mehr bedrückten Nachbaren fangen an einzusehen, wie weit sie zurückgeblieben sind, und welche Vortheile sie entbehren müssen. Auch in Despotien fühlt man endlich die große Wahrheit, daß die Sklaverey die Menschen entadelt und entnervt; man nimmt ihnen daher die schwersten Fesseln ab, und lockt auf diese Art die Industrie hervor. Vor der Morgenröthe der Wissenschaften verschwindet die menschliche Unfehlbarkeit. Duldung und Gewissensfreyheit verkündigen den Sieg der Vernunft, und bahnen den Weg zur Preßfreyheit und zur freyen Untersuchung aller Verhältnisse, die dem Menschen unter dem Namen Wahrheit wichtig sind. Endlich geben Luxus und Fleiß dem Leben einen neuen Werth; die Künste erreichen den Gipfel der Vollkommenheit und Einfalt; Beobachtung und Erfahrung erweitern und verbinden alle Wissenschaften mit einander; alle politischen Kräfte neigen sich ins Gleichgewicht; kurz, es ist oder es wird schon Blüthezeit. Die allgemeine Betriebsamkeit bemächtigt sich schnell jeder kleinen Entdeckung, jeder einzelnen Erfahrung, um sie auf das praktische Leben anzuwenden; wie wird nicht erst die Masse der Erkenntniß, die Cook errungen hat, ihre Hände füllen und alle ihre Triebwerke bewegen? Die vollendete Erdkunde; die mit der Astronomie verbundene Nautik; die Ausdehnung des Brittischen Handels bis an die neuentdeckte Westküste von Nordamerika; die Gründung einer Kolonie in Neuholland; die Bereicherung der Naturgeschichte; die genauere Kenntniß so mancher Menschenstämme in ihrer eigenthümlichen Verschiedenheit, und die daraus erfolgende nähere Entwickelung des allgemeinen Begriffs von unserer Gattung, ihrer gemeinschaftlichen Triebe, ihrer ähnlichen, auf Einer Vorstellungsart gegründeten Vorurtheile und Irrthümer, ihrer Wildheit, Barbarey oder Kultur, ihrer klimatischen Lebensart und Organisation; endlich auch die Wichtigkeit der Entdeckungsepoche für manche jener Völkerschaften selbst, deren Wissen und Genuß dadurch einigen Zuwachs erhalten mußte; – wie innig und vielfältig verwebt nicht dies alles den Namen und das Verdienst des großen Entdeckers in die künftigen Beschäftigungen vieler Völker und Generationen! Der Gränzpunkt der fortschreitenden Aufklärung liegt außer unserm Gesichtskreise; selbst wenn ihre Blüthe längst verwelkt, ihre Frucht abgefallen und zerstreuet seyn wird, sprossen ihre Saamen in einem andern Boden wieder hervor. Wie ließe es sich also bestimmen, wo der Einfluß, den Cook auf sein Zeitalter und auf die Nachwelt haben muß, sich in den Strom der Jahrhunderte gänzlich verlieren wird?

Bisher betrachteten wir nur die auffallenderen Folgen seiner Entdeckungen; allein sie wirken auch unvermerkt im Stillen, und vielleicht mit desto größerem Nachdruck, auf den Verstand und das Herz. Es ist ein wichtiges Geschäft, in Stunden der Erholung, durch eine Reihe neuer Bilder die angestrengten Geisteskräfte zu erquicken, den Eindruck überstandener Mühseligkeiten zu verwischen, Kraft und Muth zu neuer Anstrengung zu geben, und das Gedächtniß mit nützlichen Lehren und Kenntnissen zu bereichern. Unter allen Merkmalen eines aufgeklärten Jahrhunderts ist vielleicht keines untrüglicher, als eben dieses lebhafte Bedürfniß der Lektüre, welches sich bis auf die untern Volksklassen erstreckt. Nur ist es zu bedauern, daß ein so reger Trieb von denen, die sich zu Schriftstellern berufen glauben, selten gewissenhaft befriedigt wird, indem die reifliche Erwägung der großen Pflicht, welcher sie sich unterziehen, gerade dasjenige ist, was sie am wenigsten zu kümmern scheint. Wenn indeß unter den jährlichen Hekatomben, welche nur durch ihre Anzahl einen Werth erhalten, der Wohlgeruch eines reineren, der Weisheit würdigen Opfers auf dem Altar der Göttin duftet, so wird sie mit den Sterblichen versöhnt, und läßt sich vom hohen Sternensitz in ihre nideren Hütten herab. Wenn ein Buch, das durch merkwürdige wissenschaftliche Resultate, lebhafte Schilderungen von Gegenständen, die den Menschen nahe angehen, und Darstellung großer gefahrvoller Thaten oder ungewöhnlicher wirklichen Begebenheiten die Wißbegierde, das Nachdenken, die Einbildungskraft, die Empfindungen und Leidenschaften der Leser nach einander anregt – zugleich dem Verstande eine Menge neuer Begriffe, Erkenntnisse, Urtheile und Grundsätze einprägt, welche, da sie unmittelbar aus Erfahrung fließen, durch ihre praktische Beziehung auf das Leben, einen tiefen und bleibenden Eindruck machen: so kann es zur Bildung jedes einzelnen Lesers im erhabensten Sinne, nämlich zur zweckmäßigen Entwicklung seiner edelsten Anlagen, sehr wesentlich, und oft mit glücklicherem Erfolge beytragen, als manche Lehren, die auf das Wort des Meisters für apodiktisch gelten, und denen sein Beyspiel widerspricht. Das Gepräge des gemeinnützigen Fleißes, des beobachtenden Scharfblicks, der männlichen Vernunft, der Unbefangenheit und Einfalt, zeichnet Cooks Schriften, so wie seine Thaten, aus. Der Mann, dem überall Mittel zur Ausführung seiner Endzwecke zu Gebote standen, wußte auch Worte zu finden, wenn er tief empfundene Verhältnisse, sorgfältig durchspähete Naturgestalten und mit unnachahmlicher Kunst und großer Kühnheit vollbrachte Arbeiten, ohne Anmaßung, aber voll Ernst und Nachdruck erzählen wollte. Weder fremde Anleitung, noch vertraute Bekanntschaft mit großen Mustern, sondern der innere Drang, wodurch er auch Entdecker ward, bildete seinen ungeschmückten, aber reinen, deutlichen Styl. Ohne Anhänglichkeit an Systeme, die er nicht kannte, an Vorurtheile, die er belächelte oder verabscheute, blieb sein fester Punkt getreue Darstellung dessen, was er gesehen und erfahren hatte. Fassen wir den Inhalt seiner Reisegeschichte zusammen, so zeigt sie, was der Mensch auf verschiedenen Stufen der Bildung *ist;* was über die ganze Oberfläche des Erdbodens die wesentlichen Bedingungen eines glücklichen, nach seinen verschiedenen Bedürfnissen modificirten Zustandes sind; was die Natur ihm dazu darbietet, und was er aus den verborgenen Tiefen seines eigenen Wesens schöpfen muß; endlich, was der gesittete, vernünftige Mensch Großes vermag, wenn er den ganzen Reichthum seiner Organisations- und Verstandeskräfte aufbietet, und seinen Genuß in ihre unbegränzte Thätigkeit setzt. Aus dieser reichen Quelle schöpften bereits weise, gelehrte, erfahrene Männer Belehrung und Nahrung für ihren gebildeten Geist; und noch ergiebiger strömt sie für die aufblühende Jugend mit ihrer Wärme des Gefühls und ihrer beflügelten Phantasie. Deutscher Jüngling! auch Du lasest Cooks unvergeßliche, thatenvolle Entdeckungsgeschichte. Sprich! wurdest Du nicht belehrt, aufgeklärt, zum Nachdenken erweckt; jezt unwillkührlich durch Züge von erhabener Größe erschüttert; dann zu sanftem Mitleid, zur Tugend- und Menschenliebe hingerissen, oder zum edlen Selbstgefühl und zum Streben nach nützlicher Betriebsamkeit entflammt; und von Dank und Bewundrung für den Entdecker durchdrungen? Gerecht ist dieses Opfer der Bewundrung, welches jedes gefühlvolle Herz dem verewigten Seemanne darbringt; gerecht, und seinem Andenken desto heiliger, da es der Lohn ist, um welchen er gerungen hat. Zwar seiner kalten Asche frommt unser Lob nicht mehr; und der Geist des Helden, wie der Engel des Dichters,

wird nicht herrlicher
Durch eur Entzücken; wird nicht mächtiger
Durch eur Vertrauen!

Die Welt könnte seine Wohlthaten genießen, und, wie sie so oft gethan, des Gebers vergessen. Allein der Nachruhm ist das eigentliche Erbe der wenigen Edlen. Oft zündete die Ehre, die man dem Andenken eines großen Mannes weihte, den Funken des Genius in einem andern Busen an. Mit einem Eifer, der alle Hindernisse besiegt, kämpfte er dann um diesen Preis, der ihn so groß, so rein und göttlich dünkt; und wenn er am Ende seiner Laufbahn einen Blick in das Vergangene wirft, verläßt er diesen geschäftigen Schauplatz zufrieden, froh und mit dem festen Vertrauen, daß sein Beyspiel und der Ruhm seines Namens die wohlthätige Flamme fortpflanzen werde, so wie er sie zuerst empfing. So wird der Nachruhm gleichsam eine Schuld, welche die Nachwelt tilgen muß; und ein Zeitalter, welches bey den Verdiensten eines großen Mannes schweigt, verdient die Strafe, daß es keinen ihm ähnlichen Mann aus seiner Mitte hervorbringen kann.

Was der Mensch mit auf die Welt bringt, ist die innere Energie seines Wesens, und ihre verschiedenen Grade der Empfänglichkeit. Wie der Bildungstrieb des Körpers in verschiedenen Menschen nicht von gleicher Stärke ist, und bald Paragonen, bald Lappen und Samojeden, auch in einerley Klima Riesen und Zwerge hervorbringt, bald früh, bald spät, gleichförmig oder anfallsweise sich entwickelt; eben so ist die eigenthümliche Thätigkeit des Willens und der Denkkraft, und die Beweglichkeit der Phantasie und des Gefühls an innerer Stärke verschieden. Es herrscht aber auch eine unbegreifliche Harmonie zwischen den Gegenständen der Vorstellung, und der Fähigkeit ihre Eindrücke anzunehmen. Gewisse Menschen werden durch besondere Klassen von Vorstellungen kräftig erschüttert, die auf andere keinen Eindruck zu machen scheinen. So tönen gespannte Saiten von selbst harmonisch, doch nicht eher, als bis der gleichgestimmte Klang sie durchzittert. Ein Weiser sagt irgendwo sehr schön und richtig: »es hängt nur von uns ab, das Verhältniß unserer Geisteskräfte unter einander zu prüfen und sie ins Gleichgewicht zu bringen; ihr intensiver Reichthum aber ist die unbedingte Gabe der Götter.« Diese Ungleichheit des innern Kraftmaaßes wird offenbar, so bald man das Menschengeschlecht nur etwas genauer betrachtet; allein die auffallenden Beyspiele von auszeichnender Größe sind in allen Ständen selten, obgleich an keinen ausschließungsweise gebunden. »Selbst die meisten Fürsten,« sagt ein großer freymüthiger Geschichtschreiber, »zöge man ihnen den Purpur aus, und würfe sie nackt in die Welt, würden unverzüglich in die unterste Klasse der Gesellschaft zu Boden sinken, ohne Hofnung sich wieder empor zu schwingen.« Dagegen hatte die Natur unsern Entdecker in der geringen Hütte des Bauers mit einem vollen Maaße von Kräften gerüstet. Die Grundkraft seines Wesens lag in einem siegreichen Bestreben, zur Wirksamkeit und That auszuströmen; sie schlummerte nie, sie bedurfte nicht erst der Anregung der Sinne, und sinnlicher Genuß leistete ihr kein Genüge. Cooks Enthaltsamkeit war auf diese Art eine angebohrne Tugend, nicht die Folge eines hartnäkkigen Kampfes. Seine Begierde konnte nur durch Erkenntnisse gesättigt werden, und sie mögen ihm nun Zweck oder Mittel, oder wechselsweise beydes gewesen seyn: so erzeugte dieses Bedürfniß, oder dieser Genuß, jenen nie ermüdenden Fleiß, jenes so bewunderte Ausdauren und Beharren, wodurch er so große Thaten vollbrachte, und gegen Arbeit, Schwierigkeit, Gefahren und Widerwärtigkeiten unüberwindlich blieb. Eine Einbildungskraft, welche die Verhältnisse der Dinge schnell und deutlich auffaßte und bemerkte; ein Beurtheilungsvermögen, welches richtig erkannte und unbestechlich entschied; eine Reizbarkeit des Gefühls, deren Übermaaß zuweilen leidenschaftliche Ausbrüche veranlaßte, aber noch öfter unter der Herrschaft der Vernunft sich zur Gerechtigkeit, Güte und Menschlichkeit neigte; – Anlagen, welche den Adel der Seele beweisen, sollten sich einst in Cook, dem Sohn eines Pächters, zu großen Zwecken entwikkeln. Seine Geburt und die Dürftigkeit seiner Umstände begünstigten indeß keineswegs seine Ausbildung. Eine frühzeitige Neigung für das Seeleben entschied sein Schicksal. Sein thätiger Geist, stark in Entschlüssen, kühn und schnell in der Ausführung, zerriß die Fesseln, die man ihm angelegt hatte, und begab sich freywillig unter die Zucht eines Kohlenschiffers. Hier erlitt er funfzehn Jahre lang, als gemeiner Matrose und als Steuermann eines Kauffahrers, alles Ungemach und alle Mühseeligkeiten des harten Dienstes, den er in der Folge seinen Untergebenen zu erleichtern suchte; hier ward er mit den Schwierigkeiten und Gefahren der Schiffahrt vertraut; hier stählte sich sein Herz gegen den grausenvollen Anblick des nahen, kaum noch vermeidlichen Todes; hier legte er auch den Grund zu jener vollkommenen Geschicklichkeit im praktischen Theile seiner Kunst, zu der genauen und vollständigen Kenntniß des Schiffs und der Ausrüstung desselben, der Pflichten des Matrosen und der in ihm erforderlichen Fertigkeiten und Talente, wodurch er sich hernach vor unzähligen Befehlshabern so vortheilhaft auszeichnete. Nichts giebt uns einen anschaulichern Begriff von der Festigkeit seines Charakters, als diese lange Prüfungszeit, wo er im eigentlichsten Verstande mit seinem Schicksal kämpfte, und dennoch den Sieg davon trug. Hätten wir die Geschichte jener funfzehn schrecklichen Jahre seiner Jugend, wie lehrreich für den Menschenkenner würde sie seyn, welchen Aufschluß würde sie über den ruhigen Muth und den Reichthum der Seele dieses großen Mannes geben, der mitten im rohen Schwarm gemeiner Seeleute, – deren Sitten oft Abscheu und Ekel erregen, deren Hang zur gröbsten Sinnlichkeit in Laster ausartet, deren Leichtsinn zuweilen Verbrechen gebiert, selten eines großen Gedankens, nie eines festen Entschlusses fähig ist, – unerkannt und ohne andere Aufmunterung oder Belohnung als seinen eignen Beyfall, seinen Grundsätzen getreu bleiben konnte und seinem Ziel, so fern es auch seyn mochte, unermüdet entgegen arbeitete, ohne vom Beyspiel angesteckt zu werden, oder bey drückenden Umständen und fehlgeschlagenen Hofnungen die Hände und das Haupt sinken zu lassen! Fast scheint es auch, als wenn Cook sein großes Maaß von Kräften damals hauptsächlich vertheidigungsweise gebraucht haben müsse; denn die eingeschränkte, niedrige Sphäre, wohin ihn sein Schicksal verbannt hatte, bot ihm nicht Stoff genug, sich zu beschäftigen, und in dem Grade, wie seine Fähigkeiten und Anlagen es gestatteten, sich Kenntnisse und Fertigkeiten zu erwerben. Die praktischen Erfahrungen, welche beynahe das einzige waren, womit er seinen Verstand hier bereichern konnte, gewannen indessen bey ihm, durch den Scharfsinn und die gesunde Beurtheilungskraft, wo mit er sie verdauete, eine neue Gestalt, und leiteten ihn bald zu dem wichtigen Resultate, welches Tausende in seiner Lage übersehen, daß mathematische und vorzüglich astronomische Kenntnisse zur Bildung des geschickten Seemannes unentbehrlich sind. Ehe noch Cook das erste Ziel seines Ehrgeizes erreichen und ein Fahrzeug als Schiffer besteigen konnte, warf ihn sein Schicksal plötzlich auf die königliche Flotte. Hier bahnte ihm sein Verdienst zum erstenmal den Weg zur Ehre. Die Aussicht zu einer höheren Bestimmung zu gelangen, fachte seine Geisteskräfte zu neuer Anstrengung und neuen Arbeiten an. Wie vorhin zum Matrosen, so bildete er sich jezt zum Officier. Die Tiefen der Mathematik waren seinem Ernst ein leichtes und unterhaltendes Spiel; und er widmete sich ganz der Mechanik und Sternkunde, auf denen die Theorie der Schiffahrt beruhet. Wer es weiß, welche Ordnung und Klarheit der Begriffe das Studium der Mathematik über alle Klassen von Kenntnissen verbreitet, der wird sich vorstellen können, welch eine wichtige Veränderung mit unserm Seemanne jezt vorgehen mußte. Doch bey allem Reichthum seiner Geisteskräfte, bey der Vollständigkeit und Gründlichkeit seiner Kenntnisse, hätte Cook, ohne eine günstige Verkettung von Umständen, vielleicht nie den Gipfel erstiegen, wo die Welt den großen Mann in ihm erkannte. Das Glück, welches blindlings bald die Tugend, bald den Wahnwitz krönt, geht nur zu oft vor dem bescheidenen Verdienst vorüber, und kränkt dadurch nicht sowohl dieses, als vielmehr das ganze Menschengeschlecht. Oder triff dieser Vorwurf nicht die Begebenheiten einer Welt, wo ein ununterbrochener Zusammenhang von Ursach und Wirkung alles bestimmt? Wie dem Wortstreit auch sey; genug, Cook gehörte unter die wenigen begünstigten Ausnahmen, oder er war zum Entdecker der halben Erdkugel ausersehen. Das mühsame Geschäft, die Küsten von Neufundland aufzunehmen, war vier Jahre lang gleichsam die Vorübung zu seiner größeren Laufbahn. Er erlangte dabey eine von wenigen erreichte Fertigkeit und Genauigkeit sowohl im Ausmessen, als im astronomischen Beobachten. Schon dort übte er seine Wachsamkeit und Vorsicht, seine Unerschrockenheit und Gegenwart des Geistes im Augenblick der Gefahr, sein mildes, schonendes Betragen gegen ungesittete Völker; – Eigenschaften, welche hernach auf seinen Weltumschiffungen im Charakter des Entdeckers glänzten, und zur Vollkommenheit gediehen. Die unerwartete und ehrenvolle Aufforderung zu diesen Entdeckungsreisen gab endlich seinen Geisteskräften die höchste Spannung, und goß ein neues Feuer in alle seine Handlungen. Seine Entwürfe waren groß, durchdacht, wohlgeordnet und von männlicher Kühnheit; sein Genie beseelte ihre Ausführung, und bürgte für den Erfolg. Die Ehre, das Ansehen, der Wohlstand seiner neuen Lage verengten sein Herz nicht, und änderten nichts in seinem Betragen; er blieb nach wie vor der Mann von einfachen Sitten, der zwischen seiner Pflicht und seinem Vergnügen keinen Unterschied kannte. Seine Empfänglichkeit für Begriffe und Gefühle war noch in voller Kraft, und schien vielmehr mit jeder Reise zu gewinnen; ja es finden sich, vorzüglich in der letzten, Spuren einer ungleich zarteren Empfindung, als man in dem abgehärteten Seemanne gesucht hätte. Dieser Zug, wenn sonst keiner, gäbe schon ein vollgültiges Zeugniß für seine große Seele, deren stets währendes Bestreben es war, sich immer vollkommner zu bilden: Kaum wird es jezt noch befremdend seyn, daß jener dunkle Trieb sich hervorzuthun, der allmählig in Ehrgeiz und Begierde nach Wohlstand übergieng, sich bey einer so reich organisirten Seele zuletzt in ein weit feineres und edleres Gefühl für den Nachruhm verwandelte. Dank sey es der Natur, daß es Wesen von so empfänglicher Organisation giebt, welche dieser zarte Antrieb, der zugleich die Menschen in Liebe vereinigt, zu großen Thaten wecken kann! Läßt sich auch die Eigenliebe geselliger und liebenswürdiger denken, als indem sie dahin strebt, sich selbst in andern lieben zu können?

Vollständiger, als er selbst es voraussehen konnte, hat Cook auch diesen letzten Endzweck erreicht. Ich denke mir ihn, in der

Schwärmerey eines Augenblicks, als einen der wohlthätigen Helden des Alterthums, die auf Adlersschwingen zur Versammlung der seligen Götter emporgestiegen sind. Würfe er dann einen Blick vom Olymp auf diese Erde, so sähe er eben dieselbe philosophische Gesellschaft, die schon einmal seine Verdienste krönte, sein Andenken auf Münzen verewigen; er sähe die Zähre der Wehmuth fließen, so oft ein edler Mensch seinen zu frühen, von ganz Europa beklagten Verlust erfährt; er sähe sein eignes Werk, die Geschichte seiner Reisen, ein besseres Denkmal als Erz oder Marmor werden; – er sähe auch die Freundschaft Blumen auf sein Grab streuen!

ANSICHTEN VOM NIEDERRHEIN

Von Brabant, Flandern, Holland,
England und Frankreich,
im April, Mai und Junius 1790

Erster Theil

1 *Boppart*

Rheinfahrt. Frühlingsblüthen. Bildung des Rheinbettes. Weinbau im Rheingau und Armuth der Rheinländer. Abentheuer.

Boppart, den 24. März

Ich war eben im Begrif, unserer Philosophie eine Lobrede zu halten, als mir einfiel, daß im Grunde wenig dazu gehört, sich in ein Schicksal zu finden, welches Deinem Reisenden noch Feder, Tinte und Papier gestattet. Behaglicher wäre es allerdings gewesen, Dir alles, was ich jetzt auf dem Herzen habe, aus Koblenz und in der angenehmen Erwartung einer süßen Nachtruhe zu sagen; dafür aber sind Abentheuer so interessant! Ein gewöhnlicher Reisender hätte das Ziel seiner Tagefahrt erreicht: wir sind drei Stunden Weges diesseits desselben geblieben.

Es war einmal Verhängniß, daß es uns heute anders gehen sollte, als wir erwartet hatten. Statt des herrlichen gestrigen Sonnenscheins, mit dessen Fortdauer wir uns schmeichelten, behielten wir einen grauen Tag, dessen minder glänzende Eigenschaften aber, genau wie man in Romanen und Erziehungsschriften lehrt, das Nützliche ersetzte. Denn weil der Zauber einer schönen Beleuchtung wegfiel und der bekannten Gegend keine Neuheit verleihen konnte, so blieb uns manche Stunde zur Beschäftigung übrig. Auf der Fahrt durch das Rheingau hab' ich, verzeih es mir der Nationalstolz meiner Landsleute! eine Reise nach Borneo gelesen und meine Phantasie an jenen glühenden Farben und jenem gewaltigen Pflanzenwuchs des heißen Erdstrichs, wovon die winterliche Gegend hier nichts hatte, gewärmt und gelabt. Der Weinbau giebt wegen der krüppelhaften Figur der Reben einer jeden Landschaft etwas Kleinliches; die dürren Stöcke, die jetzt von Laub entblößt, und immer steif in Reih' und Glied geordnet sind, bilden eine stachlichte Oberfläche, deren nüchterne Regelmäßigkeit dem Auge nicht wohl thut. Hier und dort sahen wir indeß doch ein Mandel- und ein Pfirsichbäumchen und manchen Frühkirschenstamm mit Blüthenschnee weiß oder röthlich überschüttet; ja selbst in dem engeren Theile des Rheinlaufs, zwischen den Bergklüften, hing oft an den kahlen, durch die Rebenstöcke verunzierten Felswänden und Terrassen ein solches Kind des Frühlings, das schöne Hofnungen auf die Zukunft in uns weckte.

Nicht immer also träumten wir uns in den ewigen Sommer der Palmenländer. Wir saßen stundenlang auf dem Verdeck, und blickten in die grüne, jetzt bei dem niedrigen Wasser wirklich erquickend grüne, Welle des Rheins; wir weideten uns an dem reichen mit aneinander hangenden Städten besäeten Rebengestade, an dem aus der Ferne her einladenden Gebäude der Probstei Johannisberg, an dem Anblick des romantischen Mäusethurms und der am Felsen ihm gegenüber hangenden Warte. Die Berge des Niederwalds warfen einen tiefen Schatten auf das ebene, spiegelhelle Becken des Flusses, und in diesem Schatten ragte, durch einen zufälligen Sonnenblick erleuchtet, Hatto's Thurm weiß hervor, und die Klippen, an denen der Strom hinunterrauscht, brachen ihn malerisch schön. Die Noh, mit ihrer kühnen Brücke und der Burg an ihrem Ufer, glitt sanft an den Mauern von Bingen hinab, und die mächtigeren Fluthen des Rheins stürzten ihrer Umarmung entgegen.

Wunderbar hat sich der Rhein zwischen den engen Thälern einen Weg gebahnt. Kaum begreift man auf den ersten Blick, warum er hier (bei Bingen) lieber zwischen die Felswände von Schiefer sich drängte, als sich in die flachere Gegend nach Kreuznach hin ergoß. Allein bald wird man bei genauerer Untersuchung inne, daß in dieser Richtung die ganze Fläche allmälig steigt, und wahrer Abhang eines Berges ist. Wenn es demnach überhaupt dem Naturforscher ziemt, aus dem vorhandenen Wirklichen auf das vergangene Mögliche zu schließen; so scheint es denkbar, daß einst die Gewässer des Rheins vor Bingen, durch die Gebirgswände gestaucht und aufgehalten, erst hoch anschwellen, die ganze flache Gegend überschwemmen, bis über das niveau der Felsen des Bingerlochs anwachsen und dann unaufhaltsam in der Richtung, die der Fluß noch jetzt nimmt, sich nordwärts darüber hinstürzen mußten. Allmälig wühlte sich das Wasser tiefer in das Felsenbett, und die flachere Gegend trat wieder aus demselben hervor. Dies vorausgesetzt, war vielleicht das Rheingau, ein Theil der Pfalz, und der Bezirk um Mainz bis nach Oppenheim und Darmstadt einst ein Landsee, bis jener Damm des Binger Felsenthals überwältigt ward und der Strom einen Abfluß hatte.

Der stärkere Wein, den das Rheingau hervorbringt, wächst nicht mehr jenseits der Enge von Bingen. Die Richtung des Flusses von Morgen gegen Abend durch das ganze Rheingau giebt den dortigen Rebenhügeln die beste Lage gegen den Stral der mittäglichen Sonne, und die Gestalt des östlichen Gebirges, das auf seiner Oberfläche beinahe ganz eben ist, trägt vieles zur vorzüglichen Wärme dieses von der Natur begünstigten Thales bei. Der Nord- und der Ostwind stürzen sich, wenn sie über jene erhabene Fläche herstreichen und an den Rand derselben kommen, nicht geradezu hinab, sondern äußern ihre meiste Kraft erst auf der entgegengesetzten Seite des Flusses; das Thal unmittelbar unter dem Berge berühren sie kaum. Was für Einfluß die mineralischen Bestandtheile des Erdreichs und die Verschiedenheit der Gebirgslager auf die Eigenschaften des Weins haben können, ist noch nicht entschieden. Je weniger man über diesen Punkt weiß und bestimmt wissen kann, desto weiter treibt die grübelnde Hypothesensucht ihr Spiel damit. Hier darf sie sich keck auf ihre empirische Weisheit berufen; denn sie kann sich vor Widerlegungen wenigstens so lange sicher stellen, als man nicht Erfahrung gegen Erfahrung aufzuweisen hat. So viel ist indessen immer an der Sache, daß, wo alle übrige Umstände völlig gleich sind, und nun doch eine Verschiedenheit im Erzeugniß bemerklich wird, die Ursache davon in der Beschaffenheit des Bodens gesucht werden darf. Bekanntlich entspringen auf jenem östlichen Gebirge mehrere, zum Theil heiße Quellen, von denen einige Schwefel, andere Vitriolsäure und Eisen enthalten. Man hat mich auch versichern wollen, daß ein Kohlenflöz sich unter dem Hügel von Hochheim erstrecke und dem dort wachsenden vortreflichen Weine der Domdechanei seinen berühmten edlen Geschmack und sein Feuer gebe. Ich erinnere mich hierbei, daß der Schnee am Gehänge dieses Rebenhügels gegen Mainz eher, als vor dem entgegengesetzten Thore, schmilzt. Der Unterschied war mir und Andern oft in wenigen hundert Schritten so auffallend, daß sogar die Lufttemperatur, unter völlig gleichen Umständen, dem Gefühle merklich verschieden vorkam. So wie man das abendliche Thor von Hochheim verläßt, um nach Mainz zu gehen, glaubt man in einem milderen Klima zu seyn. Ich würde freilich diesen Unterschied dem Winde zuschreiben, der auf der Ebene von dem Altkönig her frei und ohne Widerstand hinstürmen und die Kälte der oberen Luftregion herunterführen, oder besser, die zum Gefrieren erforderliche schnelle Verdünstung befördern kann. Allein Andere schreiben die wärmere Temperatur des Weinberges den darunter liegenden Kohlen zu. Wahr ist es, eine Kohle, wie überhaupt jeder Brennstoff, fühlt sich unter einerlei Umständen viel wärmer an, als ein Stück Kalkstein oder Schiefer; und dieses Gefühl beweiset, daß wirklich aus der Kohle in den berührenden Körper mehr Wärmetheilchen übergehen: nicht minder gewiß ist es auch, daß die brennbaren Mineralien bei einer gewissen Lufttemperatur unaufhörlich Wärme ausströmen. Wie, wenn der Weinstock besonders vor andern Gewächsen organisirt wäre, von dieser Ausdünstung begünstigt zu werden? Das Beste zur Vergeistigung des Traubensaftes thut zwar die Sonne; ihr Licht, das von den schwammigen Früchten eingesogen und in ihrer Flüßigkeit fixirt wird, würzt und versüßt die Beere. Daher bleiben auch unsere Weine gegen die griechischen, italienischen, spanischen, ja sogar gegen die ungarischen und französischen so herbe, daß sie bei den Ausländern und dem Frauenzimmer wenig Beifall finden. –

Für die Nacktheit des verengten Rheinufers unterhalb Bingen erhält der Landschaftkenner keine Entschädigung. Die Hügel zu beiden Seiten haben nicht jene stolze, imposante Höhe, die den Beobachter mit Einem mächtigen Eindruck verstummen heißt; ihre Einförmigkeit ermüdet endlich, und wenn gleich die Spuren von künstlichem Anbau an ihrem jähen Gehänge zuweilen einen verwegenen Fleiß verrathen, so erwecken sie doch immer auch die Vorstellung von kindischer Kleinfügigkeit. Das Gemäuer verfallener Ritterfesten ist eine prachtvolle Verzierung dieser Scene; allein es liegt im Geschmack ihrer Bauart eine gewisse Ähnlichkeit mit den verwitterten Felsspitzen, wobei man den so unentbehrlichen Kontrast der Formen sehr vermißt. Nicht auf dem breiten Rücken eines mit heiligen Eichen oder Buchen umschatteten Berges, am jähen Sturz, der über eine Tiefe voll wallender Saaten und friedlicher Dörfer den Blick bis in die blaue Ferne des hüglichten Horizonts hinweggleiten läßt, – nein, im engen Felsthal, von höheren Bergrücken umschlossen, und, wie ein Schwalbennest, zwischen ein paar schroffen Spitzen klebend, ängstlich, hängt hier so mancher zertrümmerte, verlassene Wohnsitz der adelichen Räuber, die einst das Schrecken des Schiffenden waren. Einige Stellen sind wild genug, um eine finstre Phantasie mit Orkusbildern zu nähren, und selbst die Lage der Städtchen, die eingeengt sind zwischen den senkrechten Wänden des Schiefergebirges und dem Bette des furchtbaren Flusses, – furchtbar wird er, wenn er von geschmolzenem Alpenschnee oder von anhaltenden Regengüssen anschwillt – ist melancholisch und schauderhaft.

In Bacharach und Kaub, wo wir ausstiegen und auf einer bedeckten Galerie längs der ganzen Stadtmauer hin an einer Reihe ärmlicher, verfallener Wohnungen fortwanderten, vermehrten die Unthätigkeit und die Armuth der Einwohner das Widrige jenes Eindrucks. Wir lächelten, als zu Bacharach ein Invalide sich an unsere Jacht rudern ließ, um auf diese Manier zu betteln; es war aber entweder noch lächerlicher, oder, wenn man eben in einer ernsthaften Stimmung ist, empörender, daß zu St. Goar ein Armenvogt, noch ehe wir ausstiegen, mit einer Sparbüchse an das Schiff trat und sie uns hinhielt, wobei er uns benachrichtigte: das Straßenbetteln sei zu Gunsten der Reisenden von Obrigkeitswegen verboten. Seltsam, daß dieser privilegirte Bettler hier die Vorüberschiffenden, die nicht einmal aussteigen wollen, belästigen darf, damit sie nicht auf den möglichen Fall des Aussteigens beunruhigt werden!

In diesem engeren, öderen Theile des Rheinthals herrscht ein auffallender Mangel an Industrie. Der Boden ist den Einwohnern allerdings nicht günstig, da er sie auf den Anbau eines einzigen, noch dazu so ungewissen Produktes, wie der Wein, einschränkt. Aber auch in ergiebigeren Gegenden bleibt der Weinbauer ein ärgerliches Beispiel von Indolenz und daraus entspringender Verderbtheit des moralischen Charakters. Der Weinbau beschäftigt ihn nur wenige Tage im Jahr auf eine anstrengende Art; bei dem Jäten, dem Beschneiden der Reben u. s. w. gewöhnt er sich an den Müßiggang, und innerhalb seiner Wände treibt er selten ein Gewerbe, welches ihm ein sicheres Brodt gewähren könnte. Sechs Jahre behilft er sich kümmerlich, oder anticipirt den Kaufpreis der endlich zu hoffenden glücklichen Weinlese, die gewöhnlich doch alle sieben oder acht Jahre einmal zu gerathen pflegt; und ist nun der Wein endlich trinkbar und in Menge vorhanden, so schwelgt er eine Zeitlang von dem Gewinne, der ihm nach Abzug der erhaltenen Vorschüsse übrig bleibt, und ist im folgenden Jahr ein Bettler, wie vorher. Ich weiß, es giebt einen Gesichtspunkt, in welchem man diese Lebensart verhältnismäßig glücklich nennen kann. Wenn gleich der Weinbauer nichts erübrigt, so lebt er doch sorglos, in Hofnung auf das gute Jahr, welches ihm immer wieder aufhilft. Allein, wenn man so raisonnirt, bringt man die Herabwürdigung der Sittlichkeit dieses Bauers nicht in Rechnung, die eine unausbleibliche Folge seiner unsichern Subsistenz ist. Der Landeigenthümer zieht freilich einen in die Augen fallenden Gewinn vom Weinbau; denn weil er nicht aus Mangel gezwungen ist, seine Weine frisch von der Kelter zu veräußern, so hat er den Vortheil, daß sich auch das Erzeugniß der schlechtesten Jahre auf dem Fasse in die Länge veredelt, und ihm seinen ansehnlichen Gewinn herausbringen hilft. Man rechnet, daß die guten Weinländer sich, ein Jahr ins andre gerechnet, zu sieben bis acht Procent verinteressiren, des Mißwachses unbeschadet. Es wäre nun noch die Frage übrig, ob dieser Gewinn der Gutsbesitzer den Staat für die hingeopferte Moralität seiner Glieder hinlänglich entschädigen kann?

Der ungewöhnlich niedrige Stand des Rheinwassers war schuld, daß unsere Jacht nur langsam hinunterfuhr. Erst um acht Uhr Abends erreichten wir Boppart beim Mondlicht, das den ganzen Gebirgskessel angenehm erleuchtete. Wir eilten dem besten Wirthshause zu; allein hier fanden wir alle Zimmer besetzt. In einem zweiten sahen wir alle Fenster eingeworfen; von dem dritten schreckte uns die Schilderung der darin herrschenden Unreinlichkeit zurück. Also mußten wir auf gut Glück im vierten einkehren und uns an einer kalten Kammer und einem gemeinschaftlichen Lager genügen lassen. Hier wärmen wir uns jetzt beym Schreiben mit Deinem russischen Thee, und preisen die gütige Vorsorge, die uns damit beschenkte. Ohne ihn darbten wir in dieser Amazonenstadt, wo noch vor wenigen Tagen dreihundert Mann Exekutionstruppen den Muth der Weiber dämpfen mußten, die sich gegen eine mißverstandene Verordnung aufgelehnt und einigen Soldaten blutige Köpfe geschlagen hatten. Die militairische Gewalt hat jetzt die Oberhand über das schöne Geschlecht, das nach einem Paar Gestalten, die an uns diesen Abend vorüberschwebten, zu urtheilen, für ganz andere Kriege gebildet zu seyn scheint.

Ein- für allemal bitte ich jetzt um Deine Nachsicht, wenn ich künftig auf Abschweifungen gerathe, oder nicht so zierlich wie ein Gelehrter, der auf seinem Studierzimmer reiset, frisch nach der That, nur auch von der Spannung des Beobachtens ermüdet, erzähle. So dürftig und desultorisch aber dieser erste Reisebericht ausgefallen ist, verspreche ich mir gleichwohl einen Rückblick auf das etwanige Verdienst, welches ihm unsere unbequeme Lage geben kann. Wir schreiben hier bei einem Lichte, welches von Zeit zu Zeit Funken sprüht und nach jeder solchen Anstrengung dermaßen erschöpft ist, daß uns kaum Hellung genug übrig bleibt, unsere Schriftzüge zu erkennen. Kein lebhafteres Bild von unserem eigenen Zustande, nach einer dreizehnstündigen Wasserfahrt könnte ich Dir jetzt ersinnen. Nach jedem Bemühen einen Gedanken zu Papier zu bringen, verengt sich der Raum zwischen unsern Augenliedern, und ein Nebelflor umhüllt das ewige Lämpchen des innern Sinnes.

IV *Kölln*

Der Dom, oder die Kathedralkirche. Versuch über die Humanität des Künstlers.

Kölln

Wir gingen in den Dom und blieben darin, bis wir im tiefen Dunkel nichts mehr unterscheiden konnten. So oft ich Kölln besuche, geh ich immer wieder in diesen herrlichen Tempel, um die Schauer des Erhabenen zu fühlen. Vor der Kühnheit der Meisterwerke stürzt der Geist voll Erstaunen und Bewunderung zur Erde; dann hebt er sich wieder mit stolzem Flug über das Vollbringen hinweg, das nur Eine Idee eines verwandten Geistes war. Je riesenmäßiger die Wirkungen menschlicher Kräfte uns erscheinen, desto höher schwingt sich das Bewußtseyn des wirkenden Wesens in uns über sie hinaus. Wer ist der hohe Fremdling in dieser Hülle, daß er so in mannichfaltigen Formen sich offenbaren, diese redenden Denkmäler von seiner Art die äußeren Gegenstände zu ergreifen und sich anzueignen, hinterlassen kann? Wir fühlen, Jahrhunderte später, dem Künstler nach, und ahnden die Bilder seiner Phantasie, indem wir diesen Bau durchwandern.

Die Pracht des himmelan sich wölbenden Chors hat eine majestätische Einfalt, die alle Vorstellung übertrift. In ungeheurer Länge stehen die Gruppen schlanker Säulen da, wie die Bäume eines uralten Forstes: nur am höchsten Gipfel sind sie in eine Krone von Ästen gespalten, die sich mit ihren Nachbaren in spitzen Bogen wölbt, und dem Auge, das ihnen folgen will, fast unerreichbar ist. Läßt sich auch schon das Unermeßliche des Weltalls nicht im beschränkten Raume versinnlichen, so liegt gleichwohl in diesem kühnen Emporstreben der Pfeiler und Mauern das Unaufhaltsame, welches die Einbildungskraft so leicht in das Gränzenlose verlängert. Die griechische Baukunst ist unstreitig der Inbegrif des Vollendeten, Übereinstimmenden, Beziehungsvollen, Erlesenen, mit einem Worte: des Schönen. Hier indessen an den gothischen Säulen, die, einzeln genommen, wie Rohrhalme schwanken würden und nur in großer Anzahl zu einem Schafte vereinigt, Masse machen und ihren geraden Wuchs behalten können, unter ihren Bogen, die gleichsam auf nichts ruhen, luftig schweben, wie die schattenreichen Wipfelgewölbe des Waldes – hier schwelgt der Sinn im Übermuth des künstlerischen Beginnens. Jene griechischen Gestalten scheinen sich an alles anzuschließen, was da ist, an alles, was menschlich ist; diese stehen wie Erscheinungen aus einer andern Welt, wie Feenpalläste da, um Zeugniß zu geben von der schöpferischen Kraft im Menschen, die einen isolirten Gedanken bis auf das äußerste verfolgen und das Erhabene selbst auf einem excentrischen Wege zu erreichen weiß. Es ist sehr zu bedauren, daß ein so prächtiges Gebäude unvollendet bleiben muß. Wenn schon der Entwurf, in Gedanken ergänzt, so mächtig erschüttern kann, wie hätte nicht die Wirklichkeit uns hingerissen!

Ich erzähle Dir nichts von den berüchtigten heiligen Drei Königen und dem sogenannten Schatz in ihrer Kapelle; nichts von den Hautelissetapeten und der Glasmalerei auf den Fenstern im Chor; nichts von der unsäglich reichen Ciste von Gold und Silber, worin die Gebeine des heiligen Engelberts ruhen, und ihrer wunderschönen ciselirten Arbeit, die man heutiges Tages schwerlich nachzuahmen im Stande wäre. Meine Aufmerksamkeit hatte einen wichtigeren Gegenstand: einen Mann von der beweglichsten Phantasie und vom zartesten Sinne, der zum erstenmal in diesen Kreuzgängen den Eindruck des Großen in der gothischen Bauart empfand und bei dem Anblick des mehr als hundert Fuß hohen Chors vor Entzücken wie versteinert war. O, es war köstlich, in diesem klaren Anschauen die Größe des Tempels noch einmal, gleichsam im Widerschein, zu erblicken! Gegen das Ende unseres Aufenthalts weckte die Dunkelheit in den leeren, einsamen, von unseren Tritten wiederhallenden Gewölben, zwischen den Gräbern der Kuhrfürsten, Bischöfe und Ritter, die da in Stein gehauen liegen, manches schaurige Bild der Vorzeit in seiner Seele. In allem Ernste, mit seiner Reizbarkeit und dem in neuen Bilderschöpfungen rastlos thätigen Geiste möchte ich die Nacht dort nicht einsam durchwachen. Gewiß entsetzest Du Dich schon vor dem bloßen Gedanken, wie ihm selbst davor graute.

Ich eilte mit ihm hinaus ins Freye, und sobald wir unsern Gasthof erreicht hatten, erwachte die beneidenswerthe Laune, womit er, durchdrungen vom Genuß der lieblichen Natur, schon auf der ganzen Fahrt von Koblenz her, die einförmigen Stunden uns verkürzt hatte. Noch kann ich mir den großen Zweifel nicht lösen, ob es befriedigender sei, Bilder des Wirklichen unmittelbar aus der umgebenden Weite zu schöpfen, oder sie von zahllosen Anschauungen bereits überallher gesammlet, erlesen, geordnet, zusammengesetzt, zu schönen Ganzen vereinigt, aus einer reichen Menschenseele, unserm Wesen schon mehr angeeignet, in uns übergehen zu lassen? Beides hat seinen eigenthümlichen Werth, und beides haben wir seit unserer Abreise schon reichlich gekostet. Lebendiger wirkt die unmittelbare Gegenwart der beseelten Natur; tief und scharf bestimmt und alle Verhältnisse erschöpfend, graben sich die Bilder des Daseyns, das unabhängig von dem Menschen, ohne sein Zuthun ist und war und seyn wird, ins Gedächtniß ein. Dagegen gesellen sich, von einer menschlichen Organisation aufgefaßt, die mannichfaltigsten Formen aus allen Welttheilen zugleich, aus der Vergangenheit und – darf ich es sagen? – aus der Zukunft, zum Gegenwärtigen, und verweben sich mit ihm zu einem die Wirklichkeit nachahmenden Drama. Wir selbst, ich fühle es wenigstens, können nicht immer so richtig, so ins Wesentliche eingreifend empfangen, so die unterscheidenden Merkmale der Dinge uns selbst bewußt werden lassen, wie sie uns auffallen, wenn ein Anderer sie vom Außerwesentlichen abgeschieden und in einen Brennpunkt vereinigt hat. Zum Beweise brauchte ich nur an das schwere Studium des so vielfältig und so zart nüancirten Menschencharakters zu erinnern. Je feiner die Schattirungen sind, wodurch sich so nahe verwandte Geschöpfe unterscheiden, desto seltener ist sowohl die Gabe der bestimmten Erkenntniß, als die Kunst der treuen Überlieferung ihres Unterschiedes.

Der Genuß eines jeden, durch die Empfindung eines Andern gegangenen und von ihm wieder mitgetheilten Eindrucks setzt aber eine frühere, wenn gleich unvollkommene Bekanntschaft mit dem bezeichneten Gegenstande in uns voraus. Ein Bild, wäre es auch nur Umriß, müssen wir haben, worin unsere Einbildungskraft die besonderen Züge aus der neuen Darstellung übertragen und ausmalen könne. Die bestimmte Empfänglichkeit des Künstlers für das Individuelle erfordert daher, wenn sie recht geschätzt werden soll, einen kaum geringeren Grad der allgemeinen Empfänglichkeit des Kunstrichters: und die Seltenheit dieses Grades ist ohne Zweifel der Grund, weshalb die höchste Stufe der Kunst, in allen ihren Zweigen, so leicht verkannt werden, oder auch beinahe gänzlich unerkannt bleiben kann. Was der große Haufe an einem Gemälde, an einem Gedicht oder an dem Spiel auf der Bühne bewundert, das ist es wahrlich nicht, worauf die Künstler stolz seyn dürfen; denn diesem Haufen genügt die Täuschung, die ihm Erdichtetes für Wahres unterschiebt; und wer weiß nicht, wie viel leichter sich Kinder als Erwachsene, gewöhnliche Menschen als gebildete, täuschen lassen? Darum kann auch nicht die Illusion, als solche, sondern es muß die ganze Vollkommenheit der Kunst der letzte Endzweck des Künstlers seyn, wie sie allein der Gegenstand der höchsten Bewunderung des Kenners ist, der sich nicht mehr täuschen läßt, außer, wenn er mit dem feinen Epikurismus der Kultur eben gestimmt wäre, im Beschauen eines Kunstwerks nur den Sinn des Schönen zu befriedigen, und wenn er auf das erhöhte, reflektirte Selbstgefühl, welches aus der Erwägung der im Menschen wohnenden Schöpferkraft entspringt, absichtlich Verzicht thäte.

Was wäre aber die Kunst, was hätte sie, hinweggesehn vom Sinnlichen, Erweckendes und Anziehendes für unsern denkenden Geist, wenn es nicht diese, dem Naturstoff, den sie bearbeitet, eingeprägte Spur der lebendigwirkenden, umformenden Menschheit wäre? Das Siegel des Herrschers in der Natur ist es eben, was wir an jedem Kunstwerk, wie das Brustbild eines Fürsten auf seiner Münze, erblicken wollen; und wo wir es vermissen, da ekelt die allzusklavisch nachgeahmte Natur uns an. Daher hat jede Kunst ihre Regeln, ihre Methodik; eine wahrhafte Geistesschöpfung von abgezogenen Begriffen liegt ihr zum Grunde, nach welcher der Künstler im Materiellen wirken, und der Richter ihn beurtheilen muß. Der metaphysische Reichthum, den sich der Künstler aus unbefangenen Anschauungen der Natur erwarb, den er in das System seiner Empfindungen und Gedanken verwebte – den strömt er wieder über alle seine Werke aus. So entstanden der Apoll vom Belvedere, die mediceische Venus, die Schule von Athen, die Aeneide, der Mahomet; so bildeten sich Demosthenes und Cicero, und Molé und Garrick. Die Ideale des Meißels und der Malerei, der Dichtkunst und der Schauspielkunst finden wir sämmtlich auf dem Punkte, wo das einzeln zerstreute Vortrefliche der Natur zu einem Ganzen vereinigt, eine nach den Denkformen unserer Vernunft mögliche, auch von unserem Sinne zu fassende und sogar noch sinnlich mittheilbare, aber in der lebendigen Natur nirgends vorhandene Vollkommenheit darstellt. Göttlichgroß ist das Künstlergenie, das den Eindrücken der Natur stets offen, tief und inniguntersscheidend empfindet, und nach seiner innern Harmonie das Treffendste vom Bezeichnenden, das Edelste vom Edlen, das Schönste vom Schönen wählt, um die Kinder seiner Phantasie aus diesen erlesenen Bestandtheilen in Zauberformen zu gießen, welche wahr in jedem einzelnen Punkt ihres Wesens, und nur insofern der Mensch sie vereinigte, liebliche Träume sind.

Nur das Gleichartige kann sich fassen. Diesen Geist zu erkennen, der über die Materie hinwegschwebt, ihr gebietet, sie zusammensetzt und schöner formt, bedarf es eines ähnlichen prometheischen Funkens. Allein wie viele Stufen giebt es nicht zwischen der Unwissenheit, die an einer Bildsäule nur die Glätte des Marmors begaft, und dem Genie, das mit unnennbarem Entzücken die Phantasie Polyklets darin ahndet? Zwischen jenem Landmanne, der sich scheute, die Herren auf der Bühne zu behorchen, und dem Hochbegabten, der in der Seele des Schauspielers von einem Augenblick zum andern den Ausdruck des

Empfundenen von der Urtheilskraft regieren sieht? Wenn auch die allgemeine Bewunderung einem ächten Meisterwerke huldigt, so ist es darum noch nicht ausgemacht, daß gerade das Eigenthümliche, was nur des Künstlers Geistesgröße ihm geben konnte, den Sinn der Menge hinreißt. Wir ehren im unerreichbaren Shakspeare den kühnsten Dichterflug und den treffendsten Wahrheitssinn; was dem Parterre und den Galerien in London an seinen Schauspielen die höchste Befriedigung gewährt, dürfte leicht etwas anderes seyn. Doch ich habe ja wohl eher sogar den Kenner gesehn, der über Minervens *Helm* Minerven *selbst* vergaß! An einem Gemälde Raphaels, wo seine hohe Ahndung des Göttlichen aus den Gesichtszügen stralte, sah ich einen großen Kunstlehrer Proportionen bewundern! Befrage nur die wortgelehrten Kommentatoren um die Schönheit römischer und griechischer Dichter, wenn Du erstaunen willst, daß sie in der Wahl kurz- und langsylbiger Wörter, in der Mischung der Dialekte, in hundert Artigkeiten, wo Du sie nie gesucht hättest, besteht! Laß doch Leute von Geschmack Dirs erklären, daß Göthens Iphigenia Dich entzückt, weil Euripides zuerst eine schrieb! Und wenn ein Hamlet, oder ein Lear, oder ein Makbeth vor Dir auftritt, wie der Dichter selbst sich nie träumen ließ, daß man sie darstellen könnte; so vernimm von einem Kunstverständigen des Theaters den belohnenden Ausruf seiner höchsten Zufriedenheit: er hat sich treflich einstudirt.

Wahrlich! wäre fremde Anerkennung des eigenthümlichen Verdienstes der einzige Lohn, um welchen der große Künstler arbeiten möchte, ich zweifle ob wir dann je ein Meisterwerk gesehen hätten. Ihn muß vielmehr, nach dem Beispiele der Gottheit, der Selbstgenuß ermuntern und befriedigen, den er sich in seinen eigenen Werken bereitet. Es muß ihm genügen, daß in Erz, in Marmor, auf der Leinwand oder in Buchstaben seine große Seele zur Schau liegt. Hier fasse, wer sie fassen kann! Ist das Jahrhundert ihm zu klein; giebt es keinen unter den Zeitgenossen, der im Kunstwerke den Künstler, im Künstler den Menschen, im Menschen den schöpferischen Demiurg erblickte, der eins im andern bewunderte und liebte, und alles, den Gott und den Menschen, den Künstler und sein Bild, in den Tiefen seines eigenen verwandten Wesens hochahndend wiederfände: – so führt doch der Strom der Zeiten endlich das überbleibende Werk und die gleichgestimmte Seele zusammen, die dieser große Einklang füllt und in die lichte Sphäre der Vollkommenheit entzückt!

[...]

V *Düsseldorf*

Anblick von Kölln. Pöbel und Geistlichkeit. Bettelei und Into- leranz. Pferdeknochen unter den Gebeinen in der Ursulakirche. Klimatischer Unterschied in der Religion. Kreuzigung Petri von Rubens. Neuangelegte Stadt bei Düsseldorf. Über die Regierungskunst und über Regentenkünste. Kloster la Trappe.

Düsseldorf

Das finstre, traurige Kölln haben wir recht gern verlassen. Wie wenig stimmt das Innere dieser weitläuftigen, aber halb entvölkerten Stadt mit dem vielversprechenden Anblick von der Flußseite überein! Unter allen Städten am Rhein liegt keine so üppig hingegossen, so mit unzähligen Thürmen prangend da. Man nennt sowohl dieser Thürme, als überhaupt der Gotteshäuser und Altäre, eine so ungeheure Zahl, daß sie meinen Glauben übersteigt. Gleichwohl ist neben so vielen kein Plätzchen übrig, wo die Christen, die den Pabst nicht anerkennen, ihre Andacht frei verrichten dürften. Der Magistrat, der den Protestanten bereits die freie Religionsübung innerhalb der Ringmauern bewilligt hatte, mußte seine Erlaubniß kürzlich wieder zurücknehmen, weil der Aberglaube des Pöbels mit Aufruhr, Mord und Brand drohte. Dieser Pöbel, der beinahe die Hälfte der Einwohner, also einen Haufen von zwanzigtausend Menschen ausmacht, hat eine Energie, die nur einer bessern Lenkung bedürfte, um Kölln wieder in einiges Ansehen zu bringen. Traurig ist es freilich, wenn man auf einer Strecke von beinahe dreißig deutschen Meilen so manche zum Handel ungleich vortheilhafter als Frankfurt gelegene Stadt erblickt, und es sich nun nicht länger verbergen kann, daß mehr oder weniger eben dieselben Ursachen überall dem allgemeinen Wohlstande kräftigst entgegen gewirkt haben, der sich nur in Frankfurt entwickeln konnte.

In Kölln sollen viele reiche Familien wohnen; allein das befriedigt mich nicht, so lange ich auf allen Straßen nur Schaaren von zerlumpten Bettlern herumschleichen sehe. So oft ich hingegen nach Frankfurt komme, weide ich mich mit herzlichem Genuß am Anblick des gemeinen Mannes, der fast durchgehends geschäftig, reinlich, und anständig gekleidet ist. Der Fleißige, der seine Kräfte rechtschaffen anstrengt, um hernach seines Erwerbes froh zu werden, ihn mit den Seinigen zu theilen, regelmäßig mit ihnen einfache, gute Kost zu genießen, und mit ganzem Rock zu erscheinen – dieser Arbeitsame ist unstreitig sittlicher, gesunder und glücklicher, als der Müßiggänger; er ist ein Mensch, wo dieser nur ein Thier, und zwar mit menschlichen Anlagen ein desto gefährlicheres Thier ist. Bekanntlich geht die Unsittlichkeit der Bettler in Kölln so weit, daß sie den Müßiggang systematisch treiben und ihre Plätze an den Kirchthüren erblich hinterlassen oder zum Heirathsgut ihrer Töchter schlagen. In der Osterwoche ist es gebräuchlich, daß die Armen, die sich schämen öffentlich zu betteln, in schwarze Kittel vermummt und mit einem Flor über dem Gesicht, auf die Straße gehen, niederknieen, den Rosenkranz beten und die Vorübergehenden um Almosen anrufen. Man nennt diese Leute hier mit einem eigenen Namen *Kappengecken,* und ihr widerlicher Aufzug ist so auffallend, daß die halbnackten Straßenkinder ihre zerrissenen Hemdchen sich über den Kopf schlagen, um ihnen diese Mummerei nachzumachen.

Wer begreift nicht, daß die zahlreiche Bande von sitten- und gewissenlosen Bettlern, die auf Kosten der arbeitenden Klasse leben, hier den Ton angeben muß? Allein da sie träge, unwissend und abergläubisch ist, wird sie ein Werkzeug in der Hand ihrer theils kurzsichtigen, sinnlichen, theils ränkevollen herrschbegierigen Führer. Die Geistlichen aller Orden, die hier auf allen Wegen wimmeln, und deren ungeheure Menge auf einen Reisenden immer einen unangenehmen Eindruck macht, könnten zur Moralität dieser rohen, ungezügelten Menge auf das heilsamste wirken, könnten sie zum Fleiß, zur Ordnung anführen, und ihnen billige Gesinnungen gegen ihre anders denkenden Mitbürger, ein Gefühl von Ehre und Schande, von Eigenthum und Recht einimpfen. Dies und noch weit mehr könnten, sollten sie thun, da sich ihr Stand nur durch diese Verwendung für das gemeine Beste zur Existenz legitimiren kann. Allein sie thun es nicht und –

sind! Die Bettlerrotten sind ihre Miliz, die sie am Seil des schwärzesten Aberglaubens führen, durch kärglich gespendete Lebensmittel in Sold erhalten, und gegen den Magistrat aufwiegeln, sobald er ihren Absichten zuwider handelt. Es ist wohl niemand so unwissend, daß er noch fragen könnte, wer den Pöbel gereizt habe, sich der Erbauung eines protestantischen Gotteshauses zu widersetzen?

So eben sind auch von der Köllnischen Klerisei an ihren Kuhrfürsten Vorstellungen ergangen, worin er im Namen der ächten, rechten Lehre aufgefordert wird, dem Professor der Philosophie in Bonn den Gebrauch des Federschen Handbuchs bei seinen Vorlesungen zu untersagen. Unter andern Argumenten, heißt es in ihrer Schrift, daß Feder von den Protestanten selbst für heterodox gehalten werde; eine Behauptung, die im protestantischen Deutschland unerhört ist, da es schon im Wesen des Protestantismus liegt, daß darin die verabscheuungswürdigen Unterschiede von Orthodoxie und Heterodoxie gar nicht statt finden können. Wie es scheint, erlaubt man sich also in Kölln den Grundsatz, daß gegen den Feind alle Vortheile gelten; und in einer Sache, wo es keinen haltbaren Grund giebt, in der Sache geistlicher Verfolgungssucht, ist freilich das schlechteste Argument so viel werth, wie jedes andere, sobald man es nur geltend machen kann. Der Gewissenhafte, der sich bemüht, der strengen Wahrheit und der Vernunft treu zu bleiben, kommt gegen einen Widersacher nicht auf, welcher wissentlich zu täuschen und zu übertäuben sucht, und zu seinem Zwecke alle Mittel für erlaubt hält.

Die Zeiten, sagt man, sind vorbei, da der Scholastiker fragen durfte, was Aristoteles von diesem oder jenem Geheimnisse der katholischen Lehre, zum Beispiel, von der Jungfrauschaft der Mutter Gottes, gehalten habe? Ich hingegen behaupte, daß diese Zeiten nie ganz aufhören können, so lange es kein Mittel giebt, den Menschen Ehrfurcht gegen das Edelste, was ihrer Natur zum Grunde liegt, *gegen ihre eigene Vernunft,* einzuflößen. Wo diese Ehrfurcht fehlt, da wird man sich immerfort Ungereimtheiten erlauben, da wird man, sobald politische Verhältnisse es gestatten, intolerant seyn und die Gewissen mit Zwang beherrschen wollen. Wenn nicht diese verkehrte Herrschbegierde die Triebfeder der widersprechendsten Äußerungen wäre, so müßte man sich ja wundern, wie es nur möglich ist, daß irgend einer Geistlichkeit nicht alle philosophische Lehrbücher höchst gleichgültig seyn sollten. Die Philosophie muß sich schlechterdings nur auf das Begreifliche, auf das Erweisliche einschränken; da hingegen die Theologie unbegreifliche Mysterien lehrt, welche nicht demonstrirt, sondern geglaubt werden müssen, vermittelst eines Glaubens, der die unbedingte Gabe der Gottheit ist. Soll man nun doch das Unbegreifliche demonstriren, das heißt, begreiflich machen? Einen platteren Widerspruch giebt es nicht.

Wie mag es aber wohl kommen, daß man heutiges Tages zu solchen Widersprüchen seine Zuflucht nimmt? So viel ich sehe, liegt eben darin ein auffallender Beweis der Schwäche, deren sich die Herren bewußt seyn müssen. Wenn man versinken will, hascht man begierig auch nach dem Strohhalm, der doch niemanden retten kann. Ehedem verfuhren sowohl die weltlichen als die kirchlichen Despoten ganz anders. Sie ließen es ihre geringste Sorge seyn, die Vernunft mit ihren Aussprüchen in Harmonie zu bringen, brauchten Gewalt, wo sie ihnen in die Hände fiel, und erstickten dann die Keime des Denkens. Aber hier und dort ist ihnen ein Samenkörnchen entgangen und zu einem schönen Baume aufgesproßt, unter dessen Schatten sich die Völker schon sammeln. Mit Schrecken und Abscheu bebt man bereits vor Jedem zurück, der unsere freie Willkühr, es sei worin es wolle, beschränken möchte, und am allermeisten vor Dem, der ein Interesse hat, etwas Unbegreifliches als positive Wahrheit anerkannt zu wissen. Ein Mensch kann dem andern nicht gebieten, was er *thun* soll, als in sofern dieser es für gut findet, sich befehlen zu lassen; wie viel widerrechtlicher also, wenn jemand gebieten will, was man *glauben* soll, und denen, die das Gebotene nicht glauben können oder nicht glauben wollen, die Rechte schmälert, die ein Mensch dem andern nicht nehmen darf, die ein

Bürger dem andern garantirt! In dieser Lage der Sachen ist es so befremdend nicht, daß man itzt einen letzten Versuch macht, ob man nicht noch die angehenden Denker selbst durch ein Gewebe von betrüglichen Schlüssen hintergehen und einfangen könne. Allein die Vernunft rächt sich an denen, die sie so lange verachteten und verfolgten; und wenn jemand mit der Demonstrationsmethode, die im vorigen Jahrhundert noch gut genug war, jetzt auftritt, so nimmt er sich ungefähr so aus, wie ein Kind, das einen Erwachsenen mit eben dem Popanz schrecken will, vor welchem seine Spielkameraden liefen.

Das sicherste Zeichen eines zerrütteten, schlecht eingerichteten, kranken Staats hat man immer daran, wenn er eine große Menge Müßiggänger nährt. Der Fleißige, der die Früchte seines Schweißes mit diesen Raubbienen theilen muß, kann sich endlich des Gedankens nicht erwehren, daß man die unbilligste Forderung an ihn thut, indem man seiner Redlichkeit die Strafe auferlegt, die eigentlich strafwürdigen Faullenzer zu füttern. Die natürliche, unvermeidliche Folge dieser Reflexion ist, wenn man sich zu schwach fühlt dem Übel abzuhelfen, eine tödtliche Gleichgültigkeit gegen das gemeine Beste, gegen die Verfassung selbst. Welcher Staat kann *public spirit* von seinen Bürgern erwarten, wenn er sie mißhandelt? Es ist gleichviel, ob ein Despot oder eine Horde von Bettlern die Freiheit des arbeitsamen, tugendhaften Bürgers vernichtet; diese Ungerechtigkeit muß der Staat allemal büßen. Aus gleichgültigen, kalten Mitgliedern des Ganzen werden die Hintangesezten und Gedrückten bald auch zu moralisch schlechteren Menschen. Das Beispiel steckt an, und gegen die Übermacht gewissenloser Müßiggänger scheinen Betrug und List und Ränke ihnen bald die erlaubteste und sicherste Gegenwehr. Was die Bettler auf der einen Seite rauben, das müssen Betrogene auf der anderen Seite wieder ersetzen. Auf diese Art schleicht unvermerkt das Gift der Sittenlosigkeit durch alle Stände, und verderbt endlich die ganze Masse. Die Vernunft wird entbehrlich, wo die Begriffe von Recht und Billigkeit dem Eigennutze weichen müssen; Alles versinkt in jene sinnliche Abspannung, die das Laster unvermeidlich macht und bei den nachfolgenden Krämpfen des Gewissens dem lauernden Aberglauben gewonnenes Spiel giebt.

Nirgends erscheint der Aberglaube in einer schauderhafteren Gestalt als in Kölln. Jemand, der aus unserm aufgeklärten Mainz dahin kommt, hat in der That einen peinigenden Anblick an der mechanischen Andacht, womit so viele tausend Menschen den Müßiggang zu heiligen glauben, und an der blinden Abgötterei, die der Pöbel hier wirklich mit Reliquien treibt, welche den ächten Religionsverehrern unter den Katholiken selbst ein Ärgerniß geben. Wenn die Legende von den elftausend Jungfrauen auch so wahr wäre, wie sie schwer zu glauben ist, so bliebe doch der Anblick ihrer Knochen in der Ursulakirche darum nicht minder scheußlich und empörend. Allein, daß man die Stirne hat, dieses zusammengeraffte Gemisch von Menschen- und Pferdeknochen, welches vermuthlich einmal ein Schlachtfeld deckte, für ein Heiligthum auszugeben, und daß die Köllner sich auf diese Heiligkeit todtschlagen lassen, oder, was noch schlimmer ist, den kühnen Zweifler selbst leicht ohne Umstände todtschlagen könnten: das zeugt von der dicken Finsterniß, welche hier in Religionssachen herrscht. Es wäre wohl einer gründlichen Nachforschung werth, ob es sich bestimmen lasse, welche Ursachen in verschiedenen Ländern dieselbe Religion so umbilden, daß sie in ihren Wirkungen auf den Charakter der Einwohner sich nicht mehr gleich bleibt. Warum herrscht zum Beispiel in Kölln ein schwarzgallichter Fanaticismus in der Andacht, in Rom hingegen Leichtsinn und heitere Freude? Sind es die niederländischen Nebel und die lauen, gestirnten Nächte Italiens, welche diesen Unterschied bemerkbar machen? oder steckt es schon von undenklichen Zeiten her im italienischen und im deutschen Blute, daß jenes den Zauber der erhöheten Sinnlichkeit über alle Gegenstände verbreitet, dieses aber selbst eine Religion, welche so lebhaft auf die Sinne wirkt, finster und menschenfeindlich machen kann? Ich gestehe, daß ich viel auf die Einwirkung eines milden Himmelstriches halte; und so auffallend der Unterschied zwischen dem niedrigen Bettler in Kölln und dem edleren Lazarone in Neapel ist, rechne ich ihn doch größtentheils auf die klimatische Verschiedenheit ihres Aufenthalts. In Italien entwickelt schon allein das Klima den gesunden Menschenverstand; wer dort faullenzt, der ist, nach Mrs. Piozzi's Bemerkung, nur nicht hungrig. Sobald ihn hungert, greift er zur Arbeit, weil sein Verstand ihn dieses Mittel als untrüglich einsehen läßt. Hingegen versuch' es jemand, dem Pöbel in Kölln von Arbeit zu sprechen!

Wir besahen in der St. Peterskirche zu Kölln die berühmte *Kreuzigung Petri* von Rubens. Wenn ich nichts Anderes von diesem Meister gesehen hätte, so würde mich dieses Stück nicht in Versuchung führen, allzuvortheilhaft von ihm zu urtheilen. Die ganze Figur des Apostels ist sehr verzeichnet, und eine richtige Zeichnung konnte doch bei einem so ekelhaften, das Gefühl so sehr beleidigenden Gegenstande, noch das einzige Verdienst bleiben. Der Heilige wird hier ans Kreuz genagelt, und – nun denke Dir die Abscheulichkeit! – damit seine Henker bequemer zu den Füßen kommen können, steht das Kreuz mit dem Kopf zu unterst; die Leiden des Gemarterten sind folglich um so viel fürchterlicher. Hilf Himmel, welch ein ästhetisches Gefühl hat so mancher gepriesene Künstler gehabt! Sind das Gegenstände, die eine Abbildung verdienen? Gegenstände, die ich in der Natur nicht sehen möchte! Doch wir sind jetzt in der Nähe der schönen Galerie; morgen will ich Dich von der Kunst unterhalten.

Welch ein himmelweiter Unterschied zwischen Kölln und diesem netten, reinlichen, wohlhabenden Düsseldorf! Eine wohlgebaute Stadt, schöne massive Häuser, gerade und helle Straßen, thätige, wohlgekleidete Einwohner; wie erheitert das nicht dem Reisenden das Herz! Vor zwei Jahren ließ der Kuhrfürst einen Theil der Festungswerke demoliren, und erlaubte seinen Unterthanen auf dem Platze zu bauen. Jetzt steht schon eine ganze neue Stadt von mehreren langen, nach der Schnur gezogenen Straßen da; man wetteifert mit einander, wer sein Haus am schönsten, am bequemsten bauen soll; die angelegten Kapitalien belaufen sich auf sehr beträchtliche Summen, und in wenigen

Jahren wird Düsseldorf noch einmal so groß als es war, und um vieles prächtiger seyn. Wer doch das Geheimniß einer guten Staatsverwaltung wüßte, damit er sagen könnte, wie sich in den Herzogthümern Jülich und Berg so große Reichthümer häuften, wie die Bevölkerung daselbst so stark, und der Wohlstand der Einwohner gleichwohl so allgemein ward, daß die kleinern Städtchen nicht minder wohlhabend sind, als die Hauptstadt; daß der Anbau auf dem platten Lande denselben Geist der guten Wirthschaft, denselben Fleiß zeigt, wie die Fabriken; daß man hier so leicht den Weg zu einer glücklichen Existenz finden lernte, der anderwärts so schwer zu treffen scheint? – Ich fange an zu glauben, dieses Geheimniß sei einfacher als man denkt; es ist *das Ei des Kolumbus,* und wenn man es weiß, kann man sich kaum bereden, daß nicht mehr dahinter war, ja, man ärgert sich wohl, daß man nicht von selbst darauf fiel. Die ganze Kunst besteht darin, daß der Regent sich der verderblichen Spiegelfechterei, die man gewöhnlich, obwohl mit Unrecht, *regieren* nennt, zu rechter Zeit zu enthalten wisse, und sein Volk mit den gepriesenen Regentenkünsten verschone, worauf sich mancher so viel zu gute thut, und womit er sich das Ansehen der einzigen Seele in der großen Staatsmaschine giebt. Es gehört ein entschiedenes Maaß von gutem Willen und ein etwas seltener, selbst bei guten Menschen, wenn sie Macht in Händen haben, ungewöhnlicher Grad der Selbstverläugnung dazu, um nicht zur Unzeit wirken zu wollen, und sich lediglich darauf einzuschränken, die Hindernisse aus dem Wege zu räumen, welche der freien, willkührlichen, unbedingten Thätigkeit eines jeden Bürgers im Staate entgegen stehen. Die Einsicht des Regenten sei noch so vortreflich; sobald er es nach derselben versucht, die Menschen auf einem Wege, den sie selbst sich nicht wählten, vor sich hin zu treiben: sobald erfährt er auch, daß die eigenen Lebenskräfte in seiner Staatsmaschine stocken oder schlafen, und die Wirkung schlechterdings nicht hervorbringen, die erfolgt seyn würde, wenn er nicht den verwandten Geist in jedem seiner Brüder verkannt und zu einer ungeziemenden Knechtschaft verurtheilt hätte. Es ist wahr, die Summe des Guten, das in der Welt geschieht, ist immer unter unserer Erwartung, aber sicherlich ist sie da die kleinste, wo man sich vorsetzt, eine größere zu erzwingen. Durch das Übermaaß alles Positiven, versündigen sich die Regierungsformen an dem Menschengeschlechte. Durch die ins Unendliche vervielfältigten Gesetze und landesherrlichen Verordnungen, so gut es oft damit gemeint seyn mag, und durch jene, von Schmeichlern und Parasiten so gepriesene Kleingeisterei der Fürsten, die mit unermüdeter Sorgfalt in eines jeden Bürgers Topf gucken, oder gar sich um seine Privatmeinungen und Gedanken bekümmern, richten die Regenten allmälig, ohne es selbst zu wollen, ihre Staaten zu Grunde, indem sie die freie Betriebsamkeit des Bürgers hemmen, mit welcher zugleich die Entwickelung aller Geistesfähigkeiten aufhört.

Eine Viertelstunde von hier besuchten wir ein Mönchskloster. Es giebt nur wenig ähnliche Klöster in der Welt; denn die Mönche folgen der strengen Regel der in Frankreich so berühmten Abtei la Trappe. Zu unserer Verwunderung fing der erste, den wir erblickten, sogleich an mit uns zu sprechen, und erzählte uns, das Gelübde des Stillschweigens sei gänzlich aufgehoben. Dem guten Manne schien aber das Sprechen, dessen er so lange entwohnt gewesen war, nicht leicht zu werden. Ehedem hielt man mit einer unglaublichen Strenge auf dieses Verbot. Ein Officier, der einst einen dieser Mönche nach dem Wege fragte, und keine Antwort auf wiederholtes Anfragen erhielt, hätte den armen Büßer beinahe mit Schlägen ums Leben gebracht, ohne einen Laut aus ihm hervorzubringen. In Frankreich brannte das ganze Kloster ab, und keiner von den Brüdern brach das heilige Stillschweigen. Die Aufhebung desselben ist nur ein Vorläufer der gänzlichen Aufhebung des Ordens selbst. Schon lange konnte er keine Novizen mehr bekommen; man scheute die allzustrenge Regel. Mit dem Aussterben dieser Mönche wird indeß dem Staate kein großer Gewinn zufallen, da sie so eben ihre Kapitalien zur Erbauung einer neuen Kirche und eines neuen Klostergebäudes verwendet haben. Ungeachtet sie kein Fleisch essen, werden sie doch bei ihrer stillen, unthätigen Lebensweise, welche die Kräfte des Geistes fast gänzlich schlummern läßt, recht alt, und sind fast durchgehends wohlbeleibt. Unser Führer war über achtzig Jahr alt, und sah wenigstens zwanzig Jahr jünger aus. Auf seinem übrigens sehr gutmüthigen Gesichte, war die Leere des Gedächtnisses, die Armuth des Ideenvorraths, unverkennbar. Was ist nun besser: einige Runzeln mehr und einen durch Übung gebildeten, durch Erfahrung und Thätigkeit bereicherten Geist zu Grabe zu nehmen, oder sorglos, ohne Leidenschaften, ohne Geistesgenuß, in stiller Andacht hinzubrüten und zuletzt ganz sanft in seinem Fette zu ersticken? Wähle sich ein jeder, was ihm frommt; ich weiß, daß diese Existenz und dieses Ende keinen Reiz für den haben, der schon das bessere Loos der Menschen kannte:

zu leiden, zu weinen,
zu genießen und zu freuen sich.

X *Aachen*

Lage von Burscheid. Nadelfabrik und Tuchfabrik daselbst. Tuchfabriken in Vaals. Färberei. Tuchhandel. Ideen über den künftigen Zustand von Europa. Krönungsstuhl von Marmor in der Kathedralkirche. Zerspaltene Thore von Erz, nebst der dazu gehörigen Legende. Charfreitagsprozession.

Aachen

Burscheid liegt an der Ostseite der Stadt, und man hat dorthinaus einen angenehmen Spatziergang. Die Abtei ist schön gelegen und mit allem geistlichen Prunke aufgeführt. Gleich daneben zieht ein Wäldchen sich an einem großen Teiche hin; und indem man unvermerkt weiter kommt, geräth man endlich in ein enges von waldigen Hügeln umschlossenes Thal, wo sich nicht nur mehrere heiße Quellen durch ihren aufsteigenden Brodem verrathen, sondern sogar ein ganzer Teich mit heißem Wasser angefüllt ist. Indem man an einer Reihe von schönbeschatteten Wasserbehältern fortwandert, erblickt man die romantischen Ruinen des alten Schlosses Frankenberg, innerhalb dessen Mauern ein Gastwirth den guten Einfall gehabt hat, sich eine Wohnung einzurichten, welche manchem verirrten Badegaste sehr zu statten kommt, da man hier allerlei Erfrischungen und zugleich eine reizende Aussicht genießen kann. Was indessen das Vergnügen dieses Aufenthalts stört, ist die Nachricht, womit der Fremde bald bekannt gemacht wird: daß sich hier seit acht Jahren bereits zehn Menschen in einem Anfall von Melancholie ersäuft haben. Ich suchte vergebens die Veranlassung zu dieser düstern Stimmung in der hiesigen Gegend, die so viel Abwechselung hat, so schön bewachsen und so vielfältig dekorirt ist. Was hier zur Trauer und zur Verzweiflung führt, ist vermuthlich das Hasardspiel, welches, seitdem es in der Stadt verboten ist, in Burscheid desto stärker getrieben wird.

Die Teiche in diesem Thale werden sorgfältig unterhalten, indem sie den in Burscheid befindlichen Nähnadelfabriken sehr zu statten kommen. Wir besahen nur das Merkwürdigste, nehmlich die Polirmühle, welche vermittelst eines am Wasserrade angebrachten Getriebes die erforderlichen Vorrichtungen in Bewegung setzt. Von dem Krummzapfen steigt ein senkrechtes Gestänge in die Höhe, welches vermittelst eines Daumens mit einer Horizontalwelle im zweiten Stockwerke des Gebäudes in Verbindung steht, und sie hin und herschwankend bewegt. Die Nadeln liegen in Rollen von dickem hänfenem Zwillich eingewikkelt, zwischen Schichten von scharfen Kieseln, von der Größe einer Linse, welche man aber zuletzt mit Sägespähnen vertauscht. Indem sich nun die Walze bewegt, zieht sie ein in Haken hangendes wagerechtes Gatter hin und her, wodurch die darunter liegenden Rollen bewegt und die darin befindlichen Nadeln polirt werden. Unter jedem Polirgatter liegen zwei Rollen, und jede Rolle enthält dreimal hunderttausend Nadeln. Ich freute mich, hier wieder zu bemerken, wie viel man durch mechanische Übung an Geschicklichkeit gewinnt. Einen Haufen verwirrt durch einander liegender Nadeln bringt der gemeinste Arbeiter durch Schütteln und Schwingen eines Kastens in wenigen Augenblicken vollkommen in Ordnung.

Burscheid beschäftigt nach Verhältniß mehrere Tucharbeiter, als die Stadt Aachen. Die ansehnlichste Fabrik, die des Herrn von Lowenich, besteht aus sehr weitläuftigen, gut angelegten Gebäuden, und ihre Tücher werden vorzüglich geschätzt. Hier sowohl, als in Vaals und in Aachen selbst, verfertigt man bloß einfarbige Tücher, die im Stück gefärbt werden, da hingegen Verviers und die dortige Gegend bloß melirte Tücher, die schon im Garn gefärbt sind, liefern. Vigogne- oder Vikuñtücher werden insbesondere zu Monjoie fabricirt. Der Handel mit einfarbigen Tüchern scheint indessen ungleich sicherer zu seyn, indem diese Fabrikate nicht, wie jene andern, dem Eigensinne der Mode unterworfen, sondern auf ein dauerndes Bedürfniß berechnet sind.

Wenn man in Aachen auf wirklich vorhandene Verordnungen hielte, so dürften daselbst keine andere Tücher, als bloß von spanischer Wolle gewebt werden. In Vaals bestehen wirklich Kette und Einschlag aus spanischer Wolle, nicht bloß der Einschlag, wie in andern deutschen Fabriken.

Diesen ersten Stoff also bezieht der hiesige Tuchfabrikant unmittelbar aus Spanien. Die feinste Wolle erhält man aus Bilbao wegen der Nähe der vortreflichen Weiden von Asturien und Leon; die gröbere kommt von Cadix. Nachdem sie in Ostende gelandet worden, geht sie wieder auf Kanälen bis Herzogenbusch, und dann zur Achse nach Aachen. Hier wird sie zuerst in ausgemauerten Vertiefungen gespült, aus denen man das unreine Wasser nach Gefallen ableiten kann. Um allen Betrug der Arbeitsleute zu verhüten, hat man diese Wollwäschen an freien, frequentirten Örtern angelegt. Wo diese Vorsicht nicht gebraucht wird, (welches in der Stadt der Fall ist, wo man zuweilen auch das Waschen bei Nacht gestattet) da kann man oft durch die strengste Aufsicht der Entwendung eines ansehnlichen Theils der zugewogenen Wolle nicht vorbeugen. Je nachdem der Arbeiter sie mehr oder weniger mit Wasser angefüllt zurückliefert, steht es bei ihm, den Fabrikanten unvermerkt um sein Eigenthum zu betrügen.

Die reine Wolle wird den Landleuten zum Spinnen ausgetheilt. Für Aachen und die umliegenden Fabrikorte spinnen hauptsächlich die Limburger und die Flamänder. Im Herzogthum Jülich, wo der Ackerbau sehr stark getrieben wird, hat der Landmann viel zu harte Hände, um einen feinen Faden zu spinnen. Bei der Viehzucht auf den fetten Weiden von Limburg, wo die Hauptbeschäftigung des Bauers in Butter- und Käsemachen besteht, erhalten sich die Finger geschmeidiger, und überall spinnen Kinder und Weiber den feinsten Faden. Solche Beziehungen, welche die verschiedenen Wohnorte der Menschen, und die denselben jedesmal angemessenen Modifikationen des Erwerbes und der Lebensart mit sich bringen, interessiren um so mehr, wenn man sie erfährt, weil man nur durch die besondern Bedürfnisse einer großen Fabrikanstalt, und durch das ernste Nachdenken über die Mittel, ihr Vollkommenheit zu geben, zur Wahrnehmung derselben geleitet wird. Ähnliche Bedürfnisse haben den spekulirenden Geist in Berlin auf die Bemerkung geführt, daß der Soldat zum Spinnen ungleich geschickter ist, als der pommerische Bauer. Wollte man diese Spekulation noch weiter fortsetzen, so müßte man von dem Satze ausgehen, daß eine jede Kunst desto vollkommener getrieben wird, je mehr sich die Kräfte des Menschen darauf concentriren. Unstreitig also würde man es im Spinnen weiter bringen, wenn es durch fabrikenmäßige Anstalten, wo die Spinner einerlei Licht, Wärme und Obdach genössen, so vortheilhaft eingerichtet würde, daß eine eigene, arbeitsame Klasse von Menschen sich bloß diesem Gewerbe ergeben und davon allein subsistiren könnte. Menschen, die vom siebenten Jahr an sich nur dieser Beschäftigung widmeten, müßten in kurzem die Fertigkeit erlangen, besser und schneller als alle andern, die das Spinnen nur als Nebenwerk treiben, mit der Wolle umzugehen; und indem sie beides, feinere Fäden und in größerer Menge, lieferten, würde ihre Arbeit wohlfeiler werden, ohne ihnen selbst Nachtheil zu bringen. Wie aber eine solche Anstalt mit den jetzt gebräuchlichen Erwerbarten des Landmannes in eine Gleichung zu bringen wäre, so daß der Bauer, der schon nicht der glücklichste ist, durch den Verlust des Nebenverdienstes, den er vom Wollspinnen zieht, nicht zu Grunde gerichtet würde, verdiente noch eine sorgfältige Untersuchung, wobei man immer wieder auf die längst gemachte Erfahrung zurückkommen müßte, daß der ungeheure Druck, unter welchem der Landmann seufzt, das erste und unüberwindlichste Hinderniß bleibt, welches sich der Vervollkommnung aller Zweige der Industrie entgegensetzt. Man wundert sich, daß das Übel nicht von Grund aus gehoben wird, und bedient sich doch keiner andern, als der Palliativkur. Daher ist auch die ganze neuere Staatswirthschaft und die gepriesene Verschmitztheit der Finanzbeamten nichts als die verächtlichste Charlatanerie, oder, was noch ärger ist, ein verabscheuungswürdiges System von Kunstgriffen, wodurch der Unterthan, genau wie der Negersklav in den Zuckerinseln, nur nicht unter derselben Benennung, zum Lastthier herabgewürdigt wird, dessen Unterhalt jährlich einen bestimmten Überschuß abwirft. Stört man durch eine neue, für die Vervollkommnung des Kunstfleißes vortheilhafte Einrichtung das allergeringste an diesem zerbrechlichen, aufs äußerste gespannten Mechanismus, so treffen die Rechnungen nicht mehr zu, und der Plusmacher, der nur rechnen kann, sucht den Fehler seines leeren Kopfes und Herzens in der vorgeschlagenen Neuerung. Überall, wo Fabriken nicht das Werk der freien Betriebsamkeit des Bürgers, sondern lediglich Finanzspekulationen der Regierung sind, wird daher auf die Vortreflichkeit der Fabrikate weit weniger gerechnet, als auf den Absatz, den man durch Verbote erzwingen kann, und es liegt also in den ersten Grundsätzen, nach welchen man eine solche Anstalt werden läßt, die Unmöglichkeit, sie zu der Vollkommenheit, deren sie fähig ist, fortzuführen. Oft fängt man da mit Vorkehrungen an, wo man eigentlich aufhören sollte, wie es z. B. bei den Baumwollenmanufakturen in einigen Ländern der Fall ist, wo man zwar Farben, Pressen u. dgl. angeschafft, aber auf gute Gespinnste nicht gedacht hat. Diese Fehler, wodurch sich nur die Unwissenheit der Administrationen verräth, sind indeß noch verzeihlicher, als wenn in Staaten, deren Bevölkerung verhältnißmäßig geringe ist, die Erfindung und Anlegung solcher Maschinen, welche die Arbeit vieler Hände entbehrlich machen, laute Klagen veranlaßt. Diese Klagen, die in freien Ländern, wo der Fleiß jede Richtung nehmen darf, unerhört sind, gereichen dem Despotismus zur Schande, indem es seiner Willkühr leicht werden muß, die außer Brodt gesetzten Hände anders zu beschäftigen. Allein das schöne Schauspiel der Arbeitsamkeit bleibt das ausschließende Eigenthum freier Völker.

Geistlicher und oligarchischer Zwang hat den Fleiß aus den Mauern von Aachen vertrieben. Die Protestanten, die von manchen Bürgervorrechten ausgeschlossen, und des Zunftwesens müde waren, fanden eine Stunde Weges von der Stadt, auf Holländischem Gebiete, nebst der freien Religionsübung, auch die Freiheit, mit ihrem Vermögen und ihren eigenen Kräften nach ihrer Willkühr hauszuhalten. In Vaals halten jetzt fünf Gemeinen

(Katholiken, Lutheraner, Reformirte, Juden und Mennoniten) ruhig ihren Gottesdienst neben einander, und jeder Einwohner hat außer einem festgesetzten Grundzins, nach ächtphysiokratischen Grundsätzen, keine andere Abgabe, unter welchem Namen es auch sei, zu erlegen. Diese Einrichtung, welche die Republik in allen Generalitätslanden eingeführt hat, verwandelte in kurzem das kleine Dorf in eine Scene des zwanglosesten Fleißes. Die Anlagen des Herrn von Clermont zeichnen sich hier besonders wegen ihres Umfanges und ihrer Zweckmäßigkeit aus, und seine Fabrik beschäftigt in Vaals, Aachen und Burscheid gegen hundert und sechzig Weber. Dreißig Jahre sind hinreichend gewesen, die Volksmenge und den Wohlstand eines unbedeutenden Dörfchens so unbeschreiblich zu vergrößern, daß jene fünf Gemeinen sich daselbst organisiren konnten. Wohin man sieht, erblickt man jetzt große Fabrikgebäude. Außer den eben erwähnten, die dem Wahlspruche: spero invidiam, (ich hoffe beneidet zu werden) über der Thüre des Wohnhauses ganz entsprechen und zu erkennen geben, was der Fleiß vereinigt mit Wissenschaft, Beurtheilungsgabe, Erfahrung und Rechtschaffenheit, billig erwarten darf, giebt es hier noch andere Tuchmanufakturen, eine Nähnadelfabrik, u. s. w. Die hiesigen Tücher gehen mehrentheils nach der Levante; sie müssen zu dieser Absicht weiße Leisten haben, und sehr leicht, von feinem, lockerem Gewebe seyn. Wir sahen hier Tücher, die einem Grosdetours nicht unähnlich waren, von einer bewundernswürdigen Präcision des Gewebes. Die breitesten halten sechzehn Viertelellen, und haben in dieser Breite achttausend vierhundert Fäden. So fein ist das Gespinnst, so gleichförmig das Gewebe, so schön die Farbe, so vorsichtig die Bereitung dieser Tücher, daß man bei den soliden Grundsätzen, nach welchen hier verfahren wird, dieser Fabrik einen langen Flor voraus verkündigen kann.

Ich habe die hiesigen Anlagen alle mit einem unbeschreiblichen Genusse in Augenschein genommen. Es beschäftigt die Phantasie auf eine äußerst überraschende Art, hier auf einem Punkte so mancherlei Produkte fremder, zum Theil der entferntesten Erdgegenden ankommen, zur Verfertigung und Bereitung eines neuen Fabrikats angewandt, und dieses wieder in eben so entlegene Länder versendet zu sehen. Mir wenigstens ist es immer ein fruchtbarer Gedanke, daß hier Tausende von Menschen arbeiten, damit man sich am Euphrat, am Tigris, in Polen und Rußland, in Spanien und Amerika prächtiger oder bequemer kleiden könne; und umgekehrt, daß man in allen jenen Ländern Tücher trägt, um den Tausenden hier Nahrung und Lebensbedürfnisse aller Art zu verschaffen. Das Phänomen des fortwährenden Austausches verschiedener Produkte der Natur und der Kunst gegen einander ist aber unstreitig desto wichtiger, weil die Ausbildung des Geistes so innig damit verbunden ist. Der Handel bleibt die Hauptursache von dem jetzigen Zustande unserer wissenschaftlichen und politischen Verfassungen; ohne ihn hätten wir Afrika noch nicht umschifft, Amerika noch nicht entdeckt, und überhaupt nichts von allem, was uns über die anderen Thiere erhebt, unternommen und ausgeführt. Das Bedürfniß, mehr zu umfassen, als der jedesmalige Erdpunkt auf dem wir wurden, uns gewähren kann, sei aus unserer Natur hinweg gedacht, und wir kamen nicht weiter als die Affen, die so gut wie wir ein geselliges Leben führen und sich zu gegenseitigem Schutze vereinigen. Nur dieses innere Streben, das Maaß in unserm Kopfe allen Dingen anzupassen, macht uns zu Menschen; und je kräftiger es sich in uns regt, desto tiefer lassen wir die bloße Thierheit unter uns zurück. Durch dieses Streben ist der Russe in Kamtschatka dem Bewohner der Aleyutischen Inseln und dem Wilden in Amerika an Vernunft und Ideenreichthum überlegen, wie animalisch er übrigens in seinem häuslichen Leben noch seyn mag. Nur die Sorge für unmittelbare Erhaltung kann dem Bemühen nach einem größeren Wirkungskreise Abbruch thun, und auch dies nur so lange, bis die Erfahrung gemacht ist, daß im letzteren das erstere zu finden sei. Es scheint indeß doch, daß allzugroßer Reichthum der Natur den Handel beinahe eben so wenig begünstigt, wie ihre allzugroße Kargheit. Wenn der Wilde in träger Gleichgültigkeit nach seiner Jagd oder von seinem Fischfang ausruht, so ist es nicht zu läugnen, diese Beschäftigungen hatten ihn in dem Grade angestrengt, daß er den Reiz für fremde Gegenstände kaum mehr empfand. Hingegen die Indier, die Chineser, die Ägyptier und alle jene Völker, denen ihr gesegnetes Land eine ungeheure Verschiedenheit von Produkten im größten Überflusse darbot, bildeten sich schnell in ihrer eigenen Mitte, bis auf einen gewissen Punkt, wo die patriarchalische Autorität üppig ward und in einen Geist und Herz tödtenden Despotismus ausartete, der alle Kräfte des großen Haufens verschlang und ihnen ausschließender Weise nur zu seinem Nutzen eine Richtung gab. Bald entstand alsdann eine arbeitende und eine bloß genießende Klasse, und jede von diesen theilte sich wieder, je nachdem die besondere Veranlassung dazu aus den übrigen Verhältnissen der verschiedenen Nationen entsprang. Das Interesse des Herrschers vertrug sich nicht länger mit allem, was die Einsichten der arbeitenden Menge erweitern konnte; ihr blieb daher der auswärtige Handel untersagt. Damit aber der Despot sich selbst die Quellen eines vervielfältigten Genusses nicht abschnitte, gestattete er fremden Kaufleuten den Verkehr in seinem Lande. Diese Einrichtungen erhalten sich in Indien und China bis auf den heutigen Tag: denn die politische Ohnmacht, die sie zur Folge hatten, reizte zwar oft die Begierde des Eroberers; aber jeder, dem die Eroberung glückte, fand das System der Unterdrückung so unverbesserlich, daß er sich wohl hütete, daran zu künsteln.

Lage und Zusammenfluß von günstigen Umständen entwikkelten den Handlungstrieb bei den Phöniziern und Griechen, späterhin bei den Karthaginensern, dann bei den Venezianern und Genuesern, zuletzt bei den Holländern, den Engländern und andern europäischen Völkern. Überall war jedoch diese Entwickelung von bürgerlicher Freiheit unzertrennlich, und dauerte nur mit ihr. In Portugall konnte sie nur begleitendes Phänomen des Eroberungsgeistes seyn, und mußte, wie etwas Erzwungenes und Unnatürliches, in der Finsterniß des geistlichen Despotismus und der politischen Zwietracht verschwinden. In der deutschen Oligarchie hat sie wunderbar angekämpft gegen die furchtbaren Hindernisse des barbarischen Feudalsystems, und scheitert nur an der mittelländischen Umgränzung des Landes, die jede kaufmännische Operation zehnfach erschwert. Wie viel indeß, trotz dieser ungünstigen geographischen Lage, die Freiheit für den vaterländischen Handel zu leisten vermag, davon zeugt der Flor von Hamburg und Frankfurt, wie der Verfall von Nürnberg, Aachen und Kölln.

Aus diesem Gesichtspunkte betrachtet, ist also der große Kaufmann, dessen Spekulationen das ganze Rund der Erde umfassen und Kontinente an einander knüpfen, in seiner Thätigkeit des Geistes und in seinem Einfluß auf das allgemeine Regen der Menschheit nicht nur einer der glücklichsten, sondern durch die Masse von praktischen Erfahrungen, welche jenes Verkehr bei ihm täglich vergrößert, und durch die Ordnung und Abstraction der Begriffe, die man bei einem umfassenden Geiste voraussetzen darf, zugleich einer der aufgeklärtesten Menschen; mithin vor vielen andern derjenige, der die höhere Bestimmung unsers Wesens (zu wirken, zu denken, und vermittelst klarer Begriffe die objektive Welt in sich selbst zu concentriren) auf eine sehr vollständige Art erreicht. Beneidenswerth ist das Schicksal eines Mannes, dessen Unternehmungsgeist vielen Tausenden zur Quelle des Wohlstandes und des häuslichen Glückes wird; desto beneidenswerther, weil er diese wohlthätigen Zwecke ohne die mindeste Beeinträchtigung ihrer Freiheit erreicht, und gleichsam unsichtbarer Weise die Triebfeder von Wirkungen ist, die jeder seiner eignen Willkühr zuschreibt. Der Staat ist glücklich, wenn er solche Bürger in sich faßt, deren große Unternehmungen nicht nur mit der höheren Ausbildung der Gemüthskräfte seiner geringeren Mitbürger bestehen können, sondern vielmehr durch dieselbe neue Stätigkeit erhalten. Wo die äußerste Armuth den Handarbeiter drückt, wo er mit aller Anstrengung, deren er fähig ist, nie mehr als nothdürftige Befriedigung der unentbehrlichsten Lebensbedürfnisse erwerben kann; da ist Unwissenheit sein Loos mitten in einem Lande, wo die Wissenschaft die höheren

Volksklassen mit ihrem hellsten Stral erleuchtet; da also verfehlt er die edelste Bestimmung seines Wesens, selbst indem er als Werkzeug die Mittel zum Verkehr der Nationen befördert. Ganz anders aber verhält es sich, wo Geschicklichkeit und Fleiß, ihres Lohnes sicher, dem, der sie besitzt und anwendet, einen gewissen Grad des Wohlstandes verschaffen, der ihm die Erlangung wenigstens theoretischer Kenntnisse, vermittelst eines zweckmäßigen Unterrichts und einer guten Erziehung, möglich macht. Wie klein und nichtswürdig erscheint nicht ein jeder Despot, der vor der Aufklärung seiner Unterthanen zittert, verglichen mit dem Privatmanne, dem Fabrikanten eines freien Staats, der seinen Wohlstand auf den Wohlstand seiner Mitbürger und auf ihre vollkommnere Einsicht gründet!

Von den Walkmühlen, wo die Tücher eine nasse Bereitung erhalten, welche theils wegen der schweren Arbeit, theils wegen der ekelhaften Beschaffenheit der zum Reinigen gebrauchten Stoffe, theils auch wegen der beständigen Nässe des Aufenthalts, die Arbeiter mehr als jede andere angreifen muß, führte man uns in die neue Färberei, die in ihrer Art beinahe einzig ist, und wovon man nur noch zu Sedan in Frankreich etwas ähnliches sieht. Ihre Anlage hat sicherlich mehr als zehntausend Thaler gekostet, und vereinigt die drei wichtigsten Vortheile: daß sie geräumig ist, Holz erspart, und Sicherheit vor Feuersgefahr hat. Sie ist von den übrigen Fabrikgebäuden ein wenig abgelegen und bildet einen einzigen großen Saal, der durch viele große Fenster erleuchtet wird, die zugleich zur Erhaltung des so nöthigen Luftzuges dienen. Genau in der Mitte desselben ist ein großer Thurm mit Mauern von ungeheurer Dicke angelegt, welcher sich in den Rauchfang endigt. Die Benennung *Thurm* ist wirklich die passendste für dieses Gebäude, um welches rings umher die Küpen oder Farbekessel in einem Kreise stehen. Die Feuerung geschieht von innen im Thurm. Das Holz liegt auf einem Roste, dessen einzelne Stäbe drei Zoll im Durchmesser haben, und dennoch von der Hitze schmelzen. Die Flamme spielt im Kreise um den gefütterten Kessel, und der Rauch kommt durch eine über dem Schürloche angebrachte Öffnung, und steigt in der Mitte des Thurms heraus. Zwischen beiden Öffnungen ist ein Schieber angebracht, der, wenn man ihn mit einer Hand zudrückt, das fürchterlichste Feuer im Ofen augenblicklich ersticken kann.

Die zur Fabrik gehörigen Wasserleitungen sind eben so vortheilhaft eingerichtet, und jedes Zimmer wird dadurch hinlänglich mit Wasser versorgt. In der Färberei füllt man die Küpen vermittelst geöffneter Hähne in wenigen Augenblicken, und leert sie eben so schnell durch große Heber. Das unreine Wasser hat seinen Abfluß durch Röhren unter dem Fußboden. Was den Überfluß des Wassers noch im Werth erhöhet, ist die Reinheit und Weichheit desselben, welches zum Nutzen der Fabrik sehr wichtige Eigenschaften sind. Im Winter bedient man sich lieber geschmolzenen Eises als Schnees, wegen der vorzüglichen Reinheit des ersteren. Roth und Grün wird hier vorzüglich schön gefärbt. Es giebt Scharlachtücher, welche der Fabrik selbst im Färben auf anderthalb Thaler die Elle zu stehen kommen. Dabei wird man freilich einen Aufwand von Cochenille gewahr, den man in andern Fabriken zum Schaden der Käufer gar wohl vermittelst des wohlfeileren Fernambukholzes zu ersparen weiß.

In mehreren großen Zimmern sitzen die Scherer und Tuchbereiter. Die Karden, deren man sich hier bedient, werden in der Gegend von Aachen gezogen. Die Scheren kommen von Ramscheid, und die Preßspäne, oder eigentlich dazu bereitete Pappendeckel, welche bei dem Pressen zwischen die Tücher gelegt werden, von Malmedi, seitdem die Engländer die Ausfuhr der ihrigen verboten haben. Die in Königsberg von Kanter angelegte Preßspanfabrik ist hier nicht bekannt; es scheint indeß nicht, als wenn die hiesigen Tücher dadurch noch etwas an Vollkommenheit gewinnen könnten. Die Preßspäne von Malmedi sind weiß und dick, und haben nur wenig Firniß, weshalb sie auch gegen zwanzig Jahre dauern und dann noch zu anderweitigem Gebrauche dienen können. Ein Vorzug der hiesigen Tücher, den vermuthlich die Orientaler besonders zu schätzen wissen, besteht darin, daß man sie im Rahmen fast gar nicht reckt, und daß sie daher auch nicht einlaufen, wenn man sie ins Wasser legt.

Eine in Spanien seit einigen Jahren herausgekommene Verordnung hat nicht nur die Ausfuhr fremder Tücher nach Amerika, sondern auch den Verkauf derselben in Spanien selbst verboten. Wären die Tuchfabriken von Segovia und Guadalaxara so beträchtlich, daß sie beide Länder mit ihren Fabrikaten versorgen könnten, so möchte wohl dieser Absatz für die deutschen Manufakturen gänzlich verloren seyn; allein so groß auch die Aktivität ist, welche man sich bemüht, den inländischen Fabriken dort zu geben, so reicht doch die Menge ihrer Tücher noch nicht hin, und es läßt sich schon berechnen, daß das Verbot nicht von langer Dauer seyn kann. Die erstaunliche Solidität und der Umfang der hiesigen Anlagen setzen die Eigenthümer in den Stand, einen solchen Zeitpunkt ruhig abzuwarten, und selbst dem gänzlichen Verlust ihres Debits in einem großen Welttheile, falls es wider Vermuthen bei dem spanischen Verbote bleiben sollte, gleichgültig zuzusehen. Eine wichtigere Revolution für ganz Europa würde aber alsdann wirklich eintreten, wenn dereinst Spanien aus seiner Lethargie erwachen, alle seine Wolle selbst verarbeiten und die Ausfuhr dieses ersten unentbehrlichen Stoffes schlechterdings verbieten sollte. Da es vortreflich gelegen ist, um den ganzen levantischen Handel an sich zu reißen, und da es den amerikanischen, wenigstens so weit seine eigenen unermeßlichen Kolonien gehen, schon in Besitz hat, so würde es im Osten und Westen seine herrlichen Naturprodukte, mit eigenem Kunstfleiße verarbeitet, wohlfeiler, als bisher alle anderen Nationen, absetzen und doch mehr als sie alle dabei gewinnen. England, Holland, Frankreich und Deutschland, die sich jetzt von der Verarbeitung der rohen Produkte Spaniens bereichern, würden, wenn sie von diesen ausgeschlossen wären, ihre Fabriken zu Grunde gehen sehen, und nach Maaßgabe des Vortheils, den sie ehedem daraus zogen, auch an ihrer politischen Wichtigkeit verlieren. Doch ehe es zu dieser furchtbaren Veränderung kommt, bedarf es zuvor einer Kleinigkeit: die Alleingewalt des Königs muß eingeschränkt, die Stände müssen wieder hergestellt, die Inquisition muß abgeschafft, die Freiheit des Gewissens und der Presse unwiderruflich zuerkannt, und die Sicherheit des Eigenthums nebst der persönlichen Unabhängigkeit aller Bürger von willkührlichen Eingriffen in die Macht des Gesetzes fest begründet werden. Der erste Schritt zu dieser großen Wiedergeburt der spanischen Monarchie ist – das Verbot aller fremden Zeitungen, und die gewaltthätige Eröfnung aller Briefe! Was gilt die Wette? Die Limburger spinnen noch in hundert Jahren spanische Wolle!

Der immer steigende Mangel an den zur Feuerung unentbehrlichen Brennmaterialien drohet den hiesigen Fabrikanstalten, wie so vielen andern, mit einer Erhöhung ihrer Kosten, welche den zu erwartenden Gewinn beträchtlich schmälern kann. Seit langer Zeit sind die Wälder in diesen Gegenden und in den Niederlanden überhaupt, durch den starken Anbau und die zunehmende Volksmenge verschwunden. Die Natur hat indeß für das Bedürfniß der Einwohner durch unterirdische Wälder, ich will sagen: durch ansehnliche Steinkohlenflötze, reichlich gesorgt. Überall sieht man schon in hiesiger Gegend Kamine und Steinkohlenöfen, und niemand heizt noch mit Holz. Wie aber, wenn auch die Gruben endlich sich erschöpfen lassen und kein neues Substitut erfunden wird, zu dessen Wärme wir im Winter unsere Zuflucht nehmen, und wobei wir unsere Speisen bereiten können! Was unserer mit Physik verbundenen Chemie noch möglich sei oder nicht, wage ich zwar keinesweges zu bestimmen: sie erfindet vielleicht ein Netz, in welchem sich das zarte Element des Feuers fangen und verdichten läßt, so daß es uns wieder Wärme geben kann, indem wir es befreien; aber das ist auf allen Fall eine höchst unsichere Aussicht. Wahrscheinlicher kommt es mir vor, daß der Mensch zuletzt die Eis- und Nebelländer und die von Waldung ganz entblößten Gegenden des so genannten gemäßigten Erdstriches, als unbewohnbar wird verlassen müssen. Wir fragen immer, wann doch endlich die Türkei, sowohl in Europa als in Asien, im schönen Lichte der sittlichen Kultur wieder aufblühen, wann gebildete Völker Afrika bewohnen werden? Mich dünkt, die Antwort könnte man sich leicht erträumen: Hunger und Kälte werden dereinst gewaltiger und unaufhaltsamer, als vor Zeiten der Fanatismus und der Ehrgeiz, wirken, um die Völker von Europa in hellen Haufen über jene barbarischen Welttheile hinzuströmen. Wir werden uns in die Wälder des Hämus, des Taurus und Amanus, ja wohl gar des Kaukasus und Emaus stürzen, die dortigen Barbaren bezwingen oder verdrängen, und die Fackel der Wissenschaft wieder in jenen Kreis zurücktragen, in welchem sie zuerst dem Menschen in die Hand gegeben ward. Dünkt es Dich ein Frevel, daß ich mich so in die Zukunft hineinträume? Was kann ich dafür, daß meine Phantasie mir Wahrscheinlichkeiten vorrechnet und sich ein mögliches Bild daraus formt? Zwar besteht alles nun schon so lange in unserm Norden; so schöne Blüthen und in solcher Menge sind bei uns aufgegangen; so manche herrliche Frucht des Geistes ist gereift; das Menschengeschlecht hat hier eine Bildung gewonnen, die es, wenn wir eins ins andre rechnen, noch nirgends hatte; wir schreiten vorwärts auf einem so schönen Wege; alles scheint unserer jetzigen Form des Wissens, und unseren politischen Verhältnissen Dauer zu verheißen! Ich gestehe Dir, dieses Raisonnement kommt mir nicht viel besser vor, als die Hoffnung eines langen Lebens, womit alte Leute sich schmeicheln, die immer desto stärker an dem Leben hangen, je näher sie seinem Ziele rücken. Mir bürgt die Vergänglichkeit der Dinge dafür, daß, je älter eine menschliche Verfassung wird, ihr Ende um so näher sei. Wir können das Menschengeschlecht nur mit sich selbst vergleichen; und obschon der Theil seiner Geschichte, den wir kennen, gleichsam nur von gestern ist, so enthält er doch schon Begebenheiten genug, die uns lehren können, unter ähnlichen Umständen einen ähnlichen Ausgang zu erwarten. Die allgemeine Bildung und Entwickelung unserer Kräfte läßt sich fast nicht höher treiben. Können wir den Bogen stärker spannen, ohne daß er bricht? Kann unsere Vernunft noch scharfsinniger geprüft, können unsere größeren und kleineren, öffentlichen und häuslichen Verhältnisse noch genauer berechnet werden?

Sind wir dem höchsten Gipfel der Verfeinerung nicht nahe? – Wenn man aber den Berg erstiegen hat, so bleibt in dieser Ixionswelt nichts übrig, als wieder Kopf über, Kopf unter, das Rad in die Tiefe zu rollen, und von unten auf sich über ein neues Gebirge zu schleppen. Thöricht wäre es allerdings, eine allgemeine Revolution in Europa, die den Zusammensturz politischer, sittlicher und wissenschaftlicher Formen mit sich brächte, im Ernste *nur* vom Holzmangel herzuleiten, der *mich* hier darauf geleitet hat. Aber als mitwirkende Ursache kann er immer bestehen, wenn schon das unübersehbare System unserer Kenntnisse, die Auflösung der Sitten, das Mißverhältniß der Religionsbegriffe und der Regierungsformen zu dem jetzigen Zeitalter, der Verfall der Hierarchie, das zerstörte Gleichgewicht der Mächte, die Treulosigkeit der Politik, die Veränderungen des Handelssystems, die herannahende Blüthezeit des Amerikanischen Freistaates und solche wichtige Ursachen mehr, noch ungleich schneller und kräftiger zu jenem Ziele wirken. Übrigens – zum Trost aller armen Sünder auf und unter dem Throne – sind vielleicht tausend Jahre zu einer solchen Revolution die kürzeste Frist.

Über die Unbeständigkeit der Verfassungen nachzudenken, ist wohl nirgends natürlicher, als in Aachen, wo die Reichsinsignien den Fremden an die tausendjährige Dauer des deutschen Reiches, das jedoch in diesem Zeitraum so wesentliche Veränderungen erlitten hat, recht lebhaft erinnern. Ich habe die Kathedralkirche besucht. Sie ist mit kleinlichen Zierrathen überladen, mit denen die Säulen von Marmor, Granit und Porphyr sonderbar genug kontrastiren. Der Stuhl, worauf seit Karls des Großen Zeit so mancher deutsche Kaiser gekrönt worden ist, besteht aus schlechtem weißem Marmor, und hat eine so unzierliche Gestalt, daß man ihn für eine Satire auf alle Throne der Welt halten möchte. So sehr uns der Vorzeiger bat, uns darauf zu setzen, spürte ich doch nicht die geringste Versuchung dazu, und wünschte nur manchem deutschen Fürsten das Gefühl, womit ich da vor dem Stuhle stand. Die Geschichte der letzten Jahrhunderte war so eben vor meinem Gedächtnisse vorübergegangen. Was man in Wien, in Regenspurg und in Wetzlar für ganz verschiedene Vorstellungen von den wesentlichen Bestandtheilen der Reichsverfassung hegt; wie allmälig die Kaiserwürde durch alle Metamorphosen, bis zu ihrer jetzigen Form, wo ihr nur der Schatten ehemaliger Herrschermacht geblieben ist, sich hat einschränken lassen; wie die zahlreichen, freien Stände, jetzt unter der unwiderstehlichen Übermacht von wenigen Allesvermögenden aus ihrer Mitte, nur noch am Namen der Freiheit sich begnügen, und den gesetzgebenden Willen dieser Wenigen gutheißen müssen: dies Alles erfüllte mich mit der niederschlagenden Überzeugung, wie wenig Willkührliches in den Schicksalen der Völker, wie wenig der Würde denkender Wesen Angemessenes, sich im großen Gange der Weltbegebenheiten zeigt, und wie das Glück und die Wohlfahrt der Millionen, die auf dem Erdenrund umherkriechen, von todten Buchstaben, von eigensinnigem Bekleiben an bedeutungsleer gewordenen Ceremonien, von Nichtswürdigkeiten, welche leeren Köpfen Importanz geben, stets abhängig bleibt, und keinesweges in ihrer eigenen Kraft und That besteht!

Die Thore von Erz an der Kollegiatkirche sind zersprungen; allein diesen Spalt zeigt man hier als ein Siegeszeichen, zum Gedächtniß der Überlegenheit der *pfäffischen* Verschmitztheit über die *teuflische.* Die Bürger von Aachen, erzählt uns die Legende, hatten, weil es ihnen an Mitteln zur Beendigung des Baues dieser Kirche fehlte, vom Teufel Geld geborgt, und ihm dafür die erste Seele, die zur Kirchthüre hineingehen würde, zum Eigenthum überlassen. Als nun der Bau vollendet war, fand sich kein Mensch, der das Opfer dieses frevelhaften Vertrages werden wollte; die Furcht vor Satans Krallen wirkte so mächtig in dieser gläubigen Stadt, daß die Kirche wahrscheinlicher Weise bis auf den heutigen Tag hätte leer stehen müssen, wenn nicht ein Priester auf den klugen Einfall gekommen wäre, einen Wolf, den man zu gutem Glück lebendig gefangen hatte, durch die Kirche zu jagen. Der Teufel schlug aus Verdruß, sich überlistet zu sehen, die

Thore von Erz hinter sich zu, daß sie zersprangen. Den Unglauben zu beschämen, der etwa sich erdreisten möchte, den Spalt im Erz durch einen Windstoß, der die Flügel zuwarf, natürlich zu erklären, stehen draußen vor demselben Thore zwei in Erz gegossene Denkmäler, wovon das eine den Wolf, das andere aber seine verdammte Wolfsseele, in Gestalt eines ungeheuren Tannzapfens, vorstellt. Um übrigens von der Wirkung auf die Ursache zu schließen, müßte man nur wie ich, heute die Charfreitags-Prozession gesehen haben. – Bei einem schneidenden Nordwinde gingen die frommen Büßenden, mehr als dreihundert an der Zahl, und schleppten baarfuß und unter ihren dünnen Kitteln fast nackend, hölzerne Kreuze von gewaltigem Gewichte den Laufsberg hinan. Ihr werdet freilich schreien: besser, etwas weniger Büßung, und keine Wolle gestohlen! Allein, es ist doch immer ein bewundernswürdiges Schauspiel, wie viel die Religion über unsere phlegmatische Natur vermag. Weise und tugendhafte Lehrer hätten ein solches Volk eben so leicht *ehrlich* als *andächtig* gemacht.

XI *Lüttich*

Aussicht der Stadt. Französische Nationalzüge in Bildung und Charakter der Lütticher. Wallonische Sprache. Reise von Aachen nach Lüttich. Ansicht des Limburgischen. Brabantische Miliz. Abstich der Lütticher Nationaltruppen dagegen. Stimmung des Volks. Freiheitssinn. Apologie der uneingeschränkten Denk- und Sprechfreiheit. Definition der Bestimmung des Menschen. Abweichung des wirklich Existirenden vom hypothetischen Unbedingten. Politische Verfassung von Lüttich seit 1316 bis 1789. Mißbrauch der Gewalt. Von willkührlicher Gewalt nicht zu unterscheidender rechtmäßiger Zwang. Grund der wirklich bestehenden Verfassungen. Unveräußerliche Rechte des Menschen. Ursachen von dem Unbestande der Verfassungen. Antinomien der Politik. Gleich unausführbare Entwürfe zur Universalmonarchie und zum allgemeinen Staatenbunde. Ringende Kräfte im Menschen und in der ganzen Natur. Blick über Lüttich von der Citadelle. Politik der Nachbaren. Vertheidigungsanstalten. Unfall, der den preußischen General betroffen hat.

Lüttich

Es kommt mir vor, als wären wir durch den Schlag einer Zauberruthe in ein anderes Land versetzt; so unendlich verschieden ist alles, was ich hier um mich sehe, von demjenigen, was ich noch vor wenigen Stunden in Aachen verließ. Schon der erste Anblick der Stadt war überraschend. Man wird sie aus der Ferne nicht gewahr; denn sie liegt in einem tiefen Thal an der Maas, die in mehrere kleinere Arme zerspringt. Es giebt wenig schönere Aussichten auf eine gleichsam unter den Füßen liegende Stadt, als diese, die ich von der Karthause hinunter, indem wir hineinfuhren, genoß. Ich weiß nicht wie es kam, aber ich hatte mich auf ein kleines Städtchen gefaßt gemacht; und wie erstaunte ich nun, als ich eine große Stadt erblickte, die hunderttausend Einwohner enthalten kann und wirklich enthält. Wunderschön schlängelt sich die Maas, die hier noch von mittlerer Breite ist, hindurch, und nähert sich bald auf der einen, bald auf der andern Seite dem Abhange der Berge, zwischen denen sich das Thal als eine ebene, so weit das Auge trägt, mehrentheils mit Hopfen bepflanzte, und mit einigem Wiesewachs vermannichfaltigte Fläche zieht. Nach allen Richtungen ist die Stadt mit Steinkohlengruben umgeben, ja, sie steht zum Theil auf den bereits abgebauten, ausgehöhlten Kohlenbergwerken. Zu beiden Seiten des Flusses, jedoch so, daß auf die Exposition nach Süden Rücksicht genommen wird, an den in einiger Entfernung sich erhebenden Gehängen des Thals, erstrecken sich weitläuftige Weinberge, die also wieder, wie die bei Hochheim, auf Steinkohlen liegen. Die Flötze sind sehr beträchtlich, und an manchen Stellen tief unter dem Bette der Maas bereits ausgeleert. Die entfernteren Hügel sind mit Ulmen, Pappeln und andern Bäumen bewachsen und mit Landhäusern, Schlössern, u. s. f. reichlich verziert. Am Ufer des Flusses erstreckt sich ein quai, der sich in eine schöne hochstämmige Allee endigt.

Die Straßen von Lüttich sind enge, winklicht, krumm und nicht sehr reinlich; es giebt indeß doch mehrere schöne Gebäude: an dem quai, an den offenen Plätzen und auf der so genannten Insel hinter der St. Jakobskirche bemerkte ich eine Menge guter, neuer Häuser. Der bischöfliche Pallast ist ein Viereck, dessen inwendiger Hof rundum einen Säulengang hat, wenn man anders die abscheulichen, kurzen, bauchigen Dinge, mit Kapitälern und Fußgestellen, so nennen will. Die äußere Facciate hingegen, nach der Kathedralkirche zu, ist desto schöner, in einem guten Geschmack, mit rein jonischen Pilastern. Die Dominikanerkirche mit einer schönen, runden, einfachen Kupole, die nach einer in Rom kopirt ist, zeichnet sich ebenfalls vortheilhaft aus. Die alte gothische Kathedralkirche bot uns dafür desto weniger Bemerkenswerthes dar. Der beständig fortdauernde Lärm und das Gewühl in den Straßen zeugt von einer außerordentlichen Betriebsamkeit. Dieses Schauspiel von durcheinander laufenden geschäftigen Menschen, so schmutzig auch die meisten aussehen, gewährt mir einen außerordentlichen, sehr lange entbehrten Genuß. Die Köhler, die Messer- und Waffenschmiede und die Spiegelmacher sind ein rohes, aber rüstiges, lebhaftes, heftiges Volk, deren Thätigkeit mit dem Phlegma der Aachner schneidend kontrastirt. Die Volksphysiognomien haben hohe, gerade in die

Höhe gehende, an den Seiten zusammengedrückte Stirnen, breite Jochbeine, schwarze nicht gar große Augen, wohlgebildete, zuweilen ein wenig aufgeworfene Nasen, und dicke Lippen, bei einem nicht gar reinen Teint. Sie nähern sich also den französischen, und unterscheiden sich auffallend von den jülichischen, die gewöhnlich, bei einer sehr weißen Hautfarbe und blondem Haar, durch die länglichtfleischige Form des Gesichts und die weicheren Züge eine gewisse Verwandtschaft mit den Niederländern verrathen. Die Lütticher können ihr französisches Blut nicht verläugnen; sie sind eben so leichtsinnig-fröhlich, eben so gutmüthig, eben so mit einer, ich möchte sagen, angebornen Höflichkeit begabt, und sprechen auch einerlei Sprache, wiewohl so durchaus mit Provinzialismen verdorben, daß ein Mitglied der Pariser Akademie sie schwerlich für Brüder erkennen würde. Außerdem spricht das gemeine Volk eine Art Kauderwelsch, welches man unter dem Namen der wallonischen Mundart kennt. Dieses ist den Fremden völlig unverständlich, indem die ursprünglich altfranzösischen Wörter ganz verunstaltet, bald abgekürzt, bald mit anderen Endungen, und in einer ganz besondern Construktion erscheinen. So zum Beispiel heißt: lei po wei, laßt mich sehen; statt des französischen: laissès moi voir; und wieder: serre l'hou, mach die Thüre zu, statt: ferme la porte. In dem letztern Ausdruck ist hou das altfranzösische huis, wovon noch à huis clos und huissier übrig sind. Französische Eleganz habe ich in den Kleidertrachten, zumal der geringeren Klasse, freilich nicht bemerkt; doch diese würde man auch in Frankreich selbst bei dieser Klasse vergebens suchen. Die Lütticher Weiber tragen kurze gestreifte Röcke; Leibchen oder auch eine Art weiter Jacken von Kattun mit Ermeln, die mit demselben Zeuge frisirt sind, und Kattunmäntel, die aber nur bis an die Taille reichen. Wenn sie ausgehen, binden sie ein roth und gelbgeflecktes Baumwollentuch über die Haube um den Kopf; doch gehört dieser Putz vermuthlich nur zu den Verwahrungen, die der noch immer fortdauernde, scharfe Nordwind nothwendig macht.

Unsere Fahrt von Aachen hieher, auf der Diligence, zeichnete sich wenig aus. Wir hatten die ersten Plätze; allein beim Einsteigen fanden wir drei Frauenzimmer darauf; folglich schwiegen wir von unseren Ansprüchen, und setzten uns, wo wir zukommen konnten. Einmal saßen elf Personen in diesem ungeheuren Wagen, weil unterweges einige Passagiere abstiegen und mehrere hinzukamen. Die Gespräche über politische Gegenstände nahmen kein Ende. Es freute mich indeß, die erstaunliche Menge neuer Ideen in Umlauf anzutreffen, da sie vor zehn Jahren zuverlässig allgemeines Aufsehen, oder gar die Indignation der Majorität auf den Postwägen in Deutschland und Brabant erregt hätten.

Nachdem wir durch einen schweren Sandweg in einer tiefen Schlucht die Höhe des Berges, der das Gebiet der Stadt Aachen von der Provinz Limburg scheidet, erreicht hatten, lag dieses herrliche Land wie ein Garten vor uns; und je weiter wir hineinkamen, desto reizender ward die Aussicht auf die kleinen umzäunten Wiesen und Viehweiden, welche die sanften, wellenförmigen Hügel bedecken. Überall ist diese Gegend mit einzelnen, oder höchstens zu drei und vier beisammengestellten Hütten gleichsam besäet, die zum Theil massiv oder von Backsteinen, zum Theil von Fachwerk gebauet, ein wohlhabendes Völkchen andeuten, das hier von der Viehzucht und vom Wollspinnen lebt. Auf viele Meilen weit sieht man die wogichten Hügel überall mit lebendigen Heerden, und hier und dort auch mit hochstämmigen Bäumen geziert; auf Meilen weit liegen, ein paar gute Büchsenschüsse von einander, die einzelnen Bauerhütten. Es ist unmöglich, sich hier etwas anderes, als Einfalt und Gleichheit der Einwohner, zu denken; man irrt in Gedanken von Haus zu Haus, und erblickt überall fleißige Spinner, frohe Hirten und reinliche Käsemacher. Die Ufer der Maas begränzen endlich diese Aussicht, indem sie unweit Mastricht in der Ferne den jähen weissen Absturz dem Auge darbieten, der mit seinen häufigen Petrefakten den Naturforschern unter dem Namen des Petersberges bekannt ist. Clermont, ein artiges Dörfchen, liegt am Wege, und in dieser Gegend schien uns die Limburgische Landschaft vorzüglich reich und schön. Auf den ersten Blick hat es etwas einladendes, wenn man so die zerstreuten Wohnungen sieht, wo jeder um seine Hütte her sein Fleckchen Landes besitzt, sein Vieh darauf weiden läßt oder auch, wie es weiter hin nach Lüttich zu der Fall ist, seinen Weizen säet. Man denkt sich dabei eine natürliche Bestimmung des Menschen, die Erde zu bauen und zu besitzen. Allein diese Vereinzelung kann ihn nicht bilden, und der zehnte Theil aller in ihn gelegten Kräfte wäre für den Hirten hinreichend gewesen. Sollte der Mensch inne werden, was es sei, das sich in ihm regt, so mußte sich in verschiedenen Einzelnen bald diese, bald jene Fähigkeit entwickeln, auf Kosten jener allzueinfachen Bestimmung, welche die Wohlthaten des geselligen Lebens nicht kennt, weil seine Bedürfnisse ihm fremd sind. Ich habe die guten Limburger nicht in der Nähe beobachten können; allein ihre Vereinzelung giebt mir Ursache zu vermuthen, daß ihr Ideenkreis äußerst eingeschränkt seyn müsse.

In den Städten mag es indeß schon anders beschaffen seyn. Hier sahen wir zum erstenmal die brabantische Kokarde, dieses furchtbare, nun aber so oft ohne ächten Freiheitssinn nachgeahmte Freiheitszeichen; auch begegneten uns einige brabantische Truppen, deren Anblick indeß keine Ehrfurcht einflößte. Sie schienen völlig undisciplinirt, wußten ihr Gewehr nicht zu regieren, und sollen auch von der im Dienste unentbehrlichen Subordination gar keine Begriffe haben. Ihre Kleidung ist ein bloßer Überrock, der schlechterdings kein militairisches Ansehen hat. Außer diesem einzigen Stücke, welches ihnen eine gewisse Uniformität giebt, sieht ihr übriger Anzug buntscheckig und oft zerrissen aus. Die meisten, die uns zu Gesichte kamen, waren junge Leute, und einige konnte man beinahe noch Kinder nennen. Ihre Erscheinung in der Provinz mag indeß die Staaten von Limburg über ihre eigene Sicherheit ein wenig beruhigt haben; denn, weil sie sich gewisse Rechte anmaßten, die das Volk ihnen nicht zugestehen will, zogen sie bisher von einem Orte zum andern, von Herve nach Battice, und von da noch näher an

Aachen, in das Dorf Henri-chapelle, wo sie in einer elenden Schenke ihre Versammlungen halten.

Der Abstich von jenen erbärmlichen Rotten des brabantischen Pfaffendespotismus zu diesen rüstigen Lüttichern gehörte mit zu den Dingen, die uns gleich bei dem Eintritt in die Stadt in Erstaunen setzten. Sowohl die eigentlichen besoldeten Stadttruppen, als die Freiwilligen, sind gut und zum Theil recht schön gekleidet. Es ist ein allgemeines Regen und Gähren unter ihnen und im Volke, wegen des bevorstehenden Abmarsches der Preußen. Vielleicht hat auch die Gegenwart und das Beispiel dieser musterhaften Truppen dazu beigetragen, ihnen die Begriffe von Disciplin, Subordination und Taktik näher zu bringen, als sonst geschehen wäre; vielleicht haben sie ihnen das Exerciren abgesehen, und sich geschämt, im Beiseyn ihrer Meister schlecht zu bestehen; vielleicht kann man endlich auch vermuthen, daß Menschen, deren Gewerbe in der Fabrikation von Gewehren und in den anstrengenden Köhlerarbeiten besteht, eines Theils mit den Waffen selbst vertrauter, andern Theils aber beherzter und gleichgültiger gegen die Gefahr seyn müssen, als die brabantischen Bauern und die limburgischen Hirten. Wirklich scheint es, wenn Muth den Mangel an Disciplin ersetzen kann, daß sie nur eines geschickten Anführers bedürfen, um für die Verfassung, die sie sich selbst gegeben haben, mit Nachdruck zu streiten. Wir wanderten durch die Straßen und suchten uns so viel als möglich mit dem Volk in Unterredung einzulassen, um uns durch eigene Erfahrung von der herrschenden Stimmung zu überzeugen. Es bedurfte keiner Künste, um die Leute zur Sprache zu bringen. Sie waren durchgehends von ihren politischen Verhältnissen bis zum Überströmen voll, hingen daran mit unglaublichem Eifer, und schienen sich im gegenwärtigen Zeitpunkte, wie alle freie Völker, mit den öffentlichen Angelegenheiten beinahe mehr, als mit ihren Privatbedürfnissen zu beschäftigen. Die Namen des Königs von Preußen, des Grafen v. Herzberg, des Generals von Schlieffen und des Herrn v. Dohm wurden nicht anders als mit einem Ausdruck der Verehrung und

Liebe, mit einer Art von Enthusiasmus genannt. Man hatte uns schon in Aachen erzählt, und hier bestätigte es sich, daß der letztere den Umarmungen der Köhlerweiber, welche hier die Pariser Poissarden vorstellen können, mit Noth entgangen sei. Zum Lobe der preußischen Truppen und ihrer vortreflichen Mannszucht vereinigten sich alle Stimmen. Ils sont doux, comme des agneaux, sagten sie, und hinterdrein erscholl die wahre französische Ruhmredigkeit, mit der Betheurung, daß, wenn sie es nicht wären, on leur feroit voir du païs; denn die Zuversicht, womit sie auf ihre eigenen Kräfte trotzen, geht ins Hyperbolische, und reißt sie zu Äußerungen hin, die in ihrem Munde nichts bedeuten, aber doch wie Beleidigungen klingen. Bei dem natürlichen Hange der Menschen, das Langgewohnte für etwas Nothwendiges und Gutes zu halten, folglich ihre Vorgesetzten, bloß weil es die ihrigen sind, und man es ihnen so gelehrt hat, zu ehren und zu lieben, muß in der That eine schrecklich empörende Mißhandlung des Volks hier vorhergegangen seyn, um dieses Band zu zerreißen und den hohen Grad von Erbitterung, der sich durchgängig äußert, gegen den Bischof zu erwecken. Die Wuth – man kann es kaum anders nennen, was sie bei dem Nennen seines Namens augenblicklich entflammt – die Wuth ging so weit, daß sie sich gegen ihn der härtesten Ausdrücke bedienten und ohne alle Zurückhaltung von ihm als von einem verworfenen, des Fürstenstuhls unwürdigen Menschen sprachen. Eben so kühn und trotzig wütheten sie gegen das wetzlarische Kammergericht und die deutschen Fürsten, die ihre vermeinte Nothwehr gegen die Tyrannei, wie einen Aufruhr behandeln; diese wurden nicht ohne Verwünschungen genannt, und wir sahen die eifrigen Patrioten auffahren bei dem Gedanken, daß ihnen eine unwillkommene Coadjutorschaft bevorgestanden habe. Mit dem Fürstenhasse verbindet sich zugleich ein allgemeines Mißfallen an dem ganzen Priesterstande, das beinahe in Verachtung und Indignation gegen diese Klasse, und, weil der rohe Haufe weder unterscheidet noch prüft, bei vielen auch gegen die Religion selbst übergeht. Wie das Volk seine Religionsbegriffe bloß auf Treu' und Glauben, nicht nach vernünftiger und freiwilliger Prüfung angenommen hat, so muß seine Anhänglichkeit an dieselben endlich geschwächt werden, wenn das Vertrauen auf seine Lehrer verschwindet. Der état primaire, worunter das Domkapitel verstanden wird, hat sich, durch den Vorschlag einer Kopfsteuer, welche auf die ärmeren Volksklassen zurückfallen würde, statt des von ihm erwarteten Darlehns, bei den Einwohnern nicht zum besten empfohlen.

In den Wirthshäusern und Kaffeehäusern sahen wir fleißige Zeitungsleser, und selbst der gemeine Mann politisirte bei seiner Flasche Bier von den Rechten der Menschheit, und allen den neuen Gegenständen des Nachdenkens, die seit einem Zeitabschnitte von ein paar Jahren endlich auch auf dem festen Lande in Umlauf gekommen sind. In den müßigen Zwischenräumen, welche die Sorge für die Befriedigung des physischen Bedürfnisses übrig läßt, fordert der Geist Beschäftigung. Entweder muß er seine Phantasie mit hyperphysischen Träumen wiegen, die er nicht zergliedern und nach dem Gesetze des Widerspruchs beurtheilen kann; oder ein Wort – zum Beispiel: *Freiheit* – das ohne Metaphysik unverständlich ist, muß sich seiner bemächtigen und ihn im Kreise umherwirbeln, das Spiel einer fortwährenden petitionis principii. Indeß, so unfähig die Lütticher auch sind, einen Streit über die Grundsätze des geselligen Lebens, den die Philosophen selbst noch nicht ins Reine brachten, abzuurtheilen; so genau sind sie doch von den Thatsachen unterrichtet, welche ihre gegenwärtigen Angelegenheiten betreffen, und hier, wie überall, entscheidet das Gefühl augenblicklich, ehe noch die Vernunft, die das Vergangene und das Zukünftige bis an die äußersten Gränzen der Zeit, mit in ihre Entscheidungsgründe einschließt, sich aus dem Chaos entgegengesetzter Verhältnisse herauswirren kann.

Die wichtigen Fragen, worüber wir hier deraisonniren hörten, kann zwar ein Köhler oder ein Schwerdtfeger nicht entscheiden; allein unter allen Menschen, denen diese Fragen zu Ohren gekommen sind – wie viele giebt es, deren Vernunft für kompetent zur Entscheidung gelten kann? Und werden diese kompetenten Richter unter sich einig seyn? Wahrhaftig! wenn niemand sich unterstehen dürfte, über Dinge zu sprechen, oder vielmehr seine Verstandeskräfte an Dingen zu üben, die er nicht rein bis auf die letzten Gründe sich entwickeln kann; so gehörte die große Masse der fürstlichen Automaten, des ungebildeten und ausgearteten Adels, der juristischen Tröpfe, der Theologen, die ihre Dogmatik nur auswendig wissen, zu den ersten, denen man Stillschweigen gebieten müßte, indeß nur wahre Weise sprechen, und – was mehr ist – regieren dürften. Neben so vielen Rechten, welche die Menschen veräußern und übertragen konnten, um den Vortheil der Vereinigung zu einem Staate zu genießen, giebt es auch andere, welche ihrer Natur nach unveräußerlich sind; und unter diesen stehet das Recht, ihre Geistesfähigkeiten durch Entwicklung, Übung und Ausbildung zu vervollkommnen, oben an. Wenn ein Vertrag die Sklaverei gut heißen, und den unumschränkten Willen eines Tyrannen für rechtmäßig erklären könnte, so darf doch selbst das Leibeigenthum, welches jemand besitzt, ihm nicht zum Vorwande dienen, seine Sklaven an der Erreichung ihrer Bestimmung als Menschen zu verhindern. Oder geht die Anmaßung der Tyrannei so weit, daß sie ihren Opfern auch diese Bestimmung abspricht? darf sie im Ernste der Natur so schrecklich spotten, und ohne Hehl den Sklaven zum Thier herabwürdigen wollen? Darf sie sich das *Recht* zusprechen, einem Menschen Vernunft und Menschheit auszuziehen? Dann rege sich Alles, was noch Menschheit im Busen fühlt, gegen das Ungeheuer, das seine Größe nur auf Zerstörung bauet!

Wenn wir nicht auf Inkonsequenzen verfallen wollen, die alle Bestimmung unmöglich machen und den Grund aller Verträge und aller Rechte untergraben; so muß selbst die despotische Regierungsform eben den Zweck haben, den die Natur mit einem jeden einzelnen Daseyn eines vernünftigen Wesens erreicht wissen wollte, den Zweck, den unsere Vernunft uns unaufhörlich vor Augen hält: den höchstmöglichen Grad sittlicher Vollkommenheit, durch die Entwickelung aller in uns gelegten Anlagen, zu erreichen. Dem Bande der Gesellschaft, durch welches diese Entwickelung auf eine vollkommnere Art, als im gesetzlosen Zustande, erreicht werden kann, opfern wir gewisse Mittel zur Ausbildung freiwillig auf; wir leiden gewisse Einschränkungen unserer äußerlichen Freiheit, unserer Handlungen; wir thun Verzicht auf die vollkommene Gleichheit unserer Rechte, um im Staate vereinigt, mit desto größerer Sicherheit auf dem Wege der moralischen Vervollkommnung ungehindert fortzuschreiten. Die Erbärmlichkeit, womit unzählige Menschen, durch falsche Vorstellungen geleitet, an der bloßen Existenz, als an dem höchsten Gute hangen, mag vielleicht dazu mitgewirkt haben, bei den unumschränkten Herrschern den hohen Grad von Verachtung gegen ihre Unterthanen zu erregen, vermöge dessen sie ihnen unendlich viel Gnade zu erzeigen glauben, wenn sie ihnen nur das Leben und die Mittel zu seiner kümmerlichen Erhaltung schenken. Allein, wie gesagt, hier ist nicht die Rede von den Irrwegen, auf welche der menschliche Geist gerathen kann, wenn er sich selbst als alleinigen Zweck, und alles andere, die Menschen sogar nicht ausgeschlossen, als um seinetwillen geschaffen wähnt; sondern wir suchen hier den einzig möglichen Grund, auf welchem die schon bestehenden Verträge zwischen den Gliedern der Gesellschaft beruhen, und auf welchen die Herrscher im Staate vor dem Richterstuhle der Vernunft ihr Recht beziehen können. Ein Vertrag ist nichtig, der die Sittlichkeit verletzt, und eine Staatsverfassung hat keinen Augenblick eine rechtmäßige Existenz, wenn sie sogar ihren Gliedern die Möglichkeit einer sittlichen Vervollkommnung raubt. Diese Vervollkommnung aber setzt den uneingeschränkten Gebrauch der Vernunft und des gesammten Erkenntnißvermögens voraus; sie heischt sogar Freiheit des Willens, worauf nur da Verzicht gethan werden darf, wo gewisse Handlungen der fremden Willkühr zum gemeinschaftlichen Besten Aller, das heißt, zur Beförderung der allgemeinen Vollkommenheit, unterworfen werden müssen. Jede Einschränkung des Willens, die nicht zur Erhaltung des Staats unentbehrlich ist, wird der Sittlichkeit seiner Glieder gefährlich, und die Gefahr einer solchen Verwahrlosung der eigentlichen Herrscherpflicht ist groß genug, um weisen Despoten ihren Weg vorzuzeichnen, und sie aufzufordern, ihren Unterthanen die uneingeschränkte Religions- Gewissens- Unterredungs- und Preßfreiheit zuzugestehen, ja sogar über die Verhältnisse des Staats, über seine Mängel und die Mittel ihnen abzuhelfen, keines Menschen Nachdenken und Bemühung sich und Andere zu unterrichten, ein Ziel zu stecken. Friedrich der Einzige war auch in diesem Stücke konsequent und allen künftigen Alleinherrschern ein Muster.

Immerhin mögen die Vertheidiger des Despotismus über die gehoffte Vervollkommnung des Menschengeschlechts lachen! Ich lache gern mit ihnen, wenn von der Realisirung eines Ideals der sittlichen Vollkommenheit die Rede ist. Wie das Ideal des sinnlichen Vollkommenen, kann es nur in der Phantasie des Philosophen existiren, und hat nicht einmal den Grad von Realität, den der Künstler im Bilde dem Idealischschönen geben kann. Allein es heißt zu früh gelacht, wenn *nicht* der höchste denkbare Punkt der Vollkommenheit als wirklich erreichbar angenommen, sondern nur die Freiheit, in der Entwicklung jedes Einzelnen so weit zu kommen, als Organisation, inneres Kraftmaaß und natürliche Beziehungen es jedesmal gestatten, von dem Staate und seinen Herrschern gefordert wird. Erfahrung und Geschichte lehren unwidersprechlich, daß die Menschen zu allen Zeiten von den Vorschriften, die sich aus dem Wesen der menschlichen Vernunft ableiten lassen, abgewichen sind, um einem willenlosen Begehrungsvermögen zu gehorchen; überall sehen wir die Vernunft im Streite mit bloß thierischen Kräften, und in unzähligen Fällen bemerken wir den Sieg der gesetzlosen Sinnlichkeit. Aber im innersten Grunde unseres Wesens liegt der Maaßstab, womit wir Alles messen und würdigen können, das eigenthümliche moralische Gefühl, welches keinem einzigen Vernünftigen fehlt, und in welchem die Unterschiede des Guten und Bösen, wie die Unterschiede des Schönen und Häßlichen im Sinnengefühl, ursprünglich gegründet sind. Auf ein solches, Allen gemeinschaftliches Gefühl, welches den Operationen der Vernunft eine unabänderliche Norm ertheilt, nicht auf einzelne Erscheinungen aus der wirklichen Welt, lassen sich die unbedingten, allgemeinbindenden Bestimmungen gründen, ohne welche die physische Gewalt nicht bloß ein untergeordnetes Mittel wäre, rechtmäßige Ansprüche geltend zu machen, sondern selbst zum höchsten Gesetz und zur alleinigen Quelle des Rechts erhoben werden müßte. Wie furchtbar aber wäre dieses Recht des Stärkeren allen Staatsverfassungen, die nicht auf eine gleichförmige Vertheilung der Kräfte gegründet sind, sondern in denen wenige, schwache Einzelne ihr Herrscheramt von der unsicheren Trägheit oder Convenienz der Menge abhangen lassen, und dem Volke, beim ersten Erwachen des Bewußtseyns seiner Übermacht, weichen müßten?

Es schmälert nichts an der Vollkommenheit und Allgemeinheit der Regel, daß sie unaufhörlich übertreten wird. Willkührliche Gewalt mischt sich in die meisten Handlungen der Völker und der ungleichartigen Bestandtheile eines Staats gegen einander. Auch kann nichts anders erwartet werden, so lange es keine vollkommen vernünftige Menschen giebt, die aller Vorsicht ohnehin entübrigt seyn könnten. Wir haben inzwischen doch den großen Fortschritt gewonnen, von der rohen Thierheit zur Anerkennung der Majestätsrechte der Vernunft. Alles erweiset der Vernunft die höchste Ehre; keiner will sich der Gewalt bedient haben, bloß weil er sich *stärker* fühlte, sondern weil er *besser, richtiger, weiser* dachte, und es dem anerkannten Rechte schuldig zu seyn glaubte, dem blinden Gegner mit derben Faustschlägen die Augen und das Verständniß zu öffnen. Mit diesem feinen Unterschiede ist es aber im Grunde noch nicht weit her; denn weil die allgemeingültige Vernunft nirgends geltend gemacht ist, so trift das Compliment jedesmal nur die *eigene* Vernunft des einzelnen Menschen; ihr huldigt er, denn sie ist das Höchste was er hat, so unvollkommen sie auch seyn mag. Von den Prämissen, die sie ihm darbietet, muß er ausgehen; denn sie sind ihm in Ermangelung des Besseren unfehlbar, und was er daraus fortschließt, das sind ihm eben so unfehlbare Schlüsse. Wie entscheidet man nun aber zwischen zwei streitenden Parteien, die sich beide auf ihr, in Vernunft gegründetes Recht berufen? Wo man nicht überreden kann, braucht man Gewalt; und siehe da! – *der Stärkere behält Recht.* Ist die Vernunft also wohl mehr als ein bloßer Vorwand? sie nämlich, die sich im einzelnen Menschen, nach dem Maaße von Empfindungskräften, welche Natur und Zeit und Umstände ihm verliehen, so leicht von seinen Leidenschaften bestechen oder wenigstens besiegen läßt? Vielleicht dürfte man aber auch eben deswegen mit gutem Fug behaupten, daß in der natürlichen Ungleichheit der Menschen, in Absicht auf Organisation, physisches Kraftmaaß und Seelenvermögen, und in ihrer, von keines Menschen Willen gänzlich abhängigen, Verschiedenheit der Ausbildung, welche ganz verschiedene Grade von Leidenschaft und alle die unendlich nüancirten Charaktere des wirklichen Lebens hervorbringen, der große Kunstgriff liegt, vermöge dessen die Natur den Menschen einzig und allein vor dem Herabsinken in einen todten Mechanismus von Formeln und Schlüssen bewahren konnte. Ein jeder soll nur Kräfte zur Vollkommenheit ausbilden; darum wird er mit bloßen Anlagen, ohne alle Entwicklung geboren. Leuchtete Allen schon dieselbe moralische Sonne im Busen; erfüllte und wärmte sie Alles mit ihrer unüberwindlichen Wahrheit: dann glichen wahrscheinlich auch unsere Handlungen dem Sternentanze, der nach »großen, ewigen, ehernen Gesetzen« abgemessen, nicht die kleinste Spur von Freiheit und eigener Kraft des Willens zeigt, sondern auf ewige Zeiten hin vorausberechnet werden kann. Ach! daß uns ja das edle Vorrecht bleibe, inkonsequent und inkalkulabel zu seyn!

Die politische Lage von Lüttich veranlaßte diese Streiferei in das philosophische Gebiet, und mag sie nun auch entschuldigen. Du weißt, daß der General von Schlieffen mit sechstausend Mann Preußen seit ungefähr vier Monaten die Stadt Lüttich und ihre Citadelle besetzt; jetzt muß ich Dir erzählen, warum das geschehen sei und Du wirst Dich wundern, daß die Sache, von der man so viel Aufhebens macht, so einfach ist. Der im Jahr 1316 zwischen allen Ständen und Klassen des Lütticher Volks abgeschlossene Vertrag oder Friede (paix) von Fexhe enthält die Grundverfassung dieses Hochstifts. Wie zu jenen dunklen Zeiten ein Vertrag zu Stande gekommen seyn mag, dessen Vortreflichkeit man sogar mit der brittischen Constitution zu vergleichen wagt, will ich unerörtert lassen; genug, er ward mit Gewalt errungen und mit vergossenem Bürgerblute besiegelt, und war nicht das Werk einer allgemeinen, freien, zwanglosen Überzeugung. Ein mächtiger Bischof, der zugleich Kuhrfürst von Kölln und Bischof von Hildesheim war, that im Jahr 1684 einen gewaltsamen Eingrif in diese Verfassung, indem er den dritten Stand gänzlich von sich abhängig machte und in politischer Rücksicht gleichsam vernichtete, das Recht die Magistratspersonen in den Städten zu ernennen, dem Volk entriß und an sich zog, also zugleich den anderen höheren Ständen furchtbar ward. Indeß besaß die Geistlichkeit zwei Drittheile des Bodens im ganzen Hochstift, und war von Abgaben frei; ein Umstand, welcher mit der behaupteten Ähnlichkeit zwischen der hiesigen Verfassung und der englischen lächerlich kontrastirt. Die Geistlichkeit sah also bei ihrem sichren Genusse gleichgültig zu, daß die Lasten des Volks sich täglich vermehrten. Allein der Zeitpunkt rückte heran, wo zur Erleichterung desselben geschritten werden mußte. Der jetzige Fürstbischof sah sich genöthigt, im vorigen Jahr (1789) eine Versammlung der Stände zusammenzuberufen und zugleich der Geistlichkeit für die Zukunft die Übernahme ihres Theils an den Abgaben anzumuthen. Wiederholte Äußerungen der immer mehr um sich greifenden Eigenmacht des Bischofs, hatten während der Zeit den Bruch zwischen ihm und den Ständen so sehr erweitert, daß das Beispiel von Frankreich und Brabant kaum nöthig war, um eine von jenen gewaltsamen Krisen zu bewirken, welche allenthalben, wo es dem Despotismus noch nicht gelungen ist, die unterjochten Völker um alle Besonnenheit zu bringen und unter die Thierheit hinab zu stoßen, früher oder später die unausbleibliche Folge des zu weit getriebenen Druckes ist.

Das Domkapitel sah wohl ein, daß dies nicht der Zeitpunkt wäre, wo es sich weigern dürfte, zur Tilgung der auf ungeheure Summen angehäuften Staatsschuld beizutragen, und beschloß auf den ersten Wink des Fürsten, seinen bisherigen Exemptionen zu entsagen. Das Volk von Lüttich aber drang bei dieser Veranlassung der Quelle der Malversationen näher; und um das Übel mit der Wurzel auszurotten, forderte es die Abschaffung des Edikts von 1684, zwang den bisherigen Stadtmagistrat, seine Ämter niederzulegen und ernannte, seit mehr als hundert Jahren zum erstenmal, wieder neue Magistratspersonen.

Eine Veränderung von dieser Wichtigkeit, so heftig auch die Bewegung war, die sie in den Gemüthern voraussetzt, konnte dennoch ohne irgend eine, das Gefühl empörende That vollbracht werden, sobald das Volk Einigkeit mit sich selbst hatte, und niemand es wagte, ihm Widerstand zu leisten. Dies war hier wirklich der glückliche Fall. In der Nacht vom siebzehnten auf den achtzehnten August schrieb der Fürstbischof ein Billet, worin er zu Allem, was man vornehmen möchte, vorläufig seine Einwilligung gab; und noch an dem Tage der neuen Wahl begab er sich, auf die Einladung einer Deputation aus dem Magistrat, von seinem Lustschlosse Seraing nach dem Rathhause, wohin das Volk seinen Wagen zog.

Diese Freude und der Taumel, den sie verursachte, waren jedoch von kurzer Dauer; denn bereits am sieben und zwanzigsten August entwich der Bischof heimlich aus seinem Lustschlosse Seraing nach der bei Trier gelegenen Abtei St. Maximin. Hatte er also auch zehn Tage lang die Maaßregeln seines Volkes gebilligt, die Wahl der neuen Bürgermeister als rechtmäßig anerkannt, diese an seine Tafel eingeladen, sie in seinem Wagen fahren lassen, mit ihnen Rath gepflogen, und den Ständen schriftlich bezeugt, daß er um seiner Gesundheit willen verreisen müsse, aber im Angesicht der ganzen Welt alle Klagen, die vielleicht in seinem Namen angebracht werden könnten, für null und nichtig erkläre: so bleibt es doch immer möglich und wahrscheinlich, daß er zu allen diesen Schritten durch Furcht vor unangenehmen Folgen gezwungen zu seyn glaubte. Das Reichskammergericht in Wetzlar mochte wohl den Vorgang in Lüttich aus diesem Gesichtspunkte angesehen haben, indem es bereits am Tage der Entweichung des Bischofs, aus eigener Bewegung und ohne daß ein Kläger aufgetreten wäre, gegen die Lütticher, als Empörer, Exekution erkannte. Da auch der Bischof nicht säumte, die kreisausschreibenden Fürsten um die unbedingteste Vollstreckung dieses Urtheils zu ersuchen, so leidet es weiter keinen Zweifel, daß er aufhörte, die Rechtmäßigkeit des Verfahrens seiner Untergebenen anzuerkennen, sobald er sich vor ihrer Ahndung sicher glaubte.

Gewalt also, nicht der sanft überredenden Vernunft, sondern der physischen Überlegenheit, brachte in diesem kleinen Staate, wie in jedem andern, alle Veränderungen hervor, so weit sie sich hinaufwärts in das dunkle Mittelalter verfolgen lassen, und wie sie noch vor unseren Augen entstehen. Gewalt begründete den Frieden von 1316, den Despotismus von 1684 und die wiedererrungene Volksfreiheit von 1789; Gewalt soll den Richterspruch von Wetzlar unterstützen; und sie ist es eben, nicht die Vortreflichkeit und innere Gerechtigkeit der Sache, die vielleicht den Lüttichern ihre Verfassung zusichern wird. Das ist der Lauf der Weltbegebenheiten, wobei sich nichts so zuträgt, wie es sich nach der a priori entworfenen Vernunftregel zutragen sollte. Gesellschaften und Staaten bildeten sich schon zu der Zeit, da die Vernunft im Menschen noch unentwickelt lag, da sie seinen thierischen Kräften unterworfen war. Kampf ging den Verträgen zuvor. Siegte auch die billigste Partei, so ward dennoch den Anmaaßungen der Besiegten Zwang angethan. Waren Herrschbegierige die Sieger, so entstanden tyrannische Unterschiede im Volk, und die feudalische Abhängigkeit verwandelte sich nur langsam in eine hartgemischte Verfassung von mehreren Ständen, die immer nicht in gleichem Maaße die Last des gemeinschaftlichen Bundes trugen. Selbst in England, bei einer Verfassung, zu welcher die Völker Europens mit Neid und Begierde hinaufsehen, wird das Volk nicht vollkommen repräsentirt, und seine beinahe uneingeschränkte *bürgerliche* Freiheit ist bei den Gebrechen der *politischen* immer noch in Gefahr. Allerdings hing es nicht von der Willkühr des Volkes ab, sich eine vollkommnere Verfassung zu geben; alles entstand nach und nach, unter mehr oder minder günstigen Umständen; da es die Macht in Händen hatte, mangelte es ihm an Einsicht, und als es Einsicht erlangte, war die Gelegenheit ihm entschlüpft.

Wohin führen uns diese Erfahrungssätze? Etwa zur Festsetzung des Begriffes von *Recht*? Nein; dieser ist bestimmt, und unerschütterlich auf die uns bewußten Formen der Sittlichkeit gegründet, nach welchen wir Befugniß zu allen Handlungen haben, die zu unserer sittlichen Vollkommenheit unentbehrlich sind, ohne der Vervollkommnung Anderer im Wege zu stehen. Aber *das* können, und sollen hier jene aus der Erfahrung entlehnten Thatsachen beweisen, daß der Zwang, wodurch ein Recht behauptet werden muß, von willkührlicher Gewalt nicht unterschieden werden kann, sobald das Recht nicht außer allem Zweifel anerkannt ist. Wenn aber die Parteien, die zusammen einen Vertrag geschlossen haben, über ihre Rechte in Streit gerathen – wer soll dann oberster Schiedsrichter seyn? wessen Vernunft sollen beide für weiser und vollkommner als die ihrige erkennen? wessen Aussprüche sollen sie als wahr und der Natur der Dinge gemäß befolgen? Wie, wenn die Eine Partei durch die Gründe des Schiedsrichters nicht zu überzeugen ist, wenn sie ihn für ungerecht, bestochen, oder nicht für aufrichtig und mit sich selbst einig hält? Wird sie, wenn er der andern Partei das Zwangsrecht zugesteht, jedes Bestreben, sie zu zwingen, nicht für unerlaubte Gewaltthätigkeit halten? Wo bleibt alsdann die Entscheidung? Ist es alsdann genug, daß die eine Partei zahlreicher und stärker ist, um alle Wahrscheinlichkeit für sich zu haben, daß das Recht auf ihrer Seite sei? Ist es, zum Beispiel, hinreichend, daß in dem Falle von Lüttich, die ganze Nation gegen Einen Menschen streitet, um zu beweisen, daß er wirklich Unrecht habe? Oder tritt der Fall nicht mehrmals ein, wo der Philosoph und der Geschichtschreiber mit dem Dichter ausrufen müssen:

Victrix caussa Diis placuit, sed victa Catoni!

Die vom Schicksal begünstigte Partei hatte den Rechtschaffenen zum Feinde? Giebt es überhaupt ein anderes untrügliches Kennzeichen eines gegründeten Rechts, als die *freiwillige* Anerkennung desselben, von demjenigen selbst, gegen den man es behauptet? Dies ist der große, himmelweite Unterschied zwischen den unbedingten Sätzen einer theoretischen Wissenschaft, und ihrer Anwendung auf das praktische Leben; *so* schwer, *so unmöglich* ist es, in bestimmten Fällen apodiktisch über Recht und Unrecht zu entscheiden!

Welcher Mensch, dem ein Unrecht geschehen ist, oder – was hier gleich gilt – der fest überzeugt ist, daß man ihm Unrecht gethan habe, wird warten, bis er seinem Widersacher dieses Unrecht begreiflich machen kann, wird sich auf Überredung einschränken, wenn sich ihm andere, kräftigere Mittel darbieten, sein Recht zu behaupten? Ist das Unrecht von der Beschaffenheit, daß es ihm mit Verlust des Lebens, oder mit Verstümmelung, oder mit Beraubung der Zwecke des Lebens, mit der Unmöglichkeit seine wahre sittliche Bestimmung zu erreichen drohet, so verstehet es sich von selbst, daß er es nicht darauf ankommen läßt, ob die Drohung in Erfüllung gehe, wenn er es anders noch verhindern kann. Es muß also von einem Augenblick zum andern im menschlichen Leben geurtheilt und gerichtet seyn, ohne daß man abwarten kann, ob das Gericht und Urtheil von allen Menschen gebilligt, und als übereinstimmend mit der allgemeingültigen Vernunft anerkannt werde.

Auf dieser Nothwendigkeit beruhen ja wirklich alle Gesetzgebungen und politische Verträge. Freiwillig, oder aus Noth, zu Vermeidung eines größeren Übels, erkannte man eine weisere Einsicht, als die eigene, die jeder selbst besaß; man wollte nun nicht länger in der Ungewißheit leben, nicht länger Recht gegen

Recht aufstellen, und sich in endlosen Zwist verwickeln; Eines Mannes Vernunft sollte nun einmal Allen für untrüglich gelten; oder man schuf sich auf die möglichen Rechtsfälle, die zur Entscheidung vorkommen möchten, eine wörtlich bestimmte Vorschrift, und setzte die Verhältnisse aller Glieder im Staate untereinander fest. Man bevollmächtigte sogar denjenigen, dessen Einsicht man sich anvertraute: jedem, der sich etwa weigere, diesem Vertrage gemäß zu handeln und den Gesetzen Folge zu leisten, mit Gewalt dazu zu nöthigen und durch Strafen jede Übertretung zu ahnden. Wenn indeß ewiges Beharren in einem und demselben Geleise die Absicht dieser Verabredungen war, so beweiset nicht nur der Erfolg die Vergeblichkeit eines solchen Bemühens, sondern es läßt sich schon aus dem unsteten Grunde, worauf wir hier die Verfassungen und Gesetzgebungen ruhen sehen, ihre Vergänglichkeit voraus verkündigen. Nicht einmal eine Verfassung, welche auf vollkommene Sittlichkeit wirklich abzweckte, würde ihrer Dauer sicher seyn, sobald sie mächtige Nachbaren hätte, die nicht auf diesen Zweck hinarbeiteten; wie viel weniger kann man solchen Verfassungen Dauer versprechen, die auf die sittliche Vollkommenheit des Menschen nicht ihr Augenmerk richten! Je weiter sie sich davon entfernen, desto unsicherer ist ihre Existenz; denn die Zeitfolge entwickelt Begebenheiten, verändert innere und äußere Verhältnisse, bringt Krisen hervor, welche dem unvollkommen organisirten Staate allemal gefährlicher sind und früher auf ihn eine nachtheilige Wirkung äußern, als auf einen solchen, dessen Bürger, da ein gemeinschaftlicher Zweck sie fest verbindet, mit einander im Gleichgewichte stehen.

Was aus Noth oder Überdruß am Streite und mit Aufopferung der eigenen Einsicht sowohl, als der eigenen Rechte entstand, das liegt als unverbrüchliches Gesetz, als heilig zu bewahrende Form, unter dem Siegel des Vertrages, und drückt auf diejenige Hälfte der Bürger im Staate, die von ihren Rechten das meiste fahren ließ. Waren nun unter den Puncten, die sie aus Kurzsichtigkeit versprachen, auch *unveräußerliche* Rechte, solche nämlich, deren Aufopferung schlechterdings der Erreichung ihrer sittlichen Bestimmung widerstreitet; so ist die Verfassung schon ihrer Natur nach vor dem Richterstuhle der Vernunft null und nichtig, und kann sich nur durch verübte Gewalt, ohne alles Recht, gegen die bessere Einsicht behaupten, die der unterdrückte Bürger schon mit schmerzlicher Erfahrung erkaufen wird. Hier tritt also der Fall ein, wo das buchstäbliche, verabredete, *positive* Recht dem wahren, in den ursprünglichen Denkformen des Verstandes festgegründeten, *natürlichen* Rechte widerspricht, wo also der Zwang, der zur Behauptung des ersteren verübt werden darf, die Gestalt der Gewaltthätigkeit annimmt, und, insofern ein jeder auf seinem Rechte besteht, nicht von demselben unterschieden werden kann. Viel muß man zwar gutwillig erdulden, um nicht durch voreilige Widersetzlichkeit, indem man dem kleineren übel abhelfen will, das größere, den Umsturz des Staats und die gänzliche Auflösung der Bande der Gesellschaft, zu bewirken. Die Erfahrung lehrt auch, daß aus Unwissenheit, aus Liebe zum Frieden, aus Trägheit und Gewohnheit, aus Scheu vor den Folgen, aus religiosem Vorurtheil, unendlich viel geduldet wird. Die Erfahrung lehrt wohl noch mehr. Durch sie werden wir inne, daß, so lange die Gebrechen des Staats noch nicht zu einer unheilbaren und dem blödesten Auge sichtlichen Krankheit herangewachsen sind, es ungleich leichter ist, den einmal vorhandenen Umschwung der Staatsmaschine zu erhalten, als ihn gänzlich zu hemmen und eine andere Bewegung an seiner Stelle hervorzubringen. Das Geheimniß aller anmaßenden Regenten, auf dessen Untrüglichkeit sie getrost fortsündigen, liegt in dem Erfahrungssatze: daß der Mensch, der einmal ein unveräußerliches Recht aus den Händen gegeben hat, sich unglaublich viel bieten läßt, was er als Freier nimmermehr geduldet hätte. Er fühlt sich ohnmächtig gegen die herrschende Gewalt; wo er hinblickt, sieht er seine Brüder erniedrigt wie sich selbst, durch Vorurtheil und Sklavenfurcht und Anhänglichkeit an das Leben vielleicht schon außer Stande, zu ihrer Befreiung zu wirken; endlich sinkt er selbst in seiner eigenen Achtung durch die Verläugnung seines Verstandes, oder er zweifelt, daß eigene Empfindung und Einsicht ihn richtig leiten, wenn er einsam da steht, und niemand auf seinem Wege erblickt, der ihn verstände.

Die strengsten Herrscher hüten sich indeß, wenn sie nur ihr Interesse kennen, daß sie das göttliche Fünkchen Vernunft, welches den Menschen vor allen leblosen Werkzeugen und vor allen Lastthieren den entschiedensten Vorzug giebt, nicht ganz und gar ersticken. Unter allen Nationen in Europa haben die Polen allein die Unwissenheit und Barbarei so weit getrieben, in ihren Leibeigenen beinahe die letzte Spur der Denkkraft zu vertilgen; dafür aber tragen sie selbst die härteste Strafe, theils indem der viehische Unterthan ihnen kaum den zehnten Theil der Einkünfte liefert, den der freiere, glücklichere, vernünftige Bauer ihnen eintragen würde, theils weil sie selbst ohne alle Unterstützung und Beihülfe von der unterjochten Volksklasse, durch ihre Ohnmacht der Spott und das Spiel aller ihrer Nachbarn geworden sind. Die weitaussehende Verschmitztheit der gewöhnlichen Despoten läuft also darauf hinaus, der Vernunft des Volks gerade nur so viel Spielraum zu lassen, als zur Beförderung *ihres* selbstsüchtigen Genusses nöthig scheint, übrigens aber sie mit Nebel zu umhüllen, durch furchtbare Drohungen ihr Schranken zu setzen, durch Zeitvertreib sie zu zerstreuen und durch allerlei Gespenster sie in Schrecken zu jagen.

Diese armselige Politik treibt ihr inkonsequentes Spiel, so lange es gehen will; glücklich, wenn sie das Wesentliche von dem Unbedeutenden abzusondern versteht, und das Volk nicht bloß zu amüsiren, sondern auch zu füttern weiß. Im entgegengesetzten Falle wird doch zuletzt der Druck unerträglich: er bringt den Grad von schmerzhafter Empfindung hervor, welcher selbst das Leben wagen lehrt, um nur des Schmerzes los zu werden; und wenn dann alle Gemüther reif und reizbar sind, so bedarf es nur jenes Menschen, der im Palais Royal zu Paris auf einen Schemel stieg und dem Volke zurief: *»Ihr Herren, ich weiß, man hängt mich auf; aber ich wage meinen Hals, und sage Euch: greift zu den Waffen!«* Büffon erklärte sich die abstoßenden Kräfte in der

Physik, indem er voraussetzte, sie würden nur alsdann wirksam, wenn die Theilchen der Materie, die einander anziehen, so lange sie in gewisser Entfernung von einander bleiben, plötzlich allzunahe, innerhalb des Kreises der Anziehung, an einander geriethen; alsdann, meinte er, stießen sie sich mit eben der Gewalt zurück, womit sie sonst zusammenhielten. Dies kann wenigstens als Bild auch für die Erscheinungen der Sittlichkeit gelten. Es giebt einen Kreis, innerhalb dessen die Macht des Herrschers nie muß fühlbar werden, bei Strafe ihren Namen zu verändern, und negativ zu heißen, so positiv sie vorher war. Der Funke, der auf einer gleichartigen Substanz erlischt, kann einen Brand erregen, wenn er brennliche Stoffe schon entwickelt findet; und heterogene Materien können sich unter Umständen sogar von selbst entzünden. Ich erinnere mich hierbei einer Stelle im Kardinal Retz, wo er sagt: zur Entstehung einer Revolution sei es oft hinreichend, daß man sie sich als etwas Leichtes denke.* In der That, welche Auflösung, welche Gährung setzt diese Stimmung der Gemüther nicht voraus? Über wie viele, sonst abschreckende Ideenverbindungen muß ein Volk sich nicht hinausgesetzt haben, ehe es in seiner Verzweiflung diesen Gedanken faßt! Alle jene übel, welche vor Alters zur Vereinigung in einem Staat, zur Unterwerfung unter die Gesetze, vielleicht unter den Willen Eines Herrschers, so unaufhaltsam antrieben, werden vergessen; das gegenwärtige Übel verschlingt diese Erinnerung; jede Partei reklamirt ihre Rechte mit Gewalt, und der Kampf geht wieder von vorn an.

Die Gebrechen einer Staatsverfassung können indeß eben so

* Die ganze Stelle ist so schön, daß ich sie wieder nachgeschlagen habe, und hier einrücke: »Ce qui cause l'assoupissement dans les états qui souffrent, est la durée du mal, qui saisit l'imagination des hommes et qui leur fait croire qu'il ne finira jamais. Aussitôt qu'ils trouvent jour à en sortir, ce qui ne manque jamais lorsqu'il est venu à un certain point, ils sont si surpris, si aises et si emportés, qu'ils passent tout d'un coup à l'autre extrémité et que bien loin de considérer les révolutions comme impossibles, ils le croient faciles, *et cette disposition toute seule est quelquefois capable de les faire.*«

wohl auch ohne eine heftige Erschütterung gehoben werden, wenn man sich in Zeiten guter Vorbauungsmittel bedient und unvermerkt dem ganzen Staate die rechte Richtung nach seinem wahren Ziele sittlicher Vervollkommnung giebt. In Despotien haben wir das Beispiel, daß weise Regenten es ihre vorzügliche Sorge seyn ließen, die bürgerliche Gesetzgebung zu vervollkommnen, und sich dann selbst den neuen Codex zum unverbrüchlichen Gesetze machten, damit auch einst, wenn eingeschränktere Einsichten den Staat regieren sollten, eine Richtschnur vorhanden seyn möchte, um ihnen ihren Weg vorzuzeichnen, und das Gefühl von Recht und Unrecht bei dem Volke zu schärfen. Allmälig bilden sich in solchen mit Weisheit beherrschten Staaten neue, von der obersten Gewalt immer unabhängigere Kräfte; die verschiedenen Volksklassen dürfen die ihnen im Gesetze zugestandenen Vorrechte behaupten; der Wohlstand, der eine Folge milder und zweckmäßiger Politik ist, giebt ihnen Muth und Kräfte, jedem eigenmächtigen Eingriffe Widerstand zu leisten; Stände und Municipalitäten erhalten einen Wirkungskreis, und es geht zwar langsam, aber desto sicherer, eine allgemeine und allen Gliedern des Staats gleich vortheilhafte Veränderung der Verfassung vor sich. Offenbar zwecken viele Einrichtungen, sowohl des verstorbenen Königs als seines Nachfolgers in den preußischen Staaten dahin ab; und dies ist der Grund, weshalb in jenen Staaten auch nicht die entfernteste Besorgniß einer Gährung im Volke vorhanden ist.

Ich habe mir es nicht versagen können, Dir wenigstens etwas von den Ideen mitzutheilen, die mir zuströmen, seitdem ich über die jetzige Lage von Lüttich nachdenke. Von allen jenen Vordersätzen wage ich es indeß nicht, die Anwendung auf diesen individuellen Fall zu machen, und die eine oder die andere Partei zu verdammen. Um das zu können, müßte man in die Geheimnisse der Kabinette eingeweihet und bis zur Epopsie darin gekommen seyn; ein Punkt, wo, nach dem Ausspruche der Geweiheten, die Entscheidungsgründe, womit wir Layen uns so gern befassen, in tiefes Stillschweigen begraben, die Urtheile hingegen, mit der unfehlbaren Autorität von Orakelsprüchen, der profanen Welt verkündigt werden. Demüthiger als ich bin, will ich mich gleichwohl nicht stellen; Du weißt, ich halte nichts von Tugenden, die sich mit Gepränge anmelden; und, Scherz beiseite, wenn ich alles erwäge, was ich so eben hingeschrieben habe, kommt es mir mehr als problematisch vor, daß diese Sache so von der Hand sich aburtheilen lasse, wofern man nicht gewohnt ist, mit Machtsprüchen um sich zu werfen, oder auf morsche Grundlagen zu bauen. Der wüthigste Demokrat und der eigenmächtigste Despot führen heutiges Tages nur Eine Sprache; Beide sprechen von der Erhaltung und Rettung des Staats, von Recht und Gesetz; Beide berufen sich auf heilige, unverletzbare Verträge, Beide glauben eher alles wagen, Gut und Blut daran setzen zu müssen, ehe sie zugeben, daß ihnen das Geringste von ihren Rechten geschmälert werde. Mich dünkt, etwas Wahres und etwas Falsches liegt auf beiden Seiten zum Grunde; Beide haben Recht und Unrecht zugleich. Ein Staat kann nicht bestehen, wenn jeder sich Recht schaffen will. Ganz richtig; aber nicht minder richtig ist auch der Gegensatz der demokratischen Partei: ein Staat kann nicht bestehen, wenn kein Geringer Recht bekommt. Gegen den Landesherrn sich auflehnen, ist Empörung; die Herrschermacht mißbrauchen, ist unter allen Verbrechen das schwärzeste, da es in seinen Folgen dem Staate tödtlich und gleichwohl selten ausdrücklich verpönt ist, sondern, weil man auf die sittliche Vortrefflichkeit des Regenten volles Vertrauen setzte, seinem zarten Gefühl von Pflicht anheimgestellt blieb. Jeder unruhige Kopf kann die verletzten Rechte des Bürgers zum Vorwande nehmen, um einen Aufstand zu erregen und seine ehrgeizigen Absichten durchzusetzen; jeder Despot kann aber auch, unter der Larve der Wachsamkeit für die Erhaltung des Staats, die gegründeten Beschwerden des Volks von sich abweisen, und dessen gerechtestes Bestreben seine Vorrechte zu erhalten oder wieder zu erlangen, als einen Hochverrath oder einen Aufruhr ahnden. In erblichen Monarchien kann der Fürst, wenn seine Unterthanen ihm den Gehorsam aufkündigen, vor Gott und Menschen gerechtfertigt, sein Erbrecht behaupten und die Rebellen als Bundbrüchige zur Rückkehr unter seine Botmäßigkeit zwingen; allein die Insurgenten werden ihn erinnern, daß der Erbvertrag die Bedingung voraussetzt: der Herrscher solle der weiseste und beste Mann im Staate seyn; wenn es sich nun aber fände, daß der Wechsel der Zeiten und Generationen die Beherrschten weiser und besser gemacht, den Regenten hingegen hätte an Herz und Verstand verarmen lassen; wenn sie sich nicht so schwach an Geiste fühlten, als ihre blödsinnigen Voreltern, so frage es sich: müsse sie da der Vertrag noch binden, oder müsse nicht vielmehr der Fürst mit ihnen seine Rolle vertauschen? – Du siehst, die Politik hat ihre Antinomien wie eine jede menschliche Wissenschaft, und es giebt in der Welt nichts Absolutes, nichts Positives, nichts Unbedingtes, als das für sich Bestehende, welches wir aber nicht kennen. Nur Bedingnisse des Wesentlichen können wir wahrnehmen; und auch diese modificiren sich nach Ort und Zeit. Die Philosophie darf daher jene Einfalt belächeln, womit mancher die einseitigsten Beziehungen für unabänderliche Normen hält, da ihn doch ein Blick auf das, was von jeher geschah und täglich noch geschieht, so leicht von dem bloß relativen Werthe der Dinge überzeugen kann.

Kein Mensch verstände den andern, wenn nicht in der Natur aller Menschen etwas Gemeinschaftliches zum Grunde läge, wenn nicht die Eindrücke, die wir durch die Sinne erhalten, eine gewisse Ähnlichkeit bei allen einzelnen Menschen beibehielten, und wenn nicht wenigstens unabhängig von allem objektivem Daseyn, die Bezeichnung der Eindrücke, nach welcher wir gut und böse, recht und unrecht, widrig und angenehm, schön und häßlich unterscheiden, in uns selbst als Form aller Veränderungen, die in uns vorgehen können, schon bereit läge. Welche bestimmte Eindrücke nun aber diese oder die entgegengesetzte Empfindung in uns hervorbringen sollen, das hängt von Organisation und zum Theil auch von Erziehung oder Gewöhnung ab, und man begreift wohl, wie am Ende die Verschiedenheit der Gefühle und folglich der Gesinnungen bei manchen Einzelnen schlechterdings nicht zu heben oder auf einen Vereinigungspunkt zurückzuführen ist. Aus einem gewissen Standorte betrachtet, kann es allerdings nicht gleichgültig scheinen, ob dergleichen unüberwindliche Unterschiede fortexistiren sollen oder nicht; es kann sogar einen Anstrich von höherer Vollkommenheit für sich haben, wenn alle Meinungen sich nach einer gemeinschaftlichen Vorschrift bequemten, und dann durch das ganze Menschengeschlecht nur Ein Wille herrschen und nur Ein Pulsschlag in der großen sittlichen Welt, wie in der kleinen physischen des einzelnen Menschen, regelmäßig Alles in Umtrieb erhalten dürfte. Den kürzesten Weg zur Hervorbringung dieser Gleichförmigkeit hatten unstreitig diejenigen erfunden, die den großen Entwurf einer Universalmonarchie mit dem kräftigen Glauben an eine geistliche Unfehlbarkeit des höchsten Alleinherrschers und an sein überirdisches Daseyn, als eines sichtbaren Stellvertreters der Gottheit, zu einem der Zeit und der unruhigen Vernunft Trotz bietenden Ganzen verschmolzen zu haben wähnten. Ein Wille, Eine Weisheit, Eine moralische Größe über alles, deren Macht zu widerstreben Thorheit, deren Recht zu läugnen Unvernunft, deren Heiligkeit zu bezweifeln Gotteslästerung gewesen wäre, konnten, wenn es überhaupt möglich ist, bis auf den Punkt sich aller Gemüther zu bemeistern, zuerst das Ziel erreichen, welches auch die ausschweifendste, von dem Schicksal auf Einen kleinen Planeten gebannte Herrschgier sich stecken mußte; das Ziel eines, über alle die Tausende von Millionen vernünftiger Wesen, über alles was sich regt, was hervorsproßt und was ruht auf dieser runden Erde, unumschränkt gebietenden Zepters! Planlos war diese Macht herangewachsen; ohne tief in die Zukunft zu blicken, hatten die stolzen Halbgötter die Gegenwart genossen. Zu spät ging endlich das vollendete System hervor; denn die Kraft des Glaubens war von ihm gewichen, dieser zarte, flüchtige Hauch, der sich in dem schwachen und immer schwächeren Gefäße der menschlichen Natur nicht länger aufbewahren ließ. Die neue Theokratie scheiterte endlich an der Verfassung von Europa. Ihre Vasallen waren Könige; ein anderes Mittel zu herrschen vergönnten ihr die Zeitläufte nicht; allein die mächtigen Satrapen spotteten zuletzt der geistlichen Zwangsmittel, wodurch sie ehedem allmächtig war.

Seitdem die Unfehlbarkeit, und mit ihr die Möglichkeit einer Universalmonarchie, verschwunden ist, bliebe der Versuch noch übrig, ob ein entgegengesetztes System von republikanischen Grundsätzen etwa leichter eine allgemeine Verbrüderung des Menschengeschlechts zu einem allumfassenden Staatenbunde bewirken könnte, und ob sich endlich *alle* Menschen bequemen möchten, den allgemeingültigen Grundsätzen, die eine solche Verbindung voraussetzt, ohne Widerrede zu huldigen? Die Folgen dieser, wenn sie möglich wäre, höchst wichtigen Zusammenstimmung, hat wohl schwerlich jemand in ihrem ganzen Umfang und Zusammenhang überdacht. Bei der vollkommenen Gleichförmigkeit in der praktischen Anwendung jener Grundsätze, scheint mir diejenige Einseitigkeit und Beschränktheit der Begriffe unvermeidlich, welche wir schon jetzt an Menschen wahrnehmen, die unter sich über gewisse Regeln einverstanden oder an eine besondere Lebensweise gebunden sind. Ein politischer Mechanismus, der durch alle Individuen des Menschengeschlechts ginge, würde den Bewegungen aller eine Bestimmtheit und Regelmäßigkeit vorschreiben, welche sich mit der Art und Weise, wie unsere Kräfte sich entwickeln, nicht wohl zusammen denken läßt. Je auffallendere und mannichfaltigere Abweichungen wir in der Denkungsart der Menschen bemerken, um so viel reicher sind wir an Ideen und ihren Verknüpfungen; ein großer Theil dieses Reichthums aber ginge unwiederbringlich für ein Zeitalter verloren, welches mehr Einstimmiges in unseren Gedankengang brächte. Wie viele Kräfte unseres Geistes fordern nicht zu ihrer Entwicklung außerordentliche Veranlassungen? Dort, wo alles einen gemeßneren Schritt als bisher halten müßte, dort würden diese Kräfte schlummern oder doch nie zu ihrer Reife gelangen; Geister, wie die eines Perikles, eines Alexander, eines Cäsar, eines Friederich, hätten keinen Schauplatz mehr. Wo die Spontaneität der Handlungen wegfällt, verliert man auch die

Übung der Verstandeskräfte; nur im Streit entgegengesetzter Begierden und Vorstellungsarten offenbart sich die Vernunft in ihrer erhabenen Größe; durch ihn bewährt sich die Vollkommenheit des sittlichen Gefühls als die rührendschöne Blüthe der Menschheit. Nehmen wir die Kontraste des menschlichen Charakters hinweg, geben wir allen Einzelnen mehrere Vereinigungspunkte und einerlei Bestimmung: wo bleibt dann die Spur jener Götterweide, die Laktanz darin setzte, einen großen Mann gegen ein feindseliges Geschick ankämpfen zu sehen? Wo wir aufhören zu unterscheiden, da sind die Gränzen unserer Erkenntniß; wo nichts Hervorstechendes ist, kann die Einbildungskraft keine Kennzeichen sammlen, um ihren Zusammensetzungen Größe, Erhabenheit und Mannichfaltigkeit zu geben. Excentricität ist daher eine Bedingung, ohne welche sich der höchste Punkt der Ausbildung gewisser Anlagen nicht erreichen läßt; ein allgemein vertheiltes Gleichgewicht der Kräfte hingegen bleibt überall in den Schranken der Mittelmäßigkeit. Eine Verfassung des gesammten Menschengeschlechts also, die uns von dem Joche der Leidenschaften und mit demselben von der Willkühr des Stärkeren auf immer befreite, indem sie Allen dasselbe Vernunftgesetz zur höchsten Richtschnur machte, würde wahrscheinlich den Zweck der allgemeinen sittlichen Vervollkommnung dennoch eben so weit verfehlen, wie eine Universalmonarchie. Was hülfe es uns, daß wir Freiheit hätten, unsere Geistesfähigkeiten zu entwickeln, wenn uns plötzlich der Antrieb zu dieser Entwickelung fehlte?

Doch dieser Antrieb wird uns nimmermehr entrissen werden, wenigstens nicht in dieser einzigen, uns denkbaren Welt, wenigstens nicht, so lange sich alle dreißig Jahre das Menschengeschlecht verjüngt, und wieder emporwächst von den bloß vegetirenden Keimen zu der thierischen Sinnlichkeit, und von dieser zu der gemischten physisch-sittlichen Bildung. Buchstaben, Formeln und Schlüsse werden nie im jungen Sprößling den mächtigen, dunkeln Trieb überwiegen, durch eigenes Handeln die Eigenschaften der Dinge zu erforschen und durch Erfahrung zur Weisheit des Lebens hinanzusteigen. In seinen Adern wird sich, ihm unbewußt, ein Feuerstrom der Macht und des Begehrens regen, den nichts als Befriedigung bändigen und kühlen, den der Widerstand fremder Selbstheit nur reizen und erzürnen, dem ihre Gewalt allein Schranken setzen und durch diese das Bewußtseyn wechselseitiger Befugniß wecken kann. Die erwachsene Vernunft mag ringen mit diesem Sporn zur Wirksamkeit: Auflösung folgt ihrem Siege, und in jedem neuen Organ fesseln sie des frischen Lebens stärkere Bande. Ewig schwankt daher das Menschengeschlecht zwischen Willkühr und Regel; und wenn gleich in wenigen großen Seelen beide vereinigt liegen und aus ihnen beide vereinigt in angeborner, stiller Harmonie hervorgehen; so werden sie dennoch, nur vereinzelt, die Götzen der halbempfänglichen Menge. Auch Schwung und Anziehung stellte die Natur einander so entgegen; ewig ringen auch diese Urkräfte des Weltalls. Darf diese hier, und jene dort der andern etwas abgewinnen; dürfen sie in gleichen Schalen gewogen, die wunderähnliche Harmonie der Sphärenbahnen erzeugen; sind die Phänomene der Auflösung und der in neuen Bildungen sich wieder verjüngenden Natur die Folgen ihres unaufhörlichen Kampfes: so darf ja dieser Kampf nicht enden, wenn nicht das Weltall stokken und erstarren soll!

Schön ist das Schauspiel ringender Kräfte; schön und erhaben selbst in ihrer zerstörendsten Wirkung. Im Ausbruch des Vesuv, im Gewittersturm bewundern wir die göttliche Unabhängigkeit der Natur. Wir können nichts dazu, daß die Gewittermaterie sich in der Atmosphäre häuft, bis die gefüllten Wolkenschläuche der Erde Vernichtung drohen; daß in den Eingeweiden der Berge die elastischen Dämpfe sich entwickeln, die der geschmolzenen Lava den Ausweg bahnen. Das Zusehen haben wir überall; glücklich, daß Zeit und Erfahrung uns doch endlich von dem Wahne heilten, der diese großen Erscheinungen nur für Werkzeuge der göttlichen Strafgerechtigkeit hielt. Wir wissen, daß Kalabrien ruht, indeß der Mongibello wüthet; wir wünschen unseren Pflanzungen Gewitterregen, wenn gleich zuweilen durch den Blitz ein Dorf zum Raube der Flammen wird, ein Menschenleben früher welkt, oder ein Hagel die Saaten niederstreckt.

Mit den Stürmen in der moralischen Welt hat es genau dieselbe Bewandniß, nur daß Vernunft und Leidenschaft noch elastischer sind, als Schießpulver oder elektrische Materie. Die leidenschaftlichen Ausbrüche des Krieges haben ihren Nutzen wie die physischen Ungewitter; sie reinigen und kühlen die politische Luft, und erquicken das Erdreich. Wenn die Selbstentzündungen der Vernunft in einem ganzen Volke nichts als den erstickenden Dampf zurücklassen, so wäre es zwar allerdings erfreulicher, den Witz nur zu rechter Zeit als ein unschuldiges Freudenfeuer auflodern oder in schönen Schwärmern steigen zu sehen; doch wer weiß, was auch in solchen Fällen noch Gutes in dem Caput mortuum übrig bleibt? Auch hier ist es daher verzeihlich, Begebenheiten, an denen man nichts ändern kann, als Schauspiele zu betrachten. Beleidigte etwa diese anscheinende Gleichgültigkeit eine weichgeschaffene Seele? Im Ernst, sie sollte es nicht; denn ob Heraklit über alles weint, oder der abderitische Weise über alles lacht, ist im Grunde gleichgültig, weil es nur auf eine gewisse maschinenmäßig angewöhnte Ideenverbindung ankommt. Warum rührt uns die Schilderung eines Unglücks, das irgend ein Dichter seinen Helden erleben ließ, und warum weinen wir nicht, wenn wir lesen, so viele blieben dort in der Schlacht, so viele flogen mit ihrem Schiff in die Luft, so viele hauchten ihr elendes Leben aus in Feldhospitälern, alles um den Geier *Ehrgeiz* zu mästen? Allerdings wird es uns leichter, uns mit Einem als mit Vielen zu identificiren. Gewöhnten wir uns aber, die Idee des menschlichen Elends immer gegenwärtig zu haben, so würden uns nicht nur diese Begebenheiten Thränen entlocken, sondern wir würden beinahe allem, was wir sehen und hören, eine traurige Seite abgewinnen, und einen jammervollen Roman aus den alltäglichsten Ereignissen des Lebens machen.

Es ist nun Zeit, noch einen Blick auf Lüttich zu werfen. Am letzten Tage unseres Aufenthalts genossen wir die Aussicht von der Citadelle. Das westliche Ufer springt hier in einem Winkel vor, und zwischen dieser Höhe und dem Flusse liegt die Stadt. Die Espen am Wege, wo wir hinauffuhren, blüheten so dicht und grün, daß man sie für belaubt halten konnte. Der Umfang der Citadelle ist nicht beträchtlich; ihrer Lage hingegen fehlt es nicht an Festigkeit, der man mit trocknen Gräben noch zu Hülfe gekommen ist. Die preußischen Truppen halten jetzt diese Festung, so wie die äußeren Barrieren der Stadt, besetzt; in der Stadt selbst aber und an den Thoren stehen die Lütticher Nationaltruppen. Von der Spitze eines Bastions genossen wir den Anblick der kleinen Welt von Wohnungen unter unseren Füßen, und der umliegenden Gegend. Die Maas schlängelte sich durch das Thal, wirklich romantischschön, hier hellgrün, wo die Sonne sich darin spiegelte, und dunkelblau in der Ferne gegen Norden, wo sie sich in vielen Krümmungen verliert und immer wieder zum Vorschein kommt. An ihren Ufern sahen wir, so weit das Auge reichte, die Hopfenstangen in pyramidalische Haufen zusammengestellt. Der Hopfenbau giebt den Lüttichern Anlaß ihr gutes Bier sehr stark mit dieser Pflanze zu würzen; bekanntlich gehört auch dieses Bier zu den berühmtesten hiesigen Ausfuhrartikeln. Die Weinberge um die Stadt sind zwar auswärtig nicht bekannt; denn wer hätte je den Wein von Lüttich nennen gehört? Allein man kauft den Burgunder und den Champagner hier sehr wohlfeil; und der böse Leumund sagt: nicht die Schiffahrt auf der Maas sei die Ursache dieses billigen Preises, sondern die Lütticher wüßten aus dem Safte ihrer Trauben jene französischen Sorten zu brauen. Dies ist indeß nicht die einzige Art, wie man sich hier die Nähe von Frankreich zu Nutze macht. Der hiesige Buchhandel wird ebenfalls mit lauter Produkten des *französischen Geistes* getrieben, den die Nachdruckerpresse viel ächter als die Kelter darzustellen vermag. Die besten Pariser Werke werden hier gleich nach ihrer Erscheinung neu aufgelegt und in Holland, in den östreichischen Niederlanden und zum Theil auch in Deutschland, statt der Originalausgaben, verkauft. Dieser Zweig der hiesigen Betriebsamkeit beschäftigt eine große Anzahl von Handwerkern, und einige Künstler, die ihre reichliche

Nahrung bei den Verlegern finden. Was er zur Aufklärung sowohl des Lütticher Staats, als seiner Nachbarn gewirkt hat, liegt am Tage, und war auch wohl vorauszusehen. Doch mit den eigenen Produkten des Geistes, die hier fabrizirt werden, dürfte es wohl etwas schlechter stehen, wenigstens, wenn man den zum Sprichwort gewordenen hiesigen Almanach zum Maaßstab nehmen darf.

Wir mußten endlich wieder hinuntersteigen in die engen schmutzigen Gassen. Unser Weg führte uns bei einem Hause von gutem Aussehen vorbei, welches das Eigenthum einer sehr zahlreichen Lesegesellschaft ist; und man wollte uns zu verstehen geben, daß hier die bedenkliche Lage der öffentlichen Angelegenheiten des Hochstifts zuerst ventilirt worden sei. Wie es sich aber auch damit verhalten mag, so ist wohl nicht zu zweifeln, daß Privatleidenschaften einzelner Menschen hier so gut, wie bei einer jeden Revolution, im Spiele gewesen sind. Das Wenige, was wir aus der alten Geschichte wissen, läßt uns die kleinen Triebfedern so mancher großen Veränderung in Athen und in Rom noch jetzt erkennen, und lehrt uns, zwischen diesen und der allgemeinen Neigung sowohl, als dem allgemeinen Bedürfnisse zu einer Revolution, ohne welche sie nicht wirken können, genau zu unterscheiden. Die äußerst kritische Lage der Lütticher wäre in diesem Augenblicke noch ungleich bedenklicher, wenn ein solches Bedürfniß und ein lebhaftes Gefühl von unerträglichen Lasten sie nicht wirklich zu einem gemeinschaftlichen Zwecke verbände, wenn nur Parteigeist und Privathaß das Volk ohne hinreichende Ursach in der Bewegung zu erhalten suchten, die es sich einmal gegeben hat. Das Schicksal von Lüttich hängt zu fest an dem Schicksal Deutschlands, um sich davon absondern zu lassen, und das Interesse der Nachbarn wird es nicht leiden, daß die Lütticher ihre Sache allein ausfechten dürfen. Unser bisheriger Standpunkt war überhaupt für die Politik des Tages viel zu hoch; wir übersahen dort zu viel, unser Horizont hatte sich zu sehr erweitert und die kleineren, näheren Gegenstände entzogen sich unseren Blicken. Hier unten ist von allem, was uns dort so klar, so hellglänzend vor Augen schwebte, von den Rechten der Menschheit, der Entwicklung der Geisteskräfte, der sittlichen Vollendung, vor lauter Gewühl der Menschen und ihrer kleinen, eigennützigen Betriebsamkeit wenig oder gar nichts mehr zu sehen. »Wie? erinnert nicht der Anblick fremder Kriegsvölker« – – woran? Doch nicht an den Schutz, den die Großmuth des Mächtigen dem Schwachen angedeihen läßt? an die seltene Freiheitsliebe eines unumschränkten Herrschers, der die gerechte Sache des Volks gegen die Anmaßungen des Despotismus vertheidigt? an den Patriotismus eines Reichsstands, womit er der Verzweiflung wehrt, daß sie, durch ein strenges Verdammungsurtheil gereizt, sich vom deutschen Staatssystem nicht losreiße, sich der benachbarten Empörung nicht in die Arme werfe? – Oder erinnert uns etwa nichts an die Klugheitsregeln einer in die Zukunft schauenden und die Zukunft selbst bereitenden Politik? an Verkettungen von Begebenheiten in allen Enden von Europa, die es bald erheischen können, dem nahen Brabant zu Hülfe zu eilen, seine Unabhängigkeit zu befestigen, sie durch die Vereinigung mit Lüttich zu stärken und dagegen Handelsvortheile und Arrondissemens zu ärndten? Fast möchte man glauben, diese letzteren Antriebe lägen näher, wären dem gebieterischen Bedürfnisse des Augenblicks angemessener und, wenigstens in der Sprache des Staatsmannes, dem Scharfblicke der Kabinette rühmlicher, als die Schwärmerei für demokratische Freiheit.

Wie aber das individuelle Interesse *eines* Hofes sich vollkommen mit der Begünstigung der Volkspartei reimen läßt, so zeichnet die Selbsterhaltung *andern* einen entgegengesetzten Gang der Affairen vor. Mit jedem Eingriff in die Rechte eines geistlichen Fürsten, mit jedem Vortheil, den sich der dritte Stand erringt, mit jedem Schritte, wodurch er sich dem Kapitel und dem Adel an die Seite zu stellen und neben ihnen geltend zu machen sucht, wird die Verfassung geistlicher Wahlstaaten in ihren Grundfesten erschüttert und mit einem nahen Umsturz bedrohet. Gesetzt also, das Volk von Lüttich hätte wirklich nur in der Form gefehlt, indem es aus eigener Macht und Gewalt die Usurpation des Edikts von 1684 aufhob, und nicht durch regelmäßige Wahl, sondern im Enthusiasmus des Augenblicks durch eine allgemeine Akklamation sich selbst neue Magistratspersonen schuf; so wird doch, wo so viel, ja wo alles von Heiligung der Form abhängt, die Unregelmäßigkeit der Procedur ihre Aufhebung und Annullirung bewirken müssen. Das preußische Kabinet scheint diese Nothwendigkeit endlich einzusehen; und weil es weder mit dem deutschen Fürstenbunde brechen, noch auch plötzlich gegen die Lütticher, die es bisher beschützte, Zwangsmittel brauchen mag, zieht es endlich seine Truppen in wenigen Tagen zurück und überläßt den andern niederrheinischen Fürsten die Ausführung des Wetzlarischen Exekutionsdekrets. Die Kosten einer Exekution, die ein so starkes Corps von Truppen erforderte, häufen sich zu sehr beträchtlichen Summen an, deren Abbezahlung das Hochstift mit neuen Schulden belasten wird, wiewohl der König, wie es heißt, die eigentlich so genannten Exekutionsgelder, die sich täglich auf dreizehnhundert Thaler belaufen, und worin der Unterhalt der Truppen nicht mit begriffen ist, dem armen Lande großmüthig erlassen hat.

Bald dürfte man nunmehr ernsthafteren Auftritten, als den bisherigen, entgegen sehen. Das Gefühl mag tief erseufzen über die bevorstehende Verheerung dieses blühenden Landes und die schrecklichen Ungerechtigkeiten, welche von jedem feindlichen Überzug unzertrennlich sind; Übel, deren Wirkung unendlich schmerzhafter ist, als das Unrecht, dem man steuern will, auf wessen Seite das auch immer sei; der gesunde Menschensinn mag einsehen, daß wer auch Recht behält, die Entscheidung auf alles was zur wesentlichen Zufriedenheit und Perfektibilität eines jeden Lüttichers vom Bischof bis zum Köhler gehört, keinen sichtbaren Einfluß haben werde; die Philosophie mag betheuern, daß auf ihrer Wage gewogen, ein Menschenleben mehr werth sei, heiliger geachtet zu werden verdiene, als die ganze Rechtsfrage, worüber man streitet; das zarte Gewissen frommer Religionsbekenner mag endlich erbeben vor der schrecklichen Verantwortung über das bei einer so frivolen Veranlassung vergossene

Menschenblut: so wird doch die Politik, von den Furien des Ehrgeizes und der Selbstsucht gegeißelt, beide Parteien mit Wuth gegen einander erfüllen, und keine zur Nachgiebigkeit stimmen lassen, bis nicht Bürgerblut geflossen ist. Armes Menschengeschlecht! so spottet man deiner, indem man Gefühl und Vernunft, Philosophie und Religion im Munde führt, und deine heiligsten Güter, Leben und Endzweck des Lebens, für nichts achtet, sobald es auf elendes Rechthaben ankommt!

Das Lütticher Volk sehen wir jetzt sich mit Eifer zur Gegenwehr rüsten. Alles trägt das Freiheitszeichen, eine aus Schwarz, Grün, Weiß und Roth zusammengesetzte Kokarde; man spricht einander Muth und Vertrauen ein, indem man sich schmeichelt, der König von Preußen werde mit seinen Truppen dem Volke nicht zugleich auch seine Gunst und seine Fürsprache im Nothfall entziehen. Der Bürgermeister von Fabry, ein siebenzigjähriger Greis, für dessen Rechtschaffenheit und Einsicht das allgemeine Zutrauen seiner Mitbürger spricht, arbeitet bei diesen bedenklichen Umständen mit unermüdeter Thätigkeit, um das Beste seiner Mitbürger zu bewirken. Dies ist keine leichte Sache, wenn man den erhitzten gewaltsamen Zustand der Gemüther und die dunkle Aussicht in die Zukunft erwägt. Die Ausschweifungen des Pöbels lassen sich nicht berechnen, sobald er einmal aufgeregt ist, und das mit Zügellosigkeit so leicht von ihm zu verwechselnde Wort: *Freiheit!* zu seinem Wahlspruch genommen hat. Der Auflauf vom siebenten Oktober, welcher einem jungen Freiwilligen das Leben kostete, und wobei der Pöbel vom Kirchspiel St. Christoph den Magistrat nöthigte, eine milde Stiftung, deren Interessen sonst jährlich vertheilt wurden, auf einmal unter die jetztlebenden Armen auszuspenden, beweiset, was man von dem lebendigen Werkzeuge befürchten müsse, dem man das Bewußtseyn seiner Kräfte leichter beibringen kann, als den Begriff von gesetzmäßigem Betragen.

Außer jenem Todesfalle, scheint bis jetzt der härteste Schlag, den das Schicksal hier austheilte, den vortreflichen Anführer des preußischen Heeres getroffen zu haben. Auf dem Marsch von

Lüttich nach Mastricht glitt sein Pferd an einer abschüssigen Stelle, wo unter dem aufgethauten Schnee noch eine Eisrinde lag, so daß es zweimal überschlug und seinem Reiter das Bein zerschellte. Dieser Vorfall, der nur schmerzhaft und unangenehm, wegen der gehemmten Thätigkeit war, hätte dem General leicht tödtlich werden können, da er seine Arbeiten in Mastricht mit unablässigem Eifer betrieb, und sich dadurch eine schwere Krankheit zuzog, die indeß über seinen heiteren philosophischen Sinn nichts vermochte, und endlich seinem guten Naturell weichen mußte. Ich habe ihn hier wieder gesehen. – Unter den Empfindungen, welche Menschengröße weckt und Worte nicht entheiligen dürfen, giebt es eine so zarte, daß sie selbst die Dankbarkeit verstummen heißt.

XIII *Brüssel*

Fahrt von Löwen auf der Barke nach Mecheln. Irländischer Mönch. Todtenstille in Mecheln. Kathedralkirche zu St. Romuald. Kardinal-Erzbischof von Mecheln. Gemälde von Rubens in der Johanniskirche. Prunkendes Portal der Jesuitenkirche. Geschnitzte Kanzel zu U. L. F. von Hanswyk. St. Bernhard und die Muttergottes. Vor der Hostie knieender Esel. Schwarm von Ordensgeistlichen. Ansicht der Gegend zwischen Mecheln und Brüssel. Recht der Geringen über die Großen zu urtheilen.

Brüssel

Eine sehr bequeme Barke geht täglich um sieben Uhr Morgens von Löwen nach Mecheln ab. Wir bedienten uns dieser angenehmen Art zu reisen, schifften uns ein, und beschäftigten uns wechselweise mit Schreiben und Umherschauen. Der Kanal ist schön, und seine Ufer sind überall mit Bäumen bepflanzt. Die ganze Gegend ist eine mit Bäumen reichlich beschattete Ebene, wo man folglich nirgends eine Aussicht in die Ferne genießt, aber gleichwohl beständig in einem Lustwäldchen zu fahren glaubt. Die Barke hat hinten, nach dem Steuerruder zu, ein Zimmer; in der Mitte ein zweites Gemach, wo eine kleine Küche nebst andern Bequemlichkeiten vorhanden ist, und vorn eine Stube mit einem sehr guten Kamin, worin man ein schönes Steinkohlenfeuer unterhielt. Die Kosten dieser Fahrt sind so mäßig, daß uns der ganze Transport von Löwen nach Mecheln, die Bagage mit einbegriffen, auf wenig mehr als einen halben Kronthaler zu stehen kam. Thee, Kaffee, Butter und Käse kann man auf diesen Barken jederzeit haben. Auf dem halbem Wege kommt eine Barke von Mecheln dieser entgegen; die Passagiere nebst ihren Sachen wandern aus der einen in die andere, und setzen hierauf ihre Reise nach ihrem jedesmaligen Bestimmungsorte fort. Es reiseten eine Anzahl Mönche mit uns. Einer, ein junger Mann von einer vortheilhaften Gesichtsbildung, ward aufmerksam, als er uns Englisch sprechen hörte, und fand sich bewogen, unsere Bekanntschaft zu suchen. Seine Sanftmuth und Bescheidenheit war mit vielen Kenntnissen gepaart. In Irland, seinem Vaterlande, waren ihm Cook's Reisen und die Namen seiner Gefährten nicht unbekannt geblieben. In seinen Zügen las man klösterliche Tugenden, unvermischt mit dem Zurückstoßenden der Mönchsnatur. Er war bestimmt, als katholischer Priester nach Irland zurückzukehren.

In fünftehalb Stunden erreichten wir Mecheln. Diese nicht gar große Stadt würde mit ihren geräumigen Straßen und ihren weißgetünchten Häusern einen weit besseren Eindruck auf die Fremden machen, wenn sie nicht so öde wäre und beinah eine Todtenstille darin herrschte. Ich will gern glauben, daß die sitzende Lebensart der Einwohner, die in den ansehnlichen Hutmanufakturen Beschäftigung finden, mit dazu beiträgt, das Phänomen der Stille hervorzubringen; allein es war wirklich zu auffallend, um nicht noch tieferliegende Ursachen zu haben. Schauerlich ist es, lange Straßen zu durchwandern, und weder einer menschlichen Seele noch einem Thiere zu begegnen, ja nicht einmal das mindeste Geräusch in den Häusern zu hören. Man glaubt sich in irgend eine bezauberte Stadt aus den morgenländischen Erzählungen versetzt, deren Einwohner alle ausgestorben oder verschwunden sind. Die hiesige Bauart ist die alte, wo die Giebel der Häuser gegen die Straße zugekehrt stehen und spitz in die Höhe laufen. Fast durchgehends ist alles von außen weiß angestrichen, welches im Sommer bei hellem Sonnenschein den Augen sehr nachtheilig seyn muß.

Die große Kathedralkirche zu St. Romuald (Rombaut) hat einen Thurm von außerordentlicher Höhe, und inwendig ist sie eins der reichsten gothischen Gebäude. Im Schiff stehet an jeder Seite die Bildsäule eines Apostels und über derselben eine Reihe Termen, welche die Religion, den Glauben, die Liebe und mehrere allegorische Wesen vorstellen. An den Wänden und im Chor sieht man Gemälde von P. de Nery, Crokaert und Andern, die aber keiner Aufzeichnung werth sind. Hier standen wir, als der Kardinal Erzbischof von Mecheln hereintrat, und uns die Benediktion ertheilte. Er war in einen langen Scharlachrock und Mantel gekleidet, mit einem rothen Käppchen auf der Perücke; ein

Mann von ziemlich ansehnlicher Statur und schon bei Jahren, mit einem weichen, schlaffen, sinnlichen Gesicht. Er kniete hinter dem großen Altar und betete, besah aber dabei seine Ringe, zupfte seine Manschetten hervor, und schielte von Zeit zu Zeit nach uns, die wir, in große Mäntel gehüllt, vielleicht ein verdächtiges Ansehen hatten.

In der Johanneskirche fanden wir am Hochaltar einige Stücke, angeblich von Rubens: einen Johannes, den Evangelisten, der sein Buch schreibt und auf die Eingebungen seines Adlers zu horchen scheint; auf der Rückseite dieser Füllung, den Märtyrertod dieses Apostels in siedendem Öl, nach der Legende; gegenüber, die Enthauptung Johannis des Täufers und die Taufe Christi; in der Mitte endlich die Anbetung der Weisen, eine große, verwirrte, uninteressante Composition. Diese fünf Blätter nebst drei kleinen Skizzen, welche am Altar angebracht sind, gehören nicht zu den auszeichnenden Werken von Rubens, und sind auch schon sehr verblichen. Sie mißfallen überdies noch durch etwas Unvollendetes in den Umrissen, welches nicht ganz die Schuld der veränderten Farbe zu seyn scheint.

In der ehemaligen Jesuitenkirche, deren Portal mit vieler Ostentation, aber desto weniger Geschmack, am großen Markte prangt, hangen eine Anzahl Gemälde, welche auf die Geschichte der jesuitischen Ordensheiligen Beziehung haben, von denen aber keines uns in Anspruch nahm. In der Kirche unsrer lieben Frauen von Hanswyk bewunderten wir die aus einem ungeheuren Baum geschnitzte Kanzel, die den Fall der ersten Eltern im Paradiese vorstellt und in der That, wenn man alles erwägt, ein Werk von erstaunlicher Anstrengung ist. Die Figuren sind zwar plump, aber sehr brav gearbeitet, und das Ganze hat sehr viel Effekt. In den unzähligen Kirchen und Klöstern von Mecheln befindet sich noch eine große Menge von berühmten Gemälden, worunter einige auch wohl Verdienst haben mögen; allein was wir gesehen hatten, reizte uns nicht, unsern Aufenthalt zu verlängern, um auf Gerathewohl nach Kunstabentheuern umherzuwandern. Die Einbildungskraft der Künstler hat sich in diesem so tief in Aberglauben versunkenen Lande mehrentheils mit Gegenständen aus der Legende beschäftigt, die selten an sich reich und anziehend genug sind, um die Mühe des Erzählens und Darstellens zu verdienen. Es herrscht durch alle diese Mythologien eine klägliche Dürftigkeit der Geisteskräfte, die wunderbar gegen den Ideenreichthum und die Eleganz der griechischen Dichterphantasie absticht. Ein Maler, der höhern Sinn für den Werth seiner Kunst hätte, müßte sich schämen, wenn man ihm auftrüge, den heiligen Bernhard zu malen, der sich die Milch der Muttergottes aus ihren Brüsten in den offenen Mund regnen läßt; gleichwohl hat van Thulden dieses Süjet für die hiesigen Bernhardinernonnen ausgeführt, und vielleicht wäre es gefährlich gewesen, dem Pfaffen, der es angab, über die Unschicklichkeit etwas merken zu lassen. Ist es aber zu verwundern, wenn ein solcher Gegenstand die ohnehin schwerfälligen Niederländer nicht begeistern konnte, wenn sie nichts anders, als ein gemeines Weib in einer unanständigen Handlung begriffen, und einen eben so gemeinen Mönch darstellen konnten, ohne auch nur zu versuchen, ob in diese Figuren, die in einem so ekelhaften Verhältnisse gegen einander stehen, ein anderes Interesse zu bringen sei? Das weit edlere Süjet von Cimon und seiner Tochter ist schon außerhalb der Gränzen der Malerei, wenigstens was den Zeitpunkt betrift, wo sie dem alten Vater ihre Brust zu trinken giebt. Zu geschweigen, daß die Handlung, so edel sie in sich wirklich ist, ihren ganzen Werth verliert, sobald man sie sich offenbar vor aller Augen denkt, und daß es zum Beispiel empörend wäre, sie auf dem Theater wirklich vorgestellt zu sehen; so ist es doch unmöglich, der Figur des Vaters dabei das mindeste Interesse zu geben. Ein alter Mann, der eine Weiberbrust aussaugt, bleibt ein ekelhafter Anblick, und die ganze Stellung sowohl, als die Disposition der Gesichtsmuskeln zum Saugen, raubt ihm jeden andern als den bloß thierischen, erniedrigenden Ausdruck. Bei einem Gemälde, welches diesen Gegenstand vorstellte, könnte gleichwohl noch ein rührendes Interesse für die Tochter empfunden werden; man würde nicht umhin können, die kindliche Liebe zu bewundern, die einem alten, durch Hunger entkräfteten Manne das Leben rettet. Von dem allen aber kann schlechterdings in einer Vorstellung des eben erwähnten Zuges aus St. Bernhards Legende nichts ausgedrückt werden, weil die Erfindung gar zu abgeschmackt ist. Sobald man die weibliche Figur ins Auge faßt, verliert sie bei jedem Manne von Gefühl ihre Ansprüche auf Jungfräulichkeit und Weiblichkeit. So lächerlich es auch ist, wenn van Dyk in seinem Gemälde vom heiligen Antonius bei den hiesigen Barfüßermönchen, einen Esel vor der Hostie knieen läßt, so ist es doch immer noch erträglicher; man wird nicht indignirt, man lächelt nur, weil alles was zur innern Vortreflichkeit des Menschen gehört, unabänderlich bleibt, hingegen konventionelle Begriffe, die man mit gewissen Dingen verbindet, der Veränderung unterworfen sind. Wem indeß das größte Kompliment dabei gebührt, den Erfindern dieses plumpen Scherzes, oder dem Volke, das sich daran erbaut, ist nicht leicht ausgemacht. Unserer Logik klingt es absurd, wenn jemand behaupten will, der Gegenstand, vor welchem ein unvernünftiger Esel knieet, verdiene die Anbetung des vernünftigen Menschen; aber es hat einmal einen Grad von Einsicht gegeben und in Brabant existirt er noch, dem dieser Schluß die stärkste Beweiskraft zu haben scheint. Bündigere und anständigere Beweisarten für die Heiligkeit des Altarsakraments können für einen höheren Grad der Vernunft berechnet seyn; wiewohl keine Vernunft das Übernatürliche richten darf, und es folglich ein überflüßiges und widersinniges Bemühen ist, Dinge bei ihr rechtfertigen zu wollen, welche nur durch die Gabe des Glaubens erkannt werden können.

Die ganze Volksmenge von Mecheln gab man uns auf zwanzigtausend Menschen an, und dieses auffallende Mißverhältniß der Bevölkerung zum Umfange der Stadt erklärte besser als alles andere, die ausgestorbene Leere, die wir überall bemerkten; denn nimmt man an, daß die Welt- und Ordensgeistlichen, die Nonnen und Beguinen, nach einer sehr gemäßigten Berechnung, zusammen den fünften Theil dieser Anzahl ausmachen, so begreift man leicht, wie nur so wenig Menschen übrig bleiben, die ihre Geschäfte zwingen, sich auf den Straßen sehen zu lassen. Wollte man fragen, wie es möglich ist, daß das berühmte, mächtige Mecheln so tief herabgesunken seyn könne; so würde ich auf eben diese ungeheure Anzahl von Geistlichen verweisen, die allmälig alle Bewegung gehemmt haben, und, indem sie sich auf Kosten der Einwohner erhielten, fast allein übrig geblieben sind. Außer den sechs Pfarrkirchen giebt es sechs Mannsklöster, zwölf Nonnenklöster und zwei Beguinenhöfe, in welchen letzteren allein nah an tausend Beguinen wohnen. Die Einkünfte dieser Geistlichkeit belaufen sich auf ungeheure Summen; die des Erzbischofs schlägt man auf hunderttausend Gulden an. Mich wunderte es daher nicht, daß auf unser wiederholtes Anfragen nach den Sehenswürdigkeiten von Mecheln, ein jeder uns an die Kirchen und Klöster verwies, und wir zuletzt bei dieser allgemeinen Armuth an Gegenständen, welche die Aufmerksamkeit des Reisenden verdienen, in eine Sägemühle an der Dyle geführt wurden. Nunmehr war es wirklich Zeit, unsern Schauplatz zu verändern. Wir eilten also in unser Quartier zurück, und nachdem wir noch zuvor in einigen Buchläden die fliegenden Blätter des Tages, deren jetzt eine ungeheure Menge ununterbrochen herauskommen, gekauft hatten, stiegen wir in einen Wagen und fuhren in starkem Trab auf dem schönsten Steindamm, durch Alleen von hohen Bäumen, die hier jedes Feld und jeden Rain begränzen, nach Brüssel.

Von Vilvoorden, einem kleinen, an dem Kanal zwischen Antwerpen und Brüssel gelegenen Städtchen, fuhren wir längs diesem Kanal in gerader Linie nach der Residenzstadt fort. Zu beiden Seiten erblickt man Landsitze mit prachtvollen Gebäuden, Gärten und dazu gehörigen Tempeln und Lusthäusern. Alles verkündigt die Annäherung zu einem reichen, großen Orte, dem Wohnsitze eines zahlreichen, begüterten Adels und eines für den Genuß des Lebens empfänglichen Volks. Kurz vor der Stadt geht der Weg über den Kanal, durch eine Pflanzung von hohen Bäumen, die zugleich als öffentliche Promenade dienen kann. Die

Gegend um Brüssel fängt wieder an, sich in kleinen Anhöhen angenehm zu erheben, deren einige sich den Mauern so sehr nähern, daß die zur Befestigung der Stadt nöthigen Außenwerke zum Theil darauf angelegt sind. Wir hätten gern gewünscht, diese Gegend in ihrem Sommerschmuck zu sehen, wo sie wahrscheinlich für den Freund des Schattens höchst anmuthig seyn muß. Um die Wälle läuft ein herrlicher Gang mit hohen Espen beschattet, und innerhalb der Thore öfnet sich dem Anblick eine Stadt, die den großen Residenzen Deutschlands, was Umfang, Volksmenge und, im Durchschnitt gerechnet, auch Pracht und Schönheit der Architektur betrift, vollkommen an die Seite gesetzt zu werden verdient. Wir fuhren lange durch breite und enge, reine und schmutzige Straßen, über große und kleine Plätze, bei stattlichen, öffentlichen Gebäuden und schönen Privathäusern vorbei, und kamen endlich über den großen Markt, wo das Rathhaus, eins der bewundernswürdigsten gothischen Gebäude steht, vor welchem wir die Freiwilligen von Brüssel und die neuerrichteten Dragoner sich eben versammlen sahen. Die brabantische Kokarde, die jedermann bis hinab auf die gemeinsten Tagelöhner aufgesteckt hatte, und dieses Militair, welches sich link genug bei seinen Waffenübungen benahm, nebst der Menge von Zuschauern, die uns zu erkennen gaben, daß dieses Schauspiel ihnen noch neu seyn müßte, waren die einzigen Kennzeichen, an denen sich die Revolution allenfalls errathen ließ.

Unser Gasthof war voll von Engländern; auch ging ziemlich allgemein die Sage, daß man im Begrif sei, ein englisches Hülfskorps zu errichten, womit es jedoch wohl zu keiner Zeit Ernst gewesen seyn mag. Die Anwesenheit des Herzogs und der Herzogin von Devonshire schien auf die politische Lage von Brabant keine Beziehung zu haben. Wir hörten hie und dort, daß dies eine gewöhnliche englische Reise aufs feste Land sei, wodurch man Zeit zu ökonomisiren gewinnt; denn allzugroßer Aufwand erschöpft zuletzt auch die ungeheuersten Einkünfte. Allein schwerlich konnte dieser Fall hier eintreten, weil der Herzog bei einer solchen Reise eben nicht spart. Diesen Zoll müssen indeß die Großen jederzeit von ihren disproportionirten Reichthümern und Besitzungen an das Publikum zahlen; ich meine, daß man, wegen der Höhe, die sie bestiegen haben, und von welcher sie auf das übrige Menschengeschlecht herabsehen, die Augen unaufhörlich auf sie gerichtet hält, ihre Bewegungen, eben weil sie sich nicht verbergen lassen, stets bewacht und ihnen allerlei Motive andichtet, von denen sie selbst sich oft nichts träumen ließen. Ein jeder allzureicher Privatmann, wird schon durch die Mittel zu wirken, die er in Händen hat, ein wichtiger Mensch im Staate, und in so fern muß er sich billig dem Urtheile seiner Mitbürger in dem Grade, wie die in öffentlichen Ämtern stehenden Personen, stellen und unterziehen. Die Natur verübt auch hierin die ihr eigene Gerechtigkeit. Das wahre, ächte, einzige Eigenthum ist in unserm Herzen und Verstande. Auf alle anderen erworbenen äußerlichen Güter behält der Nebenmensch immerfort einen natürlichen Anspruch, der, wenn man sich auch vermittelst des bürgerlichen Vertrags dessen begiebt, sich dennoch in der Freiheit und Unausbleiblichkeit des Urtheils über seine Anwendung immer wieder äußert. Je überwiegender der Einfluß ist, den ein Wesen in die Schicksale der Menschen hat, desto allgemeiner wird dieses Wesen für Alle ein Gegenstand des Nachdenkens, des Lobes und des Tadels. Daher giebt es nichts in der Welt, worüber täglich und stündlich so viele, und zugleich so schiefe Urtheile gefällt werden, als über die Sonne, die Natur und Gott.

XIV *Brüssel*

Ansicht von Brüssel. Pracht der Gebäude. Anekdote von Peter dem Großen. Veränderter Zustand der Stadt seit achtzehn Jahren. Kühner Spitzthurm des Rathhauses. Prinz Karls Statue zu Pferde auf dem Giebel des Brauerhauses. Neue Häuser an der Stelle aufgehobener Klöster. Kornmarkt. Physiognomische Anzeichnungen über den Pöbel von Brüssel. St. Gudulakirche. Vortrefliches Gemälde von Rubens. Kreuzigung Christi von Crayer in der Kirche des großen Beguinenhofs. St. Jakobskirche zum Kaudenberg. Herrn Danhots Gemäldesammlung. Danaë von Tizian. Porträt eines Frauenzimmers von Leonardo da Vinci.

Brüssel

Wir sind einige Tage nach einander ausgewesen, um die Stadt zu besehen. Sie ist sehr unregelmäßig gebauet: die Straßen laufen krumm, kreuz und queer durcheinander; viele sind indeß ziemlich breit, und fast durchgehends sieht man schöne oder wenigstens solide Häuser, die ein gutes Ansehen haben. Die meisten Privathäuser sind nach der Straße hin sehr schmal, und mit Giebeln, welche sich stufenweise zuspitzen, versehen. Fast alles, die großen, massiven Gebäude ausgenommen, ist wie in den übrigen Brabantischen Städten, mit weißer Tünche überzogen. Die Gegend um den Park ist eine der schönsten, und würde in jeder großen Stadt dafür gelten. Massive, große Gebäude, von einfacher aber geschmackvoller Bauart zieren sie. Der Königsplatz, wo eine kolossalische Bildsäule des Prinzen Karl von Lothringen in Erz, vor der St. Jakobskirche, in einer Linie mit dem kühnen, leichten Spitzthurm des Rathhauses steht, ist mit eben solchen Gebäuden umringt. Der Gerichtshof von Brabant, oder das sogenannte Conseil, hält in einem neuen, von den Ständen errichteten Pallast, der nach dem Park hinsieht, seine Sitzungen. Die Hotels des Herzogs von Aremberg, des Vicomte von Walkiers, des englischen Gesandten, imgleichen das Wappenhaus u. a. m. stehen sämmtlich in dieser Gegend.

Seit sechzehn oder achtzehn Jahren hat Brüssel, zumal um den Park herum, eine neue Gestalt gewonnen. Die alten Gebäude, die man hier noch sieht, wie zum Beispiel die Reitbahn, stehen beinah unter der Erde; die neuen hingegen haben zwei oft drei Keller oder Souterrains über einander, indem man das Erdreich bis zu einer Höhe von dreißig Fuß und drüber aufgeschüttet hat, um die ehedem vorhandenen Unebenheiten auszufüllen. Der Park ist daher jetzt schon vollkommen geebnet, bis auf zwei Vertiefungen, welche noch vor kurzem Sümpfe waren, jetzt aber mit schönem, hohem Gebüsch bekleidet und mit festen Sandgängen ausgelegt sind. In einem dieser Gründe sahen wir eine Grotte mit einem Springbrunnen, der aber jetzt nicht floß. Das viereckte Becken von Stein unter der Nische, (worin eine lesende weibliche Figur von Marmor liegt) hat auf seinem Rande folgende merkwürdige Inschrift: Petrus Alexiowitz Czar Moscoviae Magnus Dux margini huius fontis insidens illius aquam nobilitavit libato vino hora post meridiem tertia die XVI. Aprilis anni 1717. Der große Stifter des russischen Kaiserthums hatte nämlich bei einem Gastmal, welches man ihm zu Ehren gab, ein wenig zu tief ins Glas gesehen. Indem er nun hieher spatzierte, um in der frischen Luft die Dünste des Weins verrauchen zu lassen, fiel er in das Wasserbecken, und es geschah, was die Inschrift sehr zierlich und fein mit dem libato vino ausdrückt.

Der sogenannte große Markt ist wirklich nicht so groß, wie man ihn sich nach diesem Beinamen vorstellen möchte; allein das Rathhaus mit seinem hohen gothischen Thurme ziert diesen Platz und giebt ihm Ansehen. Das Einfache pflegt selten die stärkste Seite der gothischen Bauart auszumachen; bei diesem Thurme halten jedoch die vielen kleinen Spitzen und einzelnen Theile den Beobachter nicht ab, Einen großen Eindruck von kühn und leicht emporstrebender Höhe zu empfangen. Es wird immer den Gebäuden in diesem Geschmack zum Vorwurf gereichen, daß ihre Gestalten stachlicht und gleichsam zersplittert scheinen, zu scharfe, eckige, in die Länge gezerrte Verhältnisse und Formen darbieten und dem Auge keine Ruhe lassen. St. Michael steht nicht übel auf der Spitze dieses Thurms in kolossalischer Größe, die jedoch von unten immer noch klein genug erscheint, und mit dem besiegten Feinde zu seinen Füßen. Auf dem benachbarten Giebel des Brauerhauses steht des Prinzen Karl von Lothringen vergoldete Bildsäule zu Pferde lange nicht so schön, und gewiß nicht an ihrem Orte; allein die Brüsseler scheinen diesen Fürsten so lieb gehabt zu haben, daß sie ihn gern über ihren Köpfen reiten ließen.

Zu den Veränderungen in Brüssel muß man noch die seit der Aufhebung der Klöster angebauten Plätze rechnen, auf denen jetzt schon eine große Anzahl neuer Häuser stehen. Eins von diesen Klöstern, welches innerhalb der Stadt ansehnliche Gärten besaß, brachte durch seine Aufhebung zum erstenmal den Einwohnern und ihrem Handel einen wichtigen Vortheil, indem der Kaiser daselbst einen schönen, geräumigen Platz zum Kornmarkte einrichten ließ, auf welchem jeder Gattung von Getreide ihr besonderer Ort angewiesen ist; es stehen Pfähle errichtet, mit Brettern daran, worauf man »Bohnen, Buchweizen, Weizen, Roggen, Hafer, Gerste,« u. s. w. liest. In einer andern Gegend baute man nur noch im vorigen Jahre mehr als zwanzig neue Häuser auf den Schutthaufen eines Klosters. Diese Veränderungen und Verschönerungen einer Stadt, die, wenn man einzelne Gebäude ausnimmt, im Ganzen bereits an Schönheit mit Berlin verglichen werden darf, werden jetzt eine Zeitlang ins Stecken gerathen; wenigstens werden die noch übrigen Klöster vor der Hand wohl mit dem Schicksal, das Joseph der Zweite ihnen drohete, verschont bleiben. Das fromme, katholische Volk von Brabant hängt mit ganzer Seele an seinem Herkommen in der Religion wie in der Politik, und wenn man es aufmerksam beobachtet, so begreift man nicht, wie es möglich und wirklich geworden ist, daß dieses Volk mit der Anstrengung eines Augenblicks seinen Oberherrn vertrieben hat.

Die große Masse des Volks in Brüssel ist, so viel ich nach dem Haufen urtheilen kann, der sich in den Straßen sehen läßt, nichts weniger als eine schöne Race. Sei es verderbte Lebensart, Eigenheit des hiesigen Bodens, oder Einwirkung der Verfassung und anderer zu wenig bekannter Umstände; aber gewiß ist es, daß das gemeine Volk eher unter, als über der mittleren Statur gerechnet werden muß. Besonders ist dies an dem andern Geschlechte auffallend sichtbar, das überdies noch im Verhältniß des Körpers kurze Arme und Beine hat. Ihre Gesichtszüge kann man nicht eigentlich häßlich nennen; allein bei einer ziemlich regelmäßigen Bildung ist etwas Schlaffes und Grobfleischiges zugleich bemerklich, welches das physiognostische Urtheil von gutmüthiger Schwäche und uninteressanter Leere nach sich zieht. Jene schönen vollwangigen Gesichter mit hoher Stirne und schöngebogener Nase, mit Feuer im großen Auge, starken Augenbraun und scharfgeschnittenem weitem Munde, die uns im Limburgischen und selbst noch in dem an Lüttich gränzenden Tirlemont gefielen, sahen wir hier nicht wieder. Es scheint, als hätte auf dem niederländischen Grunde der französische Firniß die Züge nur mehr verwischt, nicht charakteristischer gemacht. Dies kann vielleicht paradox, vielleicht gar unrichtig klingen; allein ich bin für mein Theil überzeugt, daß auch ohne wirkliche Vermischung der Racen, bloß durch das Allgemeinwerden einer andern als der Landessprache, durch die vermittelst derselben in Umlauf gekommenen Vorstellungsarten und Ideenverbindungen, endlich durch den Einfluß, den diese auf die Handlungen und auf die ganze Wirksamkeit der Menschen äußern, eine Modifikation der Organe bewirkt werden kann. Rechnen wir hinzu, daß von alten Zeiten her Ausländer über Brabant herrschten; daß Brüssel lange der Sitz einer großen, glänzenden Hofstatt war; daß auch mancher ausländische Blutstropfe sich in die Volksmasse mischte; daß der Luxus und die Ausschweifungen, die von demselben unzertrennlich sind, hier in einem hohen Grade, unter einem reichen, üppigen und müßigen Volke seit mehreren Jahrhunderten im Schwange gingen: so kann die besondere Abspannung, die wir hier bemerken, sich gar wohl aus natürlichen Ursachen erklären lassen. Es ist indeß nicht der niedrige Pöbel allein, dessen Gestalt zu jener Skizze paßt; das ganze Corps der freiwilligen Bürger, das wir täglich auf dem Markte sehen, und dessen Glieder wenigstens bemittelt genug sind, um auf eigene Kosten alles, was zu ihrer Equipirung gehört, sich anzuschaffen, ja, unter denen viele ein reichliches Einkommen haben; dieses Corps, sage ich, so schön es gekleidet ist, so eine kriegerische Mine es macht, und so viel Standhaftigkeit und Edelmuth es wirklich beseelen mag, besteht gleichwohl durchgängig aus kleinen, schmächtigen Menschen, auf deren Wange selten einmal etwas von einer martialischen Farbe glüht. Die Hauptkirche zu St. Gudula ist ein ungeheures, altes Gebäude von ehrwürdigem Ansehen, inwendig mit einer sehr großen Anzahl von Kapellen ausgeschmückt. Die vornehmste, des wunderthätigen Sakraments, bot uns den schönsten Rubens dar, den wir bis jetzt gesehen hatten, den schönsten, ich sage es dreist heraus, den ich von seiner Hand nicht übertroffen zu sehen erwarte. Das Süjet, welches er sich gewählt hat, ist Christus, indem er Petro die Himmelsschlüssel übergiebt. Es herrscht eine erhabene, göttliche Ruhe in dieser schönen Gruppe von Köpfen, deren Kraft und Glanz so frisch ist, als wären sie gestern gemalt. Die Farben haben einige Härte, die man über den Eindruck des Ganzen nicht merkt. Der Christuskopf ist schön und sanft, nur diesmal gar zu still und unbeseelt. Die Künstler scheinen mannichmal zu wähnen, daß die Sanftmuth des Dulders sich nicht zu innerem Feuer gesellen dürfe, durch welches sie doch erst ihren größten Werth erhalten muß; denn sanft sind ja auch die frommen Thiere, die einen hier, am unrechten Orte angebracht, um das allegorische: *weide meine Schafe!* anzudeuten, wirklich ärgern. Die linke Hand des Heilands ist von großer Schönheit, wie jene berühmte Hand von Carlo Dolce in Düsseldorf. Petrus, der sich über die rechte Hand seines Herrn beugt, ist ein Kopf voll Hingebung, Vertrauen, Glauben und Festigkeit. Jakobus ist alt und ehrwürdig; die andern beiden Köpfe, von weniger Bedeutung, dienen jedoch zur Verschönerung der so groß gedachten Gruppe. Das Bild ist nur ein Kniestück. Von den vielen Gemälden von Crayer, Coxis, van Cleef, Champagne, Otto Venius und Andern, welche die zahlreichen Kapellen dieser Kirche zieren; von den Statüen der Heiligen, den kostbaren Altären, den gemalten Fenstern, und den Mausoleen kann ich nach dem Anblick eines solchen ächten

Kunstwerks nicht sprechen. Das wahrhaft Vollendete der Kunst füllt die Seele so vollkommen, daß es für geringere Gegenstände keinen Platz darin läßt.

In der zum großen Beguinenhofe gehörigen Kirche sahen wir an dem Altar zur Rechten ein schönes Gemälde von Crayer; es war eine Kreuzigung Christi. Der Kopf des Erlösers war edel und sogar erhaben; Johannes nicht schön, aber von bewundernswürdigem Ausdruck. Den Blick auf den Gekreuzigten gerichtet, scheint er fast noch mehr als dieser zu leiden. Die Muttergottes ist nicht so glücklich gefaßt, aber dennoch von unverzüglicher Kraft, und schön drappirt, zumal um den Kopf. Die Magdalene zu den Füßen des Kreuzes ist ebenfalls ihres Platzes in diesem Stücke würdig, wiewohl sie mit dem Johannes nicht verglichen werden kann. Die Farbe des Stücks ist wahr, und der Ton in schöner Harmonie. Die Gruppe ist einfach und natürlich; kurz, so wenig es mir gegeben ist, mit Enthusiasmus und Liebe an einer der Kunst so heterogenen Wahl zu hangen, so unverkennbar ist Crayers Verdienst in der Behandlung. Unmöglich konnte man einen Gegenstand, der an sich das Gefühl so fürchterlich verletzt, wie die Marter des menschlichen Körpers, auf eine interessantere Weise darstellen, so daß man über den Geist und den Adel der Charaktere beinahe die Gräßlichkeit des körperlichen Leidens und der vom Henker verzerrten Gestalt vergißt.

Die St. Jakobskirche am Königsplatz, sonst auch die Kirche vom Kaudenberg genannt, überraschte uns nach so vielen theils gothischen, theils in einem barbarischen Geschmack mit Kleinigkeiten und Spielereien überladenen Kirchen, auf eine sehr angenehme Art. Ihre äußere Facciate ist edel und groß, und hat nur den Fehler, daß sie zu, beiden Seiten zwischen Häusern steckt, die zwar nicht übel gebaut, aber doch keinesweges an ihrem Platze sind, und den übrigen Bau der Kirche verstecken. Die Basreliefs im Fronton und über der Thüre sind unbedeutend; aber in der schönen korinthischen Architektur ist Reichthum mit Simplicität auf die glücklichste Art verbunden. Noch mehr gefiel mir der Anblick des Inneren von diesem höchst regelmäßigen Tempel. Die Proportionen der korinthischen Säulen sind untadelhaft, ihre Kapitäler schön geschnitzt, und die Dekorationen der Kuppel, der Bogen und der Soffiten von ausgesuchter Schönheit und Eleganz. Die ganze Form des Schiffs, und die Verhältnisse des Kreuzes entzücken das Auge, und diese durch keine kleinliche, unnütze Zierrathen verunstaltete, durch nichts Heterogenes gestörte Harmonie wird durch die weiße Farbe, womit die ganze Kirche überzogen ist, noch erhöhet. Hier ruhet das Auge und der Geist; hier fühlt man sich wie zu Hause, und glaubt an die Verwandtschaft des Bewohners mit unserm Geiste; hier ist nichts Finsteres, nichts Schauerlicherhabenes. Größe ist es, mit gefälliger Grazie, mit Schönheit und Liebe umflossen. Die Verschwendung der köstlichsten Marmorarten in den hiesigen Kirchen beklagten wir erst recht lebhaft, nachdem wir dieses schöne Gebäude betrachtet, und uns vorgestellt hatten, welch einen herrlichen Effekt es machen würde, wenn man sie hier angewendet und die Vollkommenheit der Form durch die Pracht und Vortreflichkeit des Stoffs erhöhet hätte. Aber, daß sich nur niemand in Zukunft auf den Geschmack der vermeinten Kunstkenner verlasse! Diese Kirche und Crayers Gemälde bei den Beguinen hatte man uns mit Achselzucken genannt. Dafür loben sie uns das Portal der Augustinerkirche und Landschaften von Breughel!

Der Abbé Mann, ein alter Engländer, verschaffte uns Gelegenheit, das Gemäldekabinet des hiesigen Banquiers, Herrn Danhot, zu sehen, und ich kann nicht zu früh von dieser vortreflichen Sammlung sprechen, die mich mitten in Brüssel so angenehm an italienische Kunst und ihre Vollkommenheit erinnerte. Ich sage Dir nichts von dem schönen Lukas van Leyden, dessen Verdienst in seinem Alterthum besteht; von den kleinen Stücken, worunter ein Miris befindlich ist, der dem Eigenthümer viertausend Gulden gekostet hat; von den meisterhaften Landschaften des wakkern van Goyen; von dem Salvator Rosa, dem Bassano, den Teniers groß und klein, fünf an der Zahl, so schön ich sie je gesehen habe; von dem S. Franziskus von Guido, und einer Jungfrau, angeblich von demselben Meister, die ich aber beide für Kopien halte; von den zwei Obst naschenden Knaben des Murillo, die, wie alles von diesem Künstler, aus der Natur leibhaft ergriffen sind; ich mag nicht von van Dyk's schönen Skizzen sprechen, worunter besonders die Abnehmung vom Kreuze so lieblich gedacht ist, daß man den Tod des Adonis zu sehen glaubte, wenn nicht ein Priester im Meßgewande vorn die Illusion zerstörte; nicht von Rembrandts zwey unnachahmlichen Porträten, dem Maler und dem Philosophen; nicht von dem vermeintlichen Raphael, der diesen Namen nicht verdient; nicht von Rubens Sabinerraub, von seiner Bürgerschaft von Antwerpen vor Karin dem Fünften; nicht einmal von seiner Rückkehr aus Ägypten, mit Figuren in Lebensgröße, wo Gott der Vater sehr gemächlich in den Wolken sitzt, der Christusknabe hingegen mit einem lieblichen Kopf, eine vorzügliche Leichtigkeit im Gange hat. Was konnte ich von diesem Reichthum noch sehen, nachdem ich eine Danaë von Tizian, und ein Porträt der Frau des Malers Joconde, von Leonardo da Vinci's Hand gesehen und verschlungen hatte? Die Danaë ist eine köstliche Figur; sie liegt da und lebt. Mehr wird kein Mensch zu ihrem Lobe sagen können. Farbe, Gestalt der Muskeln, Frische und Sammetweiche der Haut, sind wahr bis zum Angreifen, und in der Fülle der Reize. Es ist nur Schade, daß der große Meister diesem schönen Körper keine Seele schuf; der leere Kopf mit den geschlossenen Augen ist auszeichnend häßlich; man möchte ihn aus dem Bilde herausschneiden, damit er dessen Harmonie nicht störte. Frau Joconde erinnerte mich augenblicklich an mein Lieblingsbild in der Landgräflichen Galerie zu Cassel, wo dem Künstler genau dasselbe Gesicht zu einer himmlischen Madonna gedient haben muß. Das Kolorit des hiesigen Stücks hat indeß vor jenem einen entschiedenen Vorzug. Sie hält die eine Hand mit einer Aglaienblume ein wenig steif nach Art der älteren Maler empor; in der andern hat sie blühenden Jasmin, und im Schooße liegen noch einige Blumen. Ein wenig Härte und Trockenheit mag immer der Pinsel beibehalten haben; es ist doch unmöglich eher daran zu denken, als bis man an den Wundern der Zeichnung geschwelgt hat, und einen Vorwand sucht, um endlich sich loszureißen. Umsonst! diese kleinen Unvollkommenheiten, die so innig in der Schönheit und dem Seelenadel des Weibes verwebt sind, werden bei ihr zu neuen Fesseln für unser Auge und für das Herz. Man überredet sich gern, daß etwas so Vortrefliches nicht anders, als wie es ist, vortreflich seyn könne, und liebt den Flecken um des Platzes willen, den man ihm beneidet. Die Natur hat die Talente nicht vereinigen können, nicht Tizian's Sinn für den zarten Hauch des Lebens, mit unseres Leonardo's leiser Ahndung des Seelenausdrucks! Sie gehen also wohl nicht beisammen, und wir begnügen uns, – begnügen? so vermessen dürften wir vom Genusse der edelsten Schöpfungen des Genius sprechen? – wir sind überglücklich, uns in den Gesichtspunkt eines jeden einzeln zu versetzen, und ihre Seele in einer Sprache von unaussprechlichen Ausdrücken mit der unsrigen in Gemeinschaft treten zu lassen. Ein jeder wähle, was ihm frommt! ich halte mich hier an den Zauberer, der *Geister* vor mir erscheinen läßt; wohlthätige Erscheinungen, die, einmal gesehen, ewig unvertilgbare Spuren ihres Daseyns im Innern des Schauenden hinterlassen. Ist das eines Malers Frau? dann werft eure Paletten weg, ihr anderen Maler, wenn ihr Madonnen und Engel, die seligen Bewohner des reinen Äthers, malen sollt. Sie hat in sich die Fülle alles dessen, was Andern Regel und Muster ist; ihr selbst unbewußt, denn sie kennt weder Regel noch Muster. Ihr Sinn ist Jungfräulichkeit, ihr Thun lauter, wie das Element, in dem eure Götter athmen; Sanftmuth und die äußerste Feinheit umschweben ihren wahren, zarten Mund; unbeschreiblich leise sinnt es nach in ihr, im Eindruck des Kopfs um die Gegend der Schläfe; heilig und rein ist das große niedergeschlagene Augenpaar, das die Welt in sich aufnimmt, und sie schöner wiedergiebt. Wer möchte nicht unsichtbar sie umschweben, in ihrer dunklen Grotte, deren Grund fast nicht zu erkennen ist, wo sie einsam und in stiller Ruhe die Natur der Blüthen ergründet, sie selbst die zarteste und schönste der Blüthen! Die Mauerraute wuchert in den Ritzen der feuchten Felsenwand, und die Ranken des Zimbelkrauts hangen üppig daran herunter und wollen gedrückt seyn von Ihr! Alles ist vollendet, und bis auf die zartesten Merkzeichen ausgemalt, alles in seinen unbedeutendsten Umrissen wahr und bestimmt. O Carlo Dolce! wehe dem, der von einem solchen Meister wie Leonardo da Vinci nicht lernte, die Sorgfalt der Natur von der ekelhaften Pinselei der Manier unterscheiden!

Zweiter Theil

XX *Antwerpen*

Lebensdauer. Bleichen in Armentieres. Grands Flandrins. Aussicht von Mont-Cassel. Dünkirchen. Dünen. Schleichhandel. Wachholderbranntwein- und Salzsiedereien. Portal der Pfarrkirche. Ansicht des Hafens und des Meeres. Karrikatur eines Theaters. Fahrt auf der Barke nach Fürnen, Nieuport und Ostende. Digression über das Völkerrecht und die geschlossene Schelde. Brügge. Die Barke von Gent. Geographische Kenntnisse eines Franzosen. Gent. Standbild Karls des Fünften. Der Brand und Kindermord vom 14. und 15. November 1789. Verfassung der Provinz Flandern. Charakter der Flamänder und Flamänderinnen. Gemälde zu St. Bavo. Reise durch Lockeren und St. Niklaas nach Antwerpen. Erste Erblickung dieser Stadt.

Antwerpen

Endlich haben wir erfreuliche Sonnenblicke statt des ewigen Nebels und Regens, der uns das Vergnügen unserer Küstenfahrt ein wenig schmälerte. Nur in Dünkirchen lächelte die Sonne einmal zwischen den Wolken hervor, und diesen heitern Zwischenraum ließen wir nicht unbenutzt. In den fünf Tagen, die wir auf der Reise von Lille hierher zugebracht haben, sind uns indeß so viele Gegenstände von mancherlei Art vor dem äußern und innern Sinne vorübergegangen, daß Du Dich auf einen langen Bericht gefaßt halten mußt. Wir ruhen hier aus, ehe wir von neuem unsere Augen und unsern Geist zur Beobachtung dieser großen Stadt anstrengen, die ihren Ruhm überlebt hat. Es giebt vielleicht keine Arbeit, welche so die Kräfte erschöpft, als dieses unaufhörliche, mit aufmerksamer Spannung verbundene Sehen und Hören; allein, wenn es wahr ist, daß die Dauer unseres Daseyns nur nach der Zahl der erhaltnen Sensationen berechnet werden muß, so haben wir in diesen wenigen Tagen mehrere Jahre von Leben gewonnen.

Der Weg von Lille nach Dünkirchen führte uns über Armentieres, Bailleul, Cassel und Bergen. Es regnete beinah unablässig den ganzen Tag; allein ob uns gleich die Aussicht dadurch benommen ward, bemerkten wir doch, daß sie im Durchschnitt denen im Hennegau ähnlich bleibt. In Armentieres hielten wir uns nicht auf, so gern wir auch die dortigen Leinwandbleichen in Augenschein genommen hätten, wo man bereits die wichtige Erfindung des Französischen Chemikers Bertholet, mit dephlogisticirter Salzsäure schnell, sicher und unübertreflich schön zu bleichen, in Ausübung gebracht haben soll. Die Preußischen Bleichanstalten im Westphälischen folgen bereits diesem Beispiel, und selbst in Spanien wird diese Methode schon angewendet.

In Bailleul hörten wir das Volk auf dem Markte schon wieder Flämisch sprechen, und diese Sprache geht bis Dünkirchen fort. Das Französische in dieser Gegend ist ein erbärmliches patois oder Kauderwelsch; es ist nicht sowohl ein Provinzialdialekt als eine Sprache des Pöbels, der nicht seine eigene Muttersprache, sondern eine erlernte spricht. Die hiesige Menschenrace ist groß und wohlgebildet; vielleicht bezieht sich die Französische Redensart, un grand flandrin, auf diese Größe, wiewohl sie auch den Nebenbegrif des Tölpischen oder Ungeschickten mit sich führt. In allen diesen Städtchen tragen die Weiber jene langen Kamelottmäntel, wie im Hennegau; nur daß wir unter vielen grauen auch einige scharlachfarbene sahen.

Wir hielten unsere Mittagsmahlzeit zu Cassel, (Mont-Cassel) das wegen seiner romantischen Lage auf einem Berge so berühmt, übrigens aber ein unbedeutender kleiner Ort ist. Im Sommer, an einem hellen Tage, wäre es fast nicht möglich, sich von diesem Anblick loszureißen. Die nächsten Hügel haben malerische Formen und sind ganz mit Wald gekrönt. Die unabsehlichen Gefilde von Flandern, Hennegau und Artois liegen ausgebreitet da, und verlaufen sich in die dunkelblaue Ferne, wo nur die hohen Kirchthürme von Bergen, Dünkirchen, Fürne, Ipern und anderen Städten wunderbar hinausragen und ein Gefühl von Sicherheit und ruhiger Wohnung in dieser schattigen, mit unendlichem Reichthum abwechselnder Formen geschmückten Gegend einflößen. O dies ist das Land der lieblichen, der kühlen

Schatten! Hier begränzen die hochbewipfelten, schlanken Ulmen, Espen, Pappeln, Linden, Eichen und Weiden jedes Feld und jeden Weg, jeden Graben und jeden Kanal; hier laufen sie meilenweit fort in majestätischen Alleen, bekleiden die Heerstraßen, oder sammeln sich in Gruppen auf den weiten Ebenen und den Anhöhen, um die zerstreuten Hütten und um die stillen Dörfer. Die Anmuth, die Mannigfaltigkeit und Pracht dieser hohen, schön gestalteten Bäume verleiht den hiesigen Landschaften einen eigenthümlichen Charakter. Der Teppich der Wiesen ist in diesen nassen Tagen herrlich grün geworden; die Weizenäcker schimmern mit einer wahrhaften Smaragdfarbe; die Knospen der Bäume wollen trotz dem kalten Hauch der Nordwinde ihren Reichthum nicht länger verschließen; die Kirsch- und Birn- und Apfelbäume in den Gärten, die Pfirsich- und Aprikosenbäume an den Mauern öffnen mitten im Regen ihre Blüthen. Bei dieser üppigen Pracht des Frühlings entbehrten wir dennoch den Anblick der Dünen und des Meeres, den uns der Nebel neidisch verhüllte. Jener unermeßliche blaue Horizont, der sich an die Wölbung des azurnen Himmels anschließt, muß der hiesigen Aussicht eine erhabene Vollkommenheit geben, die nur in wenigen Punkten unserer Erde erreicht werden kann. – Der Hügel, von welchem wir diesen Anblick genossen, scheint ein bloßer Sandhügel zu seyn, deren es hier mehrere giebt, die weiter durch das Artois in die Picardie hinein fortsetzen und vermuthlich auf Kalk stehen. Vor Lille und in der dortigen Gegend findet man sehr weißen Kalkstein, und in der Picardie bekanntlich, wie in England, Kreide.

Die Schönheit der Landschaft war plötzlich, wie durch einen Zauber, verschwunden, sobald wir die kleine Festung Bergen (oder St. Winoxbergen) hinter uns gelassen hatten. Wir befanden uns auf einer niedrigen, offenen Fläche, wo, außer einigen Reihen von abgekappten Weiden in allerlei Richtungen, sonst kein Baum und keine Hecke zu sehen war. Die ganze ungeheure Ebene bestand aus Wiesen und Viehtriften, und war längs dem Seeufer, von nackten weißen Sandhügeln, den so genannten *Dü-*

nen, umgeben. An einigen Stellen stach man Lehm zu Ziegeln, die sich gelb brennen lassen; übrigens aber schien uns alles öde und leer, zumal nach dem Anblick einer solchen Gegend, wie wir eben verlassen hatten. Der Steindamm, auf welchem wir fuhren, war indeß unverbesserlich, und bald erreichten wir das kleine geschäftige Dünkirchen, welches, wie sein Name deutlich zu erkennen giebt, in den Dünen angelegt worden ist. Durch die Länge der Zeit und durch den Anbau ist aber alles dergestalt weggeebnet und abgetragen worden, daß man keine Erhöhung mehr gewahr wird und nur in einiger Entfernung zu beiden Seiten der Stadt die Hügel fortstreichen sieht.

Die unregelmäßige Gestalt dieser Sandhaufen, die sich wie die stürmischen Wellen des Meeres, das sie bildete, dem Auge darstellen, höchstens aber vierzig Fuß in senkrechter Linie über die Wasserfläche hinausragen, und mit einigen Pflänzchen spärlich bewachsen sind, giebt der Gegend etwas Befremdliches, Verödetes, Abschreckendes. Ihre Veränderlichkeit verursacht den Einwohnern dieser Küsten manche Besorgniß; die Winde können den Flugsand, woraus die Dünen bestehen, stellenweis ganz verwehen und eine Lücke machen, wo das Meer bei außerordentlichen Fluthen leicht durchbricht, sich in die niedrige Fläche ergießt und den lebendigen Geschöpfen sowohl, als dem Lande selbst das Daseyn raubt. Wo diese fürchterlichen Katastrophen auch nicht erfolgen, sind wenigstens die angränzenden Äcker und Wiesen dem Versanden ausgesetzt, welches sie auf ganze Jahrhunderte hinaus unbrauchbar macht. Nicht weit von Dünkirchen, auf der Flandrischen Gränze, zeigte man uns ein merkwürdiges Beispiel von der Wirkung der Stürme. Ein Kirchthurm stand im Sande vergraben und nur seine Spitze ragte noch hervor. Das Pfarrhaus war gänzlich verschwunden, und man hatte sich genöthigt gesehen, weiter östlich von den Dünen das ganze Dorf neu anzulegen. Auch die Kaninchen, die in diesen Sandhügeln häufig graben und wühlen, tragen zur Schwächung dieser Vormauer gegen die See das ihrige bei.

Wir hofften vergebens, beim ersten Anblick von Dünkirchen,

den Gegenstand der Eifersucht einer großen Nation an irgend einem auffallenden Zuge zu erkennen. Die Stadt ist nichts weniger als glänzend, ob sie gleich dreißig tausend Einwohner zählt, die mehrentheils von der Schiffahrt leben. Allein die Nähe der Englischen Küste begünstigt hier den Schleichhandel, und in Kriegeszeiten die Kaperei so sehr, daß England mehr als Einmal auf die Vernichtung des Ortes bedacht gewesen ist, und in seinen Friedenstraktaten mit Frankreich die Demolition des Hafens und der Festungswerke bedungen hat. Von Seiten Frankreichs aber hat man diese Bedingung jederzeit unerfüllt gelassen; und im Grunde giebt es auch kein wirksames Mittel gegen den Schleichhandel, das einzige ausgenommen, dessen sich der Minister Pitt durch den Commerztraktat bedient hat, die Herabsetzung der Zölle, wodurch der rechtmäßige Kaufmann einen reichlicheren Absatz gewinnt, indem das Risico des Contrebandiers zu groß wird. Dieser Traktat scheint wirklich schon auf den Wohlstand von Dünkirchen einige nachtheilige Wirkungen zu äußern, wiewohl die vielen Fabrikanstalten es noch aufrecht erhalten. Es sind hier verschiedene ansehnliche Englische Handlungshäuser etablirt, und das reichste Comptoir im ganzen Orte gehört der Irländischen Familie Conolly. Auch sieht man mehrere Englische Kaffeehäuser, wo alles nach der in England üblichen Art eingerichtet ist, und nichts als Englisch gesprochen wird. Eine der größten Fabriken, die Gärberei vor der Stadt, ist ebenfalls eines Engländers Eigenthum. Gleich daneben liegt ein großes Glashaus, welches Flaschen von grünem Glase liefert.

Einer von den wichtigsten Handelsartikeln in Dünkirchen ist der Wachholderbranntwein (genièvre), wovon ansehnliche Quantitäten nach England gehen, und, weil noch immer eine sehr schwere Abgabe darauf haftet, mehrentheils auf verbotenem Wege hineingeführt werden. Dort, wie in den Niederlanden, hält man dieses Getränk für eine Panacee in Magenbeschwerden; ein Vorurtheil, das schon manches Leben verkürzt hat. Vor diesem zog man allen Wachholderbranntwein aus Holland; jetzt destilliren ihn die Einwohner von Dünkirchen selbst, seitdem sie einige Holländer, die sich darauf verstanden, zu sich herüber gelockt haben.

Nicht minder wichtig für Dünkirchen ist die Raffinerie des Kochsalzes, welche gegen zwanzig Siedereien beschäftigt. Eine übelverstandene Geheimnißkrämerei scheint jedoch bei den Eigenthümern obzuwalten; denn man wies uns von zweien, sogar mit einiger Ungefälligkeit, zurück, wiewohl das ganze hiesige Geheimniß vermuthlich nur darin besteht, daß man statt der viereckigen Pfannen runde braucht. Das Salz wird aus Französischem Steinsalz bereitet und ist verhältnißmäßig sehr wohlfeil. Man leitet das Seewasser unmittelbar in die Behälter, wo jenes Salz aufgelöset wird; allein diese Bequemlichkeit der Lage wird durch das Ungemach, an gutem Trinkwasser Mangel zu leiden, gar zu theuer erkauft. Keiner von den Brunnen ist nur erträglich, und die Einwohner müssen sich kümmerlich genug mit Regenwasser behelfen. Im Sommer ist daher Dünkirchen ein ungesunder Aufenthalt.

Das Portal der Pfarrkirche hat mir dort gefallen. Ein schönes Fronton von richtigen Verhältnissen ruht auf einer Reihe prächtiger, korinthischer Säulen; und wäre nicht die Füllung mit häßlichen, pausbackigen Engelsköpfen und steinernen Wolken verunstaltet, und ständen nicht über den Ecken des Frontons ein paar verunglückte pastetenähnliche Thürmchen, so wäre es wirklich, mit dem einfachen: Deo S. statt aller Aufschrift, eins der schönsten, die ich gesehen habe. Die Gemälde von Reyns, Porbus, Elias, Leys und Claaßens, die das Innere der Kirche verzieren, kann ich füglich mit Stillschweigen übergehen. Daß aber eine Stadt mit dreißigtausend Einwohnern nur Eine Pfarrkirche hat, ist ein trauriger Beweis von dem verkehrten Einfluß der Mönche, denen es hier an Klöstern nicht gebricht.

Seit zwölf Jahren zum erstenmal begrüßte ich hier wieder das Meer. Ich werde Dir nicht schildern können, was dabei in mir vorging. Dem Eindrucke ganz überlassen, den dieser Anblick auf mich machte, sank ich gleichsam unwillkührlich in mich selbst zurück, und das Bild jener drei Jahre, die ich auf dem Ocean zubrachte, und die mein ganzes Schicksal bestimmten, stand vor meiner Seele. Die Unermeßlichkeit des Meeres ergreift den Schauenden finstrer und tiefer, als die des gestirnten Himmels. Dort an der stillen, unbeweglichen Bühne funkeln ewig unauslöschliche Lichter. Hier hingegen ist nichts wesentlich getrennt; ein großes Ganze, und die Wellen nur vergängliche Phänomene. Ihr Spiel läßt nicht den Eindruck der Selbstständigkeit des Mannichfaltigen zurück; sie entstehen und thürmen sich, sie schäumen und verschwinden; das Unermeßliche verschlingt sie wieder. Nirgends ist die Natur furchtbarer, als hier in der unerbittlichen Strenge ihrer Gesetze; nirgends fühlt man anschaulicher, daß, gegen die gesammte Gattung gehalten, das Einzelne nur die Welle ist, die aus dem Nichtseyn durch einen Punkt des abgesonderten Daseyns wieder in das Nichtseyn übergeht, indeß das Ganze in unwandelbarer Einheit sich fortwälzt. – –

Der Hafen von Dünkirchen ist klein, beinahe gänzlich durch Menschenhände gebildet und so seicht, daß er nur kleine Schiffe aufnehmen kann. Innerhalb desselben ist ein vortreflich eingerichtetes Bassin, wo die Schiffe ausgebessert und neue vom Werft hineingelassen werden. Wir sahen und bewunderten die mechanischen Kräfte, wodurch man eine von diesen großen Holzmassen auf die Seite legte und ihr einen neuen Boden statt des ganz vermoderten gab. Die Sandbänke vor dem Eingang des Hafens, und seine Krümmungen zwischen den Steindämmen (jetées) zu beiden Seiten, gewähren den Schiffen vollkommene Sicherheit, so sehr sie ihnen auch das Ein- und Auslaufen erschweren. Die Dämme erstrecken sich weit ins Meer hinaus und bestehen aus eingerammelten Pfosten, die mit verflochtenem Strauchwerk oder so genannten Faschinen verbunden sind und zwischen deren Reihen man alles mit Granit- und schwarzen Jaspisblöcken ausgefüllt hat. Auf jeder Seite des Hafens liegt eine kleine Schanze, welche den Eingang bestreicht. Es war jetzt Ebbezeit, und auf dem entblößten Sande lagen Seesterne, Meernesseln, Korallinen, Madreporen, Muscheln, Seetang, kleine Krebse, kurz allerlei, was in den Fluthen Leben hat, in Menge angeschwemmt.

Insbesondere erstaunten wir über die vielen viereckigen, gehörnten kleinen Beutelchen, von einer glatten, schwarzen, faserigen, lederartigen Substanz, die man Seemäuse nennt, ob sie gleich eigentlich die Hülsen oder Eierschalen der jungen Rochen sind. Wir beschäftigten uns einige Zeit mit der Einsammlung dieser Naturalien. Plötzlich umleuchtete uns die Sonne. Die düstre graue Farbe des Wassers verwandelte sich in durchsichtiges, dunkelbläuliches, auf den Untiefen blasseres Grün; die Brandung an den äußersten Sandbänken schien uns näher gerückt und brauste schäumend daher wie eine Schneelavine; große Strecken des Meeres glänzten silberähnlich im zurückgeworfenen Licht, und am fernen Horizonte blinkten Segel, wie weiße Punkte. Eine neue Welt ging uns auf. Wir ahndeten in Gedanken das gegenüber liegende Ufer und die entfernten Küsten, die der Ocean dem kühnen Fleiße des Menschen zugänglich macht. Wie heilig ist das Element, das Welttheile verbindet!

Die wiederkehrende Fluth, die allmählig alle Sandbänke bedeckte, rief uns von unserm Staunen in den engem Kreis der menschlichen Geschäftigkeit zurück. Wir trockneten unsere eingesammelten Schätze am Feuer, und machten uns zur Abfahrt nach Fürnen (Veurne) fertig. Ehe ich aber mit meiner Erzählung weiter eile, will ich Dir mit zwei Worten das Theater beschreiben, das wir noch am Abend unserer Ankunft in Dünkirchen besuchten. Truppe, Orchester und Publikum – alles schien uns Karrikatur. Das Parkett, der Balkon und fast alle Logen waren mit Officieren angefüllt; denn es liegen hier zwei Regimenter in Besatzung. Von der lärmenden Konversation, die uns in den Ohren gellte, hat man keinen Begrif; man hätte denken sollen, morgen würde den Herren ewiges Stillschweigen auferlegt und hier bedienten sie sich zum letztenmal der Ungebundenheit ihrer Zunge. Sobald die Vorstellung anging, ward es noch ärger; der ganze Schwarm sang oder heulte alle Arien der Operette nach. Zum Glück waren die Schauspieler so schlecht, daß es ziemlich gleichgültig seyn konnte, *wer* uns die Zeit vertriebe. So urtheilte aber das hiesige Publikum nicht; vielmehr schien es an dem Geplärr, den Gestikulationen und dem ziemlich derben Scherz seiner Histrionen großes Wohlbehagen zu finden. Ich glaube, dieser ungebildete Geschmack bezeichnet nicht bloß den Unterschied zwischen der Provinz und der Hauptstadt; die Verschiedenheit der Abstammung trägt gewiß auch das ihrige dazu bei. Die Flämischen Organe sind um einige Grade gröber als die Französischen, und bekanntlich je roher der Mensch, desto plumper muß die Erschütterung sein, die seine Sinne befriedigt, Mozart's und Paesiello's Kunst wird an die Midasohren verschwendet, die nur für Ditters Gassenhauer offen sind. Eben so unempfänglich bleibt ein schlaffes, ungebildetes Publikum für das Talent des Schauspielers, der die Natur in ihren zartesten, verborgensten Bewegungen erforscht und ihre Bescheidenheit nie überschreitet; wenn hingegen der Kasperl mit lautem Beifall Possen reißt, oder, was noch ärger ist, ein mittelmäßiger Akteur die abentheuerlichsten Verzerrungen und die schwülstigsten Deklamationen als ächte dramatische Begeisterung geltend macht. Irre ich indeß nicht, so sind die hiesigen Einwohner von manchem Französischen Nationalfehler frei, ob sie gleich in Gesellschaft weniger glänzen; die ungezwungene Artigkeit ihrer südlichen Nachbarn gattet sich sehr angenehm zu ihrer eigenen Simplicität und Bonhommie, und bildet zwischen den Flämingern und Franzosen eine Zwitterrace, der man leicht die gute Seite abgewinnt. – Die Barke nach Fürnen geht täglich um drei Uhr Nachmittags auf dem Kanal von hier ab, durch eine ärmliche, wenig bebaute und fast gar nicht beschattete Fläche, über welche diesmal ein scharfer, kalter Wind hinstrich, der uns, trotz unseren Mänteln, ganz durchdrang. Dazu trug freilich die Gebrechlichkeit des Fahrzeuges viel bei. Der innere Raum desselben stand voll Wassers, und erhielt den Fußboden beständig angefeuchtet; auch waren in der Kajüte alle Fenster zerschlagen und der Wind hatte überall freies Spiel. Desto mehr bewunderten wir den Fleiß unserer Gesellschafterinnen, einer reichen Kaufmannsfrau aus Dünkirchen und ihrer achtzehnjährigen Tochter, die in einem fort strickten. Bei dem Dorfe Hoyenkerken befanden wir uns wieder auf Flandrischem Boden, und wurden von den Zollbedienten visitirt. Abends gegen neun Uhr traten wir zu Fürnen im Stadthaus oder vielmehr in der Conciergerie ab, welche fast durchgehends in allen Flandrischen Landstädten ein Wirthshaus vorstellt. Wir hatten diesmal Ursache, mit unserer Bewirthung vollkommen zufrieden zu seyn, und bezahlten die Ehre, auf dem Schlafzimmer unserer Reisegefährtinnen zu speisen, bloß mit der geduldigen Aufmerksamkeit, die wir ihrer Familiengeschichte widmen mußten.

Das kleine Städtchen hatte am Morgen ein freundliches Ansehen; die Häuser verkündigten, ihrer altmodigen Bauart ungeachtet, einen gewissen Wohlstand, und die Straßen waren so breit und so reinlich gehalten, daß man es ihnen nicht anmerkte, welcher Handelszweig die Einwohner bereichert. Fürnen ist der größte Viehmarkt in Flandern, der die angränzenden Provinzen von Frankreich mit fetten Ochsen versieht, und die Kastellanei, der dieser Ort seinen Namen giebt, hat die vortreflichsten Weiden im ganzen Lande. Die umliegende Gegend wird von Kanälen nach allen Richtungen durchschnitten, und auf einem derselben schiften wir uns wieder nach Nieuport ein. Unsere Barke war jedoch nicht besser, als die von Dünkirchen, und selbst der Kanal hatte ein vernachlässigtes Ansehen, woraus man ziemlich sicher schließen darf, daß diese Reiseroute nur selten besucht wird.

Der ärmliche Anblick von Nieuport führte uns nicht in die Versuchung, so lange da zu bleiben, bis die Barke nach Ostende abginge; wir mietheten lieber ein kleines Fuhrwerk mit einem Pferde, das unbehülflichste Ding, in dem ich je gefahren bin, und setzten unsere Reise zu Lande fort. In dem kleinen Hafen zählten wir nur funfzehn Fahrzeuge von ganz unbedeutender Größe, die jetzt während der Ebbe insgesammt auf dem Sande trocken lagen. Der hiesige Handel ist übrigens so geringfügig, daß sich mitten am Tage fast niemand auf der Straße regte. Unter den Fischerhütten, aus denen das kleine Städtchen besteht, bemerkten wir kaum ein gutes Gebäude. Jetzt fuhren wir also über eine weite, kahle Ebene, wo die Viehtriften, die Gräsereien und Wiesen mit einigen Äckern abwechselten. Die große Anzahl der umherliegenden, mit Gemüs- und Obstgärten umgebenen Dörfer bezeugte gleichwohl die starke Bevölkerung dieser Gegend von Flandern. Allein so nahe an den unfruchtbaren Dünen waren die Kühe auf der Weide sehr mager und klein, die Pferde kurzbeinig und von plumper Gestalt. Die kümmerliche Nahrung dieses Sandbodens scheint dem genügsamen Esel angemessener zu seyn; auch sahen wir diese Thiere überall haufenweis am Wege, und zu mehreren Hunderten auf den Marktplätzen in Dünkirchen und Ostende, mit den Erzeugnissen des Landes beladen.

Wir hatten gelacht, als man uns in Brüssel erzählte, daß, wenn die Niederländer ihre Unabhängigkeit nicht mit Würde behaupten könnten, sowohl England, als ein anderer Nachbar die Gelegenheit wahrnehmen dürfte, um ihnen das Schicksal ohnmächtiger und uneiniger Republiken zu bereiten, wovon dieses Jahrhundert schon mehr als Ein Beispiel sah. Bei unserer Ankunft in Ostende aber schien uns der Anfang zur Ausführung schon gemacht und dieser Ort in eine Englische Seestadt verwandelt. Das dritte oder vierte Haus ist immer von Engländern bewohnt, und nicht etwa nur Kaufleute und Mäkler, sondern auch Krämer und Professionisten von dieser Nation haben sich hier in großer Anzahl niedergelassen. Daher bemerkt man auch in den Sitten und der Lebensart der hiesigen Einwohner eine sichtbare Übereinstimmung mit denen der Brittischen Inseln, die sich bis auf den Hausrath, die Zubereitung der Speisen und die Lebensmittel selbst erstreckt. So wahr ist es, daß diese unternehmende Nation, die bereits den Handel der halben Welt besitzt, keine Gelegenheit unbenutzt lassen kann, um sich eines jeden neuen Zweiges, der etwa hervorsproßt, zu bemächtigen. Wo ihre Schiffe nicht unter ihrer eigenen Flagge fahren, müssen fremde Namen sie decken. Mit ihren Kapitalen und unter ihrem Einfluß handelt Schweden nach Indien und China, und indeß Holland durch die Auswanderung so vieler reichen Familien, durch die nachtheilige Verbindung mit Frankreich und eine

Reihe von zusammentreffenden Unglücksfällen einen unheilbaren Stoß erlitten hat, indeß Frankreichs Handel wegen seiner inneren Gährung danieder liegt, indeß Dännemark ungeachtet eines funfzigjährigen Friedens von seinen Administratoren zu Grunde gerichtet ist, und Spanien und Portugal durch Piastern und Diamanten weder reich noch mächtig werden können, blüht Englands Handel überall, umfaßt alle Welttheile und hat seit dem heilsamen Verlust der Kolonien einen unglaublich großen Zuwachs erhalten. Diese bewundernswürdige Thätigkeit ist so augenscheinlich das Resultat der bürgerlichen Freiheit und der durch sie allein errungenen Entwickelung der Vernunft, daß selbst die äußerste Anstrengung der Regierungen in anderen Ländern, dem Handel aufzuhelfen, bloß an den Gebrechen der Verfassungen hat scheitern müssen. Was ein Monarch für die Aufnahme des Handels thun kann, hat Joseph der Zweite hier großmüthig geleistet. Der Hafen von Ostende ist ein Denkmal seiner thätigen Verwendung für die Wohlfahrt der Niederlande. Doch Vernunft und vernünftige Bildung konnte die Regentenallmacht nicht schaffen; das Gefühl von eigener Kraft und eigenem Werth, das nur dem freien Menschen werden kann, vermochte selbst Joseph nicht herauf zu zaubern.

Ostende ist übrigens nur ein schlechter Ersatz für die geschlossene Schelde. Die Küste läuft in gerader Richtung, ohne Einbucht fort, und der Zugang zu dem Hafen wird durch viele Untiefen erschwert und unsicher gemacht. Zwischen zwei Dämmen sieht man die kleine, enge, unbequeme Öffnung, die nur bei gewissen Winden und nur mit der Fluth zugänglich ist. Daher steht am Eingang, auf der Batterie, die ihn bestreicht, ein hoher Flaggestock errichtet, wo man eine Flagge ganz zu oberst wehen läßt, so lange es hohes Wasser ist; bei halber Ebbe läßt man sie am halben Stocke herunter, und sobald das Wasser den niedrigsten Standpunkt erreicht, wird sie ganz eingezogen. Alsdann liegen die Schiffe beinahe trocken im Hafen. Wir zählten in allem nur vierzig Fahrzeuge, obgleich der Hafen eine weit größere Anzahl aufnehmen kann. Eigentlich ist er nur ein tief ausgegrabener Kanal, mit einem dauerhaften pilotis zu beiden Seiten, zwischen welchem ein festes Geflecht von Strauchzäunen in vielen Reihen über einander fortläuft. Dadurch sucht man zu verhindern, daß die Ebbe und Fluth den Hafen nicht versande, indem sie den Sand vom Ufer mit sich fortreißt. Über jeder jetée stehen Baaken aufgepflanzt, und links an der Mündung des Hafens dient eine Säule mit großen, klaren Laternen den Schiffenden des Nachts zum Merkzeichen. In den Hafen öffnen sich mehrere geräumige Bassins; allein bei allen diesen kostbaren Einrichtungen kämpft man vergebens mit den Schwierigkeiten der Lage, mit der geringen Tiefe, mit der unvermeidlichen Verschlemmung und mit der Veränderlichkeit der Sandbänke längs der Küste.

Ostende hatte nur einen glänzenden Augenblick; den nämlich, als es der einzige neutrale Hafen an der Küste war, als während des Amerikanischen Krieges England, Frankreich und Holland wechselseitig ihren Handel der feindlichen Kaperei Preis geben mußten und des Kaisers Flagge allein unangefochten den Ocean beschiffte. Die Geschäftigkeit und der Wohlstand jenes Zeitpunkts verschwanden aber mit dem Friedensschlusse um so plötzlicher, da sie nicht sowohl Wirkungen der eigenen Belgischen Betriebsamkeit, als vielmehr täuschende Erscheinungen waren, welche fremde Kaufleute hier zuwege gebracht hatten. Auch die freie Schiffahrt nach Ostindien, welche Joseph der Zweite diesem von ihm so sehr begünstigten Hafen trotz der Holländischen Reklamation zusicherte, blieb so unbedeutend, daß sie auf den Flor von Ostende keinen Einfluß hatte.

Ist es nicht erlaubt, bei jener widersinnigen Einschränkung des Belgischen Handels, bei dem Verbot nach Indien zu schiffen, bei der Verschließung der Schelde, über den Ton mancher Publicisten zu lächeln, die das heilige Wort *Recht* noch auszusprechen wagen? Diese unnatürliche Forderung der Holländer an ihre Nachbarn ist der siegreichste Beweis, daß die Eifersucht der Staaten, wo sie sich zur Übermacht gesellen kann, ohne Bedenken alle, selbst die evidentesten Rechte der Menschheit, verletzt und alle Gränzen des Völkerrechts willkührlich überschreitet.

Josephs Vorfahren mußten sich diese, durch keinen Vorwand zu beschönigende Gewaltthätigkeit gefallen lassen, weil das Schicksal es so wollte. Und wer forderte dieses unbillige Opfer? wer verbot den Brabantern auf ihren eigenen Flüssen in See zu fahren? Dasselbe Volk, das über Ungerechtigkeit schrie, als Englands Häfen ihm nicht offen blieben, das über Cromwells berühmte Navigationsakte, dieses Bollwerk des Englischen Seehandels, die Welt mit seinen Wehklagen erfüllte. Die Geschichte ist ein Gewebe von ähnlichen Inkonsequenzen und Widersprüchen; die Verträge der Nationen unter einander, wie die der Fürsten mit ihren Untergebenen, sind fast nirgends auf natürliches Recht, auf Billigkeit, die der Augenschein und der gerade Verstand zu erkennen geben, gegründet; überall zwingt der Übermuth des Mächtigeren dem Schwachen eine Aufopferung ab, die kein Mensch von dem andern zu fordern berechtigt ist und die dann auch nicht länger gelten kann, als die Gewalt fortdauert, welche sie ertrotzte. Wir wundern oder ärgern uns, daß jedes Jahrzehend uns immer wieder dasselbe Schauspiel giebt, welches bereits seit Jahrtausenden die Völker entzweite; daß die Gränzstreitigkeiten, die man längst beigelegt glaubte, immer von neuem ausbrechen; daß die Federn der Diplomatiker und Staatsmänner unaufhörlich mit Deduktionen beschäftigt sind, worin man sich auf beschworene Verträge, auf anerkannte Vergleichspunkte und darin gegründete Ansprüche beruft; daß die streitenden Höfe zu einer subtilen Auslegungskunst, zu bequemen Reticenzen, zu schwankenden, vieldeutigen Ausdrücken ihre Zuflucht nehmen und endlich doch den verworrenen Knoten mit dem Schwerte lösen. Allein die fruchtbare Quelle ihrer Mißhelligkeiten strömt unvermindert fort; und wer begreift nicht, daß sie nie versiegen kann, so lange man von Friedenstraktaten, Verfassungen und Gesetzen ausgeht, die, weil sie nicht auf dem unerschütterlichen Grunde der allgemeinen vernünftigen Natur des Menschen ruhen, sondern Convenienzen des Augenblickes oder Blendwerke politischer Sophismen sind, die Feuerprobe der Wahrheit nicht bestehen können? Keiner Nation, keiner

Macht, keinem Stande wird tausendjähriger Besitz ein unveräußerliches Recht übertragen; die Ansprüche der Vernunft auf alle Menschenrechte dauren ewig und werden durch gewaltthätige Übertäubung eher verstärkt als verjährt. Nach tausend und zehntausend Siegen der räuberischen Übermacht, die nur das Maaß ihrer Ungerechtigkeit häufen, kehrt der wahre, dauernde Friede dann erst zurück, wenn jeder Usurpation gesteuert worden und jeder Mensch in seine Rechte getreten ist.

Wir würden den Tyrannen verwünschen hören, der dem einzelnen Menschen das freie Verkehr auf offener Heerstraße, außer den Mauern seines Hauses oder den Gränzen seines Erbstückes, untersagte; unser Gefühl empört sich wirklich, wenn wir nur von Verboten dieser Art lesen, die ein Asiatischer Herrscher ergehen läßt, so oft es ihm gefällt, seine Heerde von Beischläferinnen frische Luft schöpfen zu lassen. Wer indeß zugeben will, daß eine despotische Gewalt rechtmäßig seyn könne, dem ließe sich auch diese willkührliche Anwendung derselben als gesetzmäßig erweisen. Die Verordnungen der Japanischen und Chinesischen Kaiser, die von ihren Reichen alle Fremden entfernen, scheinen uns zwar elende Verwahrungsmittel einer feigen, mißtrauischen, kurzsichtigen Politik; allein wir bestreiten nicht das Recht dieser Despoten, innerhalb der Gränzen ihres Landes jedem Ausländer den Zutritt zu wehren oder zu gestatten. Hingegen das ausschließende Eigenthumsrecht irgend eines Volkes zum Ocean ist eine so lächerliche Absurdität, daß der Übermuth gewisser Seemächte, statt einer Anerkennung ihrer Anmaßungen, nur den Haß, den Neid und Groll der Nebenbuhler hat erregen können. Wo bleibt also nun der Schatten des Rechts, kraft dessen die Holländer ihren Nachbarn die Schelde verschließen und den Handel auf dem Meere verweigern durften? Der allgemeine Kongreß des Menschengeschlechtes müßte allenfalls einstimmig beschlossen haben, daß die Belgier ihre Flüsse von der Natur umsonst empfangen, daß der Ocean vergebens ihre Küsten bespühlt – doch, was sage ich? auch dieser Ausspruch würde noch ungerecht seyn, wenn nicht zugleich ein *Nationalverbrechen* erwiesen werden könnte, das jene Ausschließung als Strafe oder vielmehr als Nothwehr nach sich zöge. Ein solches Verbrechen aber, einer ganzen Nation gegen die gesammte Menschengattung – worin anders könnte es bestehen, als in einer gänzlichen Verkennung aller Rechte der Nachbarn? Das strafbare Volk müßte selbst, entweder aus eigener Willkühr oder im gemißbrauchten Namen der Gottheit, die Welt unterjochen und ihre Bewohner unumschränkt beherrschen wollen – es müßte ein Volk von *Eroberern* oder von *Priestern* seyn. Wie man einen Rasenden bindet, um nicht das Opfer seiner Wuth zu werden, so sind auch alle Maaßregeln erlaubt, welche die Selbsterhaltung gegen eine Gesellschaft von solchen Grundsätzen heischt; sobald sie fremdes Recht mit Füßen tritt, ist sie alles eigenen verlustig.

Gegen die Römer, als sie nach der Alleinherrschaft über die bekannte Erde dürsteten, gegen Philipp den Zweiten, gegen die Hildebrande und die Borgia sollte der allgemeine Völkerbund aufgestanden seyn, ihre Schwerter und Zepter zerbrochen und ihren Mörderhänden Fesseln angelegt haben. Spaniens Ohnmacht zur Zeit des Münsterischen Friedens drohte ja den Europäischen Mächten mit keiner Universalmonarchie; die schwache Seele Philipps des Vierten durfte und konnte diesen Riesengedanken nicht denken. Allein das Schlimmste vorausgesetzt, so hatten doch die Belgier nicht verdient, statt ihres Herrschers zu büßen. Wenn also die unerbittliche Nothwendigkeit ihnen damals eine stillschweigende Einwilligung in die Verschließung ihrer Flüsse abdrang – wird heute etwas anderes, als dieselbe Furcht vor feindlicher Überlegenheit, ihre Enkel abhalten können, ihr angebornes, nie zu veräußerndes Recht zurückzufordern und den schimpflichen Vergleich zu zerreißen? Ein zerrissener Vergleich! ein Riß im Westphälischen Frieden! Das sind freilich gräßliche Worte am Ohr des Aktenlesers, der über dieses Lesen seine Menschheit verwelken und verdorren ließ; allein wie mancher Schwertstich hat nicht schon das alte Pergament durchlöchert? Was die Potentaten von Europa einander garantirten, sollte freilich ewig dauern müssen; nur Schade, daß die Erfahrung hier die Theorie so bündig widerlegt, und jedem Fürstenvertrage keine längere Dauer verspricht, als bis zur nächsten Gelegenheit, wo er mit Vortheil gebrochen werden kann. In der Seele der Politik ist ein Friedenstraktat vom Augenblick der Unterzeichnung an vernichtet; denn in diesem Augenblick hatte sie ihren Endzweck durch ihn erreicht.

Gegen die Theorie selbst möchte der gesunde Verstand auch wohl erhebliche Einwendungen machen. Wie? es hätte nur der Übereinkunft etlicher hohlen oder schiefen Köpfe bedurft, um einem Volke den Gebrauch eines untheilbaren Elements einzuräumen und ihn dem andern abzusprechen? Dann könnte es wohl auch einem Friedenskongreß einfallen, diesem oder jenem Volke Luft und Feuer zu verbieten, oder ihm vorzuschreiben, wo und wenn es athmen solle? Doch es ist unmöglich, die Anmaßungen der Politiker hypothetisch weiter zu treiben, als sie wirklich in der Ausübung getrieben worden sind. Hat man sich doch, allem, was der Menschheit heilig ist, zum Hohn, nicht entblödet, in Friedensschlüssen vorzuschreiben, welche Modifikationen des Denkens und Glaubens erlaubt seyn sollen! Es mag ein köstliches Ding um das Bündniß von 1648 seyn, das doch bekanntlich den Ausbruch von zehn oder mehr blutigen Kriegen nicht verhindert hat; es mag einer gewissen Klasse von Menschen bequemer seyn, den Krüppelbau der Politik auf seinem morschen Grunde fortzusetzen, als die ewigen Pfeiler, *Natur* und *Vernunft,* zu Stützen eines unerschütterlichen Friedenstempels zu wählen; einträglicher, den Stoff zu neuem Zwist und Kriege beizubehalten und die Beschlüsse der Unwissenheit und der Despotenarroganz für Quellen des Rechtes und Gesetzes auszuschreien, als jenes unselige Joch der Autoritäten abzuschütteln: nur hoffe man nicht, daß eine Gesetzgebung, der es an innerer Gerechtigkeit gebricht, aus Überzeugung befolgt werden könne; nur beschuldige man die Völker nicht des Mangels an Moralität, wenn sie Traktaten verletzen, deren Erhaltung einzig und allein auf Furcht und Eifersucht beruhte. Der Ocean ist keines Menschen Eigenthum;

er ist und bleibt allen gemein, die ihn benutzen wollen. Mit diesem refrain will ich Ostende verlassen.

Wir fuhren zu Lande nach Brügge. Bis an das Dorf Gessel sieht man immerfort jene kahle Fläche, die mit wenig Abwechselung für das Auge von den Dünen bis an die etwas höher gelegene Ebene von Flandern reicht. Zwischen Gessel und Jabick wechseln große Strecken Heide mit Eichen- und Buchengebüsch, nebst einigen Fichten und einem reichlichen Vorrath von Pfriemen (Spartium scoparium); näher hin nach Brügge verdichtet sich der Eichenwald. Die Stadt ist von mittlerer Größe und nach altflämischer Art zum Theil sehr gut gebauet. Allein umsonst bemühten wir uns, in ihr die Spur des berühmten Handels-Emporiums zu erblicken, das im vierzehnten Jahrhundert alle nordischen Nationen mit Waaren des Luxus versorgte. Wir bestiegen die mit Recht gepriesene Barke, welche die Staaten von Flandern für die Fahrt nach Gent unterhalten. Hier vergaßen wir das Ungemach der bisherigen Reise; denn bequemer ist Kleopatra auf dem Cydnus, und Katharina auf dem Dnepr nicht gefahren. Sowohl im Hintertheil als im Vordertheil dieses sehr geräumigen Fahrzeuges findet man eine schön getäfelte Kajüte mit großen Fenstern und weich gepolsterten Bänken. Die Reinlichkeit gränzt hier überall an Pracht und Eleganz. Eine dritte noch geräumigere Abtheilung in der Mitte diente den Reisenden aus der geringen Volksklasse zum Aufenthalt; daneben sind Küchen, Vorrathskammern und Bequemlichkeiten aller Art zur Verpflegung der Passagiere angebracht. Das Kaminfeuer in unserer Kajüte verbreitete eine wohlthätige Wärme, bei welcher wir in Erwartung der Mittagsmahlzeit unsere Anzeichnungen über das am vorigen Tage Gesehene ins Reine brachten. Die Tafel wurde sehr gut und um billigen Preis servirt. Die Gesellschaft, die zuweilen funfzig Personen stark seyn soll, war diesmal zufälligerweise sehr klein, und bestand aus einem Priester, einem Officier der Freiwilligen von Brügge, einem Französischen Nationalgardisten und Kaufmann aus Lille, und einer Spitzenhändlerin aus Gent. Am Ton des Flämischen Officiers konnten wir sogleich abnehmen, daß er nicht zur aristokratischen Partei gehörte, die überhaupt in Flandern weder so viele, noch so eifrige Anhänger, als in Brabant, haben soll. Die Ungezogenheit seiner Ausfälle gegen die Geistlichkeit, in Gegenwart eines dem Anschein nach bescheidenen Mannes von diesem Stande, konnte nur durch die Erbitterungen des Parteigeistes entschuldigt werden. Der Franzose hinterbrachte uns die Neuigkeit, daß der König von England nach Deutschland reisen würde, um seine Güter unweit Straßburg zu besehen. Wir versuchten es ihm begreiflich zu machen, daß vom Kurfürstenthum Hannover die Rede sei; allein es war verlorne Mühe, seine geographischen Kenntnisse berichtigen zu wollen: Hamburg und Straßburg galten ihm gleich; genug, beide lagen jenseits der Allemagne françoise. Diese Unempfänglichkeit darf man indessen nicht geradezu Beschränktheit nennen; vielmehr ist sie nur die Folge jenes, Alles vor sich hinwerfenden Leichtsinnes, dem es so lächerlich scheint, in der Bestimmtheit gewisser, für den jetzigen Augenblick nicht interessirender Begriffe ein Verdienst zu suchen, als wir die Verwirrung finden, die aus solchen Vernachlässigungen entspringt. Wir wissen freilich mehr, und thun uns viel darauf zu gute; allein ist es wohl eine Frage, wer von beiden an dem, was er hat, durch schnelle Verarbeitung und mannichfaltige Verbindung, der reichste ist?

Der Kanal ist sehr breit und wohl unterhalten; seine Ausgrabung zwischen den hohen Ufern muß große Summen gekostet haben. Anstalten dieser Art, die zuerst die Erhaltung des trocknen, dem Ocean abgewonnenen Landes, demnächst den Handel und zuletzt die Bequemlichkeit zur Absicht hatten, können nur nach und nach zu ihrer jetzigen Vollkommenheit gediehen seyn. Fünf Pferde zogen uns in den stillen Gewässern dieses Kanals, ohne daß wir die leiseste Bewegung spürten. Der Wind begünstigte uns überdies, so daß wir ein großes Segel führten und in etwas mehr als sechs Stunden Gent erreichten. Hier standen schon mehrere Miethskutschen in Bereitschaft, um die Reisenden in ihr Quartier zu bringen.

Gent ist eine große, schöne, alte Stadt. Ihre Straßen sind ziemlich breit; die Häuser massiv, zum Theil von guter Bauart; die Kirchen zahlreich und mit großer Pracht geschmückt. Alles scheint hier den ehemaligen Wohlstand der Einwohner, und Spuren von dem jetzigen zu verrathen; doch ist die Volksmenge, wie in allen Niederländischen Städten, nach Verhältniß des Umfanges zu gering und es fehlt überall an Betrieb. Der erste Anblick einer Stadt, wobei man so lebendig in verflossene Jahrhunderte und ihre Begebenheiten versetzt wird, hat gleichwohl etwas Einnehmendes, das zuweilen bis zur Erschütterung gehen kann. Ich wurde recht lebhaft an den Stolz Karls des Fünften auf sein blühendes Gent, und zugleich an die Tyrannenleidenschaft erinnert, womit er selbst dem Wohlstande desselben den tödtlichsten Streich versetzte, als ich sein Standbild auf einer hohen Säule am Marktplatz erblickte. Als Kunstwerk betrachtet, macht es keinen vortheilhaften Eindruck. Der Kaiser steht wirklich sehr unsicher auf dieser gefährlichen Höhe; das Zepter und der Reichsapfel von ungeheurer Größe scheinen ihn völlig aus dem Gleichgewichte zu bringen; seine Kniee sind gebogen, und bald möchte ich fürchten, er sei in Begriff herabzugleiten. Im Glanz der Abendsonne, welche diesen vergoldeten Koloß bestralte, konnte ich mich einer Reminiscenz aus Blumauers travestirter Äneis nicht erwehren; ich dachte an jenes Backwerk, wo der fromme Held zuoberst »ganz von Butter« stand. Es hat schon etwas Unnatürliches, Statuen auf den Dächern unserer Häuser anzubringen, die nicht, wie im Orient, zum Aufenthalt der Menschen eingerichtet sind; allein noch ungleich widersinniger scheint es, einen Menschen auf den Gipfel einer Säule zu stellen, den nur ein Verrückter oder ein Phantast, wie Simeon Stylites, bewohnen kann. Wenn gleich die Alten uns das Beispiel solcher Denkmäler gegeben haben, so bin ich doch nicht der Meinung, daß wir ihrem Muster jederzeit blindlings folgen sollen. Auch war bereits der gute Geschmack in Verfall gerathen, als man z. B. in Alexandrien auf die schöne Porphyrsäule die Statue des Kaisers Severus stellte. Die Aufmerksamkeit, die ein großer Mann bloß durch die Höhe seines Standorts erregen kann, ist sicherlich seiner nicht werth. Allerdings giebt es aber auch Fürsten in Menge, die man nicht hoch genug stellen kann, damit sich nur jemand ihrer erinnere. Die Nachwelt vergißt die Wohlthaten, sie vergißt aber auch die Ungerechtigkeit der Regenten; wie wäre es sonst möglich, daß Kaiser Karl auf dieser Säule noch über den Köpfen einer so tief beleidigten Gesammtheit sicher steht? Für den philosophischen Geschichtsforscher verwandeln sich freilich unter solchen Umständen die Ehrensäulen in Denkmälder der Schande.

Der Brand vom 14. und 15. November des vorigen Jahres hat in der Gegend des Schlosses fürchterlich gewüthet. Viele der schönsten und prächtigsten Gebäude sind ein Raub der Flammen geworden, womit die Kaiserlichen damals die Stadt in einen Schutthaufen zu verwandeln drohten und ihren Vorsatz auch ausgeführt hätten, wenn das Regenwetter ihnen nicht so ungünstig gewesen wäre. Wenn es im Kriege erlaubt ist, sich aller Mittel ohne Unterschied gegen den Feind zu bedienen (ein Satz, der doch auch seine vielfältige Einschränkung leidet); so gehörte es gleichwohl zu den unglücklichen Verkettungen des Schicksals, welches den verstorbenen Kaiser so rastlos verfolgte, daß sich unter den Befehlshabern seines Niederländischen Heeres ein Mann befinden mußte, der eine entschiedene Neigung äußerte, die härtesten Maaßregeln zu ergreifen, und dem das Blut seiner Mitbürger ziemlich feil zu seyn schien. Jene schauderhafte Vernichtung von Brüssel, welche der Herzog von Ursel am zwanzigsten September 1787 so glücklich verhütet hatte, wollte jetzt der Erfinder dieses grausamen Anschlags mit Gent wirklich beginnen. Es war nicht etwa ein zügelloser Pöbel, wie der Parisische, der sich einen Augenblick vergaß und an einzelnen Opfern die tausendjährige Schuld seiner Unterdrücker rächte; Deutsche Soldaten, denen die Flammänder noch vor kurzem die gastfreieste Pflege hatten angedeihen lassen, wurden hier von ihren Officieren angeführt zur Plünderung ihrer Wohlthäter, zur Einäscherung der Stadt und zum nächtlichen Kindermord. Die Ereignisse jener zwei schrecklichen Nächte sind von der gräßlichen Art, daß sie in die Geschichte der feudalischen Zerrüttungen, nicht in das achtzehnte Jahrhundert, zu gehören scheinen, daß sie neben den übrigen Atrocitäten, welche das Ungeheuer der willkührlichen Gewalt ausgebrütet hat, ihre Stelle verdienen*. Neun und siebzig Kinder und Erwachsene wurden von den Soldaten theils getödtet, theils mit ihren Häusern verbrannt. Die Unmenschlichkeiten, die dabei vorgingen, mag ich nicht nachschreiben; aber sie gehören der Geschichte, welche der Nachwelt die folgenschwere Wahrheit beurkunden muß, daß, wenn gleich die Aufwallungen der Ungebundenheit in einem lange gemißbrauchten Volke zuweilen in blutige Rache ausarten können, sie gleichwohl von der barbarischen Fühllosigkeit des rohen Söldners weit übertroffen werden. Traurig ist die Wahl zwischen zwei großen Übeln; allein es liegt schon in der Natur der Sache, daß die Folgen der Anarchie, wie schwarz die Miethlinge des Despotismus sie auch schildern mögen, nur Kinderspiele sind gegen die Schandthaten beleidigter Sklaventreiber. Ihre Erbitterung wird giftiger durch die vermeinte Kränkung ihrer Herrscherrechte; ihr Zweck ist nicht bloß Unterjochung, sondern zugleich Rache und Strafe; sie sind immer Krieger und Henker zugleich; sie zerstören und verwüsten aus Grundsatz und nach einem vorher bedachten Plan.

Ich begreife jetzt, wie der Anblick solcher Greuel den Muth der Bürger und Freiwilligen bis zur Tollkühnheit entflammen mußte. Arberg verfehlte gänzlich seinen Endzweck, und sah sich genöthigt, unter Begünstigung der Nacht das Schloß zu räumen und seinen Rückzug anzutreten. Das kleine Patriotenheer, verstärkt durch die junge Mannschaft, die aus Courtray den Gentern zu Hülfe gekommen war und die Kaiserlichen von einem

* Ich habe vor mir das Bulletin officiel van wege het Comité-Generael aengesteld binnen de stad Gant, unterzeichnet G. B. Schellekens, Greffier van het Comité-Generael der Nederlanden, d. 25. November 1789. 15 S. in Oktav, welches über die verschiedenen Vorgänge bei der Einnahme von Gent und der Vertreibung der Kaiserlichen einen umständlichen Bericht abstattet.

Thore vertrieben hatte, stürzte am sechzehnten, nachdem es, unter den Waffen stehend, dem im Portal der Nikolauskirche gefeierten Hochamte beigewohnt und sich durch die allgemeine Absolution zu seinem Unternehmen gestärkt hatte, mit unwiderstehlicher Gewalt auf die Kasernen los, und erstieg die dort befindlichen Batterien. Buben von siebzehn Jahren stachen die Kanoniere über den Haufen, die mit brennender Lunte in der Hand das Geschütz gegen sie lösen wollten. Schon hatten sie das Thor erreicht und schleppten Stroh zusammen, um die Kasernen in Brand zu stecken, als die Östreichischen Officiere unbewaffnet und mit entblößtem Haupt ihnen entgegen gingen und sich zu Kriegesgefangenen ergaben. Die Flammänder waren in diesem leidenschaftlichen Augenblick besonnen genug, ihrem Umwillen, der so hoch gereitzt worden war, zu gebieten. Sie nahmen ihre Feinde in Schutz, als hätten diese mit *erlaubten* Waffen und *nur gegen Männer* gefochten.

Die Einwohner haben das Schloß demolirt, weil es nicht länger haltbar war; dagegen erfreute uns der Anblick vieler neuen Häuser, die bereits überall aus den Ruinen hoch emporstiegen und vom Reichthum der hiesigen Bürgerschaft ein gutes Vorurtheil bei uns erweckten. Ich weiß nicht, war es diese zufällige Scene der Geschäftigkeit, oder lag es vielmehr wirklich im Charakter der Flammänder, daß wir uns gleich auf den ersten Blick einen günstigeren Begriff von ihnen als von ihren Brabantischen Nachbarn abstrahirten. So viel ist wenigstens gewiß, daß diese Provinz, ob sie gleich weit später als Brabant gegen die Bedrükkungen der Regierung reklamirte, dennoch früher und mit mehr Entschlossenheit zu entscheidenden Maaßregeln griff; daß sie zuerst sich zu Gunsten des Comité von Breda und der Unabhängigkeit öffentlich erklärte, bei der Errichtung der freiwilligen Corps den größten Eifer bewies und an der völligen Vertreibung der Östreichischen Armee den stärksten Antheil hatte. Eine Spur von Seelenadel konnte wirklich den Flammändern ihre freiere Verfassung aufbewahrt haben. In der Versammlung ihrer Stände sind der Geistlichkeit zwei, dem Adel zwei, den Städten drei, und dem platten Lande ebenfalls drei Stimmen zugetheilt; dergestalt, daß der dritte Stand allemal sicher auf die Mehrheit rechnen kann, sobald es ihm ein Ernst ist, sich dem aristokratischen Einfluß zu entziehen. Die Wiederherstellung des Adels, als eines votirenden Standes, in der Staatenversammlung, ist ein Werk der Revolution. Seit dem Anfange des siebzehnten Jahrhunderts hatte der Flandrische Adel Sitz und Stimme verloren, weil er eine Zeitlang die ganze Macht der Stände usurpirt hatte. Da es ihm nicht gelungen war, unter der Östreichischen Regierung seine Rechte wieder zu erlangen, so hatte er sich auf einem andern Wege zu behaupten und sein Interesse dadurch zu sichern gesucht, daß er so viele seiner Mitglieder als nur möglich war, zu Deputirten der größeren und kleineren Städte wählen ließ. Diese Einrichtung dauert noch fort, und erklärt die eifrige Theilnahme der Staaten von Flandern an der in Brabant gegen die Demokratische Partei so glücklich ausgeführten Verfolgung. Das Volk und die Bürger murren indessen über die Gefangensetzung des Generals van der Mersch, und fordern laut von ihren Ständen, daß sie sich seiner gegen den Kongreß annehmen sollen.

Das Raschere, das Entschiednere im Charakter dieses Volkes ist auch in den Gesichtszügen ausgedrückt, und wohlgebildete Männer sind uns in diesem Theile von Flandern häufiger als in Brabant vorgekommen; allein ihre Erziehung ist der Brabantischen zu ähnlich, um uns hoffen zu lassen, daß sie mit ihrem Jahrhundert weiter als jene Nachbarn vorgerückt seyn könnten. Auch hier giebt es keinen Namen, den man im übrigen Europa mit Achtung oder mit Bewunderung nennt. Zwar können ganze Völker bei dieser Mittelmäßigkeit glücklich seyn, so lange sie ruhig bleiben; doch wehe den Empörern, an deren Spitze kein größerer Mensch einhergeht!

Auch unter dem hiesigen Frauenzimmer habe ich manches hübsche Flämische Gesicht bemerkt und in einem Buchladen glaubte ich an der Frau vom Hause das Ebenbild einer von Rubens Frauen zu sehen; nur Schade, daß diese schönen und zum Theil auch feinen Züge, dieses völlige Gesicht mit den großen, offenen braunen Augen, den starken Augenbrauen, der kleinen, geraden Nase, den zarten rosenrothen Lippen und der durchschimmernden Röthe auf dem lebendigen Weiß des Teints – so stumm und seelenlos erscheinen und von jener Empfänglichkeit, die überall das Erbe des Weibes seyn sollte, nichts verrathen. Ferne sei es, daß ich hier die ausgebildeten Reize des ideenreichen Wesens fordern sollte, die nach den Umständen unmöglich hier anzutreffen sind; aber Seele könnte doch das Auge stralen, leise, sanft und innig könnten auch ungebildete Mädchen empfinden. Von diesem allem zeigt das Äußere der Flammänderinnen keine Spur. Eine Schlaffheit des Geistes, die sich in Europa kaum abgespannter denken läßt, scheint sie für jeden Eindruck, der außer dem Bezirk des mechanischen Hausregiments und der eben so mechanischen Religionsübungen liegt, durchaus unempfindlich zu machen. Wenn nicht die Nähe von England und Frankreich, der Handel von Ostende und die Fabriken, die aus jener besseren Zeit im Lande noch übrig geblieben sind, Französische und Englische Moden einführten, würde man es hier kaum merken, daß der Begrif des Putzes auf den Begrif des Schönen eine Beziehung hat.

Die Beschreibung der öffentlichen Gebäude und Kirchen, die man aus so vielen Reisebeschreibungen kennt, wirst Du mir gern erlassen; ich schweige also von dem ungeheuren Rathhause, von den dreihundert Brücken, die alle Theile dieser von Kanälen durchschnittenen Stadt verbinden, und selbst von der großen Gothischen Masse der Kathedralkirche zu St. Bavo, mit den daran geklebten Stücken von Griechischer Architektur, die den Eindruck ihrer Größe stören. Die Verschwendung von weißem und von schwarzem Marmor in dem Innern dieses Tempels würde mir indeß aufgefallen seyn, wenn mich nicht auf eine weit angenehmere Art die Kunst beschäftigt hätte. Die zahlreichen Kapellen enthalten einen Schatz von Flämischen Gemälden der ersten Klasse, von denen ich Dir wenigstens ein Paar bekannt machen muß, die für mich etwas Merkwürdiges hatten. Zuerst nenne ich die Auferstehung Lazari, ein Meisterwerk von Otto Venius, einem Lehrer des gepriesenen Rubens. Dieses in Absicht auf die Composition sehr fehlerhafte Stück, dessen Umrisse zum Theil verzehrt, dessen Schatten schon ein wenig schwarz geworden und dessen Farben trocken sind, hat dennoch einzelne schöne Partien. Die Hauptfigur, der in der Mitte stehende Christus, ist wie gewöhnlich verfehlt; er ist kalt, jüdisch und uninteressant; seine Draperie ist schwer und ungeschickt geworfen, seine aufgehobene Hand ruft nicht, winkt nicht, segnet nicht. Lazarus liegt halb im Schatten, wirklich schön von Angesicht und Gestalt; er blickt edel und seelenvoll zu seinem Retter auf und ist ungleich besser als alles übrige kolorirt. Seine Schwester Maria sitzt an seiner Gruft im Vordergrunde. Ihr Gesicht und die ganze Figur machen mit dem übrigen Bilde den merkwürdigsten Kontrast; denn ihre Züge, ihre Kleidung und das ganze Kostume sind gänzlich aus der Römischen Schule entlehnt. Man glaubt eine Madonna von Raphael kopirt zu sehen, so ruhig und doch so edel gerührt ist dieser schöne Kopf. Martha und Magdalena sind dagegen hübsche Flammänderinnen im kurzen buntseidenen Korsett. Petrus bückt sich, um dem Lazarus heraus zu helfen; sein blaues Gewand über dem breiten Rücken thut vortrefliche Wirkung. Die übrige Gruppe von Köpfen ist gar zu gedrängt voll und geht zu hoch in dem Bilde hinauf; auch fehlt es ihr an Auswahl.

Du erinnerst Dich des schönen Sebastian von van Dyk in Düsseldorf. Hier ist einer von Hondhorst, der viel Verdienst hat. Aus dem schönen Körper zieht eine schwarz gekleidete weibliche Figur die Pfeile aus. Sehr leicht ruht ihre Hand auf dem zarten, verwundeten Körper; aber ihr Gesicht ist ohne Ausdruck, und mit eben den Zügen würde sie Spitzen waschen. Die Alte, ebenfalls ein gemeines Gesicht, empfiehlt Behutsamkeit mit Blick, Stellung und Hand. Das leidende Gesicht Sebastians ist edel und voll unbeschreiblicher Milde; sein Auge ist schön, sanft redend und voll Vertrauen. Die Farbengebung ist zwar nicht ganz natürlich, aber weich und von einem harmonischen, modesten Ton. Doch die Stellung des angebundenen, aus einander gedehnten Körpers zieht zu erst den Blick des Zuschauers auf sich, und man muß in der That unparteiisch das Verdienst hervorsuchen wollen, wenn dieser erste Eindruck nicht wegscheuchen und alle nähere Untersuchung verhindern soll. Daß die Künstler es nicht fühlen, wie diese Marter den Zuschauer leiden läßt, und wie unmöglich es ist, mit einigem Gefühl ein solches Kunstwerk lieb zu gewinnen! Übrigens hat es mir wohl gethan, hier das Studium Italienischer Meister und Hondhorsts langen Aufenthalt in Italien zu erkennen; wo ich nicht irre, habe ich schon etwas von Michel Angelo gesehen, woran mich die frei und fest gezeichnete Figur dieses Sebastians erinnerte.

Der St. Bavo von Rubens hat mir ungleich weniger gefallen; das Stück ist in zwei Gruppen über einander getheilt, wovon die unterste aus vielen ziemlich ekelhaft durch einander gewundenen Figuren besteht. Links im Vordergrunde stehen ein Paar plumpe Dirnen von Fleisch und Blut. Auch der Zeitgenosse von Rubens, der um den Ruhm eines großen Künstlers mit ihm wetteifernde Crayer, leistete mir hier kein Genüge. Die Kreuzigung, die man von ihm in der Bischofskapelle bewundert, ist schön kolorirt; aber der Körper ist verzeichnet. Sein Hiob ist interessanter: er blickt auf voll Vertrauen, das sogar an Extase und Freude gränzt; dagegen hört er auch nicht, was sein Weib, eine sehr gemeine Hexe, ihm sagt. Von den drei Freunden sitzen zwei mit niedergebücktem Haupte, und träumen, indeß der dritte mit den Fingern spricht. Noch ein gepriesenes Gemälde dieses Meisters ist hier die Enthauptung des Täufers Johannes; aber welch ein Anblick! Eine zerrissene, unzusammenhangende Composition, verwischte Farben, ein scheußlicher Rumpf und ein Bologneser Hündchen, welches Blut leckt! Solch ein Gegenstand und solch eine Phantasie schicken sich für einander, und um alles zu vollenden, gehört nur noch der Zuschauer dazu, der mit uns zugleich vor dem Bilde stand und voll Entzücken ausrief: ah quelle superbe effusion de sang!

Unter einer großen Anzahl von Gemälden, wovon die besten von Seghers, van Cleef, Roose und Porbus gemalt sind, keines aber hervorstechende Vorzüge besitzt, halte ich ein uraltes Stück von den Gebrüdern van Eyk noch für nennenswerth, weil vielleicht das erste war, das in den Niederlanden mit Ölfarben gemalt wurde. Der Gegenstand ist aus der Offenbarung Johannis entlehnt: die Anbetung des Lammes. Der Composition fehlt es, wie man es sich von jener Zeit vorstellen kann, sowohl an Ordnung und Klarheit, als an Wirkung und Größe. Bei aller Verschwendung des Fleißes bleibt die Zeichnung steif und inkorrekt; Perspektive und Haltung fehlen ganz und gar; die Farben sind grell und bunt und ohne Schatten. So malte man aber auch in Italien vor Perugino's Zeiten, und was uns dieses Gemälde merkwürdig macht, ist daher nicht der Geist, womit es ersonnen und ausgeführt worden ist, sondern die wichtige Erfindung der Ölmalerei, die damals in den Niederlanden zuerst an die Stelle des so lange üblich gewesenen al Fresco trat, wenn sie auch in Deutschland bereits weit länger bekannt gewesen seyn mag. Ich bin zwar weit entfernt, den Koloristen einen Vorzug vor den richtigen Zeichnern einräumen zu wollen; allein ich halte es wenigstens im Angesicht der Meisterwerke des Flämischen Pinsels für ein gar zu hartes Urtheil, die Erfindung, worauf der ganze Ruhm dieser Schule beruht, mit Lessing um des Mißbrauchs willen, der damit getrieben worden ist, lieber ganz aus der Welt hinweg zu wünschen. Der Vorwurf einer üblen Anwendung, selbst einer solchen, welche völlig zweckwidrig ist, triff wohl mehr oder weniger eine jede menschliche Erfindung; und wenn es nicht geläugnet werden kann, daß die Erlernung der beim Ölmalen erforderlichen Kunstgriffe manchen wackern Künstler mitten in seiner Laufbahn aufgehalten und in die Klasse der Mittelmäßigkeit geworfen oder gar vom rechten Ziel der Kunst entfernt hat, so bleibt es doch auch unbestritten, daß mit Ölfarben manches unnachahmliche Bild auf die Leinwand hingezaubert worden ist, dessen Schönheiten bei jeder andern Behandlung verloren gegangen wären. Am Kolorit, als solchem, ist freilich so viel nicht gelegen; aber durch die Verschmelzung der Farbenschattirungen, welche nur ihre Vermischung mit Öl möglich machte, sind feine Nüancen des Ausdrucks erreicht worden, wodurch die

Kunst selbst an Würde gewonnen hat und für den Psychologen lehrreich geworden ist.

Der Wunsch, in den übrigen Kirchen, Klöstern, Prälaturen, auf dem Rathhause und in den Privatsammlungen zu Gent den Denkmälern der Flämischen Kunstepoche nachzuspüren, mußte für itzt der Nothwendigkeit unseres Reiseplans weichen. Mit Tagesanbruch eilten wir durch die reichste Gegend von Flandern hieher nach Antwerpen. Der Weg ging über eine herrlich bebaute Ebene. Triften, Wiesen, Acker und Heerstraßen waren mit hohen Bäumen und Gebüschen eingefaßt; der Steindamm war den größten Theil des Weges so gut, wie im übrigen Brabant und Flandern. Die Vegetation schien indeß kaum noch weiter vorgerückt, als wir sie in unserer milden Mainzer Gegend verlassen hatten; die Saaten allein prangten mit ihrem frischen Grün, und des Ölrettigs dichte, goldgelbe Blüthen bedeckten oft unabsehliche Strecken. Das Erdreich war an vielen Stellen leicht und mit Sand gemischt, mithin gewissen Gattungen von Getreide vorzüglich angemessen. Überall sahen wir den Anbau zu derjenigen Vollkommenheit getrieben, wo bereits der Wohlstand der Einwohner durch ihren Fleiß hervorschimmert. Wie leicht müßte nicht hier, bei einer bessern Erziehung des Landvolkes und gehöriger Anleitung von Seiten der Gutsbesitzer, die Landwirthschaft mit der Schwedischen und Englischen wetteifern können! Allein es ist ja alles hier gleichsam darauf angelegt, den alten Vorurtheilen einen Charakter heiliger Unfehlbarkeit aufzuprägen. Mit Erstaunen und Freude mußten wir indeß einander bekennen, daß wir solche Flecken und solche Dörfer, als womit dieser Weg und die ganze Gegend gleichsam besäet ist, auf dem festen Lande noch nicht angetroffen hätten. Lockeren, St. Nikolas, u. a. m. beschämen die Städte vom dritten und vierten Range, die man in anderen Ländern über ihres gleichen rühmt. Sie sind beinahe Viertelmeilen lang, durchaus von Backsteinen sauber erbaut, mit breiten Straßen, gutem Pflaster und Reihen von Bäumen wohl versehen. Ordnung und Reinlichkeit, die unverkennbaren Begleiter des Wohlstandes, herrschten im Innern der Häuser, und der treuherzige Ton der Bewillkommung, den wir von den Einwohnern vernahmen, bestätigte uns in der guten Meinung von ihrer Wohlhabenheit. Wir fanden alle Hände mit der Verfertigung von grober Leinwand zu Segeltuch, Gezeiten u. d. gl. aus selbst gezogenem Hanf und Flachs beschäftigt. Dieser Anbau, nebst den darauf beruhenden Manufakturen und dem reichlichen Ertrage des Getreidebaues, scheint die Hauptquelle des hiesigen Reichthumes zu seyn.

Eine halbe Meile vor Antwerpen verschwanden die Bäume, Gebüsche und eingezäunten Felder; die Gegend verwandelte sich in eine weit ausgebreitete Lande, eine kahle Ebene, wo Viehweiden und Wiesen an einander gränzten, und an deren Horizont wir ringsum beschattete Dörfer, in der Mitte aber Antwerpen in seiner imposanten Größe liegen sahen. Ein Wald von Thürmen, und vorzüglich der ungeheure Gothische, wie Filigran gearbeitete Spitzthurm der Kathedralkirche, ragte hoch empor; die Citadelle auf einer kleinen Erhöhung vergrößerte und verschönerte diesen Anblick, und die Bewegung auf- und absegelnder Barken auf der Schelde, die wir zwischen ihren Ufern noch nicht sehen konnten, hatte etwas Zauberähnliches. Bald erblickten wir ihre gedemüthigten Gewässer, und seufzten von neuem über Europäische Politik und Europäisches Völkerrecht. Der schöne, herrliche Fluß ist, wie die Themse, zum Handel gleichsam geschaffen; die Fluth steigt darin zwanzig Fuß hoch vor den Mauern der Stadt, und verdoppelt alsdann seine Tiefe. Hier ist er nicht so breit, wie der Rhein vor Mainz; aber er trägt wegen des beträchtlichen Steigens und Fallens keine Brücke. Etliche Meilen weiter hinabwärts breitet er sich aus zu eines Meerbusens Weite.

Wir sahen einen Hafen, wo zweitausend Schiffe Raum finden würden, mit einigen kleinen Fahrzeugen besetzt. In wenigen Minuten führte uns ein kleiner Nachen von dem so genannten Haupt (oder der Spitze) von Flandern hinüber in die Stadt.

XXV *Amsterdam*

Werfte der Admiralität. Die Fregatte Triton läuft vom Stapel. Holländischer Nationalcharakter. Wirkung und Gegenwirkung des Handels und der Schiffahrt und der darauf angewendeten Geisteskräfte. Spaziergang in der Stadt. Das Rathhaus. Die Holländische Bühne. Physiognostisches Urtheil über die Holländer. Etwas von der hiesigen dramatischen Kunst. Sitten im Parterre. – Reise auf der Bürgermeistersjacht vom Haag nach Harlem, und von da nach Amsterdam.

Amsterdam

In einer Nacht hat sich unser Schauplatz so sehr verändert, daß nichts gegenwärtig Vorhandenes eine Spur des gestrigen in unserm Gedächtnis weckt. Wir leben in einer andern Welt, mit Menschen einer andern Art. Wir haben zwei Schauspiele gesehen, die ich Dir zu schildern wünschte, um Deiner Einbildungskraft den Stoff zu einigen Vorstellungen von Amsterdam zu liefern. So spät es ist, will ich es noch diesen Abend versuchen; die Gespenster des Gesehenen sind noch wach in meinem Kopf, und gönnen mir keine Ruhe.

Wir standen auf dem Werft der Admiralität; uns zur Seite stand das prächtige Arsenal, ein Quadrat von mehr als zweihundert Fuß, auf achtzehntausend Pfählen ruhend, und ganz mit Wasser umflossen. Schon waren wir durch seine drei Stockwerke gestiegen und hatten die aufgespeicherten Vorräthe für ganze Flotten gesehen. In bewundernswürdiger Ordnung lagen hier, mit den Zeichen jedes besondern Kriegesschiffs, in vielen Kammern die Ankertaue und kleineren Seile, die Schiffblöcke und Segel, das grobe Geschütz mit seinen Munitionen, die Flinten, Pistolen und kurzen Waffen, die Laternen, Kompasse, Flaggen, mit Einem Worte *alles,* bis auf die geringsten Bedürfnisse der Ausrüstung*. Vor uns breitete sich die unermeßliche Wasserfläche des

* Dieses ganze Gebäude mit allen seinen Vorräthen brannte im Jahr 1791 ab, wodurch dem Staat ein Verlust von etlichen Millionen verursacht worden ist.

Hafens aus, und in dämmernder Ferne blinkte der Sand des flachen, jenseitigen Ufers. Weit hinabwärts zur Linken hob sich der Wald von vielen tausend Mastbäumen der Kauffahrer; die Sonnenstralen spielten auf ihrem glänzenden Firniß. Am Ufer und nah und fern auf der Rhede lagen theils abgetakelt und ohne Masten, theils im stolzesten Aufputz mit der Flagge, die im Winde flatterte, und dem langen, schmalen Wimpel am obersten Gipfel der Stengen, die größeren und kleineren Schiffe der Holländischen Seemacht. Wir ehrten das Bewußtseyn, womit uns der Hafenmeister die schwimmenden Schlösser zeigte und mit Namen nannte, deren Donner noch zuletzt so rühmlich für Holland auf Doggersbank erscholl. Mit ihm bestiegen wir den Moritz von vier und siebenzig Kanonen, ein neues Schiff, das schon im Wasser lag, und staunend durchsuchten wir alle Räume, wandelten umher auf den Verdecken, und betrachteten den Wunderbau dieser ungeheuren Maschine. Zur Rechten lagen die Schiffe der Ostindischen Kompagnie bis nach der Insel Osterburg, wo ihre Werfte sind. Die ankommenden und auslaufenden Fahrzeuge, sammt den kleinen rudernden Booten belebten die Scene. Um uns her auf dem geräumigen Werfte feierten die Tausende von Kattenburgern* von ihrer Arbeit; in mehreren großen und kleinen Gruppen ging und stand die zehntausendköpfige Menge von Zuschauern; ein buntes Gewühl von See- und Landofficieren in ihren Uniformen, von Zimmerleuten in ihrem schmutzigen Schifferkostume, von müßigen, umhertobenden Knaben, von ehrsamen Amsterdammer Bürgern und Frauen, von Fremden endlich, die aus allen Ländern hier zusammen treffen und einander oft so sehr überraschen, wie uns hier eben jetzt die Erscheinung unseres R. aus Göttingen.

Endlich naht der entscheidende Augenblick heran. Man stellt uns vorn an den Kiel der neuen Fregatte, so nah daran, daß der getheerte Bauch über unseren Köpfen schwebt. Völlig sicher ste-

* Die Einwohner der Insel Kattenburg, worauf die Admiralitätswerfte liegen, sind mehrentheils Arbeiter in denselben.

hen wir da und bewundern diese Kunst der Menschen, die jeden Gedanken von Gefahr entfernt. Könnte das Schiff umwerfen, statt abzulaufen, so lägen hier Hunderte von uns zerschellt. Jetzt werden die Blöcke weggeschlagen, worauf es noch ruht; jetzt treibt man hinten einen Keil unter, um es dort höher zu heben; man kappt das Tau, woran es noch befestigt war – und nun, als fühlte der ungeheure Körper ein eigenes Leben, nun fängt er an, erst langsam und unmerklich, bald aber schneller sich zu bewegen; schon krachen unter ihm die kleinen, untergelegten Bretter, und sieh! jetzt gleitet er mit immer zunehmender Geschwindigkeit ins Meer! Tief taucht sich der Schnabel ein, bis das Wasser die ganze Masse trägt; eben so tief versinkt jetzt wieder das Hintertheil; die Fluthen laufen hoch am Ufer hinauf, und die umliegenden Schiffe schanken hin und her. Es jauchzt und frohlockt die Menge der Waghälse, die auf dem neuen Triton über unseren Köpfen wegfahren; sie schwenken ihre Hüte und ein lauteres Jubelgeschrei vom Lande übertönt ihre Stimmen. So hebt sich himmelan das Herz von stolzer Freude über das Wollen und Vollbringen des menschlichen Geistes! Ich weile noch einen Augenblick auf diesem Schauplatz der umfassendsten Geschäftigkeit; denn sie ist es, der die Stadt und selbst die Republik ihr Daseyn und ihre Größe verdanken, und in der Betrachtung dieses Phänomens werden zugleich die Hauptzüge des Nationalcharakters offenbar. Welches andere Volk in Europa hätte den ausdauernden Muth gehabt, mit Philipp dem Tyrannen, dem mächtigen Beherrscher beider Indien und seinen Nachfolgern den achtzigjährigen Krieg zu führen? Welches Volk hätte nicht in dem unglücklichen Jahr 1672, als Ludwig der Vierzehnte schon bis Muiden vorgedrungen war, ich will nicht sagen, sich ergeben, sondern zu zahlen aufgehört? Nur mit ihren durch den Handel erworbenen und concentrirten Kräften, mit ihren vorsichtig aufgehäuften Materialien zum Schiffbau und zur Ausrüstung ihrer ungeheuren Flotten, konnten die Niederländer so lange der vereinigten Seemacht von Frankreich und England die Spitze bieten; allein ohne die freiwillige Einschränkung auf die ersten Bedürfnisse des Lebens, diese hohe Republikanertugend, die hier wenigstens in eben dem Maaße raisonnirt als klimatisch und körperlich war, hätten sie zu einem solchen langwierigen Wettstreit weder physische Kräfte noch Stärke der Seele gehabt. Wahrlich, die Besonnenheit, die mit unermüdetem Fleiße, mit dem redlichen Bestreben nach einem Vermögen, welches der Erwerb ihrer eigenen Hände sei, mit Geschicklichkeit in den mechanischen Künsten und Talent zu ihrer Vervollkommnung, mit Kühnheit auf dem Meere, mit Tapferkeit im Kampfe, mit Standhaftigkeit in Gefahr, mit Beharren in Widerwärtigkeit, mit Enthaltsamkeit im Überfluß, und, was über dieses alles geht, mit unauslöschlicher Freiheits- und Vaterlandsliebe verbunden ist – die darf man wohl etwas mehr als bloßes Phlegma nennen!

Also, nicht dem Auge allein, sondern auch dem Verstand erscheint Amsterdam von der Wasserseite in seinem höchsten Glanze. Ich stelle mich in Gedanken in die Mitte des Hafens, und betrachte links und rechts die Gruppen von vielen hundert Schiffen aus allen Gegenden von Europa; ich folge mit einem flüchtigen Blick den Küsten, die sich nach Alkmaar und Enkhuisen erstrecken und auf der andern Seite hin, den Busen des Texels bilden. Die Stadt mit ihren Werften, Docken, Lagerhäusern und Fabrikgebäuden; das Gewühl des fleißigen Bienenschwarmes längs dem unabsehlichen Ufer, auf den Straßen und den Kanälen; die zauberähnliche Bewegung so vieler segelnden Schiffe und Boote auf dem Südersee, und der rastlose Umschwung der Tausende von Windmühlen um mich her – welch ein unbeschreibliches Leben, welche Gränzenlosigkeit in diesem Anblick! Handel und Schiffahrt umfassen und benutzen zu ihren Zwecken so manche Wissenschaft; aber dankbar bieten sie ihr auch wieder Hülfe zu ihrer Vervollkommnung. Der Eifer der Gewinnsucht schuf die Anfangsgründe der Mathematik, Mechanik, Physik, Astronomie und Geographie; die Vernunft bezahlte mit Wucher die Mühe, die man sich um ihre Ausbildung gab; sie knüpfte ferne Welttheile an einander, führte Nationen zusammen, häufte die Produkte aller verschiedenen Zonen – und immerfort vermehrte sich dabei ihr Reichtum von Begriffen; immer schneller ward ihr Umlauf, immer schärfer ihre Läuterung. Was von neuen Ideen allenfalls nicht hier zur Stelle verarbeitet ward, kam doch als roher Stoff in die benachbarten Länder; dort verwebte man es in die Masse der bereits vorhandenen und angewandten Kenntnisse, und früher oder später kommt das neue Fabrikat der Vernunft an die Ufer der Amstel zurück. – Dies ist mir der Totaleindruck aller dieser unendlich mannigfaltigen, zu Einem Ganzen vereinigten Gegenstände, die vereinzelt und zergliedert so klein und unbedeutend erscheinen. Das Ganze freilich bildet und wirkt sich ins Daseyn aus, ohne daß die Weisesten und Geschäftigsten es sich träumen ließen; sie sind nur kleine Triebfedern in der Maschine und nur Stückwerk ist ihre Arbeit. Das Ganze ist nur da für die Phantasie, die es aus einer gewissen Entfernung unbefangen beobachtet und die größeren Resultate mit künstlerischer Einheit begabt; die allzu große Nähe des besonderen Gegenstandes, worauf die Seele jedes Einzelnen, als auf ihren Zweck, sich concentrirt, verbirgt ihr auch des Ganzen Zusammenhang und Gestalt. –

Nachmittags machten wir nach unserer Gewohnheit einen Spaziergang durch die Stadt. Die Aussicht von der Amstelbrücke hält den Vergleich mit der Maas bei Rotterdam nicht aus; dagegen sind die Hauptstraßen an den großen Kanälen (Heerengraft, Printzengraft, Keyzersgraft u. a. m.) weit länger und breiter als selbst der schöne Boompaes, und ihre Häuser sind großentheils Palläste. In einer kleinen Stadt fällt das Gewühl mehr auf, als hier, wo man Raum hat, einander auszuweichen; allein es giebt auch in Amsterdam Gegenden, wo man sich nur mit Mühe durch das Gewimmel in den engen Gassen durchdrängen kann. Den ganzen Tag herrscht überall ein unaufhörliches Getöse; die unzähligen Equipagen der Bürgermeister und Rathsherren, Staatsbeamten, Direktoren der Ostindischen Kompagnie, Ärzte und üppig gewordenen Reichen, der ununterbrochene Waarentransport und die deshalb so oft aufgezogenen Zugbrücken sperren den Weg und verursachen ein beständiges Rufen und Gerassel; vom frühen Morgen an schreien Männer und Weiber auf allen Straßen mancherlei Sachen zu verkaufen aus; die Kirchthürme haben Glockenspiele, und des Abends wandern Leiermänner und singende Weiber umher.

Im Rathhause, diesem großen, prächtigen, mit architektonischen Zierrathen und Fehlern überhäuften Gebäude, welches gleichwohl einige sehr schöne Säle und Zimmer enthält, sahen wir unter vielen Gemälden eins von Rembrandt, und eins von van Dyk, die als Porträtsammlungen einen hohen Rang behaupten. Es ist auffallend, wie die besten Stücke von Bakker, Flinck, van der Helst, Sandraert und andern guten Malern wegfallen, wenn man den van Dyk gesehen hat. Composition ist indeß in keinem; denn es sind lauter an einander gedrängte Bildnisse von bekannten Männern, manchmal vierzig, funfzig und noch mehr auf Einem Gemälde. Die allegorischen Schildereien und Bildsäulen, sowohl im Gerichtssaal als im großen Bürgersaal und in der Bürgermeisterkammer, sind leider! keine Ausnahmen von der allgemeinen Regel, die der modernen Allegorie eben nicht zum Ruhm gereicht.

Den Beschluß unseres heutigen Tagewerkes machte die Holländische Komödie. Man gab Merciers Zoë, ein Drama, (Toneelspel) in gereimte Verse übersetzt. – Wie ich den ganzen Tag auf die physische Bildung und die Gesichtszüge des Volkes aufmerksam gewesen war, so ließ ich mir auch auf diesem Sammelplatz der Amsterdammer Bürgerwelt die Fortsetzung meiner Beobachtungen angelegen seyn. In der That hält es schwer, die charakteristischen Umrisse bestimmt anzugeben, worin das Unterscheidende der Holländischen Nationalgestalt liegt. Der ganze Körper ist gewöhnlich sehr robust, und man wird selten eine Figur von feinen, eleganten Proportionen und zartem Knochenbau gewahr. Das überfütterte aber, das Schlaffe, Abgespannte, wodurch die Brabanter uns so zuwider wurden, habe ich hier nur als seltene Ausnahme bemerkt; gewöhnlich ist hier alles feste Faser und derbes Fleisch. Der blonde Teint hat die starke Kirschenröthe der blutreichsten Gesundheit, wobei die

Haut nur selten so zart zu seyn pflegt, wie unsere Weichlinge sie verlangen und unsere Mädchen, diesem Geschmacke zu gefallen, sie sich wünschen und durch tausend fruchtlose Künste zu schaffen suchen. Das blaue oder graue Auge hat unter den dichten Augenbrauen einen festen, kalten Blick. Lange Nasen und gerade Profile sind nicht ungewöhnlich, und die Mundwinkel laufen selten scharf zu, sondern bleiben gutmüthig breit, womit zuweilen ein Ausdruck von Beschränktheit verbunden ist. Wie verschieden aber auch der Schnitt der Lippen sei, (denn es giebt deren, die allerdings sonderbar geschnitten sind und zumal unter dem Pöbel etwas Keckes, oft auch etwas Hartes verrathen,) so scheint mir doch um den Mund und an dem Halse das allgemeine physiognostische Wahrzeichen, welches die Holländer kenntlich machen kann, am deutlichsten ausgeprägt. Ohne Scherz, ich glaube, daß die Theile, welche die Sprache bilden, wieder von ihr und für sie gebildet werden, und die hiesige ganz eigene vokalenreiche Mundart, mit ihren vielen breiten Doppellauten, ihren Gurgeltönen und ihrem weichen Gezisch, ertheilt der Kehle, der Zunge, den Mundmuskeln, Halsmuskeln und Wangen die eigenthümliche Bewegung, die mit der Zeit auf die Gestalt dieser Theile wirkt. Man hat, wenn ich mich recht erinnere, die Bemerkung schon eher gemacht, daß die republikanische Verfassung den Sitten und zugleich dem Ausdruck der Gesichtszüge etwas Einförmiges giebt; ich finde hier das Phänomen bestätigt, was es auch für eine Bewandniß mit der Ursache haben mag. Indeß herrscht doch in den hiesigen Physiognomien ein bestimmter Charakter, der mit der Erziehung und Lebensweise, mit der Denkungsart und der Ausbildung im engsten Verhältnisse steht. Man sage nicht, weil überall nur eine kleine Anzahl von Begriffen unter den geringeren Volksklassen in Umlauf kommt, daß es gleichviel sei, worin diese bestehen und von welcher Art sie seyn mögen. Die überwiegende Stärke, womit hier gewisse moralische Grundsätze auf die Handlungen des großen Haufens einfließen, die ebenfalls in Gefühl übergegangenen Ideen von Freiheit, die davon unzertrennliche Selbstachtung und die gefürchtete Gerechtigkeit der öffentlichen Meinung oder der allgemeinen Stimme des Publikums, wirken, nebst vielen anderen Ursachen, um diese Menschen auf eine Stufe der Humanität zu heben, welche vielleicht von anderen Völkern mit glänzenderen Eigenschaften nicht immer erreicht wird und über den Standpunkt der faden Racen unendlich erhaben ist, die, gegen den Sporn der Ehre und der Schande unempfindlich, ihre Leere und moralische Nullität nur mit dem Firniß der Nachahmung und eines aberwitzigen Leichtsinnes übertünchen. Es ist wahr, man vermißt hier ziemlich allgemein jene leichte, spielende Flamme des Geistes, die aus dem Sterne der Augen leuchtet, im Aufschlag der Wimper proteusähnlich sich verändert, in den feinen Fältchen der Stirne lauscht und des Mundes gedankenreiche Stille umgaukelt; jenen leisen Lebensathem, der alles durchhaucht, jene Empfindung, die *nur* empfunden werden kann, jenen Blitz, der in einem Augenblick zehn entfernte Ideen zündet und in die Feuerkette des Gedankens knüpft! Hier ist der Geist in der Masse gebunden und mit ihr verkörpert; roh, schwerfällig und einseitig ist der Volkssinn, aber nicht ohne Originalität und Energie. Das Vertrauen in eigene Kräfte, die selbstzufriedene Behaglichkeit, gewinnt oft das Ansehen von kalter Unempfindlichkeit; die langsame bedächtige Gleichmüthigkeit kann zuweilen in Trägheit und Amphibienzähigkeit ausarten; das entschiedene Wollen geht über in Starrsinn, und die nüchterne Sparsamkeit in Habsucht und Geiz. Solche Karrikaturen dringen sich durch ihre eckigen Züge dem Gedächtniß am leichtesten auf, und darüber vergißt nicht selten der Beobachter die Tugenden anzumerken, aus denen sie entspringen.

Diese unvollkommenen Entwürfe sind von den geringeren und mittleren Volksklassen entlehnt, aus denen im Holländischen Theater der größte Theil der Zuschauer besteht. Was reich ist und vornehm thut, besucht die Französische oder auch die Deutsche Truppe. Eine so unpatriotische Lauigkeit gegen die vaterländische Bühne hat die natürlichen Folgen der Vernachlässigung gehabt und dieses Schauspiel zu einer plumpen Volksbelustigung herab gewürdigt. Die einzige Entschuldigung, die man vorbringen könnte, liegt in dem Dilemma: ob es besser sei, dem Volke auf die Gefahr seiner Sittlichkeit, etwas mehr ästhetisches Gefühl einzuflößen, oder ihm mit seiner Unmanierlichkeit seinen fest ausgesprochenen Charakter zu lassen? Die ungebildete Sinnlichkeit bedarf jederzeit eines kräftigen Stachels, womit sie aufgeregt und gekitzelt werden muß; es gehören in der That nicht nur gesunde, sondern auch dicke Nerven dazu, um das Gebrüll und Geheul der hiesigen Schauspieler zu ertragen und so fürchterlich zu beklatschen. In meinem Leben habe ich nichts Entsetzlicheres als ihre Deklamation gehört. Deklamation war es vom Anfang bis zum Ende des Stückes, ohne einen Moment von wahrem Ausdruck der Empfindung, ohne einen Zug von Natur – und dennoch war augenscheinlich dieses Geplärr ein Kunstwerk, dessen Erlernung den Schauspielern unglaubliche Anstrengung gekostet haben muß, ehe sie ihre brutale Vollkommenheit darin erlangten. In der Sprache liegt wenigstens Eine Veranlassung, wiewohl gewiß keine Rechtfertigung, dieser beleidigenden Art des dramatischen Vortrages; die häufigen, stets wiederkehrenden Vokale und Doppellaute (a, aa, ae, ai, o, au, oo, ou, ow u. s. f.) verursachen eine Monotonie, welcher man nicht anders abzuhelfen wußte, als vermittelst einer Modulation, die in lauter Dissonanzen forthüpft; ein Ohr, das Harmonie gewohnt ist, hat dabei völlig die Empfindung, wie wenn mit der größten Wuth ein Contrebaß unaufhörlich gestimmt wird. Die Mimik entsprach genau dieser Deklamation. Wären die Holländischen Schauspieler so ehrlich, wie die Kamtschadalen, die ohne Hehl die Bären für ihre Tanzmeister erkennen, so würden sie gestehen, daß sie von den Windmühlen gestikuliren gelernt haben. Ihre Arme waren unaufhörlich in der Luft, und die Hände flatterten mit einem krampfhaften Zittern und ausgespreizten Fingern in einer Diagonallinie vor dem Körper vorbei. Die Stellung der Herren ließ mich oft besorgen, daß ein heftiges Bauchgrimmen sie plagte; so bog sich mit eingekniffenem Unterleib der ganze obere Theil des Körpers vorwärts, indeß die Arme senkrecht, den Schenkeln parallel, herabhingen. Geriethen sie aber in Affekt, so warfen sie sich auf den ersten besten, der ihnen nahe stand, gleichviel von welchem Geschlecht; und hatten sie etwas zu bitten, so wälzten sie sich im Staube, umfaßten – nicht die Kniee – sondern die Waden und Knöchel und berührten fast mit der Stirne die Erde. Die Heldin des Stückes stieg auch wieder einmal eben so mit dem Kopf und den Händen, in bestimmten tempi, an den Beinen und Schenkeln ihres Vaters hinan, bis bald in seine Umarmung; unglücklicher Weise konnten sie damals noch nicht einig werden, und er stieß sie endlich mit beiden Händen zur Erde, daß sie wie ein Sack liegen blieb. Diese Schauspielerin besaß gleichwohl noch die meiste Kunst und, wenn ich das Wort nicht entweihe, sogar einigen Sinn für die Kunst; allein sie blieb doch mit den andern auf Einen Ton gestimmt. Sie hatte eine hübsche Figur und wußte sie vortheilhaft zu zeigen; ihre Stimme, wie ich fast durchgehends an den Holländerinnen bemerke, war ein tiefer Tenor. Die Mannspersonen hatten, nach Holländischer Sitte, den Hut beständig auf dem Kopf, welches jedoch im Parterre weit unerträglicher als auf der Bühne war. Von der Feinheit des Betragens im Parterre ließe sich ein artiger Nachtrag zum Grobianus schreiben; ein unaufhörliches Plaudern war das geringste, worüber ein Fremder hier in Erstaunen gerathen konnte. Die unbequeme Einrichtung der Sitze veranlaßt manchen Auftritt, der anderwärts genau wie eine Indecenz aussehen würde; denn an Gefälligkeit und Achtung, die ohne persönliche Rücksicht ihrem Geschlecht erzeigt werden müßte, dürfen die hiesigen Frauenzimmer nicht denken.

Ich habe über diese Erinnerungen an die mannigfaltigen Auftritte, die wir heute mit angesehen, nicht daran gedacht, Dir zu erzählen, wie wir hergekommen sind; Du wirst es nicht mehr so wunderbar finden, daß ich hier schon in die dritte Stunde schreibe, wenn Du erfährst, daß wir die vorige Nacht ganz ruhig geschlafen haben, während der Genius dieses wasserreichen Landes, in Gestalt eines wackern Schiffers, uns sanft vom Haag nach Harlem führte. Der Graf B. von R. hatte uns die prächtige

Jacht verschafft, die den Bürgermeistern vom Haag gehört. Wir fanden beim Einsteigen zwei saubere Betten, mit allem versehen, was die verwöhntesten Sinne von Eleganz und Bequemlichkeit verlangen können. Kaum hatten wir uns ausgekleidet, (es war gleich nach Mitternacht) so ertönte überall in den Gebüschen längs dem Kanal das Lied der Nachtigallen, und sang uns in den Schlaf. Am folgenden Morgen erwachten wir eben, indem die Barke bei Hartekamp vorbeifuhr, jenem Garten des reichen Clifford, wo der große Linné sich so manche botanische Kenntnisse erwarb. Es kostete einen Wink, so ließ unser Palinurus die Betten verschwinden. Wir blickten auf die umliegende Gegend durch zehn Fenster, deren jedes in einer überaus großen Scheibe, von prächtigem geschliffenem Spiegelglase bestand, und fast schien sie uns dadurch einen besondern Grad von Anmuth zu erhalten. Der Morgen hatte Thränen im Auge; doch kamen auch Sonnenblicke und beleuchteten die Wiesen und Triften, die Dünen, die Meierhöfe und die Lustgärten, zwischen denen wir mit unmerklicher Bewegung hinschlüpften. An den Ufern bald auf dieser, bald auf jener Seite lagen ruhig wiederkäuend die schönen Niederländischen Kühe. Schon zeigten sich die Thürme von Harlem, als der Capitain auf einem zierlichen Bord von Mahagoni das silberne Theegeschirr der Herren Bürgermeister hereinbrachte; nie hat man wollüstiger auf weich gepolsterten Sitzen im Angesicht einer lachenden Landschaft gefrühstückt. Vor den Thoren von Harlem stand, unsrer harrend, ein schönes Kabriolet, mit ein Paar unvergleichlichen Harttrabern bespannt; denn B – wollte nichts zur Hälfte gethan haben. Wir verließen also unsern lieblichen Käfig und fuhren oder flogen zwei Stunden lang auf einem vortreflichen Wege. Von Zeit zu Zeit sahen wir Leute mit Schaufeln stehen, womit sie die fast unmerklichen Fahrgeleise zuwarfen; andere schöpften Wasser aus dem Kanal und bespritzten den Weg, damit der wenige Staub sich legte. So eilten wir längs dem Harlemer Meer bis an den Punkt, wo nichts als der Straßendamm es von dem größeren Y scheidet. Auf dieser Stelle hat die Aussicht eine erhabene Größe; beide Gewässer sind von so weitem Umfange, daß man ihre entfernten Gränzen am Horizont nicht erkennen kann; man glaubt auf einem kleinen Eiland im unermeßlichen Meere zu stehen. Indeß näherten wir uns dem geschäftigen, volk- und geldreichen Amsterdam; eine Menge Windmühlen zeichneten uns am Horizont seinen Umfang vor; in einer katholischen Stadt von dieser Größe hätten hundert Kirchen mit ihren stolzen Thürmen den Anblick aus der Ferne verschönert. – Aus der Ferne! –

Dritter Theil
Reisenotizen aus dem Nachlaß

12. Etwas von den Sitten
Veränderung der Sitten. Nägel. Ranelagh. Boxing Dr. Mayersbach

Die Verschiedenheit des Essens am östlichen und westlichen Ende der Stadt ist bemerkenswerth. Der ganz Fremde würde indeß wenig Unterschied finden; denn überall geht es gleich steif und unbeholfen zu. Man sitzt vor Tische unbeweglich im Stuhl, spricht wenig, schlägt die Arme über einander, und hat Langeweile, bis zur Tafel gerufen wird. Dann ziehen die Weiber wie die Kraniche ins Speisezimmer; niemand führt sie. Man fodert zu trinken, wie in einem Wirthshause, oder macht Partie mit jemand, um ein Glas zu trinken; und nach Tische werden Gesundheiten getrunken. Auch erscheint, sobald die Damen sich entfernt haben, überall der Nachttopf. Suppe ist nirgends zu sehen. Man setzt noch immer Gläser mit Wasser auf den Tisch, und jedermann spült sich, Angesichts der ganzen Gesellschaft, den Mund und wäscht sich die Hände. Bis Thee und Kaffee im Nebenzimmer servirt werden, sitzt man am Tisch, und trinkt Wein. – Nur im Westen giebt es Servietten, die in der City durchgehends wegbleiben. Kleine Schüsseln findet man auch nur an dem vornehmen Ende der Stadt; am östlichen ißt man mancherlei durch einander und mit einander.

Die Engländer pflegen ihre Hospitalität zu rühmen, und nennen ihr Land das *gastfreieste* in der Welt. Ausländer hingegen beklagen sich, daß, wenn sie zu Hause den durchreisenden Engländern alle erdenkliche Höflichkeit erwiesen haben, diese, wenn man sie in England besucht, den Fremden zu einem Mittagsessen im Wirthshause bitten, und ihn alsdann seine Zeche mit einer halben, oder gar mit einer ganzen Guinee bezahlen lassen. Anfänglich lachte ich selbst über diesen, wie es mir vorkam, ganz verkehrten Begriff von Hospitalität. Allein ich habe der Sache nachgedacht, und finde manches zu erinnern, was sie in ein ganz anderes Licht stellen kann. Erstlich also, ist es wenigstens von den Einwohnern auf dem Lande sehr buchstäblich wahr, daß sie gegen Fremde, die ihnen empfohlen werden, die Gastfreiheit in einem hohen Grade ausüben. Zweitens sind die Veranlassungen zu einem Mittagsmahl in dem Wirthshause in London häufiger als anderwärts, indem so mancher daselbst kein Haus hält, sondern Jahr aus Jahr ein täglich in ein öffentliches Wirthshaus geht, um dort zu essen. Drittens glaubt mancher seinem Gaste mehr Freiheit zu lassen, wenn er ihn an eine Tafel führt, wo er seinen freien Willen behält, und fordern kann, was ihm beliebt, als wenn er ihn nöthigte, sich nach seinem Geschmacke zu richten. Endlich auch in London selbst, sind die Fälle gar nicht selten, daß Fremde in den Häusern ihrer Bekannten bewirthet werden, wie es mir selbst vielfältig widerfahren ist. – Mehr aber, als dies alles, ließe sich noch zur Entschuldigung oder Rechtfertigung des Englischen, mir sonst so paradox scheinenden Begriffes von Hospitalität sagen, der zuletzt auf die Definition hinausläuft, daß man in England für Geld haben kann, was man will. Schöne Gastfreundschaft! sagte ich, als ich diesen Ausdruck zum erstenmal hörte; und tausend Ausländer für Einen werden in Versuchung seyn, denselben Ausruf zu thun. Ich gestehe gern, daß ich nicht mehr so verächtlich von dieser Gastfreiheit urtheile, welche jedem für Geld verschafft, was er nur an Bequemlichkeit und Genuß verlangen kann. Es ist nichts Geringes, den Fremdling, den Reisenden, den Käufer, der im Laden etwas kaufen will, mit Freundlichkeit und Dienstfertigkeit aufzunehmen. Diese Attention ist aber in England recht eigentlich zu Hause. Kauft man für eine bloße Kleinigkeit, für zwei Schilling z. B., in einem Laden, so ist der Kaufmann erbötig, das Gekaufte selbst nach Hause zu schicken; gleichviel, ob in die nächste Straße, oder durch den ganzen Diameter der unermeßlichen Hauptstadt zu gehen ist. Kauft man für mehrere Pfund Sterling, so wird man fast unfehlbar von dem Kaufmann zu Tische gebeten. Im Laden präsentirt man dem Käufer einen Stuhl, ein Glas Wein, eine Tasse Chokolade, oder andere Erfrischungen. Um eine Kleinigkeit abzusetzen, läßt sich der reichste Kaufmann keine Mühe verdrießen; man mag hundert Stücke Zeug um- und durchwühlen: er wird nicht müde, immer wieder andere herbeizuschaffen. – In den Wirthshäusern ist alles Aufmerksamkeit, und der gewöhnlichste Passagier wird wie der erste Lord bewirthet. Die Aufwärter laufen an den Wagen, so bald sie jemand ankommen sehen; der Wirth selbst erscheint und bewillkommt seine Gäste. Er bedient sie bei Tisch, und das Kammermädchen sorgt bestens dafür, daß die Betten frisch und rein sind. Fährt man fort, so ist man wieder eben so mit dem Wirthe, der Wirthin, und den Aufwärtern umgeben. Jedes hat im Hause sein bestimmtes Amt. Boots ist bei der Hand, Schuh und Stiefeln abzuziehen, zu putzen, und dem Fremden Pantoffeln zu präsentiren. Kommt man zu Pferde an, so hat der Horseler, oder wie das Wort gewöhnlich ausgesprochen wird, Ostler, die Sorge für die Pferde. Will man ausfahren, so hat jeder Gastwirth mehrere nette Postchaisen und etliche Züge Pferde im Stall, deren sich ein Deutscher Edelmann nicht schämen dürfte. Fast Jahr aus Jahr ein brennt ein Feuer in dem Kamin; und die Wirthshäuser sind schon darauf eingerichtet, daß man, außer dem Schlafzimmer, für jede Gesellschaft ein besonderes Wohnzimmer hat, ohne daß die Kosten darum besonders erhöhet würden. – Tische und Stühle sind durchgehends vom schönsten Mahagonyholz, mit roßhaarnen Küssen; und der Teppich von der vortrefflichen Wollenmanufaktur in Wiltshire, oder wenigstens ein Schottischer, liegt den Winter hindurch in jedem Zimmer; so wie vor jedem Bette Jahr aus Jahr ein, und in den zierlichem Gasthöfen auf allen Treppen, ein schmaler Streif von eben diesem Tuche liegt. Des Silberzeugs, des Tafelgeschirrs ist kein Ende; nur Servietten muß man nicht erwarten. Wahrlich das Land ist gastfrei zu nennen, wo es Menschen sich so angelegen seyn lassen, andern das Leben bequem und angenehm zu machen, Reisende nach einem beschwerlichen Cahotage zu erquikken, und ihnen einigen Ersatz zu verschaffen für die liebe Heimath, von der sie sich entfernen müssen. Wer empfunden hat, wie der Reisende in andern Ländern in sich selbst zurückgetrieben wird; wie er so gar keine Theilnahme erweckt, so gar kein freundliches Gesicht ihn bewillkommen sieht, für sein Herz so gar keine Nahrung findet, wenn er sich einmal von den Seinigen entfernt; wie es den Gastwirthen gar nicht um seine Bequemlichkeit, sondern lediglich um ihren Gewinn zu thun ist: der muß den Vorzug des Reisens in England empfinden, wo ihn so manches freundliche Wort, so viel ächte Urbanität in den Sitten der Menschen, mit denen er auf der Reise umzugehen genöthigt ist, unaufhörlich mit dem ganzen Geschlechte versöhnt und in eine zufriedene Stimmung versetzt. Ein gutes Gesicht, und Bereitwilligkeit, jeden seiner Wünsche zu erfüllen, lassen sich wahrlich nicht mit dem Gelde erkaufen, das er für seine Zehrung zahlt. Allein die Begriffe, daß man als Gastwirth verbunden sei, für die Bequemlichkeit und das Wohl der Gäste zu sorgen, daß man wirklich die Rechte der Hospitalität an ihnen ausüben müsse, und ein schönes Gefühl von Unabhängigkeit und Gleichheit, womit man sich bewußt ist, daß man nicht bloß vom Fremden lebt, sondern ihm auch wirklich das geben kann, was seine Börse nicht bezahlt: – dies wird schon mit der Muttermilch eingesogen, und mit den Anfangsgründen der Erziehung in den Gemüthern entwickelt. Dazu kommt noch, daß hier nicht leicht ein hungriger Abentheurer einen Gasthof anlegt, sondern daß dieses Geschäft insgemein den Besitz eines ansehnlichen Vermögens voraussetzt; daß folglich die Gastwirthe selten so gröblich unwissend wie in andern Ländern sind, und im Gegentheil die Erziehung, die ihrem Vermögen angemessen war, genossen haben; mithin, daß die Überzeugung, Zufriedenheit und Glück müsse nur in einer bestimmten Geschäftigkeit gesucht werden, den Entschluß leitet, auf irgend eine Art das Vermögen anzulegen und zu einem gemeinnützigen Endzwecke damit zu wirthschaften. Dieser Geist der Thätigkeit unterscheidet den Engländer, wie mich dünkt, am meisten von allen andern Nationen. Ein Deutscher, ein Franzos, ein Italiener von gewöhnlichem Schlage, der dreißig- oder vierzigtausend Thaler hätte, würde sich erniedrigt glauben, wenn er ein Gewerbe oder eine Hantierung triebe;

der Engländer fängt damit erst recht an, und hält das Geld nur für eine Federkraft in seinen Händen, wodurch er für seine Thätigkeit Platz gewinnen und in eigenem Wirken und Schaffen sich selbst gefallen kann. Ich weiß, es giebt auch auf dem festen Lande einige Ausnahmen; allein zu geschweigen, daß diese eigentlich, wie immer, die Regel bestätigen, so ist doch in den Gelenken unserer Gastwirthe eine natürliche Steifigkeit, die sich nur durch die Zauberkraft einer Equipage mit Sechsen, oder eines adlichen Wapenschildes vertreiben läßt. Die Huldigung, die sie dem Reichthum leisten, möchte man ihnen noch verzeihen: sie hat wenigstens einen Gegenstand; allein die Furcht vor der privilegirten Klasse der Nation ist ein Schandfleck von angestammter Niederträchtigkeit, der die menschliche Natur entehrt, am meisten da, wo der Adel durch keinen Zügel, weder durch Eigennutz, noch durch Begriffe von Ehre und Schande, sich gehalten fühlt, mithin, weil er die oberste Stelle ohne sein Verdienst besitzt, dem eigenthümlichen Werthe nach auf die allerunterste Stufe hinabgesunken ist, und die Verachtung aller übrigen, die alle *besser* und *edler* sind als er, in vollem Maße verdient.

Es sind nun zwölf Jahre verflossen, seitdem ich in England war. In diesem Zwischenraume kann eine wesentliche Veränderung der Sitten in einem Volke Statt finden, dessen Wirksamkeit einen so raschen Umschwung hat. – A priori läßt sie sich sogar erwarten, und a posteriori möchte man aus allerlei Auftritten in der neuesten Geschichte sich davon versichert halten. – Bei einer sehr genauen Untersuchung ließen sich unstreitig auch einige Abweichungsgrade bestimmen, die vielleicht in der Folge mit wachsender Geschwindigkeit zunehmen, und wesentlichere Umwandelungen auf die Bahn bringen können; allein für den allgemeinen Eindruck ist gleichwohl der Zwischenraum, den ich hier angegeben habe, noch zu unbedeutend, und England ist noch *das alte,* wie seine Einwohner es emphatisch zu nennen pflegen. Ich darf dieses mit desto größerer Zuversicht sagen, da ich wirklich eine merkliche Veränderung erwartet hatte, und mich in dieser Erwartung sehr getäuscht finde. Ich bin so wenig fremd in London, weder in Absicht auf die Phraseologie, noch im Punkte der Lebensart und Sittenstimmung, daß diese Identität der erneuerten Eindrücke mit den alten Vorstellungen mich gewissermaßen in der Eigenschaft des Beobachters stört, indem mir das gewohnt und alltäglich in der Erinnerung scheint, was ich mit Rücksicht auf Dich, da Du nie in England warst, als merkwürdig, und von unserer Art zu leben verschieden, anzeichnen sollte. Um mit der Sprache anzufangen, so ist es zwar gewiß, daß die Büchersprache epigrammatischer geworden ist, und daß auch im gemeinen Leben manche neue Wörter, zumal in Beziehung auf Indien, in Cours gekommen sind; allein die Aussprache ist völlig unverändert, und die große Masse der Redensarten, die Sprichwörter, die Benennungen der Dinge, bleiben dieselben. Fast ein wenig höflicher, als sonst, scheint mir der gemeine Mann zu sprechen, wie er auch in Absicht auf fremde Kleidertracht, ausländische Sitten und Sprachen, die sich seinen Sinnen auf den öffentlichen Straßen darstellen, toleranter geworden ist. Diese Ausbildung ist unstreitig eine Folge der in England so allgemeinen Zeitungslektüre, und ein Beweis für die Milde des ächtenglischen Charakters, der am Ende der Vernunft doch immer Gehör giebt, so laut auch seine Vorurtheile, seine üblen Gewohnheiten, und seine Leidenschaften zuweilen dagegenreden.

Die Toleranz gegen die Ausländer, und zumal die Franzosen, scheint auch mit einem größeren Umfange in Befolgung und Nichtbefolgung der Moden, als ehedem, in Verbindung zu stehen. So stark auch die Nachahmung wirkt, so sieht man doch unzählige Menschen in den Straßen, die sich in ihrer Kleidung nicht irre machen lassen, sondern ihren Rock noch so tragen, wie sie ihn vor zwanzig Jahren zu tragen gewohnt waren. Vielleicht ist auch die schnelle Succession der Moden schuld, daß sie nicht allgemein werden können, sondern sich bloß auf die höheren Kreise der verfeinerten Gesellschaft einschränken. Eine bekannte allgemeine Revolution in der Kleidung der Mannspersonen, ist die Abschaffung des Degens, den man sonst überall zu sehen gewohnt war, und jetzt nur noch bei Hofe sieht; die allgemeine Einführung der kurzen Westen, und jetzt die fast gänzliche Vertauschung der dreieckigen gegen runde Hüte. Das Militair und die Officiere von der Flotte tragen fast ganz allein ihre dreieckigen Uniformhüte. Kinder kleidet man noch, wie ehedem. Ihr rund geschnittenes, ins Gesicht gekämmtes Haar, wird in der Welt Mode bleiben, wo nur immer der Menschenverstand genug aufdämmert, um die Absurdität einer koëffirten Diminutivfigur zu empfinden. Ganz junge Kinder, bis ins vierte Jahr, erhalten aber hier noch immer keine Strümpfe, obgleich das Klima augenscheinlich diesen plötzlichen Übergang von Wärme zur Kälte verbietet. Es ist aller Erfahrung zuwider, daß der menschliche Körper diese Extreme zu gleicher Zeit ausstehen kann, ohne eine größere oder geringere Zerrüttung seiner Organisation zu erleiden. Von der Blutwärme, die das Kind vor der Geburt überall umschloß, ist der Übergang zur Temperatur der atmosphärischen Luft in England, zumal im Winter, so groß, daß ich mich nicht wundern würde, wofern künftige Physiologen in der plötzlichen Kälte, der man die zarte Organisation des Kindes aussetzt, die erste Veranlassung zu der in England so häufigen Gicht entdecken sollten. Allein in diesen Theil der Erziehung mischen sich die Ärzte; mithin die Theorie, die Systemsucht, und die gelehrte Rechthaberei. Gesunder Menschensinn läßt sich in dieser Gesellschaft nicht antreffen.

Die gewöhnlichste Haube der Frauenzimmer hat einen ungeheuer breiten *Strich,* und ist überhaupt so weitläuftig, daß ich eher alles von ihr sagen und glauben möchte, als daß sie schön sei, und ziere. Die vornehmste Frau und das gemeinste Mädchen tragen diese Haube; mit dem Unterschiede, daß diese nie ohne dieselbe gesehen wird, da sie hingegen bei jener nur das tiefste Negligé andeutet. Hohe Hüte von Filz, von allen Farben: weiß, rosenroth, braun, grün, himmelblau, und col de canard, – am meisten aber schwarz, mit einem runden schmalen Rand, und hohem spitzer zulaufenden Kopf, einer Bandkokarde oder einem Federbusch zuoberst, und einem goldenen, oder seidenen, farbigen und mit Gold gewirkten Bande unten, sind jetzt die allgemeine Tracht des Frauenzimmers, fast von allen Ständen. Zum vollen Anzuge gehört es aber noch jetzt, wie immer, daß man ohne Hut erscheint; und in diesem Falle ist eine sehr vollständige Frisur mit vielen Locken im Toupet, und einem Bande oder einer Agraffe von Juwelen im Haar, oder eine hohe, sich vorn über thürmende, turbanähnliche Haube, der Putz, womit Junge und Alte prangen. Die Hüte sind an Gestalt völlig denen ähnlich, die man auf Rubens und Vandyks Porträten bemerkt. Die Hauben sind äußerst verunstaltend; und es fehlt nicht viel, so werden sie den Fontangen ähnlich seyn, die man in Ludwigs XIV. Zeiten trug. – Viele, zumal junge Frauenzimmer, gehen ungepudert; es ist indeß keine allgemeine Mode, und am wenigsten zur vollen Kleidung anwendbar. – Eine Art Negligé ist es auch, wenn man vollständig frisirt ist, statt der Haube aber nur ein kleines Küssen oben auf dem Kopfe trägt, welches der Haube eigentlich zum point d'appui dient, und wie Vesta's oder Cybelens Thurm aussieht. Dabei trägt man noch immer die ekelhaft großen Halstücher, so zusammengeschlagen, daß die obersten Falten mit dem Munde in gleicher Höhe stehen, und es beinahe so viel Kunst erfordert, einen Bissen, ohne das Halsbollwerk zu beschmutzen, in den Mund zu steuern, als mit Chinesischen Stäbchen zu essen. Ein anderer Gräuel des hiesigen Anzuges sind die Schnürbrüste, die so allgemein wie jemals getragen werden, und jetzt nur wegen der fürchterlich hohen Florbusen eine Exkrescenz vor der Brust bilden, welche wenigstens diesen zarten Theil vor Beschädigung sichert, aber zur Schönheit der weiblichen Figur nichts beiträgt. Poschen gehören nur zum vollen Anzuge. Sonst hängt das Kleid so lang und schlank an den Schenkeln hinunter, wie nur etwas hangen kann. Große baumwollene Tücher tragen die mittleren Stände, und Shawls, in Nottingham, nach den Indischen verfertigt, die vornehmeren, gegen die kalte Luft. Diese Shawls werden jetzt weit länger gemacht als ehemals, weil man sie, nachdem sie über die Brust zusammengeschlagen worden sind, hinten in einen Knoten schlägt und die Zipfel wie eine Schärpe herabhangen läßt. Große Flortücher mit Blonden oder gehackten Spitzen gehören zum vollen Anzuge, der sehr oft aus Crepflor, oder überhaupt ganz weißen Zeugen besteht. Um die Taille schließt ein elastischer Gürtel, den die Erfindsamkeit der Englischen Putzhändler einen Gestus nennt, mit einem Schlosse, oder nach der neusten Mode, drei Schleifen und brillantirten Knöpfen von Stahl. Anstatt dieses Putzes tragen viele Frauenzimmer eine zur Taille passende ausgeschweifte Binde von seidenem Stoff, und ein breit seidnes Band als Schärpe. Unmöglich kann ich alle die eleganten oder doch prätensionsvollen Negligés und Karakos beschreiben, in denen die Petite-Maitressen auf der Schaubühne, in den Logen, und in Ranelagh und Vauxhall erscheinen. Genug, die unermüdete Anstrengung der Fabrikanten in Nottingham und Manchester erfindet immer neue Stoffe, und die Modehändlerinnen geben sich die Tortur, um nicht minder erfinderisch zu seyn, als ihre Französischen Nachbarinnen.

Die Schuhe der Engländerinnen haben das Besondere, daß die Absätze weiter nach hinten stehen, als an unsern Französisch-Deutschen Damenschuhen. Man trägt jetzt zierliche Rosetten von Stahl darauf, die sehr gut kleiden. Die Herren haben ihre Schnallen meistens mit Springfedern, so daß das Herz von dem Theile der Schnalle, der bloß für das Auge dient, gänzlich getrennt ist, und nur an Einem Charnier, und dann durch eine Feder, damit zusammen hängt.

Durchgehends bemerke ich, daß die Engländer jetzt die Nägel ungeheuer lang wachsen lassen; am längsten und spitzigsten die, welche in Ostindien gewesen sind, woher auch die Mode augenscheinlich nach Europa herüber gekommen ist. Man hat wenigstens eben so vornehm scheinen wollen, als ein vornehmer Indier, dessen Nägel die Stelle seines Stammbaums vertreten. Es ist aber eine häßliche Mode, und ein wahres Emblem der Faulheit, da man mit solchen Krallen unmöglich irgend ein Geschäft verrichten kann, das nur einige Anstrengung erfordert. Aber auf dem Sofa zu sitzen und dem lieben Himmel den Tag zu stehlen: dazu sind sie ersonnen.

Erst um 10 Uhr fängt jetzt die Gesellschaft an, sich in Ranelagh einzufinden. Das Coup d'œil ist immer zauberisch. Die Vertheilung der Lichter gießt so etwas Festliches, Heiteres umher, daß die trübste Seele dadurch erhellet werden muß. Im Garten war mir so wohl zu Muth; es war so dunkelblau der Himmel, so niedlich das Blinkern der Lampen, so balsamisch erquickend der Duft von unzähligen Eglantin-Rosenhecken, herbeigewehet von einem mildsäuselnden West; die Töne des Orchesters in der Rotonde verhallten dort so gedämpft; – es war der erste ungetrübte Genuß, seitdem ich in England bin.

Mendoza, der nur durch Verabredung den Kampf mit Humphries als Sieger bestehen konnte, da ihn sonst Humphries in fünf Minuten zu Grunde richten würde, – begegnete neulich einem Bauerkerl, und schlug ihn. Der Bauer nahm es übel, und widerstand. Er schlug ihn nochmals nieder, weil er agiler, als der Bauer war. Hierauf entschloß sich der Bauer zu einem ordentlichen Kampf, zog seine Kleider aus, und drang auf seinen Gegner dergestalt ein, daß diesem seine Geschwindigkeit nichts half, sondern er eine gewaltige Tracht Schläge bekam.

Dr. Mayersbach, dieser Quacksalber ist wieder hier, wohnt in Red lion square, und hat noch immer Zulauf wie ehedem. Er war Postschreiber in –, und wußte nichts von der Medicin; allein er associirte sich mit einem gewissen Apothekergesellen, Namens Koch, der die Hallischen Medicamente zu bereiten gelernt hatte, und ward in England durch Lord Baltimore's Empfehlung als Arzt bekannt. Durch die elendesten Künste erwarb er sich die Reputation, aus dem Urin alle Krankheiten wissen zu können. Ein Londoner Arzt, Dr. Lettsom, schickte ihm etwas Urin von einer Kuh zu, worauf er sogleich die Patientin für eine schwangere Frau erklärte – wie er es von dem Bedienten des Doktors erfahren hatte. – Sein Zulauf war unglaublich. Nachdem er sich ein schönes Vermögen erworben hatte, ging er nach Deutschland zurück. Jetzt ist er wieder da, und das liebe London läßt sich aufs neue von ihm betrügen.

ANHANG

Editorische Notiz

Der vorliegenden Auswahl liegen folgende Ausgaben zugrunde:

›Reise um die Welt‹
Aus: Georg Forster: Werke in vier Bänden. Hrsg. von Gerhard Steiner. Bd. 1: Reise um die Welt. Frankfurt a. M.: Insel Verlag 1967, S. 5–1043. [Dieser Text folgt dem Text der Akademie-Ausgabe, Bd. 2 u. Bd. 3. Berlin 1965/66. Deren Text beruht auf der von Forster überarbeiteten zweiten Auflage von 1784.]

›Cook, der Entdecker‹
Aus: Georg Forster: Werke in vier Bänden. Hrsg. von Gerhard Steiner. Bd. 2: Kleine Schriften zur Naturgeschichte, Länder- und Völkerkunde, Ansichten vom Niederrhein. Frankfurt a. M.: Insel Verlag 1969, S. 103–224. [Dieser Text folgt der Textfassung von 1789, in: Georg Forster: Kleine Schriften. 1. Teil. Leipzig 1789, S. 1–232.]

›Ansichten vom Niederrhein‹
Aus: Georg Forster: Werke in vier Bänden. Hrsg. von Gerhard Steiner. Bd. 2: Kleine Schriften zur Naturgeschichte, Länder- und Völkerkunde, Ansichten vom Niederrhein. Frankfurt a. M.: Insel Verlag 1969, S. 367–869. [Dieser Text folgt dem Text der Akademie-Ausgabe, Bd. 9. Berlin 1958.]

Die Orthographie folgt, von wenigen Angleichungen abgesehen, den jeweiligen Vorlagen.

Daten zu Leben und Werk

1754
Am 27. November 1754 wird Johann Georg Adam Forster als Sohn des aus England stammenden evangelischen Pfarrers Johann Reinhold Forster und dessen Frau Justina Elisabeth (geb. Nicolai) in Nassenhuben bei Danzig geboren.

1765–1772
1765: Begleitung des Vaters auf einer Forschungsreise nach Russland. Beteiligung an naturwissenschaftlichen und kartographischen Studien. 1766: Übersiedlung der Familie nach England, wo der Vater an der Dissenters' Academy in Warrington (Lancashire) ein Lehramt übernimmt und als Mitglied in die Society of Antiquaries of London aufgenommen wird. Der junge Forster betätigt sich als Übersetzer aus dem Russischen (Lomonossow), um seine Familie finanziell zu unterstützen.

1772–1775
Als Assistent des zu Forschungszwecken angeheuerten Vaters begleitet der 17-jährige Georg Forster den Entdecker James Cook bei dessen zweiter Weltumseglung. An Bord der »Resolution« führt diese für die naturkundliche und ethnologische Wissenschaft bahnbrechende Reise zum südlichen Eismeer, den Hebriden, der Osterinsel (Isla de Pascua / Rapanui) und nach Tahiti.

1777
Mit seinem detailreichen Reisebericht *A voyage round the world*, der Aufzeichnungen des Vaters nutzt und der mit eigenen Anmerkungen und Zeichnungen ergänzt wird, erlangt der 23-jährige Forster in ganz Europa Anerkennung und begründet das neue Genre des naturwissenschaftlich beschreibenden und phi-

losophisch reflektierten Reiseberichts. Aufnahme in die Royal Society.

1778
Ernennung zum Professor für Naturgeschichte am Collegium Carolinum in Kassel.

1784
Professur im polnischen Wilna (heute Vilnius, Litauen). Heirat mit Therese Heyne (1764–1829), Tochter des Göttinger Altertumswissenschaftlers und Altphilologen Christian Gottlob Heyne. (Die Ehe verläuft unglücklich. Nach Forsters Tod heiratet Therese erneut und wird als Therese Huber eine bekannte Schriftstellerin.) Korrespondenz und regelmäßiger Gedankenaustausch mit bedeutenden Vertretern der Aufklärungsepoche (u. a. Lessing, Herder, Lichtenberg, Wieland und Goethe).

1788
Anstellung als Universitätsbibliothekar im Dienst des Kurfürsten von Mainz. Forsters Haus wird zum Treffpunkt vieler Persönlichkeiten des deutschen Geisteslebens.

1790
Zusammen mit Alexander von Humboldt bereist Forster den Rhein, die Österreichischen Niederlande, Holland, England und Frankreich. Eindrücke dieser Reise schildert er in dem dreibändigen Werk *Ansichten vom Niederrhein, von Brabant, Flandern, Holland, England und Frankreich im April, Mai und Junius 1790.*

1792–1793
Mitbegründung des Jakobinerclubs »Freunde der Freiheit und Gleichheit« in dem von französischen Revolutionstruppen besetzten Mainz. Beteiligung an der Gründung der »Mainzer Republik«, dem ersten bürgerlich-demokratischen Staatsgebiet auf

deutschem Boden. Forster wird Abgeordneter und Vizepräsident des Rheinisch-deutschen Nationalkonvents, der ihn 1793 zusammen mit einigen anderen Deputierten nach Paris entsendet, um die Angliederung der besetzten Gebiete an Frankreich zu beantragen. Die Eroberung des Mainzer Freistaats durch die antirevolutionären Truppen Preußens und die über ihn verhängte Reichsacht zwingen Forster zum dauerhaften Aufenthalt in Paris.

1794
Völlig vereinsamt und nahezu mittellos stirbt Georg Forster im Alter von 39 Jahren am 10. Januar 1794 in dem von der Schreckensherrschaft Robespierres gezeichneten Paris an einer Lungenentzündung.

Nachwort

Georg Forster »als Mensch, als Weltbürger, als Europäer, als Franke«

So hat sich Georg Forster (27. November 1754–10. Januar 1794) am 8. November 1793 in einem Brief an seinen Berliner Verleger Christian Friedrich Voß gesehen – wobei »Franke« im damaligen Verständnis Franzose meinte, war Forster doch ein bekennender Anhänger der Französischen Revolution geworden. Als Deputierter der Mainzer Republik ist er 1794 in Paris an den Folgen seiner strapaziösen Reisen gestorben, die seinem Körper schwer zugesetzt hatten. Weil er sich nicht ausdrücklich zu Deutschland bekannt hat, ist er bis ins 20. Jahrhundert als »Vaterlandsverräter« attackiert worden. Andere hingegen haben ihn wegen seiner heute so sympathisch und weltoffen anmutenden Selbsteinschätzung als einen »Apostel der Völkerfreiheit« gefeiert. Als »Weltbürger« ist Georg Forster inzwischen anerkannt, aber keineswegs als ein »Klassiker« der deutschen Literatur, wie ihn Friedrich Schlegel 1797 gepriesen hat. Erst in den letzten Jahren wird er wieder als großer Reiseschriftsteller entdeckt, der uns mit bewundernswerter sprachlicher Kraft die anstrengenden und erstaunlichen Abenteuer einer Weltumseglung mit James Cook (1728–1779) in den Jahren 1772–1775 geschildert hat. Und nicht zuletzt sind es seine dabei entstandenen Zeichnungen von Tieren und Pflanzen, die uns heute noch beeindrucken. Die Lebensgeschichte dieses Mannes, der in jungen Jahren zu außergewöhnlichem Ruhm gelangte, der von gelehrten Gesellschaften umworben und von Königs- und Fürstenhäusern eingeladen wurde, der Professor werden konnte, ohne je studiert zu haben, bietet ein farbiges Gemälde einer großen intellektuellen Existenz im 18. Jahrhundert.

»Ich bin im polnischen Preußen eine Stunde von Danzig geboren und habe meinen Geburtsort verlassen, eh er unter königlich-preußische Botmäßigkeit kam. Insofern also bin ich kein preußischer Untertan. Ich habe als Gelehrter in England gelebt, eine Reise um die Welt getan, hernach in Kassel, in Wilna und zuletzt in Mainz meine geringen Kenntnisse mitzuteilen gesucht. Wo ich jedesmal war, bemühte ich mich, ein guter Bürger zu sein; wo ich war, arbeitete ich für das Brot, welches ich erhielt. Ubi bene, ibi patria, muß der Wahlspruch des Gelehrten bleiben; er bleibt es auch des freien Mannes, der in Ländern, die keine freie Verfassung haben, einstweilen isoliert lebt.«

Diesen biographischen Abriss verfasste Forster 1792 in Mainz. Zu dieser Zeit hatte er bereits eine erstaunliche Biographie hinter sich: Nur knapp vierzig Jahre umspannt dieses Leben, aber es war von außergewöhnlichen Eindrücken und Erfahrungen geprägt worden. Forster gehört zu jener geistigen Elite des 18. Jahrhunderts, die die europäische Aufklärung hervorgebracht hat. Wie bei so vielen der damaligen Intellektuellen hatte auch ihn eine ausgreifende Neugier erfasst, wobei er sich keineswegs mit nur einem Forschungsgebiet zufrieden gab: Er war an Biologie und Geographie, Anthropologie und Ethnologie, Philosophie und Soziologie, Psychologie und nicht zuletzt an Politik interessiert. Vor allem war er ein begnadeter Schriftsteller, der sich im Englischen ebenso gewandt wie im Deutschen auszudrücken wusste. Er war ein Grenzgänger zwischen Kunst, Wissenschaft und Politik und von einer starken Überzeugung geleitet, dass die Menschen ihr Schicksal selbst bestimmen und über die Vernunft viel zu ihrer »Vervollkommnung« beitragen könnten. Wobei für ihn das Ideal darin bestand, dass auch die »Empfindungen« zu ihrem Recht kommen müssten.

Georg Forster war ein »Weltbürger«, der mehrere Sprachen gelernt und sich in vielen Ländern heimisch gefühlt hat. Er war einer der großen Universalgelehrten seiner Zeit, der in den Jahren 1778 bis 1784 eine Professur für Naturgeschichte an der Hohen Schule, am Collegium Carolinum, in Kassel und danach für drei Jahre an der Universität im damals polnischen Wilna (Vilnius) innehatte, bevor er dann 1788 nach Mainz als Bibliothekar in den Dienst eines katholischen Kurfürsten wechselte. Die umfassende Gelehrsamkeit war nicht das Ergebnis universitärer Studien, sondern verdankte sich energischer autodidaktischer Anstrengungen, die vom Vater Reinhold Forster initiiert worden waren. Dieser evangelische Pfarrer war mit seiner Stelle in Nassenhuben bei Danzig keineswegs zufrieden und sehnte sich nach großen Reiseabenteuern. Als sein Sohn zehn Jahre alt war, nahm er ihn auf eine Expedition nach Russland mit; als der Sohn siebzehn war, begann für beide das größte Abenteuer ihres Lebens: Am 13. Juli 1772 brachen die Forsters mit James Cook von England aus zu dessen zweiter Weltreise auf, die drei Jahre dauern sollte. Der Vater gehörte als Naturwissenschaftler und der Sohn als sein Mitarbeiter zur wissenschaftlichen Begleitung. Was der Vater seinem Sohn an Kenntnissen z. B. über Geographie, Geologie, Botanik, Zoologie beigebracht hatte, war schon sehr viel, aber auf dieser großen Segelschiffexpedition in die Südsee absolvierte der junge Georg Forster ein einzigartiges Studium in der freien Natur. Bei der Rückkehr nach England war seine Ausbildung zum Naturforscher beendet. Innerhalb weniger Jahre sorgte der Gelehrte und Schriftsteller Georg Forster dafür, dass sich sein Ruhm in Europa ausbreitete. Er war ein ungewöhnlich fleißiger Autor. Der Paukenschlag auf dem deutschen Literaturmarkt erfolgte 1778 mit der »Reise um die Welt«, deren zweiter Band dann 1780 erschien. Berühmt haben ihn die Reiseberichte gemacht, zu denen auch »Cook, der Entdecker« (1787) und besonders die »Ansichten vom Niederrhein« (1791/92, 1794) gehören.

Neben diesem Genre der Reiseschilderungen erwarb sich Forster auch hohe Anerkennung als Meister der kleinen literarischen Form des Essays: Ob er »Vom Brodbaum« (1784), »Über Leckereyen« (1789) oder »Über die Beziehung der Staatskunst auf das Glück der Menschheit« (1794) schrieb, immer zeigte er sich als gebildeter Gelehrter, als vorzüglicher Stilist und im weitesten Sinne als ein gesellschaftlich und politisch denkender

Mensch. Die Anteilnahme am politischen Geschehen ließ ihn frühzeitig zum begeisterten Anhänger der Französischen Revolution werden und so setzte er sich in den 1790er-Jahren mit seiner schriftstellerischen Arbeit für das neue Frankreich ein. Anders als viele seiner Schriftstellerkollegen, die sich nach den Gräueln der Jakobinerherrschaft mit Abscheu abwandten, blieb Forster weiter überzeugt, dass nur mit einer energischen Politik eine Revolution vorangetrieben werden kann. Er gehört zu den wenigen deutschen Schriftsteller, die aus der Schreibstube in die Öffentlichkeit drängten und »Geist und Tat« (Heinrich Mann) zu verbinden trachteten.

Als die französischen Revolutionstruppen am 21. Oktober 1792 Mainz eroberten, stellte sich Forster den Franzosen zur Verfügung, war wichtiges Mitglied einer »Gesellschaft der Freunde der Freiheit und Gleichheit« in Mainz, übernahm sogar das Vizepräsidentenamt des neu gegründeten Rheinisch-deutschen Nationalkonvents, als dessen Gesandter er im März 1793 nach Paris reiste, um den Anschluss der deutschen Republik an Frankreich vorzuschlagen.

Dieses politische Handeln im Interesse der Französischen Revolution hat für eine schwierige Rezeptionsgeschichte dieses Lebens und auch der Werke gesorgt. Wer einem Wissenschaftler und Künstler jedes gesellschaftliche und politische Mitreden verweigert, kann diesem so politisch und gesellschaftskritisch agierenden Schriftsteller keinen außergewöhnlichen literarischen Rang zumessen. Erst in der DDR hat Georg Forster hohe Anerkennung erfahren. Sein literarisches ›Erbe‹ wurde gesammelt, geordnet und kenntnisreich kommentiert und liegt uns in der vorbildlichen und umfangreichen »Akademie-Ausgabe« vor. So sind wir heute gut in der Lage, diese ungewöhnliche Lebensleistung zu überblicken und angemessen zu beurteilen. Und es fällt nach der Lektüre der Texte nicht schwer, Friedrich Schlegel zuzustimmen, der 1797 in seinem Porträt Georg Forsters gemeint hat: »Keiner ist so ganz gesellschaftlicher Schriftsteller wie er.«

»Die Reise um die Welt« – Das Eigene und das Fremde

Unmittelbar nach der Rückkehr nach England machten sich die beiden Forsters daran, die Erfahrungen und Erlebnisse ihrer langen Reise in die Südsee zu ordnen und zu publizieren. War ursprünglich dafür allein der Vater vorgesehen, so wurden diesem bald die Veröffentlichungsrechte streitig gemacht und so kam der Sohn Georg in die Lage, im eigenen Namen eine umfangreiche Reiseschilderung zu verfassen. (Sein Vater hat dann doch seinen eigenen Reisebericht »Observations Made during a Voyage round the World« geschrieben, der 1778 in London erschienen ist.) »A Voyage round the World, in His Britannic Majesty's Sloop, Resolution, commanded by Capt. James Cook, during the Years 1772, 3, 4 and 5«, im Sommer 1776 bis März 1777 verfasst, erschien 1777 in London und fand große Zustimmung, besonders wegen der sprachlichen Meisterschaft. Georg Forster übersetzte den Text sogleich ins Deutsche, wovon der erste Band 1778 und der zweite 1780 bei Haude und Spener in Berlin erschien: »Johann Reinholds Forster's Reise um die Welt, während den Jahren 1772 bis 1775 in dem von Seiner itztregierenden Großbrittannischen Majestät auf Entdeckungen ausgeschickten und durch den Capitain Cook geführten Schiffe the Resolution unternommen. Beschrieben und herausgegeben von dessen Sohn und Reisegefährten George Forster [...] Vom Verfasser selbst aus dem Englischen übersetzt, mit dem Wesentlichsten aus des Capitain Cooks Tagebüchern und andern Zusätzen für den deutschen Leser vermehrt und durch Kupfer erläutert«. Wie die englische Fassung fand auch die deutsche Buchausgabe begeisterte Zustimmung, öffnete Forster den Zugang zur gelehrten Welt, brachte ihm Mitgliedschaften in renommierten wissenschaftlichen Gesellschaften und ermöglichte ihm eine rasche, unkonventionelle akademische Karriere. Was hat die Leser dieser umfangreichen Reiseschilderung so beeindruckt?

Das waren vor allem die bildkräftige und wortmächtige Sprache, die sich zu poetischer Kraft steigern kann, und die lebhafte und mit großer Anteilnahme vorgetragene Schilderung sehr fremder Kulturen. Das war eine neue Art der Reisebeschreibung, auf die Georg Forster in seiner »Vorrede« auch selbstbewusst aufmerksam gemacht hat, wenn er von einer »philosophischen Geschichte der Reise« spricht: »eine Reisebeschreibung, dergleichen die gelehrte Welt bisher noch keine war vorgelegt worden«. In dieser »Vorrede« entfaltet er seine Theorie einer guten Reisebeschreibung: »Philosophische Geschichte« meint eine erzählende und um Erklärungen bemühte Darstellung, die nicht – wie bisher – ein buntes Sammelsurium von Beobachtungen anbieten wollte, »einen vermischten Haufen loser einzelner Glieder«. Von bereits vorliegenden Reisebeschreibungen, die Georg Forster alle kannte und auch in seiner »Reise« zitierte, setzte er sich ab, indem er nicht »bis zum Unsinn nach *Factis*« jagen wollte, denn dabei würde man »unfähig, auch nur einen einzigen Satz zu bestimmen und zu abstrahiren«. Mit der Vermittlung bloßer Fakten und besonders der fehlenden Bewertung werde Objektivität nur vorgetäuscht. Forster hingegen war sich bewusst, dass »National-Vorurteile« eine Rolle spielen, dass die Europäer verwundert, aber auch verachtend auf die »Wilden« blickten und hat Eurozentrismus vielfach bei seinen Mitreisenden beschrieben. Für den Beobachter gelte es, sich zu vergewissern, »wie das Glas gefärbt ist, durch welches ich gesehen habe«. Er muss das ›Fremde‹ als das ›Andere‹ akzeptieren und es zunächst genau beobachten und beschreiben, um dann in einem erweiterten Reflexionsprozess »die Ideen zu verbinden« – das macht die »Philosophie« der Reisebeschreibung aus. Wenn man »einzelne Gegenstände richtig und in ihrem wahren Lichte zu beobachten« und daraus »allgemeine Folgerungen« zu ziehen vermag, dann kann es eventuell auch ein Verstehen geben.

Das sind Einsichten, von denen sich heute auch die moderne Ethnologie leiten lässt. Sie ist sich ihrer subjektiven Annäherung bewusst und weiß auch, dass sie selten Gewissheit erlangen kann. »Ethnographie betreiben gleicht dem Versuch, ein Manuskript zu lesen« (Clifford Geertz). Das Problem jeder Annäherung an eine fremde Kultur ist zunächst also ein Erkenntnisproblem, dem aber sofort das Darstellungsproblem folgt. Um sich vor voreiligen Schlüssen zu schützen, sollte sich der Beobachter ein umfassendes Bild des fremden Volkes erschaffen, vielfältige und unterschiedliche Beobachtungen sammeln und eine »dichte Beschreibung« wagen (C. Geertz). Beobachtung fremder Kulturen meint also, sich auf eine mühsame Spurensicherung einzulassen. Kulturwissenschaft ist ein Puzzlespiel, bei dem die erwünschte Rekonstruktion des Fremden als Prozess einer (subjektiven) Konstruktion erkannt werden muss. Aus diesem Grund ist es wichtig, sich selbst und dem Leser immer wieder den Annäherungsprozess und damit den individuellen Standpunkt zu verdeutlichen. Damit drängt sich eine dialogische Schreibtechnik auf, die den Leser an der Recherche des Autors teilnehmen lässt. Nach solchen Maximen hat schon Georg Forster gearbeitet.

Er verzichtet bei seiner »Reise um die Welt« auf die Einbahnstraßen bisheriger Blickrichtungen, versucht sich offen zu halten für vielfältige fremde Eindrücke, versteckt dabei keineswegs sein Erstaunen oder Befremden, gesteht auch ein, dass er für vieles keine Erklärungen habe, stellt deshalb Vermutungen an (»vielleicht«, »vermutlich«, »anscheinend« sind die Textsignale dafür) und bindet den Leser in seinen Beobachtungs- und Reflexionsprozess ein. Was die moderne Dokumentarliteratur »teilnehmende Beobachtung« (Günter Wallraff) nennt, erfasst auch Forsters Praxis der Kulturbeschreibungen: So bekennt er in der »Vorrede«, dass er »zuweilen« seinem »Herzen« folge, aber dennoch bemüht er sich um eine vorurteilsfreie Betrachtung, indem er sich z. B. entschieden vom Ideal des »edlen Wilden« löst, das durch Rousseaus Ideen und einige Reiseberichte, vor allem von Bougainvilles »Voyage autour du monde« (1771), zum Faszinosum der europäischen Welt geworden war. So träumt er in Tahiti, das so zentral in seiner »Reise« ist, ebenfalls den Traum von einem unschuldigen Arkadien, aber dennoch hat er bei diesem »jardin d'Eden« (Bougainville) durchaus ein kritisches Auge für ihm feudalistisch erscheinende Strukturen, die mit Müßiggang und Ausbeutung verbunden seien. Im Sinne der modernen Ethnologie bemüht er sich um eine »dichte Beschreibung«, indem er die Vielfalt der Flora und Fauna, geographische und geologische Formationen, das Klima, die Gebäudeformen, den Körperbau der Menschen, deren Schmuck und Kleidung, die Art der Waffen, Haushaltsgeräte, Arbeitsweisen und Kulturtechniken, Nahrung und Essgewohnheiten, Sprache, Gestik und Mimik, mögliche religiöse Rituale sehr genau zu erfassen versucht – gelegentlich, z. B. bei den Waffen, ergänzt er diese Beschreibungen durch eigene Zeichnungen. Außerdem haben beide Forsters eine Fülle von ethnographischen Artefakten gesammelt, wie Waffen, Stoffe, Musikinstrumente u.a., die heute noch in mehreren Museen, z. B. im Institut für Völkerkunde der Universität Göttingen, zu bewundern sind. Am intensivsten hat sich Forster dem jeweiligen sozialen bzw. politischen System zugewandt, um im Sinne der Aufklärung die Regeln des menschlichen Zusammenlebens zu erforschen. Wobei den jungen Mann besonders die unterschiedlichen Einstellungen zur Sexualität beschäftigt haben. Dieses Verfahren einer genauen Beobachtung des und der Fremden wendet er in einer Art Nahethnologie auch auf seine engere Umgebung, auf die Offiziere, die mitreisenden Wissenschaftler und vor allem auf die Mannschaft an. Mit Erstaunen und Befremden registriert er bei den Europäern ein weites Spektrum eigenwilliger Reaktionsweisen auf das Fremde.

Die Grundzüge der von ihm geforderten »philosophischen Geschichte der Reise« sind leicht ausmachen. Es gibt fast immer einen Dreischritt in der Darstellung: Zuerst werden genaue Beobachtungen wiedergegeben, die Vater und Sohn in Tagebuchaufzeichnungen festgehalten hatten; dann wird das Fremde mit eigenen (europäischen) Vorstellungen und Erfahrungen verglichen; schließlich wird – ganz im Sinne der Aufklärung – nach einer Synthese gesucht, die sich z. B. als verbindende Ethik oder Moral für die ›Menschheit‹ eignen könnte. So geht sein Blick fast immer vom Einzelnen zum Allgemeinen, vom Singulären zum Typischen, vom Menschen zur Menschheit. Alexander von

Humboldt rühmt 1847 im zweiten Band seines »Kosmos« Forsters Werk und sieht darin »eine neue Ära wissenschaftlicher Reisen, deren Zweck vergleichende Völker- und Länderkunde ist«.

Bei allem Lob darf allerdings nicht übersehen werden, dass auch Georg Forster im Bestreben, über genaue Beobachtung und Erfahrung nach Gesetzmäßigkeiten für die menschliche Gesellschaft zu suchen, zu manch eigenwilligem Urteil gelangt und oft auch jenem hochgespannten Optimismus erlegen ist, der nicht selten bei den Aufklärern anzutreffen ist. So vertrat er eine Art Rassenlehre und beurteilte die Eingeborenen sehr stark nach ihrer äußeren Gestalt: Dabei waren auch ihm die gut aussehenden Bewohner Tahitis besonders sympathisch, hingegen haben ihn die »Pesseräh« auf Feuerland wegen ihrer Hässlichkeit zutiefst erschreckt. Weiterhin glaubte er mit Blick auf die verschiedenen Menschen und deren Selbstpräsentation eine Rangfolge der menschlichen Gesellschaftsformen beobachtet zu haben, mit der er den Weg zu einer »Perfektibilität« der Menschheit eingeschlagen sah. Man muss sich jedoch bewusst sein, dass von den über 1100 Tagen, die die Reise gedauert hat, nur ungefähr 290 an Land verbracht worden waren. Umso erstaunlicher ist es deshalb, wie sich der junge Georg Forster meist als ein überaus umsichtiger Beobachter, genauer Berichterstatter und vor allem im Sinne seiner selbst gewählten Maxime als ein nachdenklicher, kritischer und auch vorsichtiger »Philosoph« präsentiert.

»Cook, der Entdecker« – Der aufgeklärte Mensch

James Cook (1728–1779) war 1776 zu seiner dritten Weltreise aufgebrochen, um nach einer möglichen Nordwestpassage zwischen Atlantik und Pazifik zu suchen und wurde am 14. Februar 1779 auf Hawaii bei einem Streit mit Eingeborenen erschlagen. Dieses Ereignis hat in Europa für großes Aufsehen und für zahlreiche Gedenkschriften gesorgt. In Deutschland widmete z. B.

Georg Christoph Lichtenberg (1742–1799) 1780 dem großen Seefahrer und Entdecker seinen Essay »Einige Lebensumstände von Captain James Cook«, Georg Forster publizierte 1781 seine »Fragmente über Kapitän Cooks letzte Reise und sein Ende«. Ab 1786 beschäftigte er sich erneut mit dessen Biographie, da er die nach Cooks Tod erschienenen Tagebücher und andere Zeugnisse dieser dritten Weltreise ins Deutsche übersetzte. 1787 erschien »Des Capitain Jacob Cook's dritte Entdeckungs-Reise, welcher derselbe auf Befehl und Kosten der Großbrittanischen Regierung in das stille Meer und nach dem Nordpol hinauf unternommen [...]«, zusammen mit Forsters Essay »Cook, der Entdecker. Versuch eines Denkmals«. Am 2. April 1787 schrieb Forster an Friedrich Ludwig Wilhelm Meyer: »Es war mir, wie Du leicht denken kannst, um keinen Panegyrikus auf Cook zu tun, der doch in der Tat alles und vielleicht mehr, als ich ihm sage, verdient, sondern was mir die Arbeit einzig angenehm machte, war die Gelegenheit, meine Philosophie auszukramen.«

Forster ist dieser biographische Essay dennoch zu einem Heldenporträt geraten. Mehrfach wird ein beinahe hymnischer Ton angeschlagen, wie z.B. zu Beginn des zweiten Abschnitts »Anordnungen«: »Es ist an sich schon ein großes Schauspiel, wenn ein Mann von Cooks thätigem durchdringenden Geiste auftritt, und in dem kurzen Zeitraum von zehn Jahren die Kinder und die Erwachsenen des gesitteten und des rohen Welttheils seinen Namen mit Bewunderung nennen lehrt.« Das hohe Lob hängt unmittelbar mit seiner im Brief angesprochenen »Philosophie« zusammen. Wie bei der »Reise um die Welt« geht es auch bei »Cook« nicht um die bloßen Fakten, sondern wiederum um eine »philosophische Geschichte«. Wie die große Weltreise bietet auch die Biographie des von ihm so hochgeschätzten Seemannes die Gelegenheit, aufklärerische Ideale zu formulieren: In die Individualgeschichte schreibt sich die Idealgeschichte eines großen vorbildlichen Mannes ein, der zum Repräsentanten – »Stolz seines Jahrhunderts« heißt es im Text – des neuen Bürgertums erhoben wird. Der englische Kapitän, der aus einfachen Verhältnissen stammte, ist Forster ein Vorbild eines aufgeklärten Menschen, der seine »Vervollkommnung« selbstbewusst vorangetrieben habe und durch seine geistigen Fähigkeiten zu einem großen Handelnden werden, nach neuen Ufern aufbrechen und in die dunklen Erdteile das »hellste Licht« der europäischen Aufklärung bringen konnte. Cook ist für ihn ein »großer Lehrer«; »Fleiß« und »nie ermüdende Tätigkeit«, ein »Zug von Menschlichkeit« und »milde, väterliche Zucht« zeichnen ihn aus.

Anders als in der bisherigen essayistischen Biographik des 18. Jahrhunderts, z. B. von Johann Gottfried Herder oder Christoph Martin Wieland, die gern bürgerliche Künstler oder Wissenschaftler ins Zentrum stellte, rühmt Forster einen Tatmenschen. Deshalb verweist er so nachdrücklich auf Cooks seemännische Fähigkeiten, dessen erfolgreichen Kampf gegen den Skorbut, »diese Pest der Seefahrer«, und vorbildliches soziales Verhalten. Forster spricht ihm einen »Grad von Vollkommenheit« zu, der ihn den »Helden des Altertums« gleich stelle. Wie sehr er mit seiner Schrift ein didaktisches Ziel verfolgt, wird deutlich, wenn er zum Schluss des letzten Kapitels »Resultate« einen deutschen »Jüngling« direkt anspricht: »wurdest Du nicht belehrt, aufgeklärt, zum Nachdenken erweckt«. Georg Forster agierte offener und direkter als die meisten Aufklärer: Er bezieht die berühmte Forderung nach allgemeiner »Glückseligkeit« ungeniert auf wünschenswerte und sehr realistisch beschriebene soziale und politische Vorstellungen. Wie später in den »Ansichten vom Niederrhein« kann Forster der Welt des (bürgerlichen) Handels und der starken Kommerzialisierung sehr positive Effekte abgewinnen. Schon in der »Reise um die Welt« war der Müßiggang gegeißelt worden, hier im »Cook« wird vom Bürgertum ein beinahe puritanisches Arbeitsethos gefordert. Forster faszinierte z. B. die Idee von überseeischen »Pflanzstädten«, also Kolonien, weil er glaubte, so könnte die »Kultur des Menschengeschlechts in allen Weltteilen« befördert werden. Aber auch der Brückenschlag zur Politik wird gewagt: Cooks Wagemut und Zuversicht, Führungskraft und Menschlichkeit, Tatkraft und Weitsicht sind ihm vorbildliche Eigenschaften, die er sich z. B. für jeden Regenten in der Welt wünscht. Mit der Figur des die Meere beherrschenden Schiffsführers sollte sich auch die alte Vorstellung vom Staatsmann einstellen, der sein ›Staatsschiff‹ umsichtig und verantwortungsvoll durch alle Fährnisse steuern kann. Die beispielhafte Handlungsweise eines einzelnen Menschen, der den »Weg zu Ehre, Glück und Ruhm« eingeschlagen habe, wird zum kategorischen Imperativ für alle Regierenden erklärt. Mit dem umsichtigen und kühnen englischen Kapitän Cook zeitige die geistige Aufklärung ihre praktische Wirkung, werde doch durch ihn und seine Taten »die allgemeine Aufklärung aller gesitteten Völker« befördert.

»Ansichten vom Niederrhein« – Die Erforschung der Nahwelt

Am 25. März 1790 reiste Georg Forster mit dem 21-jährigen Alexander von Humboldt von Mainz aus den Rhein abwärts bis Düsseldorf; über Land ging es weiter bis in die Niederlande, mit einem Abstecher nach Frankreich und dann bis England. Auf der Rückreise wurde noch das revolutionäre Paris besucht und am 11. Juli 1790 waren die Reisenden wieder in Mainz. Die beiden ersten Teile der nach Tagebuchaufzeichnungen und Briefen verfassten »Ansichten vom Niederrhein, von Brabant, Flandern, Holland, England und Frankreich, im April, Mai und Junius 1790« erschienen im Berliner Verlag von Christian Friedrich Voß im Jahre 1791 und 1792, der dritte, von Forster nicht mehr fertig gestellte Teil posthum 1794.

Wiederum geht es Georg Forster nicht um die bloße äußere Reiseroute, sondern wie bei den anderen Reisebeschreibungen auch um seine »Philosophie«. Das wird schon mit dem Titel nahe gelegt, der den optischen *und* reflexiven Aspekt einer Reisebeschreibung andeutet. Anders als bei der »Reise um die Welt« und »Cook, der Entdecker« handelt es sich allerdings nicht um ferne Länder und fremde Völker, sondern um einen engen westeuropäischen Raum: Die Neugier des Reisenden richtet sich also nicht auf das schwer verständliche Fremde, sondern auf das eigentlich vertraute Eigene der europäischen Kultur. Aber gerade diese ›Nahethnologie‹, wie sie heute Sozialwissenschaftler vielfach bei ihren Gesellschaftsanalysen praktizieren, bereitet besondere Probleme, gilt es doch das Vertraute mit einem fremden Blick anzusehen, um die bestimmenden Prinzipien der eigenen Gesellschaft und Kultur zu erkennen. Es liegt nahe, dass nicht mehr so sehr die Geographie die Reiseschilderung bestimmt, zumal sie in diesem Falle vielen Lesern vertraut war, sondern die Neugier sich mehr auf die kulturellen, politischen und vor allem sozialen Aspekte in der jeweils besuchten Region richtet. Der Blick des Beobachters will hinter die ›Fassade‹ schauen. Die nüchterne Beobachtung von Verhaltensweisen und Äußerlichkeiten sollen zum Eigentlichen, zum Wesen einer Gesellschaft vorstoßen. Das ist in Forsters »Ansichten« sehr gut zu beobachten: Zwar gibt es noch Landschaftsschilderungen, aber die Neugier richtet sich bezeichnenderweise mehr auf Kulturlandschaften, z. B. den Weinanbau. Bei der Schifffahrt wird der Reisende durchaus von gemütvollen Stimmungen erfasst, bleibt jedoch weit hinter der späteren Rheinromantik zurück, wenn er nüchterne Überlegungen zur Geologie des Rheingrabens anstellt. Im Zentrum seiner Neugier stehen Kunst und Kultur, Menschen und politisch-soziale Verhältnisse. Die Düsseldorfer Gemäldegalerie regt Forster zu intensiven Bild- und Kunstbetrachtungen an; in Köln bewundert er den noch nicht fertig gestellten Dom und empört sich über die große Zahl untätiger Mönche und Bettler; in Aachen beschreibt er die Textilindustrie und die damit verbundenen Mühen der Arbeitenden; in Lüttich widmet er sich den »Gebrechen einer Staatsverfassung«. Brüssel erhält die umfangreichste Schilderung: Forster leistet sich dabei sogar einen langen historischen Exkurs, skizziert die Politik zwischen klerikaler Anmaßung und Ansprüchen der deutschen Kaiser. Bei Antwerpen und Amsterdam lobt er den blühenden Handel dieser Hafenstädte, das arbeitsame Bürgertum und den damit verbundenen Reichtum. Diese Reisebeschreibung demonstriert eindrucksvoll, wie sich ein politischer Bürger in Zeiten der Revolution um einen eigenen Standpunkt bemüht.

Was Forster in seinem Essay »Über lokale und allgemeine Bildung« 1791 formuliert, beschreibt auch die Grundidee der »Ansichten«: »Das Lokale, Spezielle, Eigentümliche mußte im Allgemeinen verschwinden, wenn die Vorurteile der Einseitigkeit besiegt werden sollten.« Der kritische Reisende muss also seine Vorurteilsstruktur prüfen und die Voraussetzung zu einer Verallgemeinerung über eine gründliche Empirie schaffen: die »Erfahrungswissenschaften« sind Forster die »echten, unentbehrlichen Quellen der Erkenntnis«. Wie bei der »Reise um die Welt« lenkt er auch bei den »Ansichten« die Blicke auf spezifische Eigenheiten einer Region, gibt eine möglichst konturenscharfe Beschreibung und leitet dann zu seiner »Philosophie« über, mit der der Bogen vom einzelnen Menschen zur Gesellschaft, von einem gegenwärtigen Ereignis zu den historischen Zusammenhängen, von der einzelnen Fabrik oder den niederländischen Seehäfen zum generellen Prinzip des Handels oder von regionalen politischen Zuständen zu generellen Staatsverfassungen geschlagen wird.

Die schon für die »Reise um die Welt« so wichtige subjektive Sicht und die damit verbundene Dialogstruktur, die den Leser als einen Reisebegleiter imaginiert, wird in den »Ansichten vom Niederrhein« formal-ästhetisch variiert, indem die Schilderungen in der im 18. Jahrhundert beliebten intimen Briefform angeboten werden. So kann ein geselliger Plauderton angeschlagen werden, der allerdings meist zum kritischen ›Räsonnement‹ überleitet und diese Briefe oft zu funkelnden kulturkritischen Essays werden lässt. Berühmt geworden ist zudem Forsters sich erzählerisch eindrucksvoll entfaltende ›Augenlust‹, d. h. die außergewöhnliche Perspektivik, mit der er epische Panoramen bzw. farbige Tableaus entwirft, wie z. B. die Schilderung des belebten Amsterdamer Hafens von einem imaginierten Standpunkt aus (»Ich stelle mich in Gedanken in die Mitte des Hafens«). Mit den »Ansichten« hat Georg Forster für nachfolgende Reiseschilderungen deutscher Regionen – denken wir nur an Heinrich Heine oder an Theodor Fontane – Maßstäbe gesetzt, indem die Fülle der genauen Beobachtungen des Regionalen, der Menschen und ihrer Lebensweise, der Bauwerke und der Kunst, der politischen Zustände und der vergangenen Geschichte bis zur lustvollen Schilderung von (scheinbar) Nebensächlichem, ja Skurrilem gehen kann, aber darüber nie der Blick auf das ›große Ganze‹ und eigentlich Wesentliche vergessen werden darf.

Helmut Scheuer

Literaturhinweise

I. Werkausgaben

Georg Forsters Werke. Sämtliche Schriften, Tagebücher, Briefe. Hrsg. von der Akademie der Wissenschaften zu Berlin. Institut für deutsche Sprache und Literatur. Berlin: Akademie-Verlag 1958 ff.

Georg Forster: Werke in vier Bänden. Hrsg. von Gerhard Steiner. Frankfurt a. M.: Insel Verlag 1967–1970.

Georg Forster: Reise um die Welt. Herausgegeben und mit einem Nachwort von Gerhard Steiner. Frankfurt a. M.: Insel Verlag 1983 (insel taschenbuch 757) (Neuaufl. 2008).

Georg Forster: Reise um die Welt. Illustriert von eigener Hand. Mit einem biographischen Essay von Klaus Harpprecht und einem Nachwort von Frank Vorpahl. Frankfurt a. M.: Eichborn Verlag 2007.

Georg Forster, Georg Chr. Lichtenberg: Cook der Entdecker. Herausgegeben, mit einem Nachwort und Anmerkungen von Klaus-Georg Popp. Frankfurt a. M.: Röderberg-Verlag 1976.

Georg Forster: James Cook, der Entdecker und Fragmente über Capitain Cooks letzte Reise und sein Ende. Herausgegeben und mit einem Nachwort versehen von Frank Vorpahl und mit acht Farbtafeln von Forsters eigener Hand. Frankfurt a. M.: Eichborn Verlag 2008.

II. Darstellungen

1. Zur Biographie

Enzensberger, Ulrich: Georg Forster. Ein Leben in Scherben. Frankfurt a. M.: Eichborn Verlag 1996.

Harpprecht, Klaus: Georg Forster oder Die Liebe zur Welt. Eine Biographie. Reinbek b. Hamburg: Rowohlt Verlag 1987 (1990 als Taschenbuch Nr. 12634).
Reichardt, Rolf u. Geneviève Roche (Hrsg.): Weltbürger – Europäer – Deutscher – Franke. Georg Forster zum 200. Todestag. Ausstellungskatalog. Mainz: Universitätsbibliothek 1994.
Steiner, Gerhard: Georg Forster. Stuttgart: Metzler Verlag 1977 (Sammlung Metzler 156).
Uhlig, Ludwig: Lebensabenteuer eines gelehrten Weltbürgers (1754–1794). Mit 16 Abbildungen. Göttingen: Vandenhoeck & Ruprecht 2004.

2. Zu Epoche und Werk

Garber, Jörn u. Tanja van Hoorn (Hrsg.): Georg Forster im Wissensfeld seiner Zeit. Hannover-Laatzen: Wehrhahn Verlag 2006.
Georg-Forster-Studien, hrsg. im Auftrag der Georg-Forster-Gesellschaft von Horst Dippel und Helmut Scheuer, Bd. I u. II. Berlin: Berlin Verlag 1997, 1998; ab Bd. III: Kassel: Kassel University Press 1999ff. (ab Bd. XII, 2007, hrsg. von Horst Dippel und Michael Ewert).
Klenke, Claus-Volker, in Zusammenarbeit mit Jörn Garber und Dieter Heintze (Hrsg.): Georg Forster in interdisziplinärer Perspektive. Beiträge des Internationalen Georg Forster-Symposions in Kassel, 1. bis 4. April 1993. Berlin: Akademie Verlag 1994.

3. Zu Anthropologie, Ethnologie und Reiseberichten

Bitterli, Urs: Die »Wilden« und die »Zivilisierten«. Grundzüge einer Geistes- und Kulturgeschichte der europäisch-überseeischen Begegnung. München: Beck Verlag 1976 (München:

Deutscher Taschenbuch Verlag 1982; 3.Aufl. München: Beck Verlag 2004).
Brenner, Peter J. (Hrsg.): Der Reisebericht. Die Entwicklung einer Gattung in der deutschen Literatur. Frankfurt a. M.: Suhrkamp Verlag 1989.
Fischer, Rotraut: Reisen als Erfahrungskunst: Georg Forsters »Ansichten vom Niederrhein«. Die »Wahrheit« in den »Bildern des Wirklichen«. Frankfurt a. M.: Anton Hain 1990.
Geertz, Clifford: Dichte Beschreibung. Beiträge zum Verstehen kultureller Systeme. Frankfurt a. M.: Suhrkamp Verlag 1983 (zuerst: The Interpretation of Cultures. New York 1973).
Geertz, Clifford: Die künstlichen Wilden. Der Anthropologe als Schriftsteller. München: Hanser Verlag 1990 (auch Frankfurt a. M.: Fischer Taschenbuch Verlag 1993).
Hentschel, Uwe: Studien zur Reiseliteratur am Ausgang des 18. Jahrhunderts. Autoren – Formen – Ziele. Frankfurt a. M. u. a.: Peter Lang Verlag 1999.
Kohl, Karl-Heinz: Entzauberter Blick. Das Bild vom Guten Wilden und die Erfahrung der Zivilisation. Berlin: Medusa 1981 (auch Frankfurt a.M.: Suhrkamp Verlag 1986).
van Hoorn, Tanja: Dem Leibe abgelesen. Georg Forster im Kontext der physischen Anthropologie des 18. Jahrhunderts. Tübingen: Niemeyer Verlag 2004.
Strack, Thomas: Exotische Erfahrung und Intersubjektivität. Reiseberichte im 17. und 18. Jahrhundert. Genregeschichtliche Untersuchung zu Adam Olearius – Hans Egede – Georg Forster. Paderborn: Igel Verlag 1994.

Alexander von Humboldt

Das große Lesebuch

Herausgegeben von Oliver Lubrich

Band 90162

Der große Naturforscher und Reiseschriftsteller Alexander von Humboldt erlebt seit einigen Jahren eine erstaunliche Renaissance. Wissenschaftlich und literarisch zugleich, lassen uns seine Schriften staunen über den Reichtum der Natur, und sie wecken die Sehnsucht nach einem Verständnis fremder Kulturen. Dieses attraktive Lesebuch, herausgegeben von dem Humboldt-Kenner Oliver Lubrich, bietet eine repräsentative Auswahl aus dem Gesamtwerk, mit ausnahmslos ungekürzten Texten im originalen Wortlaut.

Inhalt: ›Pittoreske Ansichten in den Cordilleren‹, ›Über einen Nachtvogel Guacharo genannt‹, ›Über zwei Versuche, den Chimborazo zu besteigen‹ und viele andere.

Fischer Taschenbuch Verlag

fi 90162 / 1

Alexander von Humboldt

Zentral-Asien

Untersuchungen zu den Gebirgsketten
und zur vergleichenden Klimatologie
Herausgegeben von Oliver Lubrich

1.050 Seiten, 5 farbige Falttafeln, 20 Abbildungen. Gebunden

Auf Einladung des Zaren Nikolaus I. unternahm Alexander von Humboldt 1829 eine Expedition von Petersburg über Moskau in den Ural, ins Altai-Gebirge, zum Kaspischen Meer und bis nach Baty an die chinesische Grenze. Seine Beobachtungen trug er in einem originellen Werk zusammen, das zuerst 1843 in französischer Sprache erschien. Oliver Lubrich hat die einzige deutsche Übersetzung (Wilhelm Mahlmann, 1844) neu bearbeitet, vervollständigt und mit dem französischen Original abgeglichen.

In der Mischung aus Reiseeindrücken und Forschungsbericht entwickelt Humboldt ein neues Konzept der Raumbeschreibung, das als Grundlage für den späteren »Kosmos« dient. Der Band enthält zahlreiche Abbildungen – Skizzen, Landschaften, Objekte, Karten – und begleitende Texte (ausgewählte Briefe, Bericht des mitreisenden Gustav Rose). Dieses Buch ist ein einzigartiges Dokument einer Forschungsreise unter den Bedingungen einer absolutistischen Herrschaft und das einmalige Zeugnis eines der größten deutschen Wissenschaftler.

Fischer Klassik

Mein Klassiker
Autoren erzählen
vom Lesen
Band 90001

Jane Austen
Stolz und Vorurteil
Band 90004

Giovanni Boccaccio
Das Dekameron
Band 90006

Karl Marx
Das große Lesebuch
Herausgegeben von
Iring Fetscher
Band 90002

Phantastisch zwecklos ist mein Lied
Deutsche Gedichte
vom Mittelalter bis zur
Klassischen Moderne
Band 90003

Honoré de Balzac
Die Frau von dreißig Jahren
Band 90005

Miguel de Cervantes Saavedra
Don Quixote von la Mancha
Übersetzt von Ludwig Tieck
Band 90007

Choderlos de Laclos
Schlimme Liebschaften
Übersetzt von Heinrich Mann
Band 90025

Dante Alighieri
Die Göttliche Komödie
Band 90008

Charles Dickens
David Copperfield
Band 90009

Fjodor Dostojewskij
Verbrechen und Strafe
Neu übersetzt von S. Geier
Band 90010

Das ausführliche Programm von Fischer Klassik
finden Sie unter:
www.fischer-klassik.de

Fischer Taschenbuch Verlag

fi 666 040 / 1 / a

fi 666 040 / 1 / b

Fischer Klassik

Franz Kafka
**Das Urteil /
Die Verwandlung**
Originalfassung
Band 90020

Immanuel Kant
**Zum ewigen Frieden
und andere Schriften**
Band 90021

Gottfried Keller
**Kleider machen Leute /
Romeo und Julia
auf dem Dorfe**
Band 90022

Heinrich von Kleist
Michael Kohlhaas
Band 90023

Adolph Freiherr Knigge
**Über den Umgang
mit Menschen**
Band 90024

Heinrich Mann
Der Untertan
Band 90026

Thomas Mann
**Der Tod in Venedig und
andere Erzählungen**
Band 90027

Prosper Mérimée
**Carmen und
andere Novellen**
Band 90028

Michel de Montaigne
**Von der Freundschaft
und andere Essais**
Band 90029

Das Nibelungenlied
Mittelhochdeutscher Text
und Übertragung. Band 1
Band 90131

Das ausführliche Programm von Fischer Klassik
finden Sie unter:
www.fischer-klassik.de

Fischer Taschenbuch Verlag

fi 666 040 / 1 / c